JN003272

国家公務員・地方初級
オープンセサミシリーズ

5　一般知能

東京アカデミー 編

はじめに

緩やかに或いは急激に，絶えることなく変転するのが時代の流れですが，特に近時は，社会情勢・経済情勢の基調の変化に伴い，私達を取り巻く環境は著しい変貌の最中にあります。よりハイレベルな豊かさを目指す現代にあって，確かな職業選択として諸君が公務員の道を志したことに敬意を表します。

公共のために直接貢献する公務員は国の主柱です。いかなる場面にあっても，その制度・機能は全体がより良くなるために，確固とした役割を担ってきました。1949年1月に，戦後初めての公務員採用試験が実施されて以来，一般職公務員の唯一の登竜門として，いささかの断絶もなく，その魅力と地位を高めつつ運営されてきました。この傾向は今後さらに強まり，採用試験そのものが，青春を賭けるにふさわしい高き門となっています。

本書はこうした状況をふまえて，採用試験にチャレンジする諸君に，より効率よく，より合理的に学習できるよう，長年の受験指導経験を土台に編集されたものです。公務員採用試験は就職試験であることを肝に銘じて下さい。就職試験であるからには，受験者の職務遂行に必要な能力を相対的に判定することが目的です。それ故，単なる高校教科書の復習や受験テクニックだけでは的確な対策はおろか確かな手ごたえで合格を射程圏に捉えることはできません。

公務員の適性とは，“幅広く，バランス良く，正確に，迅速に”業務を遂行する能力がこれにあたります。試験項目のうち，特に重要な教養試験の対策には，この心構えがとりわけ要求されております。本書はこの点も勘案し，繰り返し学習することにより，自ずと合格レベルの実力が身につくよう工夫されています。

どうか採用試験の実施意図を認識した上で，勉強優先の潔い日々を送り，栄冠を獲得されることを祈ります。たたけ！されば青春の門は高らかな音と共に開かれよう。

東京アカデミー編集部スタッフ一同

テキストに関する正誤情報等は，右の二次元コード，
または下記のURLからご確認いただけます。なお，
正誤情報等は随時更新いたします。
https://www.tanetwork.info/ta/seigo/syo.html

本書の特色と利用方法

◆一般知能とは

数的推理（数的処理），判断推理（課題処理），空間把握，資料解釈の4分野をまとめて一般知能といい，各分野の内容は次のとおりです。

◀数的推理（数的処理）▶

小中学校で習った算数・数学を少し複雑化したものです。中でも文章題――たとえば，濃度を求めたり，旅人算や仕事算，時計算を用いたりするもの――や図形の計量などの出題が大半です。また高校程度の数学知識を問うものとしては，順列・組合せ・確率が主なところです。

◀判断推理（課題処理）▶

公務員試験独特のもので，たとえば，暗号の解読を行ったり，与えられた条件文から建物の位置や座席順を推理し特定したり，複数の人物の発言・証言より犯人を捜し出したり，三段論法やド・モルガンの法則，対偶を用いて真偽を確かなものにするといった，さまざまな問題があります。

◀空間把握▶

判断推理（課題処理）の図形問題といえる分野で，図形を回転させたり組み立てたり，広げたり切断したりと，頭の柔軟性が必要となる問題です。

◀資料解釈▶

数表やグラフが与えられ，それをいろいろな観点から見つめ考えさせる問題で，選択肢を読みながら与えられた資料をもとに割合や構成比の計算をするものが大半です。

◆本書の特色と利用方法

基本事項の確認が必要と思われる分野については，それぞれ要点をまとめています。また，頻出の問題形式をパターン化し，その解法をわかりやすく解説しています。公務員試験は過去のパターンを踏襲して出題されているため，ここでしっかり出題傾向を把握して下さい。全500余の練習問題は，過去10年間の国家公務員・地方初級公務員の採用試験を充分に研究した上で編集・構成されていますので，スピーディーに正答が導き出せるまで繰り返し解くことをおすすめします。なお，各問題に難易度を付していますので，自分のレベルを測る目安にしましょう。

★………やや易
★★……本試験レベル
★★★…やや難

＊基準は国家公務員・地方初級の本試験レベルとする。

目　　次

第1編　数的推理(数的処理)

第2編　判断推理(課題処理)

第3編　空間把握

第4編　資料解釈

第１編　数的推理（数的処理）

第 1 章　方程式

① 四則応用

◆立候補者の当選問題や人口密度の問題など，加減乗除を用いた基本的なものが出題されている。

●当選確実票数

チェック

(投票数)÷(当選者数＋1)＝a 余り b のとき，$a+1$ が必要数となる。

【例1】　**投票数が10票あって1人だけが当選するための票数**

$10\div2=5$(半分)にあと1票あればよいので，$5+1=6$(票)

【例2】　**投票数が10票あって2人だけが当選するための票数**

$10\div3=3$ 余り1にあと1票あればよいので，$3+1=4$(票)

●人口密度
(単位面積当たりの人口)

【例3】　**面積100km²，人口密度50人/km²のA町と面積200km²，人口密度100人/km²のB町が合併したときの人口密度**

面積合計　$100+200=300(\mathrm{km}^2)$

人口合計　$100\times50+200\times100=25000$(人)

よって，人口密度は，

$$\frac{25000}{300}\fallingdotseq83.3(\text{人}/\mathrm{km}^2)$$

パターン1

40人のクラスで代表を2人選ぶことになった。各々1名ずつ投票できるが，立候補者は投票することができない。立候補者が7人いるとき，確実に当選するための最低獲得票数はいくらか。ただし，クラス全員が出席しているものとする。

1 9票
2 10票
3 11票
4 12票
5 13票

解法 立候補した人は投票できないので，クラス全体の投票数は，

$40 - 7 = 33$(票)

となる。2人が当選するので，

$33 \div (2 + 1) = 11$

よって，$11 + 1 = 12$(票)が当選確実の最低獲得票数。

正答 4

パターン2

体積$10\mathrm{cm}^3$で密度$5\mathrm{g/cm}^3$のAと，体積$20\mathrm{cm}^3$で密度$8\mathrm{g/cm}^3$のBを混合したとき，この混合物の密度はいくらか。ただし，混合時にA，Bの体積変化はないものとする。

1 $6.5\mathrm{g/cm}^3$
2 $6.8\mathrm{g/cm}^3$
3 $7.0\mathrm{g/cm}^3$
4 $7.2\mathrm{g/cm}^3$
5 $7.4\mathrm{g/cm}^3$

解法 Aの重さは $5 \times 10 = 50(\mathrm{g})$，Bの重さは $8 \times 20 = 160(\mathrm{g})$。

したがって，重さの合計は，$50 + 160 = 210(\mathrm{g})$。

また，体積の合計は $10 + 20 = 30(\mathrm{cm}^3)$。

よって，混合物の密度は，

$$\frac{210}{30} = 7(\mathrm{g/cm}^3)$$

正答 3

練習問題

（156ページより解答・解説）

No.1 ★　町内会で委員1人を選出することになり，5人が立候補した。いま，少なくともだれか1人がどのような場合でも10票以上を得るためには，有効投票数が最低何票なければならないか。

1　45票　　**2**　46票

3　47票　　**4**　48票

5　49票

No.2 ★★　A～Eの5人がゲームをした。5人の総合得点は80点になるという。中間発表によると，Aが8点，Bが7点，Cが10点，Dが5点，Eが5点であった。Cが1位を確実にするためには，あと何点とればよいか。

1　21点　　**2**　22点

3　23点　　**4**　24点

5　25点

No.3 ★★　A町の人口は2万人で，このうち有権者は6割である。Bは次の町議選に立候補の予定である。確実に当選するための最低獲得票数はいくらか。ただし，A町の投票率は毎回65％で，立候補者10人のうち7人が当選するものとする。

1　976票　　**2**　986票

3　996票　　**4**　997票

5　999票

No.4 ★★　面積80km^2，人口密度120人/km^2 のA町と面積100km^2 のB町が合併してC町になり，結果としてC町の人口密度は150人/km^2 になった。B町の人口密度はいくらだったか。

1　154人/km^2

2　164人/km^2

3　174人/km^2

4　184人/km^2

5　194人/km^2

② 方程式

◆数的推理(数的処理)は様々な単元で構成されているが，実質的にはその大部分に方程式が使われる。ここでは，基本的な方程式の立て方とその解き方を理解する。複雑に思える文章からいかに速く等式を作れるかがポイントになる。

●一元一次方程式

未知数が1つある等式で表される方程式。

【例1】 $\mathbf{2x+5=4x-7}$

$$2x-4x=-7-5$$
$$-2x=-12$$
$$\therefore\quad x=6$$

【例2】 $\mathbf{\frac{2}{3}x+4=\frac{1}{2}x-6}$

両辺に6をかけて，

$$4x+24=3x-36$$
$$4x-3x=-36-24$$
$$\therefore\quad x=-60$$

●二元一次方程式

未知数が2つある等式で表される方程式。次の2通りの解き方がある。

【例3】 代入法による解き方

$$\begin{cases} \mathbf{y=2x+1} & \cdots① \\ \mathbf{x+2y=7} & \cdots② \end{cases}$$

①を②に代入して，

$$x+2(2x+1)=7$$
$$x+4x+2=7$$
$$5x=5$$
$$x=1$$

これを①に代入して，$y=3$

$$\therefore\quad (x,\ y)=(1,\ 3)$$

【例4】 加減法による解き方

$$\begin{cases} \mathbf{2x+3y=8} & \cdots① \\ \mathbf{3x+2y=7} & \cdots② \end{cases}$$

①×3－②×2

$$\begin{array}{rr} & 6x+9y=24 \\ -) & 6x+4y=14 \\ \hline & 5y=10 \end{array}$$

$$y=2$$

これを①に代入して，$x=1$

$$\therefore\quad (x,\ y)=(1,\ 2)$$

●三元一次方程式

未知数が3つある等式で表される方程式。まず1つの文字を消去し，二元一次方程式に変形してから解く。

【例5】

$$\begin{cases} \mathbf{x+2y+3z=14} & \cdots① \\ \mathbf{2x-y+z=3} & \cdots② \\ \mathbf{x+3y+z=10} & \cdots③ \end{cases}$$

まずzを消去する。

①－②×3

$$\begin{array}{rl} & x+2y+3z=14 \\ -) & 6x-3y+3z=\ \ 9 \\ \hline & -5x+5y\qquad =\ \ 5 \\ & -\ x+\ y\qquad =\ \ 1 \quad \cdots ④ \end{array}$$

②－③

$$\begin{array}{rl} & 2x-\ y+z=\ \ 3 \\ -) & x+3y+z=\ 10 \\ \hline & x-4y\qquad =-\ 7 \quad \cdots ⑤ \end{array}$$

④＋⑤より，$-3y=-6$　　$\therefore$　$y=2$

これを④に代入して，$x=1$

これらを②に代入して，$z=3$

$\therefore$　$(x,\ y,\ z)=(1,\ 2,\ 3)$

●不定方程式

未知数の数より方程式の数が少ないもの。解の制限(整数，正の整数など)を利用して解く。

【例6】　**2つの正の整数があり，一方の数と他方の数を2倍したものとの和は7である。このような正の整数の組は全部で何通りあるか。**

解　2つの整数をx，yとすると，$x+2y=7$　$(x\geqq 1,\ y\geqq 1)$

$x=1$から順に正の整数を代入する。等式を満たす正の整数値yが存在するときを表にすると，次のようになる。

x	1	3	5
y	3	2	1

よって，3通り。

パターン3　～一元一次方程式～

毎月，Aは2万円，Bは1万円ずつ貯金をしている。いま，A，Bの貯金額が，それぞれ16万円，30万円であるとすれば，Aの貯金額がBの貯金額の1.2倍となるのは，いまから何カ月後か。

1　22カ月後
2　23カ月後
3　24カ月後
4　25カ月後
5　26カ月後

解法　xカ月後のA，Bの貯金額はそれぞれ，

A：$16+2x$(万円)　　B：$30+x$(万円)

AがBの1.2倍だから，

$$16+2x=1.2(30+x)$$

$$0.8x=20$$

$$x=25\text{(カ月後)}$$

正答　4

パターン4　～二元一次方程式～

あるクラスでパーティーがある。1人2,000円ずつ集めると10,000円不足し，1人2,500円ずつ集めると12,500円余る。パーティーの経費と，クラスの人数はそれぞれいくらか。

	経費	人数
1	8万円	44人
2	8万円	45人
3	9万円	45人
4	10万円	44人
5	10万円	45人

解法　クラスの人数をx人，パーティーの経費をy円とする。

1人2,000円ずつ集めると10,000円不足するので，

$$y-10000=2000x \quad \cdots①$$

1人2,500円ずつ集めると12,500円余るので，

$$y+12500=2500x \quad \cdots②$$

①－②より，

$$-22500=-500x \qquad \therefore \quad x=45\text{(人)}$$

これを①に代入して，$y=100000$(円)

正答　5

パターン5　～二元一次方程式～

2桁の正の整数がある。この数の一の位の数と十の位の数の和は11であり，この数の一の位の数と十の位の数を逆にするともとの数より27小さくなる。もとの整数はいくつか。

1　29

2　56

3　65

4　74

5　83

ポイント

十の位の数をa，一の位の数をbとすると，この2桁の整数は，$10a+b$と表すことができる。

解法 十の位の数をa，一の位の数をbとする。

一の位の数と十の位の数の和が11なので，

$a+b=11$ …①

一の位の数と十の位の数を逆にした数がもとの数より27小さいので，

$10b+a=10a+b-27$

これを簡単にすると，

$a-b=3$ …②

①＋②より，

$2a=14$ $\therefore$ $a=7$

これを①に代入して，$b=4$

よって，もとの整数は74。

正答 4

パターン6

一郎と二郎の所持金の比は，最初は5：4であったが，一郎は2,600円の買い物をし，二郎は1,600円の買い物をしたところ，一郎と二郎の残金の比は9：8となった。最初，一郎と二郎の所持金の差はいくらだったか。

1 1,000円

2 1,200円

3 1,350円

4 1,500円

5 1,600円

解法 一郎と二郎の最初の所持金の比が5：4なので，

最初の所持金 $\begin{cases} 一郎 \cdots 5k(円) \\ 二郎 \cdots 4k(円) \end{cases}$

とおける（このとき2人の差額は「k円」となる）。すると，

買い物後の残金 $\begin{cases} 一郎 \cdots 5k-2600(円) \\ 二郎 \cdots 4k-1600(円) \end{cases}$

となり，この比が9：8になるので，

$(5k-2600):(4k-1600)=9:8$

$$8(5k-2600)=9(4k-1600)$$
$$40k-20800=36k-14400$$
$$4k=6400$$
$$\therefore k=1600$$

となる。よって，最初の2人の差額は1,600(円)。

正答　5

パターン7

ある店で，3種類の商品A，B，Cを合わせて60個購入した。商品A，B，Cの価格はそれぞれ1個80円，100円，120円で，購入総額は6,220円であった。また商品AとBの購入数の比は2：3であった。このとき，商品Aの購入数はいくつか。

1　12個
2　14個
3　16個
4　18個
5　20個

解法　AとBの購入数の比が2：3なので，

Aの購入数…$2k$(個)
Bの購入数…$3k$(個)

とおける。このとき，Cの購入数は，

$$60-(2k+3k)=60-5k\text{(個)}$$

となる。

購入総額が6220円なので，

$$80\cdot 2k+100\cdot 3k+120(60-5k)=6220$$
$$160k+300k+7200-600k=6220$$
$$140k=980$$
$$\therefore k=7$$

となる。よって，Aの購入数は$2\cdot 7=14$(個)。

正答　2

パターン8　～不定方程式～

あるゲーム場には，ゲームが2種類あり，料金の高いゲームの3回分は料金の安いゲームの5回分と同じである。料金の高いゲームと料金の安いゲームを1回ずつすると合わせて320円かかる。1,200円を予算にして残さず使うとした場合，最も多くできる回数は両ゲーム合わせて何回であるか。ただし，料金の高いゲームも最低1回はするものとする。

1　5回
2　6回
3　7回
4　8回
5　9回

解法　料金の高いゲームをx円，料金の安いゲームをy円とする。

$$\begin{cases} 3x = 5y \\ x + y = 320 \end{cases}$$

これを解いて，$x = 200$，$y = 120$

料金の高いゲームをm回，料金の安いゲームをn回したとする。

$200m + 120n = 1200$

これを簡単にすると，

$5m + 3n = 30$　（m，nは1以上の整数）

$m = 1$から順に代入して調べていくと，これを満たすのは$m = 3$，$n = 5$のときのみなので，求める回数は，

$3 + 5 = 8$（回）

正答　4

練習問題

（156ページより解答・解説）

No.5 ★ 50円硬貨と100円硬貨が合計234枚あり，その総額は15,400円である。50円硬貨の枚数と100円硬貨の枚数を入れ替えると，総額はいくらになるか。

1　14,700円
2　15,700円
3　16,700円
4　18,700円
5　19,700円

No.6 ★ ある図書館で図書カードの整理をした。ある日3,600冊分を整理したが，それは前日までに整理した分の$\frac{3}{4}$にあたり，まだ全体の$\frac{2}{5}$が残っていた。この図書館の蔵書数は何冊か。

1　10,000冊
2　12,000冊
3　14,000冊
4　16,000冊
5　18,000冊

No.7 ★ 連続する5つの整数の和が160のとき，中央の数と最も大きい数との積はいくらか。

1　1,082　　**2**　1,084
3　1,086　　**4**　1,088
5　1,090

No.8 ★★ 連続する3つの奇数があり，最も小さい数と中央の数との積は，中央の数と最も大きい数との積より100小さいという。この3つの奇数の和はいくらか。

1　63　　**2**　69
3　75　　**4**　81
5　87

No.9 ★★ A～Dの4人がワープロで清書する作業を分担して行った。Aは全体の$\frac{1}{2}$の枚数，Bは全体の$\frac{1}{5}$の枚数を仕上げた。Cは15枚，残りはDが仕上げたが，その枚数は，ちょうどある2人の仕上げた合計枚数と等しかったという。4人が仕上げた合計枚数は何枚か。

1　280枚　　**2**　290枚
3　300枚　　**4**　310枚
5　320枚

No.10 ★★ ある本を1日目には全体の$\frac{1}{6}$を，2日目には残りの$\frac{1}{5}$を，3日目にはまたその残りの$\frac{1}{4}$を，以下同様に，4日目には残りの$\frac{1}{3}$，5日目には残りの$\frac{1}{2}$，そして6日目に45ページ読んで読み終わった。この本は何ページあったか。

1　240ページ
2　270ページ
3　300ページ
4　330ページ
5　360ページ

No.11 ★ あるクラスの生徒を4人ずつ長いすに座らせたところ，最後の4人が長いすに座れなかった。また，5人ずつ座らせたところ，1人分空いてさらに長いすが2脚余った。このクラスの生徒数は何人か。

1　56人　　**2**　60人
3　64人　　**4**　68人
5　72人

No.12 ★ 1箱6個入り8kgで6,500円，1箱4個入り6kgで5,000円の2種類のメロンがある。これらを混ぜて何箱か買ったところ，合計個数が24個，総重量が34kgとなった。このときの支払金額はいくらか。

1　26,500円
2　28,000円
3　29,500円
4　34,500円
5　36,000円

No.13 ★★ ある工場ではＡ，Ｂの2種類の部品を作っている。先月と今月の生産量について比較したところ，Ａは10%，Ｂは5%増加しており，Ａ，Ｂの生産量の増加量は同じであった。今月のＡとＢを合わせた総生産量が960kgだとすると，先月のＡとＢの各生産量はいくらだったか。

	Ａ	Ｂ
1	300kg	500kg
2	300kg	600kg
3	320kg	600kg
4	320kg	640kg
5	340kg	640kg

No.14 ★★ 兄弟が同時に貯金を始めた。兄は毎日200円ずつ貯金箱に入れ，あるとき3日間貯金をやめ，その後，毎日，貯金箱から800円ずつ使った。弟は毎日50円ずつ貯金箱に入れ，24日後には兄弟の貯金額が等しくなった。兄の貯金額の最高額はいくらか。

1　3,600円　　**2**　3,800円
3　4,000円　　**4**　4,200円
5　4,400円

No.15 ★★ ＡとＢがじゃんけんをして，勝った方が50m前方のゴールに向かって1m前進し，負けた方は50cm後退するゲームをした。50回じゃんけんをした時点で，ＡもＢもゴールに達していなかったが，ＡはＢより24m前にいた。Ａは何回じゃんけんに勝ったか。ただし，50回のじゃんけんの中で，引き分けはなかったものとする。

1　30回　　**2**　31回
3　32回　　**4**　33回
5　34回

No.16 ★★ ある運送会社の会議で，Ａは「50台の車を減らせば，いま所有しているガソリンで12日間長く車を動かすことができる。」と言い，Ｂは「50台の車を増やせば，いま所有しているガソリンで，車を動かすことができる期間は10日減る。」と言う。この会社が現在所有している車は何台か。

1　550台　　**2**　560台
3　570台　　**4**　580台
5　590台

★ **No.17** A，B，Cの3地点がある。AからBを経てCまでの道のりは330m，BからCを経てAまでの道のりは400m，CからAを経てBまでの道のりは370mである。BC間の道のりはいくらか。

1 140m　**2** 150m
3 160m　**4** 170m
5 180m

★ **No.18** ある音楽会でS席5,000円，A席4,000円，B席3,000円の3種類の券を合計110枚発売して443,000円の売上があった。また，A席のみの売上は，S席とB席の売上の合計より61,000円多いという。B席の券は何枚売れたか。

1 20枚　**2** 21枚
3 22枚　**4** 23枚
5 24枚

★★ **No.19** ある会社が引越しをすることになった。トラックNo.1はダンボール箱を一度に14個，トラックNo.2は10個，トラックNo.3は8個運ぶことができる。ダンボール箱が合計680個あり，これらのトラック3台で合計65回運んでちょうど運び終わった。トラックNo.1は，No.2より8回運んだ回数が少なかった。No.2が運んだ回数は何回か。

1 24回　**2** 26回
3 28回　**4** 30回
5 32回

★★ **No.20** 3桁の整数がある。この数から396を引くと，もとの数の百の位と一の位の数字を逆にした数になる。そして各位の数の和は15で，百の位の数は一の位の数の2倍と同じである。十の位の数はいくらか。

1 5　**2** 4　**3** 3
4 2　**5** 1

★★ **No.21** $2A+3=A+B+2=(C-2A)\times 3=C$が成立するとき，$A+B+C$はいくらか。

1 10　**2** 12　**3** 14
4 16　**5** 18

No.22 ★★　Ａ，Ｂ，Ｃの3人がカードを何枚かずつ持っている。ＣがＡに8枚渡すとＡとＣの枚数は等しくなり，一方，ＣがＢに6枚カードを渡すとＢとＣの枚数は等しくなる。いま，ＡとＢの枚数を合わせるとＣよりも5枚多い。Ａ，Ｂ，Ｃのカードの枚数の合計はいくらか。

1　43枚　　**2**　55枚　　**3**　64枚
4　71枚　　**5**　80枚

No.23 ★★　Ａ～Ｃの3人がそれぞれの貯金を比較したところ，ＡはＢの40%で，Ｃの2倍はＡの3倍に等しいことがわかった。また，ＢがＣに100万円を与えると，Ｃの貯金額はＡの2倍になるという。3人の貯金額の合計はいくらか。

1　600万円　　**2**　700万円　　**3**　800万円
4　900万円　　**5**　1,000万円

No.24 ★★　表は，ある遊園地の1人当たりの入園料を示したものである。この遊園地では30人以上の団体の場合，1人当たりの入園料はそれぞれの団体料金で計算される。

	大人	子ども
一般料金(円)	1,000	600
団体料金(円)	940	560

この遊園地で，大人と子どもを合わせて43人の団体の入園料が，一般料金で計算した場合と比べて2,000円安くなった。この団体の大人と子どもの人数の差は何人か。

1　13人　　**2**　14人　　**3**　15人
4　16人　　**5**　17人

No.25 ★★　1個15円の品物Ａと1個35円の品物Ｂがある。どちらも必ず1個は買うものとして，ちょうど1,000円を支払う買い方は全部で何通りあるか。

1　9通り　　**2**　10通り　　**3**　11通り
4　12通り　　**5**　13通り

★★

No.26 $\frac{1}{2}$より大きく1より小さい既約分数Fがある。Fの分母にFの分子の5倍と1を加えたものを新たな分母とし，Fの分子にFの分母の2倍と5を加えたものを新たな分子とする分数は，約分すると$\frac{3}{4}$になる。このとき，Fの分母と分子の和としてあり得るのは次のうちではどれか。

1　17　　**2**　19

3　23　　**4**　28

5　32

★★

No.27 赤，青，黄の3種類のカードの枚数を調べたら，赤が2番目に多く12枚であった。また，青のカードの枚数の3倍と黄のカードの枚数の5倍とを加えると60枚になった。赤，青，黄のカードは全部で何枚あるか。ただし，赤，青，黄のカードはいずれも最低1枚はあるものとする。

1　26枚　　**2**　28枚

3　29枚　　**4**　30枚

5　32枚

★★★

No.28 2桁の正の整数があり，この数からxを引くと十の位と一の位が入れ替わる。十の位と一の位が入れ替わった数にもとの数を加えると154になるという。xの値としてあり得るのは次のうちどれか。ただし，xは正の整数とする。

1　16　　**2**　20

3　28　　**4**　32

5　36

★★★

No.29 全部で22枚のカードそれぞれに，4点，8点，9点のいずれか1つの点数を書き入れ，その合計点数が166点になるようにしたい。いま，9点のカードの枚数をできる限り少なくするとき，8点のカードを何枚つくればよいか。ただし，いずれの点数のカードも1枚以上はあるものとする。

1　10枚　　**2**　11枚

3　13枚　　**4**　15枚

5　17枚

③ 不等式

◆不等号の種類(<, ≦など)に気を付ける。~以上か, ~より多いかを間違えないこと。また, ①<②<③の形になる不等式を解くには, 真ん中②をはさんだ①<②, ②<③の連立不等式の形にして解くとよい。

●不等式の解き方

【例1】 $\mathbf{3x-1<2x+3}$

$3x-2x<3+1$

$\therefore\ x<4$

【例2】 $\mathbf{-2x+5\leqq 3x-5}$

$-2x-3x\leqq -5-5$

$-5x\leqq -10$

$\therefore\ x\geqq 2$

P 両辺を負の数で割ったので不等号の向きは逆に

【例3】 $\mathbf{2x+3<4x+5\leqq 8x-2}$

$$\begin{cases} 2x+3<4x+5 & \cdots ① \\ 4x+5\leqq 8x-2 & \cdots ② \end{cases}$$

①より, $2x-4x<5-3$

$-2x<2$

$x>-1$

②より, $4x-8x\leqq -2-5$

$-4x\leqq -7$

$x\geqq \dfrac{7}{4}$

P 数直線を使って解の共通部分を求める

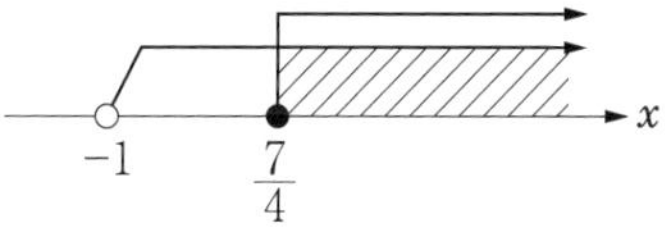

よって, $x\geqq \dfrac{7}{4}$

パターン9

ある子どもの集会で，色紙を1人に4枚ずつ分配すると19枚余り，6枚ずつ分配すると最後の1人だけが4枚以上の不足を生じた。子どもの人数は何人か。

1　11人
2　12人
3　13人
4　14人
5　15人

解法　子どもの人数をx人，色紙の枚数をy枚とする。最初の条件よりyをxの式で表すことができる。

$$y = 4x + 19 \quad \cdots ①$$

「最後の1人」以外の$(x-1)$人には6枚ずつ分配したのだから$6(x-1)$枚。「最後の1人」は0枚以上2枚以下。したがって色紙の枚数で不等式をつくると，

$$6(x-1)+0 \leqq y \leqq 6(x-1)+2 \quad \cdots ②$$

①を②に代入すると，

$$6x-6 \leqq 4x+19 \leqq 6x-4 \quad \cdots ③$$

③を解くと，$11.5 \leqq x \leqq 12.5$　…④

④を満たす自然数は，$x = 12$のみである。

正答　2

練習問題

（161ページより解答・解説）

★
No.30　何人かの子どもにノートを配るのに，1人に7冊ずつ配ると6冊余る。8冊ずつ配ると1人だけは4冊より少なくなるが，少なくとも1冊は配られる。子どもは少なくとも何人いるか。

1　9人
2　10人
3　11人
4　12人
5　13人

★★
No.31　入場料が大人500円，子ども200円の科学館があり，ある1日の入場者数は182人であった。館内ではパンフレットも1部100円で売っていて，パンフレットの売上部数は32部以上44部以下だった。この日の売上総額が54,000円のとき，大人の入場者数としてあり得るのは次のうちどれか。

1　35人
2　40人
3　45人
4　50人
5　55人

★★★
No.32　A～Dの4人が42個のりんごを分けることにした。分けた個数について，B，C，Dの3人が次のように発言しているとき，あり得るのはどれか。ただし，りんごは1個単位で分けるものとする。

B　「私はAの2倍もらった。」
C　「私はBより4個少なかった。」
D　「私はCより少なかった。」

1　AとBの2人で25個ある。
2　AとDの2人で15個ある。
3　BとCの2人で27個ある。
4　BとCの2人で30個ある。
5　CとDの2人で18個ある。

④ 二次方程式

●二次方程式の解き方

◆二次方程式を解くには大きく分けて，**因数分解**と**解の公式**を使う方法がある。

チェック

解の公式

$ax^2 + bx + c = 0$のとき，$\boldsymbol{x = \dfrac{-b \pm \sqrt{b^2 - 4ac}}{2a}}$

【例1】 $\boldsymbol{x^2 = 9}$

$\therefore \quad x = \pm 3$

【例2】 $\boldsymbol{x^2 - 5x + 6 = 0}$

2つの解の積が6，和が−5になるような2数は−3と−2。

$(x - 2)(x - 3) = 0$

$\therefore \quad x = 2, 3$

【例3】 $\boldsymbol{x^2 - 3x - 5 = 0}$

解の公式を使って，

$$x = \frac{-(-3) \pm \sqrt{(-3)^2 - 4 \times 1 \times (-5)}}{2 \times 1} = \frac{3 \pm \sqrt{29}}{2}$$

パターン10

連続する3つの自然数があり，それぞれの2乗の和が50である。3つの自然数の和はいくらか。

1 10
2 11
3 12
4 13
5 14

解法 連続する3つの自然数を$n-1$，n，$n+1$とする。題意より，

$(n-1)^2 + n^2 + (n+1)^2 = 50$

$n^2 = 16$

$n > 0$より，$n = 4$

よって，連続する3つの数の和は，

$3 + 4 + 5 = 12$

正答　3

練習問題

（162ページより解答・解説）

No.33★ 連続する3つの自然数があり，最も大きい数の2乗と最も小さい数の2乗の和は，中央の数の2乗より38大きい。3つの自然数の和はいくらか。

1 18

2 19

3 20

4 21

5 22

No.34★★ 縦24m，横30mの長方形の土地に図のような道を作りたい。道幅xをいくらにすればよいか。

1 3.0m

2 3.2m

3 3.6m

4 3.8m

5 4.0m

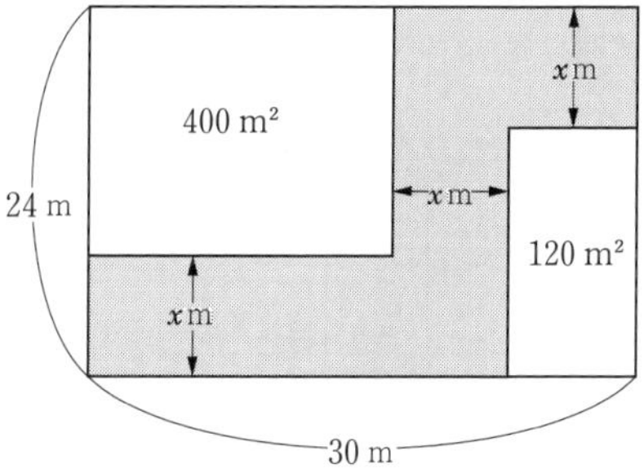

⑤ 平均算・年齢算

チェック

$$平均=\frac{総合計}{総個数}$$

【例】 **2kg, 8kg, 5kg, $x$kg**の重さの荷物の平均が**7kg**のとき，**x**の値はいくらか。

解 $\frac{2+8+5+x}{4}=7$

$15+x=28$

$\therefore\ x=13$(kg)

パターン11

Aは期末テストで下のような成績表をもらった。5科目の平均点は83点で，国語の得点は数学の得点より5点高かった。数学の得点は何点だったか。

科目	英語	数学	国語	理科	社会
得点	80点			85点	75点

1 82点
2 83点
3 84点
4 85点
5 86点

解法 数学の得点をx点とすると，国語の得点は$(x+5)$点となる。

$$\frac{80+x+(x+5)+85+75}{5}=83$$

$$2x+245=415$$

$$2x=170$$

$$x=85(点)$$

正答 4

パターン12

現在，母は45歳で，2人の子どもは14歳と16歳である。2人の子どもの年齢の和が母の年齢と等しくなるのは，いまから何年後か。

1　11年後

2　12年後

3　13年後

4　14年後

5　15年後

解法　いまからx年後に題意を満たすとすると，x年後は全員がx歳ずつ年をとることを考えて，

$$45 + x = (14 + x) + (16 + x)$$

$$x = 15 \text{(年後)}$$

正答　5

練習問題

（162ページより解答・解説）

No.35 ★ 野球部員30人の平均身長は175cm，バスケットボール部員20人の平均身長は180cmである。これらにバレーボール部員20人を加えた3つの部員全員の平均身長は178cmであった。このとき，バレーボール部員の平均身長は何cmか。

1　179.0cm　　**2**　179.5cm
3　180.0cm　　**4**　180.5cm
5　181.0cm

No.36 ★★ 英語，数学，理科，社会の4科目のAさんのテスト結果は次のようであった。

英語と数学の平均点は90点，数学と理科の平均点は88点，理科と英語の平均点は86点だった。また，社会は，社会以外の3科目の合計より184点少なかった。

このとき，Aさんの社会と理科の平均点は何点か。

1　81点　　**2**　82点
3　83点　　**4**　84点
5　85点

No.37 ★ 現在，父の年齢は子どもの年齢の6倍だが，4年後には父の年齢は子どもの年齢の4倍になるという。現在の父と子どもの年齢の和はいくらか。

1　40歳　　**2**　41歳
3　42歳　　**4**　43歳
5　44歳

No.38 ★★ A，B，Cの3人の年齢について調べたところ，AとBの年齢の積は195，BとCの年齢の積は78だった。また，3人の年齢は上から順にA，B，Cとなっていた。3人の年齢の和はいくらか。

1　33歳　　**2**　34歳
3　35歳　　**4**　36歳
5　37歳

第2章 割 合

① 比

◆$A:B=2:3$のとき，実際のA，Bの数を求めるには，k（kは自然数）をかけて，$A=2k$，$B=3k$とする。また，**連比**の出し方も理解すること。

パターン13

図のようにA，B，C 3つの歯車がかみ合っている。直径はAが20cm，Bが40cm，Cが60cmである。いま，Cを1秒間に20回の速さで回転させると，Aは1秒間に何回転するか。

1　40回転
2　50回転
3　60回転
4　70回転
5　80回転

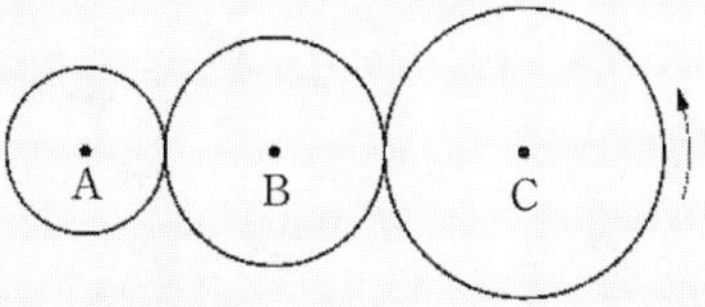

解法　歯車の歯数は直径に比例すると考えてよいので，Aの歯数は$20k$，Bは$40k$，Cは$60k$（kは自然数）と表せる。Cが20回転すると，歯は$20\times 60k$移動する。よって，Bは，

$$20\times 60k\div 40k=30（回転）$$

し，Bの歯は$30\times 40k$移動する。したがってAは，

$$30\times 40k\div 20k=60（回転）$$

する。

正答　3

〈別解〉　歯車はすべてかみ合っているので1cmに1つ歯があると仮定して，

20（回）× 60（個）÷ 20（個）= 60（回）

としてもよい。

パターン14

A，B，Cの3人である金額を分け合った。分配金の比は，AとBでは3:2，BとCでは5:3で，Cがもらった金額は2,400円であった。Aはいくらもらったか。

1　5,000円

2　6,000円

3　7,000円

4　8,000円

5　9,000円

解法

$$\begin{array}{ccccc} A & : & B & : & C \\ 3 & : & 2 & & \\ & & 5 & : & 3 \\ \hline 3\times5 & : & 2\times5 & : & 2\times3 \\ \parallel & & \parallel & & \parallel \\ 15 & : & 10 & : & 6 \end{array}$$

P　共通のBに注目して，左のようにかけて，連比を求める。

これより，A，B，Cがそれぞれ15k，10k，6k円（kは自然数）もらったとすると，条件より，

$6k = 2400$　　$\therefore$　$k = 400$

したがって，Aがもらった金額は，$15 \times 400 = 6000$（円）

正答　2

練習問題

（163ページより解答・解説）

No.39★ A，B，Cの3人で遺産を分配した。Aは全体の$\frac{2}{5}$の金額をもらい，BとCがもらった金額の比は7：3であった。もらった金額が一番多い者と一番少ない者との差額が144万円であるとき，金額が二番目に多い者はいくらもらったか。

1　240万円
2　250万円
3　288万円
4　300万円
5　320万円

No.40★ A，B，Cの3人が20kmマラソンをした。Aが1km走ったとき，BはAに40m遅れ，Bが1km走ったとき，CはBに20m遅れていた。いま，A，B，Cの走る速さはそれぞれ一定している。Aがゴールしたとき，CはAに何m遅れていたか。

1　1,182m
2　1,184m
3　1,186m
4　1,188m
5　1,190m

No.41★ A～Cの3人の昨年の収入額の比は5：4：3であり，1年間の支出額の比は9：8：7である。3人の収支残高を比較すると，AはCの15倍で，Bより140万円多かった。3人の昨年の収入の合計はいくらか。

1　2,400万円
2　2,640万円
3　2,880万円
4　3,120万円
5　3,360万円

★★
No.42　A会社の採用試験において，受験者の男子と女子の比は4：1，不合格者の男子と女子の比は13：3，合格者の男子と女子の比は7：3であった。男子の全受験者に対する男子の合格率はいくらか。

1　約6.0％
2　約7.0％
3　約9.7％
4　約11.1％
5　約16.7％

★★
No.43　柿とみかんがそれぞれ何個かずつある。いま，AとBの2人に柿を1：3，みかんを3：1の個数の割合で分けたところ，柿とみかんの合計個数の比がA：B＝2：5となった。最初にあった柿とみかんの個数の比はいくらか。

	柿		みかん
1	11	：	1
2	11	：	2
3	12	：	1
4	13	：	1
5	13	：	2

★★★
No.44　A，B，Cの3人がパソコンで清書する作業を分担して行った。次のことがわかっているとき，Aが清書した枚数は何枚か。

ア．AとBが清書した枚数の比は，BとCが清書した枚数の比に等しい。
イ．3人の清書した枚数の和は，Aが清書した枚数の$\frac{19}{4}$倍に等しい。
ウ．Cは90枚清書した。

1　32枚
2　34枚
3　36枚
4　38枚
5　40枚

② 混合算

◆食塩水の問題がよく出題される。多くの場合，**食塩の量に着目**して解くと解きやすい。なぜなら，水を加えても蒸発させても食塩の量は変わらないからである。

●濃度

チェック

$$濃度(\%)=\frac{食塩の重さ}{食塩水の重さ}\times 100$$

【例1】 水**95g**に食塩**5g**が溶けているとき，この食塩水の濃度は何%か。

解 $\frac{5}{5+95}\times 100=5(\%)$

●食塩の重さ

チェック

$$食塩の重さ=食塩水の重さ\times\frac{濃度(\%)}{100}$$

【例2】 濃度**8%**の食塩水**200g**に，食塩は何g溶けているか。

解 $200\times\frac{8}{100}=16(\mathrm{g})$

パターン15

8%の食塩水が200g入った容器が3つある。はじめの容器にはagの水を加え，次の容器ではbgの水を蒸発させ，最後の容器には食塩をcg加えたところ，食塩水の濃度はそれぞれ5%，10%，20%となった。このとき，$a:b:c$の値はいくらか。

1 8：3：1
2 9：3：2
3 10：5：3
4 12：4：3
5 15：8：6

解法　混ぜ合わせる（または水を蒸発させる）前と後で，食塩の重さは等しいから，題意より次の3つの式が成り立つ。

$$200\times\frac{8}{100}=(200+a)\times\frac{5}{100}\qquad\therefore\quad a=120$$

$$200\times\frac{8}{100}=(200-b)\times\frac{10}{100}\qquad\therefore\quad b=40$$

$$200\times\frac{8}{100}+c=(200+c)\times\frac{20}{100}\qquad\therefore\quad c=30$$

したがって，$a:b:c=120:40:30=12:4:3$

正答　4

パターン16

16％の食塩水180gから30gを捨て真水を50g加えたのち，さらに50gを捨て真水を50g加えた。この食塩水の濃度は何％か。

1　9％
2　10％
3　11％
4　12％
5　13％

解法　「16％の食塩水180gから30gを捨て，水50gを加える」とは「16％の食塩水150gに水50gを加える」ということなので，その濃度は，

$$\frac{150\times\frac{16}{100}}{150+50}\times100=12(\%)$$

よって，このとき，12％の食塩水が200gできる。

ここから50g捨て，水50gを加えるので，

「12％の食塩水150gに水50gを加える」ことになり，その濃度は，

$$\frac{150\times\frac{12}{100}}{150+50}\times100=9(\%)$$

正答　1

練習問題

（164ページより解答・解説）

No.45 ★ 3％の食塩水500gに12％の食塩水を加えて6％の食塩水をつくりたい。12％の食塩水を何g加えればよいか。

1 150g
2 200g
3 250g
4 300g
5 350g

No.46 ★★ 水の重量の30％まで溶ける物質がある。いま，この物質を溶かした濃度20％の水溶液が300gある。この物質をあと何g溶かすことができるか。

1 12g
2 17g
3 22g
4 27g
5 32g

No.47 ★★ A，B，Cの3つの容器に，それぞれ15％，12％，8％の食塩水が入っている。AとBを混ぜると13％の，また，BとCを混ぜると10％の食塩水になるという。A，B，Cの3つを同時に混ぜると何％の食塩水になるか。

1 9％
2 10％
3 11％
4 12％
5 15％

No.48 ★★ 5%の食塩水をつくろうとして，容器に食塩24gを入れ水を加えたが，水の量を間違えて8%の食塩水をつくってしまった。あと何gの水を加えれば5%の食塩水になるか。

1 165g
2 170g
3 175g
4 180g
5 185g

No.49 ★★ 25%の食塩水がある。この食塩水から100gを捨てて150gの水を加えたところ10%の食塩水ができた。さらに50gを捨てて25gの食塩を加えると，何%の食塩水ができるか。

1 15%
2 16%
3 18%
4 20%
5 22%

No.50 ★★★ 6%の食塩水が400g入った容器Aと，濃度がわからない食塩水が200g入った容器Bがある。AとBからそれぞれ100gずつ取り出して，Aから取り出した100gをBに，Bから取り出した100gをAに入れたとき，AとBの濃度の比が5:4になった。Bの最初の濃度は何%だったか。

1 2%
2 2.5%
3 3%
4 3.5%
5 4%

③ 売買算

◆原価(仕入値), 利益, 定価, 売価の関係をしっかり整理して方程式を立てること。

●定価・原価・利益の関係

チェック

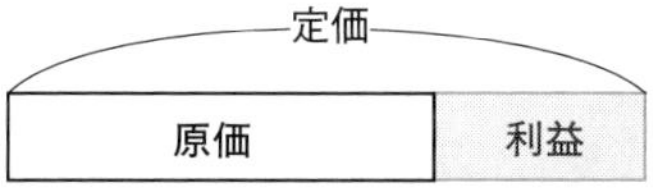

定価＝原価＋利益＝原価×(1＋利益率)

●売価・定価・原価・利益の関係

チェック

定価に対して割引きがあるとき,

売価＝定価×(1－割引率)

利益＝売価－原価

●割・分・厘・%

1割 = 0.1, 1分 = 0.01, 1厘 = 0.001, 1% = 0.01

【例1】 原価**100**円の品物に対して**1**割の利益を得たいとき, 定価をいくらにすればよいか。

解 $100 \times (1 + 0.1) = 110$(円)

【例2】 定価**400**円の品物を**25**%引きで売るとき, 売価はいくらになるか。

解 $400 \times (1 - 0.25) = 300$(円)

パターン17

定価9,000円の品物を20%引きで売ったところ, 原価の20%の利益があった。原価はいくらか。

1 6,000円
2 6,200円
3 6,400円
4 6,600円
5 6,800円

解法 原価をx円とすると, 利益＝売価－原価より,

$$0.2x = 9000 \times (1 - 0.2) - x$$

$$x = 6000(円)$$

正答 1

パターン18

定価の2割引きで売っても，なお原価の1割2分の利益があるように定価をつけるには，原価の何割増にすればよいか。

1　4割5分増

2　4割増

3　3割増

4　3割5分増

5　2割5分増

解法　原価をx円，原価のy割増の定価をつけたとすると，定価，売価，利益は次のように表すことができる。

$$\begin{cases} 定価 \quad x\left(1+\dfrac{y}{10}\right) \\ 売価 \quad x\left(1+\dfrac{y}{10}\right)\times(1-0.2)=0.8x\left(1+\dfrac{y}{10}\right) \\ 利益 \quad 0.12x \end{cases}$$

よって，

$$0.12x=0.8x\left(1+\frac{y}{10}\right)-x$$

$$12=80+8y-100$$

$$y=4(割)$$

正答　2

練習問題

（165ページより解答・解説）

No.51 ★ A商品には原価の3割増の定価をつけておいたが，売れないので定価の1割引きにした。しかしまだ売れないので，さらに200円引きにしたところようやく売れた。それでも，原価の1割5分の利益があったという。このA商品の原価はいくらか。

1　2,000円　　**2**　5,000円
3　10,000円　　**4**　11,000円
5　12,000円

No.52 ★ ある原価の品物を何個か仕入れ，利益を見込んで定価をつけた。仕入れた品物のうち半分は定価で売り，残りは定価の2割引きで売ったところ完売できた。全体として仕入総額の1割7分の利益があったとき，初めにつけた定価は原価の何割増か。

1　2割増　　**2**　2割5分増
3　3割増　　**4**　3割5分増
5　4割増

No.53 ★ ある商品の価格を2回続けて値上げした。2回目は25％の値上げであったが，結局商品の価格は最初の価格の1.5倍になったという。1回目は何％値上げしたか。

1　14％　　**2**　16％
3　18％　　**4**　20％
5　22％

No.54 ★ ある商品をA，B，Cの3店で買った。A店では定価の1割引きで何個か買い，2,880円を支払った。B店では定価の2割引きで，A店で買った個数より2個多く買い，3,200円を支払った。C店では定価どおりで，A店で買った個数より5個多く買ったとすると，C店で支払った金額はいくらか。ただし，A，B，C店でのこの商品の定価は同額とする。

1　5,000円　　**2**　5,200円
3　5,400円　　**4**　5,600円
5　5,800円

★★
No.55 ある品物を10%の廃品があると予想して，総額で12,000円の利益を得るように値段をつけたところ，実際には，14%の廃品が出たために，9,800円の利益しか得られなかった。この品物の仕入総額はいくらか。

1　36,000円　　**2**　36,500円

3　37,000円　　**4**　37,500円

5　38,000円

★★
No.56 ある商品を何個か仕入れ，360万円を支払った。この商品に3割増の定価をつけ，$\frac{1}{2}$が売れたところで原価の2割5分増の定価に減額して売れ残ったものの$\frac{1}{3}$を売った。この残りをさらに減額して売り尽くしたところ，売上総額は453万円となった。最後に売り尽くしたときの売価は原価の何割増か。

1　5分増　　**2**　1割増

3　1割5分増　　**4**　2割増

5　2割3分増

★★
No.57 3,000円でAとBの品物を合わせて10個買ったところ，100円のおつりがあった。もし，AとBの品物の個数を逆にすると，おつりが400円になるという。Aの品物1個の値段はいくらか。ただし，BはAより1個につき50円安い。

1　300円　　**2**　310円

3　320円　　**4**　330円

5　340円

④ 増減

パターン19

A社の新入社員は昨年の新入社員の20%減少で104名であった。性別では男子が30%減少し，女子が35%増加した。今年の女子社員は何名か。

1　25名
2　26名
3　27名
4　28名
5　29名

解法　昨年がもとになっているから，昨年を基準にする。昨年の新入社員の男子をx人，女子をy人とする（今年をx，yにしない方がよい）。今年の新入社員の総数は次の2通りの表し方がある。

$(x+y)\times(1-0.2)=104$　…①

$x\times(1-0.3)+y\times(1+0.35)=104$　…②

①，②の連立方程式を解いて，$x=110$，$y=20$

よって，今年の女子社員は，$20\times1.35=27$（名）

正答　3

練習問題

（166ページより解答・解説）

No.58（★） A大学の今年の学生数は2,676人である。昨年と比べると男子は10%減少し，女子は2%増加し，全体では124人減少した。昨年の男子学生数は何人か。

1 1,480人
2 1,500人
3 1,520人
4 1,540人
5 1,560人

No.59（★★） あるホテルでは観光シーズンが終わったため従業員数を前月の$\frac{2}{3}$に減らした。前月と比べて売上額も900万円減ったが，1人当たりの売上額は20%の増加であった。前月の売上額はいくらか。

1 4,200万円
2 4,500万円
3 4,800万円
4 5,100万円
5 5,400万円

No.60（★★） ある大学でA学部150人，B学部160人の学生を募集したところ，志願者は両学部を合わせて定員の9倍より36人少なかった。これは昨年に比べ総数で8%，A学部で16%，B学部で4%の増加であった。本年度のA学部の志願者は何人か。

1 964人
2 986人
3 988人
4 1,030人
5 1,050人

⑤ 仕事算

チェック

仕事率×(全体を完成させるのに要する日数, 時間)＝1

【例】 Aは1日で全体の$\frac{1}{8}$の仕事をすることができる。全体の仕事を完成させるのに何日かかるか。

解 x日かかるとする。

$$\frac{1}{8}x = 1$$

$$\therefore \quad x = 8(\text{日})$$

パターン20

A1人では8日, B1人では10日かかる仕事をAとBの2人で行う。このとき, 全体の仕事を完成させるのに何日かかるか。

1 5日
2 6日
3 7日
4 8日
5 9日

解法 Aの1日当たりの仕事率は$\frac{1}{8}$, Bの1日当たりの仕事率は$\frac{1}{10}$。A, B2人合わせた1日当たりの仕事率は$\frac{1}{8}+\frac{1}{10}=\frac{9}{40}$となる。したがって, 必要な日数は,

$$1 \div \frac{9}{40} = \frac{40}{9} = 4\frac{4}{9}$$

となり, 5日目には完成する。

正答 1

パターン21

ある仕事をするのにAはBの2倍の時間を要し，BはCの1.5倍の時間を要する。この仕事をAが1人ですると，A・B・Cの3人でするときの何倍の時間を要するか。

1　4倍
2　4.5倍
3　5倍
4　6倍
5　8倍

解法　簡略化のため，例えばCが1人でこの仕事をするとき，2時間かかるとする。

BはCの1.5倍の時間がかかるので，

B…　$2 \times 1.5 = 3$時間

AはBの2倍の時間がかかるので，

A…　$3 \times 2 = 6$時間

よって，仕事量全体を1とすると，A～Cの1時間当たりの仕事量は，

A	B	C
$\frac{1}{6}$	$\frac{1}{3}$	$\frac{1}{2}$

となる。

A，B，Cの3人でこの仕事をするのにかかる時間は，

$$\frac{1}{\frac{1}{6}+\frac{1}{3}+\frac{1}{2}} = 1\text{(時間)}$$

である。

一方，Aが1人ですると6時間かかるので，Aが1人でするのにかかる時間はA，B，Cの3人でするのにかかる時間の6倍である。

正答　4

練習問題

（167ページより解答・解説）

No.61 ★ ある仕事をAは15分，Bは30分，Cは40分でする。この仕事を3人ですると何分でできるか。

1 6分　**2** 7分
3 8分　**4** 9分
5 10分

No.62 ★ ある鉄橋の塗りかえ作業に，A組の職人は12人で30日，B組の職人は26人で15日かかるという。いま，A組の職人が10人で12日働いた後，残った仕事をB組が10日で仕上げるためには，B組の職人は何人必要か。

1 20人　**2** 25人
3 26人　**4** 27人
5 28人

No.63 ★★ ある仕事をA1人で仕上げるには12日かかる。また，B1人で仕上げるにはA，C2人で仕上げるときの2倍の日数を要し，C1人で仕上げるにはA，B2人で仕上げるときの3倍の日数を要する。B，C2人で仕上げるには何日かかるか。

1 6日　**2** 7日
3 8日　**4** 9日
5 10日

No.64 ★★ A～Dの4つの注水ポンプがある。あるプールを満水にするのに，AとBを使うと72分，CとDを使うと40分，AとCを使うと45分かかるとき，BとDを使うと何分かかるか。

1 50分　**2** 56分
3 60分　**4** 64分
5 67分

★★★

No.65 図のような正方形の花壇があり，A，B，Cの部分をそれぞれ一郎，二郎，三郎が掃除することになった。一郎は30分，二郎，三郎はそれぞれ3時間かかった。もし，AとCの部分を3人で掃除するとすれば，何時間でできるか。ただし，各人の作業の速さは常に一定とし，内部につくった四角形もすべて正方形とする。

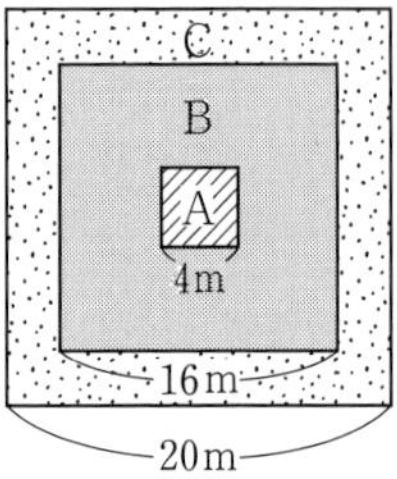

1 1時間

2 1.2時間

3 1.5時間

4 1.6時間

5 1.8時間

★★★

No.66 A，B，Cの3人が1日にする仕事量の比は2：3：5である。3人そろって仕事を始め，20日で全体の$\frac{2}{3}$の仕事を行った。その後，Aは3日休み，Bは2日休み，Cは休まず仕事を続けた。全体の仕事が終わるのは初日から数えて何日目か。

1 31日目

2 32日目

3 33日目

4 34日目

5 35日目

★★★

No.67 ある空のタンクを満水にしたい。A，B2つの管を使うと10時間かかり，Aの管だけを使うと15時間かかる。いま，A，B2つの管を使って水を入れ始めたが，途中でAの管が故障したため，その後はBの管だけを使って水を入れた。このとき，空の状態から満水になるまでに18時間かかった。A，B2つの管を使って水を入れていた時間は何時間か。

1 5時間

2 5.5時間

3 6時間

4 6.5時間

5 7時間

⑥ ニュートン算

◆未知数が3つあり，式が2つしかできないので，解けないように思えるが，最後に同じ文字で割ることができるので解くことができる。

チェック

単位時間当たりの増減量に着目して解くのがニュートン算の基本である。また，一般に次の関係が成り立っている。

初期値＋増量－減量＝残量

パターン22

ある水槽には水が満たしてあり，たえず一定量の水が流れこむような装置になっている。いま，15個ついている蛇口のうち，10個を開いて水を捨てると20分で水槽は空になる。また，8個の蛇口を開いて水を捨てると35分で水槽は空になる。では，12個の蛇口を開いて水を捨てたとき，何分でこの水槽は空になるか。

1 11分
2 12分
3 13分
4 14分
5 15分

解法 1個の蛇口から1分間に捨てる水の量をa，1分間に流れこむ水の量をb，最初に満たしてあった水の量をcとおくと，次の式が成り立つ。

(初期値)		(増量)		(減量)		(残量)	
c	$+$	20分$\times b$	$-$	20分$\times$10個 $\times a$	$=$	0	…①
c	$+$	35分$\times b$	$-$	35分$\times$ 8 個 $\times a$	$=$	0	…②

①，②より，cとbをaで表す。

②－①より，$80a = 15b$　　$\therefore\ b = \dfrac{16}{3}a$　…③

③を①に代入して，$c + 20 \times \dfrac{16}{3}a - 200a = 0$

$\therefore\ c = \dfrac{280}{3}a$　…④

12個の蛇口を開いたとき，x分間で水槽が空になるとする。

$c + x \times b - x \times 12 \times a = 0$ …⑤

これに③，④を代入して，

$$\frac{280}{3}a + \frac{16}{3}ax - 12ax = 0$$

$$\frac{20}{3}ax = \frac{280}{3}a$$

$$\therefore \quad x = 14 (\text{分})$$

正答　4

練習問題

（168ページより解答・解説）

No.68 ★ ある駅で改札を始めたとき，300人の行列ができていた。毎分15人の割合で人数が増えていく。改札口が1つのときは10分間でこの行列がなくなるという。では，改札口を3つにすると何分でこの行列がなくなるか。

1　$2\frac{1}{3}$分
2　2.5分
3　$3\frac{1}{3}$分
4　4分
5　4.5分

No.69 ★ ある水槽には同じ一定量が出る注水用の蛇口がいくつかついているが，水を入れると一定の割合で水が漏れる。空の状態で1つの蛇口から水を入れると満水になるのに1時間40分かかるが，4つの蛇口から水を入れると20分で満水になる。では，満水の状態で放置しておくと空になるのは何時間後か。

1　3.5時間後
2　4時間後
3　4.5時間後
4　5時間後
5　6時間後

No.70 ★★ 倉庫に米俵が何俵かある。毎日5台のトラックで米俵を運び入れ，一方で毎日一定の量で米俵を運び出すと，8日間でなくなる。もし，トラック7台で運び入れると，40日間でなくなる。トラック8台で10日間運び入れると，倉庫の米俵はトラック何台分になるか。

1　5台分
2　10台分
3　15台分
4　20台分
5　25台分

No.71 ★★ ある展覧会の会場のチケット売場ではすでに何人かが行列をつくっており，チケット売場の窓口が開いたあとも毎分一定の人数がやって来る。当初，窓口を4つ開けてチケットを売っていたが14分経っても行列は初めの半分にしかならなかったので，さらに窓口を2つ開けたところ9分で行列はなくなった。途中で窓口を増やすことなく10分以内で行列を解消するには，初めに少なくともいくつの窓口を開けておけばよいか。

1　8個
2　9個
3　10個
4　11個
5　12個

第3章 速 さ

① 速さ

◆速さに関する問題を解くポイントは何といっても，時間，距離，速さの3つの要素の関係をしっかりと頭に入れておくことである。また，各値の単位を統一することに注意。

チェック

速さ＝距離÷時間
距離＝速さ×時間
時間＝距離÷速さ

【例1】 **10kmの距離を2時間で走るときの速さ**

$10 \div 2 = 5$(km/時)

【例2】 **速さ200m/分で3時間走ったときの距離**

単位をkm，時間にあわせると，

200m/分 $= 0.2$km $\times 60$/時 $= 12$km/時

だから，

$12 \times 3 = 36$(km)

【例3】 **2,000mの距離を，速さ100m/分で歩くときの時間**

$2000 \div 100 = 20$(分)

パターン23

2地点間を往復するのに，その全行程の$\frac{1}{3}$ずつをそれぞれ時速24km，18km，12kmで走破した。全行程の平均の速さはおよそいくらか。

1 16.6km/時
2 17.1km/時
3 17.5km/時
4 17.8km/時
5 18.0km/時

解法　平均の速さ＝$\dfrac{\text{全行程}}{\text{全行程を行くのに要した時間}}$

いま全行程を$3l$とすると，平均の速さは，

$$\frac{3l}{\frac{l}{24}+\frac{l}{18}+\frac{l}{12}}=\frac{3l\times 72}{13l}\fallingdotseq 16.6(\text{km/時})$$

正答　1

パターン24

Aが6歩進む間にBは9歩進み，Aが18歩で進む距離をBは12歩で進む。ある距離をAは90秒かかって進んだとき，この同じ距離をBは何秒で進むか。

1　38秒
2　40秒
3　42秒
4　44秒
5　46秒

ポイント

「Aが6歩進む間にBは9歩進む」をわかりやすくするために，1秒間に歩いた歩数として考える（これをピッチという）。次に「Aが18歩で進む距離をBは12歩で進む」も同様に，1歩の長さ（ここではm単位で表す。これを歩幅という。）として考えてみる。

すると，ピッチ×歩幅＝$\dfrac{\text{歩数}}{\text{秒}}\times\dfrac{\text{m}}{\text{歩}}\Rightarrow\dfrac{\text{m}}{\text{秒}}$

これは前述の例から考えると，速さを表すものといえる。

解法　Aのピッチ：Bのピッチ＝6：9

Aの歩幅：Bの歩幅＝$\dfrac{1}{18}:\dfrac{1}{12}$

だから，AとBの速さの比は，

$$A:B=6\times\frac{1}{18}:9\times\frac{1}{12}=\frac{1}{3}:\frac{3}{4}=4:9$$

Aが90秒かかる距離は，$4\times 90=360$だから，Bはこの距離を，$360\div 9=40$（秒）で進む。

正答　2

練習問題

（169ページより解答・解説）

No.72 ★ 甲地点から乙地点まで歩くのに，Aは3km/時の速さで行くと，予定の時間より20分多くかかった。Bは4km/時の速さで行くと予定より15分早く着いた。甲地点から乙地点までの距離は何kmか。

1　5km
2　6km
3　7km
4　8km
5　9km

No.73 ★ 高速道路と一般道路の両方を使って，400km離れたA町まで自動車で行った。高速道路は平均80km/時，一般道路は平均50km/時の速さで走ったところ6時間30分かかった。400kmのうち一般道路は何kmあったか。

1　185km
2　190km
3　195km
4　200km
5　205km

No.74 ★★ A町からB町の間には上りの区間と平地の区間と下りの区間があり，上りの区間と平地の区間の距離は等しく，下りの区間は平地の区間の3倍の長さがある。いま，上りを3km/時，平地を6km/時，下りを9km/時の速さで行ったとき，平均の速さはいくらになるか。

1　5.0km/時
2　5.4km/時
3　5.6km/時
4　5.8km/時
5　6.0km/時

No.75 ★★ A氏はふもとから16km先の山の頂上に行くのに4時間36分かかった。A氏の歩く速さが，平地は4km/時，上りはその20%減，下りは平地の20%増であるとき，帰りは何時間何分かかるか。

1 3時間36分
2 3時間40分
3 3時間45分
4 3時間48分
5 3時間50分

No.76 ★★ Aは自宅からBの家に向かって最初15km/時の速さで30分走った。疲れたので15分休んで，次に12km/時の速さで20分走った。その後4km/時の速さで15分歩き，15km/時の速さで20分走ったところBの家に着いた。もし，Aが20km/時の速さで自宅からBの家まで走り続けるとすると，このときより何分早く着くか。

1 45.5分
2 46.5分
3 47.5分
4 48.5分
5 49.5分

② 旅人算

◆旅人算は，2人が反対向きに進んでいるか，同じ向きに進んでいるかを考えて立式すること。

チェック

A，Bがともに動いているとき，一方を基準とした相対的な速さは，

反対向きに進むとき，AとBの速さの和
同じ向きに進むとき，AとBの速さの差

【例1】 AとBはそれぞれ**200m/分**，**100m/分**の速さで，Aは学校から駅へ，Bは駅から学校へ走っている。**2**人が同時に走り始めたとき，**2**人が出会うのは何分後か。ただし，学校と駅の距離は**3km**である。

解 AとBは反対向きに進んでいるので，相対的な速さは，

$200+100=300$(m/分)

である。また，3km＝3000mより，

$3000\div 300=10$(分後)

に出会う。

【例2】 AはBの前方**1km**を**200m/分**の速さで学校に向かって走っている。Bも**250m/分**の速さで学校に向かって走っている。**2**人の速さが一定であるとき，BがAに追いつくのは何分後か。

解 AとBは同じ向きに進んでいるので，相対的な速さは，

$250-200=50$(m/分)

でBはAに近づく。また，1km＝1000mより，

$1000\div 50=20$(分後)

に追いつく。

パターン25

速さ18km/時のバスが駅から出発し，その8分後に速さ42km/時のタクシーが同じように駅から出発し，バスを追いかけた。タクシーがバスに追いつくのは何分後か。また，追いつく場所は駅から何km進んだところか。ただし，バスとタクシーの速さはそれぞれ一定である。

1　5分，3.5km　　**2**　6分，4.2km　　**3**　7分，4.9km
4　8分，5.6km　　**5**　9分，6.3km

解法　タクシーが出発してt時間後にバスに追いつくとする。追いつくのは，バスとタクシーの進んだ距離が等しくなったときだから，

$$18\left(t+\frac{8}{60}\right)=42t$$

$$\therefore\quad t=\frac{1}{10}\text{(時間)}=6\text{(分)}$$

また，進んだ距離は，

$$42\times\frac{1}{10}=4.2\text{(km)}$$

正答　2

パターン26

池の周囲のある地点から，AとBが反対向きに歩き出したところ10分後に出会った。この地点からAとBが同じ向きに歩き出すと1時間10分後にAがBに追いついた。Aの速さが80m/分であるとき，Bの速さはいくらか。ただし，2人の速さはそれぞれ一定である。

1　55m/分　　**2**　58m/分　　**3**　60m/分
4　62m/分　　**5**　64m/分

解法　池の周囲をlm，Bの速さをbm/分とする。BからAを見たときの相対的な速さは，反対向きに歩くときが$80+b$，同じ向きに歩くときが$80-b$である。出会ったり追いついたりするのは，BからAまでの距離が池の周囲と等しくなったときだから，

$$\begin{cases}(80+b)\times 10=l & \cdots①\\(80-b)\times 70=l & \cdots②\end{cases}$$

①，②より，$b=60$(m/分)

正答　3

練習問題

（170ページより解答・解説）

No.77 ★ A，Bが水泳大会の100m自由型に出場した。Aが50mのターンをしたときのタイムは30秒で，その2秒後にBとすれ違った。A，Bとも一定の速さで泳ぐとき，Bのゴールタイムは何秒か。

1 約68.0秒
2 約68.2秒
3 約68.3秒
4 約68.4秒
5 約68.6秒

No.78 ★ 2,400m離れたA，B間を一郎はAからBに向かって，二郎はBからAに向かって同時に出発した。一郎は24分後にBに着き，二郎は30分後にAに着いた。一郎と二郎が途中ですれ違ったのは，出発してから何分後か。ただし，2人の速さはそれぞれ一定である。

1 13分
2 13分20秒
3 13分40秒
4 14分
5 14分20秒

No.79 ★★ 60km離れた甲，乙間をA，B2人が同時に甲から乙に向かって出発した。Aの速さがBの速さより2km/時速かったので，AはBより5時間早く乙に着いた。Aの速さはいくらか。

1 4.5km/時
2 5km/時
3 5.5km/時
4 6km/時
5 6.5km/時

★★
No.80 甲，乙2地点がある。Aは甲から乙へ，Bは60m/分の速さで乙から甲へ同時に出発した。その何分か後，Cが甲を出発し，160m/分の速さでAを追いかけた。5分後にAに追いつき，そのまま乙に向かって行ったところ，さらに3分後にBと出会った。BはCと出会った3分後にAと出会った。甲乙間の距離は何mか。ただし，3人の速さはそれぞれ一定である。

1 2,400m　**2** 2,410m　**3** 2,420m
4 2,430m　**5** 2,440m

★★
No.81 一周3,600mの池の周囲を，A，Bはそれぞれ300m/分，240m/分の速さでともに左回りに，Cは180m/分の速さで右回りに，同じ地点から同時に出発したが，AとCは出会うと2人とも今までとは逆方向に進み出した。このとき，AとCが出会ってからBがCを追い抜くのは，出発してから何分後か。ただし，3人の速さはそれぞれ一定である。

1 12分後　**2** 13分後　**3** 14分後
4 15分後　**5** 16分後

★★
No.82 池の周囲をA，B2人がそれぞれ一定の速さでジョギングをする。BがP地点を出発した10分後にAは同じ地点を出発してBとは反対回りに走りはじめ，5分後に初めてBとすれ違った。その6分後にBはP地点を通過した。BがAと2回目にすれ違うのは，Bが出発してから何分後か。

1 $24\frac{6}{11}$分後　**2** $24\frac{9}{11}$分後
3 $25\frac{2}{11}$分後　**4** $25\frac{5}{11}$分後
5 $25\frac{8}{11}$分後

③ 通過算

チェック

通過に要する時間＝(列車の長さ＋トンネル，橋の長さ)÷速さ
すれ違いに要する時間＝列車の長さの和÷速さの和
追い越しに要する時間＝列車の長さの和÷速さの差

パターン27

長さ200mの列車が72km/時の速さで鉄橋を渡りきるのに35秒かかった。鉄橋の長さは何mか。

1　500m
2　600m
3　640m
4　720m
5　760m

解法　72km/時＝20m/秒である。鉄橋の長さをxmとする。渡りきるというのは，最前部が渡り始めてから最後尾が渡り終わるまでのことを指すので，この間に列車が進む距離は，$(x+200)$mとなる。

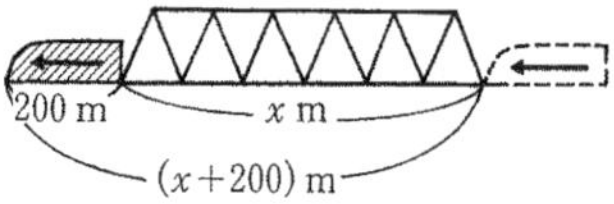

$$20\times 35 = x + 200$$
$$\therefore\quad x = 500(\mathrm{m})$$

正答　1

パターン28

長さ103m，速さ16m/秒の上り列車と，長さ149mの下り列車が出会ってから離れるのに9秒かかった。下り列車の速さはいくらか。

1　10m/秒

2　11m/秒

3　12m/秒

4　13m/秒

5　14m/秒

解法　下り列車の速さをvm/秒とする。下り列車を基準とした相対的な速さは，反対向きに進んでいるので$16+v$である。9秒間に$(103+149)$m進むと考えればよいから，

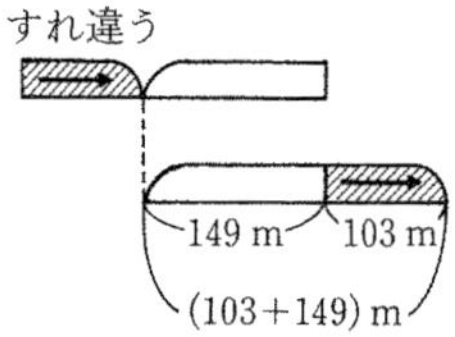

$$(16+v)\times 9=103+149$$

$$v=12(\text{m/秒})$$

正答　3

練習問題

（172ページより解答・解説）

No.83★ 等速で走っている列車がある。長さ220mの鉄橋を渡り終わるのに20秒かかり，長さ980mのトンネルに列車の最後尾が入ってから最前部が出るまでに40秒かかった。この列車の速さはいくらか。

1 64km/時　　**2** 68km/時
3 72km/時　　**4** 76km/時
5 80km/時

No.84★ 長さ95mの列車が電柱を通り過ぎるのに5秒かかった。この列車が2倍の速さでトンネルを通過し終わるのに20秒かかった。トンネルの長さは何mか。

1 570m　　**2** 605m
3 630m　　**4** 650m
5 665m

No.85★ A駅とB駅の間の複々線は，普通電車と急行電車の線路が並行している。いま，長さ200mの普通電車が速さ23.4km/時で走っている。その後から，長さ185mの急行電車が速さ36km/時で走っている。急行電車が，普通電車に追いついてから追い越すまでに何分かかるか。

1 1分30秒　　**2** 1分50秒
3 1分55秒　　**4** 2分00秒
5 2分50秒

No.86★★ 速さが同じである普通列車A，Bがあり，Aの列車の長さはBの長さの2倍である。いま，A，Bが完全にすれ違うのに30秒かかった。このとき，列車の長さがBの2倍で，速さがBの$\frac{4}{3}$倍の特急列車がAに追いついてから追い越すまでに何分かかるか。

1 3分40秒　　**2** 3分50秒
3 4分　　**4** 4分10秒
5 4分20秒

④ 流水算

◆川の流れにのって川を下るときには，静水での速さと川の流れの速さを足し，川の流れに逆らって川を上るときには，静水での速さから川の流れの速さを引くこと。これが基本となり，飛行機，エスカレーターなどの問題も同様にして解くことができる。

チェック

上りの速さ＝静水での速さ－流れの速さ　…①
下りの速さ＝静水での速さ＋流れの速さ　…②

【例1】　静水での速さが**20km/**時のボートがある。川の流れの速さが**5km/**時である川を，上流に向かってこのボートで**30km**進んだ。かかった時間はいくらか。

解　上りの速さは20－5＝15(km/時）となるので要した時間は，

30÷15＝2(時間)

●静水での速さ

上記①，②を変形する。まず，①＋②より，

(上りの速さ＋下りの速さ)＝2×静水での速さ

したがって，次の式が成り立つ。

チェック

静水での速さ＝(上りの速さ＋下りの速さ)×$\frac{1}{2}$　…③

●流れの速さ

同様に，②－①より，

(下りの速さ－上りの速さ)＝2×流れの速さ

したがって，次の式が成り立つ。

チェック

流れの速さ＝(下りの速さ－上りの速さ)×$\frac{1}{2}$　…④

【例2】　川を上るときのボートの速さが**12km/**時で，川を下るときの速さが**20km/**時であることがわかっているとき，この川の流れの速さはいくらか。また，静水でのボートの速さはいくらか。

解 川の流れの速さは，④の式より，

$$(20-12)\times\frac{1}{2}=4(\text{km/時})$$

ボートの速さは，③の式より，

$$(20+12)\times\frac{1}{2}=16(\text{km/時})$$

パターン29

流れの速さが3km/時の川の上流と下流にあるA，B両地点を船で往復する。下りに要する時間が上りに要する時間の2分の1であるとき，この船の静水での速さはいくらか。

1 8.5km/時
2 9km/時
3 9.5km/時
4 10km/時
5 10.5km/時

解法 静水での船の速さを$x$km/時，A，B間の距離を$l$kmとすると，

上りに要する時間は，$\frac{l}{x-3}$(時間)

下りに要する時間は，$\frac{l}{x+3}$(時間)

題意より，

$$\frac{l}{x+3}=\frac{1}{2}\times\frac{l}{x-3}$$

$l\neq 0$より，両辺をlで割って，

$$\frac{1}{x+3}=\frac{1}{2}\times\frac{1}{x-3}$$

$$x=9(\text{km/時})$$

正答　2

練習問題

（173ページより解答・解説）

★
No.87 ある川のA地点から上流のB地点まで，船で行くのに25分かかった。帰りに同じ船でB地点からA地点まで行くのに20分かかる予定であったが，船が出発して15分後，エンジンが故障してしまった。このまま川の流れにまかせたとき，A地点に着くのはB地点を出てから何分後か。ただし，静水での船の速さは一定とし，川の流速も一定とする。

1 50分
2 55分
3 1時間
4 1時間5分
5 1時間10分

★
No.88 川に沿った2つの地点A，Bを往復する船がある。グラフはその時間と距離の関係を表している。AB間のC地点では，行きの船が通ってから，2時間40分後に帰りの船が通る。C地点はA地点から何kmのところにあるか。ただし，B地点での停泊の時間は考えないものとする。

1 18km
2 20km
3 22km
4 23km
5 24km

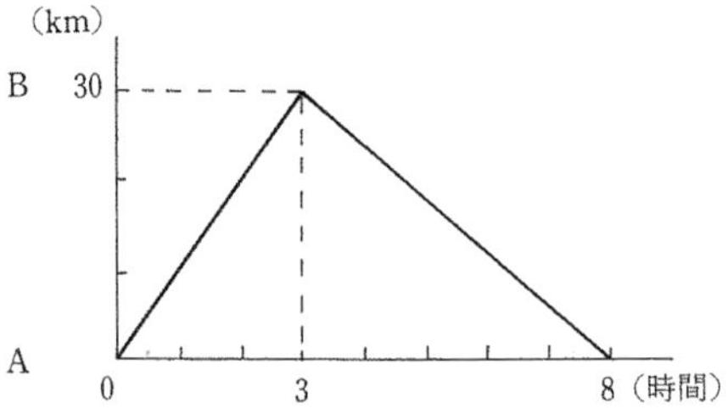

★★
No.89 上りのエスカレーターがある。ある人が1階から，このエスカレーターの上に乗り，38段だけ進んだら，2階に着いた。次は，2階からこのエスカレーターに乗り，エスカレーターの進行方向とは逆向きに256段だけ降りたら，1階に着いた。人の歩く速さは一定とすると，この人の歩く速さは，エスカレーターの速さの何倍か。

1 約0.83倍
2 約1.15倍
3 約1.35倍
4 約1.47倍
5 約1.72倍

No.90 ★ 静水上での速さが時速12kmで一定の船がある。この船がある川の上流のA地点から下流のB地点までを一往復したところ，所要時間は48分だった。川の流速は場所によらず時速3kmで一定であるとすると，二地点AB間の距離はいくらか。

1 3.6km

2 4.5km

3 5.4km

4 6.0km

5 6.6km

No.91 ★★ ある川の上流と下流にある2地点間を船で往復したところ，川を上るときの所要時間が下りの所要時間の1.8倍かかった。この船の静水での速さが時速21kmで一定であるとき，この川の流速はいくらか。

1 時速5km

2 時速6km

3 時速7km

4 時速8km

5 時速9km

⑤ 時計算

長針と短針が重なる ⟶ 2つの針のつくる角度が0°

長針と短針が反対方向に一直線 ⟶ 2つの針のつくる角度が180°

チェック

短針は，1時間に30°回転，1分間に0.5°回転する。

長針は，1時間に360°，1分間に6°回転する。

パターン30

午前2時と午前3時の間で，時計の長針と短針が一直線になる時刻は午前2時何分か。

1 $43\frac{5}{11}$分

2 $43\frac{6}{11}$分

3 $43\frac{7}{11}$分

4 $43\frac{8}{11}$分

5 $43\frac{9}{11}$分

解法 午前2時x分に長針と短針が一直線になるとする。

長針が回転した角度は，1分で6°なので，$6x$（図中①）。

短針が回転した角度は，1分で0.5°なので，$0.5x$（図中②）。これに2時までの回転角度60°を加えたもので考える。一直線は180°だから，

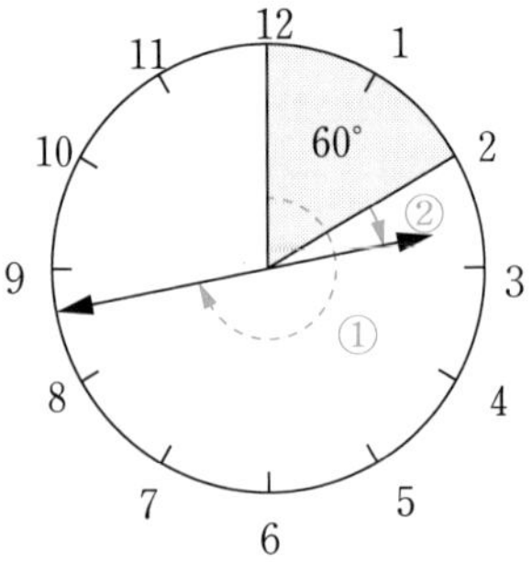

$$6x-(60+0.5x)=180$$

$$x=\frac{480}{11}=43\frac{7}{11}$$

正答 3

練習問題

（174ページより解答・解説）

No.92 ★ 4時と5時の間で時計の長針と短針の重なる時刻は4時何分か。

1　$21\frac{8}{11}$分　　2　$21\frac{9}{11}$分

3　$21\frac{10}{11}$分　　4　22分

5　$23\frac{1}{11}$分

No.93 ★★ 7時と8時の間で，0時（12時）の目盛りをはさんで，長針と短針が左右対称になるのは7時何分か。

1　$19\frac{5}{11}$分　　2　$22\frac{10}{11}$分

3　$23\frac{1}{13}$分　　4　$24\frac{2}{13}$分

5　$27\frac{3}{11}$分

No.94 ★★ 10時から11時の間では時計の長針と短針のなす角が直角になるときが2回ある。1回目に直角になった後，2回目に直角になるまでに何分かかるか。

1　30分　　2　$31\frac{2}{11}$分

3　$31\frac{6}{11}$分　　4　32分

5　$32\frac{8}{11}$分

第4章　確　率

1　場合の数

◆起こり得るすべての場合を，もれなく，また，重複することなく数え上げることが重要である。そのためには，適当な方針を定め，その方針に従って順次整理しながら考えていくとよい。

●和の法則

同時に起こらない2つの事柄A，Bがあって，Aの起こり方が**m通り**，Bの起こり方が**n通り**であるとき，AまたはBの起こる場合の数は，$m+n$通りである。

●積の法則

事柄Aの起こり方が**m通り**で，その各々の起こり方に対して事柄Bの起こり方が**n通り**であるとき，AとBがともに起こる場合の数は，$m\times n$通りである。

パターン31

図のような円グラフの5ヵ所を隣り合う部分が同じ色にならないように，赤，青，黄の3色を使って塗り分けたい。全部で何通りの塗り方があるか。ただし，3色のうち使わない色があってもよい。

1　27通り
2　30通り
3　36通り
4　48通り
5　60通り

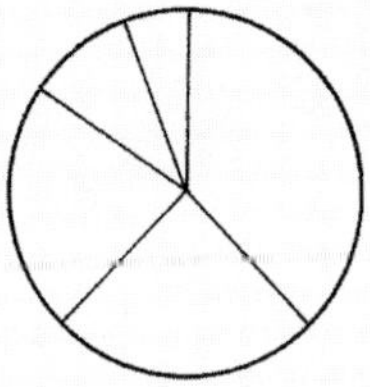

解法　5ヵ所を図のようにA～Eとする。隣り合う部分が同じ色にならないように考えながら樹形図をつくる。

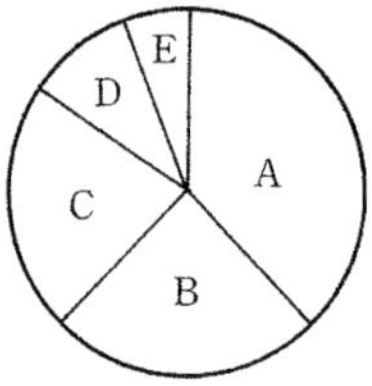

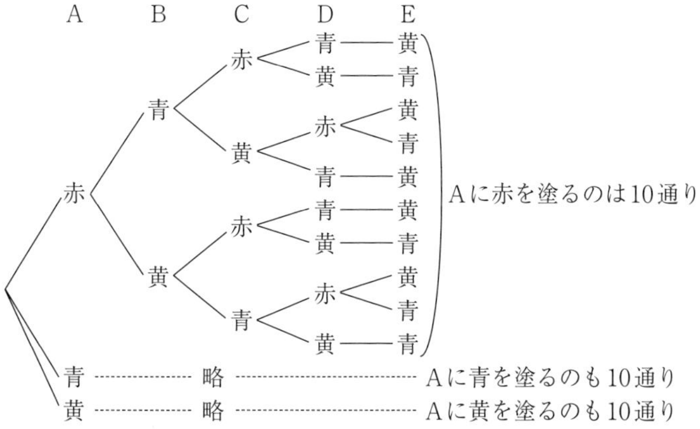

したがって，すべての塗り方は30通りである。

正答　2

パターン32

A市からE市に行くには図のような道がある。A市からE市へ行くには全部で何通りの方法があるか。ただし，逆もどりはしないものとする。

1　14通り
2　16通り
3　18通り
4　20通り
5　22通り

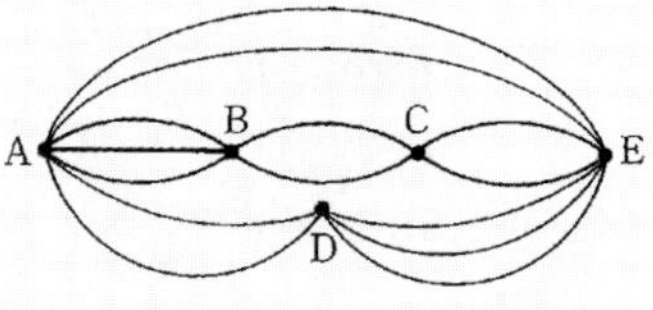

解法　(ア)A→B→C→Eの場合
(イ)A→D→Eの場合
(ウ)A→Eの場合
に場合分けして考える。
(ア)のとき，積の法則より，$3 \times 2 \times 2 = 12$(通り)
(イ)のとき，積の法則より，$2 \times 3 = 6$(通り)
(ウ)のとき，2通り
したがって，全体では，和の法則より，
$12 + 6 + 2 = 20$(通り)

正答　4

練習問題

（175ページより解答・解説）

★
No.95　A～Eの5つの町があり，図のような道路で結ばれている。A町からB町へ行くには全部で何通りの方法があるか。ただし，1つの町を2回以上通ってはならないものとする。

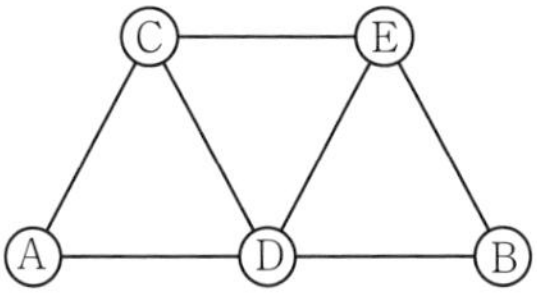

1　5通り
2　6通り
3　7通り
4　8通り
5　9通り

★
No.96　52枚のトランプの中から1枚引き，出た数字と同じ目盛りだけ図の数字盤の針を時計回りに動かすことを2回続けて行う。この2回の移動で針が8の位置にくるようなトランプの引き方は全部で何通りあるか。ただし，トランプのマークが違っていても，数字が同じであれば1通りとする。

1　4通り
2　7通り
3　10通り
4　14通り
5　16通り

★★
No.97　1から10までのトランプカード10枚の中から同時に7枚を抜きとり，その和が40になるようにしたい。全部で何通りの組合せができるか。

1　6通り　　**2**　7通り　　**3**　9通り
4　10通り　　**5**　12通り

★★
No.98　[0][0][1][1][2][3][4]の7枚のカードがある。これらのカードを使ってできる3桁の偶数は全部で何通りあるか。

1　37通り　　**2**　38通り　　**3**　39通り
4　40通り　　**5**　41通り

② 順列

◆n個の異なるものの中からr個を取り出して1列に並べたものを，n個のものからr個とる順列といい，その総数を${}_n\mathrm{P}_r$で表す。

チェック

$$ {}_n\mathrm{P}_r = \underbrace{n(n-1)(n-2)\cdots\cdots(n-r+1)}_{r\text{個の積}} = \frac{n!}{(n-r)!} $$

特に，$r=n$のとき，

$$ {}_n\mathrm{P}_n = n(n-1)(n-2)\cdots\cdots 3\cdot 2\cdot 1 = n! \quad (0!=1\text{とする。}) $$

└ nの階乗と読む

【例1】 異なる6個のものの中から3個を取り出して並べる順列の総数

6からかけ始めて

$$ {}_{⑥}\mathrm{P}_{③} = 6\times 5\times 4 = 120(\text{通り}) $$

3個かける

【例2】 異なる4個のものを1列に並べる順列の総数

$$ {}_4\mathrm{P}_4 = 4! = 4\cdot 3\cdot 2\cdot 1 = 24(\text{通り}) $$

●同じものを含む順列

チェック

n個のものの中に，p個，q個，r個，……の同じものがあるとき，これらのn個のものを1列に並べる順列の総数は，

$$ \frac{n!}{p!\,q!\,r!\cdots} \quad (p+q+r+\cdots\cdots=n) $$

【例3】 [1][1][1][2][2][3][4]の7枚のカードすべてを使って1列に並べると全部で何通りの数ができるか。

解 [1]が3枚，[2]が2枚あるので，

$$ \frac{7!}{3!2!} = \frac{7\cdot 6\cdot 5\cdot 4\cdot 3\cdot 2\cdot 1}{3\cdot 2\cdot 1\cdot 2\cdot 1} = 420(\text{通り}) $$

●円順列

チェック

異なるn個のものを円形に並べる順列の総数は，

$$ (n-1)! $$

【例4】 **異なる5色の玉を円形に並べる順列の総数**

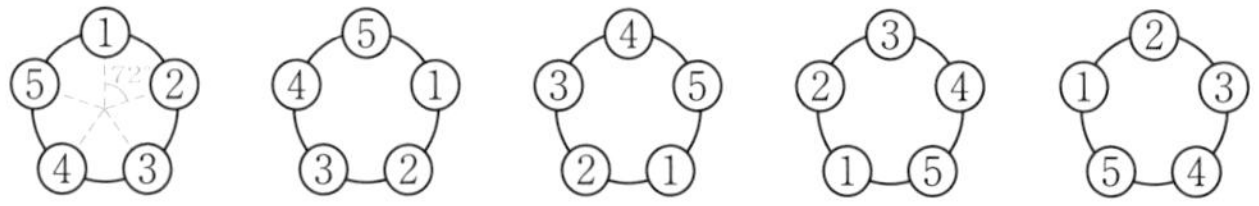

$_5P_5=5!$のうち，前図左端にある並び方を72°ずつ回転させると，5つは同じ並び方になるので，

$$\frac{5!}{5}=\frac{5\cdot4\cdot3\cdot2\cdot1}{5}=4!=24(\text{通り})$$

なお，円順列は円形だけでなく，正方形，正三角形などの正多角形にも同様に応用できる。

●数珠《じゅず》順列

特に，円順列の中で裏返しができる場合は，次図のようになり，$(n-1)!\div2$となる。

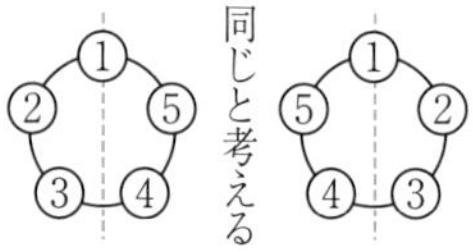

【例5】 **異なる5色の玉に糸を通して輪をつくるときの順列の総数**

$$\frac{(5-1)!}{2}=12(\text{通り})$$

●重複順列

チェック

異なるn個のものから，繰り返しとることを許して，r個取り出して並べたものを**重複順列**という。その総数はn^rである。この場合は，$n<r$でもよい。

【例6】 **1，2，3，4の4個の数字を使って3桁の整数は全部で何個つくれるか。ただし，同じ数字を繰り返し使ってよいものとする。**

解 百の位……1，2，3，4の4通り
十の位……1，2，3，4の4通り
一の位……1，2，3，4の4通り

したがって，

$$4\times4\times4=4^3=64(\text{個})$$

パターン33

$\boxed{1}$～$\boxed{9}$の9枚のカードの中から3枚を取り出して3桁の整数をつくりたい。全部で何通りできるか。

1 504通り

2 520通り

3 620通り

4 680通り

5 810通り

解法 9枚の異なるカードから3枚取り出して1列に並べる順列なので,

$${}_9P_3 = 9 \cdot 8 \cdot 7 = 504(\text{通り})$$

正答 1

パターン34

7個の数字0，1，2，3，4，5，6の中から異なる5個の数字を使って5桁の整数をつくりたい。全部で何通りできるか。

1 2,140通り

2 2,160通り

3 2,180通り

4 2,200通り

5 2,400通り

解法 0が万の位にくることはないので，万の位は0以外の6通り，これ以下の位は0を含めて残りの6個の数字から4個を選んで1列に並べる順列になるので，${}_6P_4$(通り)。したがって,

$$6 \times {}_6P_4 = 6 \times 6 \cdot 5 \cdot 4 \cdot 3 = 2160(\text{通り})$$

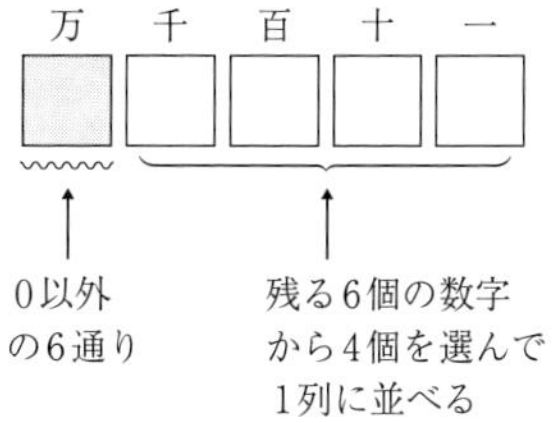

正答 2

パターン35

$\boxed{1}\boxed{2}\boxed{2}\boxed{3}\boxed{3}\boxed{3}\boxed{3}$の7枚のカードをすべて使って整数をつくりたい。全部で何通りできるか。

1　90通り

2　96通り

3　100通り

4　105通り

5　110通り

解法　7枚のうち$\boxed{2}$が2枚，$\boxed{3}$が4枚あるから，

$$\frac{7!}{2!4!} = \frac{7 \cdot 6 \cdot 5 \cdot 4 \cdot 3 \cdot 2 \cdot 1}{2 \cdot 1 \cdot 4 \cdot 3 \cdot 2 \cdot 1} = 105(\text{通り})$$

正答　4

パターン36

5人が1列に並ぶ並び方と丸いテーブルのまわりに並ぶ並び方の差は何通りか。ただし，回転して同じになるものは1通りと考える。

1　94通り

2　96通り

3　98通り

4　100通り

5　102通り

解法　1列に並ぶ並び方は，$5! = 5 \cdot 4 \cdot 3 \cdot 2 \cdot 1 = 120$(通り)

5人の円順列は，$(5-1)! = 4! = 4 \cdot 3 \cdot 2 \cdot 1 = 24$(通り)

したがって，

$120 - 24 = 96$(通り)

正答　2

パターン37

4人がA，B，Cの3つの部屋に入る。誰も入らない部屋があってもよいとするとき，部屋に入る方法は全部で何通りあるか。

1　56通り
2　64通り
3　81通り
4　90通り
5　96通り

解法　4人を①，②，③，④で表す。まず，①の部屋の選び方はA，B，Cの3通りある。同様に②～④に対してもそれぞれ3通りずつある。したがって，

$3^4 = 81$（通り）

正答　3

練習問題

（175ページより解答・解説）

No.99★ 1から7までの7個の数字から異なる4個の数字を使ってできる4桁の奇数は，全部で何通りあるか。

1 480通り
2 600通り
3 720通り
4 840通り
5 960通り

No.100★ 赤，白，黄，緑，青，紫の6個の玉をつないでブレスレットをつくると，何通りのブレスレットができるか。ただし，回転したり裏返したりすると同じになるものは1通りとみなす。

1 60通り
2 120通り
3 360通り
4 600通り
5 720通り

No.101★★ A～Gの7人が円卓のまわりに座るとき，A～Cの3人が一かたまりになって座る方法はX通りあり，A～Cのうちどの2人も隣り合わない座り方はY通りあるとする。XとYの差はいくらか。

1 0　**2** 4　**3** 8　**4** 12　**5** 16

No.102★ 赤いシール2枚，青いシール3枚，白いシール2枚を図のような場所に1枚ずつ貼るとき，全部で何通りの貼り方があるか。

1 180通り
2 206通り
3 210通り
4 240通り
5 256通り

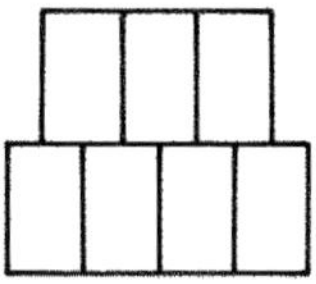

No.103 ★★ 男子4人，女子3人が1列に並ぶものとする。このとき，(ア)両端に男子がくる並び方と，(イ)女子3人が隣り合って並ぶ並び方の差は何通りか。

1 720通り
2 760通り
3 800通り
4 840通り
5 880通り

No.104 ★★ 0から5までの6個の数字から異なる3個の数字を使ってできる3桁の偶数は，全部で何通りあるか。

1 52通り
2 54通り
3 56通り
4 58通り
5 60通り

No.105 ★★ 正方形のテーブルがあり，各辺には2人ずつ，計8人が座るとする。全部で何通りの座り方があるか。

1 384通り
2 1,440通り
3 5,040通り
4 10,080通り
5 40,320通り

No.106 ★ 各位の数字がすべて異なる3桁の整数のうち，各位の数の和が9になるものはいくつあるか。

1 30個
2 32個
3 34個
4 36個
5 42個

★★
No.107　$\boxed{3}\boxed{4}\boxed{5}$のカードがそれぞれ1枚ずつあり，$\boxed{6}$のカードが3枚ある。この6枚のカードの中から3枚のカードを選んで3桁の整数をつくりたい。全部で何通りできるか。

1　33通り
2　34通り
3　43通り
4　44通り
5　53通り

★★
No.108　男子2人と女子4人がいる。6人が1列に並ぶ並び方と男子の間に女子が2人入って6人が並ぶ並び方の和は何通りか。

1　824通り
2　834通り
3　844通り
4　854通り
5　864通り

★★
No.109　正四面体の4つの面を白，黒，赤，青の4色で塗り分けたい。また，正四角すいの5つの面を白，黒，赤，青，緑の5色で塗り分けたい。それぞれの異なる塗り分け方の和は何通りか。

1　30通り
2　31通り
3　32通り
4　33通り
5　34通り

★★
No.110　立方体の6面を赤，青，黄，緑，白，黒の6色で1面ずつ異なる色で塗る方法は何通りあるか。ただし，回転すると同じになるものは1通りとみなす。

1　30通り
2　60通り
3　120通り
4　180通り
5　720通り

★★★
No.111 1から6までの6個の数字から異なる3個の数字を使ってできる3桁の整数の総和はいくらか。

1 46,620

2 46,720

3 46,920

4 47,620

5 47,820

★★★
No.112 0，1，1，2，2，3，4の7個の数字のうち3個の数字を使って3桁の整数をつくるとき，3の倍数は何個できるか。

1 22個

2 23個

3 24個

4 25個

5 26個

★★
No.113 図のような3つの部分に区切られた旗を，赤・白・青・緑4色のうち何色かを用いて塗り分ける方法は何通りあるか。ただし，隣り合う部分には異なる色を塗るものとする。

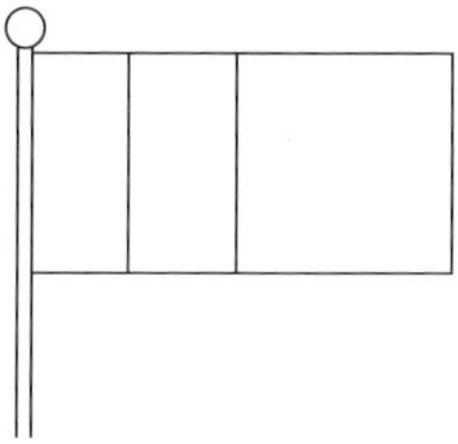

1 18通り

2 24通り

3 36通り

4 48通り

5 64通り

③ 組合せ

◆順列の場合は取り出して**並べる**のであるが，組合せは**取り出す**だけである（順番は無関係）。

相異なるn個のものからr個を取り出して組にすることを**組合せ**といい，その総数を$_n\mathrm{C}_r$で表す。

チェック

$$_n\mathrm{C}_r=\frac{_n\mathrm{P}_r}{r!}=\frac{n(n-1)(n-2)\cdots\cdots(n-r+1)}{1\cdot2\cdot3\cdots\cdots r}=\frac{n!}{r!(n-r)!}$$

また，n個からr個を取り出すということは，n個から$(n-r)$個を残すということなので，次の式が成り立つ。

$$_n\mathrm{C}_r={}_n\mathrm{C}_{n-r}$$

【例1】　**異なる6個から3個を取り出す組合せの総数**

$$_6\mathrm{C}_3=\frac{_6\mathrm{P}_3}{3!}=\frac{6\cdot5\cdot4}{3\cdot2\cdot1}=20\text{（通り）}$$

【例2】　**異なる10個から8個を取り出す組合せの総数**

$$_{10}\mathrm{C}_8={}_{10}\mathrm{C}_{10-8}={}_{10}\mathrm{C}_2=\frac{_{10}\mathrm{P}_2}{2!}=\frac{10\cdot9}{2\cdot1}=45\text{（通り）}$$

●**重複組合せ**

チェック

相異なるn個から同じものを繰り返してとることを許してr個を取る組合せの総数は，

$$_{n+r-1}\mathrm{C}_r$$

【例3】　**a，b，cの3つの文字から，重複を許して5個を選ぶ組合せは全部で何通りあるか。ただし，選ばない文字があってもよいものとする。**

解　$_{3+5-1}\mathrm{C}_5={}_7\mathrm{C}_5={}_7\mathrm{C}_2=\dfrac{7\cdot6}{2\cdot1}=21$（通り）

別解　5個の○を1列に並べたところに2つの仕切り（|で表す）を入れ，仕切りの左側にはa，仕切りと仕切りの間にはb，仕切りの右側にはcを入れる。例えば，

○|○ ○|○ ○　は　abbcc

○ ○|○ ○ ○|　は　aabbb

○ ○ ○||○ ○　は　aaacc

を表す。どのような場合も，このように5個の○と2つの仕切り｜で表すことができる。つまり，5個の○と2つの仕切り｜の合計7個のものを並べたとき，仕切り2つがどの位置に入るかで決まる。したがって，

$$ {}_7C_2 = \frac{7 \cdot 6}{2 \cdot 1} = 21\text{(通り)} $$

また，5個の○と2つの仕切り｜の合計7個を1列に並べる順列の総数(同じものを含む順列)とも考えることができるので，

$$ \frac{7!}{5!2!} = \frac{7 \cdot 6 \cdot 5 \cdot 4 \cdot 3 \cdot 2 \cdot 1}{5 \cdot 4 \cdot 3 \cdot 2 \cdot 1 \cdot 2 \cdot 1} = 21\text{(通り)} $$

パターン38

A～Iの9人の子どもの中から無条件に3人を選ぶ選び方と，3人の中にBを含まないようにして選ぶ選び方の差はいくらか。

1　26通り
2　28通り
3　30通り
4　32通り
5　34通り

解法　9人の子どもの中から3人を選び出す方法は，

$$ {}_9C_3 = \frac{9 \cdot 8 \cdot 7}{3 \cdot 2 \cdot 1} = 84\text{(通り)} $$

Bを含まない選び方は，AとC～Iの8人の中から3人を選ぶということなので，

$$ {}_8C_3 = \frac{8 \cdot 7 \cdot 6}{3 \cdot 2 \cdot 1} = 56\text{(通り)} $$

よって，84 − 56 = 28(通り)

正答　2

パターン39

6人の生徒を次の(ア), (イ), (ウ)の3つの方法でグループ分けしたい。3つの分け方の和はいくらか。

(ア)　1人, 2人, 3人の3つのグループに分ける。

(イ)　2人ずつの3つのグループに分けて, それぞれをA, B, C組として区別する。

(ウ)　2人ずつの3つのグループに分ける。

1　155通り

2　165通り

3　175通り

4　185通り

5　195通り

解法　(ア)　6人から1人選ぶのは, ${}_6C_1 = 6$(通り)

残り5人から2人選ぶのは, ${}_5C_2 = \dfrac{5 \cdot 4}{2 \cdot 1} = 10$(通り)

残り3人から3人選ぶのは, ${}_3C_3 = 1$(通り)

以上より, $6 \times 10 \times 1 = 60$(通り)

(イ)　A組は6人から2人選ぶので, ${}_6C_2 = \dfrac{6 \cdot 5}{2 \cdot 1} = 15$(通り)

B組は残り4人から2人選ぶので, ${}_4C_2 = \dfrac{4 \cdot 3}{2 \cdot 1} = 6$(通り)

C組は残り2人から2人選ぶので, ${}_2C_2 = 1$(通り)

以上より, $15 \times 6 \times 1 = 90$(通り)

(ウ)　(イ)においてA, B, Cの区別をなくして,

$\dfrac{90}{3!} = 15$(通り)

よって, (ア)+(イ)+(ウ)$= 60 + 90 + 15 = 165$(通り)

正答　2

※　(イ)と(ウ)の違いについて

例えば6人を①～⑥とすると, (イ)ではA(①,②)B(③,④)C(⑤,⑥)とA(③,④)B(①,②)C(⑤,⑥)は異なるものとしている。ところが, (ウ)では, A, B, Cの区別がなくただ3組に分けるだけなのでこれを同じものとしている。

パターン40

a，b，cの3つの文字をかけ合わせてできる7次の項は全部で何通りあるか。ただし，使わない文字があってもよいものとする。

1 28通り
2 30通り
3 32通り
4 34通り
5 36通り

解法　3個の異なるものから重複を許して7個を取り出す重複組合せなので，

$$ {}_{3+7-1}C_7 = {}_9C_7 = {}_9C_2 = \frac{9 \cdot 8}{2 \cdot 1} = 36(\text{通り}) $$

正答　5

練習問題

（178ページより解答・解説）

No.114 ★ 図のように円周上に10個の点がある。これらの点のうち4点を頂点とする四角形は全部でいくつあるか。

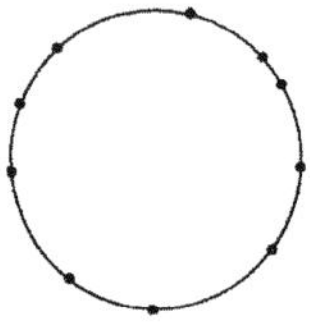

1　140個
2　160個
3　180個
4　200個
5　210個

No.115 ★ [A][B][C][D][E][F]の6枚のカードの中から4枚のカードを取り出す組合せは全部で何通りあるか。

1　13通り
2　14通り
3　15通り
4　16通り
5　17通り

No.116 ★ 男子10人，女子6人の中から3人の委員を選ぶとき，男子，女子とも最低1人は含まれる選び方は何通りあるか。

1　350通り
2　420通り
3　480通り
4　520通り
5　560通り

No.117 ★ 黒の碁石5個，白の碁石4個を1列に並べるとき，白の碁石が隣り合わない並べ方は全部で何通りあるか。

1　8通り
2　15通り
3　16通り
4　18通り
5　25通り

★
No.118 かき，みかん，りんごの3種類の果物がある。これらの果物の中から合計6個を選ぶとき，全部で何通りの選び方があるか。ただし，それぞれの果物を少なくとも1個は選ぶものとする。

1 6通り
2 8通り
3 10通り
4 12通り
5 14通り

★★
No.119 12人の生徒を(ア)2人，4人，6人の3組に分ける方法と，(イ)4人ずつの3組に分ける方法の差はいくらか。

1 8,045通り
2 8,055通り
3 8,065通り
4 8,075通り
5 8,085通り

★★
No.120 平面上に平行な2本の直線lとmがある。l上には点が5個，m上には点が7個あり，これら12個の点のうち3個の点を結んで三角形をつくる。このとき，三角形は全部でいくつできるか。

1 175個
2 180個
3 185個
4 190個
5 195個

★★
No.121 互いに平行な6本の直線と，4本の直線がある。この図の中に平行四辺形は全部でいくつあるか。

1 60個
2 72個
3 90個
4 114個
5 120個

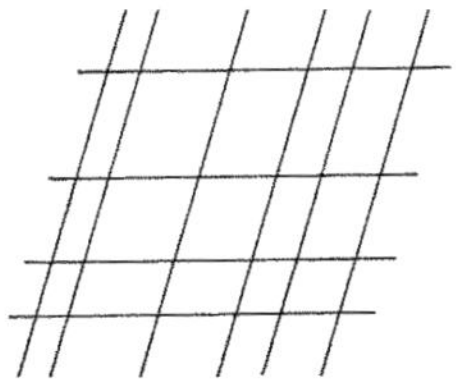

★★
No.122　4桁の電話番号のうち，0011，0550，1212などのように，同じ数字2つずつからできているものは全部でいくつあるか。

1　170個
2　270個
3　370個
4　470個
5　970個

★★
No.123　それぞれ赤・白・黒・青色で塗られた4個の球を，それぞれA・B・Cの文字が書かれている3個の箱の中に入れる。どの箱にも，少なくとも1個の球が入るような入れ方は全部で何通りあるか。

1　30通り
2　32通り
3　34通り
4　36通り
5　38通り

★★★
No.124　[A][B][C][D]のカードがそれぞれ2枚ずつ計8枚ある。2人の子どもにカードを4枚ずつ分ける分け方は全部で何通りあるか。

1　19通り
2　20通り
3　21通り
4　22通り
5　23通り

★★
No.125　図において，A～Iの9個の点のうち異なる3点を結んでできる三角形はいくつあるか。

1　60通り
2　66通り
3　72通り
4　78通り
5　84通り

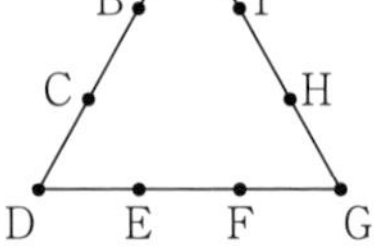

④ 確率

◆前出の順列，組合せを利用して物事の起こる割合を求めるのが確率である。

●試行

同じ状態のもとで，繰り返すことのできる実験，観測などのこと。その結果は偶然だけに支配されることが前提である。

●事象

試行の結果起こる事柄のこと。

●余事象

事象Aを定義する。Aが起こらないという事象がAの**余事象**である。$\overline{A}$で表す。(Aバーと読む)

●確率の定義

起こり得るすべての場合がn通りで，

(1)　どの2つも重複して起こらない。

(2)　どの場合の起こることも同様に確からしい。

とき，事象Aの起こる場合の数がa通りならば，事象Aの起こる確率$P(A)$は，次のように表される。

チェック

$$P(A)=\frac{a}{n}\quad(0\leqq P(A)\leqq 1)$$

【例1】　大小2個のサイコロを同時に振ったとき，出る目の和が5となる確率

大小2個のサイコロの目の出方は全部で，$6\times6=36$(通り)。これがnである。出る目の和が5となるのは(1，4)，(2，3)，(3，2)，(4，1)のときで4通り。これがaである。

よって，求める確率は，

$$\frac{4}{36}=\frac{1}{9}$$

●確率の加法定理

事象A，Bがあって，これらが決して同時には起こらないとき，A，Bは排反であるという。AとBが排反のとき，$P(A\cup B)$は事象A，Bの少なくとも一方が起こる確率で，

$$P(A\cup B)=P(A)+P(B)$$

A，Bが排反事象でないときは，

$$P(A\cup B)=P(A)+P(B)-P(A\cap B)$$

【例2】　**ジョーカーを除いた52枚のトランプから1枚を引くとき，ハートまたはスペードである確率**

ハートを引くという事象とスペードを引くという事象は排反である。

よって，求める確率は，

$$\frac{13}{52}+\frac{13}{52}=\frac{1}{2}$$

【例3】　**ジョーカーを除いた52枚のトランプから1枚を引くとき，ハートまたは絵札である確率**

ハートを引くという事象と絵札を引くという事象は排反ではない（ハートでありかつ絵札であるものは♥J，♥Q，♥Kの3枚）。よって，求める確率は，

$$\frac{13}{52}+\frac{12}{52}-\frac{3}{52}=\frac{11}{26}$$

●余事象の確率

Aと$\overline{\mathrm{A}}$は排反だから$P(\mathrm{A}\cup\overline{\mathrm{A}})=P(\mathrm{A})+P(\overline{\mathrm{A}})=1$

$$P(\overline{\mathrm{A}})=1-P(\mathrm{A})$$

【例4】　**10本のくじの中に3本の当たりくじが入っている。この中から同時に3本を引くとき，少なくとも1本当たる確率**

問題文に「少なくとも…」と出てきたとき，余事象を考えるとわかりやすい。「少なくとも1本当たる」事象は，「1本も当たらない」事象の余事象だから，

（少なくとも1本当たる確率）＝1－（1本も当たらない確率）

1本も当たらない確率，つまり3本ともはずれる確率は，

$$\frac{{}_{7}\mathrm{C}_{3}}{{}_{10}\mathrm{C}_{3}}=\frac{7\cdot6\cdot5}{3\cdot2\cdot1}\times\frac{3\cdot2\cdot1}{10\cdot9\cdot8}=\frac{7}{24}$$

よって，求める確率は，

$$1-\frac{7}{24}=\frac{17}{24}$$

●条件つき確率

$P_{\mathrm{A}}(\mathrm{B})$…Aが起こったときにBが起こる確率。

●事象の独立と従属

ある試行における事象をA，B，$P(\mathrm{A})\neq0$とする。

① AとBは独立事象…Aの事象が起こるか否かにかかわらずBの事象が起こる確率は変わらない。

$P_{\mathrm{A}}(\mathrm{B})=P(\mathrm{B})$，$P_{\mathrm{B}}(\mathrm{A})=P(\mathrm{A})$

② BはAの従属事象…Aの事象が起こるか否かによってBの事象が起こる確率が変わる。

●確率の乗法定理

① AとBが独立事象のとき

$$P(\mathrm{A}\cap\mathrm{B})=P(\mathrm{A})\cdot P(\mathrm{B})$$

② BがAの従属事象のとき

$$P(\mathrm{A}\cap\mathrm{B})=P(\mathrm{A})\cdot P_{\mathrm{A}}(\mathrm{B})$$

【例5】 袋の中に白玉が4個，黒玉が3個入っている。袋の中から1個ずつ2回取り出すとき，1回目が白玉で2回目が黒玉となる確率を次の場合について求めよ。

(1) 取り出した玉を袋に戻す。

(2) 取り出した玉を袋に戻さない。

解 1回目に白玉が出る事象をA，2回目に黒玉が出る事象をBとする。

(1) $P(\mathrm{A})=\dfrac{4}{7}$，$P(\mathrm{B})=\dfrac{3}{7}$

したがって，$P(\mathrm{A}\cap\mathrm{B})=\dfrac{4}{7}\times\dfrac{3}{7}=\dfrac{12}{49}$

（ここで，$P_{\mathrm{A}}(\mathrm{B})=P_{\overline{\mathrm{A}}}(\mathrm{B})=P(\mathrm{B})=\dfrac{3}{7}$ よって，AとBは独立。）

(2) 2回目は6個のうち3個が黒玉だから，

$$P_{\mathrm{A}}(\mathrm{B})=\frac{3}{6}=\frac{1}{2}$$

したがって，$P(\mathrm{A}\cap\mathrm{B})=P(\mathrm{A})\cdot P_{\mathrm{A}}(\mathrm{B})=\dfrac{4}{7}\times\dfrac{1}{2}=\dfrac{2}{7}$

（このとき，1回目に白玉が出ないで，2回目に黒玉が出るとき，
$P_{\overline{\mathrm{A}}}(\mathrm{B})=\dfrac{2}{6}=\dfrac{1}{3}$ $P_{\mathrm{A}}(\mathrm{B})\neq P_{\overline{\mathrm{A}}}(\mathrm{B})$ だから，BがAの従属。）

●独立試行の確率

2つの独立な試行T_1，T_2をまとめた試行Tにおいて，試行T_1では事象Aが起こり，試行T_2では事象Bが起こるという一連の事象をCとすると，

$$P(\mathrm{C})=P(\mathrm{A})\cdot P(\mathrm{B})$$

(確率の乗法定理(1)の言い換え)

●反復試行の確率

チェック

1回の試行で事象Aの起こる確率をpとする。この試行をn回行うとき，事象Aがr回起こる確率は，

$${}_nC_r p^r q^{n-r}\quad（ただし，q=1-p）$$

【例6】 **サイコロを5回投げたうちの2回に2以下の目が出る確率**

2以下の目(1，2)が出る確率は，$\dfrac{2}{6}=\dfrac{1}{3}$

よって，求める確率は，

$${}_5C_2\left(\frac{1}{3}\right)^2\left(1-\frac{1}{3}\right)^3=\frac{80}{243}$$

●期待値

ある試行において，変数Xがx_1，x_2，……，x_nのうちどれか1つの値をとり，それぞれの値をとる確率がp_1，p_2，……，p_nであるとき，変数Xの期待値$E(X)$は，次の式で表される。

チェック

$$E(X)=x_1p_1+x_2p_2+\cdots\cdots+x_np_n$$

（ただし，$p_1+p_2+\cdots\cdots+p_n=1$）

パターン41

10本のくじの中に3本の当たりくじが入っている。この中から同時に2本を引くとき，1本だけが当たる確率はいくらか。

1 $\dfrac{7}{15}$　**2** $\dfrac{8}{15}$　**3** $\dfrac{9}{16}$　**4** $\dfrac{8}{17}$　**5** $\dfrac{9}{17}$

解法　10本のくじの中から2本を引く方法は，

$${}_{10}C_2=\frac{10\cdot 9}{2\cdot 1}=45\text{(通り)}$$

2本のうち1本だけが当たる引き方は，3本の当たりくじの中から1本引き，7本のはずれくじの中から1本引くことだから，

$${}_3C_1\times {}_7C_1=21\text{(通り)}$$

よって，求める確率は，

$$\frac{21}{45}=\frac{7}{15}$$

正答　1

パターン42

男子5人と女子3人が1列に並ぶとき，女子3人が隣り合う確率はいくらか。

1 $\dfrac{5}{27}$　**2** $\dfrac{5}{28}$　**3** $\dfrac{3}{28}$　**4** $\dfrac{5}{29}$　**5** $\dfrac{6}{29}$

解法　8人が1列に並ぶ場合の数は，全部で${}_8P_8$(通り)。

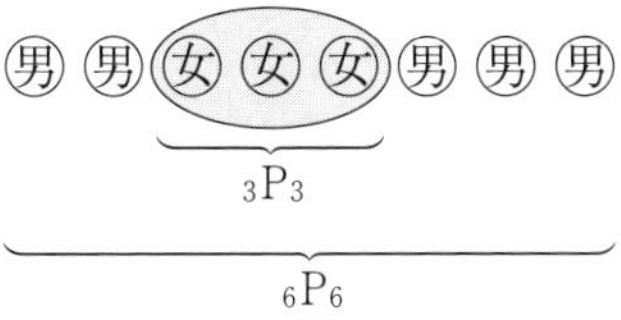

上図のように，女子3人をひとまとめにして1人と考え，計6人が並ぶと考える。6人の並び方は，${}_6P_6$(通り)。そのそれぞれに対して，女子3人の並び方は，${}_3P_3$(通り)ある。

よって，女子3人が隣り合うような並び方の総数は，${}_6P_6 \times {}_3P_3$(通り)。

したがって，求める確率は，

$$\frac{{}_6P_6 \times {}_3P_3}{{}_8P_8} = \frac{3}{28}$$

正答　3

パターン43

袋の中には赤玉が2個，白玉が3個，赤い箱の中には当たりくじが3本，はずれくじが7本，白い箱の中には当たりくじが4本，はずれくじが6本入っている。袋の中から1個の玉を取り出し，その玉と同じ色の箱からくじを1本引くとき，当たる確率はいくらか。

1　$\frac{9}{25}$　**2**　$\frac{11}{25}$　**3**　$\frac{13}{25}$　**4**　$\frac{18}{25}$　**5**　$\frac{21}{25}$

解法　赤玉を取る確率は$\frac{2}{5}$，白玉を取る確率は$\frac{3}{5}$，赤い箱から当たりを引く確率は$\frac{3}{10}$，白い箱から当たりを引く確率は$\frac{4}{10}$である。

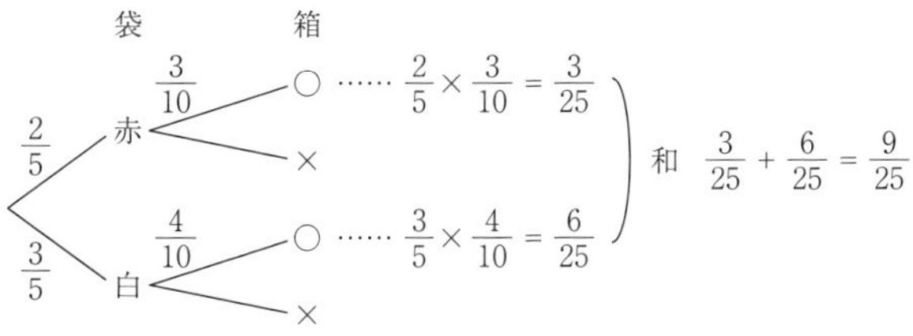

よって，求める確率は，$\frac{9}{25}$である。

正答　1

パターン44

10円硬貨を4枚同時に投げたとき，少なくとも1枚は表が出る確率はいくらか。

1 $\frac{12}{13}$　**2** $\frac{13}{14}$　**3** $\frac{8}{15}$　**4** $\frac{13}{16}$　**5** $\frac{15}{16}$

解法　「少なくとも」という言葉があるときは余事象で考えるとよい。これは4枚とも裏が出るという事象の余事象である。4枚とも裏が出る確率は，

$$\frac{1}{2}\times\frac{1}{2}\times\frac{1}{2}\times\frac{1}{2}=\frac{1}{16}$$

よって，求める確率は，

$$1-\frac{1}{16}=\frac{15}{16}$$

正答　5

パターン45

A君は宿題を忘れるくせがあり，3日に1回の割合で忘れてしまう。5日間のうちに，2日宿題を忘れる確率はいくらか。

1 $\frac{79}{243}$　**2** $\frac{80}{243}$　**3** $\frac{82}{243}$　**4** $\frac{83}{243}$　**5** $\frac{85}{243}$

解法　1日につき，忘れる確率は$\frac{1}{3}$，忘れない確率は，$1-\frac{1}{3}=\frac{2}{3}$。

忘れるのは5日のうちの2日なので，求める確率は，

$${}_5C_2\left(\frac{1}{3}\right)^2\left(\frac{2}{3}\right)^3=\frac{80}{243}$$

正答　2

パターン46

A君はバスに乗ると4回に1回の割合でボールペンを忘れてしまう。ある日A君は，B行き，C行き，D行きの3台のバスを乗り継いで帰宅した。この日，いずれかのバス内にボールペンを忘れてしまった。B行きのバスに忘れた確率はいくらか。

1 $\frac{15}{64}$　**2** $\frac{15}{37}$　**3** $\frac{17}{64}$　**4** $\frac{16}{37}$　**5** $\frac{19}{74}$

解法　B行きで忘れる確率は，$\frac{1}{4}$

C行きで忘れる確率は，Bで忘れずCで忘れるので，$\frac{3}{4}\times\frac{1}{4}=\frac{3}{16}$

D行きで忘れる確率は，同様にして，$\frac{3}{4}\times\frac{3}{4}\times\frac{1}{4}=\frac{9}{64}$

したがって，A君がバス内にボールペンを忘れた確率は，

$$\frac{1}{4}+\frac{3}{16}+\frac{9}{64}=\frac{37}{64}$$

よって，A君がボールペンを忘れた場合，それがB行きのバスで忘れた確率は，

$$\frac{\frac{1}{4}}{\frac{37}{64}}=\frac{16}{37}$$

正答　4

パターン47

サイコロを1回振って，1の目が出たら20円，2か3の目が出たら50円，4か5か6の目が出たら100円もらえることにしたとき，その期待金額はいくらか。

1　68円　　**2**　70円　　**3**　72円　　**4**　75円　　**5**　78円

解法

目	1	2か3	4か5か6
確率	$\frac{1}{6}$	$\frac{2}{6}$	$\frac{3}{6}$
金額	20円	50円	100円

表より期待金額は，

$$20\times\frac{1}{6}+50\times\frac{2}{6}+100\times\frac{3}{6}=70(\text{円})$$

正答　2

練 習 問 題

（180ページより解答・解説）

No.126 ★ 袋の中に赤玉が6個，白玉が5個，黒玉が3個入っている。この中から同時に3個を取り出すとき，3個とも同じ色である確率はいくらか。

1 $\frac{23}{364}$　**2** $\frac{25}{364}$　**3** $\frac{27}{364}$　**4** $\frac{29}{364}$　**5** $\frac{31}{364}$

No.127 ★ 10本のくじの中に2本の当たりくじが入っている。これをA，B，Cの3人がこの順に1本ずつ引くときのA，B，Cの当たる確率をそれぞれa，b，cとする。このとき正しくいえるのはどれか。

1 $a > b > c$

2 $a = b > c$

3 $a = b = c$

4 $a = b < c$

5 $a < b < c$

No.128 ★ 袋の中に黒玉が4個，白玉が3個入っている。この中から1個ずつ2回取り出すとき，同じ色の玉が続いて出る確率はいくらか。ただし，一度取り出した玉は戻さずに，次の玉を取り出すものとする。

1 $\frac{3}{7}$　**2** $\frac{4}{7}$　**3** $\frac{5}{14}$　**4** $\frac{9}{14}$　**5** $\frac{10}{21}$

No.129 ★★ ある電話の呼び出し音は，高，低の2種類があり，高い音の次も高い音である確率が60%，低い音の次も低い音である確率が70%であることがわかっている。呼び出し音が高い音で始まったとき，3回目の呼び出し音が低い音である確率はいくらか。

1 36%　**2** 42%　**3** 49%　**4** 52%　**5** 56%

No.130 ★ Aの箱には赤玉が2個と白玉が3個，Bの箱には赤玉が3個と白玉が2個入っている。AからBに玉を2個移し，次にBから玉を2個取り出すとき，赤玉と白玉が1個ずつ取り出される確率はいくらか。

1 $\frac{59}{210}$　**2** $\frac{12}{35}$　**3** $\frac{73}{210}$　**4** $\frac{37}{105}$　**5** $\frac{59}{105}$

No.131 ★　12本のくじの中に4本の当たりくじが入っている。この中から同時に2本を引くとき，少なくとも1本は当たる確率はいくらか。

1　$\frac{17}{33}$　**2**　$\frac{19}{33}$　**3**　$\frac{20}{33}$　**4**　$\frac{23}{33}$　**5**　$\frac{25}{33}$

No.132 ★★　男子5人と女子2人が円卓のまわりに座るとき，女子2人が隣り合わない確率はいくらか。

1　$\frac{1}{3}$　**2**　$\frac{2}{3}$　**3**　$\frac{3}{4}$　**4**　$\frac{3}{5}$　**5**　$\frac{4}{5}$

No.133 ★★　A～Cの3人がジャンケンを3回するとき，Aが少なくとも1回は勝つ確率はいくらか。ただし，引き分けも1回と数えるものとする。

1　$\frac{8}{27}$　**2**　$\frac{1}{3}$　**3**　$\frac{4}{9}$　**4**　$\frac{5}{9}$　**5**　$\frac{19}{27}$

No.134 ★　ここにコインがあり，表の出る確率は0.6で裏の出る確率は0.4であることがわかっている。いま，A君がこのコインを4回投げるとき，表が2回出る確率はいくらか。

1　$\frac{211}{625}$　**2**　$\frac{212}{625}$　**3**　$\frac{213}{625}$　**4**　$\frac{216}{625}$　**5**　$\frac{217}{625}$

No.135 ★★　A，B2人がテニスの試合を続けて行い，先に3勝した方を優勝とする。Aが最初の試合に勝ったとき，Aが優勝する確率はいくらか。ただし，1回の試合においてAの勝つ確率は$\frac{1}{3}$とし，各試合引き分けはないものとする。

1　$\frac{1}{3}$　**2**　$\frac{5}{9}$　**3**　$\frac{11}{27}$　**4**　$\frac{29}{81}$　**5**　$\frac{31}{81}$

No.136 ★★　AチームとBチームが野球の試合を行い，先に4勝した方を優勝とする。最初の3試合でAチームは2回，Bチームは1回勝った。各試合で，Aチームが勝つ確率は$\frac{2}{3}$，Bチームが勝つ確率は$\frac{1}{3}$である。7試合目でBチームの優勝が決まる確率はいくらか。ただし，どの試合も引き分けはないものとする。

1　$\frac{2}{9}$　**2**　$\frac{4}{9}$　**3**　$\frac{1}{27}$　**4**　$\frac{2}{27}$　**5**　$\frac{4}{27}$

★★
No.137 A氏は最近もの忘れがひどく，帽子を脱ぐと4回に1回の割合で忘れてきてしまう。ある日，A氏は帽子をかぶって外出し，友人のP氏宅，Q氏宅，R氏宅の順に立ち寄って用事を済ませ，家へ帰ったとき，帽子を忘れてきたことに気づいた。A氏が帽子を忘れてきたのがR氏宅である確率はいくらか。ただし，この日，A氏は3人の友人宅以外には立ち寄らなかったため，それ以外で帽子を脱ぐことはなく，また，友人宅に着いたら帽子を脱ぐことを常としているものとする。

1 $\frac{1}{3}$　**2** $\frac{12}{25}$　**3** $\frac{13}{25}$　**4** $\frac{9}{37}$　**5** $\frac{10}{37}$

★
No.138 1個のサイコロを2回振る。1回目に出る目をa，2回目に出る目をbとするとき，$\frac{b}{a}$が整数になる確率はいくらか。

1 $\frac{7}{18}$　**2** $\frac{5}{12}$　**3** $\frac{4}{9}$　**4** $\frac{17}{36}$　**5** $\frac{1}{2}$

★★
No.139 次の図のような立方体ABCD－EFGHの辺上を，動点Pが頂点Aを始点として，1秒で一辺を進む速さで移動する。動点Pがどの辺上を移動するかは同じ確率であるとすると，3秒後に動点Pが頂点Gに到達する確率はいくらか。

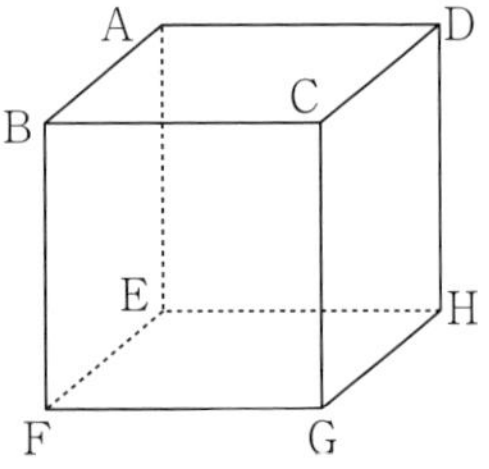

1 $\frac{2}{27}$　**2** $\frac{1}{9}$　**3** $\frac{4}{27}$　**4** $\frac{5}{27}$　**5** $\frac{2}{9}$

第 5 章　図形の計量

1　多角形

●三角形の内角の和
●n角形の内角の和

チェック

三角形の内角の和は，**180°** である。
n角形の内角の和は，**180°×(n－2)** である。

たとえば，五角形で考えてみる。

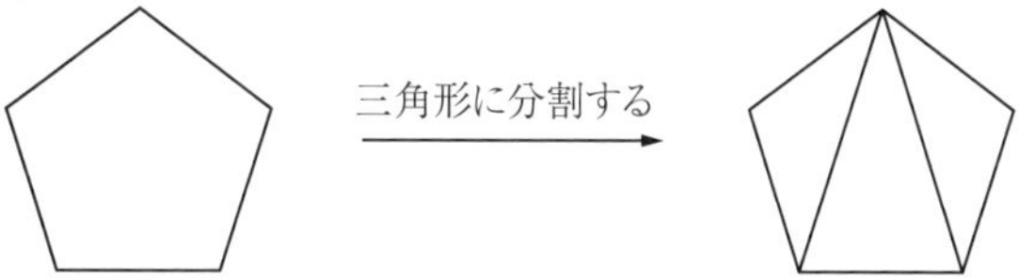

三角形が3つできるので，五角形の内角の和は，

$180° \times (5-2) = 180° \times 3 = 540°$

●n角形の外角の和

チェック

n角形の外角の和は **360°** である。

●対頂角

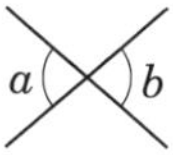

aとbのような関係にある角を対頂角という。
また，対頂角は等しい。

●同位角と錯角

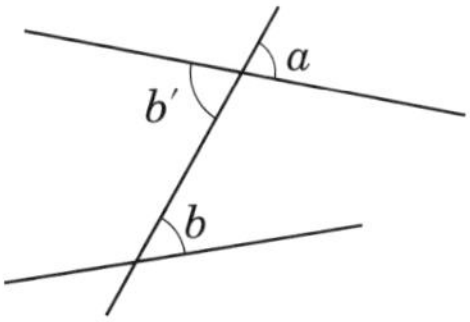

aとbのような関係にある角を同位角という。

bとb'のような関係にある角を錯角という。

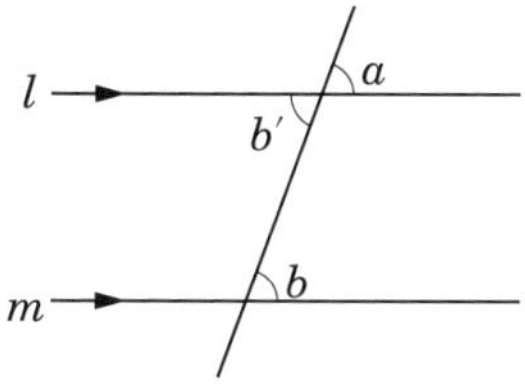

$l /\!/ m$のとき，

$\angle a = \angle b$(同位角)，$\angle b = \angle b'$(錯角)

逆も成り立つ。つまり次のことがいえる。

チェック

$l /\!/ m \Longleftrightarrow$ { 同位角は等しい。錯角は等しい。

【例1】 図の$\angle x$の大きさはいくらか。

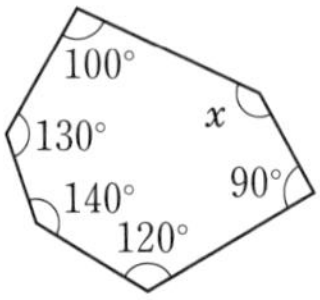

解 六角形の内角の和は，$180^\circ\times(6-2)=720^\circ$

$$100^\circ+130^\circ+140^\circ+120^\circ+90^\circ+x=720^\circ$$

$$\therefore\quad x=140^\circ$$

【例2】 **正八角形の1つの外角の大きさはいくらか。**

解 外角の和は360°だから，$360^\circ\div 8=45^\circ$

【例3】 図の$\angle x$の大きさはいくらか。

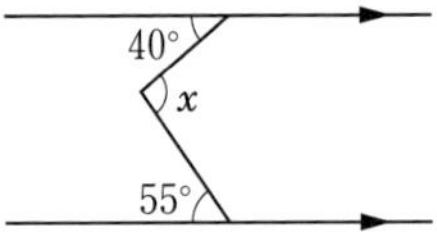

解 補助線を引いて考える。次の2つの引き方がある。

i）

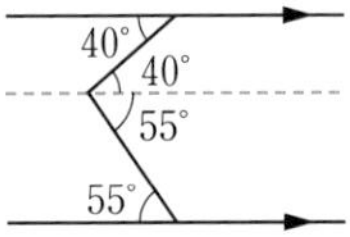

$x=40^\circ+55^\circ=95^\circ$

ii）

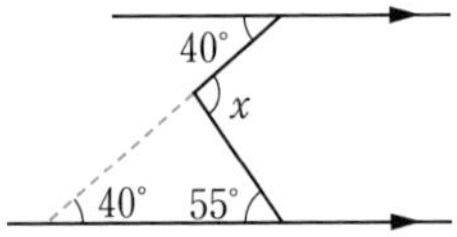

$x=40^\circ+55^\circ=95^\circ$

●三角形の合同条件

チェック

① **3辺がそれぞれ等しい。**
② **2辺とそのはさむ角がそれぞれ等しい。**
③ **1辺とその両端の角がそれぞれ等しい。**

●三角形の相似条件

チェック

① **3組の辺の比が等しい。**
② **2組の辺の比が等しく，その2辺がはさむ角が等しい。**
③ **2組の角がそれぞれ等しい。**

●二等辺三角形の性質

① 二等辺三角形の2つの底角は等しい。その逆も成り立つ。

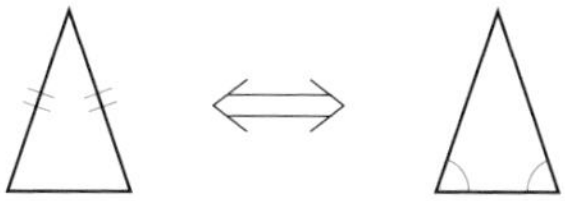

② 二等辺三角形において，頂角の二等分線，頂点から底辺に引いた中線，垂線，底辺の垂直二等分線はすべて一致する。

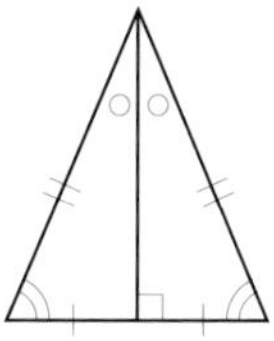

●面積の求め方

チェック

① 三　角　形：$\frac{1}{2}$×底辺×高さ

② 平行四辺形：底辺×高さ

③ 正　方　形：1辺×1辺

④ 長　方　形：縦×横

⑤ ひ　し　形：$\frac{1}{2}$×対角線の長さ×対角線の長さ

⑥ 台　　　形：$\frac{1}{2}$×(上底＋下底)×高さ

【例4】　図はAD//BCの台形で，その面積は16m^2である。xの長さはいくらか。

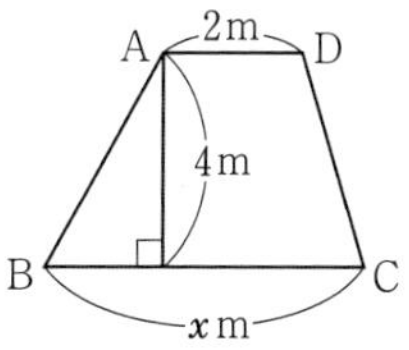

解　面積について，$\frac{1}{2}\times(2+x)\times4=16$

$$\therefore\ x=6(\text{m})$$

●三角形の面積比

① 高さが等しい三角形の面積比は底辺の比に等しい。

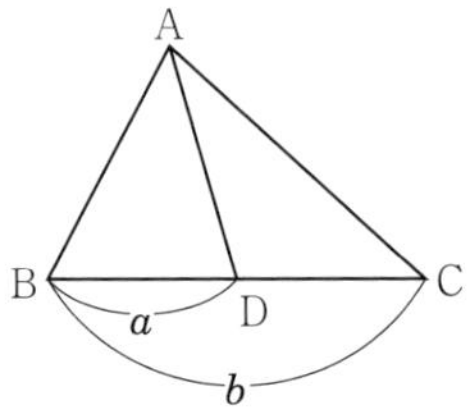

$\triangle ABD : \triangle ABC = a : b$

② 底辺が等しい三角形の面積比は高さの比に等しい。

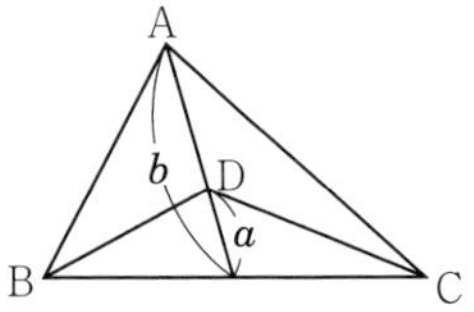

$\triangle DBC : \triangle ABC = a : b$

③ ①, ②をまとめるとさらに次のことがいえる。

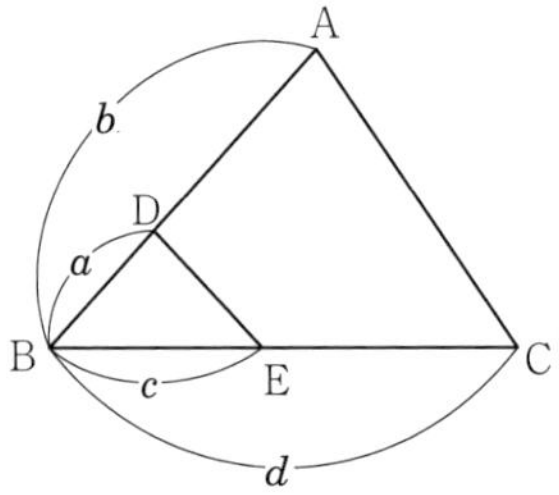

$\triangle DBE : \triangle ABC = ac : bd$

［理由］△DBE, △ABCの高さは, DB, ABの辺の長さに比例するから。

【例5】 任意の三角形の3辺をそれぞれ2, 3, 4等分した点を結んでできた図のような斜線部分の面積は, もとの三角形の面積の何倍か。

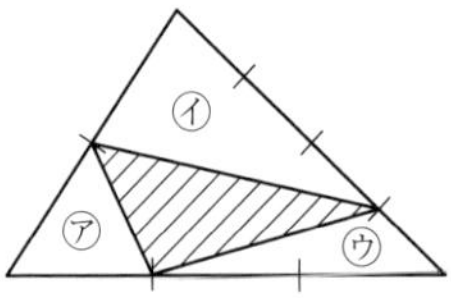

解 それぞれの三角形の部分を㋐, ㋑, ㋒とし, 全体の三角形の面積を1とすると,

$$㋐ = \frac{1}{2} \times \frac{1}{3} = \frac{1}{6} \qquad ㋑ = \frac{1}{2} \times \frac{3}{4} = \frac{3}{8} \qquad ㋒ = \frac{2}{3} \times \frac{1}{4} = \frac{1}{6}$$

$$\therefore \quad ㋐ + ㋑ + ㋒ = \frac{4 + 9 + 4}{24} = \frac{17}{24}$$

よって, 斜線部分の面積は, $1 - \frac{17}{24} = \frac{7}{24}$ (倍)

【例6】　図において，△**ABD**の面積が**4**，△**ACD**の面積が**3**のとき，$\boldsymbol{a}:\boldsymbol{b}$はいくらか。

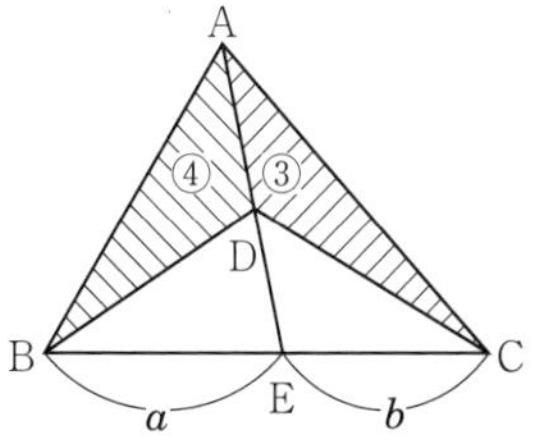

解　△ABEと△ACEの高さは同じなので，

△ABE：△ACE＝$a:b$　…①

△DBEと△DCEの高さは同じなので，

△DBE：△DCE＝$a:b$　…②

①，②より

（△ABE－△DBE）：（△ACE－△DCE）

＝△ABD：△ACD＝$a:b$＝4：3

●三平方の定理
（ピタゴラスの定理）

チェック

直角三角形の直角をはさむ2辺の長さをa，b，斜辺の長さをcとするとき，

$$a^2+b^2=c^2$$

が成り立つ。

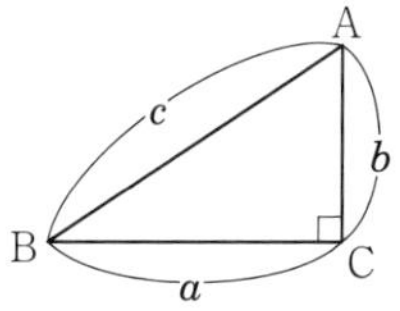

●特別な
直角三角形

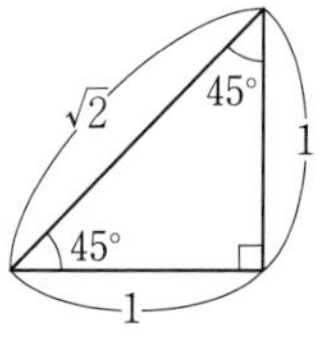

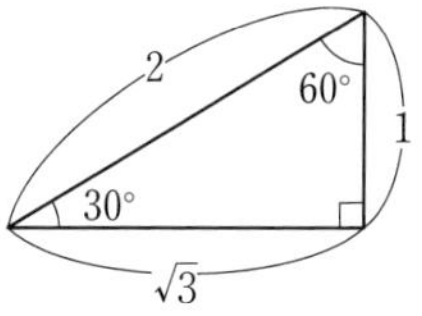

※　覚えておくと便利な直角三角形の辺の比

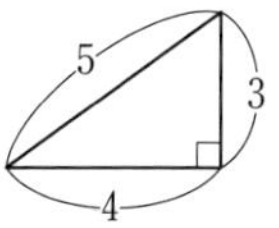

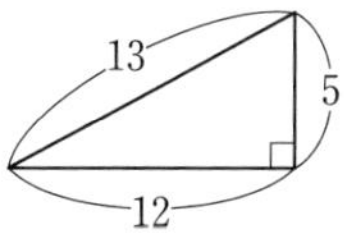

【例7】 右図のxの長さはいくらか。

解 三平方の定理より,

$$8^2 = x^2 + 5^2$$

$$x^2 = 39$$

$$\therefore \quad x = \sqrt{39}$$

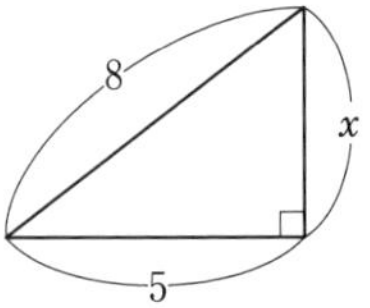

●相似と線分の比

チェック

$\mathrm{BC} \parallel \mathrm{DE}$のとき,

$$\frac{\mathbf{AD}}{\mathbf{AB}} = \frac{\mathbf{DE}}{\mathbf{BC}} = \frac{\mathbf{AE}}{\mathbf{AC}}, \quad \frac{\mathbf{DA}}{\mathbf{DB}} = \frac{\mathbf{EA}}{\mathbf{EC}}$$

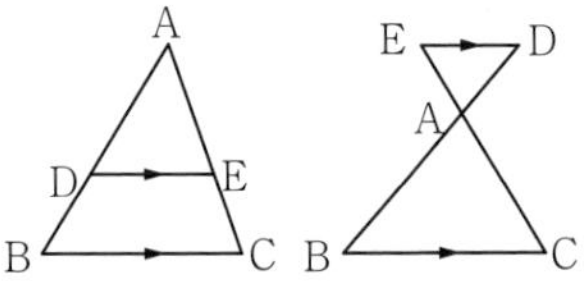

$l \parallel m \parallel n$のとき,

$$\frac{\mathbf{AB}}{\mathbf{BC}} = \frac{\mathbf{A'B'}}{\mathbf{B'C'}}, \quad \frac{\mathbf{AB}}{\mathbf{A'B'}} = \frac{\mathbf{BC}}{\mathbf{B'C'}}$$

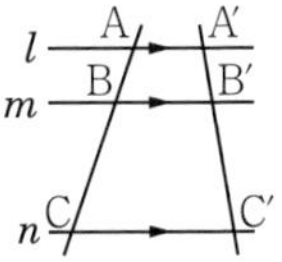

●中点連結定理

チェック

△ABCにおいて辺AB, ACの中点をそれぞれM, Nとすると,

$$\mathbf{MN} \parallel \mathbf{BC}, \quad \mathbf{MN} = \frac{1}{2}\mathbf{BC}$$

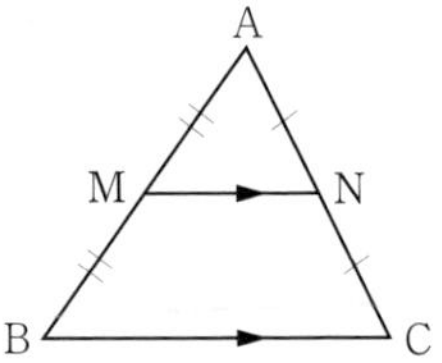

【例8】 図のような**AD∥BC**かつ**AM＝MB, DN＝NC**の台形がある。**AD＝4, BC＝8**のとき, **MN**の長さはいくらか。

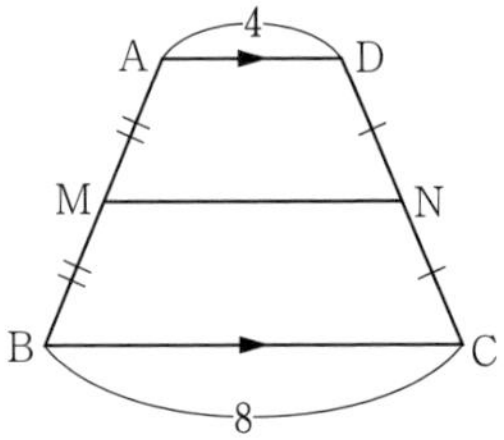

解　補助線ACを引く。ACとMNの交点をOとすると，△ABCでMO∥BCかつAO = OCだから中点連結定理より，

$$MO = \frac{1}{2}BC = \frac{1}{2} \times 8 = 4$$

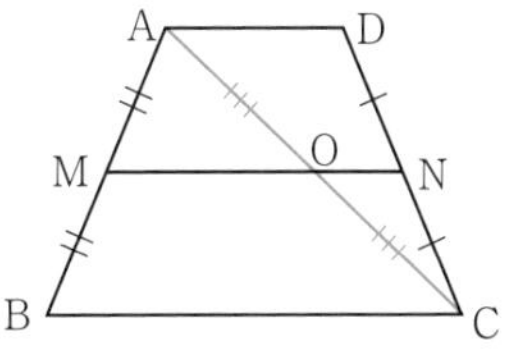

同様にして，

$$NO = \frac{1}{2}AD = \frac{1}{2} \times 4 = 2$$

よって，MN = 4 + 2 = 6

●相似な図形の面積比

チェック

辺の比が $\boldsymbol{a}:\boldsymbol{b}$ の相似な図形のとき，面積比は $\boldsymbol{a}^2:\boldsymbol{b}^2$ となる。

【例9】　**1辺の長さが5cmの正五角形の面積は，1辺の長さが6cmの正五角形の面積の何倍か。**

解　相似比が5 : 6なので，面積比は $5^2 : 6^2 = 25 : 36$ である。

よって，$\dfrac{25}{36}$ 倍。

パターン48

図の$\angle a$～$\angle e$の大きさの和は何度か。

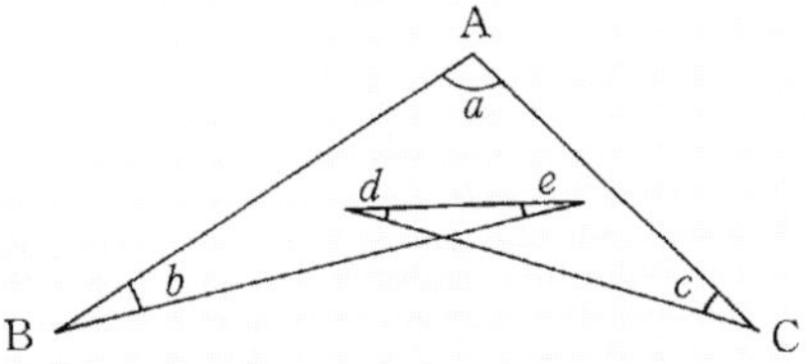

1　120°

2　150°

3　180°

4　270°

5　360°

解法　図のように補助線BCを引き，できた角を$\angle f$，$\angle g$，$\angle h$とする。三角形の内対角の和と外角の関係より，

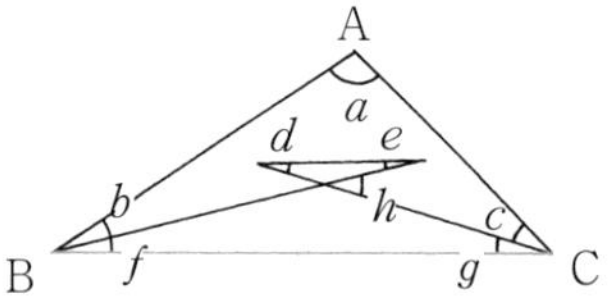

$\angle d + \angle e = \angle h$

$\angle h = \angle f + \angle g$

$\therefore\quad \angle d + \angle e = \angle f + \angle g$

$\therefore\quad \angle a + \angle b + \angle c + \angle d + \angle e$

$= \angle a + \angle b + \angle c + \angle f + \angle g = 180°$

正答　3

パターン49

図のように，△ABCの∠Bの二等分線と辺ACとの交点をDとし，また辺BCの延長線上に，∠BDC＝∠CDEとなるように点Eをとる。∠A＝35°，∠E＝32°のとき，∠ABCの大きさはいくらか。

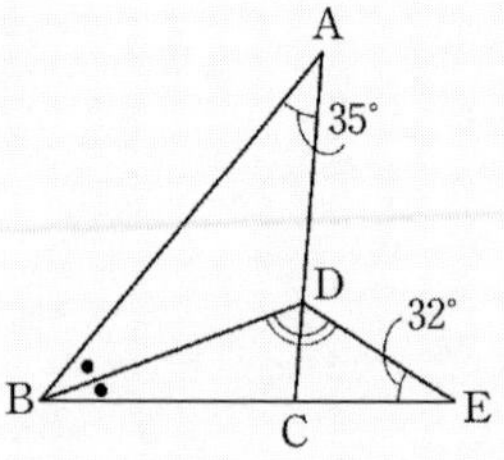

1　48°

2　50°

3　52°

4　54°

5　56°

解法　∠ABD＝x，∠BDC＝yとすると，

△ABDにおいて，$35° + x = y$　…①

△DBEにおいて，$x + 2y + 32° = 180°$　…②

①，②より，$x = 26°$

よって，∠ABC＝$2x$＝52°

正答　3

パターン50

▱ABCDの辺ADの中点をE, BDとCEの交点をFとする。斜線部の面積Sと▱ABCDの面積の比はいくらか。

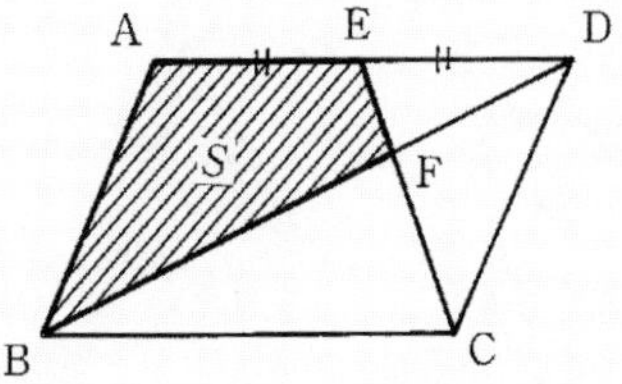

1　2 : 5

2　3 : 7

3　4 : 9

4　5 : 12

5　6 : 13

解法　△EDF∽△CBFで相似比は1 : 2であるから, 面積比は$1^2 : 2^2 = 1 : 4$である。

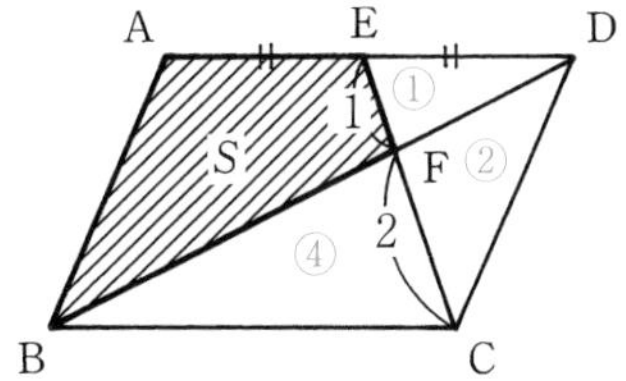

△EDFの面積を1とすると,

△CBF = 4となる。

また, EF : CF = 1 : 2であるから,

△EDF : △CDF = 1 : 2となり, △CDF = 2となる。△BCD = △ABD = 6となるから, S = 5 , ▱ABCD = 12となる。

ゆえに, S : ▱ABCD = 5 : 12

正答　4

パターン51

四角形ABCDはひし形で，AB = BC = CD = DA = 7，AC = 4を満たす。四角形ABCDの面積はいくらか。

1 45

2 $12\sqrt{3}$

3 $15\sqrt{3}$

4 $10\sqrt{5}$

5 $12\sqrt{5}$

解法 2本の対角線AC，BDは，お互いの中点で直交する。その交点をHとおく。BH = xとして，△AHBに三平方の定理を用いると，

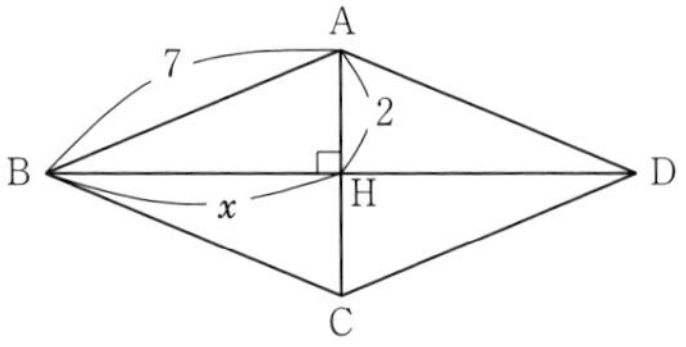

$$2^2 + x^2 = 7^2$$

$$\therefore x^2 = 45$$

$x > 0$より，

$$\therefore x = \sqrt{45} = \sqrt{3^2 \cdot 5} = 3\sqrt{5}$$

よって，ひし形ABCDの面積は，

$$\frac{1}{2} \cdot \mathrm{AC} \cdot \mathrm{BD}$$

$$= \frac{1}{2} \cdot 4 \cdot 6\sqrt{5}$$

$$= 12\sqrt{5}$$

正答　5

パターン52

AB = 40，BC = 30の長方形ABCDがある。対角線AC上に，DP⊥AC，BQ⊥ACとなるように点PとQをとる。このとき，PQの長さはいくらか。

1　10
2　12
3　14
4　16
5　18

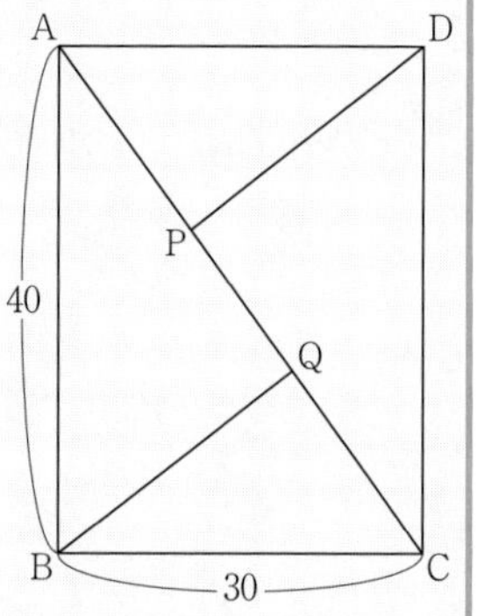

解法　△ABCはいわゆる「3：4：5の直角三角形」になるから，AC = 50である（$\sqrt{30^2+40^2}=\sqrt{2500}=50$を求めてもよい）。

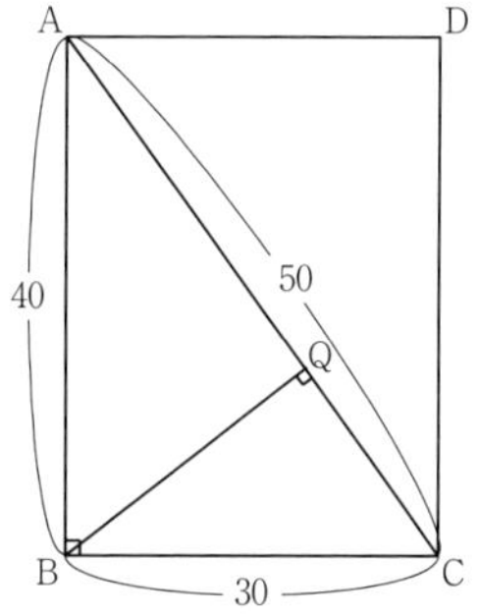

また，2つの直角三角形△BQCと△ABCは∠Cを共有するので，相似である。つまり△BQCも「3：4：5の直角三角形」であり，BC：CQ = 5：3となるから，

$$CQ=\frac{3}{5}BC=\frac{3}{5}\cdot 30=18$$

となる。

図形の対称性からAP = 18でもある。よって，

$$PQ = AC - CQ - AP$$
$$= 50 - 18 - 18 = 14$$

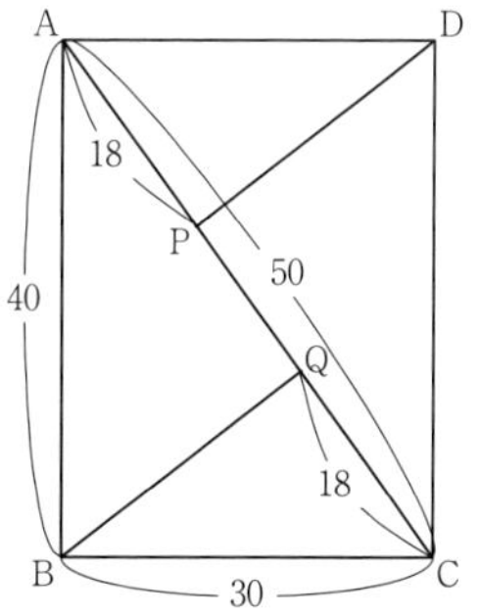

正答　3

練習問題

（183ページより解答・解説）

No.140★　図の印をつけた角の和は何度か。

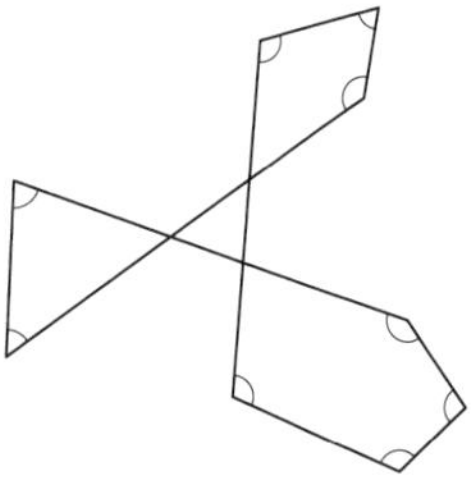

1　540°
2　720°
3　900°
4　1080°
5　1260°

No.141★　図1～5のうち，∠xの値が等しくなる組合せはどれか。

図1

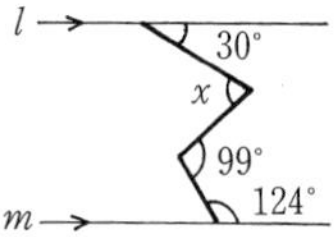

図2

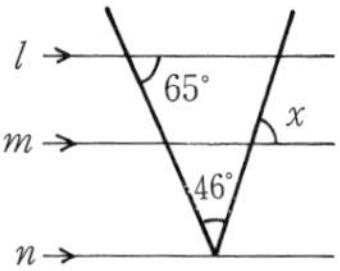

図3

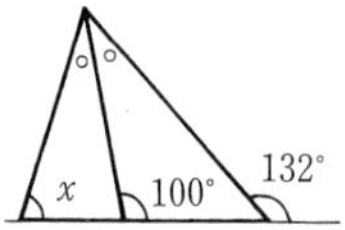

図4

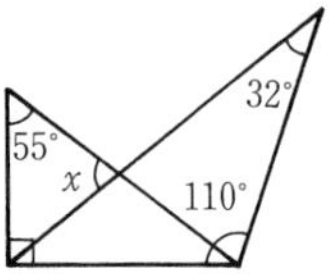

図5

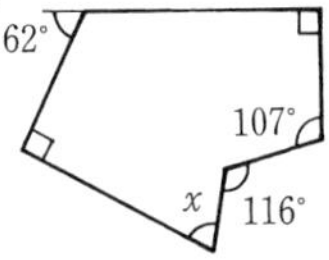

1　図1と図3
2　図2と図4
3　図3と図5
4　図1と図4
5　図4と図5

No.142★　街灯の真下に身長1.7mの人が立って時速4.2kmで歩き出した。6秒後に立ち止まったところ影の長さは2.8mあった。街灯の高さは何mか。

1　5.65m
2　5.75m
3　5.85m
4　5.95m
5　6.05m

No.143 ★★ 図の三角形ABCの面積はいくらか。

1 $\dfrac{3-\sqrt{3}}{2}$

2 $\dfrac{\sqrt{6}+\sqrt{2}}{6}$

3 $\dfrac{1+\sqrt{3}}{4}$

4 $\dfrac{\sqrt{6}-1}{2}$

5 $\sqrt{3}-1$

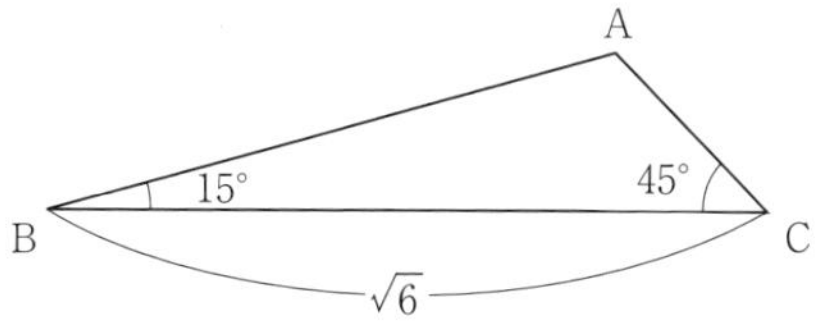

No.144 ★★ AB＝2，BC＝3で∠B＝90°である図のような直角三角形ABCがある。図において，四角形PBQRが正方形をなすとき，この正方形の一辺の長さはいくらか。

1 $\dfrac{6}{5}$

2 $\dfrac{5}{4}$

3 $\dfrac{4}{3}$

4 $\dfrac{3}{2}$

5 $\dfrac{5}{3}$

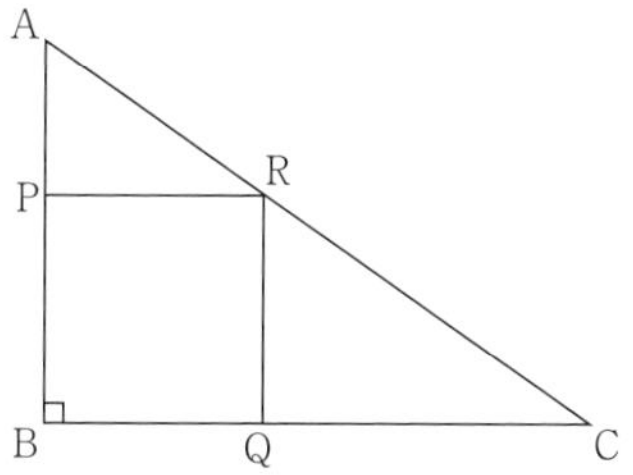

★★ ***No.145*** 正方形ABCDにおいて，辺AB，BC，CD，DAをそれぞれ1：2に内分する点をP，Q，R，Sとして正方形PQRSをつくる。また正方形PQRSにおいて，辺PQ，QR，RS，SPをそれぞれ1：2に内分する点をK，L，M，Nとして正方形KLMNをつくる。正方形ABCDと正方形KLMNの面積比はいくらか。

1　3：1
2　18：5
3　25：9
4　81：25
5　125：36

★ ***No.146*** 図のように，長方形を対角線で折り返したときにできる斜線部の面積はいくらか。

1　65cm^2
2　70cm^2
3　75cm^2
4　80cm^2
5　85cm^2

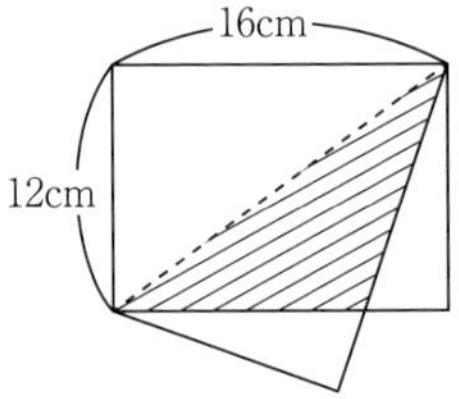

★★ ***No.147*** 標高67mの地点Aからある山頂Mの仰角を測ると30°であった。次に，山頂に向かって水平距離で60m進んだ標高87mの地点Bに達したとき，BからMの仰角は45°であった。山の標高はおよそ何mか。ただし，$\sqrt{3}=1.73$とする。

1　114m　　**2**　116m　　**3**　118m
4　120m　　**5**　122m

★★ ***No.148*** △ABCで，図のようにBCを1：2の比に内分する点をD，ADを2：3の比に内分する点をE，BEの延長とACとの交点をFとする。このとき，AF：FCはいくらか。

1　1：4
2　2：9
3　3：7
4　4：9
5　5：11

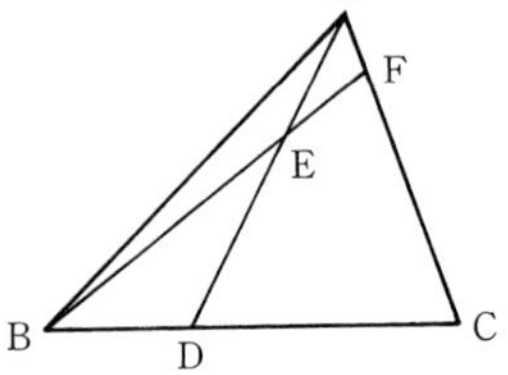

★★
No.149 図のように正三角形ABCをBCに平行な2直線DE, FGで切って, P, Q, Rという3つの図形をつくった。P, Q, Rの面積の比が4:5:16であるとき, 周の長さの比はいくらか。

1 4:5:16
2 5:6:10
3 6:7:12
4 7:9:14
5 8:10:15

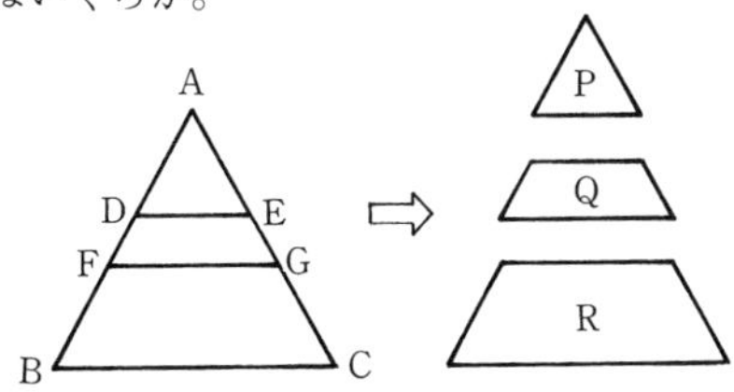

★★
No.150 ある三角形の3辺をそれぞれ3, 7, 8等分した点で結び, 図のような斜線部分の面積を除いたとき, 残りの部分の面積はもとの三角形の面積の何%になるか。

1 約39%
2 約49%
3 約59%
4 約69%
5 約79%

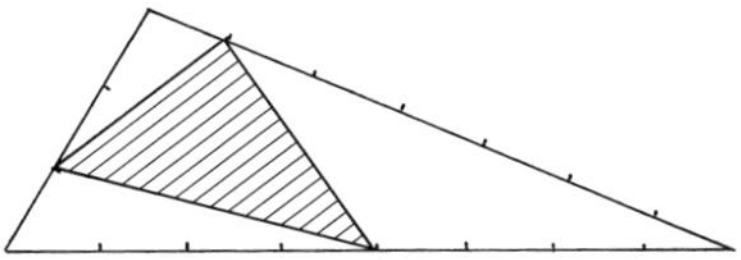

★★
No.151 縮尺が1:500の地図上に図のような三角形の土地がある。この土地の実際の面積はいくらか。なお, C点は線分OAの中点であることがわかっている。

1 150m^2
2 300m^2
3 600m^2
4 1,500m^2
5 3,000m^2

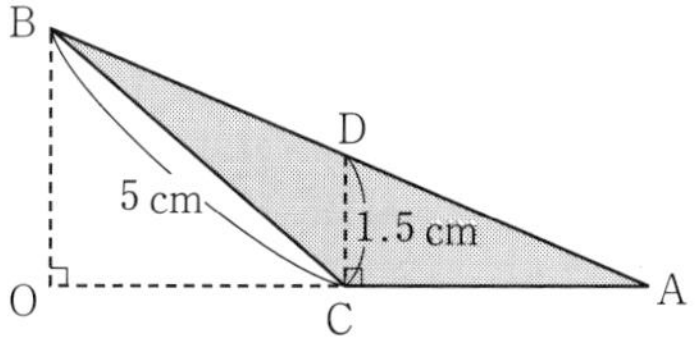

② 平面計量(円)

◆円周角や接弦定理をはじめとする角度に関する問題と，円周や円の面積に関する問題の2つに大別される。

●中心角

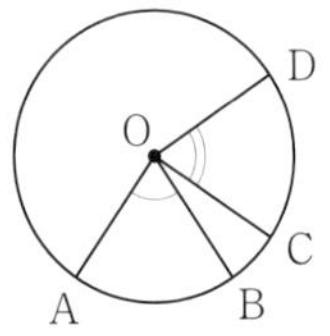

$\angle AOB$を中心角という。

同じ円において，中心角の大きさは弧の長さに比例する。

$$\overset{\frown}{AB}:\overset{\frown}{CD}=\angle AOB:\angle COD$$

●円周角

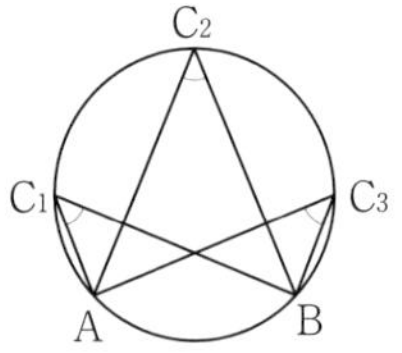

$\angle AC_1B$を$\overset{\frown}{AB}$に対する円周角という。

同じ弧に対する円周角はすべて等しい。

$$\angle AC_1B=\angle AC_2B=\angle AC_3B$$

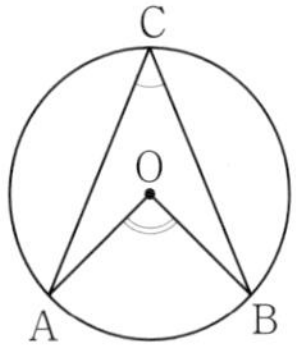

同じ弧に対する円周角は中心角の$\frac{1}{2}$に等しい。

$$\angle ACB=\frac{1}{2}\angle AOB$$

●円の内接四角形

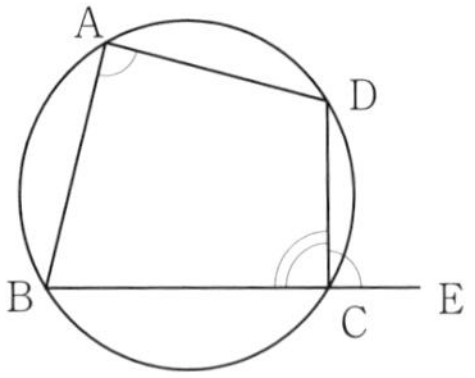

四角形が円に内接するとき，対角の和は180°である。

$$\angle A+\angle BCD=180^\circ$$

これより，

$$\angle A=\angle DCE$$

●接弦定理

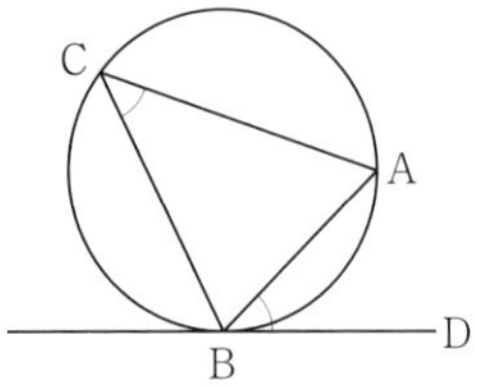

弦ABと点Bにおける接線BDとの間の角$\angle ABD$は弧ABに対する円周角に等しい。

$\angle ABD=\angle C \Longleftrightarrow$ BDは接線

●円と接線

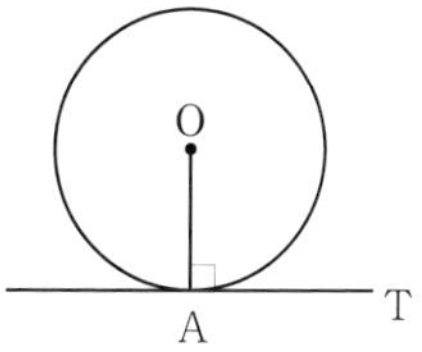

接線は接点を通る半径に垂直である。

$\angle \mathrm{OAT}=90°$

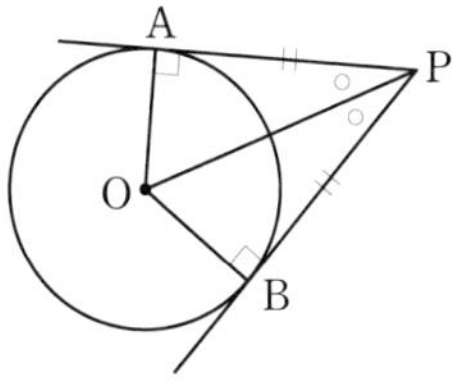

円外の1点Pから引いた接線の長さは等しい。

$\mathrm{PA}=\mathrm{PB}$

また，$\angle \mathrm{APO}=\angle \mathrm{BPO}$

●内接円

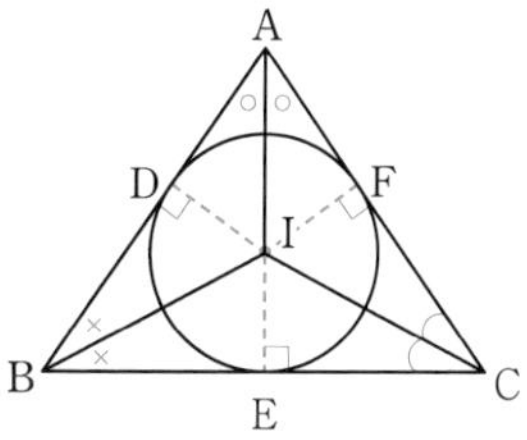

※　Iを内心という。

三角形の3辺に接する円をこの三角形の内接円といい，次のことがいえる。

$\mathrm{ID}=\mathrm{IE}=\mathrm{IF}$（内接円の半径）

$\mathrm{AD}=\mathrm{AF},\ \mathrm{BD}=\mathrm{BE},\ \mathrm{CE}=\mathrm{CF}$

$\angle \mathrm{DAI}=\angle \mathrm{FAI},\ \angle \mathrm{DBI}=\angle \mathrm{EBI},$

$\angle \mathrm{ECI}=\angle \mathrm{FCI}$

●外接円

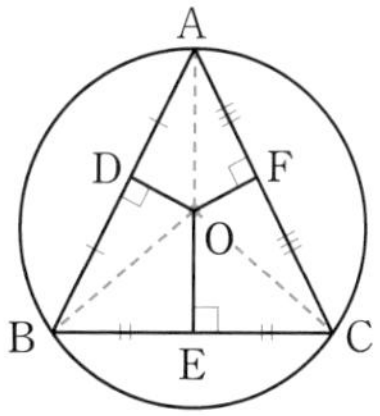

※　Oを外心という。

三角形の3つの頂点を通る円をこの三角形の外接円といい，次のことがいえる。

$\mathrm{OA}=\mathrm{OB}=\mathrm{OC}$（外接円の半径）

$\mathrm{AD}=\mathrm{BD},\ \mathrm{AB}\perp \mathrm{OD}$

$\mathrm{BE}=\mathrm{CE},\ \mathrm{BC}\perp \mathrm{OE}$

$\mathrm{CF}=\mathrm{AF},\ \mathrm{CA}\perp \mathrm{OF}$

●重心

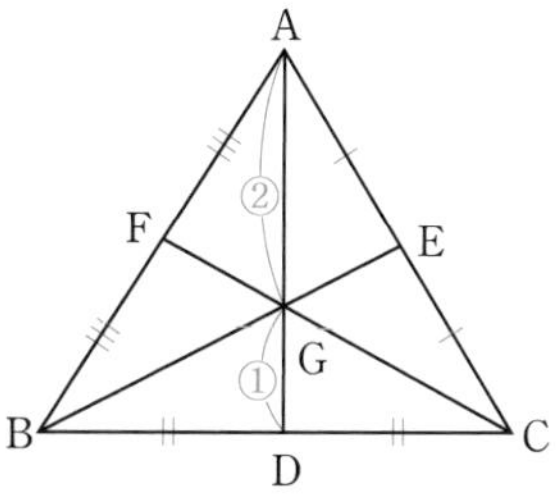

△ABCの3つの中線AD, BE, CFは1点Gで交わる。この点Gを△ABCの重心という。重心は，3つの中線をそれぞれ2：1に内分する。

$\mathrm{AG}:\mathrm{GD}=\mathrm{BG}:\mathrm{GE}$

$=\mathrm{CG}:\mathrm{GF}$

$=2:1$

●円周の長さと円の面積

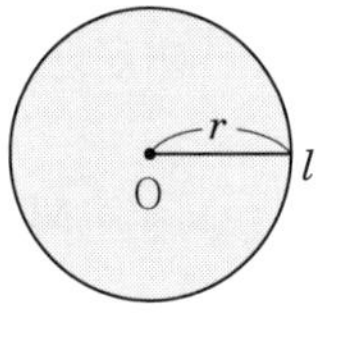

円周l，半径r，面積Sとすると，

$$\boldsymbol{l = 2\pi r}$$

$$\boldsymbol{S = \pi r^2}$$

●扇形の弧の長さと面積

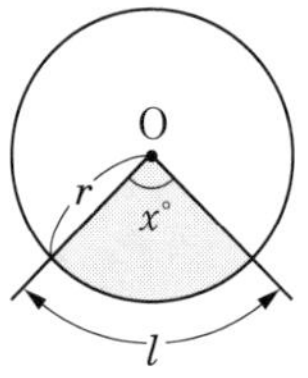

$$\boldsymbol{l = 2\pi r \times \frac{x}{360}}$$

$$\boldsymbol{S = \pi r^2 \times \frac{x}{360} = \frac{rl}{2}}$$

【例1】　図の$\angle \boldsymbol{x}$の大きさはいくらか。

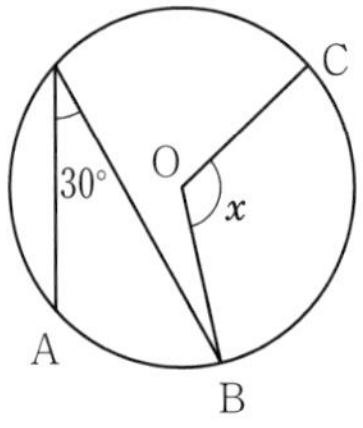

$\overset{\frown}{\mathrm{BC}} = 2\overset{\frown}{\mathrm{AB}}$

解　$\overset{\frown}{\mathrm{AB}}$の円周角が30°だから，中心角は，$30° \times 2 = 60°$

中心角は弧の長さに比例し，いま$\overset{\frown}{\mathrm{BC}} = 2\overset{\frown}{\mathrm{AB}}$なので，

$\angle x = 60° \times 2 = 120°$

【例2】　図の$\angle \boldsymbol{x}$，$\angle \boldsymbol{y}$の大きさはいくらか。

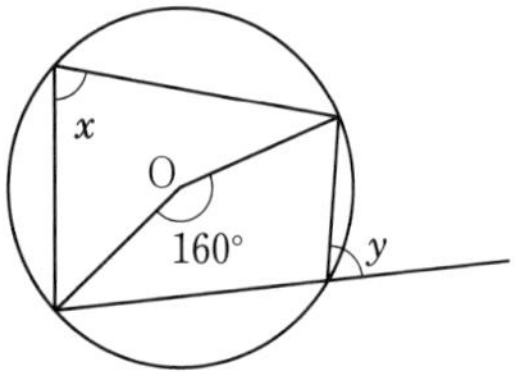

解　$\angle x = \dfrac{1}{2} \times 160° = 80°$

内接四角形の角の関係より，$\angle x = \angle y$だから，

$\angle y = 80°$

【例3】　図の$\angle \boldsymbol{x}$の大きさはいくらか。

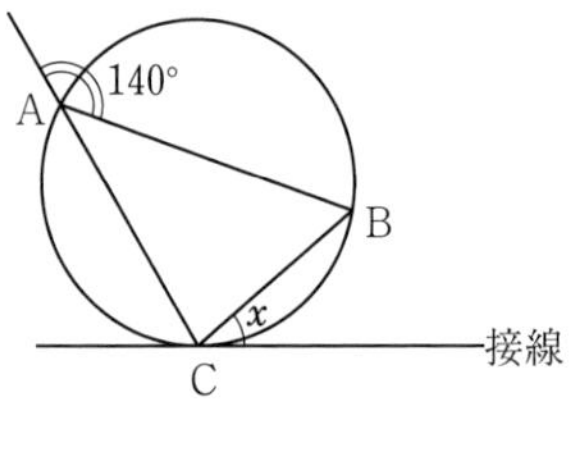

【例4】　図の弧**AB**の長さはいくらか。

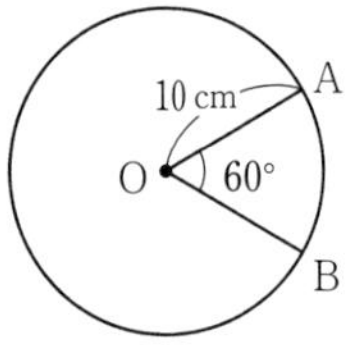

解　$\angle BAC = 180^\circ - 140^\circ = 40^\circ$

接弦定理より，

$\angle x = 40^\circ$

解　$l = 2\pi \times 10 \times \dfrac{60}{360}$

$= \dfrac{10}{3}\pi\,(\text{cm})$

【例5】　**図の扇形AOBの面積はいくらか。ただし，$\overset{\frown}{\mathbf{AB}}:\overset{\frown}{\mathbf{BC}}:\overset{\frown}{\mathbf{CA}}$ ＝$\mathbf{3:4:5}$とする。**

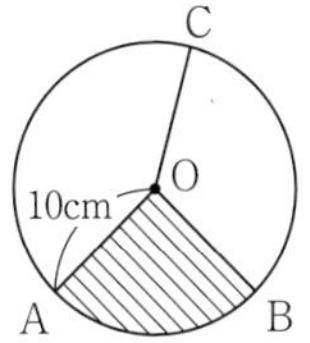

解　弧の比が3：4：5なので，$\angle AOB = 360^\circ \times \dfrac{3}{12} = 90^\circ$

よって，$S = \pi \times 10^2 \times \dfrac{90}{360} = 25\pi\,(\text{cm}^2)$

【例6】　**図の内接円の半径の長さはいくらか。**

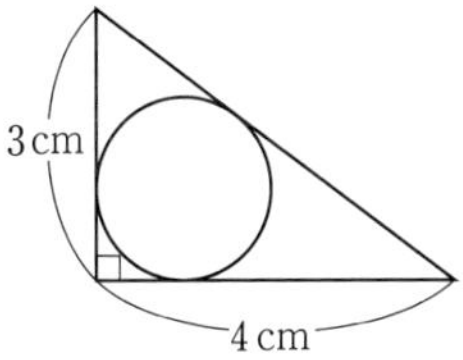

解　$AC = \sqrt{4^2 + 3^2} = 5(\text{cm})$

$\triangle ABC = \triangle IBC + \triangle IBA + \triangle IAC$

$= \dfrac{1}{2}(4 \times x + 3 \times x + 5 \times x)$

$= \dfrac{1}{2} \times 12x = 6x$

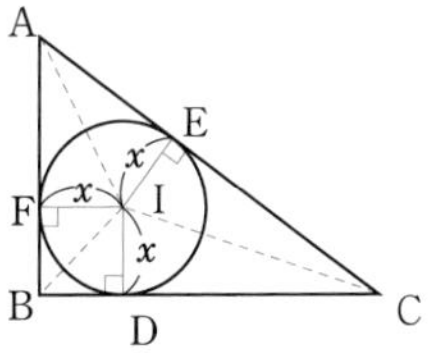

$\triangle ABC = \dfrac{1}{2} \times 3 \times 4 = 6$

したがって，$6x = 6 \qquad \therefore \quad x = 1(\text{cm})$

パターン53

図のように点Pから円Oに引いた接線の接点をA，Bとする。$\angle APB = 40^\circ$のとき，$\angle ACB$の大きさはいくらか。

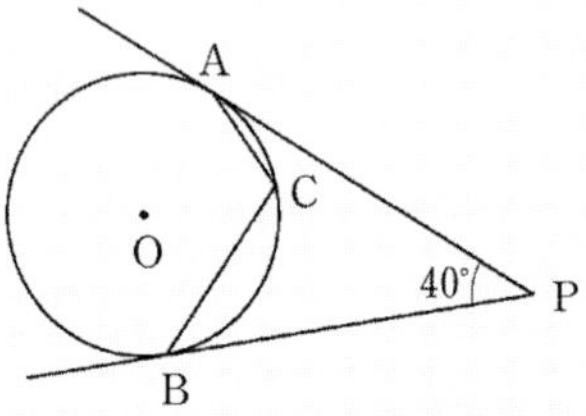

1　105°

2　110°

3　115°

4　120°

5　125°

解法　補助線POを引く。

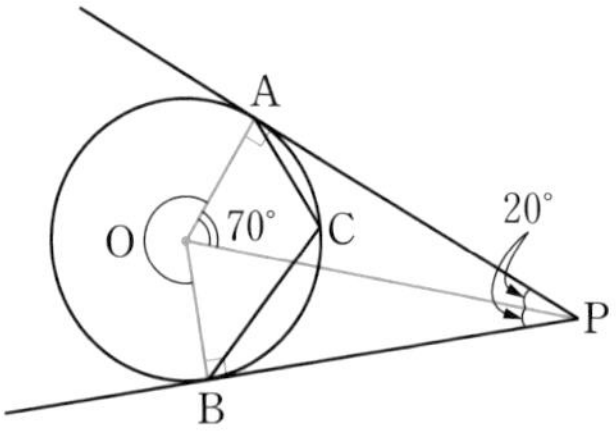

$\angle APO = \angle BPO = 20^\circ$

$\angle OAP = 90^\circ$

したがって，

$\angle AOP = 180^\circ - (20^\circ + 90^\circ)$

$= 70^\circ\ (= \angle BOP)$

よって，優弧ABに対する中心角は，

$\angle AOB = 360^\circ - 70^\circ \times 2 = 220^\circ$

優弧ABに対する円周角が$\angle ACB$なので，

$\angle ACB = 220^\circ \div 2 = 110^\circ$

正答　2

パターン54

底辺BC = 8cm，AB = AC = 12cmの二等辺三角形ABCに内接する円の半径はおよそいくらか。ただし，$\sqrt{2} = 1.41$とする。

1　2.6cm

2　2.8cm

3　3.0cm

4　3.2cm

5　3.4cm

解法 半径を$a$cmとする。

各頂点から内接円の中心Oを直線で結ぶ。

内接円の半径と接線は垂直に交わることから△OAB，△OBC，△OCAはそれぞれ底辺AB，BC，CA，高さaの三角形に分けられる。

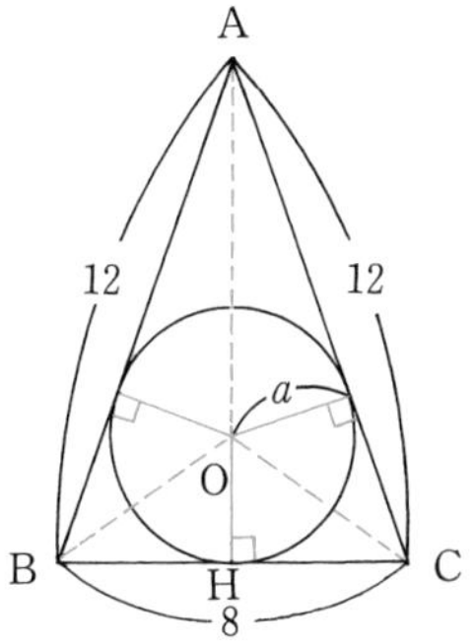

各三角形の面積を求めると，

$$\left.\begin{aligned}\triangle \mathrm{OAB} &= \frac{1}{2}\times 12\times a = 6a\\ \triangle \mathrm{OBC} &= \frac{1}{2}\times 8\times a = 4a\\ \triangle \mathrm{OCA} &= \frac{1}{2}\times 12\times a = 6a\end{aligned}\right\}\ \cdots①$$

△ABCの高さAHは，三平方の定理を利用して，

$$\mathrm{AH} = \sqrt{12^2 - 4^2} = 8\sqrt{2}$$

$$\therefore\quad \triangle \mathrm{ABC} = \frac{1}{2}\times 8\times 8\sqrt{2} = 32\sqrt{2}\ \cdots②$$

①，②より，$6a + 4a + 6a = 32\sqrt{2}$

これを解くと，$a = 2\sqrt{2}$

$\sqrt{2} = 1.41$だから，$a = 2\times 1.41 = 2.82 \fallingdotseq 2.8$(cm)

正答　2

パターン55

1辺の長さが8cmの正三角形の中に同じ大きさの3つの円が図のように接している。これらの円の半径はいくらか。

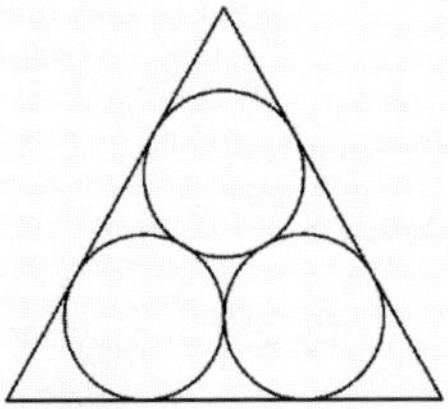

1　$(\sqrt{3}-1)$cm
2　$(\sqrt{3}+1)$cm
3　$2(\sqrt{3}-1)$cm
4　$2(\sqrt{3}+1)$cm
5　$3(\sqrt{3}-1)$cm

解法　これらの円の半径を$x$cmとすると，右図より，

$OD = x$，$BD = \sqrt{3}x$，$DE = 2x$，$EC = \sqrt{3}x$だから，

$$BD + DE + EC = \sqrt{3}x + 2x + \sqrt{3}x$$
$$= 8$$
$$\therefore \quad x = \frac{4}{\sqrt{3}+1}$$
$$= \frac{4(\sqrt{3}-1)}{(\sqrt{3}+1)(\sqrt{3}-1)}$$
$$= 2(\sqrt{3}-1)\ (\text{cm})$$

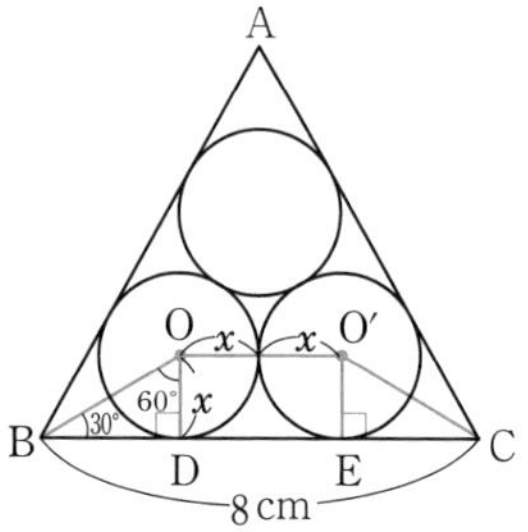

正答　3

パターン56

図の斜線部分の面積はおよそいくらか。

1　1.8cm^2
2　2.0cm^2
3　2.3cm^2
4　2.5cm^2
5　2.8cm^2

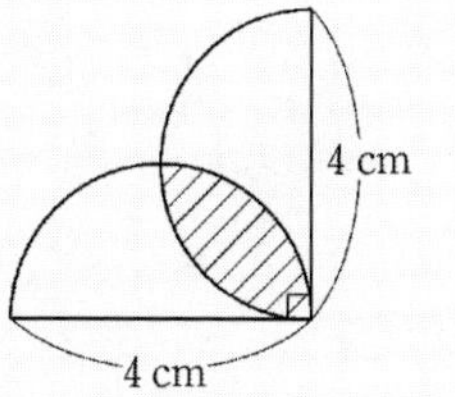

解法

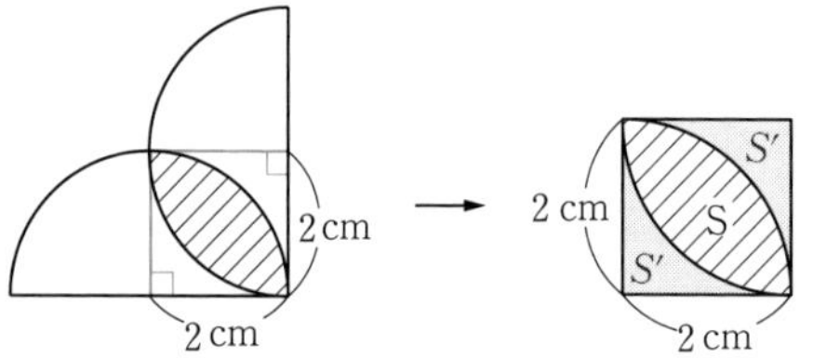

前図のように分割して考えると，斜線部の面積Sは，

$S = 2 \times 2 - 2S'$　…①

ところで，$S' = 2 \times 2 - \pi \times 2^2 \times \dfrac{90°}{360°} = 4 - \pi$

これを①に代入して，$S = 4 - 2(4 - \pi)$

$$= 2\pi - 4$$
$$= 2 \times 3.14 - 4$$
$$\fallingdotseq 2.3\ (\text{cm}^2)$$

正答　3

練習問題

（187ページより解答・解説）

No.152 ★ 図の∠xの大きさはいくらか。ただし，円周上の点A～Eは5等分点とする。

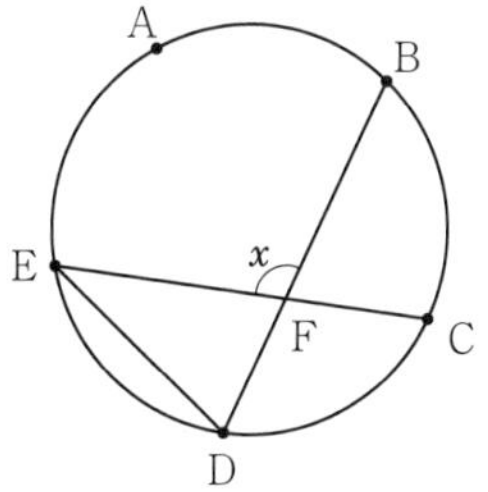

1 102°
2 104°
3 106°
4 108°
5 110°

No.153 ★ 図の∠xの大きさはいくらか。

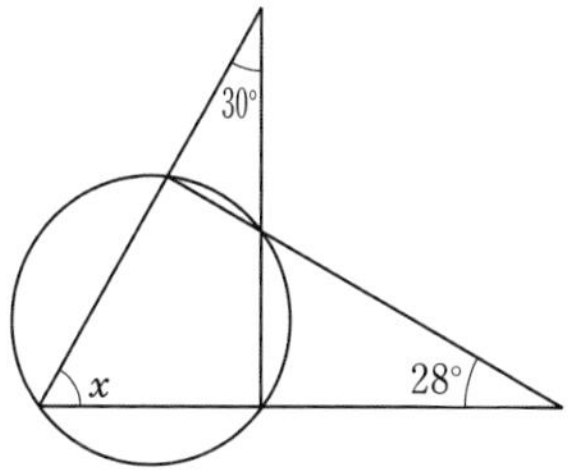

1 61°
2 62°
3 63°
4 64°
5 65°

No.154 ★ 図のように直線ABは点Aで円Oに接している。BC = 4cm，CD = 5cmのとき，線分ABの長さはいくらか。

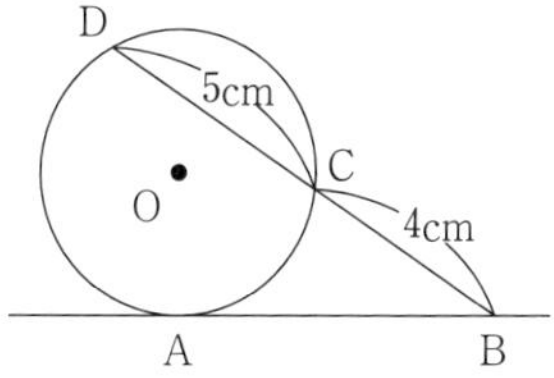

1 5.5cm
2 6cm
3 6.5cm
4 7cm
5 7.5cm

No.155 ★★ 図の円の半径を9cm，∠BAD = 30°，∠DCB = 50°とするとき，$\overset{\frown}{AB}$の長さはいくらか。ただし，CEは点Bにおける円の接線とする。

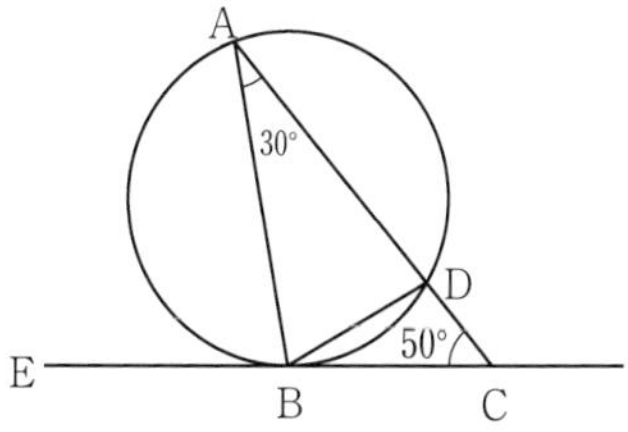

1 6π cm
2 7π cm
3 8π cm
4 9π cm
5 10π cm

★★
No.156 図のように1辺の長さが3cmの正三角形ABCに内接する円Oがある。円Oに外接し，辺BC，BAと接する円をO′とする。また，点D，Eはそれぞれ辺BCと円O′，円Oとの接点である。このとき，DEの長さはいくらか。

1 $\dfrac{\sqrt{3}}{2}$ cm

2 1cm

3 $\dfrac{\sqrt{3}}{3}$ cm

4 $\dfrac{\sqrt{3}}{4}$ cm

5 $\dfrac{5\sqrt{3}}{6}$ cm

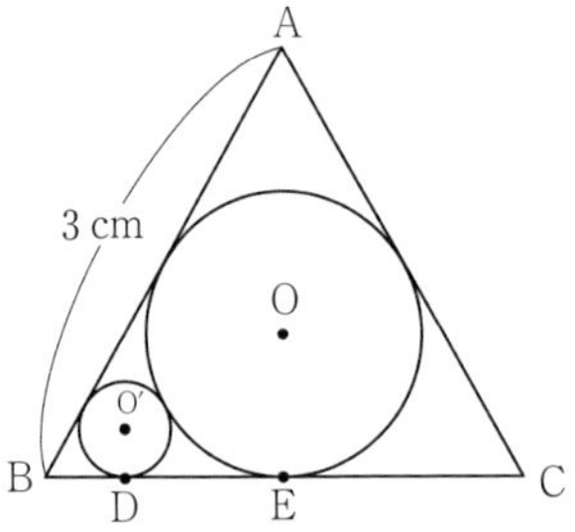

★★
No.157 1辺が10cmの正方形の中に，同じ大きさの2つの円が図のように接している。この円の半径はいくらか。

1 2.5cm

2 $2\sqrt{2}$cm

3 $\dfrac{5}{2}\sqrt{2}$cm

4 $5(2-\sqrt{3})$cm

5 $5(2-\sqrt{2})$cm

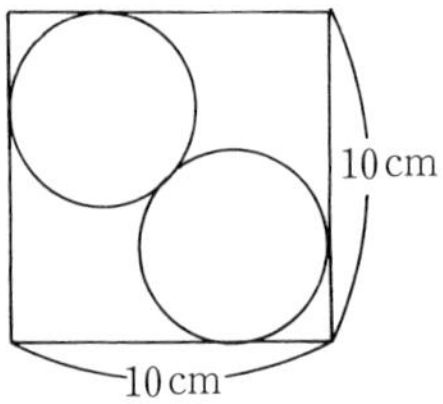

★★
No.158 図のように扇形に円Pが内接している。斜線部の面積はおよそいくらか。ただし，$\angle AOB = 60°$，$BO = 12$cmとする。

1 10cm^2

2 11cm^2

3 12cm^2

4 13cm^2

5 14cm^2

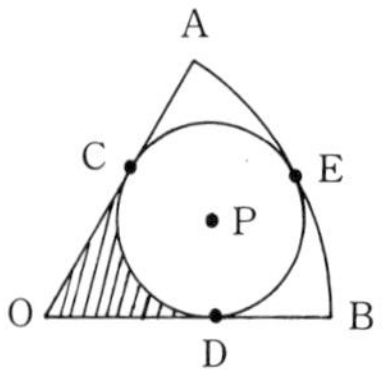

★★
No.159 図のような直角三角形ABCがある。AB = 12，BC = 13のとき，この三角形の内接円の半径はいくらか。

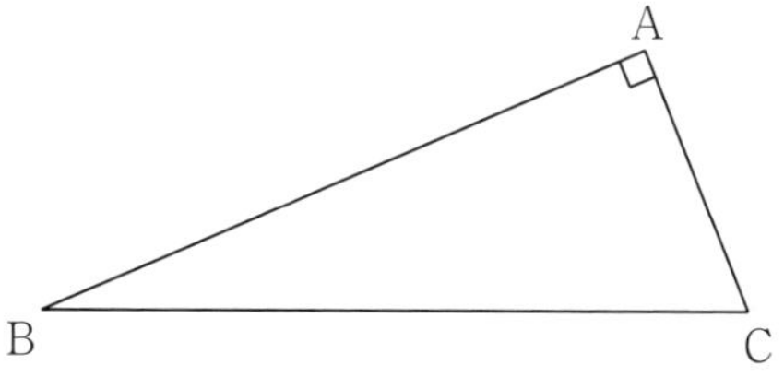

1 2
2 2.5
3 3
4 3.5
5 4

★★
No.160 図のように1辺10cmの正三角形の中に，10個の同じ半径の円が詰まっている。これらの10個の円の面積の総和はいくらか。

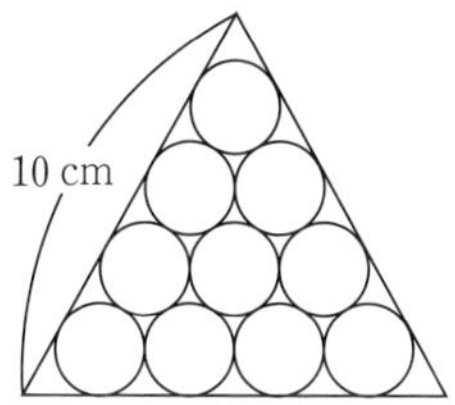

1 $10(3-\sqrt{3})\pi\ \mathrm{cm}^2$
2 $5(1+\sqrt{3})\pi\ \mathrm{cm}^2$
3 $25\pi(2-\sqrt{3})\mathrm{cm}^2$
4 $\dfrac{5\pi(3+\sqrt{3})}{3}\mathrm{cm}^2$
5 $\dfrac{125\pi(2-\sqrt{3})}{3}\mathrm{cm}^2$

★★
No.161 ABを直径とする半径4cmの半円を，図のように点Aを中心に反時計回りに30°回転した。斜線部の面積はいくらか。

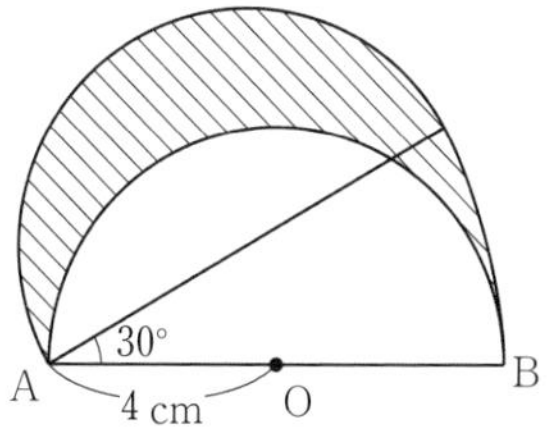

1 $\dfrac{16}{3}\pi\ \mathrm{cm}^2$
2 $\dfrac{28}{5}\pi\ \mathrm{cm}^2$
3 $6\pi\ \mathrm{cm}^2$
4 $6.5\pi\ \mathrm{cm}^2$
5 $7\pi\ \mathrm{cm}^2$

③ 空間計量

●立方体

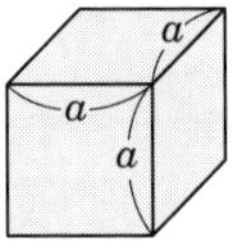

体積　$V = a^3$

表面積　$S = 6a^2$

●直方体

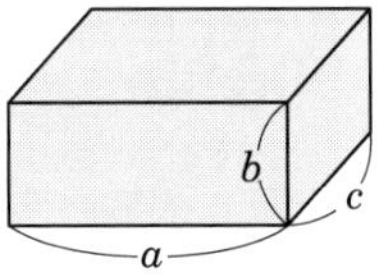

体積　$V = abc$

表面積　$S = 2(ab + bc + ca)$

●角柱

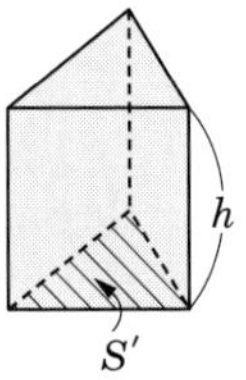

体積　$V = S'h$

表面積　$S =$ 底面積 $(S') \times 2 +$ 側面積

●円柱

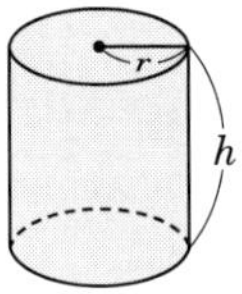

体積　$V = \pi r^2 h$

表面積　$S = 2\pi r^2 + 2\pi rh$

$= 2\pi r(r + h)$

P 表面積は右図のように展開図で考えるとわかりやすい。

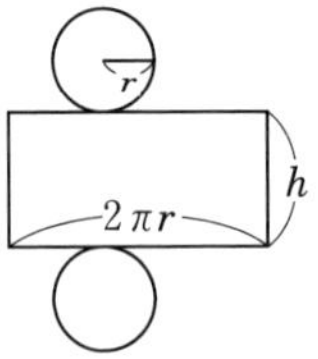

●角すい

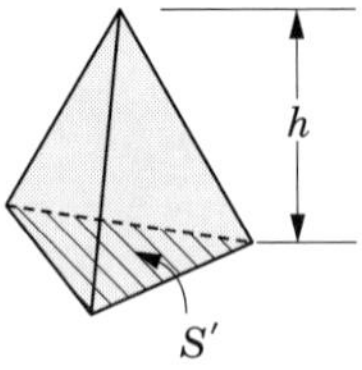

体積　$V = \dfrac{1}{3}S'h$

表面積　$S =$ 底面積 $S' +$ 側面積

●円すい

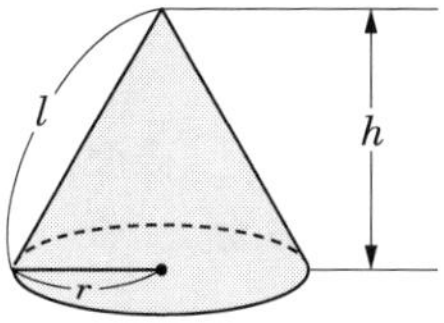

体積　$V = \dfrac{1}{3}\pi r^2 h$

表面積　$S = \pi r^2 + \pi rl$

$= \pi r(r + l)$

●球

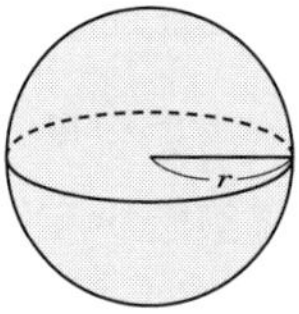

体積　$V = \dfrac{4}{3}\pi r^3$

表面積　$S = 4\pi r^2$

P 「身《み》の上《うえ》に心配《しんぱい》ある身《み》」と覚える。

●相似な図形の体積比

チェック

辺の比が$a:b$の相似な図形のとき，体積比は$a^3:b^3$となる。

【例1】　図の円すいの体積と表面積はそれぞれいくらか。

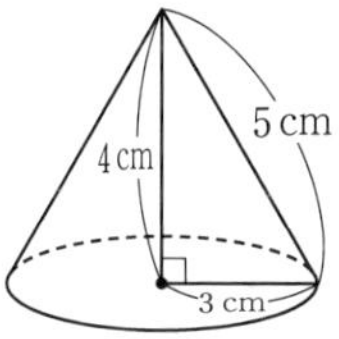

解　$V = \dfrac{1}{3}\pi \times 3^2 \times 4$

$= 12\pi \ (\mathrm{cm}^3)$

$S = \pi \times 3(3 + 5)$

$= 24\pi \ (\mathrm{cm}^2)$

【例2】　図の円柱の体積と表面積はそれぞれいくらか。

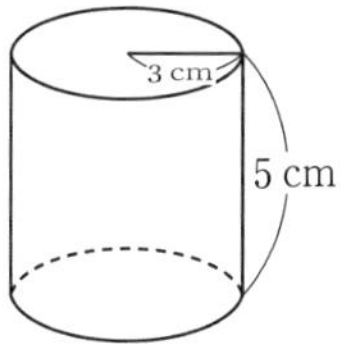

解　$V = \pi \times 3^2 \times 5$

$= 45\pi \ (\mathrm{cm}^3)$

$S = 2\pi \times 3(3 + 5)$

$= 48\pi \ (\mathrm{cm}^2)$

【例3】　**AとBは相似な円すいであり，表面積はそれぞれ4π cm^2，$9\pi \mathrm{cm}^2$である。Aの体積が5π cm^3のとき，Bの体積はいくらか。**

解　AとBの面積比は，$4\pi : 9\pi = 4:9 = 2^2:3^2$より，相似比は$2:3$である。

よって体積比は，$2^3:3^3 = 8:27$となるので，Bの体積を$x\mathrm{cm}^3$とすると，

$5\pi : x = 8:27$

$$\therefore \quad x = \frac{135\pi}{8} \ (\mathrm{cm}^3)$$

【例4】　ある球の体積が $36\pi\ \mathrm{cm}^3$，表面積が $36\pi\ \mathrm{cm}^2$ であった。このとき，球の半径 r はいくらか。

解　$\frac{4}{3}\pi r^3 = 36\pi \quad \cdots①$

$4\pi r^2 = 36\pi \quad \cdots②$

①÷②より，$\frac{1}{3}r = 1 \qquad \therefore \quad r = 3(\mathrm{cm})$

【例5】　図の円すいの側面である扇形の中心角は何度か。

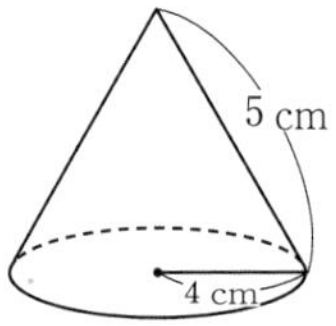

解　扇形の中心角を x とすると，

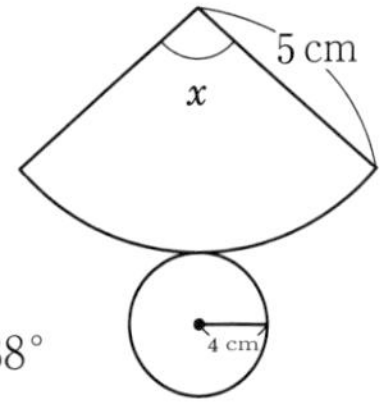

$2\pi \times 5 \times \frac{x}{360} = 2\pi \times 4$

扇形の弧　　底面の円周

$$x = \frac{2\pi \times 4 \times 360}{2\pi \times 5} = 288°$$

【例6】　図の正四面体の体積はいくらか。

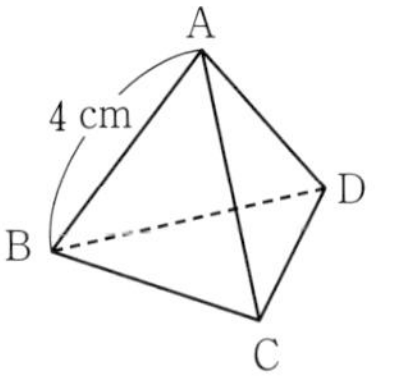

解　まず底面積を求める。

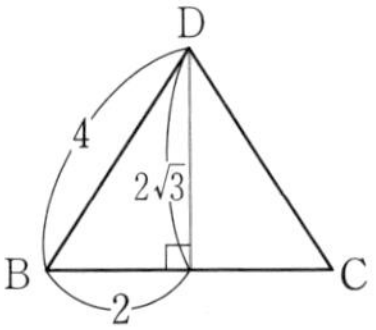

$S = \frac{1}{2} \times 4 \times 2\sqrt{3} = 4\sqrt{3} \quad \cdots①$

頂点Aから底面BCDに下ろした垂線の足をHとする。BHの長さを x とすると，x の長さは，

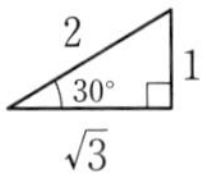

より，

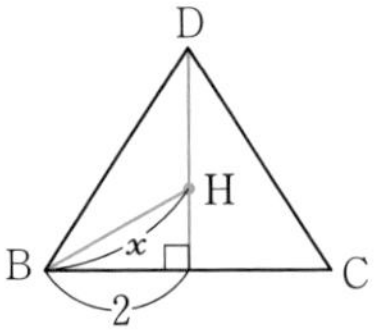

$x : 2 = 2 : \sqrt{3}$

$$\therefore \quad x = \frac{4}{\sqrt{3}}$$

次に高さhを求める。△ABHにおいて三平方の定理より，

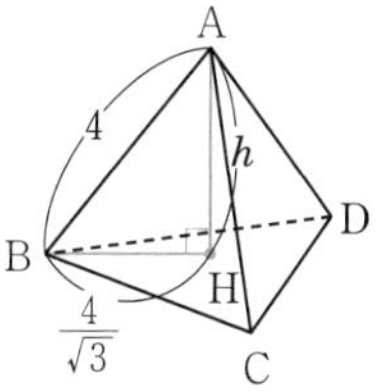

$$h^2 + \left(\frac{4}{\sqrt{3}}\right)^2 = 4^2$$

$$h^2 = \frac{32}{3}$$

$$\therefore \quad h = \frac{4\sqrt{2}}{\sqrt{3}} \quad \cdots②$$

①，②より体積は，

$$V = \frac{1}{3} \times 4\sqrt{3} \times \frac{4\sqrt{2}}{\sqrt{3}} = \frac{16\sqrt{2}}{3} \ (\mathrm{cm}^3)$$

パターン57

高さがともに13cmで底面が円である円筒形の容器AとBがあり，最初Aに水が満たされていてBは空になっている。いま，Aに入っている水をBに注いで，両者の水面が同じ高さになるようにしたところ，水面の高さがともに9cmになった。容器AとBの底面の半径比はいくらか。ただし，容器の厚みは考えないものとする。

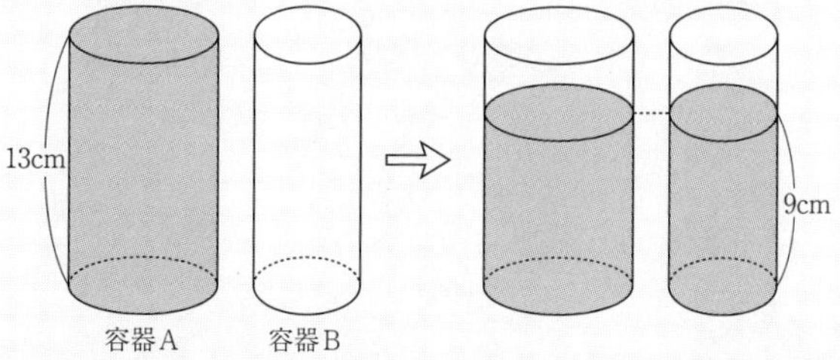

1　2：1
2　3：2
3　5：3
4　9：4
5　13：9

解法　容器Aの底面の半径をR(cm)，容器Bの底面の半径をr(cm)とおく。

すると，最初Aに満たされていた水の量は，

$$\pi R^2 \times 13 (\mathrm{cm}^3)$$

である。またこれをBに注いで水面の高さが両者とも9cmになったとき，2つの容器に入っている水の量の和は，

$$\pi R^2 \times 9 + \pi r^2 \times 9 (\mathrm{cm}^3)$$

である。これらは当然等しいので，

$$\pi R^2 \times 13 = \pi R^2 \times 9 + \pi r^2 \times 9$$

が成り立つ。両辺をπで割って整理すると，

$$13R^2 = 9R^2 + 9r^2$$

$$4R^2 = 9r^2$$

$$\therefore R^2 : r^2 = 9 : 4$$

となるので，求める半径比は，

$$R : r = 3 : 2$$

〈参考〉

先の解説では,「移動する前の全水量＝移動したあとの全水量」という視点で方程式を立てたが，次のように“移動する水量”そのものを考えるのもよい。

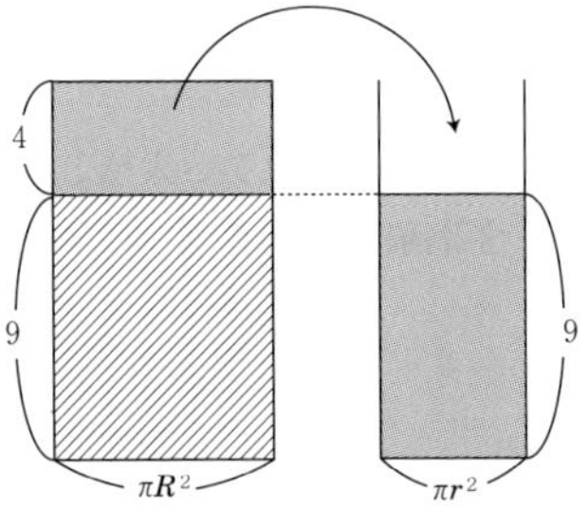

容器Aにおいて高さ4cm分の水が容器Bに移動し，それが容器B内では高さ9cm分に相当するのだから，

$$\pi R^2 \times 4 = \pi r^2 \times 9$$

が成り立つことを直接導くことができる。

正答　2

パターン58

底面の半径が15cm，母線の長さが39cmの直円すいに内接する球の半径はいくらか。

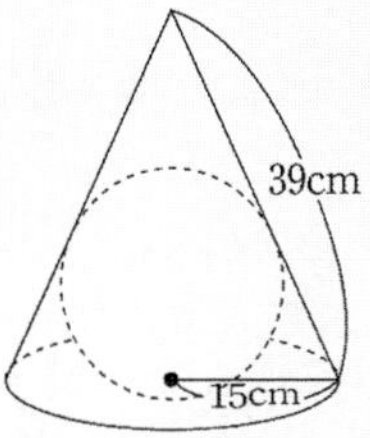

1　9cm

2　10cm

3　11cm

4　12cm

5　13cm

解法　底面に垂直で円すいの頂点を通る平面で切断した断面で考える。図のように点OおよびA～Dを定める。条件より，

BC = 15，AC = 39

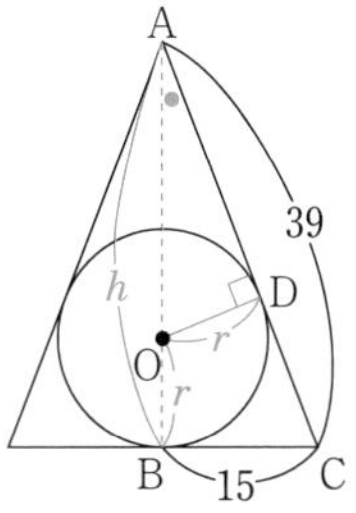

球の半径をr，円すいの高さをhとする。

△ABCにおいて三平方の定理により，

$$h = \sqrt{39^2 - 15^2}$$
$$= \sqrt{3^2(13^2 - 5^2)}$$
$$= \sqrt{3^2 \cdot 12^2}$$
$$= 3 \cdot 12$$
$$= 36$$

△ABCと△ADOについて，

∠A共通，∠ABC = ∠ADO = 90°

なので，△ABC∽△ADO

相対する辺の比より，

$$AC : AO = BC : DO$$
$$39 : (36 - r) = 15 : r$$
$$39r = 15(36 - r)$$
$$13r = 5(36 - r)$$
$$18r = 5 \times 36$$
$$r = \frac{5 \times 36}{18}$$
$$= 10\text{(cm)}$$

正答　2

練 習 問 題

（190ページより解答・解説）

No.162 ★ 図のような円柱の容器A，Bに同じ量の水を入れたとき，水面の高さがそれぞれ24cm，32cmになった。BからAに水を移し入れ，水面の高さを同じにしたとき，その高さはおよそ何cmになるか。

1　約27.0cm
2　約27.2cm
3　約27.4cm
4　約27.6cm
5　約27.8cm

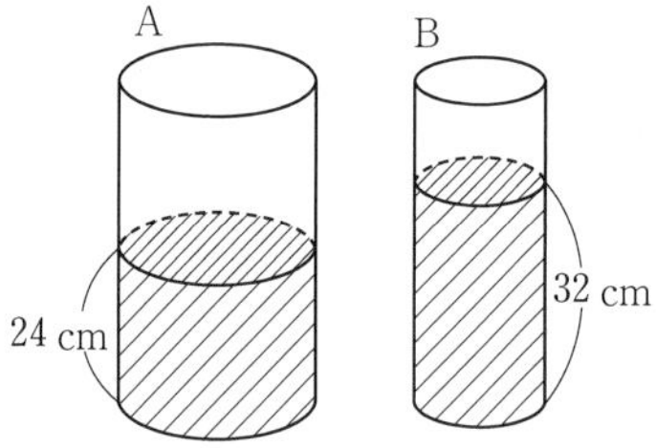

No.163 ★ 図のような直方体がある。3点A，C，Eを通る平面でこの直方体を切ったとき，切り分けられた2つの立体の体積比はいくらか。

1　6：1
2　7：1
3　8：1
4　9：1
5　10：1

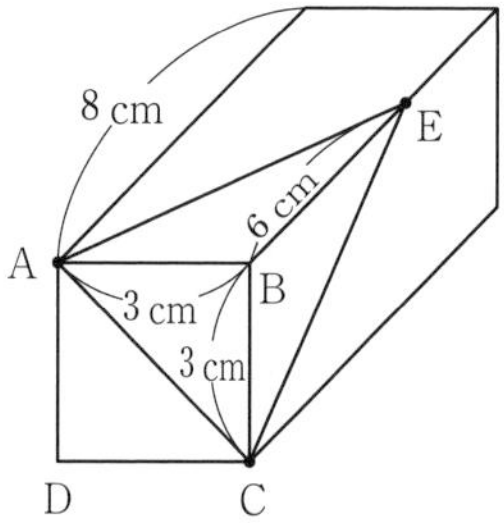

★★
No.164 図のような円柱で，OO′を3等分する点を，C，Dとする。この円柱から点Dを頂点とし，円柱の上底面を底面とする円すいを切り取り，さらにこの円すいを，点Cを通り円すいの底面に平行な平面で切って，小円すいと円すい台に分割した。このとき，円すい台の体積は，もとの円柱の体積の何倍か。

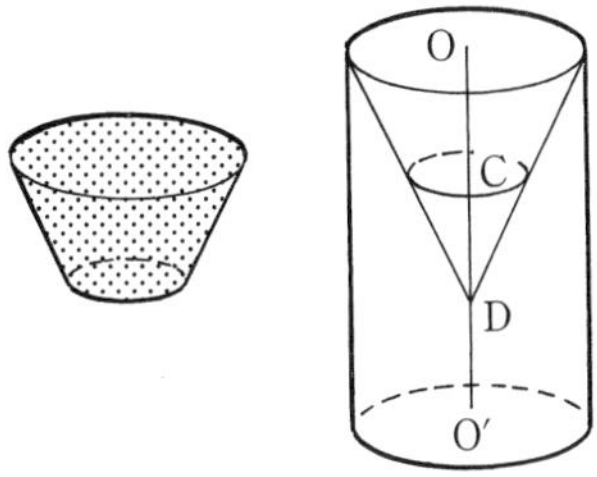

1 $\frac{2}{9}$倍

2 $\frac{5}{18}$倍

3 $\frac{7}{36}$倍

4 $\frac{2}{9}\left(\frac{1}{3}-\frac{\sqrt{3}}{4\pi}\right)$倍

5 $\frac{2}{9}\left(\frac{1}{6}-\frac{1}{4\sqrt{3}\pi}\right)$倍

★★
No.165 直方体を平面で2回切って，図のような四角すいA－EFGHをつくった。この四角すいの表面積はいくらか。

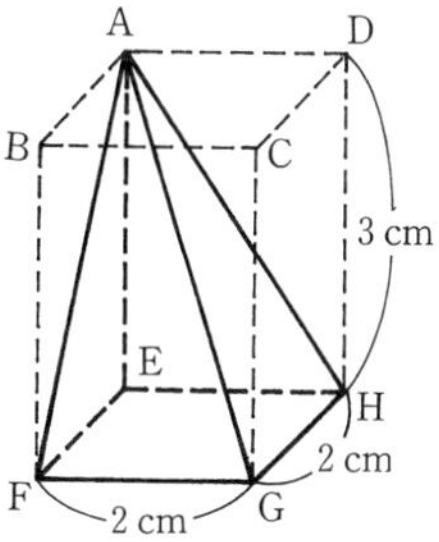

1 16cm^2

2 18cm^2

3 $10\sqrt{3}\text{cm}^2$

4 $(10+2\sqrt{13})\text{cm}^2$

5 $(4+4\sqrt{13})\text{cm}^2$

★★
No.166 図のような円すい台の表面積はいくらか。

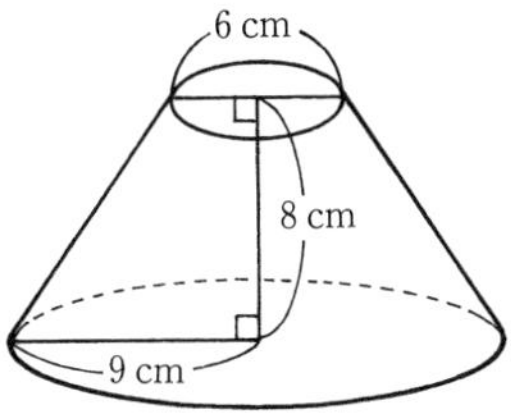

1 $210\pi\ \text{cm}^2$

2 $225\pi\ \text{cm}^2$

3 $240\pi\ \text{cm}^2$

4 $250\pi\ \text{cm}^2$

5 $270\pi\ \text{cm}^2$

No.167 ★★　底面が正方形で，側面が正三角形である図のような正四角すいがある。一辺の長さがaのとき，この正四角すいの体積はいくらか。

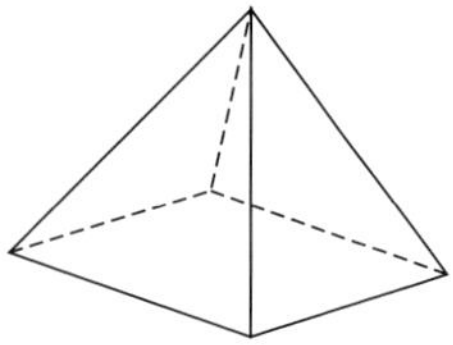

1　$\frac{1}{6}a^3$

2　$\frac{\sqrt{2}}{6}a^3$

3　$\frac{\sqrt{3}}{6}a^3$

4　$\frac{1}{3}a^3$

5　$\frac{1}{2}a^3$

No.168 ★　図のような直角三角形を，直線lのまわりに一回転して得られる回転体の体積はいくらか。

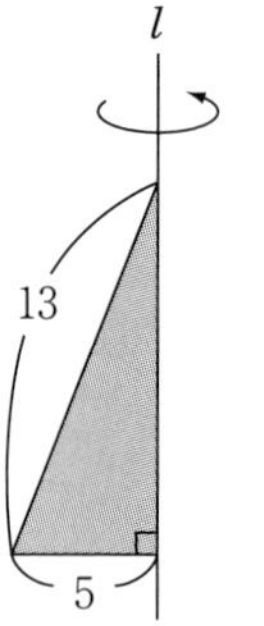

(単位：cm)

1　$100\pi \text{cm}^3$

2　$150\pi \text{cm}^3$

3　$200\pi \text{cm}^3$

4　$250\pi \text{cm}^3$

5　$300\pi \text{cm}^3$

第6章　整　数

①　整数・約数・倍数・剰余

◆公務員試験での整数問題は，多くの場合，未知数の数より方程式の数が少ない不定方程式の形をとる。整数の性質を利用して解いていく。

●自然数

1，2，3，4，……となる数(正の整数と同じ意味)。

●整数

……，－3，－2，－1，0，1，2，3，……となる数。

【例1】　**2桁の整数で一の位と十の位の数を入れ替えると，もとの数の$1\frac{3}{4}$倍になるものは何個あるか。**

解　2桁の整数を$10a+b$（$1\leqq a\leqq 9$，$0\leqq b\leqq 9$で，a，bは整数）とおくと条件より，

$$10b+a=\frac{7}{4}(10a+b)\qquad \therefore\quad a=\frac{1}{2}b$$

これを満たすa，bは，$(a,b)=(1,2)$，$(2,4)$，$(3,6)$，$(4,8)$の4個。

●素数

1とその数自身でしか割り切れない自然数(約数が2個しかないもの)。1は素数ではない。2，3，5，7，11，……など。

●素因数分解

整数を素数の積で表したもの。$30=2\times3\times5$など。

●割り切れる整数の見分け方

① 3で割り切れる…各位の数の和が3の倍数のとき。
② 4で割り切れる…下2桁が4の倍数のとき。
③ 5で割り切れる…一の位が0または5のとき。
④ 9で割り切れる…各位の数の和が9の倍数のとき。

●最大公約数(G.C.M.)

【例2】　**12と40の最大公約数の求め方**

共通に割れる数をかけあわせる。

$2\times2=4$

$$\begin{array}{r|rr} \boxed{2} & 12 & 40 \\ \hline \boxed{2} & 6 & 20 \\ \hline & 3 & 10 \end{array}$$

●最小公倍数（L.C.M.）

【例3】 **12と40の最小公倍数の求め方**

共通に割れない部分もかけあわせる。

$2 \times 2 \times 3 \times 10 = 120$

2	12	40
2	6	20
	3	10

3つ以上の数について最小公倍数を求めるときは，どれか2つで割り切れるまで行う。割り切れないものはそのまま下におろす。

【例4】 **12と40と60の最小公倍数の求め方**

$2 \times 2 \times 3 \times 5 \times 1 \times 2 \times 1 = 120$

※この場合，最大公約数は3つの数すべてに共通して割れるところまで考えて，$2 \times 2 = 4$となる。

2	12	40	60
2	6	20	30
3	3	10	15
5	1	10	5
	1	2	1

【例5】 **縦135cm，横144cmの壁にタイルをはりたい。できるだけ大きな同じ大きさの正方形のタイルを使用するとき，全部で何枚必要か。**

解 「全体を等しく分ける」ので最大公約数で考える。タイルの1辺の長さは，135と144の最大公約数となるから，右より，$3 \times 3 = 9$(cm)。

3	135	144
3	45	48
	15	16

縦に15枚，横に16枚並ぶので，$15 \times 16 = 240$(枚)必要。

【例6】 **縦16cm，横12cm，高さ40cmの直方体がある。これを同じ向きに並べて最も小さい立方体をつくりたい。全部で何個必要か。**

解 「増やしていって，全体を等しくする」ので最小公倍数で考える。立方体の1辺の長さは，16と12と40の最小公倍数となるから，右より，

$2 \times 2 \times 2 \times 2 \times 3 \times 5 = 240$(cm)

2	16	12	40
2	8	6	20
2	4	3	10
	2	3	5

縦に関して，$240 \div 16 = 15$(個)

横に関して，$240 \div 12 = 20$(個)

高さに関して，$240 \div 40 = 6$(個)

並ぶので，$15 \times 20 \times 6 = 1800$(個)必要。

●剰余

【例7】 **7で割ると2余り，8で割ると3余り，9で割ると4余る数のうち，500以下の数はいくつあるか。**

解 題意を満たす数をxとすると，条件より，

$x = 7a + 2 = 8b + 3 = 9c + 4$（$a$，$b$，$c$は正の整数）

と表される。辺々に5を加えると，

$x + 5 = 7(a + 1) = 8(b + 1) = 9(c + 1)$

となるので，$x+5$ は，7，8，9の公倍数である。7，8，9の最小公倍数は504なので，

$$x+5=504n \quad (n\text{は正の整数})$$

とおける。

$$x+5=504,1008,\cdots\cdots$$

$$\therefore \quad x=499,1003,\cdots\cdots$$

よって，500以下の数は499の1個である。

●植木算

チェック

① 両端があるときは商に**1**を加える。

② 囲まれているときは商のまま。

【例8】 長さ**10m**の道路に**2m**間隔で木を植えるとき，全部で何本の木が必要か。ただし，両端にも植えるものとする。

解 $10 \div 2 + 1 = 6$(本)

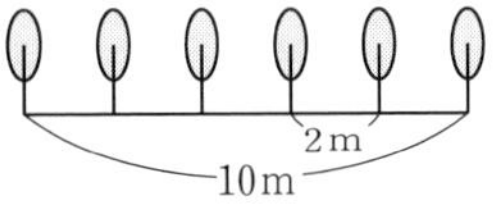

【例9】 周囲が**10m**の円形の池のまわりに**2m**間隔で木を植えるとき，全部で何本の木が必要か。

解 $10 \div 2 = 5$(本)

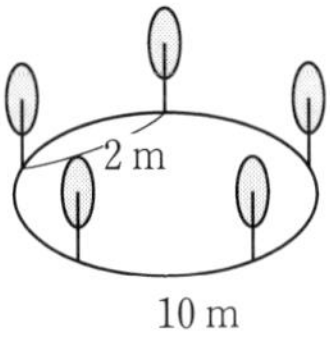

パターン59

午前6時15分にあるバス停からA行き，B行き，C行きの始発バスが3台同時に出発した。A行きが8分おきに，B行きが12分おきに，C行きが20分おきに出発するとき，2台のバスがこのバス停を同時に出発するのは正午までに何回あるか。

1　20回

2　21回

3　22回

4　23回

5　24回

解法　午前6時15分から正午まで，

$12:00 - 6:15 = 5:45 = 345$分

であるから，345以下の自然数について考える。求めたいのは右図の斜線部に入る自然数の個数である。

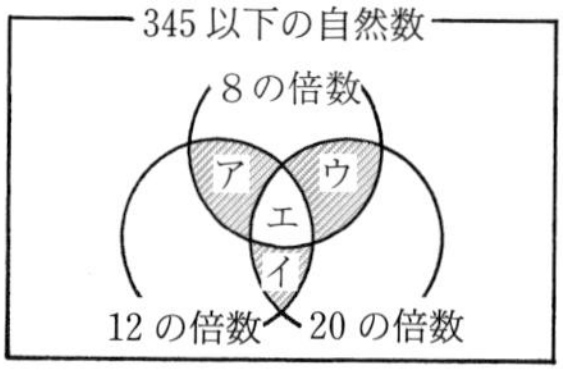

8と12の公倍数，すなわち24の倍数は，$345 \div 24 = 14$余り9より14個あり，これは図のア＋エにあたる。

同様に，12と20の公倍数(イ＋エ)，すなわち60の倍数は$345 \div 60 = 5$余り45より5個，8と20の公倍数(ウ＋エ)，すなわち40の倍数は$345 \div 40 = 8$余り25より8個ある。

また，8，12，20の公倍数(エ)，すなわち120の倍数は$345 \div 120 = 2$余り105より2個あるので，ア＝12，イ＝3，ウ＝6。

よって，ア＋イ＋ウ＝21(回)。

正答　2

パターン60

8で割っても12で割っても5余る3桁の整数のうち，800以下の数はいくつあるか。

1　28個

2　29個

3　30個

4　31個

5　32個

解法　題意を満たす数をxとすると，条件より，

$x = 8a + 5 = 12b + 5$（$100 \leqq x \leqq 800$，a，bは正の整数）

と表される。辺々から5を引くと，

$x - 5 = 8a = 12b$（$95 \leqq x - 5 \leqq 795$）

となるので，$x - 5$は8と12の公倍数，すなわち24の倍数である。24の倍数のうち，95以上795以下の数がいくつあるかを求めればよい。

1～94の中に，$94 \div 24 = 3$余り22より，3個ある。

1～795の中に，$795 \div 24 = 33$余り3より，33個ある。

よって，$33 - 3 = 30$（個）

正答　3

パターン61

120の正の約数は何個あるか。

1　12個

2　15個

3　16個

4　18個

5　20個

解法　120を素因数分解すると，

$120 = 2^3 \times 3 \times 5$

よって，120の約数は次の形をしている。

$2^{\square} \times 3^{\triangle} \times 5^{\bigcirc}$

□は0，1，2，3の4通り

△は0，1の2通り

○は0，1の2通り

（例えば

$6 = 2^1 \times 3^1 \times 5^0$

と考える。）

その選び方はそれぞれ独立しているので，120の約数は全部で

$4 \times 2 \times 2 = 16$（個）

正答　3

練習問題

（192ページより解答・解説）

No.169 ★ いくつかのビー玉がある。これらを10個ずつ袋に入れていくと8個余り，同様に15個ずつ入れたときも，24個ずつ入れたときも8個余った。ビー玉の個数が700個以上800個以下であるとき，このビー玉を27個ずつ袋に入れると最後にいくつ余るか。

1　5個
2　12個
3　18個
4　23個
5　26個

No.170 ★ 生徒を長いすに座らせるのに，7人ずつ座らせると最後のいすには4人だけが座ることになり，6人ずつ座らせると最後のいすには3人だけ座ることになる。この生徒を5人ずつ座らせると，最後のいすには何人が座ることになるか。ただし，生徒の人数は420人以上460人以下である。

1　1人
2　2人
3　3人
4　4人
5　5人

No.171 ★★ 1辺が3cmの立方体を何個か積み上げて直方体をつくった。この直方体の6つの面のうち，面積が最大のものが135cm^2，最小のものが54cm^2であるという。この直方体の体積はいくらか。

1　810cm^3
2　864cm^3
3　900cm^3
4　972cm^3
5　1,080cm^3

No.172 ★★ A，B，Cの3人が同じ日から同じ職場でアルバイトを始めた。Aは「2日働いて2日休み」を繰り返し，Bは「3日働いて3日休み」を繰り返し，Cは「4日働いて4日休み」を繰り返した。3人がアルバイトを始めた日から360日の間にA，B，Cの3人が顔を合わせる日は何日あるか。

1 39日

2 42日

3 45日

4 48日

5 51日

No.173 ★★ 2桁の2つの自然数A，Bの最大公約数が5，最小公倍数が140のとき，A，Bの和はいくらか。

1 50

2 55

3 60

4 90

5 120

No.174 ★★ 2つの整数367，153を自然数nで割ったとき，余りがそれぞれ7，9になるという。このような自然数nは全部で何個あるか。

1 4個

2 5個

3 6個

4 7個

5 8個

No.175 ★★ nを正の整数とするとき，$\sqrt{\dfrac{14400}{n}}$が整数となるようなnの値は何通りあるか。

1 12通り

2 13通り

3 14通り

4 15通り

5 16通り

No.176 ★★ 3つの正の整数a, b, cがある。次の関係が成立するとき，a, b, cの和はいくらか。

ア．$ab = 450$　　イ．$bc = 150$　　ウ．$a > b > c$

1　50
2　55
3　60
4　65
5　68

No.177 ★★ 150の正の約数をすべて足すといくらか。

1　360
2　372
3　384
4　396
5　418

No.178 ★★ 図のような四角形の土地がある。この土地の周囲に，等間隔に杭を打ってロープを張ることにした。杭の本数ができるだけ少なくなるようにするとき，杭は何本になるか。ただし，四角形の頂点には必ず杭を打つものとする。

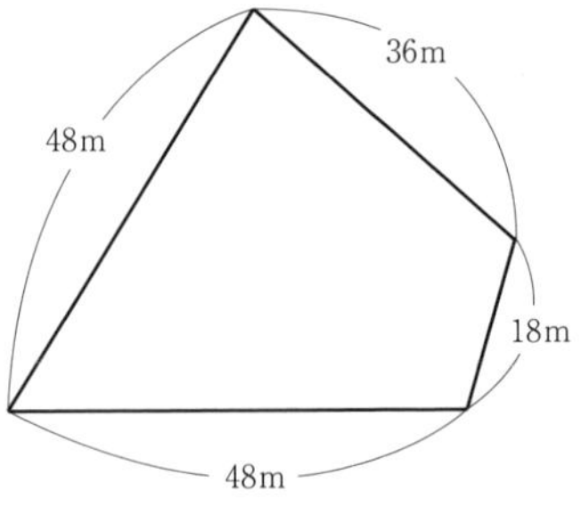

1　15本
2　18本
3　21本
4　25本
5　30本

No.179 ★ 126と180の公約数はいくつあるか。

1　3個
2　4個
3　5個
4　6個
5　7個

② 約束記号

パターン62

記号(　，　)は，$(m, n)=m+n$を表すものと約束する。$(2m, 3n)=24$となるような2つの自然数m, nの組はいくつあるか。

1　1組
2　2組
3　3組
4　4組
5　5組

解法　約束記号の問題は取り決めた規則に従って計算すればよい。

この場合，$(m, n)=m+n$と決めたのだから，$(2m, 3n)$というのは，$2m+3n$の意味である。したがって，$2m+3n=24$となる自然数の組をみつければよい。

$m=1$から順に自然数を代入する。等式を満たす自然数nが存在するときを表にすると次のようになる。

m	3	6	9
n	6	4	2

よって，3組ある。

正答　3

練習問題

（194ページより解答・解説）

★
No.180　数a，bについて$a*b$は$2(a+b)$を表すものと約束する。このとき，次のxの値はいくらか。

$$\left(x * \frac{x}{3}\right) + 4 = x * x$$

1　0
2　1
3　2
4　3
5　4

★★
No.181　○という記号をaとbの最小公倍数，△という記号をaとbの最大公約数と約束する。例えば，12○8＝24，15△6＝3となる。

このとき，次の式の値はいくらか。

$$\left\{(14\bigcirc 3)+(24\triangle 18)\right\} \triangle \left\{(121\triangle 17)+\frac{(6\bigcirc 5)}{2}\right\}$$

1　1
2　2
3　16
4　20
5　32

3 記数法

◆記数法を解くかぎは，N進法の意味をまず理解することである。これをもとに，N進法から10進法へ，10進法からN進法に変換する方法を理解する。

●10進法

私達が日常的に使用している記数法であり，数が10集まると位が1つ上がる記数法である。

10進法とは別の言い方をすれば，表記する数が0，1，2，3，4，5，6，7，8，9の10種類の数を使ってすべての数を表す記数法でもある。

●N進法

N進法とは数がN集まると位が1つ上がる記数法である。これはまた，表記する数が0，1，……，$N-1$のN種類の数を使ってすべての数を表す記数法でもある。

例えば，4進法の133は，$133_{(4)}$と表し，

$$133_{(4)} = 1 \times 4^2 + 3 \times 4^1 + 3 \times 4^0$$

という意味で，10進法では31である。

●N進法を10進法に変換する

チェック

N進法で表された数$A_{(N)}$を，

$A_{(N)} = a_1a_2 \cdots\cdots a_n$（$a_1, a_2, \cdots\cdots, a_n$は0から$N-1$までの整数で，$a_1 \neq 0$）とすると，10進法では次のように表される。

$$\boldsymbol{A_{(N)} = a_1 \times N^{n-1} + a_2 \times N^{n-2} + \cdots\cdots + a_n \times N^0}$$

【例1】 **3進法の122は10進法でどのように表されるか。**

解 $122_{(3)} = 1 \times 3^2 + 2 \times 3^1 + 2 \times 3^0$

$= 9 + 6 + 2 = 17_{(10)}$

【例2】 **5進法の2344は10進法でどのように表されるか。**

解 $2344_{(5)} = 2 \times 5^3 + 3 \times 5^2 + 4 \times 5^1 + 4 \times 5^0$

$= 250 + 75 + 20 + 4 = 349_{(10)}$

●10進法をN進法に変換する

チェック

10進法で表された数AをN進法に変換するには，右に示すように順次Nで割って余りを右に書いていき，商がNより小さくなったところでやめる。また，割り切れるとき，余りは0と書く。右の場合は，AはN進法で*abcde*と矢印の順に表される。

N) A　（余り）
N) A_1　…e
N) A_2　…d
N) A_3　…c
　　a　…b

【例3】　**10進法の17は3進法でどのように表されるか。**

解

3) 17
3) 5　…2
　　1　…2　　$122_{(3)}$

【例4】　**10進法の349は5進法でどのように表されるか。**

解

5) 349
5) 69　…4
5) 13　…4
　　2　…3　　$2344_{(5)}$

パターン63

2進法で表された数1011と1111の和を2進法で表すと，いくつになるか。

1　11010　**2**　11110　**3**　11011　**4**　10001　**5**　10101

解法　次の2通りの解き方が考えられるが後者の方が速い。

i）2進法を10進法に変換して足し算をし，再度2進法に変換する方法。

$1011_{(2)} = 1 \times 2^{4-1} + 0 \times 2^{4-2} + 1 \times 2^{4-3} + 1 = 11_{(10)}$

$1111_{(2)} = 1 \times 2^{4-1} + 1 \times 2^{4-2} + 1 \times 2^{4-3} + 1 = 15_{(10)}$

$11_{(10)} + 15_{(10)} = 26_{(10)}$

2) 26
2) 13　…0
2) 6　…1
2) 3　…0
　　1　…1

$26_{(10)} = 11010_{(2)}$

ii）2進法どうしの足し算をする方法。

　　1011
+) 1111
　11010

P　1＋1で1桁上がる

正答　1

練習問題

（194ページより解答・解説）

No.182★ ある計算によると，$325 + 412 = 1040$であるという。それでは，25×13はいくつになるか。ただし，この計算は10進法ではない。

1 246

2 320

3 325

4 345

5 361

No.183★★ 10進法の数xを6進法で表すと42である。これをn進法で表すと122になる。nはいくつか。

1 3

2 4

3 5

4 7

5 8

No.184★★ 5進法の4321から6進法の1524を引いた数を4進法で表すと，どのように表されるか。

1 2231

2 2232

3 2233

4 2332

5 2333

第7章 計算パズル

① 計算パズル

◆虫喰算《むしくいざん》や覆面算《ふくめんざん》のように整数の四則演算の特徴を利用して解く問題と，魔方陣《まほうじん》と呼ばれる問題がある。

●魔方陣

方陣において，縦，横，斜めの数の和がすべて等しいものを魔方陣という。

3×3の方陣において，最も簡単な例である1～9の数で考えると，その総和は，

$$1+2+\cdots\cdots+9=\frac{1}{2}\times 9\times 10=45$$

つまり，右図の縦1列分の和は，45÷3＝15となる。また，魔方陣には対称性があり，

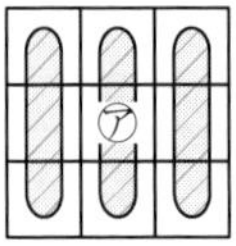

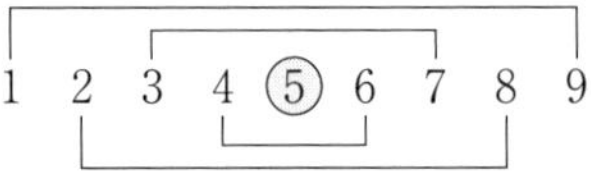

上の線で結んだ数どうしが，方陣の中央のマス目である㋐を中心に一直線に並ぶ。また，残りの数，すなわち真ん中の数である5が㋐に入る。

これらのことを考え合わせると，右のような基本形ができあがる。もちろんこれを90°ずつ回転すると4通りできるので，1は3，9，7のところにきてもよい。また，左右対称のものもできる。

4	9	2
3	5	7
8	1	6

パターン64

次の計算が成り立つとき，A，Bに入る数の和はいくらか。

$$\begin{array}{r} A\square\square \\ \times\quad 23 \\ \hline \square\square 19 \\ \square 1\square\square \\ \hline \square\square B\square 9 \end{array}$$

1 4
2 5
3 6
4 7
5 8

解法　解法のポイントは多くの場合,「端の部分」にある。右の場合, イ×3＝○9で, かけて一の位が9になるのは, 3×3＝9しかない。

よって, イ＝3とわかる。

同様に, ア×3＝○1より, ア＝7となる。

次に, ウの値を考える。7×2＝14となり, 1繰り上がるが, この1とA×2の和が1のままだからA×2＝○0となり, A＝5とわかる。

よって, 右のように数値が決まり, A＋B＝5＋1＝6となる。

```
     A ア イ
  ×    2  3
  ----------
  □ □ 1  9
      ↓
     A  7  3
  ×     2  3
  -----------
     □ □ 1  9
  ウ 1  4  6
  -----------
  □ □ B  7  9
      ↓
     5  7  3
  ×     2  3
  -----------
     1  7  1  9
  1  1  4  6
  -----------
  1  3  1  7  9
```

正答　3

パターン65

次の計算でA～Dは, それぞれ異なる整数1～9である。Aに該当する整数はいくつか。

```
     A B C
  +  B B D
  ---------
   C D 0 B
```

1　2
2　4
3　5
4　6
5　8

解法　まず, 足し算で繰り上げがある場合, 繰り上げる数は必ず「1」であるので, 千の位のCは1である。さらに, 十の位で, B＋B（＝2B）のところが0となっていることから, 一の位からの繰り上がりはなかったことがわかる。なぜなら2Bは必ず偶数であるので, 繰り上げがあれば, 0でなく1であるはずだからである。ここからB＝5であることがわかる。

次に一の位のDが4であることは, すぐにわかる。

すると, 最後に残ったAは, 十の位からの繰り上げがあることに注意して考えれば, 8であることがわかる。

```
     A B 1
  +  B B D
  ---------
   1 D 0 B

     A 5 1
  +  5 5 D
  ---------
   1 D 0 5

     A 5 1
  +  5 5 4
  ---------
   1 4 0 5
```

正答　5

パターン66

図の9個のマス目に11から19までの自然数を1個ずつ入れて，縦，横，斜めの和がいずれも等しくなるようにしたい。A，Bのマス目にそれぞれ16，19の数字が入るとき，Cのマス目に入る数はいくつか。

		A
B		
	C	

1 11
2 12
3 13
4 14
5 15

解法　A = 16，B = 19だから，1～9の基本形を反時計回りに90°回転させたものに対応する。数値は基本形より10大きいので，C = 13となる。

4	9	2
3	5	7
8	1	6

基本形

→

2	7	⑥
9	5	1
4	3	8

基本形を反時計回りに90°回転させたもの

→

		⑯
19		
	C	

正答　3

練習問題

（195ページより解答・解説）

No.185 ★ 次の計算式が成り立つとき，A，Bに入る数の和はいくらか。

```
     □□
   × A 8
  ───────
     □□
    □B
  ───────
  □05□
```

1　13
2　14
3　15
4　16
5　17

No.186 ★★ 次の(ア)，(イ)の計算式が成り立つとき，A，Bに入る数の和はいくらか。

(ア)
```
              A□
        ─────────
  2□7 ) 187□5
        1729
      ─────────
         1□85
         148□
      ─────────
             3
```

(イ)
```
          □□
      ────────
  28 ) 1B□4
       □□
     ────────
       □□4
       □□4
     ────────
          0
```

1　6
2　7
3　12
4　15
5　16

No.187 ★★ 次の(ア)，(イ)の計算式を満たすようにA，B，Cに0から9までの異なった整数を入れたとき，A，B，Cの積はいくらか。

(ア)
```
      A B
  + A C B
  ───────
    A B C
```

(イ)
```
    B C
  −   A
  ─────
    B A
```

1　28
2　42
3　56
4　70
5　84

No.188 ★★ 次の(ア)～(エ)のような関係式の上で，A，B，C，D，E，F，Gはそれぞれ1から9までの異なった正の整数である。Dはいくつか。

(ア)　A＋B＝G
(イ)　B＋D＝E
(ウ)　B×C＝G
(エ)　E×E＝F

1　1
2　2
3　3
4　4
5　5

★★
No.189 図の16個のマス目に1から16までの自然数を1個ずつ入れて縦，横，斜めの和がいずれも等しくなるようにしたい。図のように8個の数を配置するとき，Xのマス目に入る数はいくつか。

1 7
2 10
3 11
4 13
5 15

	2	3	
8		X	5
12			9
1	14		

★★
No.190 立方体の各頂点に4～11の数字を入れ，各面における4つの頂点の数字の和がいずれも等しくなるようにしたい。いま，図のように4個の数を配置するとき，A，B，Cに入る数の和はいくらか。

1 26
2 27
3 28
4 29
5 30

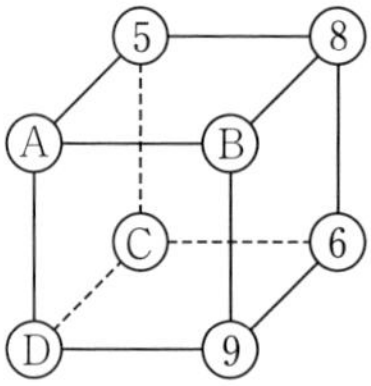

★★
No.191 [1][2][4][5][7][8][÷][−]のように数字または演算記号が書かれた8枚のカードがある。これら8枚のカードを並べることにより，次の計算式が成り立つようにする。このとき，左から2番目(灰色の部分)に置かれるカードは何か。

1 [2]
2 [4]
3 [5]
4 [7]
5 [8]

□■□□＝□＝□□□

第 8 章　規則性

1　数列

●数列

例えば，1，3，5，7，9，……のようにある規則に従って並んでいる数の列を数列といい，数列の各数を項という。上記の数列では，1は初項，3は第2項，n番目の項a_nは第n項（一般項）である。

●等差数列

ある数からはじめて，順に一定の数を加えて得られる数列を等差数列といい，加える数を公差という。

チェック

初項がa，公差がdの等差数列の一般項a_nは，次のように表される。

$$a_n = a + (n-1)d$$

例えば，1，3，5，7，9，……という数列は，初項1，公差2の等差数列で，一般項は，

$a_n = 1 + (n-1) \times 2 = 2n - 1$

である。

●等差数列の和

チェック

初項a，公差d，第n項lの等差数列において，初項から第n項までの和S_nは，次のように表される。

$$S_n = \frac{n(a+l)}{2}$$

●自然数の和

チェック

$$1 + 2 + 3 + \cdots\cdots + n = \frac{1}{2}n(n+1)$$

【例1】 **1，5，9，13，……と並んでいる数列がある。30番目の数はいくらか。**

解 一般項をa_nとすると，初項1，公差4の等差数列だから，

$$a_n = 1 + 4(n - 1) = 4n - 3$$

$n = 30$だから，

$$a_{30} = 4 \times 30 - 3 = 117$$

【例2】 **$2+4+6+8+\cdots\cdots+50$の値を求めよ。**

解 与式$= 2(1 + 2 + 3 + \cdots + 25)$

$$= 2 \times \left(\frac{1}{2} \times 25 \times 26\right)$$

$$= 650$$

●等比数列

ある数からはじめて，順に一定の数をかけて得られる数列を等比数列といい，かける数を公比という。

チェック

初項がa，公比がrの等比数列の一般項a_nは，次のように表される。

$$a_n = ar^{n-1}$$

例えば，1，2，4，8，16，……という数列は，初項1，公比2の等比数列で，一般項は，

$$a_n = 1 \times 2^{n-1} = 2^{n-1}$$

である。

●階差数列

例えば，1，2，5，10，17，……という数列の第10項を考えてみる。

各項の差をとってみると，

1　2　5　10　17

1　3　5　7

となる。初めの数列1，2，5，10，17，……を$\{a_n\}$とし，次の数列1，3，5，7，……を$\{b_n\}$とする。このとき$\{b_n\}$を$\{a_n\}$の階差数列という。一般にはこの階差数列を利用して第n項を求めるが，公務員試験では項数が少ないことが多いので，実際に書き出して調べればよい。

1　2　5　10　17　26　37　50　65　(82)

1　3　5　7　9　11　13　15　17

2　2　2　2　2　2　2　2

規則に従って，順に書き出していくとこのようになるので，第10項は82とわかる。

パターン67

次の数字はある一定の規則に従って並べられている。空欄に入る数字はいくつか。

105，106，112，148，□，1660，……

1　168
2　216
3　364
4　486
5　654

解法　105，106，112，148，□，1660

1　6　36

このように階差数列をとってみると，1，6，36，……となっており，初項1，公比6の等比数列と考えられる。

4番目の階差は $36 \times 6 = 216$ であるから，

□ $= 148 + 216 = 364$

正答　3

練習問題

（196ページより解答・解説）

No.192 ★ 1，3，6，10，15，21，……のようにある一定の規則に従って並んでいる数列がある。28番目の数はいくつか。

1 406
2 407
3 408
4 409
5 410

No.193 ★ 次の数字はある一定の規則に従って並べられている。空欄に入る数字はいくつか。

$15, 7, \frac{13}{3}, 3, \frac{11}{5}, \boxed{}, \frac{9}{7}, 1, \cdots\cdots$

1 $\frac{7}{5}$
2 $\frac{5}{3}$
3 $\frac{9}{5}$
4 $\frac{3}{2}$
5 $\frac{7}{4}$

No.194 ★★ 次の数字はある一定の規則に従って並べられている。空欄に入る数字はいくつか。

123，124，136，160，197，$\boxed{}$，314，……

1 248
2 249
3 250
4 251
5 252

No.195 ★★ 自然数をある一定の規則に従って図のように並べたとき，左から14番目で，上から7番目の数はいくつか。

1 176

2 177

3 178

4 179

5 180

1	2	5	10	
4	3	6	11	
9	8	7	12	
16	15	14	13	

② 規則性の発見

パターン68

図のように，山型に並んだマス目に自然数を順に書き込む。このとき，2010が書き込まれるマス目の位置として妥当なのはどれか。

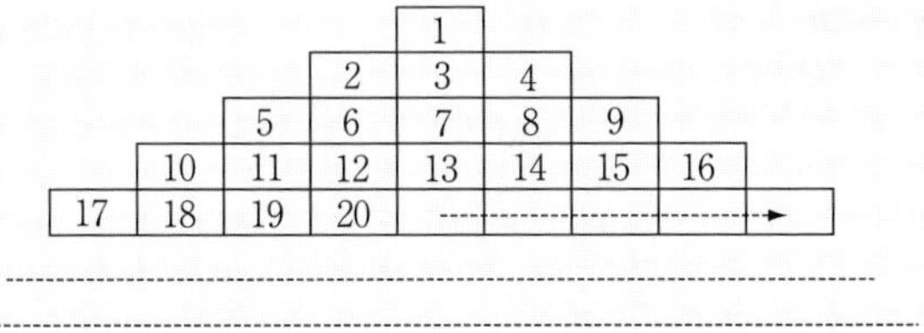

1　上から43段目・左から42個目
2　上から44段目・左から21個目
3　上から44段目・左から58個目
4　上から45段目・左から29個目
5　上から45段目・左から74個目

解法　題意のようにマス目に自然数を書き込むとき，各段の右端は必ず平方数になる。より具体的に，

上からn段目の右端にはn^2が入る

ということがいえる（$1 = 1^2$，$4 = 2^2$，$9 = 3^2$，$16 = 4^2$，…）。

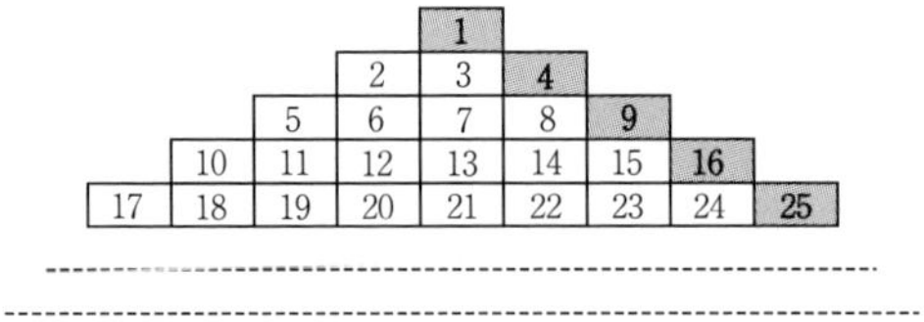

ここで，

$44^2 = 1936$，$45^2 = 2025$

だから，上から44段目の右端は1936で，45段目の右端は2025である。よって，「2010」が書き込まれる場所は，

上から45段目の，

左から（2010 − 1936 =）74番目

（補足）

各段は，上から1個，3個，5個，7個，…というふうに奇数個の自然数が入る。よって，上からn段目までに入る自然数の個数は，

$$1+3+5+\cdots+(2n-1)$$
$$=\left(\begin{array}{l}\text{初項}1\text{，末項}2n-1\text{，項数}n\\\text{の等差数列の和}\end{array}\right)$$
$$=\frac{(1+2n-1)\times n}{2}$$
$$=\frac{2n\times n}{2}=n^2$$

となる。これより冒頭の事実がいえる。

正答　5

練習問題

（197ページより解答・解説）

★★
No.196 図のように小正三角形を並べて大きな正三角形をつくるとき，15段目まで並べるには何個の小正三角形が必要か。

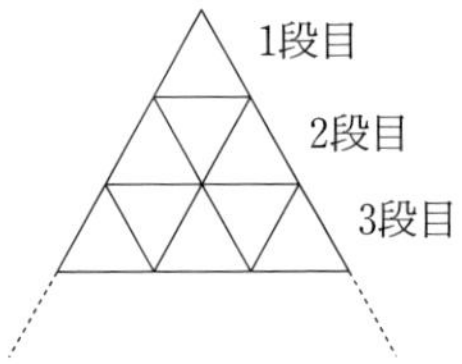

1 195個
2 205個
3 215個
4 225個
5 235個

★★
No.197 黒い碁石を図のように，正五角形の形に並べていくとする。1辺の碁石の数が9個になったとき，碁石は全部でいくつあるか。

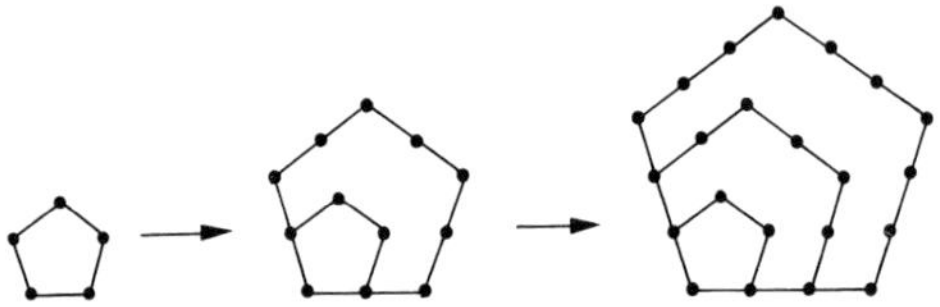

1 55個
2 61個
3 70個
4 90個
5 117個

★★
No.198 円を2本の直線で分割すると最高4個の断片に分割できる。では，7本の直線では最高何個の断片に分割できるか。

1 26個
2 27個
3 28個
4 29個
5 30個

No.199★　6本のマッチ棒を用いて図Ｉのように正六角形を作る。図Ⅱは，この正六角形が20個並ぶようにして作った図形であるが，この図形に使用されているマッチ棒は何本か。

1　101本
2　105本
3　109本
4　113本
5　117本

図Ｉ

図Ⅱ
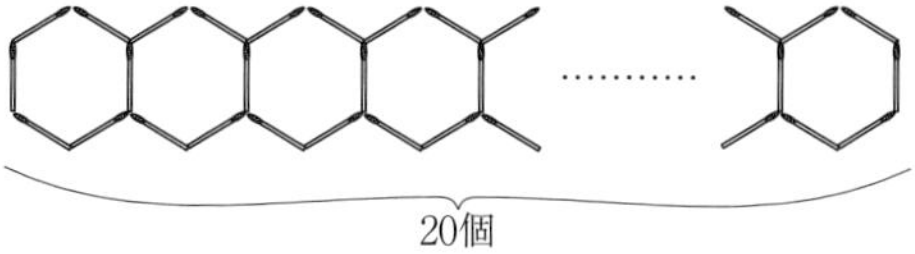

No.200★★　ある虫のメスは3か月ごとに2匹のメスの子を産む。では，ある1匹のメスが産まれてから12か月後，初めの1匹も含めてメスの子孫は何匹か。

1　32匹
2　64匹
3　81匹
4　128匹
5　243匹

解答と解説

数的推理（数的処理）

第 1 章　方程式

No.1　正答　2

全員が9票以下になるときは$9 \times 5 = 45$（票）である。少なくともだれか1人がどのような場合でも10票以上を得るには，あと1票足せばよい。よって，$45 + 1 = 46$（票）

No.2　正答　2

中間発表の時点で，$8 + 7 + 10 + 5 + 5 = 35$点はだれに行くかは決まっているから残り$80 - 35 = 45$点がだれに行くかが決まればよい。Cは現在最高得点で，次はAであるから，Aにさえ抜かれなければよい。現在のCとAの差は2点だから，45点のうちの2点はAに得点されても大丈夫。$45 - 2 = 43$点をAとCで分ければよいが，Cの方が1点多くなければ1位にならない。したがってCは22点とればよい。

No.3　正答　1

Bが当選するためには，8位の人よりも1票でも多くとることが必要だから，

$20000 \times 0.6 \times 0.65 \div 8 + 1 = 976$（票）

No.4　正答　3

B町の人口をx人とする。

A町の人口は$80 \times 120 = 9600$（人）。

B町との合計人口は，$9600 + x$（人）。

面積合計は$80 + 100 = 180$（km^2）。

よって，人口密度は$\dfrac{9600 + x}{180}$で，これが150に等しいので，

$$\frac{9600 + x}{180} = 150 \qquad \therefore \quad x = 17400（人）$$

よって，B町の人口密度は，

$$\frac{17400}{100} = 174（人/km^2）$$

No.5　正答　5

50円硬貨の枚数をx枚とすると，100円硬貨の枚数は（$234 - x$）枚だから，金額について次の方程式が成り立つ。

$$50x + 100(234 - x) = 15400$$
$$-50x = -8000$$
$$\therefore \quad x = 160（枚）$$

したがって，いま50円硬貨は160枚，100円硬貨は74枚ある。枚数を入れ替えた後の金額は，

$$50 \times 74 + 100 \times 160 = 19700（円）$$

No.6　正答　3

図書館の蔵書数をx冊とすると，次のように図示できる。

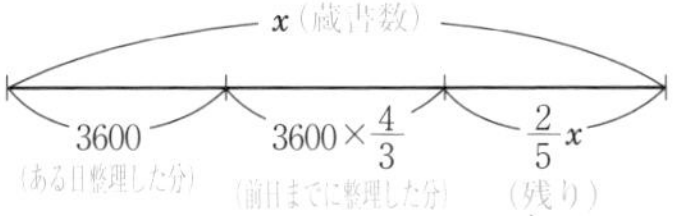

よって，$x - \dfrac{2}{5}x = 3600 + 3600 \times \dfrac{4}{3}$

$$\therefore \quad x = 14000（冊）$$

No.7　正答　4

中央の数をnとすると，連続する5つの整数は，$n-2$，$n-1$，n，$n+1$，$n+2$と表される。題意より，

$$(n-2)+(n-1)+n+(n+1)+(n+2) = 160$$
$$5n = 160 \qquad \therefore \quad n = 32$$

中央の数は32，最も大きい数は34となるので，$32 \times 34 = 1088$

No.8　正答　3

連続する3つの奇数を，$2n-1$，$2n+1$，$2n+3$とする。題意より，

$$(2n-1)(2n+1) = (2n+1)(2n+3) - 100$$
$$4n^2 - 1 = 4n^2 + 8n + 3 - 100$$
$$-8n = -96$$
$$\therefore \quad n = 12$$

連続する3つの奇数は，23，25，27より，

$$23 + 25 + 27 = 75$$

No.9　正答　3

合計枚数をx枚とする。Dの仕上げた枚数は，

$$x-\left(\frac{1}{2}x+\frac{1}{5}x+15\right)=\frac{3}{10}x-15\text{(枚)}$$

Aは全体の$\frac{1}{2}$，Bは$\frac{1}{5}$だから，通分して次のように図示できる。

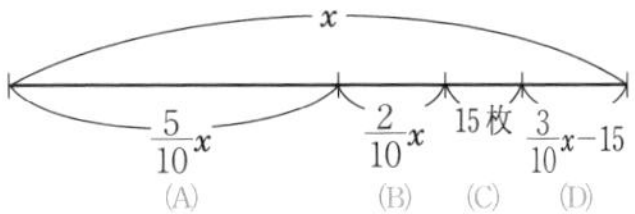

Dの仕上げた枚数が等しい「ある2人」の中に，Aが含まれることはあり得ない（A1人で全体の半分を仕上げている）ので，Dの仕上げた枚数はB＋Cに等しい。よって，

$$\frac{3}{10}x-15=\frac{2}{10}x+15$$

$$\therefore\quad x=300\text{(枚)}$$

No.10　正答　2

1日目は全体の$\frac{1}{6}$を読んだので残ったのは，

$$1-\frac{1}{6}=\frac{5}{6}$$

2日目は残りの$\frac{1}{5}$を読んだので，残ったのは，

$$\frac{5}{6}\times\left(1-\frac{1}{5}\right)=\frac{5}{6}\times\frac{4}{5}$$

同様に，これ以降の残りを順次考えていくと，5日目に読み終わった時点での残りは全体の

$$\left(1-\frac{1}{6}\right)\times\left(1-\frac{1}{5}\right)\times\left(1-\frac{1}{4}\right)\times\left(1-\frac{1}{3}\right)\times\left(1-\frac{1}{2}\right)$$

$$=\frac{5}{6}\times\frac{4}{5}\times\frac{3}{4}\times\frac{2}{3}\times\frac{1}{2}$$

$$=\frac{1}{6}$$

であることがわかる。これが6日目に読んだ45ページに相当するので，全体をxページとすると，

$$\frac{1}{6}x=45$$

$$x=45\times6$$

$$=270\text{(ページ)}$$

No.11　正答　3

生徒の人数をx人，いすの数をy脚とする。題意より，

$$\begin{cases}4(y+1)=x & \cdots①\\ 5(y-2)=x+1 & \cdots②\end{cases}$$

①，②より，

$$4(y+1)=5(y-2)-1$$

$$\therefore\quad y=15\text{(脚)}$$

$$\therefore\quad x=4(15+1)=64\text{(人)}$$

No.12　正答　2

1箱6個入り，1箱4個入りをそれぞれx箱，y箱買ったとする。題意より，

$$\begin{cases}6x+4y=24 & \cdots①\\ 8x+6y=34 & \cdots②\end{cases}$$

①×3−②×2より，$x=2$，
これを①に代入して，$y=3$

したがって支払金額は，

$$6500\times2+5000\times3=28000\text{(円)}$$

No.13　正答　2

先月のA，Bの生産量をそれぞれa，$b$kgとすると，今月の生産量はそれぞれ，$1.1a$，$1.05b$（kg）となり，今月の総生産量960kgより，

$$1.1a+1.05b=960\quad\cdots①$$

また，AとBの増加量より，

$$0.1a=0.05b$$

$$\therefore\quad b=2a\quad\cdots②$$

②を①に代入して，$a=300$（kg）

これを②に代入して，$b=600$（kg）

No.14　正答　1

兄が貯金した日数をx日，使った日数をy日とする。題意より，

$$\begin{cases}x+3+y=24 & \cdots①\\ 200x+0\times3-800y=50\times24 & \cdots②\end{cases}$$

①より，$x+y=21$　…①′
②より，$x-4y=6$　…②′
①′②′より，$5y=15$　$\therefore\ y=3$　…③
③を①′に代入して，$x=18$

したがって兄の貯金額の最高額は，

$$200\times18=3600\text{(円)}$$

No.15　正答　4

Aの勝った回数をx回とすると，Aの負け

た回数は$(50-x)$回。さらに，Bの勝った回数と負けた回数はAと逆だから，それぞれ$(50-x)$回，x回となる。これより，A，B両者の進んだ距離は，次のようになる。

	勝ち	負け	進んだ距離
A	x	$50-x$	$x-0.5(50-x)$
B	$50-x$	x	$(50-x)-0.5x$

24大きい

これより，次の方程式が成り立つ。

$$x-0.5(50-x)=50-x-0.5x+24$$
$$1.5x-25=74-1.5x$$
$$3x=99$$
$$\therefore\quad x=33(\text{回})$$

No.16　正答　1

いま所有している車をx台，いま所有しているガソリンでx台を動かす期間をy日とする。

Aの発言より，

$$xy=(x-50)(y+12)$$
$$6x-25y=300\quad\cdots①$$

Bの発言より，

$$xy=(x+50)(y-10)$$
$$x-5y=-50\quad\cdots②$$

①－②×6より，$5y=600$　　∴　$y=120$

これを②へ代入して，$x=550$(台)

〈別解〉

いま所有している車をx台，いま所有しているガソリンでx台を動かす期間をy日とすると，ガソリンの総量は変わらないので，次の図がかける。

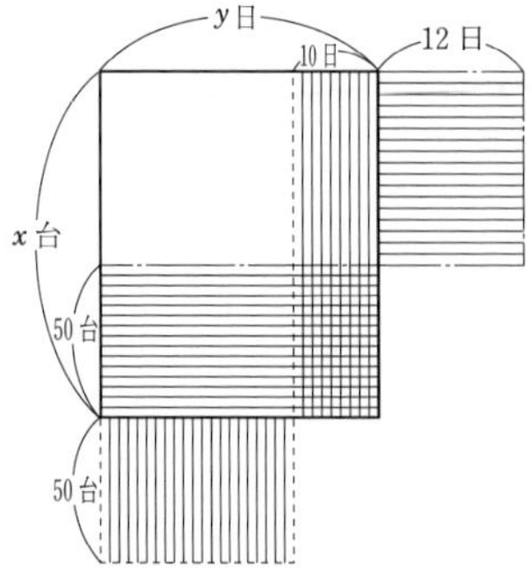

Aの発言より，「50台減らしたことで浮いたガソリンを，$x-50$(台)を12日間動かすことに回せる」と考えると，図の部の面積が互いに等しいので，

$$50y=12(x-50)\quad\cdots①$$

Bの発言より，「50台増やしたことで使用するガソリンが増えるため，$x+50$(台)を動かせる日数は$y-10$日間になる」と考えると，図の部の面積が互いに等しいので，

$$50(y-10)=10x\quad\cdots②$$

①を②に代入して，$x=550$(台)

No.17　正答　5

それぞれの道のりを次のようにおく。

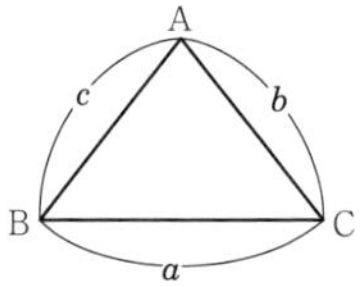

題意より，

$$\begin{cases}a+c=330 & \cdots①\\ a+b=400 & \cdots②\\ b+c=370 & \cdots③\end{cases}$$

このように未知数a，b，cが2回ずつ出てくるような場合，①～③を加えると，簡単に解くことができる。

①＋②＋③より，$2(a+b+c)=1100$

$$\therefore\quad a+b+c=550\cdots④$$

④－③より，$a=180$(m)

No.18　正答　3

S席，A席，B席の売上枚数をそれぞれx枚，y枚，z枚とする。題意より，

$$\begin{cases}x+y+z=110 & \cdots①\\ 5000x+4000y+3000z=443000 & \cdots②\\ 4000y=5000x+3000z+61000 & \cdots③\end{cases}$$

②より，$5x+4y+3z=443\quad\cdots②'$

③より，$-5x+4y-3z=61\quad\cdots③'$

②'＋③'より，$8y=504$

$$\therefore\quad y=63\quad\cdots④$$

④を①に代入して，$x+63+z=110$

$$\therefore\quad x+z=47\quad\cdots⑤$$

④を②'に代入して，$5x+4\times63+3z=443$

$$\therefore\quad 5x+3z=191\quad\cdots⑥$$

⑥－⑤×3より，$2x=50$　∴　$x=25\quad\cdots⑦$

⑦を⑤に代入して，$25+z=47$

$$\therefore\quad z=22(\text{枚})$$

No.19　正答　2

No.2が運んだ回数をx回とすると，No.1は$(x-8)$回，No.3は$65-(x+x-8)=73-2x$（回）運んだことになる。運んだダンボール箱の数について次の方程式が成り立つ。

$$\begin{aligned} 14(x-8)+10x+8(73-2x) &= 680 \\ 8x+472 &= 680 \\ 8x &= 208 \\ \therefore\quad x &= 26\text{（回）} \end{aligned}$$

No.20　正答　3

3桁の整数を$100a+10b+c$とする。題意より，

$$\begin{cases} 100a+10b+c-396=100c+10b+a & \cdots① \\ a+b+c=15 & \cdots② \\ a=2c & \cdots③ \end{cases}$$

①より，$a-c=4$　…①′

③と①′より，$c=4$，$a=8$

これらを②に代入して，$b=3$

No.21　正答　4

与えられた式より，

$$\begin{cases} 2A+3=C & \cdots① \\ A+B+2=C & \cdots② \\ 3(C-2A)=C & \cdots③ \end{cases}$$

③より，$C=3A$　…③′

①と③′より，$A=3$，$C=9$

これらを②に代入して，$B=4$

よって，$A+B+C=3+4+9=16$

No.22　正答　4

A，B，Cのカードの枚数をそれぞれa，b，cとする。条件より，

$c-8=a+8$　…①

$c-6=b+6$　…②

$a+b=c+5$　…③

①より，

$a=c-16$　…①′

②より，

$b=c-12$　…②′

①′+②′より，

$a+b=2c-28$　…④

④を③に代入して，

$$\begin{aligned} 2c-28 &= c+5 \\ c &= 33 \quad \cdots⑤ \end{aligned}$$

よって，③，⑤より，

$$\begin{aligned} a+b+c &= (c+5)+c \\ &= 2c+5 \\ &= 2\times33+5 \\ &= 71\text{（枚）} \end{aligned}$$

No.23　正答　5

A，B，Cの貯金額をa，b，c（万円）とおく。「AはBの40%」より，

$a=0.4b=\dfrac{2}{5}b$　…①

「Cの2倍はAの3倍に等しい」ので，

$$2c=3a$$
$$\therefore a:c=2:3$$

となり，よって，

$a=2k$，$c=3k$（kは整数）

とおける。このとき，①より，

$$2k=\frac{2}{5}b$$
$$\therefore b=5k$$

となる。

さらに，「BがCに100万円を与えると，Cの貯金額はAの2倍になる」ので，

$$c+100=2a$$
$$\therefore 3k+100=4k$$
$$\therefore k=100$$

が得られる。

よって，A～Cの3人の合計額は，

$$\begin{aligned} a+b+c &= 2k+5k+3k \\ &= 10k \\ &= 10\times100 \\ &= 1000\text{（万円）} \end{aligned}$$

である。

No.24　正答　3

大人をx人とすると，子どもは$(43-x)$人である。

一般料金での入園料は，

$1000x+600(43-x)$　…①

団体料金での入園料は，

$940x+560(43-x)$　…②

②が①より2000円少ないので，

$$\{1000x+600(43-x)\}-\{940x+560(43-x)\}=2000$$
$$\begin{aligned} 60x+40(43-x) &= 2000 \\ 20x &= 2000-1720 \end{aligned}$$

$= 280$

$x = 14$(人)　…③

よって，子どもの人数は

$43 - 14 = 29$(人)　…④

大人が14人，子どもが29人なので，大人と子どもの人数の差は④－③より，

$29 - 14 = 15$(人)

No.25　正答　1

A，Bをそれぞれx, y個買うとする。題意より，

$$15x + 35y = 1000$$

$$\therefore \quad 3x + 7y = 200 \quad \cdots ①$$

ここで3，7の和が10であることに注意して，$200 = 10 \times 20 = (3 + 7) \times 20 = 3 \times 20 + 7 \times 20$だから，①を成立させる$(x, y)$の組合せの1つは，(20，20)である。これを基準にして，x, yを順次増減していくと次の表が得られる。

yの係数7だけ増える

x	6	13	20	27	34	41	48	55	62
y	26	23	20	17	14	11	8	5	2

xの係数3だけ減る

よって，9通り。

No.26　正答　2

$F = \dfrac{y}{x}$(xとyは互いに素)とする。条件より，

$$\frac{1}{2} < \frac{y}{x} < 1 \qquad \cdots ①$$

$$\frac{y + 2x + 5}{x + 5y + 1} = \frac{3}{4} \quad \cdots ②$$

分母を払って②を整理する。

$$3(x + 5y + 1) = 4(y + 2x + 5)$$

$$3x + 15y + 3 = 4y + 8x + 20$$

$$11y - 17 = 5x$$

$$x = \frac{11y - 17}{5}$$

$$= \frac{10y - 15}{5} + \frac{y - 2}{5}$$

$$= (2y - 3) + \frac{y - 2}{5}$$

x, yは正の整数なので，

$y - 2$が5の倍数であればよい。

$$y - 2 = 5k$$

$$y = 5k + 2$$

$$(k = 0，1，2\cdots\cdots)$$

i）$y = 2$のとき

$$x = (2 \times 2 - 3) + \frac{2 - 2}{5}$$

$$= 1$$

$$\frac{y}{x} = \frac{2}{1}$$

で，①に反する。

ii）$y = 7$のとき

$$x = (2 \times 7 - 3) + \frac{7 - 2}{5}$$

$$= 12$$

$$\frac{y}{x} = \frac{7}{12}$$

で，①を満たし，かつ既約分数である。このとき，

$$x + y = 12 + 7$$

$$= 19$$

となる。

〈参考〉

iii）$y = 12$のとき

$$x = (2 \times 12 - 3) + \frac{12 - 2}{5}$$

$$= 23$$

$$\frac{y}{x} = \frac{12}{23}$$

で，①を満たし，かつ既約分数である。このとき

$$x + y = 23 + 12$$

$$= 35$$

iv）$y = 17$のとき

$$x = (2 \times 17 - 3) + \frac{17 - 2}{5}$$

$$= 34$$

$$\frac{y}{x} = \frac{17}{34}$$

$$= \frac{1}{2}$$

で，①に反する(「x, yは互いに素」にも反する)。

また，$y \geqq 22$のとき，$\dfrac{y}{x}$は$\dfrac{1}{2}$より小さくなる。

条件を満たすのは $\dfrac{7}{12}$ と $\dfrac{12}{23}$ である。

No.27 正答　4

青x枚，黄y枚とする。題意より，

$3x + 5y = 60$　…①

①より，$5y$も60も5の倍数であるから，xも5の倍数である。

$x > 0$, $y > 0$の範囲で表をつくると次のようになるが，2番目に多い枚数が12枚という条件を満たすのは，$x = 15$，$y = 3$のみである。

x	5	10	15
y	9	6	3

したがって求める枚数は，

$12 + 15 + 3 = 30$(枚)

No.28 正答　5

もとの数を$10a + b$とする。題意より，

$(10a + b) - x = 10b + a$

xについて解くと，

$x = 9(a - b)$　…①

また，$(10b + a) + (10a + b) = 154$

$\therefore \quad a + b = 14$　…②

①より$a > b$なので，②を満たすa, bの組は$(a, b) = (9, 5)$, $(8, 6)$の2組ある。よって①より，

$x = 9 \times (9 - 5) = 36$

$x = 9 \times (8 - 6) = 18$

選択肢にあるのは，36。

No.29 正答　5

4点，8点，9点のカードの枚数をそれぞれx, y, z(ただし，x, y, zは正の整数)枚とする。題意より，

$$\begin{cases} x + y + z = 22 & \cdots① \\ 4x + 8y + 9z = 166 & \cdots② \end{cases}$$

②－①×4より，xを消去して，

$4y + 5z = 78$　…③

③で，$4y$が偶数，78が偶数だから，$5z$も偶数となる。

(偶＋偶＝偶，奇＋奇＝偶，偶＋奇＝奇より)

また，$5z$が偶数となるためには，5が奇数だからzは偶数でなければならない。

(偶×偶＝偶，奇×奇＝奇，偶×奇＝偶より)

ここで，z, $5z$, $4y$について表を書くと次のようになる。

z	2	4	6	………
$5z$	10	20	30	………
$4y$	68	58	48	………

zをできる限り少なくするので，$z = 2$とすると，$y = 17$

これらを①に代入して，$x = 3$

これは題意を満たす。

No.30 正答　3

子どもの人数をx人とすると，最初の条件よりノートは$(7x + 6)$冊となる。また，次の条件を図示すると次のようになる。

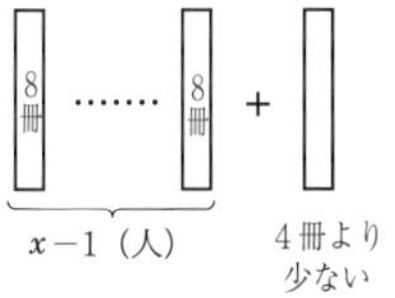

したがって，次の不等式が成り立つ。

$8(x - 1) + 1 \leqq 7x + 6 < 8(x - 1) + 4$

$$\begin{cases} 8(x - 1) + 1 \leqq 7x + 6 & \cdots① \\ 7x + 6 < 8(x - 1) + 4 & \cdots② \end{cases}$$

①を解いて，$x \leqq 13$

②を解いて，$x > 10$

$\therefore \quad 10 < x \leqq 13$

xは整数なので，$x = 11$，12，13

よって，子どもは少なくとも11人いる。

No.31 正答　3

大人x人，子ども$(182 - x)$人，パンフレットy部とする。題意より，

$$\begin{cases} 500x + 200(182 - x) + 100y = 54000 & \cdots① \\ 32 \leqq y \leqq 44 & \cdots② \end{cases}$$

①より，

$5x + 2(182 - x) + y = 540$

$\therefore \quad y = 176 - 3x$　…①′

①′を②に代入して，

$32 \leqq 176 - 3x \leqq 44$　…③

③を解いて，$44 \leqq x \leqq 48$

よって，44人以上48人以下。

No.32 正答　5

A，B，C，Dがもらったりんごの個数をそれぞれa, b, c, d(a, b, c, dは自然数)個とする。題意より，

$$\begin{cases} a+b+c+d=42 & \cdots① \\ b=2a & \cdots② \\ c=b-4 & \cdots③ \\ d<c & \cdots④ \end{cases}$$

②を③に代入して，$c=2a-4$　…⑤

②と⑤を①に代入して，

$$a+2a+2a-4+d=42$$
$$5a+d=46$$
$$\therefore\quad d=46-5a \quad \cdots⑥$$

④，⑤より，$d<2a-4$　…⑦

⑥を⑦に代入して，

$$46-5a<2a-4$$
$$-7a<-50$$
$$\therefore\quad a>\frac{50}{7}\fallingdotseq 7.1$$

これと⑥およびa, dが自然数ということを考え合わせると，$(a, d)=(8, 6), (9, 1)$の2組が考えられる。さらに，これらを②，⑤に代入して，

$$(a, b, c, d)=(8, 16, 12, 6), (9, 18, 14, 1)$$

選択肢を検討していくと，

1　$a+b=8+16=24$　不適
　$a+b=9+18=27$　不適

2　$a+d=8+6=14$　不適
　$a+d=9+1=10$　不適

3，4　$b+c=16+12=28$　不適
　$b+c=18+14=32$　不適

5　$c+d=12+6=18$　適する

No.33　正答　1

連続する3つの自然数を，$n-1$，n，$n+1$とする。題意より，

$$(n+1)^2+(n-1)^2=n^2+38$$
$$n^2=36$$

$n>0$より，$n=6$

よって，連続する3つの自然数の和は，

$$5+6+7=18$$

No.34　正答　5

次の図のように道をどちらか片方に寄せて考える。

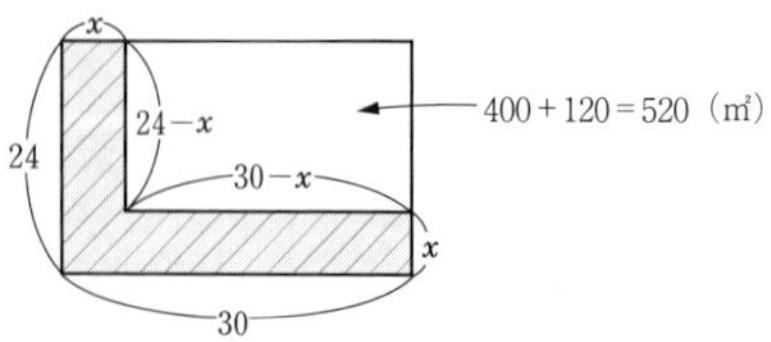

前図より，

$$(24-x)(30-x)=520$$
$$x^2-54x+200=0$$
$$(x-50)(x-4)=0$$

$0<x<24$より，$x=4$(m)

No.35　正答　4

バレーボール部員の平均身長を$x$cmとする。題意より，

$$\frac{(30\times175)+(20\times180)+20x}{30+20+20}=178$$
$$5250+3600+20x=12460$$
$$20x=3610$$
$$\therefore\quad x=180.5\text{(cm)}$$

No.36　正答　2

英語，数学，理科の得点をそれぞれx, y, z点とする。題意より，

$$\begin{cases} x+y=90\times2 & \cdots① \\ y+z=88\times2 & \cdots② \\ z+x=86\times2 & \cdots③ \end{cases}$$

①＋②＋③より，

$$2(x+y+z)=(90+88+86)\times2$$
$$\therefore\quad x+y+z=264 \quad \cdots④$$

したがって，社会の得点は，

$$264-184=80$$

また，理科の得点zは④－①より，

$$z=264-180=84$$

よって，社会と理科の平均点は，

$$\frac{80+84}{2}=82\text{(点)}$$

No.37　正答　3

現在の父と子の年齢をそれぞれx, y歳とする。題意より，

$$\begin{cases} x=6y & \cdots① \\ x+4=4(y+4) & \cdots② \end{cases}$$

①を②に代入して，$2y=12$　　$\therefore\quad y=6$

これを①に代入して，$x=36$

よって，2人の年齢の和は，

$$6+36=42\text{(歳)}$$

No.38　正答　2

A，B，Cの年齢をそれぞれa, b, c歳とする。題意より，

$$\begin{cases} ab = 195 = 3\times5\times13 & \cdots\text{①} \\ bc = 78 = 2\times3\times13 & \cdots\text{②} \\ a > b > c & \cdots\text{③} \end{cases}$$

①，②の共通数bを考えると，

$b = 3,\ 13,\ 3\times13$

このとき，

$a = 5\times13,\ 3\times5,\ 5$

$c = 2\times13,\ 2\times3,\ 2$

つまり，

$(a,\ b,\ c) = (65,\ 3,\ 26),\ (15,\ 13,\ 6),\ (5,\ 39,\ 2)$

③の条件に適するのは，

$(a,\ b,\ c) = (15,\ 13,\ 6)$

のときのみ。よって，

$a + b + c = 15 + 13 + 6 = 34$(歳)

第2章 割 合

No.39 正答 1

Aは全体の$\dfrac{2}{5}$をもらったので，BとCは残り$1-\dfrac{2}{5}=\dfrac{3}{5}$をもらった。

また，B：C＝7：3より，

$$\begin{aligned} A:B:C &= \frac{2}{5} : \frac{3}{5}\times\frac{7}{10} : \frac{3}{5}\times\frac{3}{10} \\ &= 20:21:9 \end{aligned}$$

これより，もらった金額は多い順にB，A，Cとわかる。いま，$A=20k$, $B=21k$, $C=9k$（kは自然数）万円もらったとする。題意より，

$21k - 9k = 144$

$\therefore\ k = 12$

よって，2番目に多いAがもらった金額は，

$20\times12 = 240$(万円)

No.40 正答 2

連比をつくって考える。題意より，

$$\begin{array}{ccccc} A & : & B & : & C \\ 1000 & : & 960 & & \\ & & 1000 & : & 980 \\ \hline 1000\times1000 & : & 960\times1000 & : & 960\times980 \\ =\ 1000 & : & 960 & : & 940.8 \end{array}$$

よって，Aが20km走ったときCは，$940.8\times20 = 18816$(m)走っているので，CはAに，$20000 - 18816 = 1184$(m)遅れた。

No.41 正答 3

A～Cの3人の収入額の比が5：4：3なので，それぞれ$5m$, $4m$, $3m$(万円)とおく。

A～Cの3人の支出額の比が9：8：7なので，それぞれ$9n$, $8n$, $7n$(万円)とおく。

残高について，AはCの15倍なので，

$$\begin{aligned} 5m - 9n &= 15(3m - 7n) \\ 40m &= 96n \\ 5m &= 12n \quad \cdots\text{①} \end{aligned}$$

また，Aの残高はBより140万円多いので，

$$\begin{aligned} (5m - 9n) - (4m - 8n) &= 140 \\ m - n &= 140 \\ n &= m - 140 \quad \cdots\text{②} \end{aligned}$$

②を①に代入すると，

$$\begin{aligned} 5m &= 12(m - 140) \\ 7m &= 12\times140 \\ m &= 240 \end{aligned}$$

3人の収入額の合計は，

$$\begin{aligned} 5m + 4m + 3m &= 12m \\ &= 12\times240 \\ &= 2880\text{(万円)} \end{aligned}$$

No.42 正答 3

全受験者数をx人，不合格者数をy人とすると，合格者は$(x-y)$人となる。題意より，

$$\begin{cases} \text{男子受験者数} = \dfrac{4}{4+1}x = \dfrac{4}{5}x & \cdots\text{①} \\ \text{男子の不合格者数} = \dfrac{13}{13+3}y = \dfrac{13}{16}y & \cdots\text{②} \\ \text{男子の合格者数} = \dfrac{7}{7+3}(x-y) = \dfrac{7}{10}(x-y) & \cdots\text{③} \end{cases}$$

①＝②＋③より，

$$\frac{4}{5}x = \frac{13}{16}y + \frac{7}{10}(x-y)$$

整理して，$y = \dfrac{8}{9}x$

これを③に代入して，

$$\frac{7}{10}\left(x - \frac{8}{9}x\right) = \frac{7}{90}x \quad \cdots\text{④}$$

④÷①が求める合格率より，

$$\frac{7}{90}x \div \frac{4}{5}x = \frac{7}{90}\times\frac{5}{4} \fallingdotseq 0.097 = 9.7(\%)$$

No.43 正答 4

A，Bの柿の個数をそれぞれx, $3x$個とす

ると，柿の総数は，

$x + 3x = 4x$(個)　…①

A，Bのみかんの個数をそれぞれ$3y$, y個とすると，みかんの総数は，

$3y + y = 4y$(個)　…②

①，②より，

Aは$(x + 3y)$個　…③

Bは$(3x + y)$個　…④

③，④の比が2：5なので，

$(x + 3y):(3x + y) = 2:5$

$2(3x + y) = 5(x + 3y)$

$\therefore\ x = 13y$　…⑤

①，②より，柿とみかんの総数の比は，

$4x:4y = x:y$

⑤より，$13y:y = 13:1$

No.44　正答　5

A，B，Cの枚数をそれぞれa, b, c枚とする。アより，

$a:b = b:c$

よって，$a = bk$　…①，$b = ck$　…②(kは自然数)とおける。②を①に代入して，

$a = ck^2$　…③

イより，

$$a + b + c = \frac{19}{4}a$$

これに②と③を代入して，cとkだけの式にする。

$$ck^2 + ck + c = \frac{19}{4}ck^2$$

$c \neq 0$より，cで割って整理すると，

$15k^2 - 4k - 4 = 0$

$(5k + 2)(3k - 2) = 0$

$k > 0$より，$k = \frac{2}{3}$　…④

またウより，$c = 90$。これと④を③に代入して，

$$a = 90 \times \left(\frac{2}{3}\right)^2 = 40(\text{枚})$$

〈別解〉

A，Bの枚数をそれぞれa, b枚とする。ウより，cは90枚。アより，

$a:b = b:90$

$\therefore\ a = \frac{b^2}{90}$　…①

イより，

$$a + b + 90 = \frac{19}{4}a$$

これに①を代入して整理すると，

$b^2 - 24b - 2160 = 0$

$(b - 60)(b + 36) = 0$

$b > 0$より，$b = 60$

これを①に代入して，

$$a = \frac{60^2}{90} = 40(\text{枚})$$

No.45　正答　3

12%食塩水をxg加えるとする。題意より，

$$500 \times \frac{3}{100} + x \times \frac{12}{100} = (500 + x) \times \frac{6}{100}$$

$1500 + 12x = 3000 + 6x$

$6x = 1500$

$\therefore\ x = 250$(g)

No.46　正答　1

濃度20%の水溶液300g中に含まれるこの物質の量は，

$$300 \times \frac{20}{100} = 60(\text{g})$$

水の量は$300 - 60 = 240$(g)。

240gの水に溶けるこの物質の量は，

$$240 \times \frac{30}{100} = 72(\text{g})$$

よって，あと溶かすことのできる量は，

$72 - 60 = 12$(g)

No.47　正答　3

A，B，Cそれぞれの食塩水の重さをa, b, c(g)とする。題意より，食塩の量はそれぞれ，$0.15a$, $0.12b$, $0.08c$(g)となる。

「AとBを混ぜると13%」より，

$$\frac{0.15a + 0.12b}{a + b} \times 100 = 13$$

$15a + 12b = 13a + 13b$

$\therefore\ b = 2a$　…①

「BとCを混ぜると10%」より，

$$\frac{0.12b + 0.08c}{b + c} \times 100 = 10$$

$12b + 8c = 10b + 10c$

$\therefore\ b = c$　…②

A，B，Cの3つを混ぜた濃度は，

$$\frac{0.15a + 0.12b + 0.08c}{a + b + c} \times 100$$

で表されるので，この式に①，②を代入して，

$$\frac{15a+24a+16a}{a+2a+2a}=\frac{55a}{5a}=11(\%)$$

No.48　正答　4

5%の食塩水をつくるとき，24gの食塩に対して必要な水の量をxgとすると，次の式が成り立つ。

$$\frac{24}{24+x}\times 100=5$$

$$24+x=480$$

$$\therefore\quad x=456$$

間違えて入れた水の量をygとすると，題意より，

$$\frac{24}{24+y}\times 100=8$$

$$24+y=300$$

$$\therefore\quad y=276$$

よって，さらに加えるべき水の量は，

$$456-276=180(\mathrm{g})$$

No.49　正答　4

初めに25%の食塩水がxgあったとする。ここから100g捨て，150gの水を加えると濃度が10%になるので，

$$\frac{(x-100)\times\frac{25}{100}}{(x-100)+150}\times 100=10$$

整理すると，

$$25(x-100)=10(x+50)$$

$$15x=3000$$

$$x=200(\mathrm{g})$$

よって，1回目の混合の結果，10%の食塩水が

$$(200-100)+150=250(\mathrm{g})$$

できた。

さらに，ここから50g捨て，25gの食塩を加えたので，その濃度は，

$$\frac{(250-50)\times\frac{10}{100}+25}{(250-50)+25}\times 100$$

$$=\frac{45}{225}\times 100$$

$$=20(\%)$$

No.50　正答　1

Bの最初の濃度をx%とする。

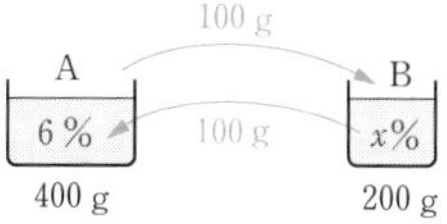

前図のように，それぞれ100gずつ入れ替えたときのAの濃度は，

$$\frac{0.06\times 300+\frac{x}{100}\times 100}{400}=\frac{18+x}{400}$$

Bの濃度は，

$$\frac{\frac{x}{100}\times 100+0.06\times 100}{200}=\frac{x+6}{200}$$

これらの比が5：4だから，

$$\frac{18+x}{400}:\frac{x+6}{200}=5:4$$

$$5\left(\frac{x+6}{200}\right)=4\left(\frac{18+x}{400}\right)$$

$$10(x+6)=4(18+x)$$

$$\therefore\quad x=2(\%)$$

No.51　正答　3

原価をx円とする。題意より，

$$1.3x\times(1-0.1)-200=x\times 1.15$$

$$0.02x=200$$

$$\therefore\quad x=10000(円)$$

No.52　正答　3

原価を1個a円，仕入れ個数をn個とする。
定価を原価のx倍すなわちax円とする。
条件より，

$$ax\times\frac{1}{2}n+ax\times(1-0.2)\times\frac{1}{2}n$$

$$=an\times(1+0.17)$$

両辺をanで割って整理する。

$$\frac{x}{2}+\frac{1}{2}\times 0.8x=1.17$$

$$0.9x=1.17$$

$$x=1.3$$

よって，定価は原価の1.3倍，すなわち，3割増であった。

No.53　正答　4

価格をx円，1回目の値上げをy%とする。題意より，

$$x\left(1+\frac{y}{100}\right)\times 1.25 = 1.5x$$
$$1.25y = 25$$
$$y = 20(\%)$$

No.54　正答　2

定価をx円，A店で買った個数をn個とする。A店およびB店で支払った金額について，

$$(1-0.1)x\times n = 2880 \quad \cdots①$$
$$(1-0.2)x\times(n+2) = 3200 \quad \cdots②$$

①より，　$xn = \dfrac{2880}{0.9} = 3200 \quad \cdots③$

②より，　$x(n+2) = \dfrac{3200}{0.8} = 4000 \quad \cdots④$

④÷③より，　$\dfrac{x(n+2)}{xn} = \dfrac{4000}{3200}$

$$\frac{n+2}{n} = \frac{5}{4}$$
$$\therefore\quad 5n = 4(n+2)$$
$$n = 8 \quad \cdots⑤$$

③に⑤を代入して，

$$x\times 8 = 3200$$
$$x = 400(\text{円})$$

よって，C店では定価どおり1個400円で，13(＝8＋5)個買うので，支払い金額は，

$$400\times 13 = 5200(\text{円})$$

No.55　正答　4

仕入総額をx円，品物が完売したときの収入をy円とする。題意より，

$$\begin{cases} 0.9y - x = 12000 \\ 0.86y - x = 9800 \end{cases}$$

この連立方程式を解いて，

$$x = 37500(\text{円})$$

No.56　正答　4

商品の原価を1個a円，仕入れ個数をn個とする。

仕入れ個数の$\dfrac{1}{2}$は原価の3割増の定価で売ったのでその売上高は，

$$(1+0.3)a\times\frac{1}{2}n = \frac{1.3}{2}an \quad \cdots①$$

次に残りの$\dfrac{1}{3}$を原価の2割5分増で売ったので，その売上高は，

$$(1+0.25)a\times\left(\frac{1}{2}n\times\frac{1}{3}\right) = \frac{1.25}{6}an \quad \cdots②$$

この時点でまだ残っている個数は，

$$n-\frac{1}{2}n-\left(\frac{1}{2}n\times\frac{1}{3}\right) = \frac{1}{3}n$$

で，これを1個ax円で売ったとすると，その売上高は，

$$ax\times\frac{1}{3}n = \frac{x}{3}an \quad \cdots③$$

仕入総額が360万円なので，

$$an = 360(\text{万円}) \quad \cdots④$$

①＋②＋③が総売上高で，これが453万円なので，

$$\frac{1.3}{2}an + \frac{1.25}{6}an + \frac{x}{3}an = 453$$
$$\frac{3.9+1.25+2x}{6}an = 453 \cdots⑤$$

⑤に④を代入すると，

$$\frac{5.15+2x}{6} = \frac{453}{360}$$

これより，

$$5.15+2x = 7.55$$
$$x = 1.2$$

すなわち，最後の売価は原価の2割増だった。

No.57　正答　1

Aをx個買ったとすると，Bは$(10-x)$個となる。A1個の値段をa円とすると，Bは$(a-50)$円となる。題意より，

$$\begin{cases} ax+(a-50)(10-x) = 3000-100 \quad \cdots① \\ a(10-x)+(a-50)x = 3000-400 \quad \cdots② \end{cases}$$

①より，$a+5x = 340 \quad \cdots①'$

②より，$a-5x = 260 \quad \cdots②'$

①′＋②′より，$2a = 600 \qquad \therefore\ a = 300(\text{円})$

No.58　正答　2

昨年の男子生徒数をx人，女子生徒数をy人とする。題意より，

$$\begin{cases} x+y = 2676+124 \\ 0.9x+1.02y = 2676 \end{cases}$$

この連立方程式を解いて，

$x = 1500$（人）

No.59　正答　2

前月の売上額をx万円，前月の従業員数をy人とする。題意より，次の表が書ける。

	前月	今月
従業員数（人）	y	$\frac{2}{3}y$
売上額（万円）	x	$x-900$
1人当たりの売上額（万円）	$\frac{x}{y}$	$\frac{x-900}{\frac{2}{3}y}$

1人当たりの売上額が20％増加したので，

$$\frac{x-900}{\frac{2}{3}y} = 1.2 \times \frac{x}{y}$$

$$x - 900 = \frac{6}{5} \times \frac{2}{3}x$$

$$\therefore \quad x = 4500\text{（万円）}$$

No.60　正答　2

本年度の入学志願者数は，

$(150 + 160) \times 9 - 36 = 2754$（人）

これは8％の増加の人数であるから，去年の志願者数は，$2754 \div 1.08 = 2550$（人）である。

ここで，去年のA学部の志願者数をx人，去年のB学部の志願者数をy人とする。

$$\begin{cases} x + y = 2550 & \cdots① \\ 1.16x + 1.04y = 2754 & \cdots② \end{cases}$$

①より，$y = 2550 - x$

これを②に代入して，

$1.16x + 1.04(2550 - x) = 2754$

これを解いて，$x = 850$

よって，$850 \times 1.16 = 986$（人）

No.61　正答　3

A，B，Cの1分当たりの仕事率はそれぞれ，$\frac{1}{15}$，$\frac{1}{30}$，$\frac{1}{40}$なので，合計すると，

$$\frac{1}{15} + \frac{1}{30} + \frac{1}{40} = \frac{1}{8}$$

よって，3人ですると，

$$1 \div \frac{1}{8} = 8\text{（分）}$$

No.62　正答　3

A組の職人1人，1日当たりの仕事率は，

$$\frac{1}{12 \times 30} = \frac{1}{360}$$

B組の職人1人，1日当たりの仕事率は，

$$\frac{1}{26 \times 15} = \frac{1}{390}$$

A組の職人が10人で12日働いたので，残った仕事は全体の

$$1 - \left(\frac{1}{360} \times 10 \times 12\right) = \frac{2}{3}$$

これを「B組で10日で仕上げる」ので，B組の職人がx人必要とすると，

$$\frac{1}{390} \times 10 \times x = \frac{2}{3}$$

$$\therefore \quad x = 26\text{（人）}$$

No.63　正答　4

A，B，Cの1日当たりの仕事率をそれぞれ$\frac{1}{12}$，$\frac{1}{b}$，$\frac{1}{c}$とする。

B1人だと，A，C2人の2倍の日数がかかるので，A，C2人の仕事率の合計はB1人の仕事率の2倍であるから，

$$\frac{1}{b} \times 2 = \frac{1}{12} + \frac{1}{c}\text{より，}\ \frac{2}{b} - \frac{1}{c} = \frac{1}{12} \quad \cdots①$$

また，同様に，

$$\frac{1}{c} \times 3 = \frac{1}{12} + \frac{1}{b}\text{より，}\ -\frac{1}{b} + \frac{3}{c} = \frac{1}{12} \quad \cdots②$$

①＋②×2より，

$$\frac{5}{c} = \frac{3}{12} \qquad \therefore \quad \frac{1}{c} = \frac{1}{20} \quad \cdots③$$

③を②に代入して，

$$-\frac{1}{b} + \frac{3}{20} = \frac{1}{12} \qquad \therefore \quad \frac{1}{b} = \frac{1}{15}$$

BとCが協力したときの仕事率は，

$$\frac{1}{b} + \frac{1}{c} = \frac{1}{15} + \frac{1}{20} = \frac{7}{60}$$

必要な日数は，$1 \div \frac{7}{60} = \frac{60}{7} = 8\frac{4}{7}$となり，9日目には仕上がる。

No.64　正答　3

プールの満水量を1とし，A～Dの1分間の注水量をそれぞれa～dとする。条件より，

$$a + b = \frac{1}{72} \quad \cdots ①$$

$$c + d = \frac{1}{40} \quad \cdots ②$$

$$a + c = \frac{1}{45} \quad \cdots ③$$

求める時間をx分とすると，

$$b + d = \frac{1}{x}$$

①＋②－③より，

$$(a + b) + (c + d) - (a + c) = \frac{1}{72} + \frac{1}{40} - \frac{1}{45}$$

$$\therefore \quad b + d = \frac{5 + 9 - 8}{8 \times 9 \times 5} = \frac{1}{60}$$

$$\therefore \quad x = 60(\text{分})$$

No.65　正答　1

Ａの部分を掃除する仕事量を1とする。相似形においてその面積比が相似比の2乗になることを用いて，Ａ，Ｂ，Ｃ各部分の面積比を求めると，

$$A : B : C = 1^2 : (4^2 - 1^2) : (5^2 - 4^2)$$
$$= 1 : 15 : 9$$

よって，一郎，二郎，三郎の1時間当たりの仕事率はそれぞれ，$\frac{1}{0.5} = 2$，$\frac{15}{3} = 5$，$\frac{9}{3} = 3$となる。

題意より，$A + C = 1 + 9 = 10$の仕事量を3人で，すなわち仕事率$2 + 5 + 3 = 10$で行うので，要する時間は，$10 \div 10 = 1$(時間)。

No.66　正答　2

3人でするときの1日当たりの仕事率は，

$$\frac{2}{3} \times \frac{1}{20} = \frac{1}{30}$$

よって，Ａ，Ｂ，Ｃそれぞれの1日当たりの仕事率は，

$$A = \frac{1}{30} \times \frac{2}{2+3+5} = \frac{1}{30} \times \frac{1}{5} = \frac{1}{150}$$

同様に，

$$B = \frac{1}{30} \times \frac{3}{10} = \frac{1}{100}$$

$$C = \frac{1}{30} \times \frac{1}{2} = \frac{1}{60}$$

そこで，3人が20日で全体の$\frac{2}{3}$の仕事を行ったあと，x日後に全体の仕事を終えたとすると，

$$\frac{1}{150}(x - 3) + \frac{1}{100}(x - 2) + \frac{1}{60}x = 1 - \frac{2}{3}$$

$$2(x - 3) + 3(x - 2) + 5x = 100$$

$$10x = 112$$

$$\therefore \quad x = 11.2$$

よって，初日から数えて，$20 + 12 = 32$(日目)に終わる。

No.67　正答　3

まず，Ｂの1時間当たりの仕事率を求める。Ａの仕事率が$\frac{1}{15}$，ＡとＢ合わせた仕事率が$\frac{1}{10}$より，$\frac{1}{10} - \frac{1}{15} = \frac{1}{30}$がＢの仕事率となる。

Ａ，Ｂ 2つの管を使用していた時間をx時間とすると，Ｂだけを使用した時間は$(18 - x)$時間となる。題意より，

$$\frac{1}{10}x + \frac{1}{30}(18 - x) = 1$$

$$3x + 18 - x = 30$$

$$\therefore \quad x = 6(\text{時間})$$

No.68　正答　2

1分間に1つの改札口を通る人数をt人とする。題意より，

$$300 + 15 \times 10 - 10t = 0$$

$$\therefore \quad t = 45$$

改札口を3つにしたとき，x分で行列がなくなるとすると，

$$300 + 15 \times x - 3 \times 45 \times x = 0$$

$$\therefore \quad x = 2.5(\text{分})$$

No.69　正答　4

満水時の量をS，蛇口1個の注水量を毎分a，漏水量を毎分bとする。

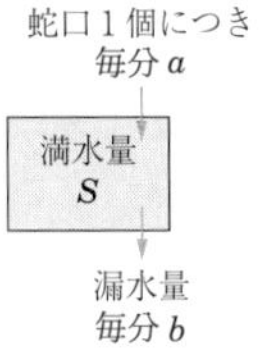

注水量－漏水量＝たまる量

である。

蛇口1個だと1時間40分すなわち100分で満水になるので，

$(a-b)\times 100 = S \quad \cdots ①$

蛇口4個だと20分で満水になるので，

$(4a-b)\times 20 = S \quad \cdots ②$

①，②より，

$100(a-b) = 20(4a-b)$

$5(a-b) = 4a-b$

$a = 4b \quad \cdots ③$

③を①に代入して，

$(4b-b)\times 100 = S$

$S = 300b$

よって，満水の状態で放置したとき，空になるのに要する時間は，

$\dfrac{S}{b} = \dfrac{300b}{b}$

$= 300$（分）

であり，$\dfrac{300}{60} = 5$（時間）である。

No.70　正答　5

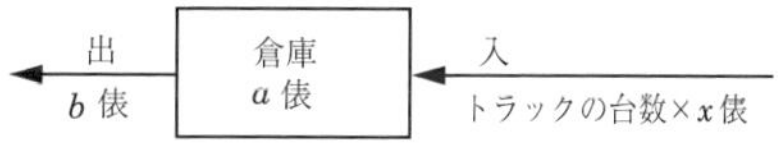

1台のトラックに積める数をx俵，倉庫にある数をa俵，毎日一定の量で運び出している数をb俵とする。題意より，

$$\begin{cases} a + 5x\times 8 - 8b = 0 & \cdots ① \\ a + 7x\times 40 - 40b = 0 & \cdots ② \end{cases}$$

①－②より，$b = 7.5x$

これを①に代入して，$a = 20x$

トラック8台で10日間運び入れると，倉庫内の残量は，

$20x + 8x\times 10 - 7.5x\times 10 = 25x$（俵）

になる。したがって，求める台数は，

$25x \div x = 25$（台分）

No.71　正答　4

窓口が開いたときすでに並んでいた人数をS人，その後やって来る人数を毎分b人，窓口1つで処理できる人数を毎分a人とする。

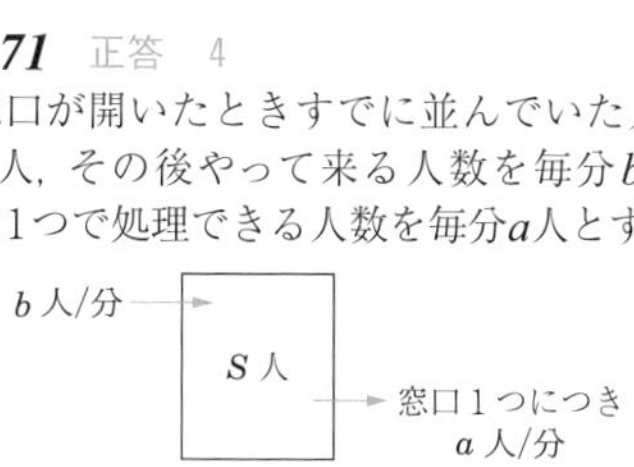

窓口を4つ開けると毎分$4a$人が処理され，一方毎分b人があらたにやって来るので，1分間につき行列は，

$4a-b$（人）

減っていく。14分後，行列が初めの半分になったので，

$\dfrac{1}{2}S = (4a-b)\times 14 \quad \cdots ①$

その後，窓口を2つ増やして6つにしたとき，9分で行列がなくなったので，

$\dfrac{1}{2}S = (6a-b)\times 9 \quad \cdots ②$

①＝②より，

$14(4a-b) = 9(6a-b)$

$2a = 5b$

ここで計算を楽にするため，

$a = 5\,,\ b = 2 \quad \cdots ③$

とおき，①に代入する。

$\dfrac{1}{2}S = (4\times 5 - 2)\times 14$

$S = 18\times 14\times 2 \quad \cdots ④$

行列を10分以内で解消させるために必要な窓口の数をxとすると，

$S \leqq (xa-b)\times 10$

これに，③，④を代入して，

$18\times 14\times 2 \leqq (5x-2)\times 10$

$5x - 2 \geqq \dfrac{18\times 14\times 2}{10}$

$5x - 2 \geqq 50.4$

$x \geqq \dfrac{52.4}{5}$

$x \geqq 10.48$

よって，11個以上の窓口を開けておけば10分以内に解消できた。

第３章　速　さ

No.72　正答　3

甲から乙までの距離を$x$km，予定時間をy時間とする。題意より，

$$\begin{cases} \dfrac{x}{3} = y + \dfrac{20}{60} & \cdots ① \\ \dfrac{x}{4} = y - \dfrac{15}{60} & \cdots ② \end{cases}$$

①－②より，$\dfrac{x}{3} - \dfrac{x}{4} = \dfrac{20}{60} + \dfrac{15}{60}$

$\therefore\quad x = 7$（km）

No.73　正答　4

一般道路の長さを$x$kmとすると，高速道路の長さは$(400-x)$kmとなる。両方を使って走った時間の合計式を立てると次のようになる。

$$\frac{400-x}{80}+\frac{x}{50}=6\frac{1}{2}$$

$$5(400-x)+8x=2600$$

$$3x=600$$

$$\therefore\quad x=200(\text{km})$$

No.74　正答　5

上りと平地の区間を$x$kmとすると，下りの区間は$3x$kmとなる。

上りの区間に要する時間は$\dfrac{x}{3}$時間

平地の区間に要する時間は$\dfrac{x}{6}$時間

下りの区間に要する時間は$\dfrac{3x}{9}$時間

よって，全体に要した時間は，

$$\frac{x}{3}+\frac{x}{6}+\frac{x}{3}=\frac{5}{6}x(\text{時間})$$

A町からB町までの距離は，$x+x+3x=5x$(km)だから，平均の速さは，

$$\frac{5x}{\frac{5}{6}x}=6(\text{km/時})$$

No.75　正答　1

平地の距離を$x$kmとすると，坂道の距離は$(16-x)$kmとなる。また，

平地の速さ　4km/時

上りの速さ　$4\times(1-0.2)=3.2$(km/時)

下りの速さ　$4\times(1+0.2)=4.8$(km/時)

なので題意より，

$$\frac{x}{4}+\frac{16-x}{3.2}=4\frac{36}{60}=\frac{23}{5}$$

$$16x+20(16-x)=12.8\times23$$

$$\therefore\quad x=6.4$$

したがって，平地が6.4km，坂道が9.6kmある。よって，帰りに要する時間は，

$$\frac{9.6}{4.8}+\frac{6.4}{4}=3.6(\text{時間})=3\text{時間}36\text{分}$$

No.76　正答　3

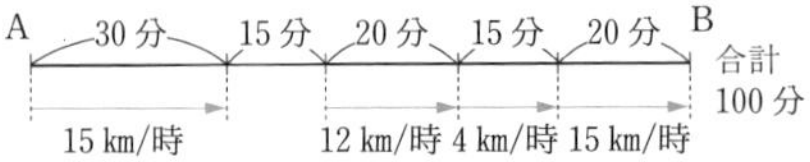

$15\times\frac{1}{2}=7.5$(km)　$12\times\frac{1}{3}=4$(km)　$4\times\frac{1}{4}=1$(km)　$15\times\frac{1}{3}=5$(km)　合計17.5km

17.5kmを毎時20kmの速さで走るときに要する時間は，

$$\frac{17.5}{20}\times60=52.5(\text{分})$$

よって，$100-52.5=47.5$(分)早く着いた。

No.77　正答　5

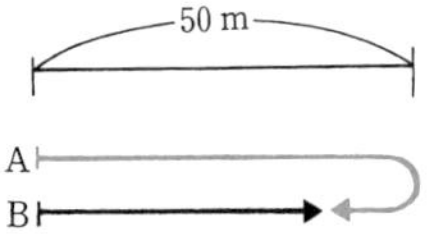

Aの速さは$\dfrac{50}{30}=\dfrac{5}{3}$(m/秒)である。Bの速さを$b$ m/秒とすると，A，Bが32秒間に泳いだ距離の和が100mなので，

$$\frac{5}{3}\times32+b\times32=100$$

$$\therefore\quad b=\frac{35}{24}$$

よって，Bが100m泳ぐのに要する時間は，

$$\frac{100}{\frac{35}{24}}=\frac{100\times24}{35}=\frac{480}{7}\fallingdotseq68.6(\text{秒})$$

〈別解〉

Aはターンの2秒後にBとすれ違ったので，ターンした地点からすれ違った地点までの距離は，$\dfrac{5}{3}\times2=\dfrac{10}{3}$(m)。

よってBは，$50-\dfrac{10}{3}=\dfrac{140}{3}$(m)を，32秒で泳いだので，ゴールタイムに要する時間をx秒とすると，

$$\frac{140}{3}:32=100:x$$

$$\therefore\quad x=3200\times\frac{3}{140}\fallingdotseq68.6(\text{秒})$$

No.78　正答　2

x分後にすれ違ったとする。また，一郎，二郎の速さはそれぞれ，

一郎　$\dfrac{2400}{24}=100$(m/分)

二郎　$\dfrac{2400}{30}=80$(m/分)

2人の歩いた距離の和が2400mだから，

$100x+80x=2400$

$\therefore\ x=13\dfrac{1}{3}$(分)$=$13分20秒

No.79　正答　4

Aの速さを$x$km/時とすると，Bの速さは$(x-2)$km/時となる。A，Bそれぞれが乙まで来るのに要した時間は，$\dfrac{60}{x}$，$\dfrac{60}{x-2}$時間となる。題意より，

$$\frac{60}{x-2}-\frac{60}{x}=5$$

$$60x-60(x-2)=5x(x-2)$$

$$x^2-2x-24=0$$

$$(x-6)(x+4)=0$$

$x>0$より，$x=6$(km/時)

No.80　正答　3

Aの速さをxm/分，CがAに追いついた地点をP，CがBと出会った地点をR，BがAと出会った地点をQとする（次図）。

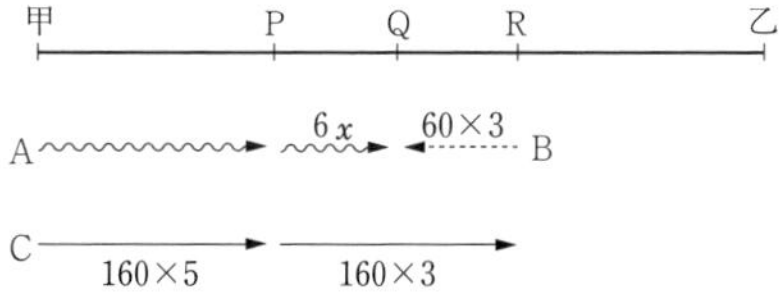

Cは，Aに追いついた3分後にBと出会ったので，

$\overline{\mathrm{PR}}=160\times3$　…①

BはCと出会った3分後にAと出会い，AはCに追いつかれた6分後にBと出会ったので，

$\overline{\mathrm{RQ}}=60\times3$，$\overline{\mathrm{PQ}}=6x$　…②

①，②より，

$160\times3=6x+60\times3$

$\therefore\ x=50$(m/分)

甲P間をCは5分で行ったので，Aが甲P間にかかる時間は，

5(分)$\times\dfrac{160}{50}=16$(分)

すなわち，A，Bが同時に出発して出会うまでに要した時間は，

$16+6=22$(分)

よって，甲乙間の距離は，

$(50+60)\times22=2420$(m)

No.81　正答　4

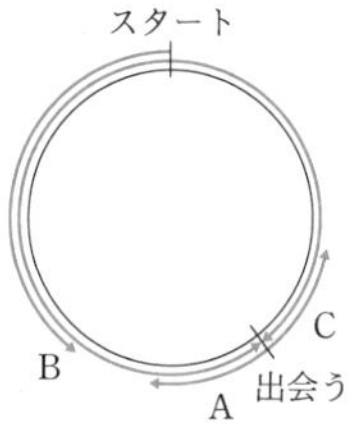

3人が出発してからx分後に，AとCが出会うとする。

$(300+180)x=3600$

$\therefore\ x=\dfrac{3600}{480}=7.5$　…①

この7.5分間にAとBは，

$(300-240)\times7.5=450$(m)

離れている。AとCが出会ってy分後にBがCを追い抜くとすると，

$(240-180)y=450$

$\therefore\ y=7.5$　…②

①，②より，最初に3人が同時に出発してから，$7.5\times2=15$(分後)となる。

No.82　正答　1

A，Bの速さをそれぞれam/分，bm/分とし，AとBが1回目にすれ違う地点をQとする。

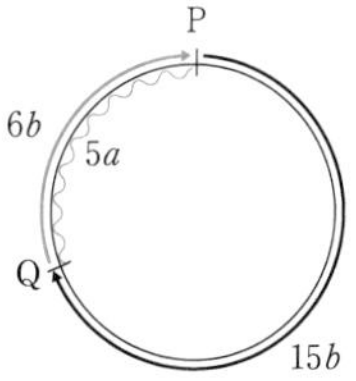

PQ間を走るのにAは5分，Bは6分かかるので，

$\mathrm{PQ}=5a=6b$　$\therefore\ a=\dfrac{6}{5}b$　…①

また池の周囲は，

$15b+6b=21b$(m)

なので，Q地点ですれ違った2人が，再びすれ違うまでの時間は，

$$\frac{21b}{(\text{Aの速さ})+(\text{Bの速さ})}=\frac{21b}{\frac{6}{5}b+b}$$

$$=\frac{105}{11}$$

$$=9\frac{6}{11}\ (\text{分})$$

よって，AとBが2回目にすれ違うのはBのスタートの，

$$15+9\frac{6}{11}=24\frac{6}{11}\ (\text{分後})$$

である。

No.83　正答　3

列車の速さをvm/秒，長さをamとする。列車が進んだ距離は，鉄橋を渡るときが$(220+a)$m，トンネルを通過するときが$(980-a)$mである。

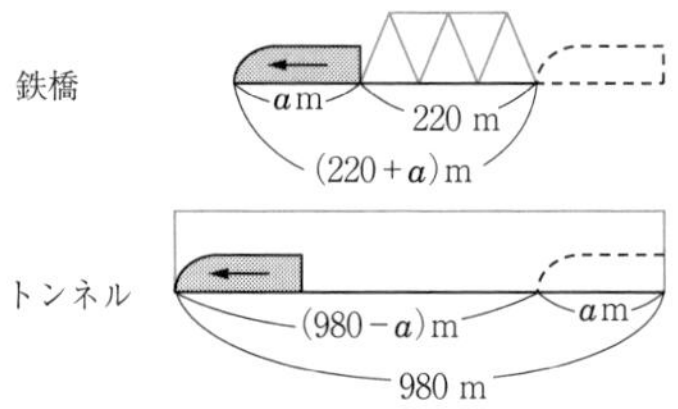

したがって，

$$\begin{cases} 20v=220+a & \cdots① \\ 40v=980-a & \cdots② \end{cases}$$

①＋②より，$60v=1200$　∴　$v=20$(m/秒)

時速に直すと，20m/秒＝72km/時

No.84　正答　5

初めの速さをvm/秒，トンネルの長さをamとする。列車の進んだ距離は，電柱を通り過ぎるときが95m，トンネルを通過するときが$(a+95)$mである。

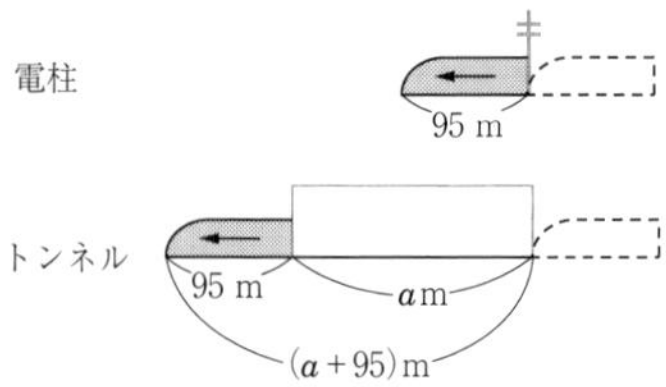

したがって，

$$\begin{cases} 5v=95 & \cdots① \\ 20\times 2v=a+95 & \cdots② \end{cases}$$

①より，$v=19$　…③

③を②に代入して，

$$20\times 2\times 19=a+95$$

$$\therefore\quad a=665(\text{m})$$

No.85　正答　2

普通電車，急行電車の速さを分速に直すとそれぞれ，

$$\frac{23400}{60}=390(\text{m/分})$$

$$\frac{36000}{60}=600(\text{m/分})$$

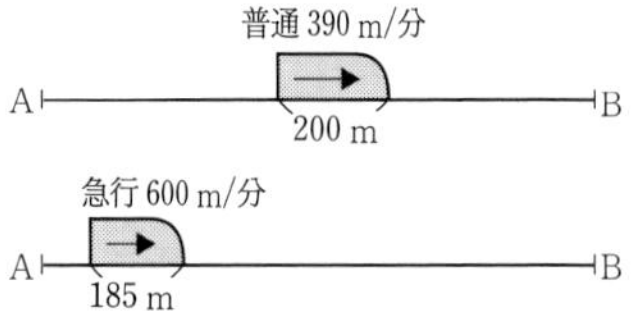

急行電車が普通電車に追いついてから追い越すまでの時間をx分とする。題意より，

$$(600-390)x=200+185$$

$$\therefore\quad x=1\frac{5}{6}(\text{分})=1\text{分}50\text{秒}$$

No.86　正答　3

普通列車Bの速さを$3v$m/秒，長さをamとすると，普通列車Aの速さは$3v$m/秒，長さは$2a$mで，特急列車の速さは$4v$m/秒，長さは$2a$mとなる。

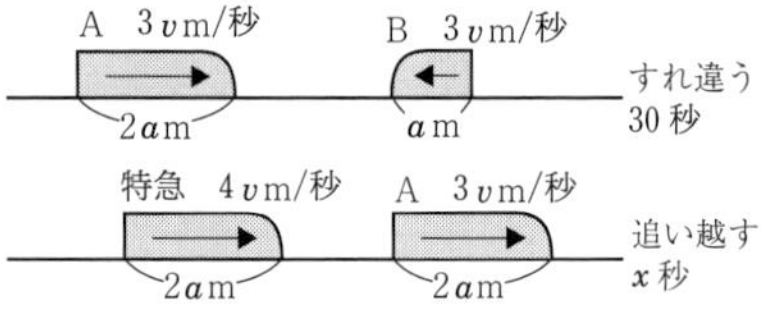

特急がAを追い越すのにx秒かかるとする。題意より，

$$\begin{cases} 2a+a=(3v+3v)\times 30 & \cdots① \\ 2a+2a=(4v-3v)\times x & \cdots② \end{cases}$$

①より，$a=60v$

これを②に代入して，$x=240$(秒)＝4(分)

No.87 正答　4

A地点からB地点までの距離をl，船の静水での分速をV，川の流れの分速をvとする。

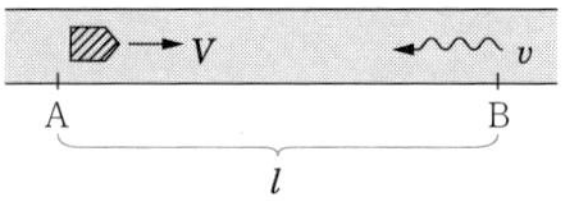

AからBに行くのに25分かかったので，

$l = 25(V - v)$　…①

BからAに行くのに20分の予定だったので，

$l = 20(V + v)$　…②

①，②よりlを消去すると，

$25(V - v) = 20(V + v)$

$5(V - v) = 4(V + v)$

$V = 9v$　…③

③を②に代入して，

$l = 20(9v + v)$

$l = 200v$　…④

帰路全体で20分かかる予定だったので，エンジンが止まった帰路15分後までに進んだ距離は，

$$\frac{15}{20}l = \frac{3}{4}l$$

であり，残りは，

$$l - \frac{3}{4}l = \frac{1}{4}l$$

である。$\frac{1}{4}l$の距離を川の流速vだけで進むのにかかる時間をt分とすると，

$$t = \frac{\frac{1}{4}l}{v} = \frac{1}{4} \cdot \frac{l}{v} \quad \cdots⑤$$

④より，

$$\frac{l}{v} = 200$$

なので，これを⑤に代入して，

$$t = \frac{1}{4} \times 200$$
$$= 50(\text{分})$$

よって，BからAに着くまでにかかる時間は

$15 + t = 15 + 50$

$= 65(\text{分})$

すなわち1時間5分である。

No.88 正答　2

AC間を$a$km，静水での船の速さを$x$km/時，川の流れの速さを$y$km/時とする。またグラフより，A→BとB→Aに要する時間を比較するとA→Bの方が短いので，Aが上流，Bが下流とわかる。題意より，

$$\begin{cases} 3(x + y) = 30 \\ 5(x - y) = 30 \end{cases}$$

連立方程式を解いて，$x = 8$，$y = 2$

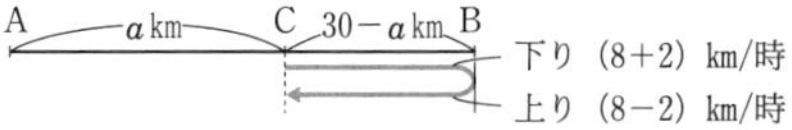

C地点では行きの船が通ってから2時間40分後に帰りの船が通るので，

$$\frac{30 - a}{8 + 2} + \frac{30 - a}{8 - 2} = 2\frac{40}{60}$$

$$3(30 - a) + 5(30 - a) = 80$$

$$\therefore \quad a = 20(\text{km})$$

No.89 正答　3

エスカレーターの1階から2階までの距離をl，人の歩く速さをV，エスカレーターの速さをvとする。題意より，

$$\begin{cases} \dfrac{l}{V + v} = 38 & \cdots① \\ \dfrac{l}{V - v} = 256 & \cdots② \end{cases}$$

①，②よりlを消去して整理すると，

$$38V + 38v = 256V - 256v$$

$$294v = 218V$$

$$\frac{V}{v} \fallingdotseq 1.35$$

No.90 正答　2

船の静水上での速さが12km/時であり，川の流速が3km/時だから，この船が川を進むときの速さは，

下るとき…$12 + 3 = 15$(km/時)

上るとき…$12 - 3 = 9$(km/時)

となる。

AB間の距離を$x$kmとおく。往復の所要時間が48分なので，

$$\underbrace{\frac{x}{15}}_{\text{下りの時間}} + \underbrace{\frac{x}{9}}_{\text{上りの時間}} = \frac{48}{60}$$

が成り立つ。これを解くと，

$$\frac{3+5}{45}x=\frac{4}{5}$$

$$\therefore x=\frac{4}{5}\cdot\frac{45}{8}=\frac{9}{2}=4.5(\text{km})$$

No.91 正答 2

川の流速を$v$km/時，川の2地点間の距離をLkmとおく。

船が川を下るときの速さは$(21+v)$km/時，川を上るときの速さは$(21-v)$km/時である。そして，上りの所要時間が下りの1.8倍だったことから，

$$\frac{L}{21-v}=\frac{L}{21+v}\times 1.8$$

が成り立つ。両辺をLで割って逆数をとると，

$$21-v=\frac{21+v}{1.8}$$

$$\Rightarrow 1.8(21-v)=21+v$$
$$\Rightarrow 2.8v=16.8$$
$$\Rightarrow v=6$$

となる。よって，求める川の流速は時速6kmである。

〈参考〉

一般に，同じ距離を進む場合，

所要時間と速さは反比例する

ということに注目しよう。本問では，上りも下りも同じ距離を進むので，上りの所要時間が下りの1.8倍ということから，速さのほうはこれと反比例して下りが上りの1.8倍となる。こう考えれば，

$$21+v=1.8(21-v)$$

がダイレクトに立式できる（Lを設定する必要がない）。

No.92 正答 2

4時x分に長針と短針が重なるとする。右図より，

$$\underbrace{120+0.5x}_{\text{短針}}=\underbrace{6x}_{\text{長針}}$$

$$\therefore\ x=21\frac{9}{11}(\text{分})$$

No.93 正答 3

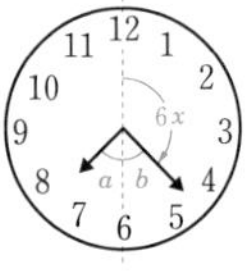

7時x分に左右対称になるとする。右図より，

$$\begin{cases}b=180-6x\\a=30+0.5x\end{cases}$$

$a=b$より，

$$180-6x=30+0.5x$$

$$\therefore\ x=23\frac{1}{13}(\text{分})$$

No.94 正答 5

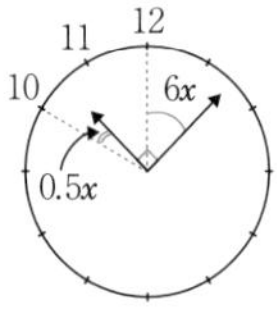

1分間に

長針は6°

短針は0.5°

進む。

1回目に直角になるのが10時x分のときとすると，図のようになっていることから，

$$(30\times 2-0.5x)+6x=90$$
$$5.5x=30\quad\cdots①$$

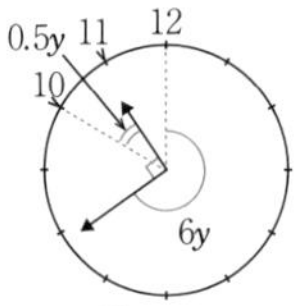

2回目に直角になるのが10時y分のときとすると，図のようになっていることから，

$$(30\times 10-6y)+0.5y=90$$
$$5.5y=210\quad\cdots②$$

②－①より，

$$5.5y-5.5x=210-30$$
$$5.5(y-x)=180$$
$$y-x=\frac{180}{5.5}\quad\cdots③$$
$$=180\div\frac{11}{2}$$
$$=\frac{360}{11}$$
$$=32\frac{8}{11}(\text{分})$$

〈参考〉

長針の短針に対する相対角度を考えるとわかりやすい。

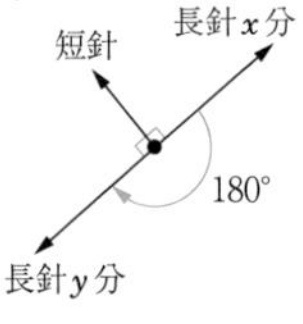

相対角度が180°増えるのに要する時間は，180°を相対角速度で割ったもので，この場合

$$\frac{180^\circ}{6^\circ - 0.5^\circ}$$

となり，③と同じになる。

つまり，何時の場合も2回の「直角になる時刻」の差は常に$32\frac{8}{11}$分となる。

第4章 確率

No.95 正答 3

樹形図を作る。

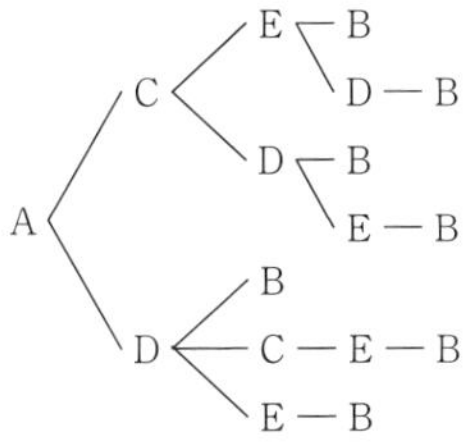

よって，全部で7通りある。

No.96 正答 4

8の位置にくるのは，2数の和が8，20のときである。

和が8となるのは，(1，7)，(2，6)，(3，5)，(4，4)，(5，3)，(6，2)，(7，1)の7通り。

和が20となるのは，トランプのカードの数が1～13までであることを考慮して，(7，13)，(8，12)，(9，11)，(10，10)，(11，9)，(12，8)，(13，7)の7通り。

以上より，7＋7＝14(通り)

No.97 正答 4

1から10までの数の和は，

$$\frac{1}{2} \times 10 \times (10 + 1) = 55$$

だから，7枚の和が40ということは，残りの3枚の和が55－40＝15になるということと同じである。よって，3枚の和が15になる組の数を調べればよい。3枚の和が15になる組は，(1，4，10)，(1，5，9)，(1，6，8)，(2，3，10)，(2，4，9)，(2，5，8)，(2，6，7)，(3，4，8)，(3，5，7)，(4，5，6)の10通り。

No.98 正答 1

3桁の偶数は，(ア)□□0，(イ)□□2，(ウ)□□4のいずれかである。

(ア) □00←□には1，2，3，4の4通り
□10←□には1，2，3，4の4通り
□20←□には1，3，4　の3通り
□30←□には1，2，4　の3通り
□40←□には1，2，3　の3通り
計17通り

(イ) □02←□には1，3，4の3通り
□12←□には1，3，4の3通り
□32←□には1，4　の2通り
□42←□には1，3　の2通り
計10通り

(ウ)は(イ)と同様だから10通り。

以上より，17＋10＋10＝37(通り)

No.99 正答 1

一の位は，1，3，5，7の4通り。十，百，千の位の数は，6個の中から3個を選ぶ順列になるから，

$$4 \times {}_6P_3 = 4 \times 6 \cdot 5 \cdot 4 = 480\text{(通り)}$$

No.100 正答 1

異なる6色の玉による数珠順列なので，

$$\frac{(6-1)!}{2} = \frac{5 \cdot 4 \cdot 3 \cdot 2 \cdot 1}{2}$$
$$= 60\text{(通り)}$$

No.101 正答 1

i）A～Cが一かたまりになるとき

A～Cを一かたまりにすると，(A，B，Cの一かたまり)，D，E，F，Gの5つの円順列になるので，その総数は，

$(5-1)! = 4!$(通り)　…①

そのそれぞれに対し，A・B・Cの並べ方は，

$3!$(通り)　…②

よって，

X＝①×②
＝24×6
＝144(通り)　…③

ii）A～Cのうちどの2人も隣り合わないとき

D，E，F，Gの4人の円順列は，

$(4-1)! = 3!$(通り)　…④

この4人の間4か所のうちの異なる3か所にA～Cの3人が入ると考えればよい。

A～Cの入り方は，

$_4P_3 = 4 \cdot 3 \cdot 2 = 24$(通り)　…⑤

よって，

$Y =$ ④ × ⑤

$= 6 \times 24$

$= 144$(通り)　…⑥

③と⑥よりXとYは等しく，その差は0である。

No.102　正答　3

同じものを含む順列だから，

$$\frac{7!}{2!3!2!} = \frac{7 \cdot 6 \cdot 5 \cdot 4 \cdot 3 \cdot 2 \cdot 1}{2 \cdot 1 \cdot 3 \cdot 2 \cdot 1 \cdot 2 \cdot 1} = 210\text{(通り)}$$

No.103　正答　1

(ア)　㊚○○○○○㊚

両端の男子の並び方は，

$_4P_2 = 4 \cdot 3 = 12$(通り)

両端を除く，間の5人の並び方は，

$_5P_5 = 5 \cdot 4 \cdot 3 \cdot 2 \cdot 1 = 120$(通り)

したがって，$12 \times 120 = 1440$(通り)

(イ)　㊛㊛㊛○○○○

女子3人をひとまとめにして1人と考える。5人の並び方は，

$_5P_5 = 5 \cdot 4 \cdot 3 \cdot 2 \cdot 1 = 120$(通り)

女子3人の並び方は，

$_3P_3 = 3 \cdot 2 \cdot 1 = 6$(通り)

したがって，$120 \times 6 = 720$(通り)

以上より，並び方の差は，

$1440 - 720 = 720$(通り)

No.104　正答　1

一の位は偶数，百の位は0以外の数がこなければならない。

(ア)　一の位が0のとき

百と十の位は残りのどの数字がきてもよいので，

$1 \times {}_5P_2 = 1 \times 5 \cdot 4 = 20$(通り)

(イ)　一の位が2か4のとき

百の位は残りの数のうち0以外のものがこなければならず，十の位は残りのどの数がきてもよいので，

$2 \times 4 \times 4 = 32$(通り)

以上より，$20 + 32 = 52$(通り)

No.105　正答　4

円順列であるから，

$(8-1)! = 7 \cdot 6 \cdot 5 \cdot 4 \cdot 3 \cdot 2 \cdot 1 = 5040$

であるが，図のような2つは区別しなければならないから，

$5040 \times 2 = 10080$(通り)

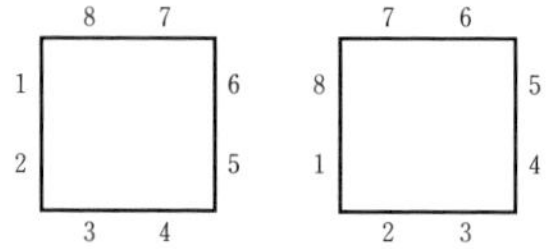

〈別解〉

円順列として考えないときは次のようになる。

計8人が座ると，$_8P_8$通りとなる。しかし，90°ずつ回転すると同じものが4通りずつできるので，

$$\frac{_8P_8}{4} = 10080\text{(通り)}$$

No.106　正答　3

和が9になるような，異なる3数字を考える。このとき，0を含む場合は0が百の位には来ないことに注意しなければならない。そこで，3数字のうち0を含むか否かで場合分けする。

ⅰ）0を含むとき

(0，1，8)
(0，2，7)
(0，3，6)
(0，4，5)　の4通り

このとき，それぞれの並べ方は，

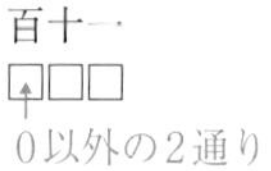

百の位は0以外の2通りで，十の位，一の位は残った2数を並べる順列なので，

$2 \times 2! = 2 \times 2 \times 1$

$= 4$(通り)

よって，

$4 \times 4 = 16$(通り)　…①

ⅱ）0を含まないとき

(1，2，6)
(1，3，5)
(2，3，4)　の3通り

このとき，それぞれの並べ方は，異なる

3つのものの順列なので，

$3! = 3 \times 2 \times 1$

$= 6$(通り)

よって，

$3 \times 6 = 18$(通り)　…②

条件を満たす3桁の整数は①＋②より，

$16 + 18 = 34$(個)

No.107 正答 2

(ア) $\boxed{6}$のカードを0枚か1枚使うとき

$\boxed{3}\boxed{4}\boxed{5}\boxed{6}$の4枚のカードの中から3枚を選ぶ順列になるので，

${}_4P_3 = 4 \cdot 3 \cdot 2 = 24$(通り)

(イ) $\boxed{6}$のカードを2枚使うとき

もう1枚の選び方は$\boxed{3}$，$\boxed{4}$，$\boxed{5}$のカードのうちのいずれか1枚なので3通り。また，$\boxed{6}$2枚を含むこれら3枚のカードの並べ方は，同じものを含む順列より，$\frac{3!}{2!} = 3$(通り)。したがって，$3 \times 3 = 9$(通り)

(ウ) $\boxed{6}$のカードを3枚使うとき

$\boxed{6}\boxed{6}\boxed{6}$の1通り

以上より，$24 + 9 + 1 = 34$(通り)

No.108 正答 5

まず，6人が1列に並ぶ並び方は，

${}_6P_6 = 6 \cdot 5 \cdot 4 \cdot 3 \cdot 2 \cdot 1 = 720$(通り)

次に，男子の間に女子が2人入って並ぶときの男子の位置を考えると，次の3通りがある。

男○○男○○
○男○○男○
○○男○○男

このそれぞれにおいて，男子の並び方は，${}_2P_2 = 2$(通り)，女子の並び方は，${}_4P_4 = 4 \cdot 3 \cdot 2 \cdot 1 = 24$(通り)ある。

したがって，男子の間に女子が2人入って6人が並ぶ並び方は，

$3 \times 2 \times 24 = 144$(通り)

以上より，$720 + 144 = 864$(通り)

No.109 正答 3

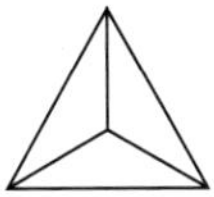

(真上から見た図)

まず，正四面体の1面を底面として固定すると(正四面体の面はどれも正三角形なので，回転するとどの4面も底面とすることができる)残り3面は，円順列で考えることができる。したがって，

$(3 - 1)! = 2! = 2$(通り)

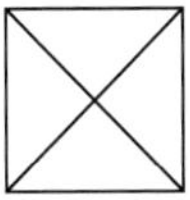

次に，正四角すいの底面は正方形であり，側面とは形が異なるので，底面の塗り方は5通り。

4つの側面に関しては，正四面体と同様，円順列で考えることができる。したがって，

$5 \times (4 - 1)! = 5 \times 3 \cdot 2 \cdot 1 = 30$(通り)

以上より，$2 + 30 = 32$(通り)

No.110 正答 1

色を便宜上A～Fとする。回転しないように底面をAに固定する。

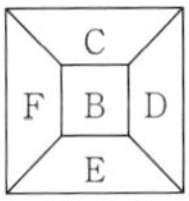

(底面A)

底面Aに相対する上面の塗り方はA以外の5通りある。

残った4つの側面は，円順列となるので，

$5 \times (4 - 1)! = 5 \cdot 3 \cdot 2 \cdot 1$

$= 30$(通り)

No.111 正答 1

初めに，百の位の総和を求める。百の位が1の3桁の整数は，${}_5P_2 = 5 \cdot 4 = 20$(通り)できるので，百の位が1のときの百の位の総和は，$100 \times 20 = 2000$である。2～6のときもそれぞれ20通りずつできるので，百の位の総和は，

$(100+200+300+400+500+600) \times 20$
$= 42000$

同様にして十の位の総和は，

$(10+20+30+40+50+60) \times 20 = 4200$

同様にして一の位の総和は，

$(1 + 2 + 3 + 4 + 5 + 6) \times 20 = 420$

以上より，$42000 + 4200 + 420 = 46620$

No.112　正答　2

3の倍数をつくるには，各位の数字の和が3の倍数であればよいので，考えられる組合せは，(0，1，2)，(0，2，4)，(1，1，4)，(1，2，3)，(2，3，4)である。

(ア)　(0，1，2)，(0，2，4)のとき

それぞれ，$2 \times 2 \times 1 = 4$(個)ずつあるので，$4 \times 2 = 8$(個)

(イ)　(1，1，4)のとき

$$\frac{3!}{2!} = 3(\text{個})$$

(ウ)　(1，2，3)，(2，3，4)のとき

それぞれ${}_3P_3 = 6$(個)ずつあるので，

$6 \times 2 = 12$(個)

以上より，$8 + 3 + 12 = 23$(個)

No.113　正答　3

旗の3つの部分をそれぞれ図のように，A・B・Cとする。

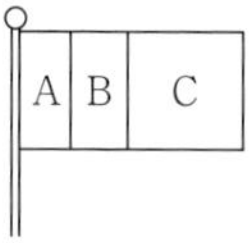

ⅰ）3色で塗るとき

4色の中から異なる3色を選んで並べる順列なので，

${}_4P_3 = 4 \cdot 3 \cdot 2 = 24$(通り)

（Aには赤・白・青・緑のいずれかを塗るので4通り。

それぞれに対し，BにはAに塗った以外の3色を塗ることができるので3通り。さらに，またそれぞれに対し，CにはA，Bに塗った以外の2色を塗ることができるので2通り，と考える。）

ⅱ）2色で塗るとき

隣り合う部分には異なる色を塗るので，AとCに同じ色，Bにはそれと異なる色を塗る。

AとC……4色

B…………AとCに塗った色以外の3色

$4 \times 3 = 12$(通り)

ⅰ）とⅱ）は互いに排反で，かつこれ以外の塗り方はないので，全部で，

$24 + 12 = 36$(通り)

No.114　正答　5

円周上の点を任意に4個選べばよい。

異なる10個の中から4個を選ぶ組合せだから，

$${}_{10}C_4 = \frac{10 \cdot 9 \cdot 8 \cdot 7}{4 \cdot 3 \cdot 2 \cdot 1} = 210(\text{個})$$

No.115　正答　3

異なる6個の中から4個を取る組合せだから，

$${}_6C_4 = {}_6C_2 = \frac{6 \cdot 5}{2 \cdot 1} = 15(\text{通り})$$

No.116　正答　2

選ばれる3人の性別の内訳は，

(男2人，女1人)または(男1人，女2人)のいずれかである。男子は10人，女子は6人からそれぞれ選ぶので，求める場合の数は，

$$
\begin{aligned}
&{}_{10}C_2 \times {}_6C_1 + {}_{10}C_1 \times {}_6C_2 \\
&= \frac{10 \cdot 9}{2 \cdot 1} \times 6 + 10 \times \frac{6 \cdot 5}{2 \cdot 1} \\
&= 270 + 150 \\
&= 420(\text{通り})
\end{aligned}
$$

〈別解〉

男女16人から3人を選ぶ組合せのうち，

・男ばかり3人選ぶ場合

・女ばかり3人選ぶ場合

を除いてもよい。よって，

$$
\begin{aligned}
&{}_{16}C_3 - {}_{10}C_3 - {}_6C_3 \\
&= 560 - 120 - 20 \\
&= 420(\text{通り})
\end{aligned}
$$

No.117　正答　2

黒の碁石5個を固定し，↑の部分から4つを任意に選んで，白の碁石を置けばよい。

(↑の部分に1〜6の数字をふる)

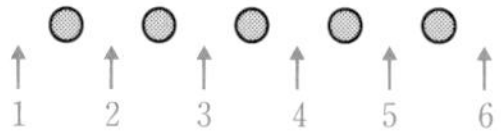

これは「異なる6個の中から4個をとる組合せ」だから，

$${}_6C_4 = {}_6C_2 = \frac{6 \cdot 5}{2 \cdot 1} = 15(\text{通り})$$

No.118　正答　3

柿，みかん，りんごをそれぞれ少なくとも1個は選ぶので，$6-3=3$(個)，つまり残り3個を重複を許して3種類から選べばよいので，

$$_{3+3-1}C_3 = {}_5C_3 = {}_5C_2 = \frac{5\cdot4}{2\cdot1} = 10(\text{通り})$$

No.119　正答　5

(ア)　パターン39(ア)と同様にして，

$$_{12}C_2 \times {}_{10}C_4 \times {}_6C_6 = 13860(\text{通り})$$

(イ)　3組とも人数が同じで区別はつかないので，

$$\frac{_{12}C_4 \times {}_8C_4 \times {}_4C_4}{3!} = 5775(\text{通り})$$

以上より，$13860-5775=8085$(通り)

No.120　正答　1

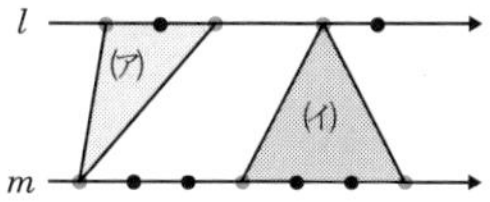

(ア)　l上から2点，m上から1点を選ぶとき

$$_5C_2 \times {}_7C_1 = \frac{5\cdot4}{2\cdot1} \times 7 = 70(\text{個})$$

(イ)　l上から1点，m上から2点を選ぶとき

$$_5C_1 \times {}_7C_2 = 5 \times \frac{7\cdot6}{2\cdot1} = 105(\text{個})$$

以上より，$70+105=175$(個)

No.121　正答　3

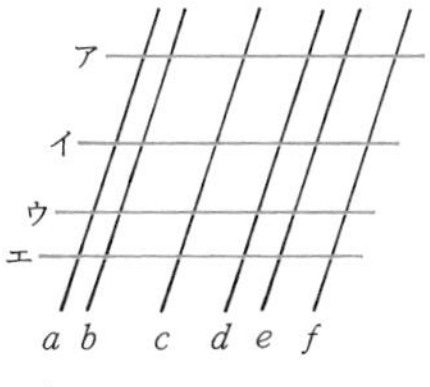

平行線をa～f，ア～エとする。a～fの中から2本，ア～エの中から2本選ぶと（例えばbeアウのように）平行四辺形となる。つまり6本(a～f)の中から2本選ぶのが$_6C_2$通りで，それぞれにつき，4本(ア～エ)の中から2本選ぶのが$_4C_2$通り。よって，

$$_6C_2 \times {}_4C_2 = \frac{6\cdot5}{2\cdot1} \times \frac{4\cdot3}{2\cdot1} = 90(\text{個})$$

No.122　正答　2

2種類の数字の選び方は，0～9の10個の中から2個を選ぶので，

$$_{10}C_2 = \frac{10\cdot9}{2\cdot1} = 45(\text{通り})$$

次に，その2種類の数字で4桁の数字をつくると，同じものを含む順列となるので，

$$\frac{4!}{2!2!} = \frac{4\cdot3\cdot2\cdot1}{2\cdot1\cdot2\cdot1} = 6(\text{個})$$

よって，$45\times6=270$(個)

No.123　正答　4

A，B，Cの箱に入る球の入り方と，そのときの場合の数は次の表のようになる。

A	B	C	場合の数
1	1	2	$_4C_1 \times {}_3C_1 = 12$(通り)
1	2	1	$_4C_1 \times {}_3C_2 = 4 \times \frac{3\cdot2}{2\cdot1} = 12$(通り)
2	1	1	$_4C_2 \times {}_2C_1 = \frac{4\cdot3}{2\cdot1} \times 2 = 12$(通り)

よって，全部で$12\times3=36$(通り)

No.124　正答　1

2人の子どもを①，②で表すと，次の(ア)～(ウ)の場合が考えられる。

(ア)　同じカードが2組のとき

〈例〉①　(AA)　(BB)　②　(CC)　(DD)

このとき，①はA～Dの4種類の中から2つを選ぶので，

$$_4C_2 = 6(\text{通り})$$

(イ)　同じカードが1組のとき

〈例〉①　(AA)　C，D　②　(BB)　C，D

このとき，①はA～Dの4種類の中から1つ選び，②は残り3種類の中から1つ選ぶので，

$$_4C_1 \times {}_3C_1 = 12(\text{通り})$$

(ウ)　同じカードが0組のとき，すなわち全部異なるとき

①　A，B，C，D　②　A，B，C，D

の1通りのみ。

以上より，$6+12+1=19$(通り)

No.125　正答　3

A～Ｉのうち，一直線上にない3点の選び方を求めればよい。

9個の点A～Ｉから異なる3点を選ぶ方法は，

$$_9C_3 = \frac{9\times8\times7}{3\times2\times1} = 84(\text{通り})$$

このうち，一直線上にある3点を選んでいるのは，

① A・B・C・Dから3点を選ぶ場合

② D・E・F・Gから3点を選ぶ場合

③ G・H・I・Aから3点を選ぶ場合

で，それぞれ$_4C_3 = 4$通りずつある。

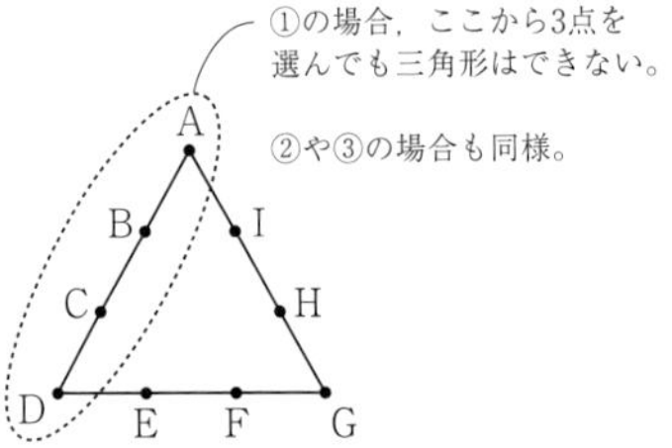

よって，求める答えは，

$$84 - 4\times3 = 72(\text{通り})$$

No.126 正答 5

まず，14個の中から3個を選ぶ組合せは，

$$_{14}C_3 = \frac{14\cdot13\cdot12}{3\cdot2\cdot1} = 364(\text{通り})$$

次に，3個とも同じ色になるのは，

赤玉が3個のとき，$_6C_3 = 20$(通り)

白玉が3個のとき，$_5C_3 = 10$(通り)

黒玉が3個のとき，$_3C_3 = 1$(通り)

合計して，

$20 + 10 + 1 = 31$(通り)

以上より，求める確率は，$\frac{31}{364}$

No.127 正答 3

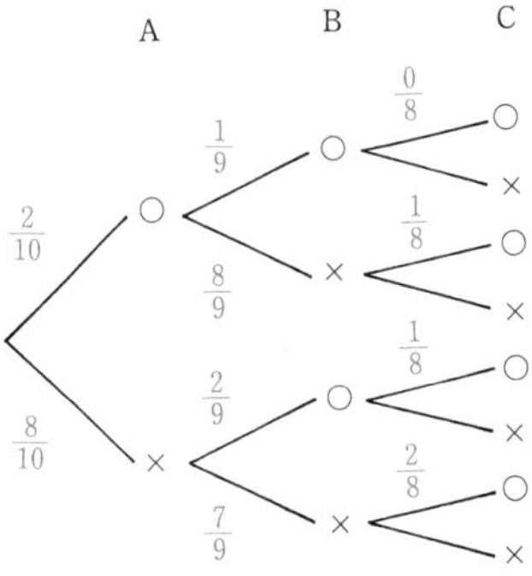

前図より，

$$a = \frac{2}{10} = \frac{1}{5}$$

$$b = \frac{2}{10}\times\frac{1}{9} + \frac{8}{10}\times\frac{2}{9} = \frac{1}{5}$$

$$c = \frac{2}{10}\times\frac{8}{9}\times\frac{1}{8} + \frac{8}{10}\times\frac{2}{9}\times\frac{1}{8} + \frac{8}{10}\times\frac{7}{9}\times\frac{2}{8} = \frac{1}{5}$$

よって，$a = b = c$。

本問では，1度引いたくじは戻さないが，1度引いたくじを戻す場合でも，$a = b = c$になる。

No.128 正答 1

2回とも黒玉，2回とも白玉の場合がある。

2回とも黒玉のとき，$\frac{4}{7}\times\frac{3}{6} = \frac{2}{7}$

2回とも白玉のとき，$\frac{3}{7}\times\frac{2}{6} = \frac{1}{7}$

よって，求める確率は，$\frac{2}{7} + \frac{1}{7} = \frac{3}{7}$

No.129 正答 4

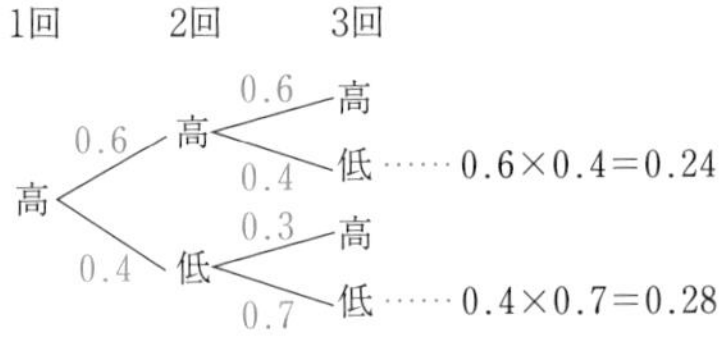

よって，求める確率は，

$0.24 + 0.28 = 0.52 = 52$(%)

No.130 正答 5

AからBに移す2個の玉の内訳は(赤・赤)，(赤・白)，(白・白)の3つの場合に分けられる。

i)(赤・赤)のとき

Bの中身は，赤5個，白2個となる。

Aから赤2個をとり出す確率　　Bから赤1個，白1個をとり出す確率

$$\frac{_2C_2}{_5C_2} \times \frac{_5C_1\times{}_2C_1}{_7C_2}$$

$$= \frac{1\times(5\times2)}{_5C_2\times{}_7C_2} \quad\cdots①$$

ⅱ）(赤・白)のとき

Bの中身は，赤4個，白3個となる。

Aから赤1個，白1個をとり出す確率　×　Bから赤1個，白1個をとり出す確率

$$\frac{{}_2C_1 \times {}_3C_1}{{}_5C_2} \times \frac{{}_4C_1 \times {}_3C_1}{{}_7C_2}$$

$$= \frac{(2 \times 3) \times (4 \times 3)}{{}_5C_2 \times {}_7C_2} \quad \cdots②$$

ⅲ）(白・白)のとき

Bの中身は，赤3個，白4個となる。

Aから白2個をとり出す確率　×　Bから赤1個，白1個をとり出す確率

$$\frac{{}_3C_2}{{}_5C_2} \times \frac{{}_3C_1 \times {}_4C_1}{{}_7C_2}$$

$$= \frac{3 \times (3 \times 4)}{{}_5C_2 \times {}_7C_2} \quad \cdots③$$

よって，求める確率は，

$$\frac{10 + 72 + 36}{{}_5C_2 \times {}_7C_2}$$

$$= \frac{118}{\frac{5 \cdot 4}{2 \cdot 1} \times \frac{7 \cdot 6}{2 \cdot 1}}$$

$$= \frac{118}{210}$$

$$= \frac{59}{105}$$

No.131 正答　2

「少なくとも」という言葉があるときは余事象で考えるとよい。「2本引くとき少なくとも1本当たる」の余事象は「2本ともはずれる」だから，

$$1 - \frac{{}_8C_2}{{}_{12}C_2} = 1 - \frac{14}{33} = \frac{19}{33}$$

No.132 正答　2

余事象，つまり女子が隣り合う場合を考える。女子をひとまとめに考えると，6人の円順列なので，$(6-1)! = 5!$(通り)

このそれぞれに対して，女子の並び方は$2!$(通り)ずつあるから，女子が隣り合う座り方は，$5! \times 2!$(通り)

すべての場合の数は，$(7-1)! = 6!$(通り)

よって，求める確率は，

$$1 - \frac{5! \times 2!}{6!} = 1 - \frac{1}{3} = \frac{2}{3}$$

No.133 正答　5

3人でジャンケンを1回するとき，1人につきグー，チョキ，パーの3通りの出し方があるので，3人の手の出し方の総数は，

3^3(通り)

ジャンケンを1回したときにAが勝つ場合，例えばAがグーのときは，

A	B	C
(グー	グー	チョキ)
(グー	チョキ	グー)
(グー	チョキ	チョキ)

の3通りある。パー，チョキのときも同様なので，1回のジャンケンでAが勝つ確率は，

$$\frac{3 \times 3}{3^3} = \frac{1}{3}$$

よって，1回のジャンケンでAが勝たない(負けるか引き分ける)確率はこの余事象なので，

$$1 - \frac{1}{3} = \frac{2}{3}$$

3回ジャンケンをして，Aが1回も勝たない確率は，

$$\left(\frac{2}{3}\right)^3 = \frac{8}{27}$$

「Aが少なくとも1回は勝つ」のはこの余事象なので，

$$1 - \frac{8}{27} = \frac{19}{27}$$

No.134 正答　4

反復試行の定理を用いて，

2回表だから，$(0.6)^2 = \left(\frac{3}{5}\right)^2$

2回裏だから，$(0.4)^2 = \left(\frac{2}{5}\right)^2$

4回のうち表の2回の出方は，${}_4C_2$通り

よって，求める確率は，

$${}_4C_2\left(\frac{3}{5}\right)^2\left(\frac{2}{5}\right)^2 = \frac{216}{625}$$

No.135　正答　3

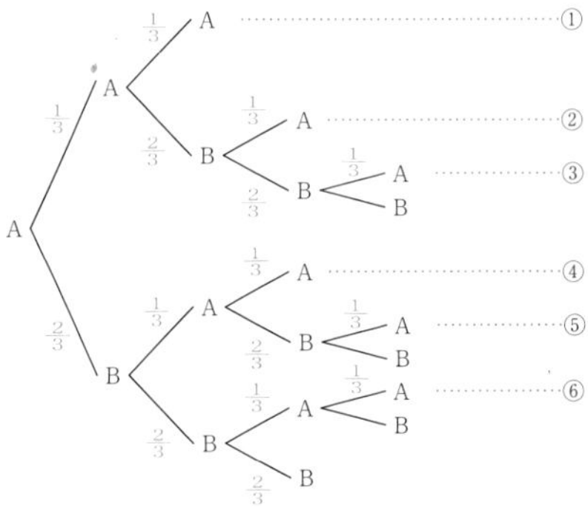

Aが優勝するのは，前図の①～⑥のとき。また，1回の試合においてBの勝つ確率は，

$1-\frac{1}{3}=\frac{2}{3}$だから，

① $\frac{1}{3}\times\frac{1}{3}=\frac{1}{9}$

② $\frac{1}{3}\times\frac{2}{3}\times\frac{1}{3}=\frac{2}{27}$

③ $\frac{1}{3}\times\frac{2}{3}\times\frac{2}{3}\times\frac{1}{3}=\frac{4}{81}$

④ $\frac{2}{3}\times\frac{1}{3}\times\frac{1}{3}=\frac{2}{27}$

⑤ $\frac{2}{3}\times\frac{1}{3}\times\frac{2}{3}\times\frac{1}{3}=\frac{4}{81}$

⑥ $\frac{2}{3}\times\frac{2}{3}\times\frac{1}{3}\times\frac{1}{3}=\frac{4}{81}$

よって，Aが優勝する確率は，

$$\frac{1}{9}+\frac{2}{27}\times 2+\frac{4}{81}\times 3=\frac{11}{27}$$

No.136　正答　4

現在Aの2勝1敗だから，この後7試合目でBが優勝するためには，Bは第4～6試合の3試合で2勝し，7試合目に勝つ必要がある。

	1	2	3	4	5	6	7
A	(○,	○,	×)	(○,	×,	×)	×
B	(○,	×,	×)	(○,	○,	×)	○

Bが3試合で2勝する確率は，反復試行の確率より，

$${}_3C_2\left(\frac{1}{3}\right)^2\left(\frac{2}{3}\right)^1=\frac{2}{9}$$

7試合目でBが勝つ確率が$\frac{1}{3}$より，求める確率は，

$$\frac{2}{9}\times\frac{1}{3}=\frac{2}{27}$$

No.137　正答　4

A氏が帽子を忘れる確率が$\frac{1}{4}$なので，帽子を忘れない確率は，$1-\frac{1}{4}=\frac{3}{4}$である。

A氏がP氏宅で帽子を忘れる確率は，

$\frac{1}{4}$　…①

Q氏宅で帽子を忘れる確率は，「P氏宅では忘れず，Q氏宅で忘れる」確率なので，

$\frac{3}{4}\times\frac{1}{4}=\frac{3}{16}$　…②

同様にR氏宅で帽子を忘れる確率は，「P氏宅でも，Q氏宅でも忘れず，R氏宅で忘れる」確率なので，

$\frac{3}{4}\times\frac{3}{4}\times\frac{1}{4}=\frac{9}{64}$　…③

これより，A氏が帽子を忘れたとき，それがR氏宅である確率は，$\frac{③}{①+②+③}$で得られる。

$$\frac{\frac{9}{64}}{\frac{1}{4}+\frac{3}{16}+\frac{9}{64}}=\frac{9}{16+12+9}=\frac{9}{37}$$

No.138　正答　1

a＼b	1	2	3	4	5	6
1						
2						
3						
4						
5						
6						

サイコロを2回振るとき，1回目の出目aと2回目の出目bは，上の表のように$6\times 6=36$通りの出方がある。かつこれら36通りは同様に確からしい。

これら36通りのうち，「$\dfrac{b}{a}$が整数になる」のは，下表で○をつけた14通りである。

a＼b	1	2	3	4	5	6
1	○	○	○	○	○	○
2		○		○		○
3			○			○
4				○		
5					○	
6						○

よって，求める確率は，

$$\frac{14}{36}=\frac{7}{18}$$

〈参考〉

“出目表”を書くかわりに，

$a=1$のとき $\Rightarrow b=1，2，3，4，5，6$
$a=2$のとき $\Rightarrow b=2，4，6$
$a=3$のとき $\Rightarrow b=3，6$
$a=4$のとき $\Rightarrow b=4$
$a=5$のとき $\Rightarrow b=5$
$a=6$のとき $\Rightarrow b=6$

と書き出してもよい。ただ，いずれにしても書き出すなら表の方がわかりやすいだろう。

No.139　正答　5

どの頂点においても進む方向は3通りずつあるので，3秒間の進み方のすべての場合の数は，

$3^3=27$(通り)　…①

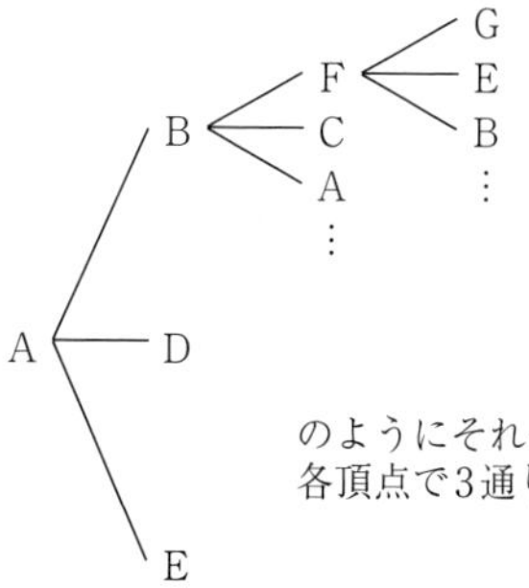

のようにそれぞれ各頂点で3通りずつ

3回でGに達する方法は，次図のように，

後→前，上→下，左→右

と呼ぶとすると，この3つの方向に各1回ずつ行くことになる。これをx, y, zとすると，

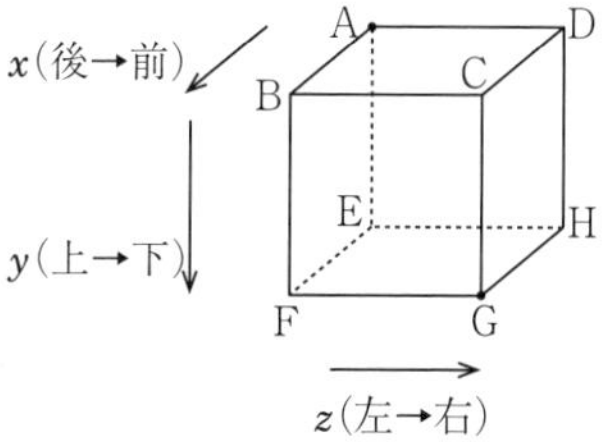

AからGへ3回で行く道順の数は，

$x \to y \to z$　をどの順にいくか，

つまり

x, y, zの並べ方の順列に等しいので，

$3\times2\times1=6$(通り)　…②

よって，求める確率は$\dfrac{②}{①}$より，

$$\frac{6}{27}=\frac{2}{9}$$

第5章　図形の計量

No.140　正答　3

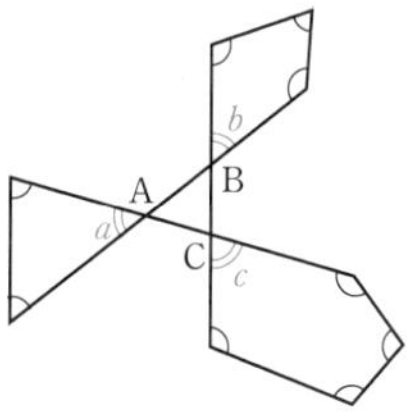

求める角の和をS，前図のようにかき加えた角をa, b, cとすると，

$S+(a+b+c)$
$=180°\times(3-2)+180°\times(4-2)+180°\times(5-2)$
$=180°\times(1+2+3)$
$=1080°$

ところで，$a+b+c$は対頂角の関係より，△ABCの内角の和180°に等しい。

よって，$S=1080°-180°=900°$

No.141　正答　4

図1

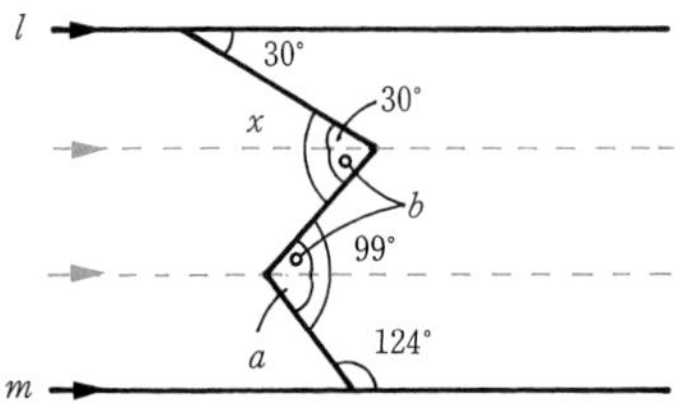

$\angle a = 180^\circ - 124^\circ = 56^\circ$

$\angle b = 99^\circ - 56^\circ = 43^\circ$

$\therefore\quad \angle x = 30^\circ + 43^\circ = 73^\circ$

図2

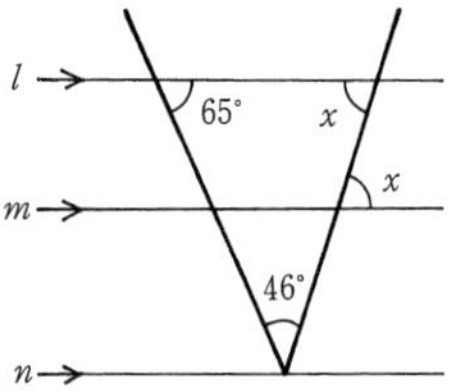

$\angle x = 180^\circ - (65^\circ + 46^\circ) = 69^\circ$

図3

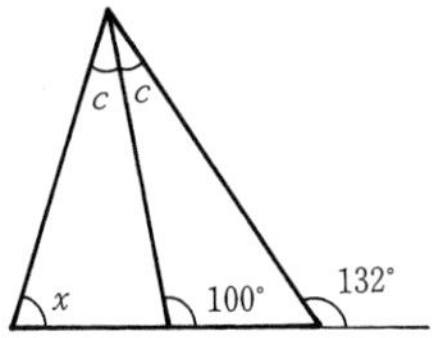

$\angle c = 132^\circ - 100^\circ = 32^\circ$

$\therefore\quad \angle x = 100^\circ - 32^\circ = 68^\circ$

図4

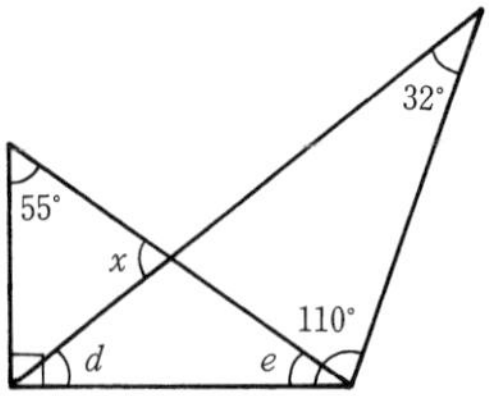

$\angle e = 180^\circ - (90^\circ + 55^\circ) = 35^\circ$

$\angle d = 180^\circ - (110^\circ + 32^\circ) = 38^\circ$

$\therefore\quad \angle x = 35^\circ + 38^\circ = 73^\circ$

図5

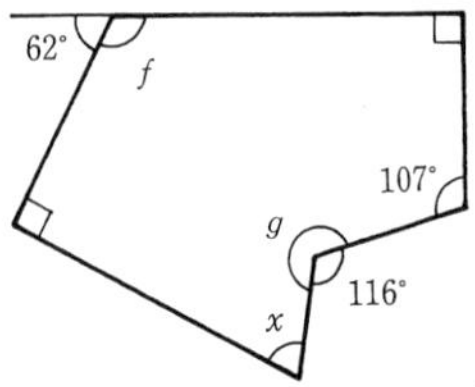

$\angle f = 180^\circ - 62^\circ = 118^\circ$

$\angle g = 360^\circ - 116^\circ = 244^\circ$

六角形の内角の和は, $180^\circ \times (6-2) = 720^\circ$

$\therefore\quad \angle x = 720^\circ - (90^\circ + 118^\circ + 90^\circ + 107^\circ + 244^\circ)$

$= 71^\circ$

よって，$\angle x$の値が等しいのは図1と図4である。

No.142　正答　4

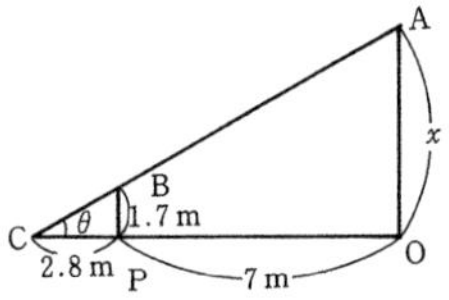

前図のように街灯の高さをOA = x(m)，人間の高さをBP = 1.7(m) とすると，影の長さはCP = 2.8(m) となる。この人が歩いた距離OPは,

$$\text{OP} = \frac{4200}{60 \times 60} \times 6 = 7(\text{m})$$

△BPC∽△AOCより,

OC : OA = PC : PB

$9.8 : x = 2.8 : 1.7$

$\therefore\quad x = 5.95$(m)

No.143　正答　1

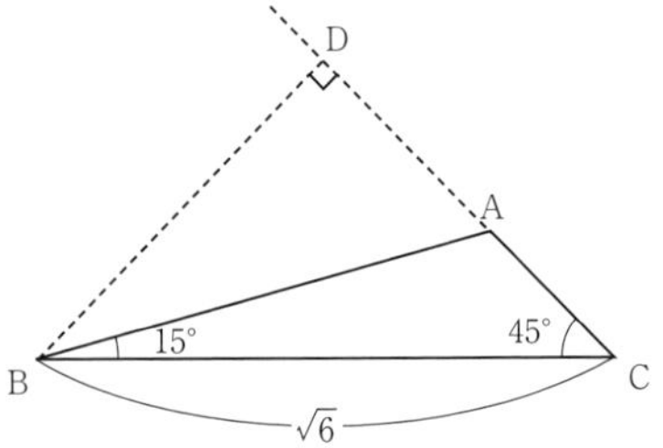

BからCAの延長線へ下ろした垂線の足をDとおく。すると三角形BDCは直角二等辺

三角形になるので，

$$BD = CD = \frac{BC}{\sqrt{2}} = \sqrt{3}$$

また，$\angle BAD = 15° + 45° = 60°$なので，三角形BADは「30°，60°，90°の三角定規形」であり，よって，

$$AD = \frac{1}{\sqrt{3}} BD = 1$$

となる。これより下図を得る。

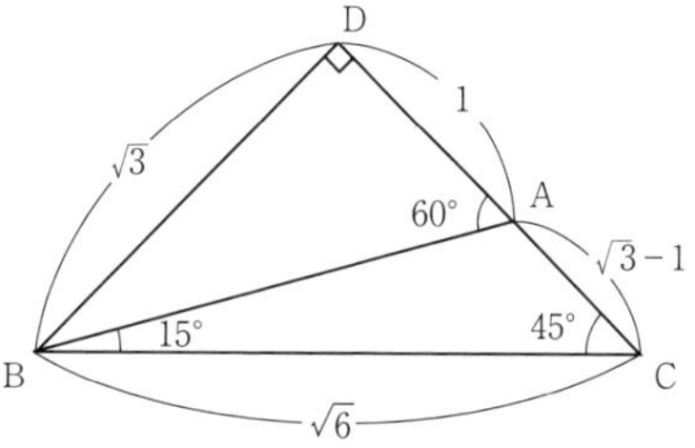

ゆえに，三角形ABCの面積は，

$$\frac{1}{2} \cdot AC \cdot BD = \frac{1}{2} \cdot (\sqrt{3} - 1) \cdot \sqrt{3}$$

$$= \frac{3 - \sqrt{3}}{2}$$

No.144　正答　1

四角形PBQRが正方形ならば，PR∥BCであり，すると$\angle ARP = \angle ACB$（平行線の同位角）が成り立つ。

よって，$\triangle APR \backsim \triangle ABC$である。

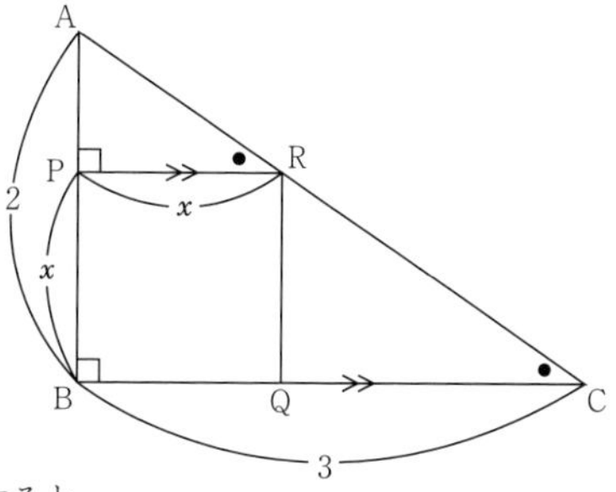

すると，

$$AP : PR = AB : BC$$

が成り立つので，正方形PBQRの一辺の長さをxとおくと，

$$(2 - x) : x = 2 : 3$$

$$\therefore \quad 2x = 6 - 3x$$

$$\therefore \quad 5x = 6$$

$$\therefore \quad x = \frac{6}{5}$$

No.145　正答　4

正方形ABCDに対する正方形PQRSの作り方と，正方形PQRSに対する正方形KLMNの作り方は同じである。よって，正方形PQRSの面積が正方形ABCDのr倍とすれば，正方形KLMNの面積も正方形PQRSのr倍になる。そこでrを求める。

□ABCDの一辺の長さを1とおく。

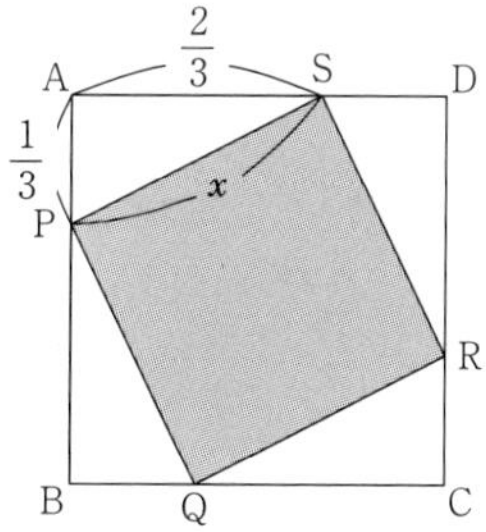

$AP = \frac{1}{3}$，$AS = \frac{2}{3}$である。ここで□PQRSの一辺の長さをxとおくと，直角三角形APSに三平方の定理を用いて，

$$x^2 = \left(\frac{1}{3}\right)^2 + \left(\frac{2}{3}\right)^2$$

$$= \frac{1 + 4}{9} = \frac{5}{9}$$

となる。これが□PQRSの面積である。

一方，□ABCDの面積は$1^2 = 1$である。よって，□PQRSの面積は□ABCDの面積の$\frac{5}{9}$倍である。

冒頭に述べたように，□KLMNの面積も□PQRSの面積の$\frac{5}{9}$倍になる。これより，□KLMNの面積を□ABCDと比べると，

$$\frac{5}{9} \times \frac{5}{9} = \frac{25}{81}倍$$

になる。よって，

$$\square ABCD : \square KLMN = 1 : \frac{25}{81}$$
$$= 81 : 25$$

〈別解〉

本解と同じく，□ABCDの一辺の長さを1とする。

□PQRSは，□ABCDから4つの直角三角形

△ASP，△BPQ，△CQR，△DRS

を除いたものである。これら4つの直角三角形は合同で，その面積は，

$$\triangle ASP = \frac{1}{2} \cdot \frac{2}{3} \cdot \frac{1}{3} = \frac{1}{9}$$

である。

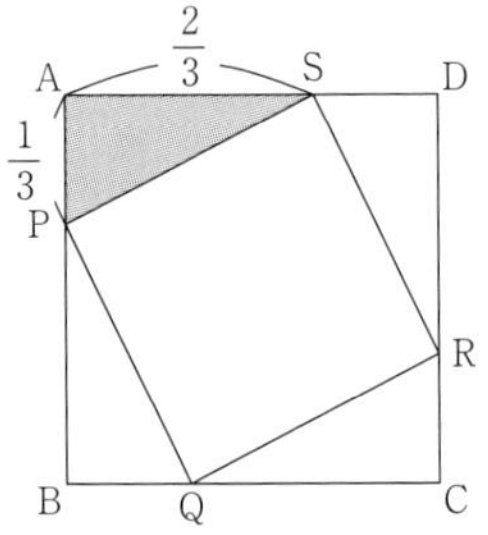

よって，

$$\square PQRS = 1^2 - 4 \times \frac{1}{9} = \frac{5}{9}$$

である。(以降は本解と同じ流れ)

No.146　正答　3

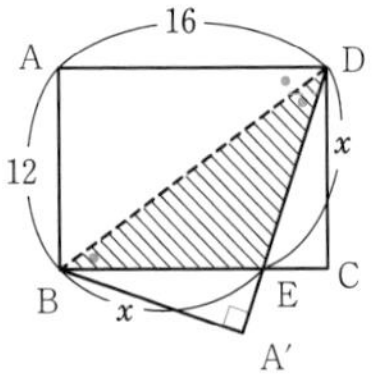

∠EDB = ∠ADB = ∠EBD

よって，△EBDは二等辺三角形である。

EB = ED = xとおくと，△DECにおいて，

$$x^2 = 12^2 + (16 - x)^2$$
$$\therefore \quad x = \frac{25}{2}$$

△EBDは底辺$\frac{25}{2}$，高さ12の三角形より，

$$S = \frac{1}{2} \times \frac{25}{2} \times 12 = 75(\text{cm}^2)$$

No.147　正答　5

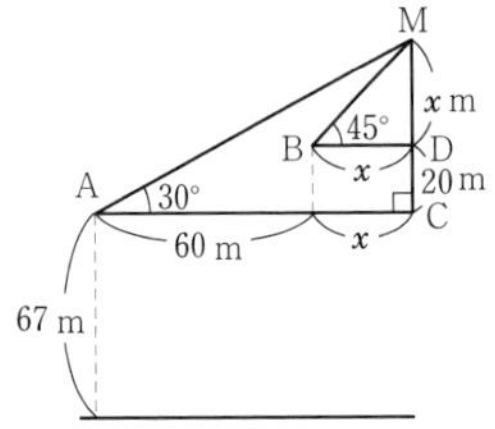

前図より，△MACで辺の比は，

$$MC : AC = 1 : \sqrt{3} = (x + 20) : (x + 60)$$
$$\sqrt{3}(x + 20) = x + 60$$
$$(\sqrt{3} - 1)x = 60 - 20\sqrt{3}$$
$$x = \frac{20(3 - \sqrt{3})}{\sqrt{3} - 1}$$
$$= \frac{20(3 - \sqrt{3})(\sqrt{3} + 1)}{(\sqrt{3} - 1)(\sqrt{3} + 1)}$$
$$= 20\sqrt{3}$$

$\sqrt{3} \fallingdotseq 1.73$より，$x = 20 \times 1.73 = 34.6$

よって，求める高さは，

$$34.6 + 20 + 67 = 121.6 \fallingdotseq 122(\text{m})$$

No.148　正答　2

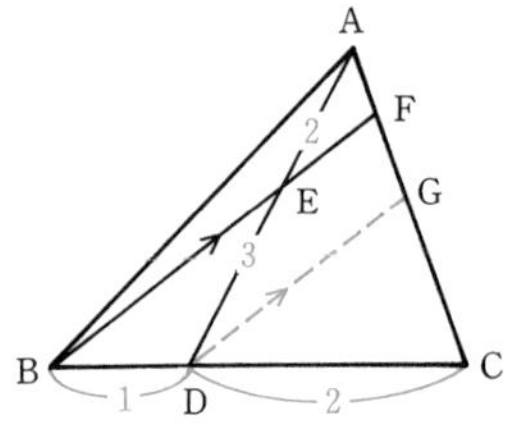

BFに平行な直線DGを引く。△BCFでBD : DC = 1 : 2より，

FG : GC = 1 : 2　…①

また，△ADGでAE : ED = 2 : 3より，

AF : FG = 2 : 3　…②

①，②より，

AF : FG : GC = 2 : 3 : 6

よって，AF : FC = 2 : 9

〈別解〉

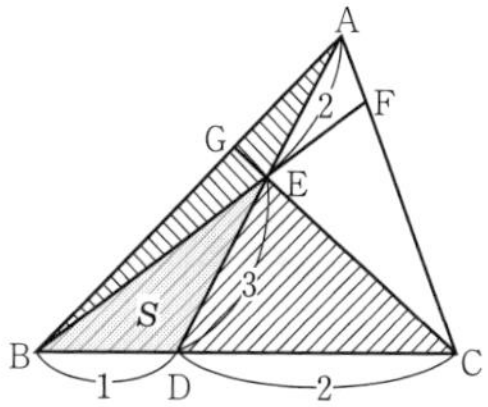

P.97【例6】より，AF : FCは△ABE : △EBCに等しいのでこれを利用する。CEの延長線とABとの交点をGとし，△EBDの面積をSとする。

$$\triangle \mathrm{ABE} = \triangle \mathrm{ABD} - \triangle \mathrm{EBD} = \frac{5}{3}S - S = \frac{2}{3}S$$

$$\triangle \mathrm{EBC} = \triangle \mathrm{EBD} + \triangle \mathrm{EDC} = S + 2S = 3S$$

$$\therefore \quad \triangle \mathrm{ABE} : \triangle \mathrm{EBC} = \frac{2}{3}S : 3S = 2 : 9$$

よって，AF : FC = 2 : 9

No.149 正答 3

△ADE∽△AFG∽△ABCで，面積比は，4 : (4 + 5) : (4 + 5 + 16) = 4 : 9 : 25である。ゆえにこの3つの三角形の相似比は2 : 3 : 5である。△ABCの一辺の長さを5とすると各部の長さは次図のようになる。

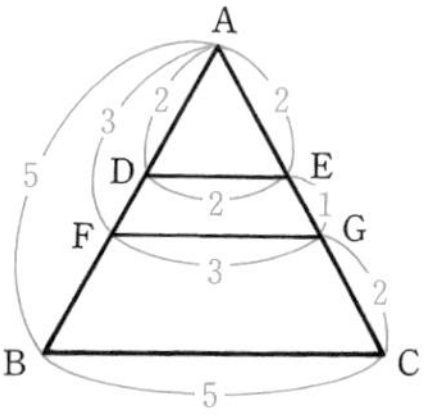

よって，P，Q，Rの周の長さの比は，

$$2 \times 3 : (1 \times 2 + 2 + 3) : (2 \times 2 + 3 + 5) = 6 : 7 : 12$$

No.150 正答 4

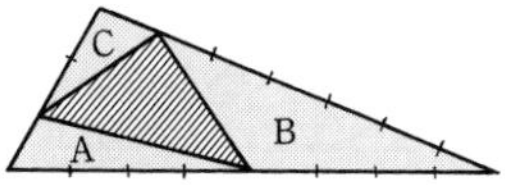

全体の面積を1とし，残りの各部分の面積を前図のようにA，B，Cとすると，

$$A = \frac{1}{3} \times \frac{4}{8} = \frac{1}{6}$$

$$B = \frac{4}{8} \times \frac{6}{7} = \frac{3}{7}$$

$$C = \frac{2}{3} \times \frac{1}{7} = \frac{2}{21}$$

よって，

$$A + B + C = \frac{29}{42} \fallingdotseq 0.69 = 69(\%)$$

No.151 正答 1

中点連結定理より，

$$\mathrm{OB} = 2\mathrm{CD} = 2 \times 1.5 = 3(\mathrm{cm})$$

直角三角形BOCにおいて，斜辺BC = 5，BO = 3より，

$$\mathrm{OC} = \sqrt{5^2 - 3^2} = 4$$

CA = OCより，CA = 4cm。縮尺が1 : 500なので実際の長さは，

$$\mathrm{CA} = 4 \times 500 = 2000\mathrm{cm} = 20\mathrm{m}$$

$$\mathrm{BO} = 3 \times 500 = 1500\mathrm{cm} = 15\mathrm{m}$$

以上より，求める面積は，

$$\frac{1}{2} \times 20 \times 15 = 150(\mathrm{m}^2)$$

No.152 正答 4

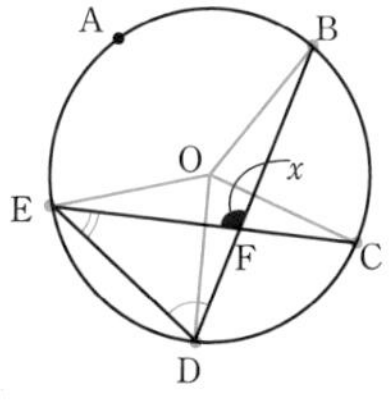

円の中心をOとする。

$$\angle \mathrm{EDB} = \frac{1}{2}\angle \mathrm{EOB} = \frac{1}{2} \times \frac{2}{5} \times 360^\circ = 72^\circ$$

$$\angle \mathrm{CED} = \frac{1}{2}\angle \mathrm{COD} = \frac{1}{2} \times \frac{1}{5} \times 360^\circ = 36^\circ$$

△EDFにおいて，$\angle x = \angle \mathrm{EDB} + \angle \mathrm{FED}$より，

$$\angle x = 72^\circ + 36^\circ = 108^\circ$$

No.153　正答　1

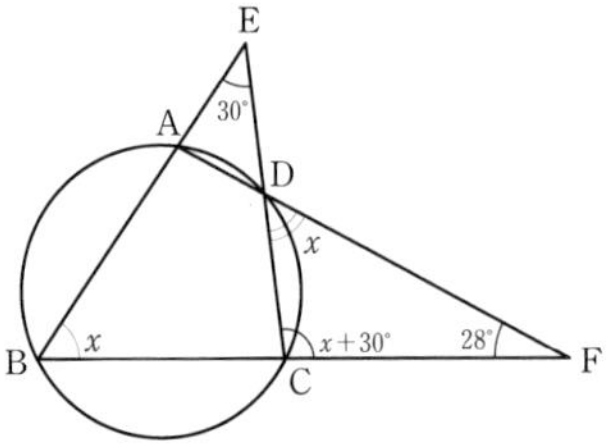

△EBCで,

　$\angle \mathrm{ECF} = x + 30^\circ$

四角形ABCDは内接四角形だから,

　$\angle \mathrm{CDF} = x$

△DCFにおいて，三角形の内角の和は180°だから,

$$x + x + 30^\circ + 28^\circ = 180^\circ$$

$$\therefore \quad x = 61^\circ$$

No.154　正答　2

AB = $x$cmとする。

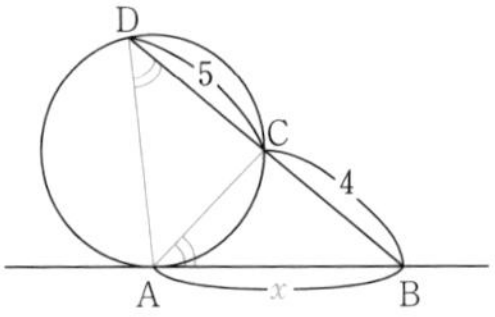

△ACDを考えると接弦定理より,

　$\angle \mathrm{BAC} = \angle \mathrm{BDA}$　…①

である。よって，△ABC∽△DBAとわかる（∵∠Bが共通で，さらに①より2角がそれぞれ等しい）。相対する辺の比が等しいので,

$$\mathrm{AB} : \mathrm{DB} = \mathrm{CB} : \mathrm{AB}$$

$$x : (5 + 4) = 4 : x$$

これより,

$$x^2 = 4 \times 9$$

$$= 36$$

$x > 0$より,

$$x = 6\text{(cm)}$$

No.155　正答　3

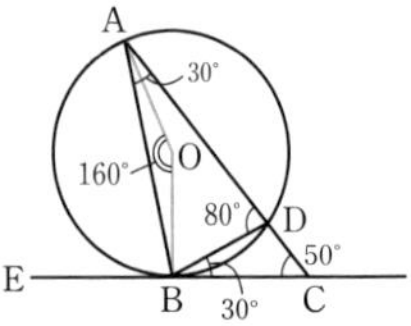

円の中心をOとする。接弦定理より，$\angle \mathrm{DBC} = 30^\circ$

よって，$\angle \mathrm{ADB} = 30^\circ + 50^\circ = 80^\circ$

$\overset{\frown}{\mathrm{AB}}$に対する円周角が80°なので，$\overset{\frown}{\mathrm{AB}}$に対する中心角は$80^\circ \times 2 = 160^\circ$になる。円の半径が9cmだから,

$$\overset{\frown}{\mathrm{AB}} = 2\pi \times 9 \times \frac{160^\circ}{360^\circ} = 8\pi\,\text{(cm)}$$

No.156　正答　2

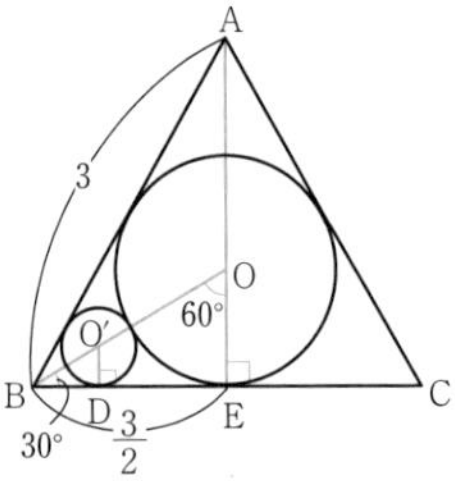

前図において,

$$\mathrm{BE} = \frac{3}{2}\,\text{cm},\ \angle \mathrm{OBE} = 30^\circ,\ \angle \mathrm{BOE} = 60^\circ$$

だから,

$$\mathrm{OE} : \mathrm{BE} = 1 : \sqrt{3}$$

$$\mathrm{OE} : \frac{3}{2} = 1 : \sqrt{3}$$

$$\therefore \quad \mathrm{OE} = \frac{3}{2\sqrt{3}} = \frac{\sqrt{3}}{2}\,\text{(cm)}$$

また，OE : OB = 1 : 2より,

$$\mathrm{OB} = 2 \times \frac{\sqrt{3}}{2} = \sqrt{3}\,\text{(cm)}$$

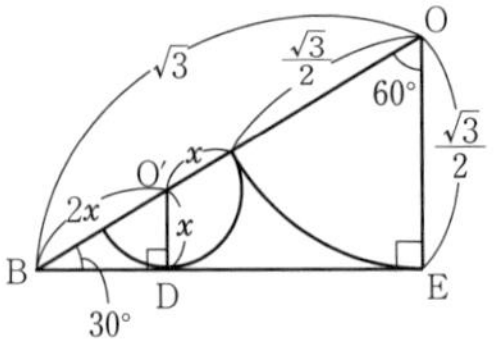

ここでO′の半径を$x$cmとすると，

$$O'D = x,\ O'B = 2x,\ O'O = x + \frac{\sqrt{3}}{2}$$

$OB = O'B + O'O$ より，

$$\sqrt{3} = 2x + x + \frac{\sqrt{3}}{2}$$

$$\therefore\ x = \frac{\sqrt{3}}{6}$$

$$BD = \sqrt{3}x = \sqrt{3} \times \frac{\sqrt{3}}{6} = \frac{1}{2}$$

よって，$DE = BE - BD = \frac{3}{2} - \frac{1}{2} = 1$(cm)

No.157　正答　5

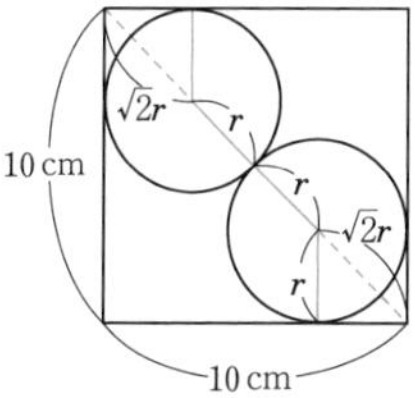

前図より，

$$2r + 2\sqrt{2}r = 10\sqrt{2}$$

$$\therefore\ r = \frac{10\sqrt{2}}{2 + 2\sqrt{2}} = 5(2 - \sqrt{2})\text{(cm)}$$

No.158　正答　2

円の半径をrとすると，$PO = 2r$

（∵　$\angle POD = 30°$）。

したがって，$OP + PE = 3r = 12$

$$\therefore\ r = 4$$

$$\therefore\ DO = 4\sqrt{3}$$

四角形PDOC = △PDO × 2

$$= 4 \times 4\sqrt{3} \times \frac{1}{2} \times 2 = 16\sqrt{3}$$

扇形PCDの面積　$4^2\pi \times \frac{120}{360} = \frac{16}{3}\pi(\text{cm}^2)$

斜線部の面積　$16\sqrt{3} - \frac{16}{3}\pi \fallingdotseq 11(\text{cm}^2)$

No.159　正答　1

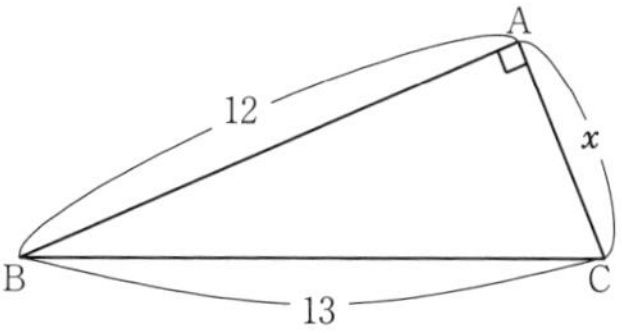

CA ＝ xとおく。三平方の定理より，

$$12^2 + x^2 = 13^2$$

$$\therefore 144 + x^2 = 169$$

$$\therefore x^2 = 25 \quad \therefore x = 5$$

［解1］△ABCの面積は$\frac{1}{2} \times 5 \times 12 = 30$である。そこでP.111の【例6】の考え方を用いると，求める内接円の半径rについて，

$$30 = \frac{1}{2}r \cdot (13 + 5 + 12)$$

が成り立つ。これを解いて，

$$30 = 15r \qquad \therefore r = 2$$

［解2］次の「公式」を用いると，求める内接円の半径は，

$$\frac{12 + 5 - 13}{2} = \frac{4}{2} = 2$$

【公式】 図の直角三角形において，

内接円の半径$r = \frac{a + b - c}{2}$

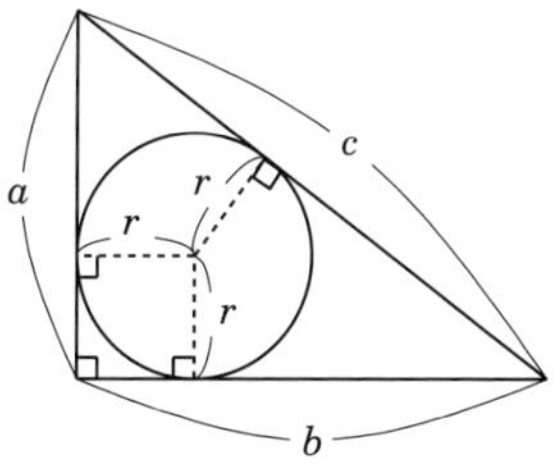

No.160　正答　5

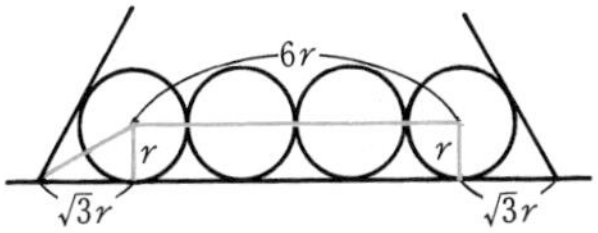

円の半径をrとすると次の式が成り立つ。

$6r + 2\sqrt{3}r = 10$

$$\therefore\quad r = \frac{10}{6+2\sqrt{3}} = \frac{5(3-\sqrt{3})}{6}$$

したがって，10個分の円の面積は，

$$\pi \times \left\{\frac{5(3-\sqrt{3})}{6}\right\}^2 \times 10 = \pi \times \frac{25(2-\sqrt{3})}{6} \times 10$$

$$= \frac{125\pi(2-\sqrt{3})}{3}\ (\mathrm{cm}^2)$$

No.161　正答　1

全体の面積は半径4cmの半円と半径$4\times 2 = 8$(cm)，中心角30°の扇形の面積の和である。

斜線部の面積は，全体の面積から白い部分つまり半径4cmの半円の面積を引いたものなので，半径8cm，中心角30°の扇形の面積と等しいことになる。よって，

$$\pi \times 8^2 \times \frac{30^\circ}{360^\circ} = \frac{16}{3}\pi\ (\mathrm{cm}^2)$$

No.162　正答　3

1つの容器に入れた水の量を1とし，A，Bの底面積をそれぞれa，bとする。題意より，

$$a : b = \frac{1}{24} : \frac{1}{32} = 32 : 24 = 4 : 3$$

よって，$a = 4k$，$b = 3k$とおける。

求める高さは，2つの容器に入った水の量を，底面積の和で割れば出るので，

$$(4k \times 24 + 3k \times 32) \div (4k + 3k)$$

$$= \frac{192k}{7k} \fallingdotseq 27.4\,(\mathrm{cm})$$

No.163　正答　2

三角すいABCEの体積は，

$$\frac{1}{3} \times \underbrace{3 \times 3 \times \frac{1}{2}}_{\text{底面積}} \times \underbrace{6}_{\text{高さ}} = 9\,(\mathrm{cm}^3)$$

直方体の体積は，

$3 \times 3 \times 8 = 72\,(\mathrm{cm}^3)$

よって，切り分けられた大きい方の体積は，

$72 - 9 = 63\,(\mathrm{cm}^3)$

よって，体積比は，

$63 : 9 = 7 : 1$

No.164　正答　3

初めに切り取った円すいの体積は，円柱全体の体積の，

$$\underbrace{\frac{1}{3}}_{(ア)} \times \underbrace{1}_{(イ)} \times \underbrace{\frac{2}{3}}_{(ウ)} = \frac{2}{9}\,(倍)$$

(ア)：円すいなので$\frac{1}{3}$倍。

(イ)：底面積が円柱と同じなので1倍。

(ウ)：高さが円柱の$\frac{2}{3}$倍。

次に円すい台は，初めの円すいの体積から小円すいの体積をひけばよい。初めの円すいと小円すいは，高さの比が2：1なので，体積比は$2^3 : 1^3 = 8 : 1$。よって，小円すいは初めの円すいの体積の$\frac{1}{8}$となる。したがって，円すい台の体積は，初めの円すいの，

$$1 - \frac{1}{8} = \frac{7}{8}\,(倍)$$

ゆえに，円柱全体の体積の，

$$\frac{2}{9} \times \frac{7}{8} = \frac{7}{36}\,(倍)$$

〈別解〉

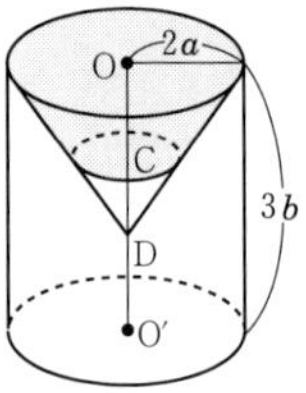

円柱の半径を$2a$，高さを$3b$とする。円柱の体積は，

$$\pi \times (2a)^2 \times 3b$$

$$= 12a^2b\pi \quad \cdots①$$

切り取った円すい台の体積は，

$$\frac{1}{3}\pi \times (2a)^2 \times 2b - \frac{1}{3}\pi \times a^2 \times b$$

$$= \frac{7}{3}a^2b\pi \quad \cdots②$$

②÷①より，

$$\frac{7}{3}a^2b\pi \div 12a^2b\pi = \frac{7}{36}\,(倍)$$

No.165　正答　4

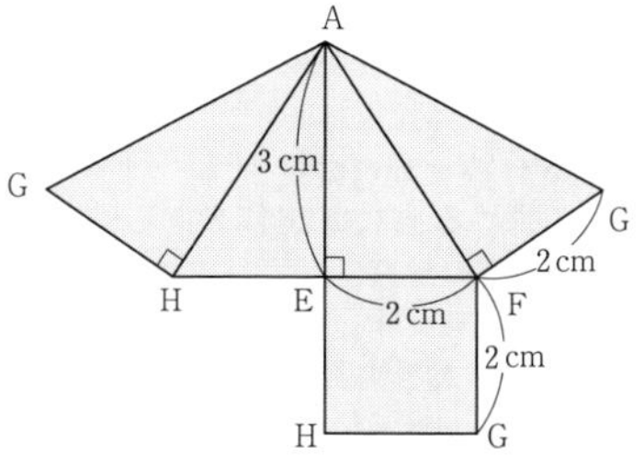

展開図は前図のようになる。
（∠AFG = 90°である。）
AF = $\sqrt{2^2+3^2}=\sqrt{13}$であるから表面積は,

$$2^2+\left(\frac{1}{2}\times2\times3+\frac{1}{2}\times2\times\sqrt{13}\right)\times2$$
$$=10+2\sqrt{13}\,(\mathrm{cm}^2)$$

No.166　正答　1

図 I

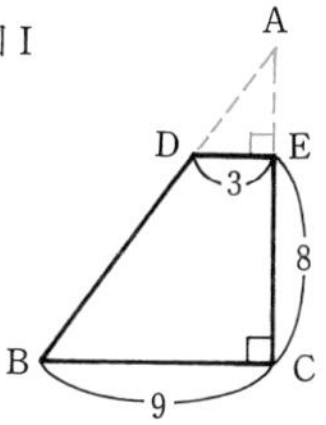

図 I で，△ADE∽△ABCであるから,
　AE :（AE + 8）= 3 : 9
　　∴　AE = 4
また，AD = $\sqrt{3^2+4^2}=5$より，AB = 15。
よって，図 II のような展開図となる。

図 II

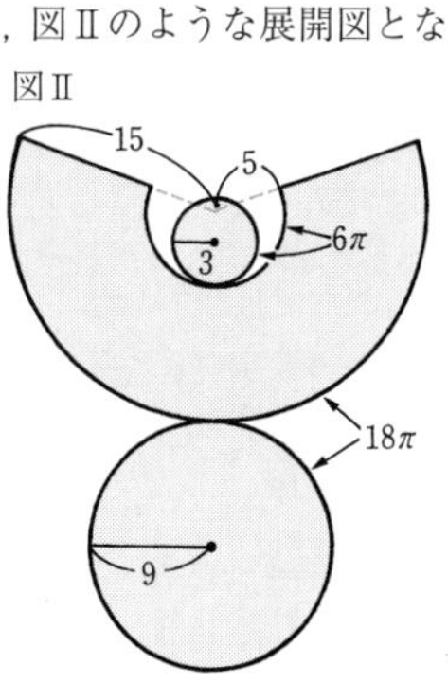

小円の周　　　　小円の面積
　$2\pi\times3=6\pi$　　　$\pi\times3^2=9\pi$
大円の周　　　　大円の面積
　$2\pi\times9=18\pi$　　　$\pi\times9^2=81\pi$
側面積

$$\frac{1}{2}\times18\pi\times15-\frac{1}{2}\times6\pi\times5=120\pi$$

ゆえに表面積は,
　$9\pi+81\pi+120\pi=210\pi\,(\mathrm{cm}^2)$

No.167　正答　2

すいの体積は,

$$\frac{1}{3}\times（底面積）\times（高さ）$$

で与えられる。いまの場合，底面は正方形でその面積はa^2なので，あとは高さがわかればよい。

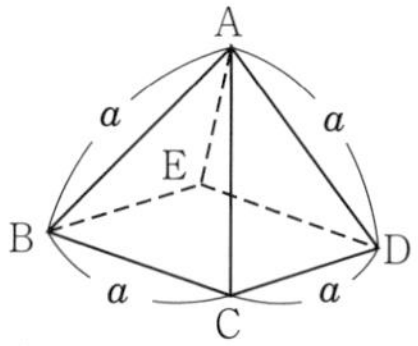

図のように，正四角すいの頂点をA～Eとし，A・B・Dの3点を通る平面でこの正四角すいを切ったときの断面図を考える。
AB = AD = aであり，またBDは正方形BCDEの対角線なのでBD = $\sqrt{2}a$である。
よって,

$$AB : AD : BD = 1 : 1 : \sqrt{2}$$

より，△ABDは∠A = 90°の直角二等辺三角形である。
ゆえに，AからBDに垂線（この長さが正四角すいの「高さ」である）を下ろした点をHとすると，△ABHも直角二等辺三角形になるので,

$$AH=BH=\frac{1}{2}BD=\frac{\sqrt{2}}{2}a$$

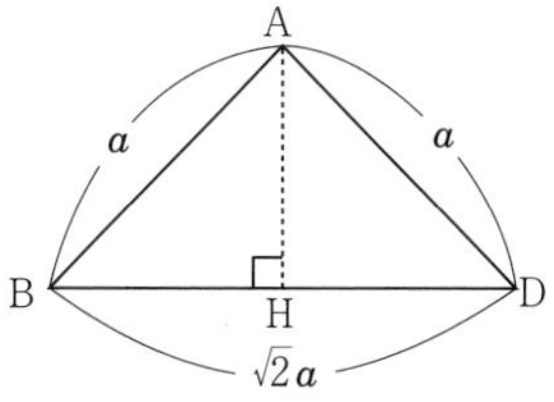

よって，求める正四角すいの体積は,

$$\frac{1}{3}\times a^2\times\frac{\sqrt{2}}{2}a=\frac{\sqrt{2}}{6}a^3$$

No.168 正答　1

（以下，答を除いて長さの単位「cm」を省略する。）

次図のようにhをとると，題意の回転体は，底面が半径5の円で，高さがhの円すいである。

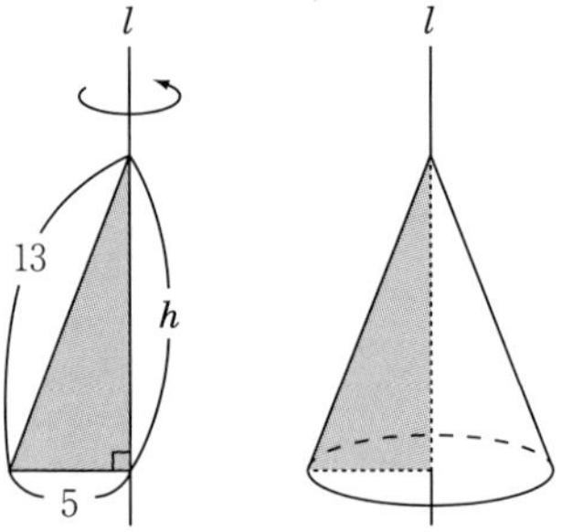

三平方の定理により，

$$h=\sqrt{13^2-5^2}=\sqrt{144}=12$$

となるので，求める回転体の体積は，

$$\frac{1}{3}\pi\cdot 5^2\cdot 12=100\pi\ (\text{cm}^3)$$

第6章 整　数

No.169 正答　5

10，15，24のいずれで割っても8余るので，ビー玉の個数は，

（10，15，24の公倍数）+ 8　…★

である。

10，15，24の最小公倍数（L.C.M.）は

$$\begin{array}{r|rrr} 5 & 10 & 15 & 24 \\ \hline 2 & 2 & 3 & 24 \\ \hline 3 & 1 & 3 & 12 \\ \hline & 1 & 1 & 4 \end{array}$$

より，

L.C.M. $=5\times2\times3\times4$
$=120$

よって，ビー玉の個数★は，

$120m+8$（mは整数）

と表せる。これが700以上800以下となるのは，

$$700\leqq 120m+8\leqq 800$$

より，$m=6$のときである。

$$120\times6+8=728$$

これを27で割ると，

$$728\div27=26\cdots26$$

なので，求める個数は26個である。

No.170 正答　4

生徒数をx人とする。題意より，

$$x=7a+4=6b+3$$

と表せる。辺々に3を加えると，

$$x+3=7(a+1)=6(b+1)$$

よって，$x+3$は6と7の最小公倍数42の倍数である。生徒数は，420人以上460人以下だから，

$$423\leqq x+3\leqq 463$$

これを満たす42の倍数は，$42\times11=462$のみ。

$$x+3=462$$
$$\therefore\quad x=459$$
$$459\div5=91\cdots4$$

より，5人ずつ座ると最後のいすには4人が座ることになる。

No.171 正答　1

直方体の3辺を$a$cm，$b$cm，$c$cm（ただし，$a<b<c$）とする。a，b，cは3の倍数なので，

$$\begin{cases} a=3a' & \cdots① \\ b=3b' & \cdots② \\ c=3c' & \cdots③ \end{cases}$$ ただし，a'，b'，c'は自然数で，$a'<b'<c'$

条件より，

$ab=54$　…④
$bc=135$　…⑤

①，②を④に代入して，

$3a'\times3b'=54$より，$a'b'=6$

したがって，

$a'=1$，$b'=6$または$a'=2$，$b'=3$　…⑥

②，③を⑤に代入して，

$3b'\times3c'=135$より，$b'c'=15$

したがって，

$b'=1$，$c'=15$または$b'=3$，$c'=5$　…⑦

⑥，⑦より，$a'=2$，$b'=3$，$c'=5$　…⑧

⑧を①，②，③に代入して，

$a=6$，$b=9$，$c=15$

ゆえに求める体積は，

$abc = 6 \times 9 \times 15 = 810(\text{cm}^3)$

No.172 正答 3

Aの周期…$2 + 2 = 4$(日)
Bの周期…$3 + 3 = 6$(日)
Cの周期…$4 + 4 = 8$(日)

4，6，8の最小公倍数は24で，3人の勤務パターンの周期は24日である。24日のうち3人が顔を合わせるのは，次の表より3日である。

日にち	1	2	3	4	5	6	7	8	9	10	11	12
A	○	○	×	×	○	○	×	×	○	○	×	×
B	○	○	○	×	×	×	○	○	○	×	×	×
C	○	○	○	○	×	×	×	×	○	○	○	○

日にち	13	14	15	16	17	18	19	20	21	22	23	24
A	○	○	×	×	○	○	×	×	○	○	×	×
B	○	○	○	×	×	×	○	○	○	×	×	×
C	×	×	×	×	○	○	○	○	×	×	×	×

○…勤務　　×…休み

$360 \div 24 = 15$より，360日の間に3人が顔を合わせるのは，

$3 \times 15 = 45$(日)

No.173 正答 2

a, bを互いに素(a, bの公約数が1だけ)である自然数とすると，題意より，

$$\begin{cases} A = 5a & \cdots① \\ B = 5b & \cdots② \\ 5ab = 140 & \cdots③ \end{cases}$$

③より，$ab = 28$

a, bは互いに素だから，

$(a, b) = (1, 28), (4, 7), (7, 4), (28, 1)$

A, Bはいずれも2桁の自然数だから，この条件を満たすのは，

$(a, b) = (4, 7), (7, 4)$

よって，$A + B = 5(a + b) = 5 \times 11 = 55$

No.174 正答 2

余りがそれぞれ7，9なので，

$367 - 7 = 360$，$153 - 9 = 144$

はいずれもnで割り切れることになる。つまり，nは360と144の公約数である。ただし，割る数>余りだから，$n > 9$　…①

$$\begin{array}{r|rr} 2 & 360 & 144 \\ \hline 2 & 180 & 72 \\ \hline 2 & 90 & 36 \\ \hline 3 & 45 & 18 \\ \hline 3 & 15 & 6 \\ \hline & 5 & 2 \end{array}$$

360と144の公約数は，最大公約数$2^3 \times 3^2 = 72$の約数で，そのうち①を満たすものは，12，18，24，36，72の5個である。

No.175 正答 5

14400を素因数分解すると，

$14400 = 2^6 \times 3^2 \times 5^2$

例えば，$\sqrt{5^2} = 5$のように，平方根が整数になるためには$\sqrt{}$の中の指数が偶数になるようにすればよい。

よって，$n = 2^{2a} \times 3^{2b} \times 5^{2c}$と表すことができるので，

$$\begin{cases} a = 0, 1, 2, 3 \text{の4通り} \\ b = 0, 1 \quad \text{の2通り} \\ c = 0, 1 \quad \text{の2通り} \end{cases}$$

したがって，$4 \times 2 \times 2 = 16$(通り)

No.176 正答 2

ア，イより，

$$\frac{ab}{bc} = \frac{450}{150} = 3 \qquad \therefore \quad a = 3c \quad \cdots①$$

またイより，$bc = 150 = 2 \times 3 \times 5^2$

ウより，$b > c$だから，

$(b, c) = (150, 1), (75, 2), (50, 3), (30, 5), (25, 6), (15, 10)$

の6通りある。このうち，①とウの$a > b$が成り立つのは，

$(a, b, c) = (30, 15, 10)$

のときだけ。よって，

$a + b + c = 30 + 15 + 10 = 55$

No.177 正答 2

パターン61と同様に，150を素因数分解すると，

$150 = 2 \times 3 \times 5^2$

より，150の約数は，

$2^{□} \times 3^{○} \times 5^{△}$

(□→0か1
○→0か1
△→0か1か2)

と表され，$2\times2\times3=12$(個)
ある。その総和は，

$$(2^0+2^1)(3^0+3^1)(5^0+5^1+5^2) \quad \cdots★$$

に等しい。なぜなら，展開すると

$$\begin{aligned}
&2^0\cdot3^0\cdot5^0+2^0\cdot3^0\cdot5^1+2^0\cdot3^0\cdot5^2\\
&+2^0\cdot3^1\cdot5^0+2^0\cdot3^1\cdot5^1+2^0\cdot3^1\cdot5^2\\
&+2^1\cdot3^0\cdot5^0+2^1\cdot3^0\cdot5^1+2^1\cdot3^0\cdot5^2\\
&+2^1\cdot3^1\cdot5^0+2^1\cdot3^1\cdot5^1+2^1\cdot3^1\cdot5^2
\end{aligned}$$

となり，150の12個の約数すべての和を意味しているからである。★を計算すると，

$$\begin{aligned}
&(1+2)(1+3)(1+5+25)\\
=\;&\;3\times4\times31\\
=\;&\;372
\end{aligned}$$

となる。

No.178 正答 4

48と36と18の最大公約数は6なので，杭を打つ間隔を6mにすればよい。

$$\begin{array}{rrrr}
2\,) & 48 & 36 & 18 \\ \hline
3\,) & 24 & 18 & 9 \\ \hline
 & 8 & 6 & 3
\end{array}$$

土地の周囲の長さは，

$$48+48+18+36=150[\text{m}]$$

だから，ここに6m間隔で杭を打つとき，その本数は$150\div6=25$[本]である。

No.179 正答 4

一般に，自然数AとBの公約数とは，

「AとBの最大公約数」の約数

と言い換えられる。

126と180の最大公約数を求めると，

$$\begin{array}{rrr}
2\,) & 126 & 180 \\ \hline
3\,) & 63 & 90 \\ \hline
3\,) & 21 & 30 \\ \hline
 & 7 & 10
\end{array}$$

より，$2\times3\times3=18$である。よって，「126と180の公約数」とは「18の約数」のことであり，それは，

1，2，3，6，9，18

の6個である。

No.180 正答 4

$$2\left(x+\frac{x}{3}\right)+4=2(x+x)$$

$$\therefore\quad x=3$$

No.181 正答 3

14○3＝42，24△18＝6，121△17＝1，6○5＝30であるから，もとの式は次のようになる。

$$\{42+6\}\triangle\left\{1+\frac{30}{2}\right\}=48\triangle16=16$$

No.182 正答 5

$$\begin{array}{rr}
 & 325 \\
+) & 412 \\ \hline
 & 1040
\end{array}$$

一の位の計算に注目すると，5と2の和が0で繰り上がっているので，7進法とわかる。

$$25_{(7)}=2\times7+5=19_{(10)}$$
$$13_{(7)}=1\times7+3=10_{(10)}$$
$$19_{(10)}\times10_{(10)}=190_{(10)}$$

$$\begin{array}{rrl}
7\,) & 190 & \\ \hline
7\,) & 27 & \cdots 1 \\ \hline
 & 3 & \cdots 6
\end{array}$$

$$190_{(10)}=361_{(7)}$$

No.183 正答 2

$42_{(6)}=4\times6+2=26_{(10)}\qquad\therefore\ x=26$

$122_{(n)}=1\times n^2+2\times n+2$であるから，

$$n^2+2n+2=26$$
$$n^2+2n-24=0$$
$$(n+6)(n-4)=0$$

$n>0$であるから，$n=4$

No.184 正答 2

$$\begin{aligned}
4321_{(5)}&=4\times5^3+3\times5^2+2\times5+1\\
&=500+75+10+1\\
&=586_{(10)}\\
1524_{(6)}&=1\times6^3+5\times6^2+2\times6+4\\
&=216+180+12+4\\
&=412_{(10)}
\end{aligned}$$

$$586_{(10)}-412_{(10)}=174_{(10)}$$

$$\begin{array}{rrl}
4\,) & 174 & \\ \hline
4\,) & 43 & \cdots 2 \\ \hline
4\,) & 10 & \cdots 3 \\ \hline
 & 2 & \cdots 2
\end{array}$$

$$174_{(10)}=2232_{(4)}$$

第7章 計算パズル

No.185 正答 2

```
   アイ
 × A8
 ─────
   ウエ
  オB
 ─────
 カ05エ
```
↓
```
   1イ
 × A8
 ─────
   ウエ
  9B
 ─────
 105エ
```
↓
```
   12
 × 88
 ─────
   96
  96
 ─────
 1056
```

左のように□に記号をつける。まずカに着目すると，足し算で繰り上がっているので，カ＝1，オ＝9とわかる。

また，アイ×8が2桁のウエとなっているので，ア＝1とわかる。

次に1イ×8＝ウエより，イ＝0，1，2。 …①

また，1イ×A＝9Bより，①と考え合わせると，次の3通りがある。

- イ＝0のとき，A＝9，B＝0
- イ＝1のとき，A＝9，B＝9
- イ＝2のとき，A＝8，B＝6

これらを実際にあてはめてみると，イ＝2，A＝8，B＝6のときが適する。

よって，A＋B＝8＋6＝14

No.186 正答 2

(ア) 2□7×A＝1729

7とかけて一の位が9となるのは7のみであるので，A＝7。

```
         76
247 ) 18775
      1729
      ─────
       1485
       1482
      ─────
          3
```

(イ)

```
       アイ
28 ) 1B□4
     □□     ← ①
     ─────
     □□4
     □□4    ← ②
     ─────
        0
```

まず，アに着目すると，①より，28×アは2桁。また2桁の数のうち最大のものでなければならないので，ア＝3。

次に，イに着目すると，②より，28×イは3桁の数で一の位が4なので，イ＝8。

これらをあてはめると，B＝0となる。

```
        38
28 ) 1064
      84
     ─────
      224
      224
     ─────
        0
```

以上より，A＋B＝7＋0＝7

No.187 正答 3

(ア)より
- 2B＝C …①
- A＋C＝B …②

または
- 2B＝10＋C …③
- A＋C＝B－1 …④

(イ)より，C－A＝Aより，C＝2A …⑤

①と⑤ではA＝Bとなり題意に反する。

よって，(ア)は③，④の場合である。

③，④に⑤を代入すると，

2B＝10＋2A …③′

3A＝B－1 …④′

これを解くと，A＝2，B＝7，C＝4

2×7×4＝56

No.188 正答 1

B，Dは異なる正の整数なので，(イ)より，3≦E。この条件で(エ)を満たすのは3×3＝9のみである。ゆえに，

E＝3，F＝9

このことから(イ)を考えると，B≦2となる。そこで(ウ)を満たすには，2×4＝8のみとなる。

B＝2，C＝4，G＝8

となり，(イ)から，

D＝E－B＝1

No.189 正答 2

1列に並んだ4つのマス目の数の和は，1～16の総和の4分の1になるから，

$$\frac{16\times17}{2}\times\frac{1}{4}=34$$

A	2	3	B
8		X	5
12			9
1	14	D	C

前表のようにマス目にA～Dの文字を入れて，順に計算していくと，

$A+8+12+1=34 \quad \therefore \quad A=13$
$13+2+3+B=34 \quad \therefore \quad B=16$
$16+5+9+C=34 \quad \therefore \quad C=4$
$4+1+14+D=34 \quad \therefore \quad D=15$

これらを表に入れ，さらに空いているマス目にa～cの文字を入れて計算していく。

13	2	3	16
8	a	X	5
12	b	c	9
1	14	15	4

$12+b+c+9=34$
$\therefore \quad b+c=13 \quad \cdots①$
$1+b+X+16=34$
$\therefore \quad b+X=17 \quad \cdots②$
$3+X+c+15=34$
$\therefore \quad X+c=16 \quad \cdots③$

②－③より，$b-c=1 \quad \cdots④$
①と④を連立させて解くと，$b=7$
これを②に代入して，$X=10$

No.190　正答　3

4～11の数字の和は，

$$\overbrace{4+\underbrace{5+\cdots\cdots+10}_{15}+11}^{15}=15\times4=60$$

また，各面の4つの頂点の数字の和は，

$60\div2=30$

いま，右図のように上面と底面に分けて考えると，8つの頂点すべてが上面と底面に各4つずつ分けられるので，一面の頂点の和は，全体の2分の1になる。

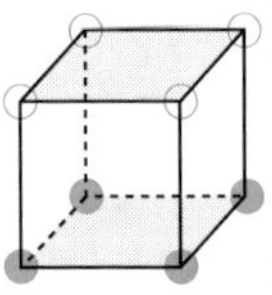

$B+8+6+9=30 \quad \therefore \quad B=7$
$C+6+8+5=30 \quad \therefore \quad C=11$
$A+7+8+5=30 \quad \therefore \quad A=10$

したがって，$A+B+C=10+7+11=28$

No.191　正答　5

$$\boxed{2}\boxed{8}\boxed{\div}\boxed{7}=\boxed{4}=\boxed{5}\boxed{-}\boxed{1}$$

のようになる。よって肢5が正答である。

〈参考〉

特にうまい手法はなく，いろいろ試しながら求めることになるだろう。

まず，演算記号÷，－の位置として考えられるのは，次の（ア）か（イ）しかない。

（ア）　$\boxed{A}\boxed{B}\boxed{\div}\boxed{C}=\boxed{D}=\boxed{E}\boxed{-}\boxed{F}$

（イ）　$\boxed{A}\boxed{B}\boxed{-}\boxed{C}=\boxed{D}=\boxed{E}\boxed{\div}\boxed{F}$

（ア）の場合，まず「割り算A B ÷ C = D」の式をカードの数字1，2，4，5，7，8からつくるとすると，

$14\div2=7$(残る数字は5，8)
$14\div7=2$(残る数字は5，8)
$28\div4=7$(残る数字は1，5)
$28\div7=4$(残る数字は1，5)

のいずれかになる。それぞれ，残る数字で「引き算」の部分を考えると，冒頭の答えのみが得られる。

（イ）の場合も，まず「割り算D = E ÷ F」の式を考えると，

$2=8\div4$(残る数字は1，5，7)
$4=8\div2$(残る数字は1，5，7)

のいずれかになるが，どちらも「引き算」の部分をつくることができない。

第8章　規則性

No.192　正答　1

1　3　6　10　15　21…
　2　3　4　5　6

階差数列は2，3，4，5…となっている。初項の1を加えるから，もとの数列のn番目は，1からnまでの自然数列の和と同じものになる。

よって，n番目は$\dfrac{n(n+1)}{2}$になる。

求めるのは28番目だから，

$$\frac{28(28+1)}{2}=406$$

No.193　正答　2

第3，5，7項に着目すると，分母は2ずつ増加し，分子は2ずつ減少していることがわかる。

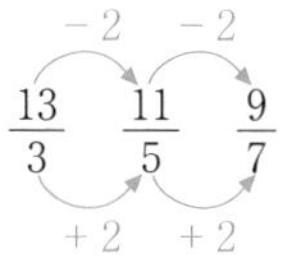

これから，その間の項は，分母が＋1，分子が－1の割合で変化していることをつかむと，

$\frac{15}{1}$，$\frac{14}{2}$，$\frac{13}{3}$，$\frac{12}{4}$，$\frac{11}{5}$，$\frac{10}{6}$，$\frac{9}{7}$，$\frac{8}{8}$すなわち，15，7，$\frac{13}{3}$，3，$\frac{11}{5}$，$\boxed{\frac{5}{3}}$，$\frac{9}{7}$，1

No.194　正答　1

123　124　136　160　197　□　314

第1階差　1　12　24　37　ア　イ

第2階差　11　12　13　ウ　エ

となるので，ウ＝14，エ＝15となり，ア＝51だから，□＝197＋51＝248となる。

さらに確かめると，イは66となり，248＋66＝314で正しいことがわかる。

No.195　正答　1

上から1段目の数を左から順に数えると，

1　，　2　，　5　，　10　，　17　，…

(0＋1)　(1＋1)　(4＋1)　(9＋1)　(16＋1)

(0^2+1)　(1^2+1)　(2^2+1)　(3^2+1)　(4^2+1)

となるので，左から14番目で上から1段目の数は，

$(14-1)^2+1=170$

である。図の規則性より，左から14番目で上から1段目の数170は，下に下がるごとに1つずつ増加する。

よって，左から14番目で上から7番目の数は，170＋6＝176

No.196　正答　4

各段に並ぶ個数の規則性を調べる。

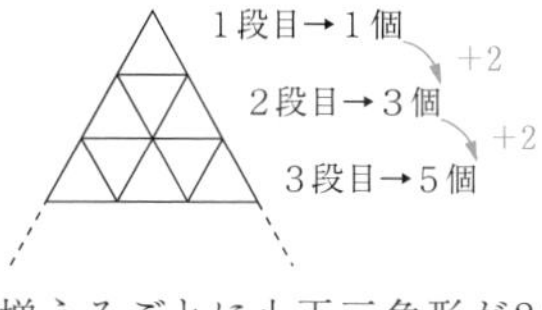

1段増えるごとに小正三角形が2個ずつ増えている。よって，各段の小正三角形の個数は初項1，公差2の等差数列であり，15段目に並ぶのは，

$1+2\cdot(15-1)=29$(個)

である。

全体の個数Sは，

$$S=1+3+5+\cdots\cdots+29$$
$$=\frac{(1+29)\times 15}{2}$$
$$=225\text{(個)}$$

No.197　正答　5

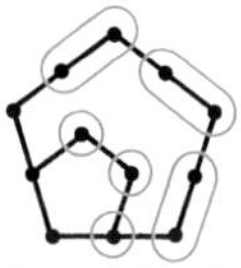

例えば1辺が3個のときの全体の個数を次のように考えて計算してみる。図のように外側の3辺にそれぞれ3－1＝2(個)ずつ，その中の3辺にはそれぞれ1個ずつ並んでいるとみて，1番左の辺は残しておく。そうすると全体の個数は，1×3＋2×3＋3＝12となる。この方法で1辺が9個の場合を考えれば，全体の数は，

$$1\times 3+2\times 3+\cdots+8\times 3+9$$
$$=(1+2+\cdots+8)\times 3+9=117\text{(個)}$$

〈別解〉

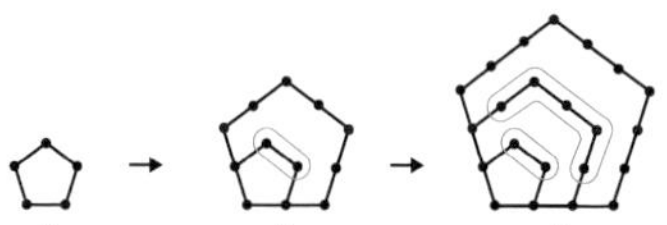

1辺の碁石の数	2	3	4
全体の数	(2－1)×5 ＝5	(3－1)×5＋2 ＝12	(4－1)×5＋2＋5 ＝22

となるので，1辺の碁石の数が9個のときは，

$$(9-1)\times 5+2+5+8+11+14+17+20$$

$$=8\times 5+22\times 3+11=117\text{(個)}$$

No.198　正答　4

直線の本数が1～4本のときについて，実際に調べてみると次のようになる。

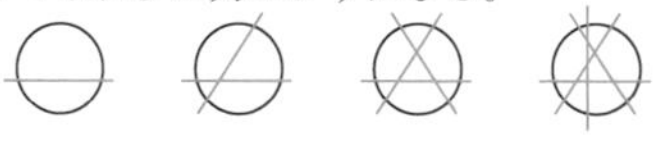

直線	1本	2本	3本	4本
断片	2個	4個	7個	11個

2　3　4

これより，規則に従って順に書き出していくと次のようになるので，7本の直線では，最高29個の断片に分割できる。

直線の本数

1本　2本　3本　4本　5本　6本　7本

断片の個数

2個　4個　7個　11個　16個　22個　29個

2　3　4　5　6　7

No.199　正答　1

1個目の正六角形はマッチ棒6本で作られる。それ以降は，正六角形を1個付け足すごとに，マッチ棒は5本ずつ増える。

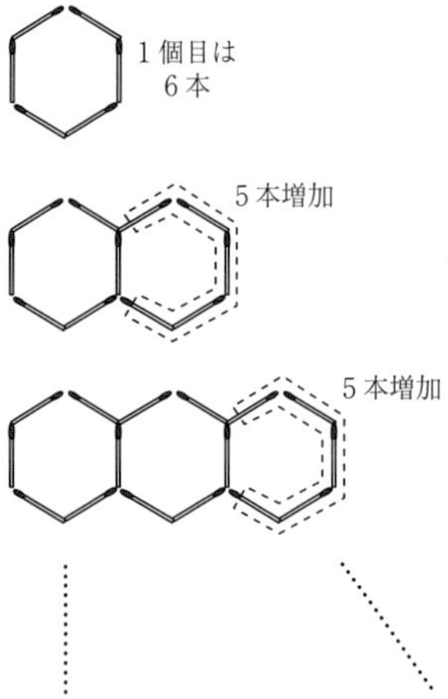

20個の正六角形が並んだ状態とは，「1個目の正六角形を作り，そこに19個の正六角形を付け足した状態」であるから，使用されるマッチ棒の本数は，

$$6 + 5 \times 19 = 6 + 95 = 101\text{(本)}$$

No.200　正答　3

初めの1匹が3か月後に2匹の子を産むので，合わせて，

1　＋　2　＝　3（匹）…①
初め　その子

になる。6か月後には，この3匹がそれぞれ2匹の子を産むので，合わせて，

3　＋　3×2　＝　9（匹）…②
①　①の子

9か月後には，この9匹がそれぞれ2匹の子を産むので，

9　＋　9×2　＝　27（匹）…③
②　②の子

12か月後には，この27匹がそれぞれ2匹の子を産むので，全部で，

27　＋　27×2　＝　81（匹）
③　③の子

〈参考〉

「子を2匹産む」というのを「1匹が3匹になる（細胞分裂のように）」と考えればよい。

初め　3か月後　6か月後

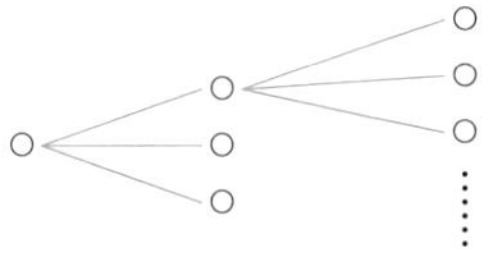

3倍ずつになるので等比数列である。

$1 \to 3 \to 3^2 \to 3^3 \to 3^4$

12か月後は$3^4 = 81$(匹)となる。

第２編　判断推理（課題処理）

第 1 章　順序関係

①　定量的順序関係

パターン1

　ピクニックに行くため，A～Dの4人が早朝に待ち合わせた。次のことがわかっているとき，正しくいえるのはどれか。

　ア．AはDより3分遅かった。

　イ．BはCより7分早かった。

　ウ．Cは定刻より3分遅かった。

　エ．DはCより5分早かった。

1　Aは定刻より2分早かった。

2　BはAより5分早かった。

3　Cだけが定刻より遅くなった。

4　定刻より早かったのはDだけである。

5　定刻に来た人が1人いる。

ポイント

数直線上に各人を位置づけていくことによって，順序関係を明らかにする。

解法　まず，数直線上に定刻の位置を決める。ウよりCの位置を書き込める。次に，イ，エよりB，Dの位置を書き込む。さらにアより，Aの位置を書き込むと，全員がいつ来たかがすべて明らかになる。

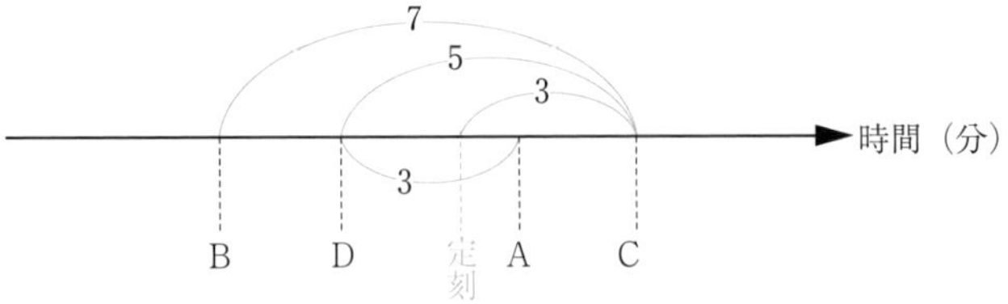

　以上より，定刻に来た人はおらず，定刻より早かったのはBとDで，定刻より遅かったのはAとCである。Aと定刻の差は，

　　$3-5+3=1$（分）

で，AとBの差は，

　　$7-5+3=5$（分）

正答　2

パターン2

A～Dの4人のうち，最年少のCは28歳で，2番目に若い者とは5歳離れている。Aは35歳で，B，Dとはそれぞれ2歳，4歳離れているとき，確実にいえるのはどれか。

1 Bは37歳で最年長である。
2 BとCは7歳離れている。
3 BとDは2歳離れている。
4 Aは2番目に若い。
5 Dは39歳で最年長である。

ポイント

数直線上で考えていくことを基本とするが，大小が不明のまま差(の絶対値)のみが与えられているときは，いろいろな状況を総合して判断する必要がある。

解法　Cは28歳で最年少，2番目に若い者は33歳，Aは35歳であるので，これらを数直線上に表す。

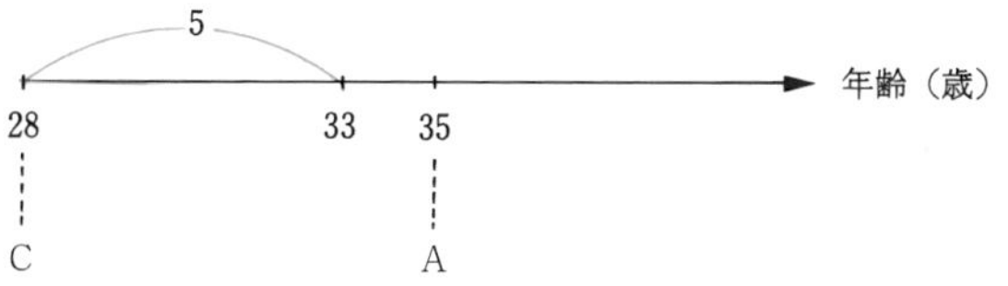

B，DはAとそれぞれ2歳，4歳違うと与えられているのみであるが，全部で4人しかいないので，33歳の者がBであることがわかり，また，このBが2番目に若いことから，DはAより4歳年下ということはあり得ないことがわかる。よって，DはAより4歳年上で39歳である。

正答　5

練習問題

（334ページより解答・解説）

★
No.1 あるクラスでテストをしたところ，Aは平均点より12点高く，BはCより6点低く，Eより4点高かった。DはCより14点低く，AはEより18点高かったという。以上のことから正しくいえるのはどれか。

1 CはAより高い得点である。

2 平均点より高いのはA，B，Cである。

3 Dは平均点より10点低い。

4 Bはちょうど平均点である。

5 最も得点が高いのはAで，最も低いのはEである。

★
No.2 一郎，二郎，三郎，花子，聖子の仲良し5人グループが旅行することになり，駅に9時に集合することになっていたところ，二郎は4分前に到着し，聖子は二郎の8分後に到着した。そのときまだ2人到着していなかった。そして，一郎は三郎より8分早く到着した。花子は集合時間よりも14分遅れた。このとき，二番目，三番目，四番目に到着した者の組合せとして正しいのはどれか。

	二番目	三番目	四番目
1	二郎	聖子	三郎
2	一郎	聖子	三郎
3	二郎	一郎	聖子
4	聖子	一郎	花子
5	一郎	聖子	花子

★
No.3 A～Eの5人が旅行に行くことになり，朝9時に駅で待ち合わせた。Aは9時3分前に到着し，Aに8分遅れてBが来た。Cが到着した4分後にDがやって来た。Eは約束の時刻より8分遅れて駅に着いた。この結果，約束の時刻に3人遅れたという。以上のことから**あり得ない**のはどれか。

1 Aの次に来たのはCである。

2 Cの次に来たのはAである。

3 Bの次に来たのはDである。

4 Dの次に来たのはBである。

5 Bの次に来たのはEである。

★
No.4 AはBより年上でCより年下である。Dは25歳でEよりも5歳年下である。BとEとは8歳違い，FはAより2歳年上でEとは5歳違う。以上のことから確実にいえるのはどれか。

1　ＣはＥより年下である。　**2**　ＥはＡより年下である。

3　ＦはＢより年上である。　**4**　ＣはＦより年上である。

5　ＤとＦは同年齢である。

★★ ***No.5***　Ａ～Ｅの5人の身長を調べたところ，ＡとＢは5cm違い，ＢとＣは1cm，ＣとＤは3cm，ＤとＥは2cm，ＥとＡは1cm違っていた。以上のことから確実にいえるのはどれか。

1　一番背が高いのは，ＡかＥである。

2　二番目に背が高いのは，ＢかＣである。

3　三番目に背が高いのは，Ｄである。

4　四番目に背が高いのは，ＢかＣである。

5　一番背が低いのは，ＡかＥである。

★★ ***No.6***　クラス対抗のソフトボールの試合が行われた。この結果について次のことがわかっているとき，最低得点クラスは何点であったか。

ア．1組と2組とは6点差があった。

イ．2組と3組とは4点差があった。

ウ．3組と4組とは1点差があった。

エ．4組と5組とは5点差があった。

オ．5組と1組とは4点差があった。

カ．最高得点は最低得点の2倍であった。

1　6点　**2**　7点　**3**　8点　**4**　9点　**5**　10点

★★ ***No.7***　Ａ～Ｅの5人は同じ日に仕事を始めたが，仕事を終えた日は5人とも異なっていて，次のことがわかっている。このとき，仕事を早く終えた順に正しく並べてあるのはどれか。

ア．ＢはＡの3日前に終えた。

イ．Ｃが終えた日とＤが終えた日は2日違いだった。

ウ．ＣはＡの8日前に終えた。

エ．Ｂが終えた日とＥが終えた日は4日違いだった。

オ．Ｄが終えた日とＥが終えた日は7日違いだった。

1　Ｄ・Ｃ・Ｅ・Ｂ・Ａ　**2**　Ｃ・Ｄ・Ｂ・Ａ・Ｅ

3　Ｄ・Ｅ・Ｃ・Ｂ・Ａ　**4**　Ｃ・Ｄ・Ｅ・Ｂ・Ａ

5　Ｄ・Ｃ・Ｂ・Ａ・Ｅ

★★ No.8

Ａ～Ｅの5人の平均身長は172cmである。5人のうち最も背が高いのは179cmのＡで，次に高い者との差は3cmである。またＢは170cmで，ＢとＣ，Ｄ，Ｅとの差はそれぞれ2cm，3cm，6cmである。以上のことから正しくいえるのはどれか。

1　ＡとＣとの差は5cmである。

2　ＡとＤとの差は4cmである。

3　ＣとＤとの差は9cmである。

4　ＣとＥとの差は8cmである。

5　ＤとＥとの差は3cmである。

★★ No.9

ある国では1980年1月1日から1995年12月31日までの16年間にＡ～Ｅの5人の首相が就任した。任期は整数年で，交代は1月1日に行われる。5人の任期について次のことがわかっているとき，各人の就任した年について正しくいえるのはどれか。

○　Ｂの任期はＡの任期の2倍であった。

○　Ｃの任期はＥの任期の2倍であった。

○　Ｅの任期はＤの任期の2倍であった。

○　1986年1月，1991年1月には首相の交代があった。

○　Ｄ首相の次はＡ首相が就任した。

1　Ａ首相は1994年1月に就任した。

2　Ｂ首相は1988年1月に就任した。

3　Ｃ首相は1991年1月に就任した。

4　Ｄ首相は1986年1月に就任した。

5　Ｅ首相は1994年1月に就任した。

★★ No.10

Ａ～Ｅの5人が10点満点のテストを受けたところ，その結果について次のことがわかった。このとき，正しくいえるのはどれか。

ア．ＡとＢは1点差で，ＢとＥは5点差だった。

イ．ＡとＤは5点差で，ＤとＣは8点差だった。

ウ．Ｂの成績は5人中4位だった。

エ．6点の者がいた。

1　Ａは5点だった。　　**2**　Ｂは7点だった。

3　Ｃは9点だった。　　**4**　Ｄは2点だった。

5　Ｅは1点だった。

②　定性的順序関係

パターン３

　Ａ～Ｅの５人の身長は，ＡはＤより高く，ＢはＥより低く，ＣはＤより低く，ＢはＤより高い。以上のことから，確実にいえるのはどれか。

1　ＡはＢより高い。
2　ＡはＥより高い。
3　ＡはＣより低い。
4　ＢはＣより低い。
5　ＥはＣより高い。

ポイント

順序関係を不等号を用いて表すことによって，全体の順序関係を調べていく。

解法　ＡはＤより高いので，Ｄ＜Ａ　…①
ＢはＥより低いので，Ｂ＜Ｅ　…②
ＣはＤより低いので，Ｃ＜Ｄ　…③
ＢはＤより高いので，Ｄ＜Ｂ　…④
③，①より，　　Ｃ＜Ｄ＜Ａ
③，④，②より，　　Ｃ＜Ｄ＜Ｂ＜Ｅ
これらを１つの図式にまとめると，

　　┌＜Ａ
Ｃ＜Ｄ
　　└＜Ｂ＜Ｅ

のようになるが，ＡがどのくらいＤより高いかはわからないので，ＡがＢやＥより高いのか低いのかを決めることはできない。

正答　5

パターン4

全員年齢の違う5人兄弟Ａ～Ｅについて，次のことがわかっているとき，正しくいえるのはどれか。

ア．Ｂは三男である。

イ．ＥはＤの兄である。

ウ．Ａの3人上の兄はＣである。

エ．Ｃには兄がいる。

1　Ａには弟がいる。

2　Ｄには弟がいない。

3　長男はＣである。

4　Ｄは四男である。

5　ＢとＥの間にはＤがいる。

ポイント

順序関係において，間がとんでいるときは，○などで間を表して考えるとよい。

解法　アより，○＜○＜Ｂ＜○＜○　…①

イより，Ｄ＜Ｅ　…②

ウより，Ａ＜○＜○＜Ｃ　…③

エより，Ｃ＜○　…④

③，④より，

Ａ＜○＜○＜Ｃ＜○

となるので，これと①より，

Ａ＜○＜Ｂ＜Ｃ＜○

となる。これに②をあてはめると，Ａ＜Ｄ＜Ｂ＜Ｃ＜Ｅとなる。

正答　4

パターン5

A～Eの5人の年齢について次のことがわかっているとき，確実にいえるのはどれか。

ア．AはBとCの平均に等しい。
イ．CはAとEの平均に等しい。
ウ．DはBとEの平均に等しい。
エ．DはAより年長である。

1　Aは二番目に年長である。
2　Bは最年少である。
3　Cは二番目に年少である。
4　Dは二番目に年長である。
5　Eは最年少である。

ポイント

順序関係の問題において「平均」が出てきたときは，数直線上で次のように処理する。

AはBとCの平均

$A = \frac{B + C}{2}$ を数直線上に表すと，

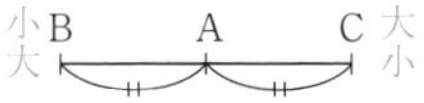

つまり，AはBとCのちょうど真ん中にくる（AはBCの中点）。ただし，左右の大小の入れ替えあり。

解法　条件ア～ウより，AはBとCの真ん中，CはAとEの真ん中，DはBとEの真ん中となり，

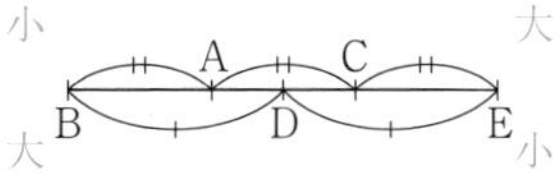

最後に条件エより，図の右側が年長，左側が年少となる。よって，5人の年齢の順序関係は，B＜A＜D＜C＜Eとなる。

正答　2

練習問題

（336ページより解答・解説）

No.11★　Ａ～Ｆの６人で，数学の点数を比較したところ，次のことがわかった。このとき，確実にいえるのはどれか。

ア．Ａは，Ｂより点が高かった。

イ．Ｃは，Ｄより点が高かった。

ウ．Ｅは，Ａより点が高かった。

エ．Ｆは，Ｃより点が高かった。

オ．Ｄは，Ａより点が高かった。

1　一番点数が高かったのは，Ｆである。

2　二番目に点数が高かったのは，Ｅである。

3　三番目に点数が高かったのは，Ｃである。

4　四番目に点数が高かったのは，Ｄである。

5　五番目に点数が高かったのは，Ａである。

No.12★　Ａ～Ｅの５人が体重を比べたところ，ＡはＢより重く，Ｅは2番目に重かった。また，Ｃより軽くＤより重い者が1人いた。以上のことから，確実にいえるのはどれか。

1　ＡはＣより重い。

2　ＡはＣより軽い。

3　ＡはＤより重い。

4　ＢはＣより軽い。

5　ＢはＤより重い。

No.13★　Ａ～Ｆの６人が身長を比べたところ，ＢはＡより低くＣより高かった。また，ＤはＥより低くＦより高かった。Ａが一番高いことを確実にいうためには，あと何がわかればよいか。

1　ＢとＤが等しいこと。

2　ＢがＤより高いこと。

3　ＥがＣより低いこと。

4　ＣとＤが等しく，Ｆより高いこと。

5　ＦがＢより低く，Ｃより高いこと。

No.14 ★★ A～Cの3人がある試験を受けた。試験は第1回，第2回，第3回と行われた。その結果，Aの第1回目の得点とBの第2回目の得点は等しく，Aの第3回目の得点とCの第1回目の得点は等しく，かつ，Bの第3回目の得点とCの第2回目の得点は等しかった。以上のことから正しくいえるのはどれか。ただし，各人とも回を重ねるに従って，得点は上昇したという。

1 第3回目の試験の得点順は，A＜C＜B
2 第3回目の試験の得点順は，B＜C＜A
3 第2回目の試験の得点順は，A＜B＜C
4 第2回目の試験の得点順は，B＜C＜A
5 第1回目の試験の得点順は，B＜A＜C

No.15 ★★ A～Cの3人が英語のテストを3回受けたところ，得点について次のことがわかった。このとき，確実にいえるのはどれか。

ア．Aは自分の3回の得点のうち，1回目が最も低く，3回目が最も高かった。
イ．Bは自分の3回の得点のうち，3回目が最も低く，1回目が最も高かった。
ウ．Cは自分の3回の得点のうち，2回目が最も低く，1回目が最も高かった。
エ．Aの1回目とCの2回目の得点は同じだった。
オ．Cの1回目とBの2回目の得点は同じだった。
カ．Bの3回目とAの2回目の得点は同じだった。
キ．3人とも3回の得点はそれぞれすべて異なっていた。

1 3回の得点の合計が最も高かったのはBである。
2 3回の得点の合計が最も低かったのはCである。
3 1回目の得点は低い方から順にA・B・Cである。
4 2回目の得点は低い方から順にC・A・Bである。
5 3回目の得点は低い方から順にB・C・Aである。

★★
No.16　Ａ～Ｆの6人が100m競争をした結果は次のようであった。このとき，Ｅ，Ｆの順位の組合せとして**あり得ない**のはどれか。

ア．Ｂは Ａの次の次にゴールに入った。

イ．Ｃは Ｄの次の次にゴールに入った。

ウ．Ａは Ｄより早くゴールに入った。

1　1位と2位

2　5位と6位

3　2位と5位

4　3位と4位

5　1位と6位

★★
No.17　Ａ～Ｇの7校による学校対抗リレーが行われ，次のような結果となった。このとき，確実にいえるのはどれか。ただし，同着はないものとする。

ア．ＢとＣの間に3校いた。

イ．Ｆはちょうど中間であった。

ウ．ＡとＤは続けてゴールした。

エ．ＤはＢより遅かった。

オ．ＥはＣより遅かった。

カ．ＧはＦより遅かった。

1　ＦはＡ，Ｄよりも早かった。

2　ＧはＦよりも早かった。

3　Ｅは最後にゴールインした。

4　最初にゴールインしたのはＢであった。

5　Ｇは最後にゴールインした。

★★
No.18　Ａ～Ｇの7人は毎日1人ずつ当番をしている。各人の当番は曜日ごとに決められており，毎週同じ曜日に当番をする。さらに次のことがわかっているとき，確実にいえるのはどれか。

ア．Ａの当番の日の3日後にＥが当番をする。

イ．Ｃの当番の日の3日後にＧが当番をする。

ウ．Ｆの当番の日の2日後にＢが当番をする。

エ．Ｂの当番の日の3日後にＣが当番をする。

オ．Ｄは土曜日に当番をする。

1　Ａは金曜日に当番をする。

2　Ｂは日曜日に当番をする。

3　Ｃは月曜日に当番をする。

4　Ｅは火曜日に当番をする。

5　Ｆは木曜日に当番をする。

No.19　★★　Ａ～Ｅの５人の年齢は１歳ずつ違っている。５人の年齢について，次のことがわかっているとき，あり得るのはどれか。

ア．Ａの年齢はＣとＤの年齢の平均に等しい。

イ．ＣはＢより年長である。

ウ．Ｂは最年少ではない。

1　Ｅが最年長である。

2　Ｂが三番目に若い。

3　Ｅが三番目に若い。

4　Ｄが二番目に若い。

5　Ｄが最年少である。

No.20　★★　あるロードレースに，Ａ～Ｅの５人が招待選手として参加した。５人のうち３人は日本人，２人はタンザニア人である。次のことがわかっているとき，確実にいえるのはどれか。

ア．５人は30秒間隔で順次到着した。

イ．タンザニア人２人の平均タイムは，日本人３人の平均タイムより短かった。

ウ．Ａは日本人でＣより早く到着した。

エ．ＢはＤより遅く到着したが，そのタイムは５人の平均より短かった。

オ．５人のうちで一番早く到着した者と，一番遅かった者は同じ国の選手だった。

1　Ａは３位である。

2　Ｂはタンザニア人である。

3　Ｃは４位である。

4　Ｄはタンザニア人である。

5　Ｅは日本人である。

No.21 ★★　Ａ～Ｅの5人がマラソン競技に参加し，その結果について次のことがわかっている。このとき，5人の中で四番目にゴールしたのは誰か。

ア．ＣとＤの合計タイムはＥのタイムの2倍に等しかった。

イ．ＢとＤとではＢの方が遅かった。

ウ．ＡとＢの合計タイムはＣとＤの合計タイムに等しかった。

エ．ＤとＥとではＤの方が遅かった。

1　Ａ　　**2**　Ｂ　　**3**　Ｃ　　**4**　Ｄ　　**5**　Ｅ

No.22 ★★　Ａ～Ｆの6人がマラソン競技に参加し，その結果について次のことがわかっている。このとき，同着はなかったとすると，確実にいえるのはどれか。

ア．ＡとＢの間にゴールインした者が1人いた。

イ．ＢとＥの間にゴールインした者が3人いた。

ウ．ＣはＤより遅いがＢよりは早かった。

エ．ＦはＡより早かった。

1　1位はＤだった。　　**2**　2位はＥだった。

3　3位はＡだった。　　**4**　4位はＣだった。

5　5位はＦだった。

No.23 ★★　ある高速道路のゲートを3台の車が通過し，これら3台の車種と車の色，通過順について次のことがわかっている。このとき，確実にいえるのはどれか。

○　黒い車より後に赤い車が通過した。

○　白い車の次にトラックが通過した。

○　乗用車より前にバスが通過した。

1　白い車が最初に通過した。

2　トラックが二番目に通過した。

3　乗用車が最後に通過した。

4　赤い車が最後に通過した。

5　黒い車が最初に通過した。

No.24 ★★ Ａ～Ｅの5人が1～5コースを使って競泳をし，次のことがわかっている。このとき，確実にいえるのはどれか。

ア．Ａは3コースを泳ぎ，Ａの隣のコースの選手が1位と5位だった。

イ．5コースの選手の次に1コースの選手がゴールインした。

ウ．Ｄは5コースではなく，Ｄの隣の選手が優勝した。

エ．Ｂは1コースの選手の次にゴールインした。

1　Ａは3位だった。

2　Ｂは4位だった。

3　Ｃは1位だった。

4　Ｄは4位だった。

5　Ｅは3位だった。

③ 順序関係の変動

パターン6

A～Dの4台の車がレースを行った。ゴール1周前における首位はBであった。その後，ゴールまでの間に次のような変動があった。このとき，ゴールでの順位として正しいのはどれか。ただし，同一の車に抜かれてから抜き返すことはなかったものとする。

ア．Aは2台に追い抜かれ，1台も追い抜かなかった。

イ．Cは1台に追い抜かれ，1台追い抜いた。

ウ．抜かれも抜きもしなかった車はない。

1　B→D→C→A

2　B→C→A→D

3　C→A→B→D

4　D→B→C→A

5　D→C→B→A

ポイント

順位の変動の原則は，1台抜けば順位が1つ上がるということである。抜いた台数と抜かれた台数の差だけ，順位が上がることになる。

解法　アより，Aは順位が2つ下がった。1周前において首位はBなので，2つ下がることのできる順位は2位だけである。

イより，Cの順位は変わらなかった。そのようになるのは3位のところである。よって，1周前における4位はDである。

ウより，Bは首位のままでいることはできない。よって，2位となる。したがって，ゴールでの順位は，D，B，C，Aとなる。

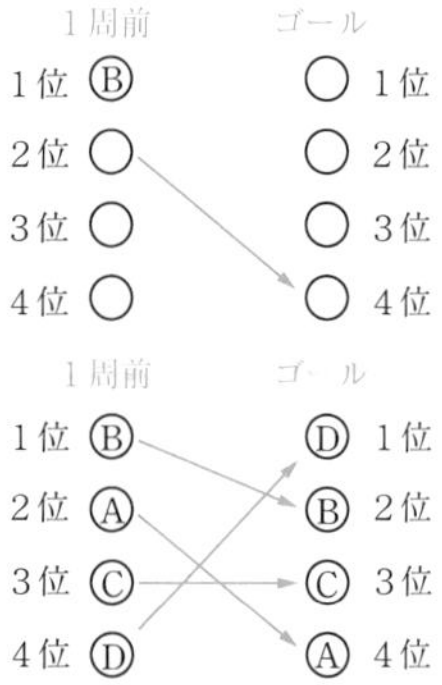

正答　4

練習問題

（339ページより解答・解説）

★
No.25　8コースある50mプールで8人が100m競泳をした。Aは50mターンの前に3人とすれ違い，それから2人を抜き，また1人とすれ違い，そして50mターンをした後，ゴールに着くまでに2人抜いた。Aの順位は何位か。

1　1位　　**2**　2位
3　3位　　**4**　4位
5　5位

★★
No.26　A～Dのクラスでリレー競走をした。それぞれのアンカー（最終走者）のa～dにリレーされた時点と，最終結果を比べると，次のことがわかった。このとき，4つのクラスの順位としてあり得るのはどれか。ただし，同一人物に抜かれてから抜き返すことはなかった。

ア．aは2人抜いた。
イ．bは1人抜いたが1人に抜かれた。
ウ．cは2人に抜かれた。

	1位	2位	3位	4位
1	A	C	B	D
2	D	A	B	C
3	B	D	A	C
4	D	A	C	B
5	A	D	C	B

★★
No.27　A～Eの5台の車がラリーに出場した。最後のチェックポイントを通過したときの順位は1位から順にB，D，C，E，Aだった。最終区間のレース状況について，B，C，D，Eの各車のドライバーは次のように述べた。このとき，Aのゴールしたときの順位として正しいのはどれか。

B　「私は3台に追い越された。」
C　「私はどの車も追い越さなかった。」
D　「私は1台追い越し，1台に追い越された。」
E　「私は2台追い越した。」

1　1位　　**2**　2位
3　3位　　**4**　Dより下位
5　Eより下位

★★
No.28　Ａ～Ｄの４人が中距離競走をした。出発点から一定の時間をおいてＣ，Ｂ，Ｄ，Ａの順に出発し，到着後その中の３人が次のように述べた。このとき，４人の到着順として正しいのはどれか。

「私はＡだけに抜かれましたが，誰も抜きませんでした。」

「私はＣだけを抜きましたが，誰にも抜かれませんでした。」

「私はＣ，Ｄだけを抜きました。」

1　Ｂ→Ｄ→Ａ→Ｃ

2　Ａ→Ｂ→Ｃ→Ｄ

3　Ａ→Ｂ→Ｄ→Ｃ

4　Ｂ→Ａ→Ｄ→Ｃ

5　Ｂ→Ａ→Ｃ→Ｄ

★★
No.29　５枚のカードがあり，これには1～５の異なる数字が1つずつ書かれている。これをＡ～Ｅの5人に１人１枚ずつ配った後，カードを集め，もう一度，１人１枚ずつ配った。1回目のカードの数字と2回目のカードの数字について5人は次のように述べた。このとき，正しくいえるのはどれか。

Ａ　「１回目の数字より２回目の数字の方が3小さかった。」

Ｂ　「１回目の数字と２回目の数字は同じだった。」

Ｃ　「１回目の数字より２回目の数字の方が1大きかった。」

Ｄ　「２の数字が書かれたカードは1度ももらっていない。」

Ｅ　「2回ともＣより２大きい数だった。」

1　Ａの１回目のカードの数字は4だった。

2　Ｂの２回目のカードの数字は1だった。

3　Ｃの２回目のカードの数字は2だった。

4　Ｄの２回目のカードの数字は3だった。

5　Ｅの１回目のカードの数字は3だった。

No.30 ★★★ A～Eの5人が500m走をした。スタートしてからしばらくしたときの順位は1位から順にA，B，C，D，Eであった。このあとゴールまでの変動について，B～Eの4人は次のように述べている。ゴールでの順位について確実にいえるのはどれか。ただし，同じ2人の間での順位の変動は1回かぎりとする。

B 「3人に抜かれた。」

C 「1人に抜かれた。」

D 「3人を抜いた。」

E 「2人を抜いた。」

1 Aは5位だった。

2 Bは5位だった。

3 Cは2位だった。

4 Dは2位だった。

5 Eは4位だった。

第 2 章　対応関係

1　二集合対応

パターン7

A～Eの5人は札幌・東京・名古屋・大阪・広島のいずれか異なる支社に勤務しており，次のことがわかっている。このとき，確実にいえるのはどれか。

ア．札幌に勤務しているのはBかDである。

イ．名古屋に勤務しているのはAかCかDである。

ウ．東京に勤務しているのはAかDかEである。

エ．Bは広島にも札幌にも勤務していない。

オ．Eは東京には勤務していない。

1　Aは広島に勤務している。

2　Cは名古屋に勤務している。

3　Cは大阪に勤務している。

4　Dは東京に勤務している。

5　Eは大阪に勤務している。

ポイント

対応表を用いる。確実にわかっているところに×，○を入れていく。

解法　条件アは「札幌に勤務しているのはA，C，Eでない。」と読みかえて対応表に×を入れる。以下同様にしていくと，次の表が得られる。

	札	東	名	大	広
A	×				
B	×	×	×		×
C	×	×			
D					
E	×	×	×		

5人は全員異なる支社に勤務しているので，縦，横1つずつ○が入るように仕上げていけばよい。まずBが大阪，Dが札幌であることがわかり，あとは順次，Eが広島，Cが名古屋……と次の表のようになる。

	札	東	名	大	広
A	×	○	×	×	×
B	×	×	×	○	×
C	×	×	○	×	×
D	○	×	×	×	×
E	×	×	×	×	○

正答　2

パターン8

A～Dの4ヵ国で使用されている言語はO，P，Qの3種類で，次のことがわかっている。このとき，確実にいえるのはどれか。

ア．各言語はそれぞれ4ヵ国のうちいずれかの3ヵ国で使用されている。

イ．A，B，Cの3ヵ国はそれぞれ2つの言語を使用している。

ウ．D国では，B国で使用されている2つの言語に加えてO語が使用されている。

エ．C国では，P語を使用していない。

1　A国で使用されている言語はO語，P語である。

2　A国で使用されている言語はP語，Q語である。

3　B国で使用されている言語はO語，P語である。

4　B国で使用されている言語はO語，Q語である。

5　C国で使用されている言語はP語，Q語である。

ポイント

国と言語の2つの集合間の対応関係を調べるのだが，その対応は1対1の対応とはなっていない。このような場合，対応表に○の数の合計数を書き入れる欄を設けて調べていく。

解法　題意より，右のような対応表を書く。

ア，イより，◯の数は，縦には各列3個，横には，A，B，Cの行には2個ずつ，ウよりDの行には3個，書き込まれることになる。

エより，C国のP語の欄には×を書き込む。

ウより，D国では3言語とも使用されているのであるが，そのうちの2言語はB国で使用されている2言語と同じものであり，それに加えてO語が使用されているというのであるから，B国で使用されている言語は，P語とQ語であることがわかる。

あとは，◯の合計数にあうように，表をうめていけばよい。

Cの行は，OとQが◯であることがわかるし，Bの行のOは×である。すると，Aの行は，OとPが◯で，Qが×であることがわかる。

A国はO語とP語，B国はP語とQ語，C国はO語とQ語となる。

	O	P	Q	計
A				2
B				2
C		×		2
D	◯	◯	◯	3
計	3	3	3	9

	O	P	Q	計
A				2
B		◯	◯	2
C		×		2
D	◯	◯	◯	3
計	3	3	3	9

	O	P	Q	計
A	◯	◯	×	2
B	×	◯	◯	2
C	◯	×	◯	2
D	◯	◯	◯	3
計	3	3	3	9

正答　1

練習問題

（340ページより解答・解説）

No.31★　Ａ～Ｄの4人の出身県はすべて異なり，宮崎・広島・長野・千葉のいずれかである。この4人は1度だけ引っ越して，現在は出身地とは異なる県に住んでいる。4人の現住所の県もすべて異なり，前述の4県である。次のことがわかっているとき，確実にいえるのはどれか。

ア．Ａは宮崎県にも千葉県にも住んだことがない。

イ．Ｂは広島県にも千葉県にも住んだことがない。

ウ．ＣはＤの出身地に住んでいる。

エ．ＤはＡの出身地に住んでいる。

1　Ａの現住所は広島県である。

2　Ｂの出身地は宮崎県である。

3　Ｃの出身地は千葉県である。

4　Ｃの現住所は宮崎県である。

5　Ｄの現住所は広島県である。

No.32★　記者，教師，牧師，弁護士の4人の名前は，高田，本田，梶田，木田のいずれかである。この4人は，毎週土曜日の午後に集まることになっている。今月4回の出席状況は次のようであった。このとき，確実にいえるのはどれか。

○　第一回　教師，牧師，高田の3人。

○　第二回　高田，梶田，記者の3人。

○　第三回　木田，弁護士，教師の3人。

○　第四回　本田，牧師，梶田の3人。

1　本田は3回出席した。

2　木田は2回しか出席しなかった。

3　本田は教師である。

4　4回出席したのは梶田だけである。

5　4回出席したのは高田だけである。

★ No.33　Ａ～Ｄの4人の好みの音楽は，クラシック，ジャズ，ロック，ディスコのうちのいずれかである。各人の好みは4つのうちの1つだけであり，また，好みの同じである人はいない。次のことがわかっているとき，確実にいえるのはどれか。

ア．Ａはクラシックもディスコも嫌いである。

イ．Ｂの好みはクラシックかロックのどちらかである。

ウ．Ｃはジャズもロックも嫌いである。

エ．Ｄの好みはジャズかディスコのどちらかである。

1　Ａの好みがジャズならば，Ｃの好みはディスコである。

2　Ａの好みがロックならば，Ｄの好みはディスコである。

3　Ｂの好みがロックならば，Ｃの好みはディスコである。

4　Ｃの好みがクラシックならば，Ａの好みはロックである。

5　Ｄの好みがジャズならば，Ｂの好みはクラシックである。

★ No.34　Ａ～Ｄの4人は日本語・英語・フランス語・スペイン語のうち何か国語かを話すことができる。次のことがわかっているとき，確実にいえるのはどれか。

ア．Ａは1か国語のみ話すことができる。

イ．Ｂは2か国語を話すことができる。

ウ．Ｃは3か国語を話すことができる。

エ．日本語を話せるのは3人，英語を話せるのが2人，フランス語を話せるのが2人，スペイン語を話せるのが1人である。

オ．ＢとＤは直接2人で話すことはできない。

カ．ＢとＣは英語だけが共通の言語である。

1　Ａはフランス語を話せる。

2　Ｂは日本語を話せる。

3　Ｂはフランス語を話せる。

4　Ｃはスペイン語を話せる。

5　Ｄはフランス語を話せる。

No.35★ A～Dの4チームが野球のリーグ戦をした。毎日2試合行われ，どのチームも1日に1試合し，3日間で他の3チームとの試合を1回ずつした。次のことがわかっているとき，正しくいえるのはどれか。

ア．1日目にAチームと対戦したチームは3日目にBチームと対戦した。

イ．2日目にCチームと対戦したチームは1日目にBチームと対戦した。

1 Aチームは3日目にDチームと対戦した。
2 Bチームは2日目にCチームと対戦した。
3 Cチームは1日目にDチームと対戦した。
4 Dチームは2日目にAチームと対戦した。
5 Dチームは3日目にBチームと対戦した。

No.36★★ P校の選手A～DとQ校の選手E～Hが卓球の学校対抗試合を2回した。各回の試合ではシングルスを4試合行い，P校のA～DがそれぞれQ校のE～Hのいずれかと対戦する。さらに次のことがわかっているとき，確実にいえるのはどれか。

○ 1回目の相手と2回目の相手はすべて異なっていた。
○ Aの1回目の相手は，2回目にはCと対戦した。
○ Dの1回目の相手は，2回目にはAと対戦した。
○ Eの1回目の相手は，2回目にはHと対戦した。
○ Fの1回目の相手は，2回目にはGと対戦した。
○ BはGと対戦せず，CはHと対戦しなかった。

1 Aの1回目の相手はEだった。
2 Bの2回目の相手はHだった。
3 Cの1回目の相手はGだった。
4 Dの2回目の相手はFだった。
5 Eの1回目の相手はDだった。

★★
No.37 あるクラスの月曜日から金曜日までの時間割について，この表以外に次のことがわかっている。このとき，この時間割を確定させるためには，どの条件を加えればよいか。

ア．毎日5時限あり，国数英社理の5科目が全部入る。

イ．縦，横，斜め（対角線）のどの方向にも5科目全部が必ず1つずつ入る。

	月	火	水	木	金
1	社	理	国	数	英
2					
3					
4					
5	数	英	社	理	国

1 月曜日の3時限目が英語である。

2 火曜日の2時限目が数学である。

3 水曜日の3時限目が理科である。

4 木曜日の3時限目が国語である。

5 金曜日の3時限目が数学である。

★★
No.38 岩田，山田，佐藤，富田の4人の職業はそれぞれ異なっており，医者，学者，銀行員，作家のいずれかである。次のことがわかっているとき，正しくいえるのはどれか。

ア．学者は岩田より年長である。

イ．銀行員は富田や山田より年下である。

ウ．作家と岩田は同年齢である。

エ．医者は佐藤より年長である。

オ．佐藤と山田は作家と同年齢でない。

1 この4人のうち最年少は岩田である。

2 佐藤は学者より年長である。

3 作家は佐藤より年下である。

4 富田は医者と同年齢である。

5 最年長は作家である。

★★
No.39　Ａ〜Ｃの3人の部屋は松，竹，梅のいずれかであり，それぞれに鍵がついている。各人は予備の鍵を他の2人のどちらかに預けており，それぞれ自分の部屋ともう1つの部屋を開けることができる。いま，次のことがわかっているとき，正しくいえるのはどれか。

ア．ＡはＢに自分の部屋の鍵を預けている。

イ．Ｃは梅の部屋を開けることができない。

ウ．Ａは松の部屋を開けることができる。

1　Ａの部屋は松である。

2　Ａは竹の部屋の鍵を持っている。

3　Ｂの部屋は竹である。

4　Ｂは松の部屋の鍵を持っている。

5　Ｃの部屋は竹である。

★★
No.40　Ａ〜Ｅの5人が，絵画，写真，旅行，テニスの4種類のうちそれぞれ2つずつの趣味をもっている。この趣味について5人はそれぞれ次のように述べている。このとき，正しくいえるのはどれか。ただし，この5人は互いに2つとも趣味が同じということはない。

Ａ　「私は絵画が好きです。」

Ｂ　「私は写真が好きで，他の同好者2人と先日一緒に写真を撮りに行きました。」

Ｃ　「私は旅行が好きで，同好者の他の2人と一緒に伊豆方面へよく出かけます。」

Ｄ　「私はＣ君と同じ趣味は1つもありません。私の第1の趣味は絵画です。」

Ｅ　「私はテニスが好きですが，テニスが好きな人で絵画が好きな人は私たちの仲間には1人もいません。」

1　Ａは写真が好きである。

2　Ｂはテニスが好きである。

3　Ｃは絵画が好きである。

4　Ｄは写真が好きである。

5　Ｅは旅行が好きである。

★★
No.41　Ａ～Ｅの5人は犬，猫，小鳥，金魚のうちのいずれか2種類を飼っている。飼っている動物が2種類とも同じという人はいない。次のことがわかっているとき，**誤っている**のはどれか。

○　ＡとＢは同じ種類のペットを飼っていない。
○　ＣとＤは同じ種類のペットを飼っていない。
○　Ａは犬を，Ｂは小鳥を，Ｃは猫を飼っている。
○　犬を飼っている者が3人，猫を飼っている者が3人いる。

1　Ａは金魚を飼っている。
2　Ｂは猫を飼っている。
3　Ｃは犬を飼っている。
4　Ｄは小鳥を飼っている。
5　Ｅは猫を飼っている。

★★
No.42　ある店のアルバイトの店員Ａ～Ｃの3人の勤務状況について次のことがわかっている。このとき，正しくいえるのはどれか。

○　月曜日から土曜日の6日間，毎日2人が出勤し1人が休む。各人とも6日のうち4日勤務し，2日休む。2日の休みは連続しては取れない。ただし，日曜日は店が休みで3人とも休むが，土・日または日・月と連続になるのはかまわない。
○　Ａは月・水・木曜日には出勤する。
○　Ｂは金・土曜日には出勤する。
○　Ｃは水曜日には出勤する。

1　月曜日に休むのはＣである。
2　火曜日に休むのはＣである。
3　木曜日に休むのはＢである。
4　金曜日に休むのはＡである。
5　土曜日に休むのはＡである。

No.43 ★★ 紅茶の好きなA氏は毎日，朝，昼，夕の食後に必ず紅茶を飲むことを習慣としている。ある週の月曜日から土曜日の6日間について次のことがわかっているとき，確実にいえるのはどれか。

○　6種類の紅茶ａ～ｆを，1日3回，1回に1種類，どの種類も6日間を通して3回飲んだ。

○　同じ種類は同じ時間帯に飲んだ。

○　ａは朝食後に1日おきに飲んだ。

○　ｂとｃは異なる時間帯，異なる曜日に飲んだ。

○　水曜日の夕食後にはｄを，木曜日の昼食後にはｂを，土曜日の朝食後にはｅを飲んだ。

○　月曜日と水曜日は朝・昼・夕食後それぞれ同じものを飲んだ。

1　月曜日の昼食後にはｃを飲んだ。
2　火曜日の昼食後にはｆを飲んだ。
3　水曜日の昼食後にはｃを飲んだ。
4　金曜日の夕食後にはｄを飲んだ。
5　土曜日の夕食後にはｄを飲んだ。

No.44 ★★ ○か×のいずれかで答える6問のクイズに対し，A～Dの4人が以下のように解答したところ，Aは4点，Bは3点，Cは5点であった。このとき，Dは何点か。ただし，1問1点とする。

	1	2	3	4	5	6
A	○	×	○	×	○	×
B	×	×	×	○	×	○
C	○	○	×	×	○	○
D	○	×	×	○	×	○

1　1点
2　2点
3　3点
4　4点
5　5点

No.45 ★★★ A～Eの5人が3回ジャンケンをし，次のことがわかっている。このとき，正しくいえるのはどれか。

ア．3回とも同じ手を出したのはBだけで，3回とも異なる手を出したのはDだけだった。

イ． Aはチョキを出さず，Eはグーを出さなかった。

ウ． Cがパーを出したのは2回目だけだった。

エ．1回目はA1人が勝ち，2回目は他の誰か1人が勝ち，3回目は2人が勝った。

1 Aが1回目に出したのはパーだった。

2 Bが2回目に出したのはパーだった。

3 Cが3回目に出したのはグーだった。

4 Dが3回目に出したのはチョキだった。

5 Eが3回目に出したのはチョキだった。

② 多集合対応

パターン9

A～Cの3人の高校生は，野球部，サッカー部，山岳部に入っており，3人とも入っている部も学年もそれぞれ異なっている。次のことがわかっているとき，正しくいえるのはどれか。

ア．Aは1年生ではない。

イ．Bはサッカー部に入っていない。

ウ．Cは野球部に入っている。

エ．山岳部に入っているのは2年生である。

1　Aは3年生である。

2　Bは1年生である。

3　Cは2年生である。

4　サッカー部に入っているのは1年生である。

5　野球部に入っているのは3年生である。

ポイント

高校生と部と学年の3つの集合間の対応関係を調べるというタイプの問題である。本問は，対応グラフをかくことによって解く。

解法　題意より，次のような対応グラフがかける。実線は対応することを，点線は対応しないことを表す。

P　線が交錯しないように，A，B，Cを両側にかく

1対1対応であることより，サッカー部に入っているのは，CでもなくBでもないので，Aである。よって，山岳部に入っているのはBである。ここまでで，Bが2年生であることがわかる。

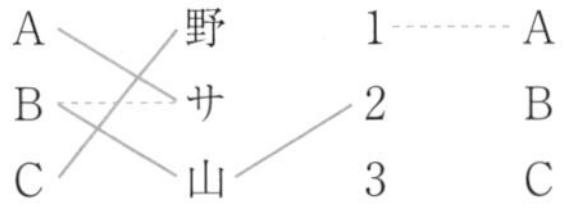

次に，サッカー部に入っているのはAであり，Aは1年生ではないので，サッカー部と1年生は結ぶことができない。よって，サッカー部と3年生が結ばれ，野球部と1年生が結ばれる。このことより，Aが3年生で，Cが1年生であるこ

とがわかる。

正答　1

〈別解〉　対応表をかくことによって解く。

①　○×が一致

	野	サ	山	1	2	3
A				×		
B		×				
C	○					

→ ②　○×が一致

	野	サ	山	1	2	3
A	×	○	×	×		
B	×	×	○			
C	○	×	×			

→ ③　○×が一致

	野	サ	山	1	2	3
A	×	○	×	×	×	○
B	×	×	○	×	○	×
C	○	×	×	○	×	×

条件をかき込んだものが①である。A，B，Cと野球部，サッカー部，山岳部は1対1対応なので，②が得られる。山岳部は2年生なので，学年についても確定し，③が得られる。

パターン10

ある果物店にA～Dの4人の客が順次来て（順不同），りんご，柿，バナナ，みかんのいずれか異なる果物を1種類ずつ買って行った。4人は赤，黒，茶，白のいずれか異なる色の服を着ていた。4人の買い物順について次のことがわかっているとき，確実にいえるのはどれか。

ア．Bの次に赤い服を着た者が来て，その次の者がバナナを買った。

イ．りんごを買った者の次に茶色の服を着た者が来て，その次にCが来た。

ウ．Aの次に黒い服を着た者が来た。

エ．白い服を着た者が買ったのは柿ではなかった。

1　Aは白い服を着ており，バナナを買った。

2　Bは白い服を着ており，みかんを買った。

3　Cは赤い服を着ており，柿を買った。

4　Cは黒い服を着ており，バナナを買った。

5　Dは赤い服を着ており，柿を買った。

ポイント

対応関係の中に条件として順序関係を含む場合は，順序関係を軸に整理する。(左側から順に早く来たとする。)

解法　アより，

B		
	赤	
		バナナ

イより，

		C
	茶	
りんご		

この組合せ方は次の2通りしかない。

ⅰ)

1	2	3	4
B			C
	赤	茶	
	りんご	バナナ	

ⅱ)

1	2	3	4
	B	C	
	茶	赤	
りんご			バナナ

さらにウ，

A	
	黒

が入るのは，ⅰ)のみである。最後にエも入れて次のように完成する。

1	2	3	4
B	D	A	C
白	赤	茶	黒
みかん	りんご	バナナ	柿

正答　2

練習問題

（345ページより解答・解説）

No.46 ★ A～Cの3人の姓は斉藤，田中，山本，名前は真一，直樹，拓也，年齢は25歳，21歳，19歳のそれぞれいずれかである。次のことがわかっているとき，正しくいえるのはどれか。

ア．Aは田中でも真一でも19歳でもない。

イ．Bは25歳であるが，斉藤ではない。

ウ．拓也は19歳であるが，斉藤は21歳ではない。

1 A―山本直樹，21歳　**2** A―斉藤拓也，19歳

3 B―田中拓也，25歳　**4** C―田中直樹，25歳

5 C―斉藤真一，19歳

No.47 ★ A～Dの4人がケーキショップに入り，マロンケーキ・チーズケーキ・いちごケーキ・チョコケーキのうち異なるものを1人1つずつ注文した。4人はまた紅茶・コーヒー・ジュースのいずれか1つの飲み物も注文した。さらに次のことがわかっているとき，確実にいえるのはどれか。

ア．Aが注文したケーキはマロンかチョコのいずれかである。

イ．Bはマロンケーキもいちごケーキも注文しなかった。

ウ．Cはチーズケーキもチョコケーキも注文しなかった。

エ．Dはチーズケーキかいちごケーキを注文した。

オ．チョコケーキの人は紅茶を注文した。

カ．コーヒーを注文したのは2人，紅茶とジュースは各々1人ずつだった。

キ．Aはコーヒーを注文した。

ク．いちごケーキの人はジュースを注文しなかった。

1 Aはチョコケーキを注文した。

2 Bはチーズケーキを注文した。

3 Cはコーヒーを注文した。

4 Dは紅茶を注文した。

5 チーズケーキとコーヒーを注文した人がいる。

No.48 ★ A～Dの4人の職業は警察官・消防士・教師・看護師のいずれかで全員異なっている。4人はある市の東町・西町・南町・北町のうちのいずれかに住んでおり，同じ町に住んでいる者はいない。また，4人の年齢もすべて異なっており，21歳，22歳，23歳，24歳のいずれかである。次のことがわかっているとき，確実にいえるのはどれか。

ア．Aよりも「西町に住んでいる看護師」の方が年上である。

イ．北町に住んでいる者よりCの方が年上である。

ウ．「東町に住んでいる警察官」より消防士の方が年上である。

エ．「南町に住んでいるB」は看護師より年上である。

オ．Cは警察官より年下である。

1 Aは22歳である。

2 Bは23歳である。

3 Cは教師である。

4 Dは23歳である。

5 教師は22歳である。

No.49 ★★ A～Dの4氏はO，P，Q，Rのいずれか4市に住んでいる。この4氏の妻の名前はK，L，M，Nで，夫と妻は同じ家に住んでいる。次のことがわかっているとき，正しくいえるのはいずれか。

ア．A氏とB氏は日曜日だけが休みである。またB氏の家はR市にはない。

イ．C氏の妻は，K，M，B氏の3人と先日の夜，会食した。

ウ．Kは毎週木曜日が休みの夫とともにゴルフに出かける。彼女はO市に住んでいる。

エ．C氏の家はP市にあり，Lの家はR市にある。

1 A氏の妻はMで，彼の家はQ市にある。

2 A氏の妻はNで，彼の家はQ市にある。

3 B氏の妻はMで，彼の家はQ市にある。

4 B氏の妻はNで，彼の家はQ市にある。

5 D氏の妻はLで，彼の家はR市にある。

★★
No.50　Ａ～Ｃの3人は，数学，英語，国語，理科，社会，音楽の6冊の教科書のうち異なる2冊ずつを持っている。6冊の本の表紙の色はすべて異なっており，赤，青，黄，緑，白，黒のいずれかである。次のことがわかっているとき，確実にいえるのはどれか。

○　Ａが持っているのは音楽の本と赤の表紙の本の2冊である。

○　Ｂが持っているのは英語の本と青の表紙の本の2冊である。

○　Ｃが持っているのは黒の表紙の本と緑の表紙の本の2冊である。

○　理科の本と数学の本は同じ人が持っている。

○　国語の本と白の表紙の本は異なる人が持っている。

○　社会の本の表紙の色は赤ではない。

1　Ａは黄の表紙の音楽の本を持っている。

2　Ａは赤の表紙の理科の本を持っている。

3　Ｂは黄の表紙の英語の本を持っている。

4　Ｃは黒の表紙の数学の本を持っている。

5　Ｃは緑の表紙の理科の本を持っている。

★★
No.51　Ａ～Ｄの4人がある酒店に，徒歩，自転車，バイク，乗用車のいずれか異なる手段で来て，日本酒，ワイン，ウイスキー，ビールのいずれか異なるものを1人1種類ずつ買っていった。4人が店に来た順について次のことがわかっているとき，確実にいえるのはどれか。

○　Ａの次に自転車に乗った者が来て，その次の者がウイスキーを買っていった。

○　バイクに乗った者の次にＣが来て，その次の者が徒歩で来た。

○　Ｄの次の次に来た者がワインを買っていった。

1　Ａはバイクに乗って来て，日本酒を買っていった。

2　Ｂは徒歩で来て，ウイスキーを買っていった。

3　Ｃは乗用車に乗って来て，ワインを買っていった。

4　Ｄは乗用車に乗って来て，ビールを買っていった。

5　4人が店に来た順は早い方からＡ，Ｄ，Ｃ，Ｂである。

No.52 ★★ Ａ～Ｄの4人が円卓に等間隔に座っている。4人に缶入りの緑茶・オレンジジュース・野菜ジュース・マンゴージュースが1人1つずつ配られた。缶の色はいずれも異なっており，赤・青・黄・緑のいずれかである。4人とも配られたものが好きではなかったので，自分のすぐ左隣の人にあげたところ，全員の好みが一致したので，もらったものを飲んだ。次のことがわかっているとき，確実にいえるのはどれか。

ア．Ａがあげた缶の色は赤で，Ａがもらったのはマンゴージュースだった。

イ．Ｂはオレンジジュースをあげた。緑茶はもらっていない。

ウ．Ｃは緑の缶の野菜ジュースをあげた。

エ．Ｄは黄の缶のものをあげた。

1　Ａが飲んだのは青の缶のマンゴージュースである。

2　Ｂが飲んだのは緑の缶の野菜ジュースである。

3　Ｃが飲んだのは黄の缶のオレンジジュースである。

4　Ｄが飲んだのは赤の缶の緑茶である。

5　Ｄに配られたのは黄の缶の緑茶である。

No.53 ★★★ Ａ～Ｄの4人がクリスマス会をして，プレゼント交換を行った。4人はブレスレット，スカーフ，ピアス，ネックレスのうちいずれか異なる1つのものをそれぞれ持ち寄り，互いに交換した。そのとき，自分の持って来たものをもらった人はいなかった。次のことがわかっているとき，正しくいえるのはどれか。

○　ＡはＤの持ってきたブレスレットをもらってはいない。

○　Ｃのもらったピアスを持って来たのはＡではない。

○　Ｄはネックレスをもらってはいない。

1　Ａはスカーフを持って来た。

2　Ｂはネックレスを持って来た。

3　Ｂはスカーフをもらった。

4　Ｃはスカーフを持って来た。

5　Ｃはブレスレットをもらった。

③ 組分け

パターン11

A～Hの8人が2つの班に分かれている。各班はともに3人以上であり，班長が1人ずついる。班の構成について次のことがわかっているとき，確実にいえるのはどれか。

ア．AとHは同じ班である。

イ．DはEの班長である。

ウ．EとFは同じ班ではない。

エ．Bの班長はCである。

1　EとHは同じ班である。

2　AとFは同じ班ではない。

3　CがGの班長ならば，AはDの班員である。

4　AとGは同じ班ではない。

5　DがGの班長ならば，AとBは同じ班である。

ポイント

図をかいて考えていく。本問では，班の分かれ方が3人と5人の場合と，4人と4人の場合があることに注意する。

解法　まずエとイより，次のようになる。

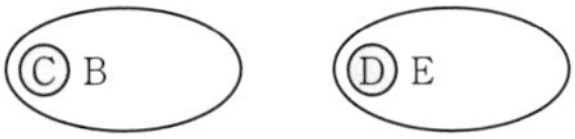

ウより，FはCの班員である。

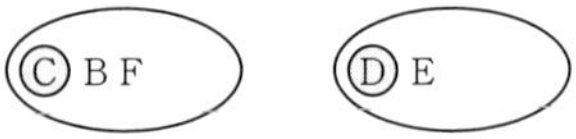

アより，AとHは同じ班であるが，それはCの班でもDの班でもよいので，次の3通りがあり得る。

i）

ii）

iii）

正答　3

練習問題

（348ページより解答・解説）

No.54 ★ 男女1人ずつからなるペアが3組ある。その各人をＡ～Ｆとし，次のことがわかっているとき，確実にいえるのはどれか。

ア．女子のうち2人は自分より背が高い男子とペアを組み，1人は自分より背が低い男子とペアを組んでいる。

イ．ＡとＢは女子で，Ａ，Ｂ，Ｆは同じ背の高さである。

ウ．男子Ｃと女子Ｄは同じ背の高さで，Ｅは他の5人と背の高さが違う。

1　ＡとＥはペアを組んでいる。

2　ＢはＤより背が高い。

3　ＣはＥより背が高い。

4　ＤとＦはペアを組んでいる。

5　Ｅの身長はＣとＦの中間である。

No.55 ★★ Ａ～Ｆの6人のうち3人は学生，3人は社会人であり，6人の特徴については表の通りである。学生，社会人にグループ分けしたとき，次のことがわかった。このとき，確実にいえるのはどれか。

ア．ＢとＥは同じグループに属している。

イ．学生グループにはメガネをかけている者もかけていない者もいる。

ウ．社会人グループにはひげがある者もない者もいる。

	メガネ	ひげ
A	かけている	なし
B	かけていない	なし
C	かけている	あり
D	かけていない	あり
E	かけていない	なし
F	かけている	あり

1　ＡとＤは同じグループである。

2　ＢとＣは同じグループである。

3　ＢとＦは同じグループである。

4　ＣとＤは同じグループである。

5　ＣとＥは同じグループである。

★★
No.56　Ａ～Ｈの8人が男女のペア4組を作り，混合ダブルスのテニスの試合をした。次のことがわかっているとき，確実にいえるのはどれか。

○　ＡとＥは異性だがペアを組まなかった。
○　ＡとＣは異性，ＢとＦも異性である。
○　ＤとＧは男子で，2人ともＢ，Ｅ，Ｈとはペアを組まなかった。

1　ＡとＨはペアを組んだ。
2　ＢとＣはペアを組んだ。
3　ＣとＤはペアを組んだ。
4　ＤとＦはペアを組んだ。
5　ＦとＧはペアを組んだ。

★★
No.57　Ａ～Ｆの6人はＸ校かＹ校のいずれかの学生で，次のことがわかっている。このとき，確実にいえるのはどれか。

○　Ａ，Ｂ，Ｃ，Ｄの4人の中ではＸ校の学生の方が多い。
○　Ｂ，Ｄ，Ｅ，Ｆの4人の中ではＹ校の学生の方が多い。
○　Ａ，Ｂ，Ｄ，Ｆの4人の中ではＸ校とＹ校の学生数は同じである。

1　ＡとＢとは同じ学校の学生である。
2　ＣとＤとは異なる学校の学生である。
3　ＤとＦとは同じ学校の学生である。
4　ＡとＦとは同じ学校の学生である。
5　ＢとＤとは異なる学校の学生である。

★★
No.58　Ａ～Ｆの6人は同じ学校の高校生である。学年や住んでいる町について次のことがわかっているとき，確実にいえるのはどれか。

ア．6人の住んでいる町は東町，西町，南町のいずれかで，各2人ずつである。
イ．学年は1年生～3年生で，各学年2人ずつである。
ウ．「同じ町に住んでいて，同じ学年の者」はいない。
エ．ＡとＤは学年が同じである。
オ．ＢとＦは同じ町に住んでいる。
カ．ＥとＡは異なる町に住んでいる。

1　ＡとＣは異なる町に住んでいる。
2　ＢとＥは異なる学年である。
3　ＣとＥは異なる学年である。
4　ＤとＥは異なる町に住んでいる。
5　ＦとＣは異なる学年である。

No.59 ★★★ A～Eの5人の男性の年齢はAが28歳，Bが29歳，Cが30歳，Dが31歳，Eが32歳である。この5人はそれぞれ結婚していて，その妻たちの年齢は最年少が24歳で，やはり1歳ずつ違っている。また夫婦の年齢の和を調べると，やはり1歳ずつ違っていて夫婦の年齢の和の最年少はB夫婦で，最年長はC夫婦であることがわかった。Eの妻は何歳か。

1　24歳　　**2**　25歳

3　26歳　　**4**　27歳

5　28歳

④ 家系図

パターン12

A～Gの7人の関係は次の通りである。このとき，正しくいえるのはどれか。

ア．Fは Aの息子である。

イ．GはBの娘である。

ウ．DはAの夫で，Cの息子である。

エ．EはBの夫で，Cの兄である。

1　AはBのいとこである。

2　CはGのおじである。

3　FはGのいとこである。

4　BはDのおばである。

5　7人のうち男は4人，女は3人いる。

ポイント

家系図をかいて考える。親子，兄弟姉妹，夫婦の3つの基本関係をおさえることが重要で，性別にも注意しなければならない。一般に，次の記号を用いる。

〈親子〉　〈兄弟姉妹〉　〈夫婦〉

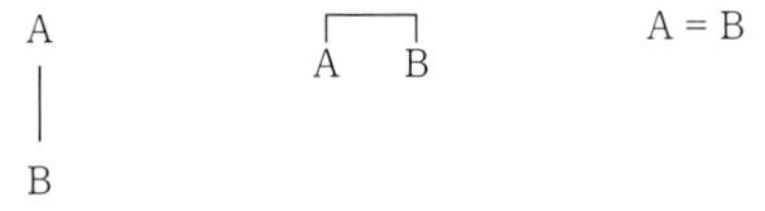

解法　男を□，女を○で表すことにすると，ア～エは次のように記号化できる。

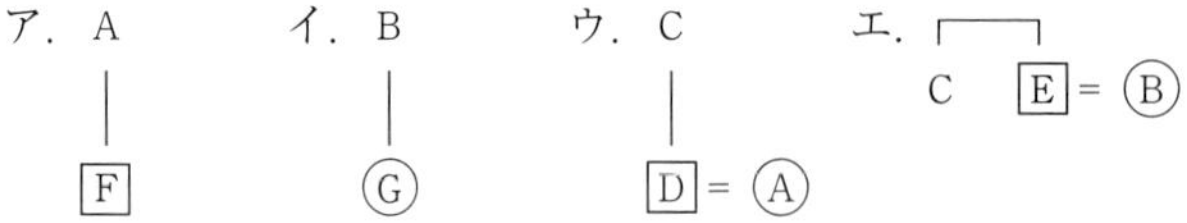

これらを総合すると，次のような家系図がかける。Cの性別はわからない。

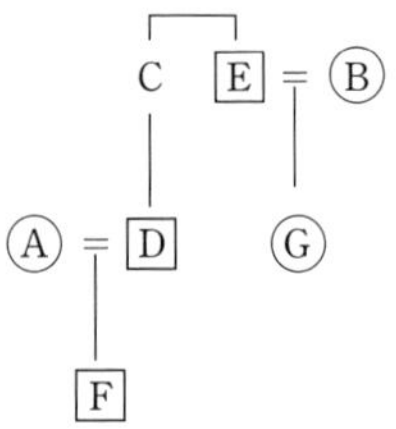

正答　4

練習問題

（350ページより解答・解説）

★
No.60　A～Eの5人は同居している3世代の家族で，婚姻関係以外は血縁関係である。5人は画家・作家・陶芸家・声優・落語家のいずれか異なる職業に就いている。さらに次のことがわかっているとき，確実にいえるのはどれか。

ア．Aの夫は画家であり，Aの娘は声優である。

イ．Bの姉は声優である。

ウ．Cの父は画家である。

エ．Dの息子は作家である。

オ．Eは陶芸家の父である。

カ．落語家は男性である。

1　Aは落語家の娘である。

2　Bは陶芸家の娘である。

3　Cは画家の息子である。

4　Dは落語家である。

5　Eは画家である。

★★
No.61　3世代9人が同じ家に住んでいる大家族がある。いまこの家族の情報として次のことがわかっている。このとき，確実にいえるのはどれか。

ア．祖父と呼ばれる者が1人，祖母と呼ばれる者が1人。

イ．父と呼ばれる者が2人，母と呼ばれる者が2人。

ウ．実の子にあたる者が6人，孫が5人。

エ．姉と呼ばれる者が3人，弟と呼ばれる者が1人，兄弟である者が2人。

オ．実の息子である者が2人，実の娘にあたる者が4人。

1　兄弟である者の父は，祖父母の実子である。

2　兄弟姉妹は全部で6人で，男女同数である。

3　5人の孫のうち一番下の者は男である。

4　この家の家族は男5人，女4人である。

5　子6人の内訳は男3人，女3人である。

第3章 集 合

1 集合とベン図

◆集合の要素の個数を調べるには**ベン図**を用いて考える。

●二集合

チェック

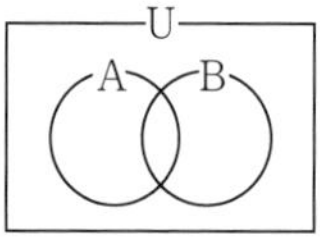

$n(A \cup B) = n(A) + n(B) - n(A \cap B)$

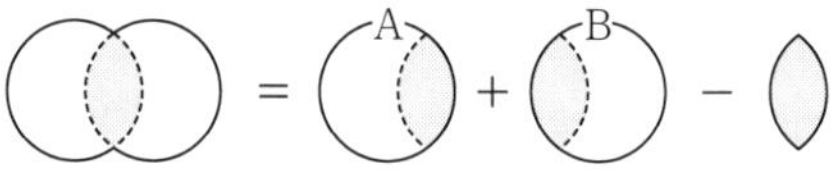

●三集合

チェック

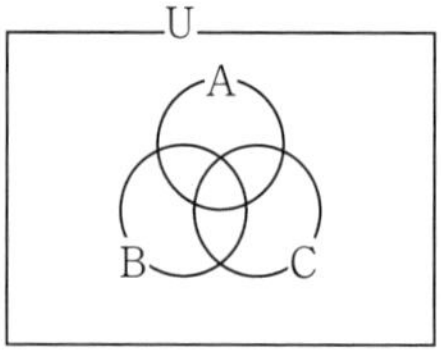

$$n(A \cup B \cup C) = n(A) + n(B) + n(C) - n(A \cap B) - n(B \cap C) - n(C \cap A) + n(A \cap B \cap C)$$

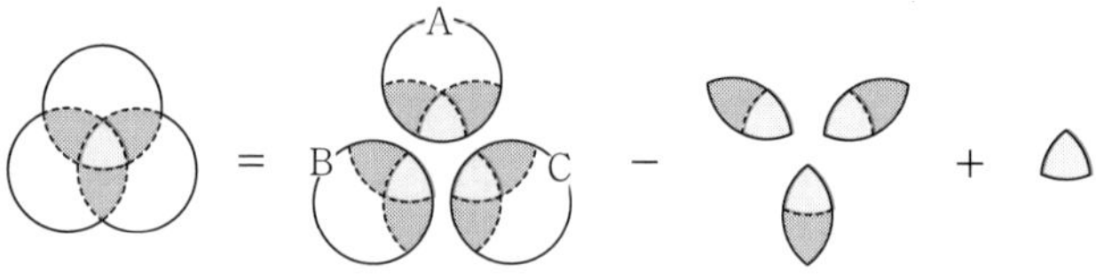

パターン13

A町内には20軒の家があり，そのうち犬を飼っている家が8軒，猫を飼っている家が5軒あり，それらの中に犬も猫も両方とも飼っている家が2軒ある。犬も猫も飼っていない家は何軒あるか。

1　6軒　　**2**　7軒　　**3**　8軒　　**4**　9軒　　**5**　10軒

ポイント

ベン図を用いて整理する。

$n(\mathrm{U}) = n(\mathrm{A}) + n(\mathrm{B}) - n(\mathrm{A} \cap \mathrm{B}) + n(\overline{\mathrm{A} \cup \mathrm{B}})$

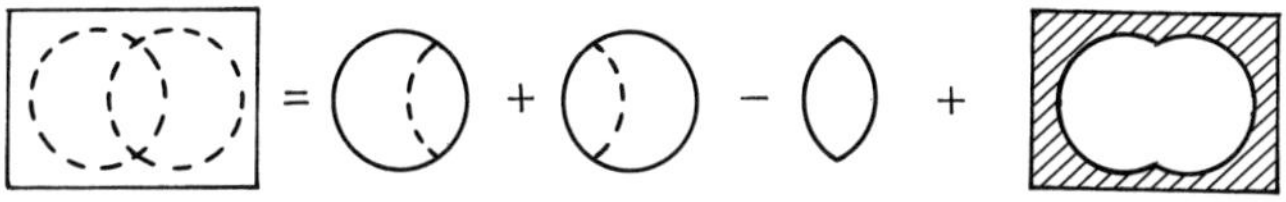

解法　犬も猫も飼っていない家をx軒とすると，

$20 = 8 + 5 - 2 + x$

$\therefore\ x = 9$（軒）

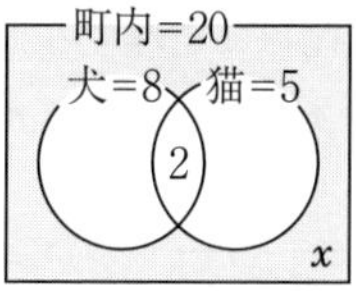

正答　4

パターン14

クラス48人について所持品を調べたところ，次のことがわかった。このとき，ティッシュも手帳も鏡も持っている者は何人か。

ア．ティッシュを持っている者 ……………………………35人

イ．手帳を持っている者 ……………………………………30人

ウ．鏡を持っている者 ………………………………………15人

エ．ティッシュと手帳を持っている者 ………………20人

オ．ティッシュと鏡を持っている者 ……………………10人

カ．手帳と鏡を持っている者 ……………………………… 8人

キ．ティッシュも手帳も鏡も持っていない者 ……… 2人

1 2人　**2** 3人　**3** 4人　**4** 5人　**5** 6人

ポイント

ベン図を用いて整理する。

$$n(\mathrm{U})=n(\mathrm{A})+n(\mathrm{B})+n(\mathrm{C})-n(\mathrm{A}\cap\mathrm{B})-n(\mathrm{B}\cap\mathrm{C})-n(\mathrm{C}\cap\mathrm{A})$$
$$+\,n(\mathrm{A}\cap\mathrm{B}\cap\mathrm{C})+n(\overline{\mathrm{A}\cup\mathrm{B}\cup\mathrm{C}})$$

解法　ティッシュも手帳も鏡も持っている者をx人とすると，

$$48=(35+30+15)-(20+10+8)+x+2$$

$$\therefore\quad x=4\ (\text{人})$$

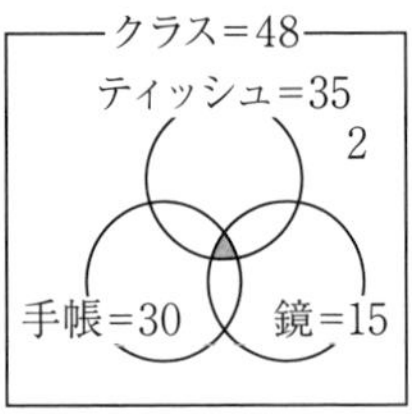

正答　3

練習問題

（350ページより解答・解説）

No.62 ★ 520人に英語と数学の試験を行った。英語に合格した者の3割は，数学にも合格した。数学に合格した者の6割が，英語にも合格したという。また，英語にも数学にも合格しなかった者が40人いた。このとき，英語にも数学にも合格した者は何人か。

1　100人
2　105人
3　110人
4　115人
5　120人

No.63 ★★ あるパーティーに出席している女性について，次のことがわかっている。このパーティーに，少なくとも女性は何人出席していたか。

ア．ネックレスをしている女性のうち$\frac{3}{5}$は指輪もしている。

イ．指輪をしている女性のうち$\frac{2}{3}$はネックレスもしている。

1　11人
2　13人
3　15人
4　17人
5　19人

No.64 ★ 20人の留学生について語学の調査をしたところ，英語の話せる者は12人，フランス語の話せる者は15人であった。また全員，英語，フランス語，ドイツ語のうち2ヵ国語を話すことができるが，3ヵ国語全部を話すことができる者はいなかった。英語とフランス語の両方を話すことができる者が7人であるとすると，フランス語とドイツ語の両方を話すことができる者は何人か。

1　5人
2　6人
3　7人
4　8人
5　9人

No.65 ★ 50人が1問1点のA，B，Cという3問の試験を受験し，次のことがわかっている。3問ともできた者は何人か。

ア．Aができた者は27人で，そのうちBもできた者は12人であった。

イ．Bができた者は17人で，そのうちCもできた者は9人であった。

ウ．Cができた者は18人で，そのうちAもできた者は8人であった。

エ．A，B，Cいずれの問題もできなかった者は9人だった。

1 6人

2 7人

3 8人

4 9人

5 10人

No.66 ★★ ある百貨店が洋服・靴・バッグのバーゲンセールを行い，訪れた客のうち200人に何を買ったかアンケートを取ったところ，次のことがわかった。アンケートに答えた200人のうち，洋服・靴・バッグのいずれも買わなかったのは何人か。

ア．洋服を買った者は134人いる。

イ．靴を買った者は93人いる。

ウ．バッグを買った者は57人いる。

エ．洋服と靴を買った者は61人いる。

オ．靴とバッグを買った者は31人いる。

カ．洋服とバッグを買った者は34人いる。

キ．3種類とも買わなかった者と3種類とも買った者の人数は同数であった。

1 20人

2 21人

3 22人

4 23人

5 24人

★★**No.67**　ある学校で冬休みが終わってから，生徒の休み中のレクリエーションについて調査した。3項目について調べたところ，次のような結果になった。スキー，スケート，温泉のいずれにも行かなかった生徒は何%いるか。

スキーへ行った人　……………………20%
スケートへ行った人　…………………16%
温泉へ行った人　………………………14%
スキー，スケート，温泉の中で
1ヵ所しか行かなかった人　…………22%
3ヵ所とも行った人　……………………2%

1　50%　　**2**　55%
3　60%　　**4**　65%
5　70%

★★**No.68**　45人が数学，英語，国語の3科目のテストを受けた。次のことがわかっているとき，1科目のみ平均点以上だった者は何人か。

ア．数学と英語が平均点以上だった者が15人いた。
イ．英語と国語が平均点以上だった者が17人いた。
ウ．国語と数学が平均点以上だった者が13人いた。
エ．2科目のみ平均点以上だった者が18人いた。
オ．3科目とも平均点未満だった者が10人いた。

1　8人　　**2**　9人
3　10人　　**4**　11人
5　12人

★**No.69**　あるパーティーが催され，60人の人が集まった。その中で日本人は42人，男性は46人，子どもは15人であった。また，日本人の男性のうち子どもは4人，そして日本人のうち大人の女性は8人で，また外国人のうち女性は子ども3人だけであった。以上のことから，確実にいえるのはどれか。

1　日本人の大人は34人であった。
2　外国人の大人は10人であった。
3　外国人の男性のうち子どもは4人であった。
4　子どもは日本人のほうが外国人より多かった。
5　日本人の子どもは男女同数であった。

② 集合と線分図

●線分図

◆集合の要素の個数が確定しないときは**線分図**を用いて考える。

全体集合U，集合A，Bの要素個数のみがわかっているとき，

$n(A \cap B)$ の最小値は，$n(A)$ と $n(B)$ の線分の重なりが最小のときであるから，

$n(A)+n(B)-n(U)$

（ただし，$n(A)+n(B)$ が $n(U)$ より小さい場合は，$n(A \cap B)$ の最小値は0。）

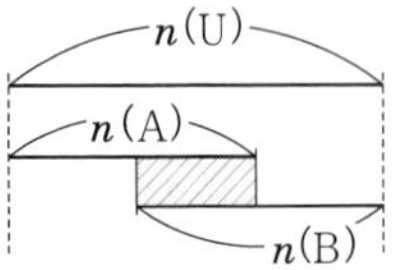

$n(A \cap B)$ の最大値は，$n(A)$ と $n(B)$ の線分の重なりが最大のときであるから，

$n(A)$，$n(B)$ のうちの小さい方

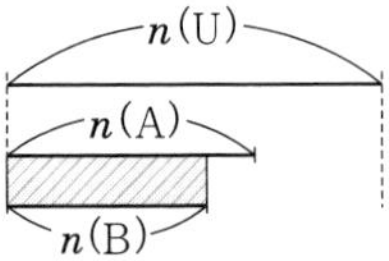

パターン15

あるクラスで，スキーをしたことのある人は22人，スケートをしたことのある人は30人いた。クラス全体は40人であるとすると，スキーもスケートも両方したことのある人は，少なくとも何人いることになるか。

1　9人　　**2**　12人

3　15人　　**4**　18人

5　21人

解法　スキーもスケートもしたことのない人の人数がわからないので，両方したことのある人の人数も確定しない。このように集合の要素の個数が確定しないときは，一般にベン図ではわかりにくいので，線分図を利用するとよい。

両方したことのある人が，できるだけ少なくなるように，(集合を表している)線分をなるべく重ならないようにすればよい。それでもなお重なってしまう部分が答えとなる。

$22+30-40=12$(人)

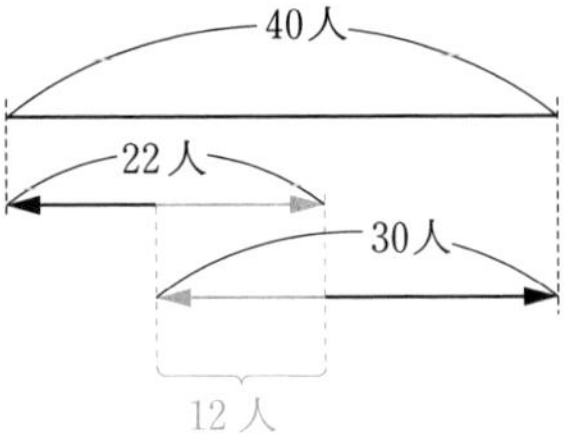

正答　2

練習問題

（352ページより解答・解説）

★
No.70 ある町に9店の書店がある。そのうち8店には漫画コーナーがあり，7店には文庫本コーナーがあり，6店には法律書コーナーがある。漫画，文庫本，法律書の各コーナーが3つともある書店は少なくとも何店あるか。

1 2店
2 3店
3 4店
4 5店
5 6店

★
No.71 Y高校の3年生300人を調査したところ，携帯電話を持っている者が255人，パソコンを持っている者は205人いた。このとき，携帯電話とパソコンを両方とも持っている者の人数として考えられる最大の値をM，最小の値をmとすると，$M-m$はいくらか。

1 40
2 45
3 50
4 55
5 60

★★
No.72 ある自動車の販売店には20人の販売員がいる。その者たちが売った車は，A車が18台，B車が15台，C車が10台，D車が9台であった。ただし，1人の販売員で同一車種を2台以上売った者はいないし，2人以上で1台の車を売った者もいない。以上のことから正しくいえるのはどれか。

1 A車を売らなかった販売員は，7人である。
2 A，B，C車を3台とも売った販売員は，少なくとも3人いる。
3 A，B車を2台とも売った販売員は，少なくとも15人いる。
4 A，B，C，D車を4台とも売った販売員は，少なくとも1人いる。
5 A，B，D車を3台とも売った販売員は，少なくとも4人いる。

No.73 ★★ 50人のクラスで，自由に手を挙げさせた。右手を挙げている者は30人，左手を挙げている者は25人であった。以上のことから正しくいえるのはどれか。

1 右手だけを挙げている者は，少なくとも20人いる。

2 左手だけを挙げている者は，15人以下である。

3 両手を挙げている者は，10人以下である。

4 手を挙げていない者が5人いたとすると，両手を挙げている者は10人である。

5 右手だけを挙げている者が22人いたとすると，手を挙げていない者は4人である。

③ 包含関係

◆集合の包含関係を図示する。図をかくときは，できるだけ一般的な場合をかく。

●AはBに含まれる

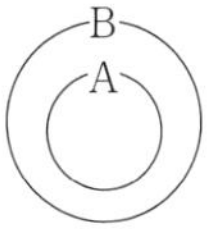

※特殊な場合として

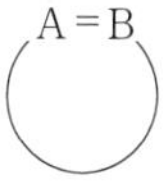

●Aの一部はBである
（AとBは共通部分をもつ）

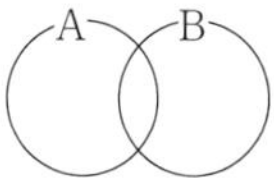

※特殊な場合として

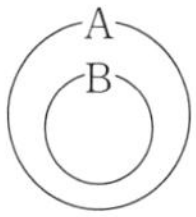

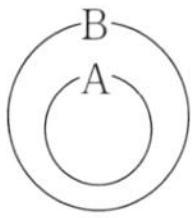

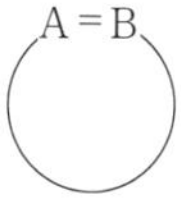

●AとBは共通部分をもたない

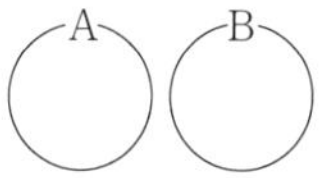

パターン16

AはBに含まれる。Dの一部はCである。BはCに含まれる。Eの一部はCである。以上のことから確実にいえるのはどれか。

1　Bの一部はDである。

2　Dの一部はEである。

3　BはEに含まれる。

4　AはCに含まれる。

5　DはEに含まれる。

解法　それぞれの条件を図示すると,

i）AはBに含まれる。

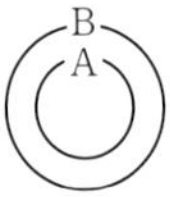

ii）Dの一部はCである。

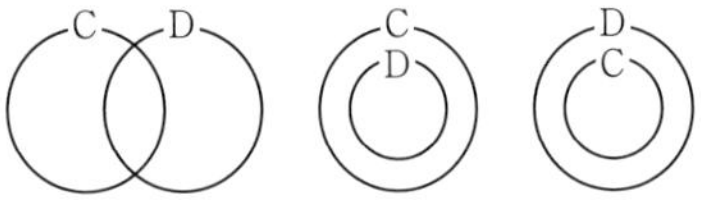

iii）BはCに含まれる。

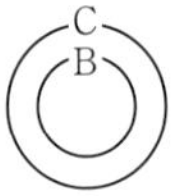

iv）Eの一部はCである。

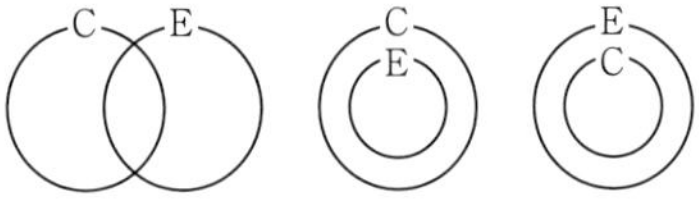

i）, iii）より右図がかけるので, **4**は確実にいえる。

1, **2**, **3**, **5**は, あり得るが確実ではない。

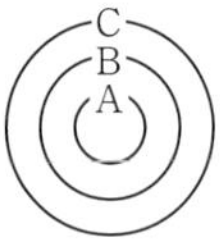

正答　4

練習問題

（354ページより解答・解説）

No.74 ★ 次のことがわかっているとき，確実にいえるのはどれか。

ア．AはCに含まれる。

イ．Bの一部はAである。

ウ．EはFに含まれる。

エ．CはFに含まれる。

オ．Dの一部はEである。

1　DはFに含まれる。

2　BはFに含まれる。

3　Dの一部はAである。

4　BはCに含まれる。

5　AはFに含まれる。

No.75 ★★ AはBに含まれる。Bの一部はCである。CはDに含まれる。CはEに含まれる。以上のことから，あり得るが確実にはいえないものは，次のア～オのうちいくつあるか。

ア．AはBとCに含まれる。

イ．Aの一部はCである。

ウ．AはEに含まれる。

エ．Bの一部はDである。

オ．Dの一部はEである。

1　1つ

2　2つ

3　3つ

4　4つ

5　5つ

第 4 章　論　理

1　論理と集合

●論理と集合の基本関係

「pならばqである」という命題を記号$p \to q$で表す。pを満たすものの集合をP，qを満たすものの集合をQとすると，PとQの包含関係は次図のようになる。

“すべてのpはqである”

「$\boldsymbol{p}$ならば$\boldsymbol{q}$である」
「すべての$\boldsymbol{p}$は$\boldsymbol{q}$である」 } $\boldsymbol{p \to q}$

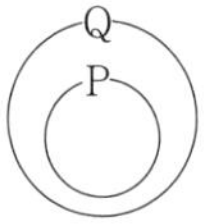

（PはQに含まれる）

“あるpはqである”

「あるpはqである」という命題は矢印（→）では表せず，ベン図を用いて次図のように表す。

「ある$\boldsymbol{p}$は$\boldsymbol{q}$である」

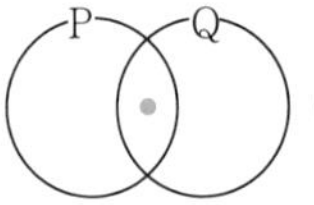

（Pの一部はQである）

パターン17

次の命題が真であるとき，確実にいえるのはどれか。

ア．ある馬は元気がない。

イ．すべての馬は艶がよい。

1 すべての馬は元気がある。

2 艶のよい馬は元気がある。

3 ある元気のない馬は艶がよい。

4 馬は艶がよいが，元気がない。

5 元気のない馬は艶もわるい。

ポイント

命題にかかれている内容を集合のベン図で表すと包含関係がわかりやすくなる。

解法　アとイの命題を，それぞれ図に表すと，

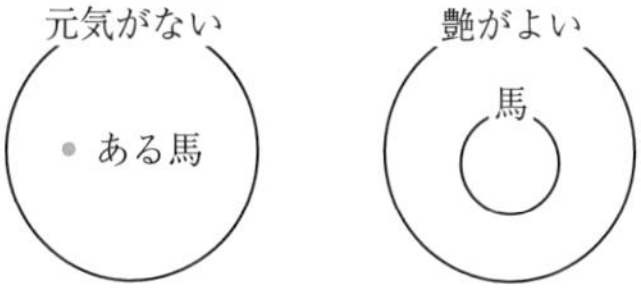

であるから，これらを1つの図に表すと，これだけではないが，たとえば右のような図がかける。

あとはベン図をもとにして選択肢を検討する。

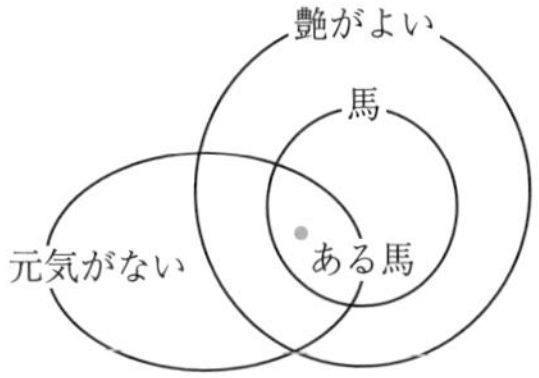

正答　3

練習問題

（354ページより解答・解説）

No.76 ★ 次の命題が真であるとき，確実にいえるのはどれか。

○　あるスポーツマンは元気がない。

○　すべてのスポーツマンは健康である。

1　すべてのスポーツマンは元気がある。

2　ある元気のないスポーツマンは健康である。

3　健康なスポーツマンは元気がある。

4　スポーツマンは健康だが，元気がない。

5　健康なスポーツマンは元気もあるはずだ。

No.77 ★ 次のことがわかっているとき，確実にいえるのはどれか。

ア．野球が得意な人の中には水泳が得意な人もいる。

イ．フットサルが得意な人の中には野球が得意な人もいる。

ウ．フットサルが得意な人はサッカーが得意である。

1　サッカーが得意な人の中には水泳が得意な人がいる。

2　野球・水泳・フットサルの3つとも得意な人がいる。

3　水泳だけが得意な人はいない。

4　野球・フットサル・サッカーの3つとも得意な人がいる。

5　サッカーだけ得意な人はいない。

No.78 ★ あるコンビニエンスストアのA～Dの4人のアルバイトの出勤について次のことがわかっているとき，**あり得ない**のはどれか。

ア．AとBが2人とも出勤する日がある。

イ．Cが出勤する日はAも出勤する。

ウ．BとDが2人とも出勤する日がある。

エ．Aが出勤する日はDは出勤しない。

1　Aだけが出勤する日がある。

2　BとCが出勤する日がある。

3　CとDが出勤する日がある。

4　Bだけが出勤する日がある。

5　Dだけが出勤する日がある。

★★
No.79 ある中学生の集団に春，夏，秋，冬の四季の好き嫌いについて聞いたところ，次のことがわかった。このとき，**あり得ない**のはどれか。

○ 夏が好きな者は冬が好きでない。

○ 春が好きな者の中には夏が好きな者もいる。

○ 冬が好きな者は秋が好きである。

○ 春が好きな者は秋が好きである。

○ 全員少なくとも1つの季節は好きであり，また，どの季節についても少なくとも1人は好きな者がいる。

1 「春が好きで冬も好きな者」はいる。

2 「夏が好きで秋も好きな者」はいる。

3 「冬が好きで秋は好きでない者」はいない。

4 「夏も秋も好きでない者」はいる。

5 「春も秋も好きでない者」はいる。

★★
No.80 A子さんが友人6人とハイキングに出かけた。7人の服装についてみてみると，次のことがいえた。このとき，確実にいえるのはどれか。

ア．長袖シャツを着ていた人は全員がつばの広い帽子をかぶっていた。

イ．つばの広い帽子をかぶっている人の中にはスパッツをはいている人がいた。

ウ．「つばの広い帽子もかぶらず，スパッツもはいていない」という人はいなかった。

1 つばの広い帽子をかぶっていない人はスパッツをはいていた。

2 長袖シャツを着ていない人はスパッツをはいていなかった。

3 スパッツをはいていない人は長袖シャツを着ていた。

4 長袖シャツを着ていない人はつばの広い帽子をかぶっていなかった。

5 長袖シャツを着ていた人はスパッツをはいていなかった。

② 三段論法と対偶

●三段論法

チェック

p, q, rを満たすものの集合をそれぞれP, Q, Rとする。

命題$\boldsymbol{p \to q}$, $\boldsymbol{q \to r}$が真のとき, $\boldsymbol{p \to r}$も真である（これを三段論法という）。

ベン図を利用すると,

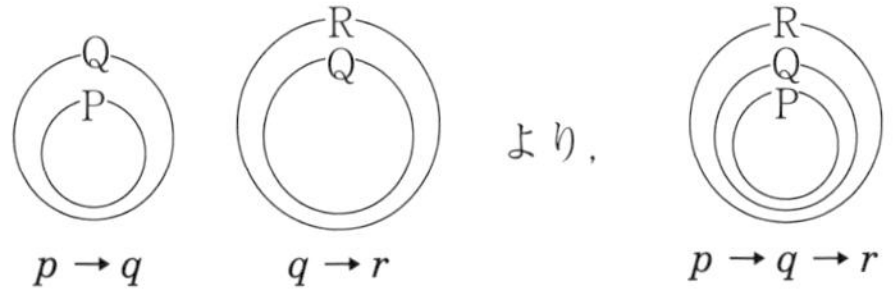

●対偶

チェック

命題$\boldsymbol{p \to q}$に対し, $\boldsymbol{\overline{q} \to \overline{p}}$を対偶という。元の命題と対偶との真偽は一致する（逆や裏は必ずしも元の命題の真偽と一致しない）。

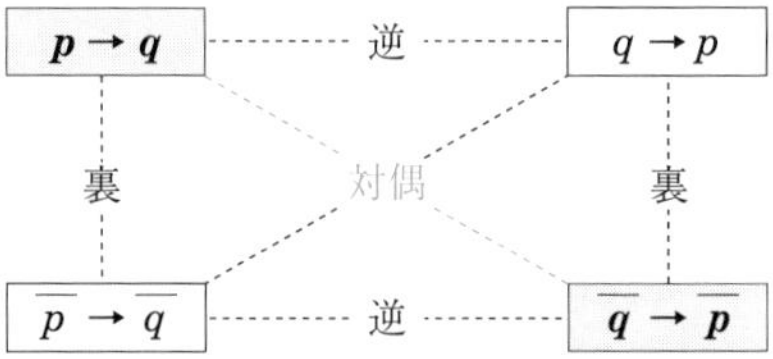

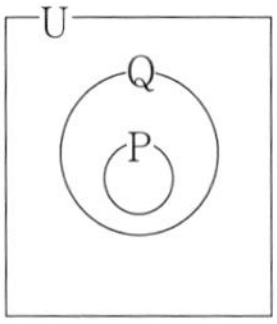

$p \to q$
のとき,

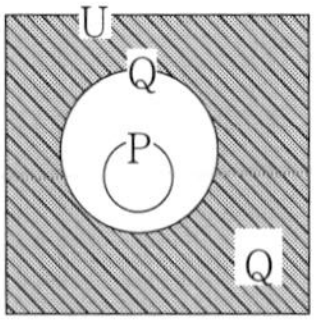

$\overline{\mathrm{Q}}$ は $\overline{\mathrm{P}}$ に含まれているので,
$\overline{q} \to \overline{p}$

パターン18

次の命題が真であるとき，確実にいえるのはどれか。

ア．病弱な人は神経質である。

イ．煙草を吸う人はやせている。

ウ．神経質な人はやせている。

1　煙草を吸う人は病弱である。

2　やせている人は神経質である。

3　やせている人は病弱である。

4　神経質な人は煙草を吸う。

5　病弱な人はやせている。

解法　アより，病弱⟶神経質　……①

イより，煙草⟶やせ　……②

ウより，神経質⟶やせ　……③

①と③から，三段論法により，「病弱　→　やせ」と結論できる。

正答　5

パターン19

次の命題が真であるとき，確実にいえるのはどれか。

ア．協調性のある人は社会性がある。

イ．誠実な人は他人から信頼される。

ウ．明朗な人は社会性がある。

1　誠実でない人は他人から信頼されない。

2　社会性のある人は明朗である。

3　協調性のない人は社会性もない。

4　明朗でない人は協調性もない。

5　社会性のない人は協調性もない。

解法　命題を矢印を用いて表すと，

ア．協調性⟶社会性

イ．誠実⟶信頼

ウ．明朗⟶社会性

1　$\overline{\text{誠実}}$⟶$\overline{\text{信頼}}$…………イの裏であり，必ずしも真ではない。

2　社会性⟶明朗………ウの逆であり，必ずしも真ではない。

3　$\overline{\text{協調性}}$⟶$\overline{\text{社会性}}$……アの裏であり，必ずしも真ではない。

4　$\overline{\text{明朗}}\longrightarrow\overline{\text{協調性}}$………ウの対偶をとっても，$\overline{\text{明朗}}\longrightarrow$□という命題にはならず（$\overline{\text{社会性}}\longrightarrow\overline{\text{明朗}}$となる），必ずしも真ではない。

5　$\overline{\text{社会性}}\longrightarrow\overline{\text{協調性}}$……アの対偶であり，真である。

正答　5

〈別解〉　ア～ウを図示すると次図のようになる。

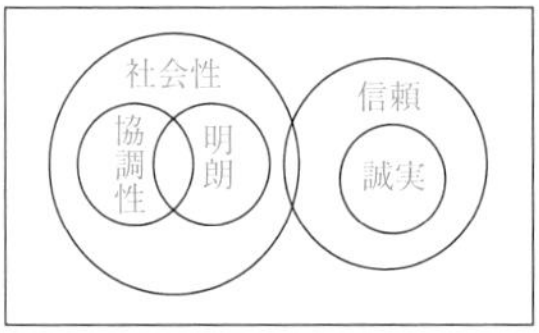

これより，1～4は確実にはいえないが，5は確実にいえる。

練習問題

（356ページより解答・解説）

No.81★ 次の推論のうち，論理的に正しいのはどれか。

1 善人は早死する。モーツァルトは早死した。ゆえにモーツァルトは善人である。

2 動物の子どもはかわいい。人間の子どももかわいい。ゆえに人間は動物である。

3 インフレになると物価が高くなる。物価が高くなると生活が苦しくなる。ゆえに生活が苦しいのはインフレが原因である。

4 読書をすると心にゆとりが生じる。心のゆとりがあれば人生は幸福である。ゆえに読書は人生を幸福にする。

5 彼はコーヒーを飲むと眠れなくなる。彼はゆうべ眠れなかった。ゆえに彼はゆうべコーヒーを飲んだ。

No.82★ 次の命題が真であるとき，確実にいえるのはどれか。

ア．理科の好きな人は，数学が好きである。

イ．英語の好きな人は，数学が好きでない。

ウ．社会の好きな人は，理科が好きでない。

エ．国語の好きな人は，数学が好きでない。

1 社会の好きな人は，国語が好きでない。

2 国語の好きな人は，英語が好きでない。

3 数学の好きな人は，社会が好きでない。

4 英語の好きな人は，社会が好きでない。

5 理科の好きな人は，国語が好きでない。

No.83★ 「スポーツマンならば健康である」という結論が導かれるのは次のうちどれか。

1 スポーツマンでないならば明朗でない。健康でないならば明朗である。

2 健康ならば明朗である。スポーツマンでないならば健康でない。

3 スポーツマンならば明朗である。明朗でないならば健康でない。

4 明朗ならば健康である。明朗でないならばスポーツマンではない。

5 スポーツマンでないならば健康でない。明朗でないならば健康でない。

★
No.84　A君は明日の休日，次のような予定を考えている。この予定通り忠実に行動するとき，A君が確実にすることはどれか。

ア．快晴ならば海へ行く。

イ．晴れならば山と湖へ行く。

ウ．曇りならば映画を見るかデパートで買い物をする。

エ．湖に行ったらボートに乗る。

オ．デパートに行ったら洋服を買う。

カ．映画を観るなら恋愛ものを観る。

1　明日，晴れならばボートに乗る。

2　明日，曇りならば洋服を買い，恋愛映画も観る。

3　明日，快晴でなければ海へ行かない。

4　明日，曇りならば洋服を買う。

5　明日，雨ならば，海，山，湖，映画，デパートのいずれにも行かない。

★★
No.85　大学のあるサークルの学生に冬休みをどう過ごしたかについて聞いたところ，次のことがわかった。このとき，確実にいえるのはどれか。

ア．スキーに行った者の中には海外旅行に行った者はいなかった。

イ．スケートに行った者の中にはスキーに行かなかった者はいなかった。

ウ．スキーに行かなかった者の中には温泉に行った者はいなかった。

1　温泉に行った者の中にはスケートに行かなかった者はいなかった。

2　スキーに行かなかった者の中にはスケートに行った者もいた。

3　温泉に行かなかった者の中には海外旅行に行かなかった者はいなかった。

4　スケートに行かなかった者の中には温泉に行かなかった者はいなかった。

5　海外旅行に行った者の中にはスケートに行った者はいなかった。

★★
No.86　A～Eの5人の出勤状況について次のことがわかっていて，ある日，5人のうち1人だけが出勤していた。この出勤していた1人として考えられる者をすべて挙げているのはどれか。

○　Bが出勤するときはAも出勤する。

○　AかCが出勤するときはDも出勤する。

○　Eが出勤しないときはCも出勤しない。

1　A　　**2**　C　　**3**　D　　**4**　E　　**5**　D，E

No.87 ★★ あるバスの乗客について次のことがわかっているとき，確実にいえるのはどれか。

ア．座っている人は，かばんかかさを持っている。

イ．女性は座っている。

1 女性はかばんを持っている。

2 かさを持っていない人は男性である。

3 座っている女性は，かばんもかさも持っている。

4 立っている男性は，かばんを持っていないかかさを持っていない。

5 かばんとかさの両方を持って立っている人は，男性である。

No.88 ★★ ある小学生の集団に野菜の好き嫌いについてアンケートをとったところ，次のことがわかった。確実にいえるのはどれか。

ア．ニンジンが好きな子はトマトもキュウリも好きである。

イ．かぼちゃかキュウリが好きな子はなすびが好きである。

ウ．ピーマンが好きでない子はなすびも好きでない。

1 かぼちゃが好きでない子はピーマンも好きでない。

2 ピーマンが好きでない子はニンジンも好きでない。

3 なすびが好きでない子はトマトも好きでない。

4 ニンジンが好きでない子はなすびも好きでない。

5 トマトが好きな子はかぼちゃも好きである。

No.89 ★★★ あるハイキングクラブの会員にA～Eの5つの山について登ったことがあるかどうか聞いたところ，次のことがわかった。このとき，確実にいえるのはどれか。

○　A山に登ったことのある者はD山にも登ったことがある。

○　C山に登ったことのない者はD山にも登ったことはない。

○　E山に登ったことのない者はA山に登ったことがある。

○　B山に登ったことのない者はD山に登ったことがある。

1 全員A山かB山のいずれかには登ったことがある。

2 全員C山かD山のいずれかには登ったことがある。

3 全員A山かD山のいずれかには登ったことがある。

4 全員B山かE山のいずれかには登ったことがある。

5 全員C山かE山のいずれかには登ったことがある。

③ ド・モルガンの法則

●ド・モルガンの法則

チェック

$p,\ q$ を満たすものの集合をそれぞれP, Qとする。

$$\left.\begin{array}{l}\overline{\boldsymbol{p}\cap\boldsymbol{q}}=\overline{\boldsymbol{p}}\cup\overline{\boldsymbol{q}}\\ \overline{\boldsymbol{p}\cup\boldsymbol{q}}=\overline{\boldsymbol{p}}\cap\overline{\boldsymbol{q}}\end{array}\right\}$$ これをド・モルガンの法則という。

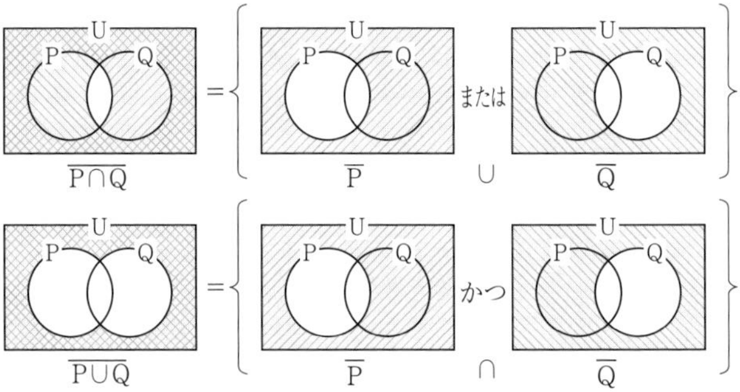

パターン20

「日本人でかつ日本国内に住んでいない人は，勤勉であるかまたは裕福である」という命題が真であるとき，確実にいえるのはどれか。

1　日本人でかつ日本国内に住んでいる人は，勤勉であるかまたは裕福でない。

2　日本人でないかまたは日本国内に住んでいる人は，勤勉でなくかつ裕福でない。

3　勤勉でないかまたは裕福でないならば，日本人ではないが日本国内に住んでいる。

4　勤勉であっても裕福でないならば，日本人ではなく日本国内にも住んでいない。

5　勤勉でなくかつ裕福でないならば，日本人でないかまたは日本国内に住んでいる。

解法　命題を記号化すると次のようになる。

$\text{日本人}\cap\overline{\text{国内}}\ \rightarrow\ \text{勤勉}\cup\text{裕福}$　…①

①の対偶をつくってみると，

$\overline{\text{勤勉}\cup\text{裕福}}\ \rightarrow\ \overline{\text{日本人}\cap\overline{\text{国内}}}$

ド・モルガンの法則を用いてこれを変形すると，

$\overline{\text{勤勉}}\cap\overline{\text{裕福}}\ \rightarrow\ \overline{\text{日本人}}\cup\overline{\overline{\text{国内}}}$

$\therefore\ \overline{\text{勤勉}}\cap\overline{\text{裕福}}\ \rightarrow\ \overline{\text{日本人}}\cup\text{国内}$

正答　5

練習問題

（358ページより解答・解説）

No.90 ★ A氏は独身のサラリーマンで，スポーツ好きである。次のことがわかっているとき，A氏について確実にいえるのはどれか。

○　花が好きな人はサラリーマンである。

○　読書が好きでかつ音楽が好きでない人は，独身ではないかまたはスポーツ好きではない。

1　A氏は読書が好きかまたは音楽が好きではない。

2　A氏は読書が好きでないかまたは音楽が好きである。

3　A氏は花が好きである。

4　A氏は花が好きであり，読書が好きでなくかつ音楽が好きである。

5　A氏は花が好きであり，読書が好きでないかまたは音楽が好きである。

No.91 ★★ 「仕事のよくできる人は，誠実である。集中力のある人は，努力家であり，同時に仕事もよくできる。」という命題が真であるとき，確実にいえるのはどれか。

1　誠実でない人は，集中力がない。

2　努力家は誠実である。

3　誠実でない人は，努力をしない。

4　仕事がうまくいかない人は，努力家でない。

5　集中力のない人は，誠実ではない。

No.92 ★★★ 次の推論のうち，論理的に正しいのはどれか。

1　リンゴは赤か黄色である。この果物は赤くない。ゆえにこの果物はリンゴではない。

2　勉強をしないか遊ばない者は学生ではない。彼は勉強をする。ゆえに彼は学生である。

3　勉強嫌いな者は数学か英語が嫌いである。成績の良い人は数学が嫌いではない。ゆえに勉強嫌いな者は成績が良くない。

4　足の速い人は野球もサッカーも得意である。腕力の弱い人は野球が得意ではない。ゆえに腕力の弱い人は足も速くない。

5　のどが痛くて寒気がする人は風邪をひいている。スポーツをしている人は風邪をひいていない。ゆえにスポーツをしている人はのどが痛くない。

第5章　位置関係

①　直線的位置関係

パターン21

Ａ～Ｅの５人が南北に縦一列に並んでおり，前向きの者も後ろ向きの者もいる。次のことがわかっているとき，確実にいえるのはどれか。

ア．Ａが後ろを向くとＢと向かい合う。

イ．Ｃの１人おいた後ろにＤがいる。

ウ．ＥはＢと同じ方向を向いている。

エ．ＤはＡと向かい合っている。

1　Ａは北を向いている。

2　南を向いているのは４人である。

3　Ｃが後ろを向くとＥと向かい合う。

4　Ｂが後ろを向くとＣと向かい合う。

5　Ｄが後ろを向くとＥと向かい合う。

ポイント

ア～エの条件に方位に関する情報がないので，方位は決定しない。とりあえず，１人の向きを決めて考える。

解法　アとエより，$\overrightarrow{\mathrm{D}}$・$\overleftarrow{\mathrm{A}}$・$\overleftarrow{\mathrm{B}}$　…①

イより，$\overleftarrow{\mathrm{C}}$○Ｄ　…②

①，②を組合せて最後にウの条件を入れると，

南（北）　$\overleftarrow{\mathrm{C}}$・$\overleftarrow{Ⓔ}$・$\overrightarrow{\mathrm{D}}$・$\overleftarrow{\mathrm{A}}$・$\overleftarrow{\mathrm{B}}$　北（南）　（南北は入れ替え可）

これより，各人の向いている方位については確定せず，確実にいえるのは，「Ｃが後ろを向くとＥと向かい合う」。

正答　3

練習問題

（358ページより解答・解説）

No.93 ★　A～Eの5人が南北に縦一列に並んでおり，前向きの者も後ろ向きの者もいる。次のことがわかっているとき，確実にいえるのはどれか。

ア．Aの前には2人いる。　　イ．Bの1人おいた前にDがいる。

ウ．Cの前には4人いる。　　エ．Dのすぐ後ろにEがいる。

1　Aが北を向いているとき，Bは南を向いている。

2　Bが北を向いているとき，Cは南を向いている。

3　Cが北を向いているとき，Dは南を向いている。

4　Dが北を向いているとき，Eは南を向いている。

5　Eが北を向いているとき，Aは南を向いている。

No.94 ★★　A～Dの4人が東西に一列に並んでいる。4人は東西南北いずれかの方向を向いている。次のことがわかっているとき，**あり得ない**のはどれか。

ア．Aが後ろを向くとCと向かい合う。AとBは隣合っていない。

イ．Bが右に90°向くとDの右横顔を見ることになる。

ウ．東を向いている者はいない。

1　AはDの左横顔を見ている。

2　Bが左に90°向くとCの背中を見ることになる。

3　Cが後ろを向くとDの左横顔を見ることになる。

4　Dが右に90°向くとAと向かい合うことになる。

5　Dは北を向いている。

No.95 ★★　A～Gの7人が横一列に並んでおり，前向きの者も後ろ向きの者もいる。このとき，次のA～Gの発言から正しくいえるのはどれか。

A「私の右手のほうにCとDが，左手のほうにBとEがいる。」

E「私の右手のほうにD，左手のほうにBがいる。」

C「私の右手のほうにB，左手のほうにDとFがいる。」

F「私のすぐ左隣にCがいる。」

G「私の右手にA，左手にCがいる。」

1　FとGは同じ向き　　**2**　BとDは反対向き

3　AとGは同じ向き　　**4**　CとDは反対向き

5　AとEは同じ向き

② 平面的位置関係

パターン22

ある会社の社員寮にはA～Fの6つの部屋があり，図のように並んでいる。Aの隣はEで，Eの向かいはDである。またBの隣の部屋の向かいはCである。このとき，確実にいえるのはどれか。

1　DとCは隣合っている。
2　EもFも端の部屋である。
3　Cは中央の部屋である。
4　AとBは向かい合っている。
5　EはAとFにはさまれている。

解法　i）Aが端の部屋にいる場合

隣がEで，Eの向かいはDなので，A，E，Dの位置を右図のように決めてみる。

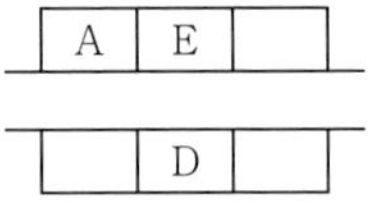

BとCは斜めどうしでなければならないのだが，この配置では，BとCを入れることができない。

ii）Aが中央の部屋にいる場合

同様に，A，E，Dの位置を右図のように決めてみる。すると，BとCは斜めどうしに2通りの入り方ができる。

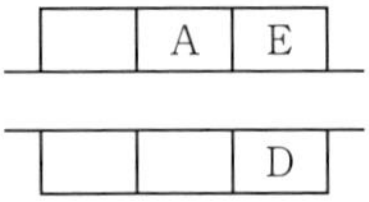

以上より，次の2通りの配置があり得る。

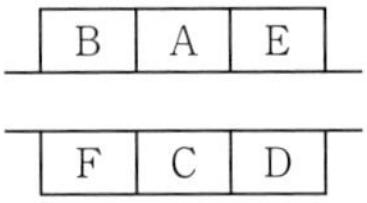

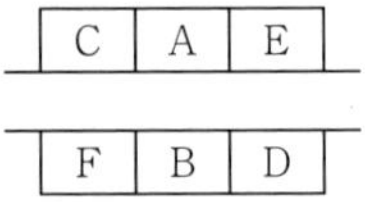

なお，これらのそれぞれについて，左右対称，上下対称のものもあるが，相対的な位置関係は同様である。

正答　2

パターン23

A～Fの6人が，丸いテーブルを囲んで等間隔に座っていて，次のことがわかっている。このとき，確実にいえるのはどれか。

ア．Aの隣にCが座っている。

イ．FはDの隣で，Bの真向かいに座っている。

1　AはDの真向かいに座っている。

2　Bの隣にはCとEが座っている。

3　Cの1人おいて隣にはBが座っている。

4　Dの隣にはEとFが座っている。

5　EはCの真向かいに座っている。

解法　アより，AとCの位置を右図のように決めてみる。

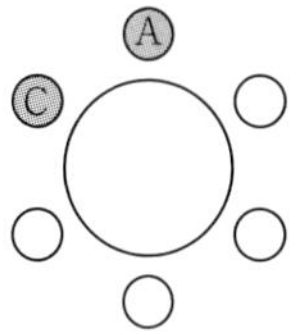

イより，FとBは向かい合わせなので，

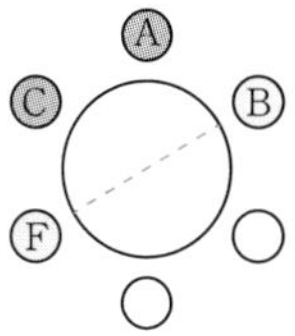

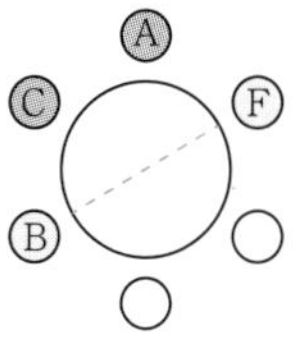

の2通りがあり得る。DはFの隣なので，それぞれ決まり，よって残ったEの位置も決まる。

なお，はじめにAとCの位置関係を固定したが，これについては裏返しのものもあるので，実際にはこの図の左右反転した座り方もあるが，向かい，隣の位置関係は変らないので図はこの2つでよい。

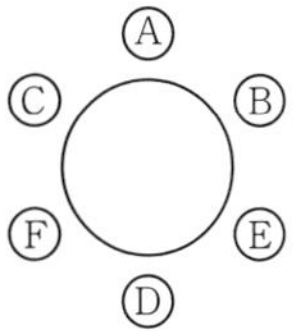

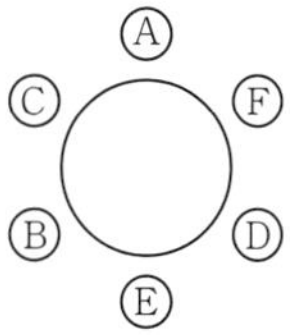

正答　4

練習問題

（359ページより解答・解説）

★
No.96 Ａ～Ｆの男女各3人ずつが図のように座っている。次のことがわかっているとき，確実にいえるのはどれか。

ア．女性は並んで座らない。

イ．Ａ氏の隣はＢ嬢である。

ウ．Ｃ嬢の向かいはＥ嬢である。

エ．Ｄ氏は真ん中ではない。

1　②の席はＡ氏である。

2　③の席はＢ嬢である。

3　Ｆ氏の向かい側は男性である。

4　Ｄ氏の向かい側は男性である。

5　Ａ氏の向かい側は女性である。

★
No.97 Ａ～Ｆの6人が円卓を囲んで等間隔に座っている。次のことがわかっているとき，**あり得ない**のはどれか。

ア．Ａの1つおいた左隣にＢが座っている。

イ．Ｃの1つおいた右隣にＦが座っている。

ウ．ＤとＥは向かい合っていない。

1　Ａの右隣にＦが座っている。

2　Ｂの左隣にＤが座っている。

3　Ｃの向かいにＥが座っている。

4　Ｄの右隣にＡが座っている。

5　Ｅの向かいにＢが座っている。

★★
No.98 Ａ～Ｈの8人が円卓を囲んで等間隔に座っている。次のことがわかっているとき，正しいのはどれか。

ア．Ａの向かいにＦが座っている。

イ．Ｂの1人おいた左隣にＨが座っている。

ウ．Ｃの向かいにＤが座っている。

エ．Ｄから見て，Ｅは右の方に，Ｇは左の方に座っているが，どちらもＤの隣ではない。

オ．Ｈから見てＦは右の方に座っているが隣ではない。

1　ＢはＦの右隣に座っている。

2　ＣはＨの右隣に座っている。

3　ＥはＢの向かいに座っている。

4　ＦはＧの左隣に座っている。

5　ＧはＡの左隣に座っている。

No.99 ★★

4組の夫婦（A氏とA夫人，B氏とB夫人，C氏とC夫人，D氏とD夫人）が図のように円卓を囲んで等間隔に座っている。どの夫婦も隣り合って座ってはおらず，さらに次のことがわかっているとき，確実にいえるのはどれか。

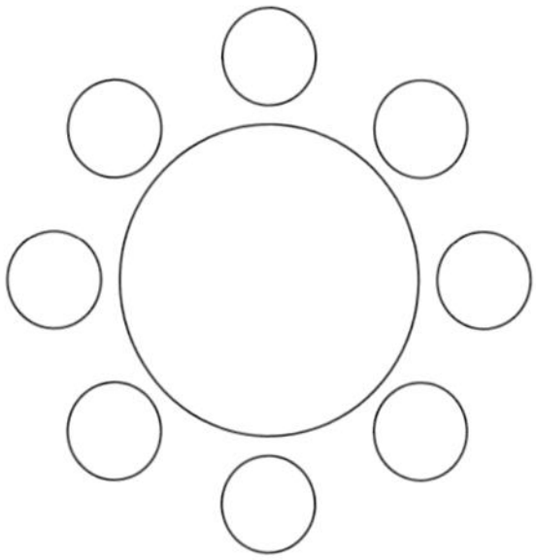

ア．A氏の正面にB夫人がいる。
イ．D夫人の右隣にA氏がいる。
ウ．A夫人の右隣にB氏がいる。

1　A夫人の正面にD氏がいる。
2　B氏の正面にD夫人がいる。
3　C氏はB夫人の隣にいる。
4　C夫人はD夫人の隣にいる。
5　D氏の正面にB氏がいる。

No.100 ★★

上から一郎，二郎，三郎，四郎，五郎，六郎という兄弟が図のようなテーブルに着席している。次のことがわかっているとき，正しくいえるのはどれか。

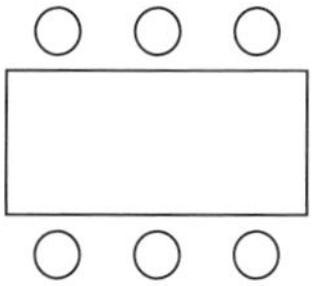

ア．1つ上，あるいは1つ下の兄弟とは，隣合っていないし，向かい合ってもいない。
イ．二郎と六郎は向かい合っている。

1　一郎は五郎の隣にいる。
2　二郎は四郎の正面にいる。
3　三郎は一郎の正面にいる。
4　四郎は六郎の隣にいる。
5　五郎は三郎の正面にいる。

No.101 ★★

1戸建ての家が図のように1～12番まで12軒並んでいる。ここに住んでいるA～Eの5人のうちA～Dの4人が次のように述べているとき，確実にいえるのはどれか。

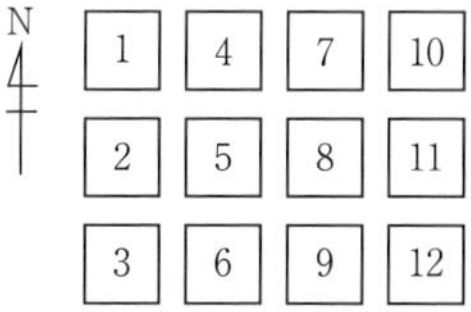

A　「私の家の南側の列にBの家がある。」
B　「私の家の1軒おいて東側の家がCの家である。」
C　「Aの家とDの家とを結んだ線分上には私の家しかない。」
D　「私の家の1軒おいて北側の家がEの家である。」

1　Aの家は4番か7番のどちらかである。
2　Bの家はEの家の北側の列にある。
3　Cの家は8番である。
4　Dの家は6番か9番のどちらかである。
5　Eの家はAの家の西側の列にある。

★★
No.102　Ａ～Ｆの6軒の家が図のように並んでいて，次のことがわかっている。6軒の家の位置関係を決定させるための条件として，あと必要なものはどれか。

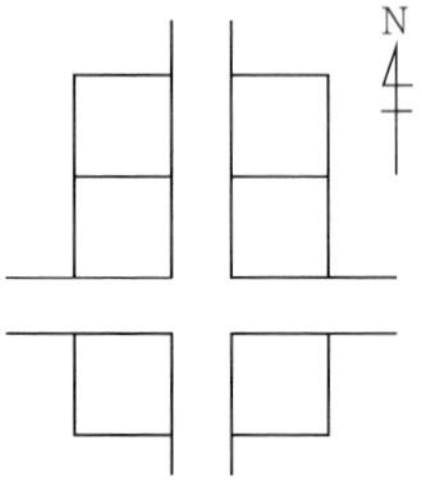

ア．ＡとＢは道路をはさんで向かい合っている。
イ．ＣはＤの北隣である。
ウ．Ｅの家の東側は道路に面している。

1　ＡとＣは隣合っている。
2　ＢとＦは隣合っている。
3　Ｃの家の東側は道路に面している。
4　ＤとＢは道路をはさんで向かい合っている。
5　ＥとＡは道路をはさんで向かい合っている。

★★
No.103　図のように道路をはさんで並ぶ9軒の家にＡ～Ｉの9人が1軒に1人ずつ住んでいる。次のことがわかっているとき，**あり得ない**のはどれか。

ア．Ａの家の2つおいた隣にＣの家がある。
イ．Ｂの家の2つおいた隣にＤの家がある。
ウ．Ｅの家の2つおいた隣にＧの家がある。
エ．Ｇの家の1つおいた隣にＢの家がある。
オ．Ｈの家の隣の向かいにＩの家がある。

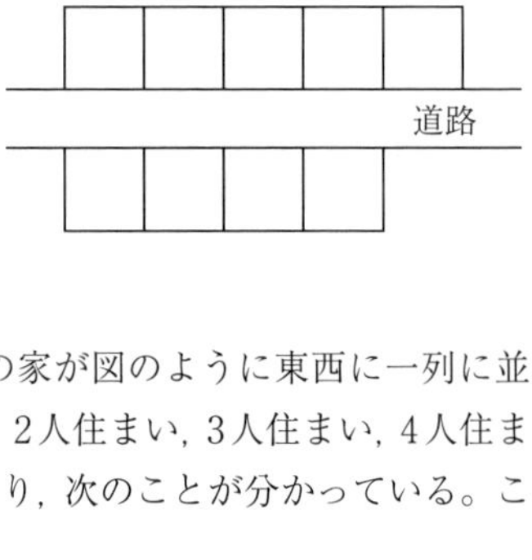

1　Ａの家の向かいはＤの家である。
2　Ｃの家の向かいはＧの家である。
3　Ｅの家の向かいに家はない。
4　Ｆの家の向かいはＢの家である。
5　Ｈの家の向かいはＦの家である。

★★
No.104　Ａ家・Ｂ家・Ｃ家・Ｄ家の4軒の家が図のように東西に一列に並んでいる。これらの家は，1人住まい，2人住まい，3人住まい，4人住まいのいずれかで，それぞれ異なっており，次のことが分かっている。このとき，確実にいえるのはどれか。

ア．Ａ家より西にある家には全部で7人が住んでいる。
イ．Ｃ家は端にあり，隣の家は4人住まいである。
ウ．Ｂ家の両隣にはあわせて5人が住んでいる。

1　Ａ家は１人住まいである。
2　Ａ家は東の端である。
3　Ｂ家はＣ家の西隣である。
4　Ｃ家は２人住まいである。
5　Ｄ家は１人住まいである。

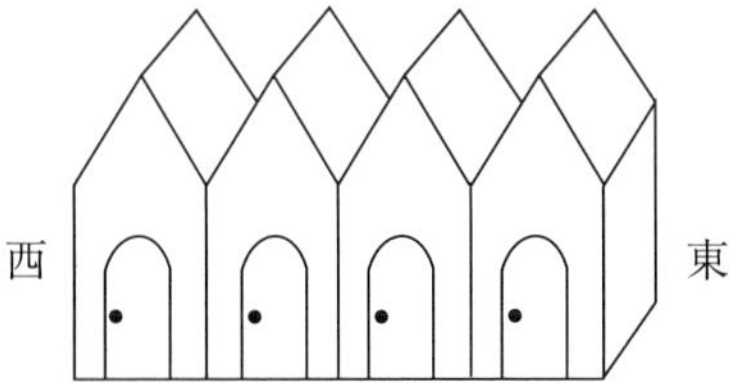

★★
No.105　Ａ～Ｆの６人が円卓を囲んで等間隔に座り，コーヒー，紅茶，ジュースのいずれか１つを飲んでいる。次のことがわかっているとき，確実にいえるのはどれか。

ア．コーヒー，紅茶，ジュースのいずれも２人ずつが飲んでいる。
イ．同じものを飲んでいる２人は隣合っていない。
ウ．Ａの向かいに座っている者はジュースを飲んでいる。
エ．Ｂの両隣に座っている者は同じものを飲んでいる。
オ．Ｃの両隣に座っている者はコーヒーを飲んでいる。
カ．ＤとＥは同じものを飲んでいる。

1　ＡはＥの向かいに座っている。
2　Ｂはコーヒーを飲んでいる。
3　Ｃはジュースを飲んでいる。
4　ＤとＦは隣合って座っている。
5　Ｆはコーヒーを飲んでいる。

★★
No.106　Ａ～Ｄの４人が図のように正方形のテーブルを囲んで座っている。４人の氏名は山田，田中，木下，上田のいずれかで全員異なっている。４人のうち１人だけが男性である。次のことがわかっているとき，正しくいえるのはどれか。

ア．Ａの向かいはＣではない。
イ．Ａは山田と向かい合っている。
ウ．Ｂの向かいはＣではない。
エ．Ｂの右隣は田中である。
オ．Ｃの右隣は男性で，向かいは木下である。

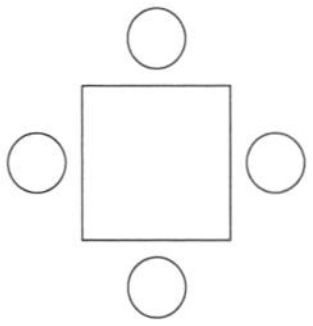

1　Ａは男性で，上田である。
2　Ｂは男性で，山田である。
3　Ｃは女性で，上田である。
4　Ｄは女性で，田中である。
5　Ｄは男性で，木下である。

★★
No.107　A～Fの6人の職業はそれぞれ異なっており，教師・保育士・看護師・栄養士・消防官・警察官のいずれかである。6人は次図のような2階建マンションに1人1室ずつ住んでいる。次のことがわかっているとき，確実にいえるのはどれか。

ア．Aの部屋は保育士の部屋の真上である。

イ．Bの部屋は看護師の部屋の真下である。

ウ．Cの部屋の両隣に警察官の部屋と消防官の部屋がある。

エ．Dの部屋の真下はFの部屋である。

オ．Bの部屋と教師の部屋は隣り合っている。

1　Aは警察官である。　　**2**　Bは保育士である。

3　Cは栄養士である。　　**4**　Dは消防官である。

5　Eは保育士である。

★★
No.108　A～Hの8人の身長はこの順に高くなっており，Aが一番低くHが一番高い。8人が教壇に向かって座るのに，前よりは後ろが高く，左よりは右が高くなるように座りたい。BとFの席が図のように決まっているとき，全員の座り方は何通りあるか。

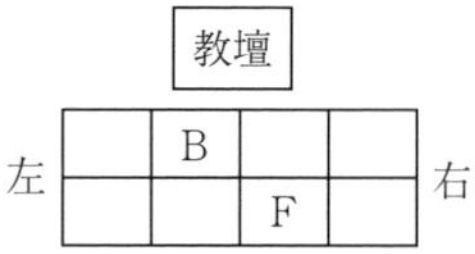

1　2通り

2　3通り

3　4通り

4　5通り

5　6通り

③ 空間的位置関係

パターン24

あるアパートの1階の平面図は図の通りであり，2階もまったく同じである。このアパートの8つの部屋には，A～Hの8人が，1部屋に1人ずつ入居していて，次のことがわかっている。このとき，確実にいえるのはどれか。

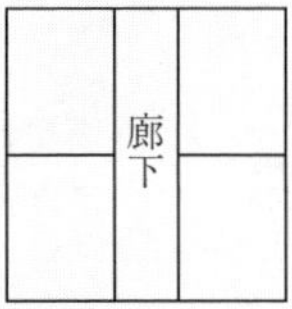

ア．AはFの隣で，Cの真上である。

イ．BはDの向かいである。

ウ．GとHは隣合っていない。

1　DはFの真下である。

2　AとBは最も離れている。

3　DとGは隣合っていない。

4　Hは1階に住んでいる。

5　Eは2階に住んでいる。

解法　アより，A，C，Fの位置を右図のように決めてみる。横棒の上が2階，下が1階を表すものとする。

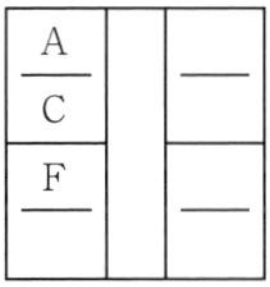

イより，BとDは向かいどうしであるが，それは，Fの真下とその向かい以外にあり得ない。ただし，BとDのどちらがFの真下であるかはわからない。

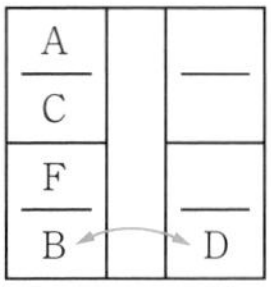

ここまでで，残っている部屋は，Cの向かい（1階）と，A，Fの向かい（2階）である。

ウより，GとHは，A，Fの向かいに隣合って入ることはできない。よって，GとHの一方はCの向かい（1階）となる。これもどちらであるかはわからない。しかし，その結果1階はすべてふさがるので，残ったEは確実に2階ということになる。あり得る配置は次の8通りである。

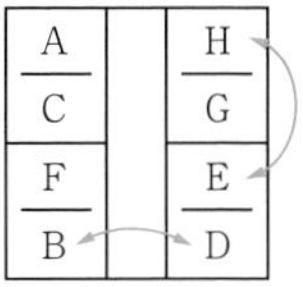

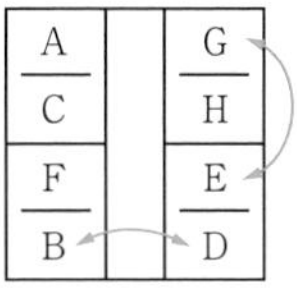

正答　5

練習問題

（364ページより解答・解説）

No.109★★　1階も2階も3部屋ずつ並んでいる2階建のアパートが，2棟向かい合って建っている。部屋は全部で12室あることになるが，このうち2室は空室で，残りの10室にA～Jの10人が1人1室ずつ住んでいる。次のことがわかっているとき，正しくいえるのはどれか。

ア．AはCの真下で，Gと向かい合っている。

イ．BはDの隣で，Eと向かい合っている。

ウ．FはHの真上で，空室と向かい合っている。

エ．IはJの隣で，空室と向かい合っている。

オ．GとJは別の棟に住んでいる。

1　BとFは別の棟に住んでいる。

2　BとFは違う階に住んでいる。

3　2つの空室は別の棟にある。

4　2つの空室は隣合っている。

5　1階には空室はない。

No.110★★　図のような3階建のアパートが2棟向かい合って建っている。12室のうち10室にA～Jの10人が1人1室ずつ住んでおり，2室は空室である。次のことがわかっているとき，確実にいえるのはどれか。

ア．Aの部屋の下はEの部屋で，向かいはGの部屋である。

イ．Fの部屋の下はBの部屋で，向かいはCの部屋である。

ウ．Dの部屋の両隣はEの部屋とHの部屋である。

エ．Bの部屋の隣にJの部屋がある。

オ．Aの部屋とIの部屋は別の棟にある。

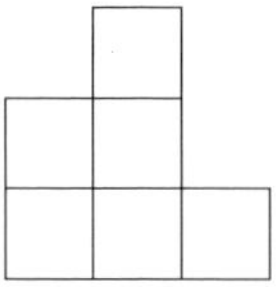

1　2つの空室は同じ棟にある。

2　Bの部屋の隣に空室がある。

3　Cの部屋の上は空室である。

4　Fの部屋の上は空室である。

5　Gの部屋の下は空室である。

No.111 ★★ 1，2階とも図のように4部屋ずつある2階建アパートにA～Gの7人が1人1室ずつ住んでおり，1室は空室である。次のことがわかっているとき，確実にいえるのはどれか。

ア．Aの部屋は，廊下をはさんでBの部屋およびGの部屋の向かいにあり，Aが自分の部屋でBの部屋の方を向くと左の方にGの部屋がある。

イ．Fの部屋は，廊下をはさんでDの部屋およびEの部屋の向かいにあり，Fが自分の部屋でDの部屋の方を向くと右の方にEの部屋がある。

ウ．Cの部屋の真上にBの部屋がある。

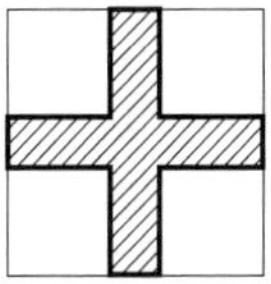

（斜線部は廊下で，上から見た図）

1 Aの部屋の真下はDの部屋である。

2 Cの部屋の向かいに空室がある。

3 Dの部屋の真上は空室である。

4 Eの部屋の真上はGの部屋である。

5 Fの部屋の真上はAの部屋である。

④ 方位

パターン25

A～Dの4人が，次のような位置にいる。このとき，確実にいえるのはどれか。

ア．Aは北を向いており，Bの横顔を見ている。

イ．CはBと向かい合っており，右方向は南である。

ウ．DはAとCの中間点にいる。

1　Bは東を向いている。

2　Aより北側には2人いる。

3　Cは4人のうちで最も東側にいる。

4　DはBの南西の方角に位置している。

5　Dは他の3人から等しい距離に位置している。

ポイント

東西南北の方位を基準にして，位置関係を考える。この際，図形の性質についての理解が必要となる場合が多い。また，距離がわかっていないときは，異なる距離であるとみなして，一般性をもつ図をかくことが重要である。距離を勝手に等しいものとして，特別な図をかくと，解答を誤ることになる。

解法　アより，Aは北を向いており，Aの真北にBがいて，Bの横顔が見えることから，Bは東か西を向いていることがわかる。

イより，Cの右方向が南であることから，Cは東を向いていることがわかる。また，BはCと向かい合っているので，Bは西を向いていることがはっきりする。

ウより，DはAとCの中間点にいるのだが，どちらを向いているかはわからない。

以上より，次図がかける。Dの位置は直角三角形の斜辺の中点にあり，直角三角形の場合，斜辺の中点は外心にあたるため，A，B，Cの3人から等距離の位置であることがわかる。

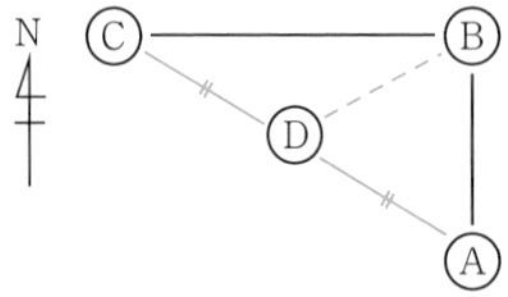

正答　5

練習問題

（364ページより解答・解説）

No.112★　A～Dの4台の車が図のような交差点に東西南北いずれか異なる方向から進入し，東西南北いずれか異なる方向へ出て行った。次のことがわかっているとき，正しくいえるのはどれか。ただし，Uターンはできないものとする。

ア．Aは直進した。
イ．Bは西から交差点に入った。
ウ．Cは左折した。
エ．Dは北から交差点に入った。

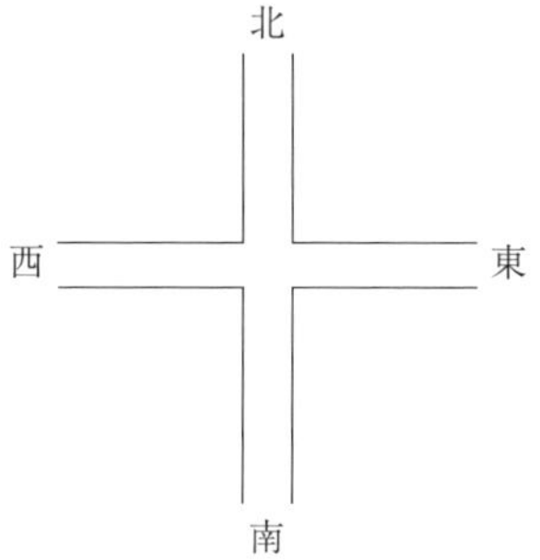

1　Aは東から交差点に入った。
2　Bは直進した。
3　Bは右折した。
4　Cは南から交差点に入った。
5　Dは左折した。

No.113★　ある街の一画に図のような4軒の家があり，A・B・C・Dが住んでいる。この4軒の家は，屋根の色がそれぞれ異なっており，赤・青・白・黄のいずれかである。この4軒について，次のことがわかっているとき，正しくいえるのはどれか。

ア．Aの家は，黄色の屋根の家より南側にある。
イ．Bの家は，黄色の屋根の家より北側にあり，青色の屋根の家より西側にある。
ウ．赤色の屋根の家は，Cの家より南側にあり，Dの家より西側にある。
エ．④の家の屋根は青色ではない。

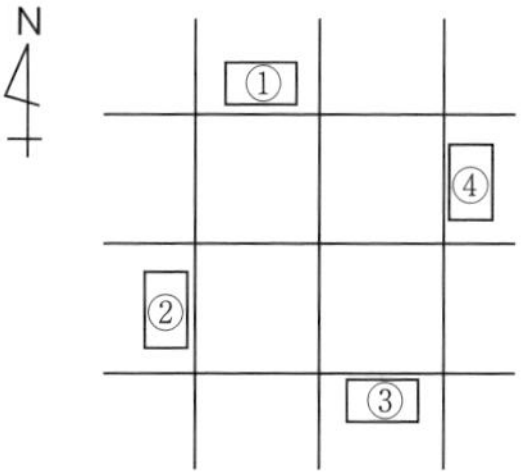

1　①はBの家で，②の家の屋根は白色である。
2　②はAの家で，③の家の屋根は白色である。
3　③はDの家で，④の家の屋根は黄色である。
4　④はAの家で，①の家の屋根は黄色である。
5　①はBの家で，③の家の屋根は赤色である。

★ No.114
Ａ君は，家を出て100ｍのところで左に90°曲がり，それから300ｍのところでもう一度左に90°曲がって400ｍ進んだ。現在の進行方向が東向きだとすると，現在地から家はどの方角になるか。

1　北　　**2**　北西　　**3**　西
4　南西　　**5**　南

★★ No.115
Ａは散歩をかねて手紙を出しに行った。家を出て少し歩いてから右へ90°曲がり，また少し歩いてから左へ90°曲がり，さらに少し歩いてから右へ135°曲がり，さらに少し歩いて右に90°曲がって少し歩いてポストについた。手紙を投函して右に45°曲がり，北西の風に向かって歩いて家に帰った。Ａは最初どの方向に向かって歩き出したか。

1　東　　**2**　北東　　**3**　西
4　南　　**5**　南西

★★ No.116
Ａの家から学校は南西の方角に見える。Ｂの家は，Ａの家とＣの家の中間にある。Ｃの家は学校の北西にある。Ｃの家とＡの家は学校から等距離にある。このとき，正しくいえるのはどれか。

1　学校からＣの家までの距離は，Ａの家からＢの家までの距離より近い。
2　Ｂの家からＣの家までの距離は，Ｂの家から学校までの距離より遠い。
3　Ｃの家は，Ａの家の真東にある。
4　Ｂの家は，学校の真北にある。
5　学校から一番遠いのは，Ｂの家である。

★★ No.117
Ａ～Ｅの５人の家の位置関係について，次のことがわかっているとき，確実にいえるのはどれか。

ア．Ａの家はＥの家の南西にある。
イ．Ｂの家はＡの家の南東にある。
ウ．Ｃの家はＤの家の北東にある。
エ．Ｄの家はＢの家の南西にある。
オ．Ｅの家はＣの家の北西にある。

1　Ａの家は最も西にある。
2　Ｂの家より西には３人の家がある。
3　Ｃの家より南には３人の家がある。
4　Ｄの家の真北にはＡの家がある。
5　Ｅの家は最も北にある。

No.118 ★★ まっすぐな道に沿ってAの家と学校とBの家が，この順にある。Aの家から，真南に行くとDの家があり，A，B，Dの家は学校から等距離にある。また，Cの家はAとDの家から等距離にある。このとき，確実にいえるのはどれか。

1 Bの家はDの家の真東にある。

2 学校からCの家までの距離は，学校からAの家までの距離に等しい。

3 Cの家と学校とを結ぶ線は，ちょうど東西を走ることになる。

4 Dの家はAとBの家から等距離にある。

5 学校はBの家の真西にある。

No.119 ★★ A～Eの5人の家の位置関係について次のことがわかっているとき，確実にいえるのはどれか。

ア．Dの家はAの家の東，Bの家の南にある。

イ．Cの家はBの家の東，Aの家の北東にある。

ウ．Eの家はDの家の北，Cの家の南西にある。

エ．Eの家からBの家までの距離は，Eの家からDの家までの距離の2倍である。

1 Aの家からCの家までの距離は，Aの家からEの家までの距離の3倍である。

2 Bの家からCの家までの距離は，Bの家からEの家までの距離の1.5倍である。

3 Cの家からDの家までの距離は，Cの家からBの家までの距離の2倍である。

4 Dの家からAの家までの距離は，Dの家からEの家までの距離の1.5倍である。

5 Eの家からCの家までの距離は，Eの家からAの家までの距離の3倍である。

No.120 ★★★ A～Eの5人の家は異なる地点にあり，その位置関係について次のことがわかっているとき，確実にいえるのはどれか。

ア．Aの家からC，D，Eの家までの距離は等しい。

イ．Cの家からA，B，D，Eの家までの距離は等しい。

ウ．Bの家からD，Eの家までの距離は等しい。

1 Aの家からB，Eの家までの距離は等しい。

2 Bの家からC，Dの家までの距離は等しい。

3 Bの家からC，Eの家までの距離は等しい。

4 Dの家からB，Eの家までの距離は等しい。

5 Eの家からA，Bの家までの距離は等しい。

第6章 試 合

① 試合数

●試合数

nチーム で行う試合数(優勝するまで)

① トーナメント戦　$n-1$　試合

② リーグ戦　${}_nC_2=\dfrac{n(n-1)}{2}$　試合

パターン26

ある学年で，クラス対抗の球技大会を行うことになった。1クラス1チームとして，リーグ戦を行うとすると，トーナメント戦を行うときよりも試合数が15試合多くなるという。この学年のクラス数はいくつか。

1　7クラス

2　8クラス

3　9クラス

4　10クラス

5　11クラス

解法　クラスがnクラスあるとすると，題意より，

(リーグ戦の試合数)＝(トーナメント戦の試合数)＋15

$$\frac{n(n-1)}{2}=(n-1)+15$$

$$n^2-n=2(n+14)$$

$$n^2-3n-28=0$$

$$(n+4)(n-7)=0$$

$$n=-4,\ 7$$

クラス数は正の整数だから，$n=7$

正答　1

練習問題

（367ページより解答・解説）

No.121★ ある都市でバスケットチームのある高校が，リーグ戦を行うと，トーナメントのときより9倍の試合数になるという。これらの高校チーム数は何校あるか。ただし，1校1チームとする。

1 12校

2 16校

3 17校

4 18校

5 19校

No.122★★ 40チームでトーナメントの試合をする。できるだけ全チームが公平になるようにトーナメントを組もうとしたが，実際には40チームのうち何チームかはいずれも5連勝すれば優勝だが，他のチームはいずれも6連勝すれば優勝するようになった。5連勝すれば優勝するチームは何チームか。

1 8チーム

2 16チーム

3 20チーム

4 24チーム

5 32チーム

② トーナメント戦

パターン27

A～Fの6人が図のような組合せでトーナメント戦を行った。AとBがそれぞれ2勝したこと，CがDに勝ったがAに敗れたことがわかっているとき，**あり得ないのはどれか**。

1　Aが優勝した。
2　Bが優勝した。
3　EはAに敗れた。
4　FはBに敗れた。
5　決勝戦はAとBだった。

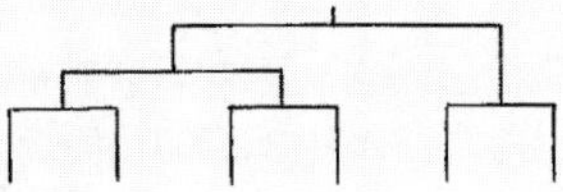

解法　参加者は6人で試合数は5試合である。Aが2勝，Bが2勝，Cが1勝したのであるから，勝った者はそれ以外にはいない。よって，第1回戦の勝者3人は，A，B，Cである。Cは第2回戦でAに敗れたのだから，AとBが優勝を争ったことになる。AもBも2勝であるから，優勝した者は2勝で優勝したわけで，いちばん右の組にいたことがわかる。このことより，CとDの第1回戦は右の組ではないので，Cが第2回戦を戦ったAも右の組ではない。よって右の組にいて2勝で優勝したのはBである。A，Bの第一回戦の対戦相手は，E，Fのどちらであるかはわからない。

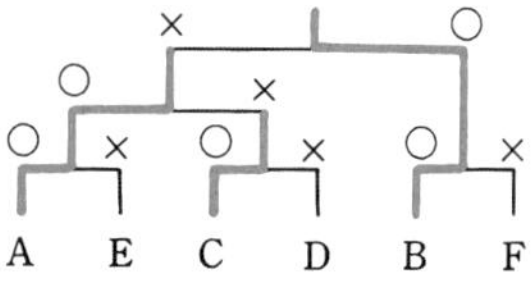

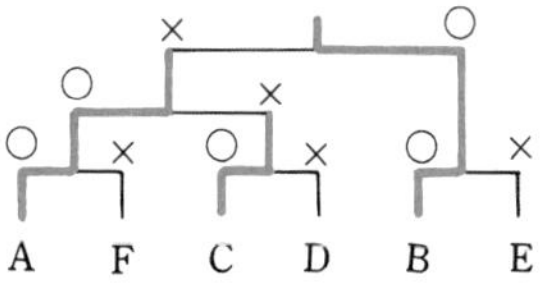

正答　1

練習問題

（367ページより解答・解説）

No.123★ Ａ～Ｆの６人が図のような組合せで腕相撲のトーナメント戦を行った。次のことがわかっているとき，正しくいえるのはどれか。

ア．ＡはＢに勝った。
イ．ＣはＦに勝った。
ウ．ＤはＥに勝った。
エ．ＢはＤに勝った。

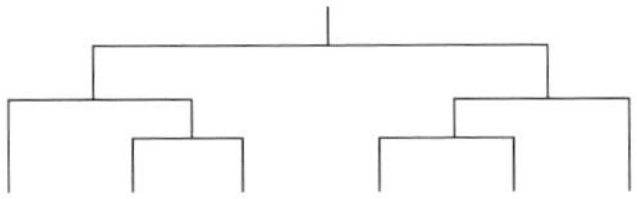

1 1試合した者は3人いた。
2 1試合した者は4人いた。
3 2試合した者は3人いた。
4 2試合した者は4人いた。
5 3試合した者は1人いた。

No.124★★ 山中，秋山，武藤，木島，梅田の5人が集まって試合を前に抽選で組合せを決め，図に示されるようなトーナメントでテニスの試合を行った。その結果，山中は梅田に勝ち，秋山は木島に勝ち，武藤は山中に勝った。以上のことから正しくいえるのはどれか。

1 山中はＡまたはＢを引いた。
2 秋山は優勝した。
3 武藤はＣを引いた。
4 秋山は3回試合をした。
5 武藤は優勝した。

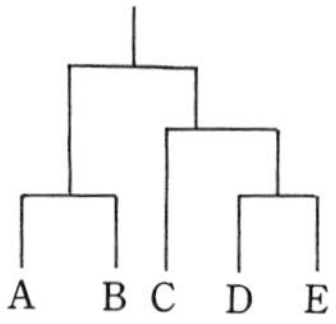

No.125★★ Ａ～Ｈの８人が図のような組合せでテニスのトーナメント戦を行った。次のことがわかっているとき，確実にいえるのはどれか。

ア．ＡはＧとＨに勝った。
イ．ＢはＤに勝ったが，Ａには負けた。
ウ．ＣはＥに勝った。

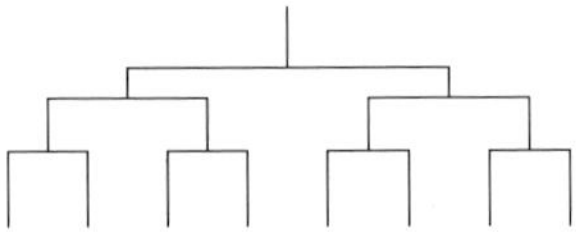

1 決勝戦はＡとＢだった。
2 ＢはＣに勝った。
3 ＣはＨに負けた。
4 ＦはＧに負けた。
5 Ｃ－Ｅ戦は第１回戦だった。

No.126 ★★★ A～Dの4人が卓球の試合(シングルス)を行い，勝率で順位を決定した。まずAとB，CとDが対戦し，次にその勝者どうし，敗者どうしが対戦した。同率の場合は，同率の者どうしで順位が決定するまで対戦し，全部で5試合行った。そのうちCはBに敗れ，AはDに勝ちCに敗れたことがわかっている。以上のことから各人の順位として正しくいえるのはどれか。

1　Aは2位である。

2　Bは2位である。

3　Bは3位である。

4　Cは3位である。

5　Dは4位である。

3 リーグ戦

パターン28

A～Eの5人がテニスのリーグ戦をし，その試合結果について次のことがわかっているとき，確実にいえるのはどれか。ただし，引き分け試合はなかったものとする。

ア．Aは3勝した。

イ．Cは3勝した。

ウ．Dは1勝した。

エ．EはCのみに勝った。

1　AはBに勝った。

2　BはCに勝った。

3　CはAに負けた。

4　DはBに勝った。

5　Bは1勝3敗だった。

ポイント

対戦表に○×で勝敗を書き込んでいく。斜めの線に関して，勝敗が逆になること，全体の勝ち数と負け数が等しいことに注意する。

解法　エより，EはCに勝ち，A，B，Dに負けた。CはEに負けたが，イより，他の3人(A，B，D)には勝った。またウより，DはE以外のA，B，Cには負けた。Aは3勝したので，残るA－B戦はAの勝ち。よって，対戦表は次図のようになる。

	A	B	C	D	E	勝	敗
A		○	×	○	○	3	1
B	×		×	○	○	2	2
C	○	○		○	×	3	1
D	×	×	×		○	1	3
E	×	×	○	×		1	3
						10	10

正答　1

練習問題

（368ページより解答・解説）

No.127 ★ A～Dの4人が将棋の総当たり戦を行った。一通り対局したが，順位が確定せず，AとBで決勝戦，CとDで3位決定戦を行うことになった。次のうち，**誤っている**のはどれか。ただし，AとCの対局は，Cが勝ったことがわかっている。

1　AはBに勝った。
2　BはCに勝った。
3　CはDに勝った。
4　Dは少なくとも1勝した。
5　全勝した者はいなかった。

No.128 ★ A～Eの5人がリーグ戦方式で相撲の試合をした。引き分けはなく，最終戦績は5人ともすべて異なっていた。AはEに勝ち2位だった。BはC，Dに勝ち，CはDに勝ち，EはCに勝った。以上のことから確実にいえるのはどれか。

1　EはBに勝った。
2　DはAに勝った。
3　AはCに勝った。
4　Dは1勝3敗である。
5　Cは2勝2敗である。

No.129 ★★ A～Eの5チームがサッカーのリーグ戦をし，その結果について次のことがわかっているとき，確実にいえるのはどれか。

ア．Aは3勝1敗だった。
イ．BはCに勝った。
ウ．DはEに勝った。
エ．5チームの最終戦績はすべて異なり，引き分け試合はなかった。

1　AはBに勝った。
2　AはEに勝った。
3　BはEに勝った。
4　CはDに負けた。
5　EはCに負けた。

No.130 ★★　Ａ～Ｆの6チームがサッカーのリーグ戦を行った。Ａは5勝，Ｂは4勝，Ｃは3勝した。またＤは1勝3敗1引き分けで，Ｅは1勝しかできなかった。以上のことから確実にいえるのはどれか。

1　ＤはＥに勝った。

2　ＣはＦに負けた。

3　ＥはＦに勝った。

4　ＢはＡに勝った。

5　Ｆは全敗した。

No.131 ★★　Ａ～Ｅの5チームがサッカーのリーグ戦を行った。その結果について次のことがわかっているとき，正しくいえるのはどれか。なお，勝率とは「勝敗のついた試合数に占める勝ち数の割合」を意味する。

　ア．勝率はＡ＞Ｂ＞Ｃ＞Ｄ＞Ｅの順だった。

　イ．Ｃは2勝2敗だった。

　ウ．ＡはＢに負けた。

　エ．ＤはＣに勝った。

　オ．引き分け試合は2試合あった。

1　ＢはＤと引き分けた。

2　ＤはＢに勝った。

3　ＤはＥに敗れた。

4　ＥはＢと引き分けた。

5　Ｅは3敗1分だった。

No.132 ★★　Ａ～Ｅの5人がトランプゲームのリーグ戦をした。1試合につき，勝者に2点，敗者に0点，引き分けのときは両者に1点を与えることとした。全試合終了後，次のことがわかっているとき，正しくいえるのはどれか。

　ア．Ａは4点，Ｂは1点，Ｃは3点，Ｄは5点の得点であった。

　イ．ＤはＣに負けた。

1　ＡはＣに勝った。

2　ＢはＤと引き分けた。

3　ＣはＥと引き分けた。

4　ＤはＡに敗れた。

5　ＥはＡと引き分けた。

第7章 証 言

① 証言

パターン29

A～Eの5人が次のように発言している。確実にいえるのはどれか。

A 「Cは嘘をついている」

B 「Eは嘘をついている」

C 「Dは本当のことを言っている」

D 「BとEはどちらも嘘をついている」

E 「Bは嘘をついている」

1 Aは嘘をついている。

2 Bは嘘をついている。

3 Cは本当のことを言っている。

4 本当のことを言っているのは2人である。

5 本当のことを言っているのは3人である。

解法 一般に，PとQの2人に対して次のことがいえる。

①Pが「Qは嘘をついている」と発言しているとき

Pが正直なら，発言どおりQは嘘つき

Pが嘘つきなら，発言内容は誤りなのでQは正直

よって，PとQはどちらか一方は本当のことを言っており，もう一方は嘘をついている（**反対の立場**）。

②Pが「Qは本当のことを言っている」と発言しているとき

Pが正直なら，発言どおりQも正直

Pが嘘つきなら，発言内容は誤りなのでQも嘘つき

よって，PとQはどちらも本当のことを言っているか，どちらも嘘をついている（**同じ立場**）。

これらの法則を利用すると，
Aの発言からAとCの立場は反対。
Cの発言からCとDの立場は同じ。
Bの発言（またはEの発言）からBとEの立場は反対。

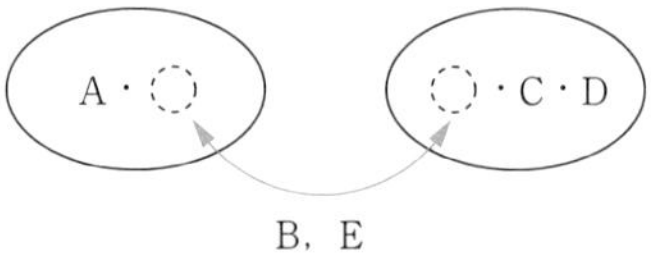

すると，BとEは反対の立場なのでDの発言は確実に嘘となり，Dが属する右側が嘘つきのグループである。なお，BとEがそれぞれどちらに入るか決定はできないが，正直なグループに2人属することは確実にいえる。

正答　4

パターン30

A～Dの4人が200m走をし，その到着順について4人は次のように述べている。4人とも半分は本当のことを言い，半分は嘘をついている。このとき，正しくいえるのはどれか。ただし，同順位の者はいないものとする。

A　「私が1位で，Bが2位だった。」
B　「私が1位で，Dが3位だった。」
C　「私が1位で，Dが4位だった。」
D　「Aが4位で，Bが3位だった。」

1　Aは1位だった。
2　Bは1位だった。
3　Bは3位だった。
4　Cは1位だった。
5　Dは4位だった。

ポイント

どれかの発言を本当と仮定して，「半分本当，半分嘘」の条件に合わせて順次考えていく。途中で矛盾が生じると最初の仮定が誤っていたことになる。

解法　いま，Bの発言の前半「Bが1位」が正しいとすると，Aの発言の前半「Aが1位」が嘘となり，かつAの発言の後半「Bが2位」も嘘となる。これは各人とも「半分本当，半分嘘」の条件に反する。よって，Bの発言の前半「Bが1位」は確実に嘘であることがわかる。したがって，Bの発言の後半「Dが3位」は本当である。

後は，各人とも一方の発言が嘘なら，他方の発言は本当なので，順次どの発言が嘘か本当か，次の通りわかる。

A「~~Aが1位~~ ⑤　Bが2位 ⑥」
B「~~Bが1位~~ ①　Dが3位 ②」
C「Cが1位 ④　~~Dが4位~~ ③」　（丸囲みの数の順に判明していく）
D「Aが4位 ⑧　~~Bが3位~~ ⑦」

結局，

1位	2位	3位	4位
C	B	D	A

となる。

正答　4

練習問題

（370ページより解答・解説）

No.133 ★ 男性A，B，Cと女性D，E，Fは3組のカップルである。次の3人のうち1人は本当のことを告白したが，他の2人は嘘をついた。このとき，本当のカップルはどれか。

A 「僕の恋人はDです。」

D 「私の恋人はCです。」

B 「僕の恋人はEです。」

1 AとD　**2** AとF　**3** BとE
4 BとF　**5** CとD

No.134 ★ A～Hの8人が4人ずつ2チームに分かれ，両チームから1人ずつ選手を出して腕相撲をした。何試合かの後，A～Eの5人は次のように述べた。このうちで1人だけが嘘をついていることがわかっているとき，それは誰か。

A 「Bには勝ったが，C，Eには負けた。」

B 「Aには勝ったが，Eには負けた。」

C 「Aには勝ったが，Hには負けた。」

D 「Fには勝ったが，Eには負けた。」

E 「AとDには勝ったが，Gには負けた。」

1 A　**2** B　**3** C
4 D　**5** E

No.135 ★ A～Dの4人のうち，2人は嘘つきであり，その証言には嘘が含まれている。他の2人は本当のことを言っている。4人が次のように証言しているとき，嘘つきの2人は誰か。

A 「Bは嘘つきです。」

B 「Cは嘘つきです。」

C 「Dは嘘つきです。」

D 「A，Bは2人とも本当のことを言っています。」

1 AとB　**2** AとC　**3** AとD
4 BとC　**5** BとD

No.136 A～Eの5人がマラソンをし，その結果について5人は次のように発言している。各人とも前半，後半どちらか一方は本当のことを言っており，どちらか一方は嘘をついている。このとき，確実にいえるのはどれか。ただし，同着はないものとする。

A 「私が1位で，Eが4位だった。」

B 「私が5位で，Cが2位だった。」

C 「私が3位で，Aが1位だった。」

D 「私が5位で，Aが2位だった。」

E 「私が3位で，Dが1位だった。」

1 AはEより速かった。　**2** BはDより速かった。

3 CはAより速かった。　**4** DはCより速かった。

5 EはDより速かった。

No.137 A～Cの3人の年齢は全員異なり，18歳，19歳，20歳のいずれかで，次のように述べている。3人とも半分は本当のことを言い，半分は嘘をついている。3人の本当の年齢として正しいのはどれか。

A 「私は20歳で，Bより年下である。」

B 「私は19歳で，Cより年下である。」

C 「私は18歳で，Aより年下である。」

1 A－18歳，B－19歳，C－20歳

2 A－18歳，B－20歳，C－19歳

3 A－19歳，B－18歳，C－20歳

4 A－19歳，B－20歳，C－18歳

5 A－20歳，B－18歳，C－19歳

No.138 A～Eの5人が200m走をし，その順位について太郎は1位から順にA，C，B，E，Dだと予想し，次郎は同様にE，B，C，D，Aだと予想していた。実際には，太郎の予想は3人について当たっており，次郎の予想は2人について当たっていた。5人の順位について正しくいえるのはどれか。ただし，同順位の者はいないものとする。

1 Aは1位

2 Bは3位

3 Cは2位

4 Dは4位

5 Eは1位

★★
No.139　Ａ～Ｆの6人のうちの1人が花びんを割った。6人に話を聞いたところ，次のように述べた。このとき，本当のことを言ったのは2人だけで，他の者は嘘をついていた。花びんを割ったのは誰か。

Ａ　「割ったのはＤです。」

Ｂ　「割ったのはＡです。」

Ｃ　「Ｂは嘘をついています。」

Ｄ　「私は割ってません。」

Ｅ　「割ったのはＣです。」

Ｆ　「割ったのはＣではないし，私でもありません。」

1　Ｂ　　**2**　Ｃ　　**3**　Ｄ
4　Ｅ　　**5**　Ｆ

★★
No.140　5人の子どもＡ～Ｅのうちの1人が，残っていたケーキを食べてしまった。5人は次のように言っているが，このうち3人は嘘をついている。ケーキを食べたのは誰か。

Ａ　「食べたのはＢだ。僕ではない。」

Ｂ　「食べたのはＡかＣかＤだ。僕ではない。」

Ｃ　「食べたのはＡかＢかＤだ。僕ではない。」

Ｄ　「食べたのはＢかＥだ。僕ではない。」

Ｅ　「食べたのはＢでも僕でもない。」

1　Ａ　　**2**　Ｂ　　**3**　Ｃ
4　Ｄ　　**5**　Ｅ

★★
No.141　Ａ～Ｄは4人兄弟で，このうち長男と三男の2人が嘘つきであることがわかっている。いま4人が次のように述べているとき，正しくいえるのはどれか。

Ａ　「Ｂは嘘つきです。」

Ｂ　「Ａは嘘つきです。」

Ｃ　「Ｂは四男です。」

Ｄ　「私は長男です。」

1　Ａは長男である。　**2**　Ａは三男である。　**3**　Ｂは次男である。
4　Ｃは三男である。　**5**　Ｄは長男である。

No.142 ★★ A～Dの4人が100m走をし，その到着順について4人は次のように述べている。4人のうち2人の発言はどちらもすべて本当であり，他の1人の発言は半分は本当，半分は嘘であり，残る1人の発言はすべて嘘であった。このとき，正しくいえるのはどれか。ただし，同順位の者はいないものとする。

A 「私が2位，Cが1位。」

B 「私が1位，Aが3位。」

C 「私が1位，Bが2位。」

D 「私が3位，Bが4位。」

1 Aは3位 **2** Bは4位 **3** Bは2位

4 Cは3位 **5** Dは4位

No.143 ★★★ A～Eの5人が円卓に等間隔に座っている。座席について5人は次のように述べているが，このうち1人だけが嘘をついている。このとき，確実にいえるのはどれか。

A 「私の隣にはCが座っている。」

B 「私の隣にはEが座っている。」

C 「私の隣にはDが座っている。」

D 「私の隣にはEが座っている。」

E 「私の隣にはAが座っている。」

1 Aの両隣はCとEが座っている。

2 Bの両隣はAとEが座っている。

3 Cの両隣はAとDが座っている。

4 Dの両隣はCとEが座っている。

5 Eの両隣はAとBが座っている。

第*8*章　暗　号

① 暗号

◆暗号の主なパターンには次のようなものがある。

●転置式暗号

原文の文字の配列を変えたもの

例　ツウゲビヨ → ゲツヨウビ(月曜日)

●分置式暗号

原文の文字の間に余分な文字をはさみ込んだもの

例　ZⒶYⓀXⒾWⓉVⒶU

→ AKITA(秋田)

●換字式暗号

原文の文字を別の記号に置き換えたもの

かな → 50音表(母音と子音の組合せなど)

例　22, 43, 54 → きつね

母音(カ行)　子音(イ段)

ローマ字
英語
} → アルファベット

例　4・15・7 → DOG → 犬

アルファベット順で4番目に来るのは「D」

※公務員試験で出題されるのはほとんどが換字式暗号である。

パターン31

「こうむいん」を「2＋5, 1＋3, 7＋3, 1＋2, 11＋1」と表す暗号で,「けいさつ」を表す暗号はどれか。

1　4＋2, 2＋1, 4＋4, 4＋3

2　4＋4, 1＋2, 6＋1, 2＋3

3　2＋4, 1＋2, 3＋1, 4＋3

4　7＋4, 2＋1, 2＋3, 3＋1

5　2＋4, 1＋2, 2＋1, 2＋3

ポイント

この暗号は, 換字式暗号である。50音が数字に置き換わっており, たし算の前者の数字が子音(行), 後者の数字が母音(段)を表している。

解法　50音と数字の対応は次表のようになっている。

11	10	9	8	7	6	5	4	3	2	1	
ん	わ	ら	や	ま	は	な	た	さ	か	あ	1
		り		み	ひ	に	ち	し	き	い	2
		る	ゆ	む	ふ	ぬ	つ	す	く	う	3
		れ		め	へ	ね	て	せ	け	え	4
	を	ろ	よ	も	ほ	の	と	そ	こ	お	5

この換字規則に従って，各選択肢を解読すると，

1　ちかてつ

2　ていはく

3　けいさつ

4　めかくし

5　けいかく

正答　3

パターン32

「猫」を「○○○●●，○○○○●，●○●○○」，「犬」を「○○●○○，○●●●●，○○●●●」と表す暗号で，「海」を表す暗号はどれか。

1 ○○○●○，○●○○●，○○●○●
2 ●○○●●，○○○○●，○○●○●
3 ○●○●○，○●○○●，○○○●●
4 ●○○●●，○○●○●，○○○○●
5 ○●○●○，○●○○●，○○●○○

ポイント

この暗号も換字式暗号である。○と●の2種類の記号のみで表されているので2進法を利用した暗号ではないかと予想を立てる。記数法の暗号では，アルファベットを数字に置き換えるパターンが多い。

解法 猫→ＮＥＫＯと，ローマ字に換えると文字数が合わないので英語に変換する。

猫→ＣＡＴ，犬→ＤＯＧ，海→ＳＥＡ

と，文字数は合う。Ａ，Ｂ，Ｃ，……の順に１，２，３，……を対応させて数字に換える。

ＣＡＴ→3・1・20，ＤＯＧ→4・15・7

数字を10進法から2進法に換え，○，●がそれぞれ何を表すか調べる。

Ａ → $1_{(10)}$ → $00001_{(2)}$ → ○○○○●
Ｃ → $3_{(10)}$ → $00011_{(2)}$ → ○○○●●
Ｄ → $4_{(10)}$ → $00100_{(2)}$ → ○○●○○

（10進法→2進法の変換については，数的推理P.138を参照。）

これより，○が0，●が1を表していることがわかる（他も同様の規則性になっている）。

よって，「海」は次のように表すことができる。

Ｓ → $19_{(10)}$ → $10011_{(2)}$ → ●○○●●
Ｅ → $5_{(10)}$ → $00101_{(2)}$ → ○○●○●
Ａ → $1_{(10)}$ → $00001_{(2)}$ → ○○○○●

正答　4

練習問題

（372ページより解答・解説）

★
No.144 「01648211」が「アメリカ」,「53811023」が「フランス」を表す暗号で,「イタリア」を表す暗号はどれか。

1 22548201　　**2** 02128223

3 02548201　　**4** 64122215

5 02318201

★
No.145 次の暗号Aを「徳川家康」と読むとき，Bの読み方として正しいのはどれか。

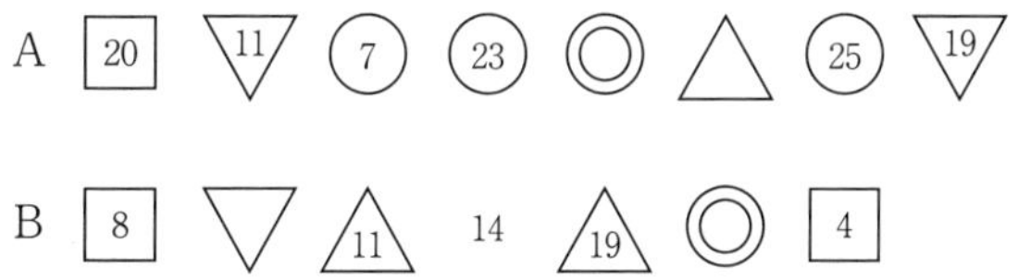

1 鎖国政策　　**2** 武家諸法度

3 禁教令　　**4** 奉書船

5 封建制度

★
No.146 「カブトムシ」を「B b F′ h D h G i C d」と表す暗号で,「クワガタムシ」を表す暗号はどれか。

1 B b J h B′ c D e G i C d

2 B d J j B′ b D d G i C d

3 B e J k B′ b D d G i C d

4 B d J j B′ b D e G i C d

5 B b J k B′ c D d G i C d

★★
No.147 「日曜日」を「H F MW Z B」,「月曜日」を「N L MW Z B」と表す暗号で,「土曜日」を表す暗号はどれか。

1 H Z G ZW Z B

2 H Z G F I W Z B

3 H Z T F ZW Z B

4 H F G ZW Z B

5 H Z I F GW Z B

No.148 3月を「0803180113」, 4月を「1209181601」と表す暗号で, 8月を表す暗号はどれか。

1 201921072101
2 05142110
3 25122110
4 152107011920
5 201901072115

★★★
No.149 「春」を「32・11・25・55」,「夏」を「34・11・45・55」,「家」を「31・13」と表す暗号で,「休み」を表す暗号はどれか。

1 15・11・53・55・14・31
2 51・11・15・55・44・31
3 15・11・43・55・41・31
4 51・11・35・55・44・31
5 15・11・51・55・41・31

★★★
No.150 「家」を「□▨□□▨　□□▨□▨」,「花」を「□▨□□□　□□□□▨　□▨▨▨□　□□□□▨」と表す暗号で,「▨□▨□▨　▨□□▨▨　□▨□□▨」と表される動物は次のうちどれに属するか。

1 ホ乳類
2 鳥類
3 ハ虫類
4 両生類
5 魚類

★★★
No.151 「山」を (△△○, □□○, ○○○, □□○),「海」を (△○□, ○○○, ○□□) と表す暗号で,「池」を表す暗号はどれか。

1 (○○□, ○□△, □△○)
2 (○○□, △○□, □○△)
3 (○□□, ○□△, □○△)
4 (○□□, ○□△, □△△)
5 (○□□, △○□, ○△□)

第9章　数　量

1　貸し借り

パターン33

A～Cの3人は映画のビデオを互いに貸し借りしており，その本数について次のことがわかっている。このとき，正しくいえるのはどれか。

ア．Aは合計4本借りており，合計3本貸している。

イ．Bは合計3本借りている。

ウ．Cは合計3本貸している。

エ．どの2人の間でも互いに1本または2本の貸し借りがある。

1　AはBに2本貸している。

2　AはCに2本貸している。

3　BはAに1本貸している。

4　CはBから2本借りている。

5　AはCから1本借りている。

解法　貸し借りの関係を同時に表すには，右のような表を作る。

エより，どの欄にも1か2が入る。3以上の数が入らないことからまずAがB，Cから2本ずつ借りていることがわかり，あとは順次，縦，横の合計にあわせて表を埋めていくと，右下の表のようになる。

CがBから借りている本数については1本か2本か確定しない。

貸し

借り		A	B	C	
	A				4
	B				3
	C				
		3		3	

貸し

借り		A	B	C	
	A		2	2	4
	B	2		1	3
	C	1			
		3		3	

正答　1

練習問題

（375ページより解答・解説）

★★
No.152　A～Cの3人は互いに本を貸し借りしており，その冊数について次のことがわかっている。このとき，正しくいえるのはどれか。

ア．Aは4冊貸しており，6冊借りている。

イ．CがBに貸している冊数とCがBから借りている冊数は等しい。

ウ．Bが借りている冊数とCが借りている冊数は等しい。

エ．A～Cの3人が貸している冊数の合計は16冊である。

オ．Bが貸している冊数はCが貸している冊数より2冊多い。

1　AはBから3冊借りている。

2　AはCから2冊借りている。

3　AはBに3冊貸している。

4　BはCから2冊借りている。

5　BはCに4冊貸している。

★★
No.153　白と黒の玉があわせて12個ある。A～Dの4人で3個ずつ分けたところ，4人とも2色の玉を手に入れた。このとき，AとBは同じ内訳で，CとDはこれと異なる内訳であった。そこで，まずBとCが異なる色の玉を1個ずつ交換し，次にCとDが異なる色の玉を1個ずつ交換した。その結果4人とも異なる内訳となった。各人が最終的に持っている玉について，確実にいえるのはどれか。

1　AとBをあわせると白黒同数である。

2　AとCをあわせると白黒同数である。

3　Bは2色とも持っている。

4　Cは2色とも持っている。

5　Dは全部同じ色である。

★★
No.154　A～Dの4人は，1，2，3，4個のいずれか異なる個数の風船（順不同）を持ち寄り，それぞれ他の誰か1人に自分の持ってきた風船全部をあげた。誰にもあげなかった者はおらず，誰からももらわなかった者もいない。どの人も自分があげた人とは別の人からもらった。その結果，AとDは各々2個増え，Cは3個減り，Bは1個減った。Aのもらった個数は4個ではなかった。以上のことから正しくいえるのはどれか。

1　AはCに1個あげた。

2　AはBから2個もらった。

3　BはCに3個あげた。

4　BはDから1個もらった。

5　DはCから3個もらった。

② 時計のずれ

パターン34

A～Cの3人が，2時10分に始まる映画を観るため，2時に映画館前で待ち合わせた。Aは着いたとき，「2分遅刻した。」と思ったが，まだ誰も来ておらず，しばらくしてBが来た。Aが「5分遅刻だよ。」と言うと，Bは「まだ3分前だよ。」と言った。次にCが来て，「ごめん。10分も遅刻してしまった。」と言ったが，Bは「1分遅刻しただけだよ。」と言った。3人が着席して，Cの時計で2時15分のとき映画が始まった。各人は自分の時計を見て発言しており，どの時計も正しい時刻に対してずれているが狂ってはおらず，映画は正しい時刻に始まった。以上のことから正しくいえるのはどれか。

1　Aの時計は5分進んでいた。
2　Aが映画館前に到着したのは正しい時刻で1時55分だった。
3　Bの時計は4分進んでいた。
4　Bが映画館前に到着したのは正しい時刻で2時だった。
5　Cが映画館前に到着したとき，Aの時計は2時9分を指していた。

解法　数直線上に次のように表す。

Aの時計が2：02を指す時刻を「A(2：02)」などと表す。また，各人についてその到着を丸囲みで表す。条件より，

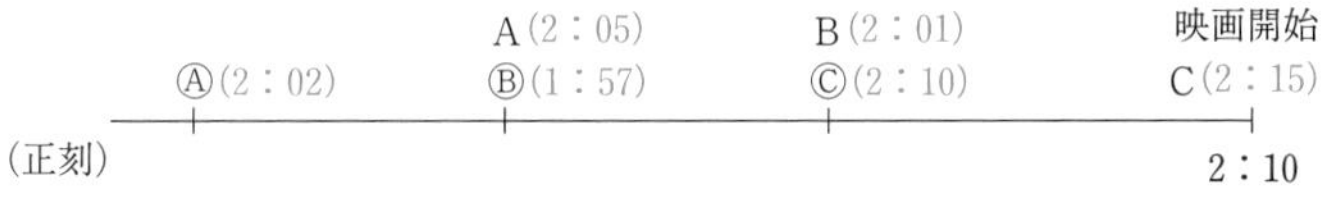

同じ時計であれば時間の経過は正しく計れるので，Bの到着はAの到着3分後，Cの到着はBの到着4分後，映画開始はCの到着5分後とわかる。これより，3人の到着時刻，時計のずれがすべて次のように判明する。

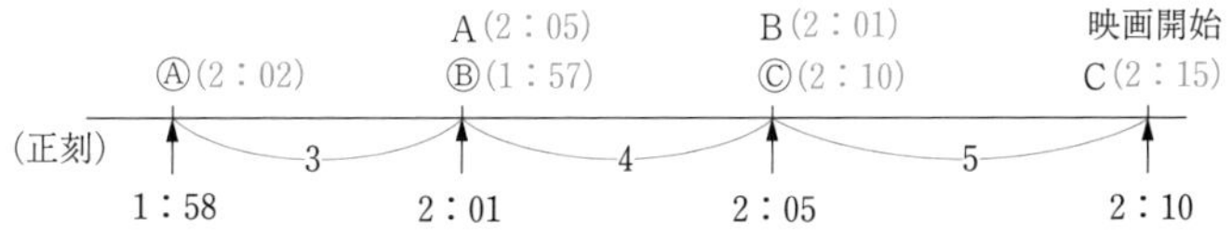

Aの時計のずれ…4分進み
Bの時計のずれ…4分遅れ
Cの時計のずれ…5分進み

Cが到着したのは2時5分で，このときAの時計は2時9分を指していた。

正答　5

練 習 問 題

（376ページより解答・解説）

No.155 ★　Ａ氏が出勤前に時計を見たところ，腕時計は8時30分を，壁時計は8時35分を指していた。会社で正午の時報が鳴ったとき腕時計を見たら，ちょうど12時を指していた。帰宅後，腕時計が19時ちょうどを指していたときに壁時計を見たら，19時14分を指していた。正午の時報が鳴ったとき，壁時計は何時何分を指していたか。

1　12時6分

2　12時7分

3　12時8分

4　12時9分

5　12時10分

No.156 ★★　Ａは自分の時計が5分遅れていると思って家を出たが，学校の教室に着いたときには始業時刻（午前8時30分）の1分前だと思った。Ｂは自分の時計が4分遅れていると思って家を出たが，教室に着いたときには3分遅刻したと思った。しかし実際には，Ａは8時26分に教室に着き，Ａより後に着いたＢも遅刻していなかった。以上のことから正しくいえるのはどれか。

1　Ａの時計は2分進んでいた。

2　Ｂの時計は遅れていなかった。

3　Ａの時計もＢの時計も遅れていた。

4　Ａの時計はＢの時計より遅れていた。

5　Ｂの時計は2分以上進んでいた。

No.157 ★★　Ａ～Ｃの3人が2時に駅で待ち合わせることにした。3人の到着状況について次のことがわかっているとき，正しくいえるのはどれか。

ア．Ａは自分の時計で2時に到着した。そのときＢはまだ到着していなかった。

イ．Ｂは自分の時計で2時3分に到着したが，約束の時刻には遅れなかった。

ウ．Ｃは自分の時計で1時52分に到着した。その5分後にＡが到着した。

エ．1番早い人は1時50分に到着した。

1　AはCの時計で1時58分に到着した。

2　BはAの時計で2時3分に到着した。

3　Cの時計は2分遅れていた。

4　Aの時計はBの時計より遅れていた。

5　Bの時計はCの時計より進んでいた。

★★
No.158　A～Cの3人は10時に駅で待ち合わせた。Aは自分の時計が9時55分を指しているとき駅に着き，そのとき駅の時計は9時52分を指していた。その4分後にBが来たが，このときBの時計は9時58分を指していた。Cは自分の時計が9時56分を指しているときに到着したがこのとき，Aの時計は10時2分を指していた。3人が集まってしばらくしたとき，駅員が来て「この時計は2分遅れている。」と言い，駅の時計を正しい時刻に合わせた。以上のことから正しくいえるのはどれか。ただし，どの時計もずれていることはあっても狂ってはいない。

1　Aの時計は正しい時刻に対し2分進んでいる。

2　Bの時計は正しい時刻に対し1分進んでいる。

3　Cの時計は正しい時刻に対し5分遅れている。

4　約束の時刻に遅れた者はいなかった。

5　Bの到着時刻は正しくは9時59分である。

★★
No.159　X氏は家の時計で9時30分に家を出て，銀行に着いたとき銀行の時計は9時42分だった。銀行では15分間で用事を済ませ，次に郵便局へ向かった。郵便局に着いたとき，郵便局の時計は10時17分だった。郵便局では10分間で用事を済ませ，そのまま家に帰った。家に着いたとき家の時計は10時37分だった。家，銀行，郵便局の3地点は正三角形をなしており，それぞれの間を行くのにかかる時間は等しい。以上のことから正しくいえるのはどれか。ただし，家の時計，銀行の時計，郵便局の時計は正しい時刻に対してずれているが狂ってはいない。

1　家～銀行間は15分かかる。

2　家～銀行間は16分かかる。

3　銀行の時計は家の時計より2分進んでいる。

4　郵便局の時計は家の時計より4分進んでいる。

5　郵便局の時計は銀行の時計より6分遅れている。

③ その他

パターン35

1～8の異なる数字が1枚につき1つずつ書かれた8枚のカードがある。A～Cの3人が1人2枚ずつ取ったところ，カードに書かれた数字の合計がAは13，Bは9，Cは10だった。残った2枚のカードのうち，1枚に書かれている数字として正しいのはどれか。

1　2
2　3
3　4
4　5
5　6

解法　8枚のカードに書かれた数字の和は，

$$1+2+3+4+5+6+7+8=\frac{(1+8)\times 8}{2}$$
$$=36$$

そのうち，A～Cの3人が取ったカードの数字の合計は，

$$\left.\begin{array}{ll} \mathrm{A} & 13 \\ \mathrm{B} & 9 \\ \mathrm{C} & 10 \end{array}\right\} \text{計}32$$

なので，残った2枚のカードの数字の合計は，

$$36-32=4$$

1～8のうち，異なる2数を足して4になるのは，「1」と「3」の組合せ以外にはない。

〈参考〉　A～Cがそれぞれ取った2枚のカードの組合せは次のような2つの場合がある。

A	13	(8，5)		(7，6)
B	9	(7，2)	または	(5，4)
C	10	(6，4)		(8，2)

正答　2

練習問題

（377ページより解答・解説）

No.160 ★　1～9の異なる数字が1枚につき1つずつ書かれた9枚のカードがある。この中からA～Cの3人が何枚かずつ取り，そのカードに書かれた数字の和について次のことがわかっているとき，A～Cの3人が取らずに残った1枚のカードに書かれた数字として正しいのはどれか。

ア．Aは3枚取った。

イ．Bは3枚取り，その3数の和はAの3数の和の3倍より2大きかった。

ウ．Cは2枚取り，その2数の和はAの3数の和の2倍より3大きかった。

1　2　　**2**　3
3　4　　**4**　5
5　6

No.161 ★★　1～10の異なる数字が1枚につき1つずつ書かれた10枚のカードがある。A～Cの3人に3枚ずつ配ったところ，次のことがわかった。このとき，確実にいえるのはどれか。

ア．Aに配られたカードの数字はすべて偶数である。

イ．Bに配られたカードの数字はすべて奇数である。

ウ．3枚の数の和を比べるとAはBの2倍で，CはAより1大きかった。

1　Aには「2」が配られた。
2　Aには「8」が配られた。
3　Bには「7」が配られた。
4　Cには「4」が配られた。
5　Cには「7」が配られた。

★★
No.162　白，黒，赤，青，黄の5色の玉があわせて20個ある。まずAが黒を1個だけ取り，残りをBとCで分けたら，2人とも5色の玉を得た。Bの玉では白は黒より3個多く，青は黄より2個多い。Cの玉では黒は赤より2個多く，黄は白より1個多い。はじめにあった玉の数として確実にいえるのはどれか。

1　白は6個　　**2**　黒は6個
3　赤は3個　　**4**　青は4個
5　黄は3個

★
No.163　AとBの2人がジャンケンをした。1回毎に，勝てば＋3点，負ければ－1点，あいこなら2人に各＋1点が与えられる。10回終わった時点でAの得点が－4点だったとき，Bの得点は何点か。

1　＋20点
2　＋22点
3　＋24点
4　＋26点
5　＋28点

★
No.164　A～Eの5つの交差点が図のような道でつながっている。道はすべてどちらかへの一方通行で，次のことがわかっている。このとき，正しくいえるのはどれか。ただし，車は交差点その他いずれの所にも滞ることなく，また，入った車の数と出た車の数はどの交差点においてもそれぞれ等しく，また，これ以外の所に流出，流入することもない。

ア．AからBへ30台
イ．EからDへ5台
ウ．AからCへ10台
エ．EからCへ15台

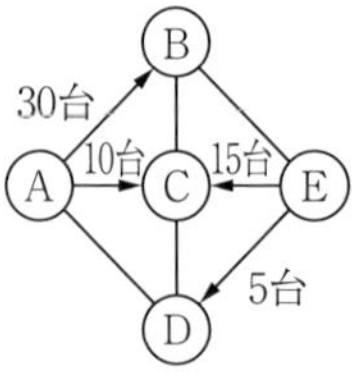

1　BからCへ15台
2　CからBへ20台
3　BからEへ15台
4　DからCへ5台
5　CからDへ35台

No.165★★　太郎と次郎が10回ジャンケンをしたが，次郎は1回しか勝てなかったという。太郎と次郎が次のように述べているとき，太郎の勝った回数は何回か。

太郎「グーを6回，チョキを3回，パーを1回出した。」

次郎「グーを2回，チョキを3回，パーを5回出した。」

1　5回　　**2**　6回　　**3**　7回

4　8回　　**5**　9回

No.166★★　りんご・みかん・かきがそれぞれ8個ずつある。これらをA～Dの4人が同数ずつ分けたところ，各人の取った果物の個数について次のことがわかった。このとき，確実にいえるのはどれか。

ア．Aの取ったりんごの個数は他の3人よりも多かったが，みかんの個数も，かきの個数も，他の3人より少なかった。

イ．Cの取ったかきの個数は他の3人よりも多かった。

ウ．Dの取ったみかんの個数はCのそれと同数だった。

エ．4人とも，りんご・みかん・かきをそれぞれ少なくとも1個は取った。

1　Aはりんごを3個取った。

2　Bはみかんを2個取った。

3　Bはかきを3個取った。

4　Cはみかんを3個取った。

5　Dはりんごを2個取った。

No.167★★　金，銀，プラチナのイヤリング各9組（各18個）をばらばらにして袋の中にしまってある。いま，暗やみの中でこの袋から何個かを一度に取り出して，イヤリング10組（20個）を確実にそろえるためには，最低何個のイヤリングを取り出せばよいか。ただし，イヤリングはすべて同じ形で左右の区別もないものとする。

1　21個　　**2**　22個　　**3**　23個

4　24個　　**5**　25個

No.168 ★★ あるコーラ会社では「コーラの空きびん3本で新しいコーラが1本無料でもらえる」というサービスをしている。たとえば，コーラを5本買うと，3本飲んでその空きびんで新しく1本もらえるので，残っている2本とこの1本を飲むとその空きびんでまた1本もらえ，結局7本飲めることになる。このとき，100本飲むためには，何本買えばよいか。

1　65本

2　66本

3　67本

4　68本

5　69本

No.169 ★ A～Fの6つの作業順について次のことがわかっている。

○　Bが終わらなければEを始められない。

○　Cが終わらなければDを始められない。

○　CとEが終わらなければAを始められない。

○　AとDが終わらなければFを始められない。

○　A～Fの作業に要する日数は次表のとおりである。

A	B	C	D	E	F
3	2	6	4	3	5

A～Fの6つの作業を完了するのに必要な最短日数は何日か。

1　12日

2　13日

3　14日

4　15日

5　16日

No.170 ★★ 重さの異なる4つのおもりがある。その2つずつの重さの和はすべて異なり，26g，31g，35g，38g，42g，47gである。次のうち正しくいえるのはどれか。なお，おもりの重さはすべて整数値であるものとする。

1　最も軽いおもりは12gである。

2　2番目に軽いおもりは14gである。

3　2番目に重いおもりは20gである。

4　最も重いおもりは28gである。

5　最も重いおもりと最も軽いおもりとの差は21gである。

第10章　日暦算

1　日暦算

●曜日の決定

○何日後か計算する。その日数を7で割り，余りの日数の分だけ曜日をずらす。（7の倍数日後の場合は，曜日は変わらない。）

○ちょうど1年後の日の曜日は，

- その間に「2月29日」がなければ→1日分先へずれる。（365 ÷ 7 = 52余り1なので）
- その間に「2月29日」があるなら→さらに1日分先へずれる。

（よって一般に，ちょうどn年後の同じ日の曜日は
　n＋（その間の「2月29日」の回数）日分先へずれる
ことになる。）

○
- 小の月…2，4，6，9，11月
- 大の月…1，3，5，7，8，10，12月

●西暦とうるう年

平年かうるう年かは西暦年で決まる

(1)　西暦年が4の倍数である年はうるう年である。

(2)　(1)に該当しても100の倍数であればうるう年としない。

(3)　(2)に該当しても400の倍数であればうるう年とする。

※たとえば，西暦2000年は(3)のパターンに該当するのでうるう年となる。

●西暦と元号

西暦と元号との対応関係

1868年 — 明治元年

↓ 44年後

1912年 — 明治45年＝大正元年

↓ 14年後

1926年 — 大正15年＝昭和元年

↓ 63年後

1989年 — 昭和64年＝平成元年

↓ 30年後

2019年 — 平成31年＝令和元年

パターン36

ある年の3月20日は土曜日だった。同じ年の6月10日は何曜日か。

1　月曜日

2　火曜日

3　水曜日

4　木曜日

5　金曜日

解法　3月20日(土)から数えて6月10日が何日後か計算すると,

(31 − 20) + 30 + 31 + 10 = 82(日後)

82 ÷ 7 = 11余り5

余りの分だけ先へ曜日がずれるので, 5日ずれて木曜日となる。

正答　4

練習問題

（381ページより解答・解説）

No.171★　A校の第2学期は，9月1日から12月24日までである。9月1日と12月24日の曜日の組合せとしてあり得るのはどれか。

1　9月1日が月曜日，12月24日が火曜日。
2　9月1日が火曜日，12月24日が金曜日。
3　9月1日が水曜日，12月24日が月曜日。
4　9月1日が木曜日，12月24日が土曜日。
5　9月1日が金曜日，12月24日が火曜日。

No.172★　ある年の元日が水曜日，4月1日が水曜日であった。次の年の3月1日は何曜日か。

1　日曜日　　**2**　月曜日
3　火曜日　　**4**　水曜日
5　木曜日

No.173★　A君は1992年1月15日水曜日に10回目の誕生日を迎えた。A君が誕生した日は何曜日だったか。

1　月曜日　　**2**　火曜日
3　水曜日　　**4**　木曜日
5　金曜日

No.174★★　2012年はうるう年であった。2012年の2月29日と同じ曜日になる2月29日を含む年は次のうちではどれか。ただし，2012～2044年の間は，4年に1回必ずうるう年がある。

1　2028年　　**2**　2032年
3　2036年　　**4**　2040年
5　2044年

★★
No.175　Ａ～Ｃの3人が，ある月の10日に会って話をした。その際，Ａは今度の木曜日に健康診断を受けると言った。Ｂは15日に健康診断があると言い，Ｃは次週の火曜日に健康診断があると言った。以上のことから**あり得ない**のはどれか。

1　健康診断を受ける日はＣ，Ｂ，Ａの順である。

2　健康診断を受ける日はＡ，Ｃ，Ｂの順である。

3　健康診断を受ける日はＡ，Ｂ，Ｃの順である。

4　ＡとＢは同じ日に健康診断を受ける。

5　Ａが健康診断を受ける3日後にＢが健康診断を受ける。

★★
No.176　ある映画サークルは毎月，最後の水曜日を例会の日としている。ある年のある月は25日に，その翌月には29日に，さらにその翌月には28日に例会が行われた。この年の12月の例会は何日に行われるか。

1　25日

2　26日

3　27日

4　28日

5　29日

★★★
No.177　Ａ～Ｄは1歳違いの4人兄弟で，誕生日は全員同じである。次のことがわかっているとき，正しくいえるのはどれか。

ア．Ａの生まれた年の月曜日と火曜日はともに53回あった。

イ．Ｂの生まれた年の3月1日は火曜日だった。

ウ．Ｃの生まれた年の12月31日は水曜日だった。

1　Ａは長男である。　　**2**　Ｂは四男である。

3　Ｃは三男である。　　**4**　Ｄは長男である。

5　Ｄは次男である。

第11章　手　順

1　ルール

パターン37

大人5人，子ども3人が川の向こう岸に渡ろうとしている。舟は一隻しかなく，この舟には大人なら1人，子どもなら2人しか乗れず，大人と子どもが一緒に乗ることはできない。全員が渡るのに，舟は少なくとも何回川を渡らなければならないか。ただし，この舟は子どもでもこぐことができ，岸から岸への片道を1回と数える。

1　22回
2　23回
3　24回
4　25回
5　26回

解法　最少回数にするためには，舟を戻すのを子どもが1人でする。まず大人1人渡るのに，

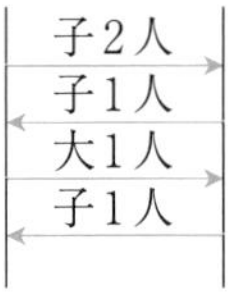

4回かかる。

大人が5人渡るためには，これを5サイクル繰り返す。このとき子どもは全員，元の岸に戻っているので，

最後に子ども3人が渡るのに，

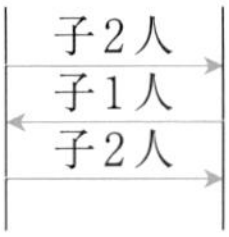

3回かかる。

以上より，全部で

$4 \times 5 + 3 = 23$（回）

正答　2

練習問題

（383ページより解答・解説）

No.178 ★★ 男女2人ずつからなる旅の一行が，真っ暗な夜につり橋を渡ろうとしている。そのつり橋は，男性なら1人，女性なら2人の体の重さしか支えられない。また暗いため，1つしかない提灯をつねに誰かが持って歩かなければならない。最も少ない回数で4人全員が橋を渡りきる方法について，正しくいえるのはどれか。

1 つり橋を渡る回数は，11回である。
2 女性のうち1人は，3回つり橋を渡るだけですむ。
3 女性のうち1人は，少なくとも6回つり橋を渡らなければならない。
4 男性のうち1人は，少なくとも2回つり橋を渡らなければならない。
5 つり橋を渡る延べ人数は，12人である。

No.179 ★★ 穴があいていて大きさの異なる円盤が4枚，図のように棒Aにささっている。次のルールに従って4枚の円盤をすべて棒Cへ移したい。最少何回の移動で，すべてを棒Cへ移すことができるか。

ア．1回の移動で動かせるのは，1本の棒にささっている円盤のうち一番上の1枚のみである。
イ．小さい円盤の上に大きい円盤をのせてはいけない。

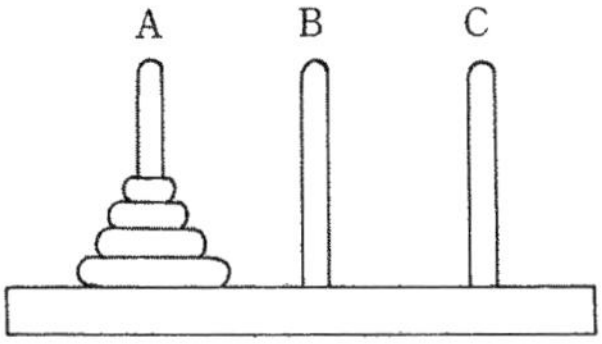

1 7回
2 15回
3 23回
4 27回
5 31回

No.180 ★★ A，Bの2人がA・B・A・B……と交互に碁石を取り合い，最後の碁石を取った者が負けとするゲームを行う。1回に取れる碁石の数は1～4個のいずれかである。開始時の碁石の数が25個であるとき，正しくいえるのはどれか。ただし，A，Bとも勝つために最善を尽くすものとする。

1　Aは最初に1個取れば必勝となる。
2　Aは最初に2個取れば必勝となる。
3　Aは最初に3個取れば必勝となる。
4　Aは最初に4個取れば必勝となる。
5　Aが勝つ方法はない。

★★
No.181　何枚かのカードが机の上に置かれている。A，Bの2人が次のルールで交互にカードを取っていく。

ア．1人が一度に取ることができる枚数は1枚以上6枚以下である。
イ．まずAが何枚か取り，次にBが，その次にAが，と交互に取って行き，取ったカードは机上に戻さない。
ウ．必ず1枚以上取り，カードが取ることができなくなったら負けとする。

次の枚数のうち，Bが必勝となるのは何枚のときか。

1　53枚
2　54枚
3　55枚
4　56枚
5　57枚

★★
No.182　ジョーカーを除くトランプのカード52枚を各マークごとに上からA，2，3……10，J，Q，Kの順に並べて山にし，さらにこれらの山を上からハート，ダイヤ，クラブ，スペードの順に重ねて1つの山にした。これを，上30枚を残して，上から31枚目から40枚目までの10枚を抜き出し，順を変えずに山の一番上に重ねた。この操作を3回繰り返したとき，一番上のカードは何か。

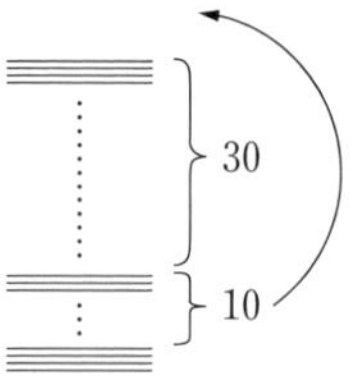

1　ハートのA（エース）
2　ハートのJ（ジャック）
3　ダイヤの8
4　クラブの5
5　スペードの2

② 天びん

●天びんの使い方

① 重さが互いに異なる→1つずつ比較する。

② 1つだけ他と重さが異なる

→まとめて同数$\left(\text{全数の約}\dfrac{1}{3}\right)$ずつ比較する。

③ その他→適当に工夫する。

パターン38

9個の玉があり，このうち1個だけは他の玉より重いという。天びんのみを使用して，この重い玉を見つけたい。偶然ではなく確実に見つけ出すためには，少なくとも何回天びんを使用すればよいか。

1 1回
2 2回
3 3回
4 4回
5 5回

ポイント

前述の②のパターンである。全数を3等分，さらに3等分，……，として天びんにのせるのがコツである。

解法 9個の玉をA～Iとし，3個ずつ3組に分ける。(A，B，C)，(D，E，F)，(G，H，I)。天びんで，AがBより重い場合を(A)>(B)，AとBがつり合う場合を(A)=(B)と表すことにする。

(A，B，C)>(D，E，F)
・A，B，Cの中に重いものがある。
→ (A)>(B)…重いのはA
→ (A)=(B)…重いのはC

(A，B，C)=(D，E，F)
・G，H，Iの中に重いものがある。
→ (G)>(H)…重いのはG
→ (G)=(H)…重いのはI

いずれの場合も2回である。

正答 2

〈参考〉 一般に「N個の中の1個が軽い（重い）」ときの最少回数は，$3^{n-1}<N\leqq 3^n$ならn回である。

練習問題

（384ページより解答・解説）

No.183 ★ 同じ形で同じ大きさの物体が17個ある。この中に1個だけ他より軽いものが紛れ込んでいる。天びんのみを使用して，この軽い1個を見つけ出したい。少なくとも何回天びんを使用すればよいか。

1　2回

2　3回

3　4回

4　5回

5　6回

No.184 ★ 6袋の薬包みがある。そのうち1袋は量を誤って包装したという。天びんのみを使用して確実にこの包みを見つけ出すためには，少なくとも何回天びんを使用すればよいか。

1　2回

2　3回

3　4回

4　5回

5　6回

No.185 ★ 同じ形のコインが5枚ある。このうち，2枚は同じ重さで，他の3枚よりも軽く，この3枚も互いに重さは同じであるという。天びんのみを使用して，軽い2枚のコインを確実に見分けるためには，少なくとも何回天びんを使用すればよいか。

1　2回

2　3回

3　4回

4　5回

5　6回

★
No.186 それぞれ互いに体重の異なる6人の子どもがいる。シーソーのみを使用して最も重い子ども，および二番目に重い子どもを確実に選び出すためには，少なくとも何回シーソーを使用すればよいか。

1 3回
2 4回
3 5回
4 6回
5 7回

★
No.187 A～Eの5つの袋があり，これらのうち4つの袋には1個10gの玉がそれぞれたくさん入っているが，残りの1袋だけは，1個12gの玉が入っている。見ただけでは区別がつかないのでばねばかりを使って調べることにした。Aから1個，Bから2個，Cから3個，Dから4個，Eから5個取り出し，全部合わせて重さを計ったところ，156gであった。12gの玉が入っている袋はどれか。

1 A
2 B
3 C
4 D
5 E

★★
No.188 A～Fの6枚のコインの中には，見ただけでは区別がつかないが本物より少し軽い2枚の偽コインが紛れ込んでいる。偽コイン2枚の重さは等しい。天びんのみを使用して，この2枚をさがし出すため，何回か量ったところ次のことがわかった。このとき，偽コインである2枚の組合せとして正しいのはどれか。

ア．左にA，Bをのせ，右にE，Fをのせるとつり合った。
イ．左にA，Bをのせ，右にD，Eをのせると，左が上がった。
ウ．左にA，Cをのせ，右にD，Fをのせるとつり合った。

1 A，E
2 A，F
3 B，C
4 B，F
5 D，E

★★
No.189 見ただけでは重さの区別のつかないＡ～Ｆの6枚のコインがある。このうち4枚は本物で同じ重さだが2枚は偽物で本物とは重さが異なる。偽物2枚の重さは等しい。てんびんを用いて量ったところ，次のことがわかった。偽物2枚を確実に見つけ出すためにはどのコインを量ればよいか。

ア．左にＡとＤをのせ，右にＥとＦをのせると左が上がった。

イ．左にＡとＣをのせ，右にＢとＦをのせるとつり合った。

1　ＡとＢ
2　ＣとＤ
3　ＤとＥ
4　ＣとＦ
5　ＢとＦ

③ 読心術

パターン39

赤い帽子が5つ，白い帽子が4つある。この中から5つ取り，Ａ～Ｅの5人を縦一列にＡ，Ｂ，Ｃ，Ｄ，Ｅの順に並ばせたうえで，各人に帽子をかぶせた。各人は，自分より前にいる者の帽子の色はすべて見えるが，自分および自分より後にいる者の帽子の色はわからない。いま，Ｅに自分の帽子の色がわかるかどうか尋ねたところ，Ｅは「わからない。」と答えた。次に同じことをＤに尋ねたところ，Ｄは少し考えてから「わかった。」と答えた。以上のことからＡ～Ｅの帽子の色としてあり得るのはどれか。

	Ａ	Ｂ	Ｃ	Ｄ	Ｅ
1	白	白	白	白	赤
2	赤	白	白	白	白
3	赤	赤	白	白	赤
4	赤	赤	赤	白	白
5	白	白	白	赤	白

ポイント

先に答えた人の言った内容から，どうしてその人がそのように答えたのかを考え合わせて，次の人は答えるのである。したがって，各人の立場に立って理解していく。

解法

Ｄの考え：「ＥにはＡ～Ｄの4人の帽子が見えるはずだ。もし4人とも白だとしたら，白い帽子は4つしかないのだから，Ｅは自分が赤だということに気づくはずだ。しかしＥが『わからない。』と答えたところをみると，そうではないらしい。つまり，Ａ～Ｄの4人のうち少なくとも1人は赤だということになる。」

Ｄはこれだけの考えと，自分に見えるＡ～Ｃの3人の色をもとにして，自分の色を当てなければならない。これだけの情報からあてはまるのは，Ａ～Ｃの3人とも白の場合だけである。Ｄは次のように考えるだろう。

Ｄの考えの続き：「自分の前に見えるＡ～Ｃは3人とも白だ。Ａ～Ｄの4人のうち少なくとも1人は赤であるはずだから，残った自分が赤だということになる。わかった！自分は赤だ！」
（なお，白白白赤赤という場合もあり得る。）

正答　5

練習問題

（386ページより解答・解説）

No.190 ★★ 赤いゼッケンが3枚，白いゼッケンが2枚ある。この中から3枚を選び，Ａ，Ｂ，Ｃ3人の背中に1枚ずつつけた。各人は自分の背中のゼッケンの色はわからないが，他の2人の背中のゼッケンの色を見ることができる。残った2枚のゼッケンの色は不明である。そこで，まずＡに自分のゼッケンの色がわかるかと尋ねたところ，Ａは「わからない。」と答えた。次に同じことをＢに尋ねたところ，Ｂも少し考えたのち「わからない。」と答えた。Ａ，Ｂの答えを聞いていたＣは正しいことを言った。以上のことからＣの発言として妥当なのはどれか。

1 「これだけではわからない。」

2 「自分は赤だ。」

3 「自分は白だ。」

4 「残った2枚が白ならば自分は赤だ。」

5 「残った2枚が赤ならば自分は白だ。」

No.191 ★★ 赤3枚，白2枚のカードがあることがわかっている。Ａ～Ｅの5人がカードを1枚ずつもらった。各人は自分のカードの色はわかるが，自分以外の4人のカードの色はわからない。そこで，まずＡとＢが互いにカードを見せ合ったが，2人とも他の3人のカードの色については「まったくわからない。」と言った。次にＣとＤが互いに見せ合ったら，2人とも少し考えてから「Ｅのカードの色がわかった。」と言った。これを聞いてＡとＢが少し考えてから「全員のカードの色がわかった。」と言った。以上のことから白いカードを持っている2人の組合せとしてあり得るのはどれか。

1 Ａ，Ｂ

2 Ａ，Ｃ

3 Ａ，Ｅ

4 Ｃ，Ｄ

5 Ｃ，Ｅ

No.192 ★★ チーズケーキ3個，マロンケーキ2個がある。このうち4個を1つずつ4つの皿にのせ，中身が見えないようにふたをかぶせてＡ～Ｄの4人に配った。ＡはＢ，Ｃの皿の中を見て「自分のケーキが何かわからない。」と言った。この発言を聞いた後，ＢはＣ，Ｄの皿の中を見て「自分のケーキが何かわからない。」と言った。Ａ，Ｂの発言を聞いていたＣは正しいことを言った。Ｃの発言として妥当なのはどれか。ただし，はじめのケーキの個数については全員知っており，正しい判断力を持っているものとする。

1 私もＤもマロンケーキである。

2 私もＤもチーズケーキである。

3 私はチーズケーキで，Ｄはマロンケーキである。

4 私はマロンケーキだが，Ｄについてはわからない。

5 私はチーズケーキだが，Ｄについてはわからない。

No.193 ★★ Ａ～Ｅの5人がＡを先頭にＡ・Ｂ・Ｃ・Ｄ・Ｅの順に縦一列に並んでいる。先生が，赤3枚，青2枚，黄1枚のゼッケンの中から1枚ずつ5人の背中につけた。5人は自分より前の人のゼッケンはすべて見えるが，自分及び自分の後ろの人のゼッケンは見えない。先生が，まずＥに「自分のゼッケンの色がわかるか。」と聞いたところ，Ｅは「わからない。」と言った。次に，Ｄに同じことを聞いたところ，Ｄも「わからない。」と言った。さらに，Ｃに同じことを聞いたところ，Ｃは「わかる。」と言った。最後にＢに同じことを聞くと，Ｂは「わからない。」と言った。5人はゼッケンの色の内訳を知っており，十分な判断力をもっていて，嘘はついていないとする。各人のゼッケンの色について，確実にいえるのはどれか。ただし，残った1枚の色については5人とも知らないものとする。

1 Ａのゼッケンは青である。

2 Ａのゼッケンは赤である。

3 Ｂのゼッケンは青である。

4 Ｂのゼッケンは赤である。

5 Ｃのゼッケンは青である。

第12章 道 順

1 道順と順列・組合せ

◆碁盤状の道を最短経路で行くときの道順の数を求めるには，次の①～③のいずれかを用いるとよい。

【例】 右図のＡからＢへの最短経路の数を求める。

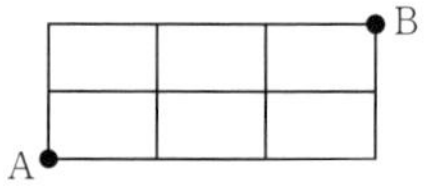

ＡからＢへ最短経路で行くと，どの道を通るときも右へ3つ，上へ2つ行くことになり，その道順の数は「右，右，右，上，上」の5つの文字の並べ方の場合の数と同じである。これより，

●「同じものを含む順列」を用いる

① 「同じものを含む順列」（数的推理P.67を参照）を用いる。

右・右・右・上・上の並べ方は，

$$\frac{(3+2)!}{3!2!}=\frac{5!}{3!2!}=\frac{5\cdot4\cdot3\cdot2\cdot1}{3\cdot2\cdot1\cdot2\cdot1}=10(\text{通り})$$

●「組合せ」を用いる

② 「組合せ」（数的推理P.76を参照）を用いる。

5つの空所○，○，○，○，○のうち「上」を入れる○を2箇所選ぶ場合の数と同じなので（残りは自動的に右となる），

$${}_5C_2=\frac{5\cdot4}{2\cdot1}=10(\text{通り})$$

●交差点に数字を入れていく

③ 交差点に最短経路の数を入れていく。

各点での左から来る数と下から来る数の足し算を順次行う。

P これは，通れない箇所が2か所以上あるときなどに用いると便利である。

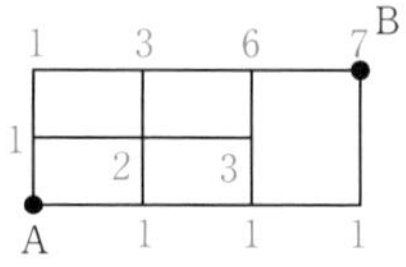

パターン40

図のような道路がある。AからPを経由してBまで最短経路で行く方法は何通りあるか。

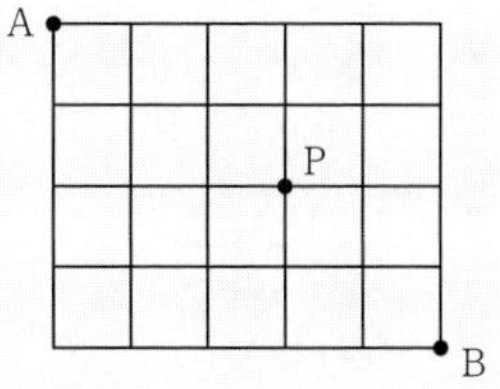

1　12通り
2　28通り
3　42通り
4　50通り
5　60通り

解法　「同じものを含む順列」を用いる。

i）A→Pへ最短経路で行くには，右へ3つ，下へ2つ行けばよい。「右，右，右，下，下」の5つの文字の並べ方の場合の数で，

$$\frac{5!}{3!2!}=\frac{5\cdot 4\cdot 3\cdot 2\cdot 1}{3\cdot 2\cdot 1\cdot 2\cdot 1}=10(\text{通り})$$

ii）P→Bへ最短経路で行くには，右へ2つ，下へ2つ行けばよい。「右，右，下，下」の4つの文字の並べ方の場合の数で，

$$\frac{4!}{2!2!}=\frac{4\cdot 3\cdot 2\cdot 1}{2\cdot 1\cdot 2\cdot 1}=6\text{通り}$$

以上より，AからPを経由してBへ行くには，i）の10通りについて，それぞれii）の6通りの行き方があるので，

$10\times 6=60$（通り）

正答　5

〈別解1〉　「組合せ」を用いる。

i）A→Pは，5つの空所○，○，○，○，○から2つ選んで「下」をかき込む場合の数で，

$${}_5C_2=\frac{5\cdot 4}{2\cdot 1}=10(\text{通り})$$

ii）P→Bも同様に，4つの空所○，○，○，○から2つ選んで「下」とかき込む場合の数で，

$${}_4C_2=\frac{4\cdot 3}{2\cdot 1}=6(\text{通り})$$

以上より，$10\times 6=60$（通り）

〈別解2〉　「交差点に最短経路の数を入れていく方法」を用いる。

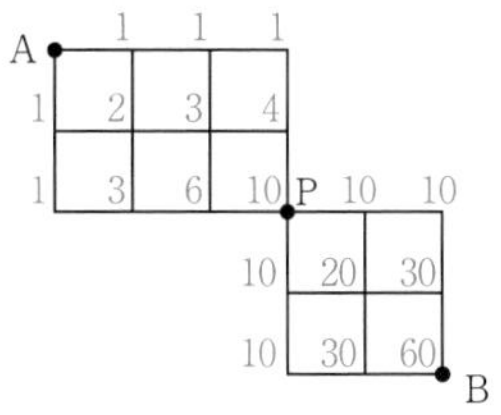

練習問題

（387ページより解答・解説）

No.194 ★ 図のような道路があり，P，Q，Rの交差点は工事のため不通であったが，最近Rは工事が完了して通れるようになった。この完了によって，AからBまで行く方法は何通り増えたか。ただし，AからBへは最短経路で行くものとする。

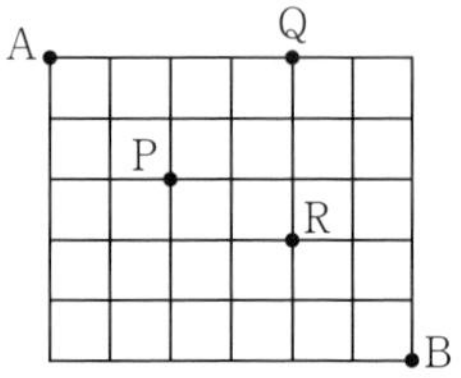

1 82通り　**2** 88通り
3 92通り　**4** 96通り
5 100通り

No.195 ★ 図のようなジャングルジムがある。各辺にそって点Aから点Bまで最短経路で行く方法は何通りあるか。

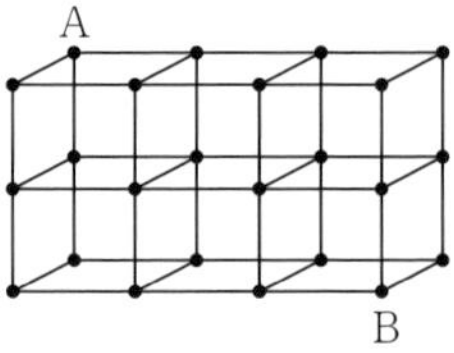

1 48通り　**2** 54通り
3 60通り　**4** 68通り
5 72通り

No.196 ★ 図のような街路において，PからQまで最短経路で行く方法は何通りあるか。ただし，図の ═╫═ の部分は立体交差となっている。

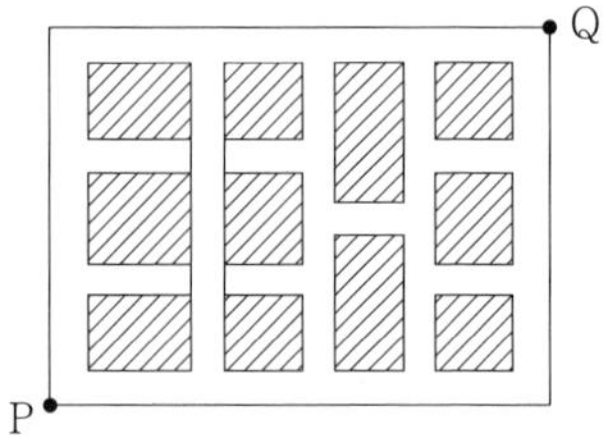

1 11通り　**2** 12通り
3 13通り　**4** 14通り
5 15通り

No.197 ★★ 図は，立方体の各面に4つの正方形ができるようにひもをかけたものである。立方体の辺またはひもを通って，点Aから点Bまで最短経路で行く方法は何通りあるか。

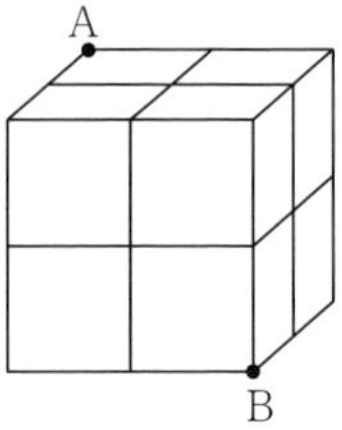

1 50通り　**2** 54通り
3 60通り　**4** 64通り
5 68通り

② いろいろな道順

パターン41

図のような道路において，AからBまで行くのに，同じ道を2度通らずに行く方法は，何通りあるか。ただし，一度Bに着いたら，そこで終わりとする。

1　5通り
2　6通り
3　7通り
4　8通り
5　9通り

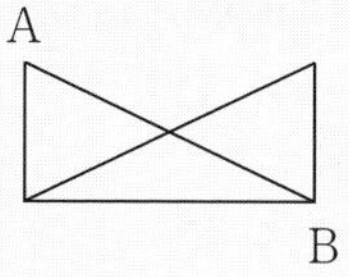

ポイント

もれなく重複なく数え上げていく。そのコツは，分岐点ごとに可能な行き方を端から順に数えていく。

解法　Aからの行き方はまず2通りに分かれ，そして，次の点P，Qでまたそれぞれ3通り，2通りと分かれていくというようにして樹系図をつくる。

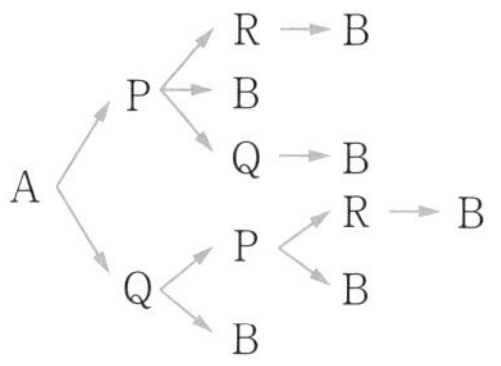

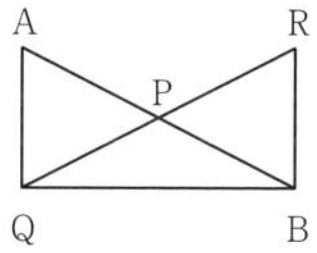

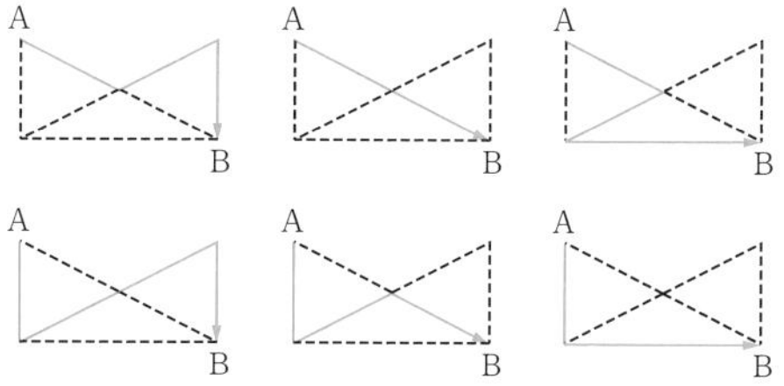

正答　2

練習問題

(388ページより解答・解説)

No.198★ 図の正方形の1辺を，1単位とする。また，対角線の交わるところまでも1単位とすると，Aから出発して，逆戻りせずに，3単位進む方法は何通りあるか。ただし，Aを出発して3単位でAに戻る場合は除くものとする。

1　9通り
2　10通り
3　11通り
4　12通り
5　13通り

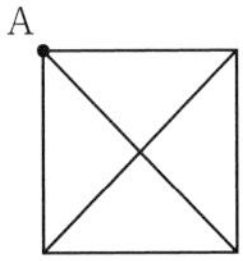

No.199★★ 図において，同じ道を2度通らずにAからBへ行く道順は何通りあるか。ただし，遠回りをしてもよいものとする。

1　12通り
2　14通り
3　16通り
4　20通り
5　24通り

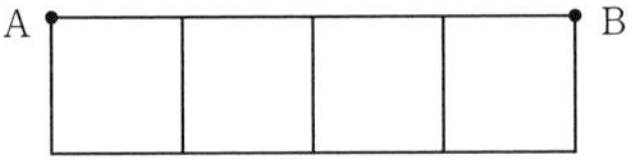

No.200★★ 図のような道がある。斜めまたは縦・横の道を通ってAからBまで行く道順は何通りあるか。ただし，例にある図のPからQまで行くとき，進むことのできる道路の方向は右，上，右上の3方向のみに限られる。

1　21通り
2　22通り
3　23通り
4　24通り
5　25通り

(例)
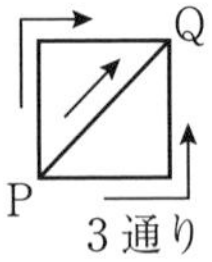

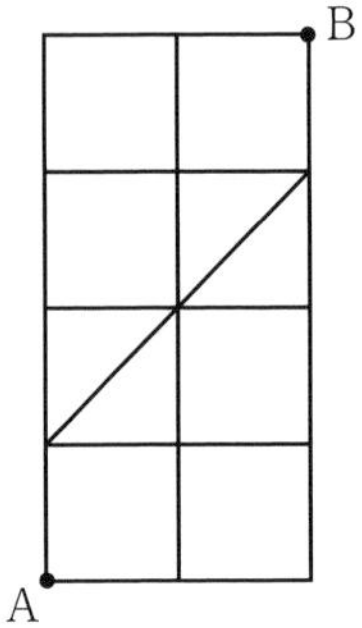

解答と解説

判断推理（課題処理）

第 1 章　順序関係

No.1　正答　3

数直線上に，平均→A→E→B→C→Dの順に記入していく。

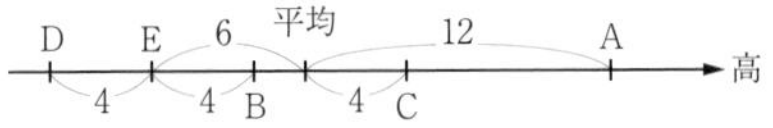

No.2　正答　2

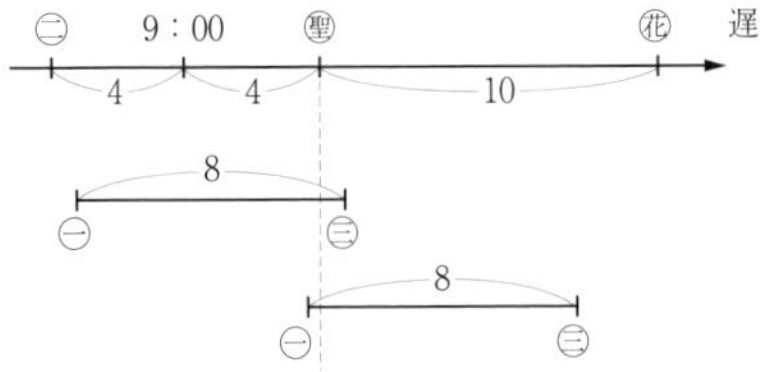

一郎，三郎の到着時刻は確定しないが，

㊀＜聖⃝＜㊂

の範囲で上のように動く。（㊀～㊂の差が㊁～聖⃝の差と同じ8分なので，㊀は㊁より早くなれない。）いずれの場合も5人の到着順は同じで，

1	2	3	4	5
㊁	㊀	聖⃝	㊂	花⃝

No.3　正答　3

問題より，A＝8：57，B＝9：05，E＝9：08に到着していることがわかる。CとDは「Cの4分後にDが来た」,「9時にはまだ3人来ていなかった」ことから考えて，9時にまだ着いてなかったのは，BとEとDであったことがわかる。

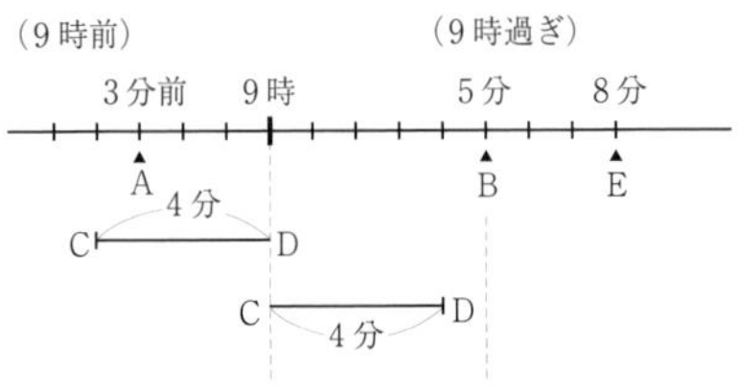

ここから，図のような範囲で，CとDが駅に到着したと考えられる。ただ，この問題文の条件から，5人の到着順は1つに確定できない。この場合，次の2つの順序があり得る。

(Ⅰ)　C－A－D－B－E

(Ⅱ)　A－C－D－B－E

したがって，あり得ないのは上の2パターンから考えて，「Bの次に来たのはD」。

No.4　正答　3

条件を整理して，矛盾の生じる場合を除くと次の2つの場合が考えられる。

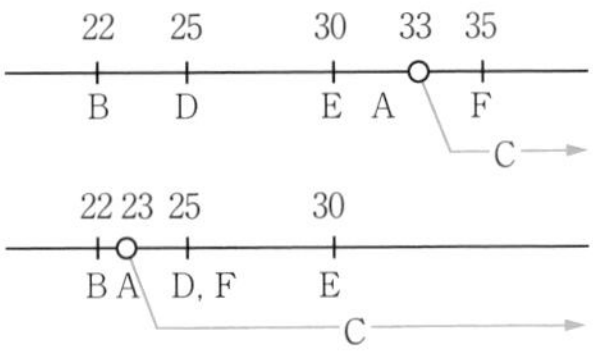

確実にいえるのは，「FはBより年上」。

No.5　正答　3

Aの身長をAと表す（他も同様）。AとBの差が5cmなので，A－B＝±5である。（他も同様）。下の5式の左辺の和は0なので右辺も0となるよう正負の符合を決めればよい。

	(ア)	(ア)'	(イ)	(イ)'
A－B＝	＋5	－5	＋5	－5
B－C＝	＋1	－1	－1	＋1
C－D＝	－3	＋3	－3	＋3
D－E＝	－2	＋2	－2	＋2
E－A＝	－1	＋1	＋1	－1

の4通りがある。(ア)と(ア)'，(イ)と(イ)' は正負がすべて入れ替わっているので，大小を反転させれば数直線は1つでよい。

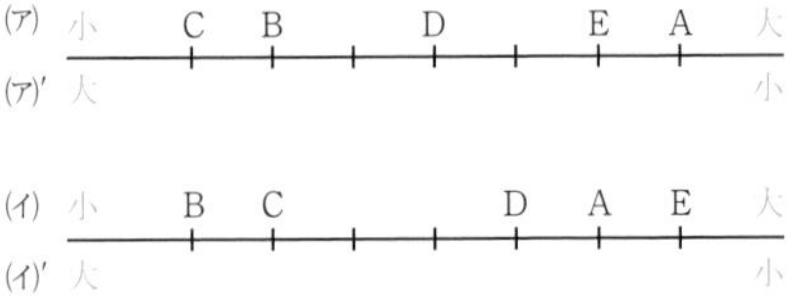

以上4通りについて確実にいえるのは「三番目に背が高いのはD」。

No.6 正答 5

前問(***No.5***)と同じ解法をとる。選択肢の形から考えて，最高点と最低点の差は1つに決定するはずである。よって数直線で調べるのは1つでかまわない。

1組の得点を①と表すとする(他も同様)。たとえば，次の場合がある。

①－②＝＋6
②－③＝＋4
③－④＝－1
④－⑤＝－5
⑤－①＝－4

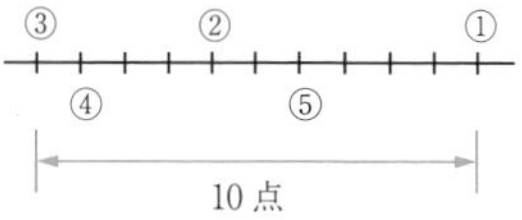

となり，最高点と最低点の差は10点である。最低点をxとすると条件カより，最高点は$2x$で，その差が10なので，

$$2x - x = 10$$
$$x = 10(点)$$

No.7 正答 2

まず，前後関係の明確なA，B，Cを数直線にのせると，条件アとウより，

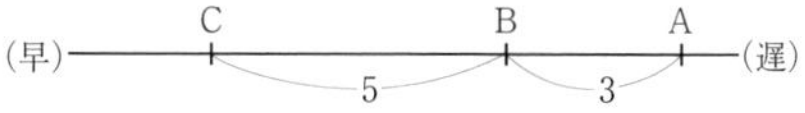

CとD，DとE，EとBの差がそれぞれ2，7，4なので，

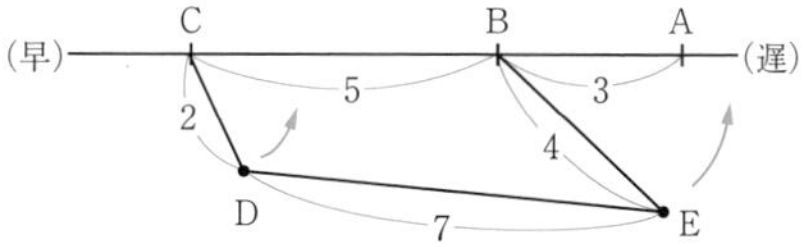

D，Eをこの差を維持したまま数直線の上にのせるには，DもEも右側(矢印の側)へのせるしかない。

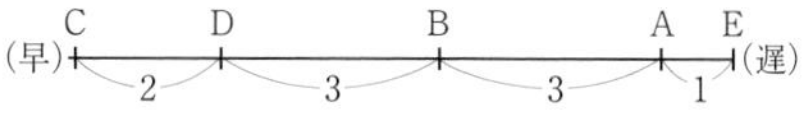

5人が仕事を終えた順は早い方から，
C・D・B・A・E

No.8 正答 4

計算を楽にするため，平均の172cmを基準にとり0とする。一番背の高いAは＋7，次に背の高い者は＋4，またBは－2となる。

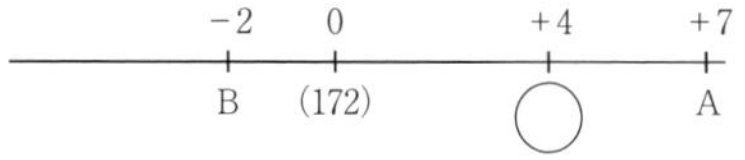

BとC，D，Eの差がそれぞれ2，3，6なので，2番目に高い者がEとわかる。

またCは－4か0，Dは－5か＋1である。

$$C = \begin{cases} -4 \\ 0 \end{cases} \quad D = \begin{cases} -5 \\ +1 \end{cases}$$

5人の平均は0なので，5人の総和が0となるよう，C，Dを決めればよい。

$$A + E + B = (+7) + (+4) + (-2) = +9$$

なので，

$$C = -4,\ D = -5$$

であればよい。

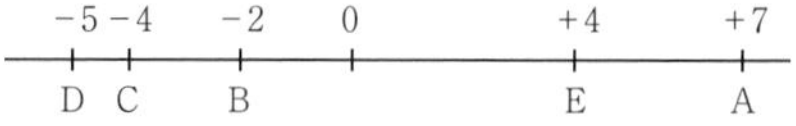

No.9 正答 5

Aの任期をA年とする(他も同様)。

B＝2A …①
C＝2E …②
E＝2D …③
A＋B＋C＋D＋E＝16 …④

③を②に代入すると，

C＝4D …⑤

①，⑤，③を④に代入して整理すると，

3A＋7D＝16

A，Dは正の整数なので，これを満たすのは，

D＝1，A＝3

のみ。これより，

B＝6，C＝4，E＝2

86年と91年に首相の交代があったので，

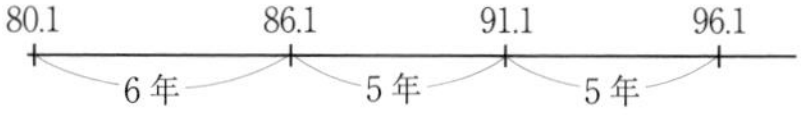

A＋E＝3＋2＝5，C＋D＝4＋1＝5
で，かつDの次にAなので，就任順は，

B・C・D・A・E

となる。

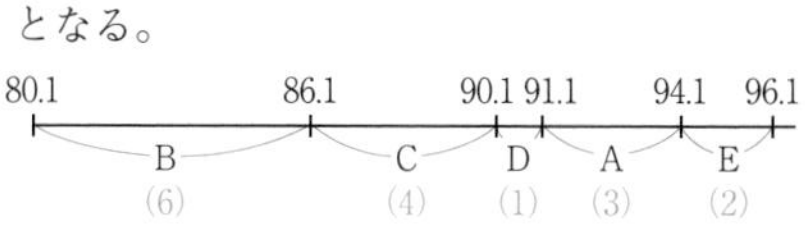

※(　)内は任期を表す。

No.10　正答　3

5人の得点を数直線上に書き込んで考える。このテストが「10点満点」であることに注意して条件イを考えると，次の(I)，(II)のケースが考えられる。

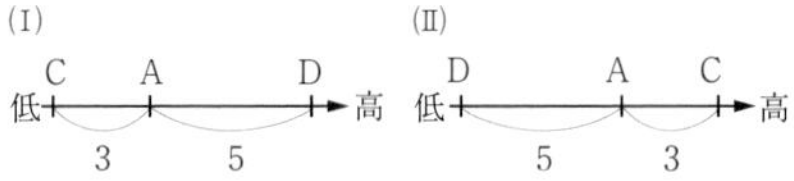

ここで，条件ウに注意して条件アを見ると，A，EはともにBより上でなくてはならないことがわかり，よって次図を得る。

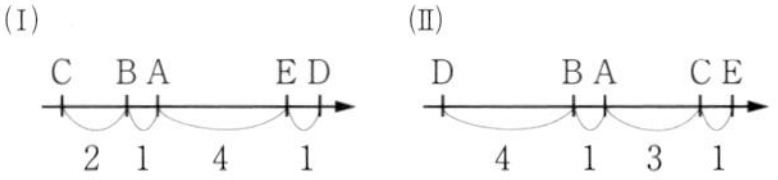

しかし，(I)では条件エを満たすことができないので不適(誰を「6点」としても，全員の得点を0～10点の範囲におさめることができない)。一方，(II)については，

D＝1点，B＝5点，A＝6点，
C＝9点，E＝10点

のとき（かつ，このときに限り)条件エを満たす。

No.11　正答　5

問題文より次のようになる。

E＞A＞B
F＞C＞D＞A＞B

EとF，C，Dの順位は確定しない。

No.12　正答　4

条件より，

B＜A　…①
○＜○＜○＜E＜○　…②
D＜○＜C　…③

②，③より，　D＜○＜C＜E＜○
または，　○＜○＜D＜E＜C
これらに，①をあてはめると，

D＜B＜C＜E＜A

または，

B＜A＜D＜E＜C

どちらの場合でも，BはCより軽い。

No.13　正答　3

条件より，

C＜B＜A　　F＜D＜E

1　B＝Dであっても，AとEの高低はわからない。
2　D＜Bであっても，AとEの高低はわからない。
3　E＜Cであれば，
F＜D＜E＜C＜B＜A
となって，Aが一番高いということが確実にいえる。
4　C＝Dであっても，AとEの高低はわからない。
5　C＜F＜Bであっても，AとEの高低はわからない。

No.14　正答　5

Aの1回目をA_1とする（他も同様)。

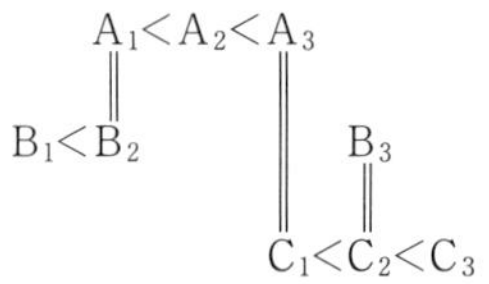

同じ人を1＜2＜3の順に横に並べ，同じ得点を縦にそろえて書くと前図のようになり，条件に出てこないB_1，A_2，C_3も書き入れることができる。これより，

B_1＜A_1＜C_1（1回目）
B_2＜A_2＜C_2（2回目）
A_3＜B_3＜C_3（3回目）

No.15　正答　4

Aの1回目～3回目の得点をA_1～A_3とする（BとCも同様)。

低＜高と不等号で整理する。キより，得点は3回とも異なる。

アより，
$A_1 < A_2 < A_3$
イより，
$B_3 < B_2 < B_1$
ウより，
$C_2 < C_3 < C_1$
エより　$A_1 = C_2$
カより　$A_2 = B_3$
オより　$C_1 = B_2$
同じ得点のときは縦に揃えて書く。

$$\left.\begin{array}{llll} A_1 < & A_2 < & A_3 & \\ \| & \shortparallel & & \\ \| & B_3 < & B_2 < & B_1 \\ \| & & \shortparallel & \\ C_2 < & & C_3 < & C_1 \end{array}\right\} ※$$

1　A_3がかなり高いとき，3回の合計はBよりもAの方が高い場合がある。例えば，

$$\begin{array}{lllll} 1 & 2 & 3 & 4 & \cdots\cdots 8 \\ A_1 < & A_2 & & & < A_3 \\ & \shortparallel & & & \\ & B_3 < & B_2 < & B_1 & \end{array}$$

$$\left.\begin{array}{l} A_1+A_2+A_3=1+2+8=11 \\ B_3+B_2+B_1=2+3+4=9 \end{array}\right\} B<A$$

となることがあるので，確実にはいえない。

2　C_3，C_1がかなり高いとき，3回の合計はCよりもAの方が低い場合がある。例えば，

$$\begin{array}{lllll} 1 & 2 & 3 & 4 & 5 \\ A_1 < & A_2 < & A_3 & & \\ \shortparallel & & & & \\ C_2 < & & & C_3 < & C_1 \end{array}$$

$$\left.\begin{array}{l} A=1+2+3=6 \\ C=1+4+5=10 \end{array}\right\} A<C$$

となることがあるので，確実にはいえない。

3　※より，

$$\left.\begin{array}{lll} \underset{\sim}{A_1} < & A_2 < & A_3 \\ & \shortparallel & \\ & B_3 < & B_2 < \underset{\sim}{B_1} \\ & & \shortparallel \\ & & \underset{\sim}{C_1} \end{array}\right\} A_1 < C_1 < B_1$$

となるので，誤り。

4　※より，

$$\left.\begin{array}{ll} A_1 < & \underset{\sim}{A_2} \\ \shortparallel & \shortparallel \\ \underset{\sim}{C_2} & B_3 < \underset{\sim}{B_2} \end{array}\right\} C_2 < A_2 < B_2$$

となる。確実にいえるので，これが正答である。

5　※より，

$$\begin{array}{llll} A_1 < & A_2 < & \underset{\sim}{A_3} & \\ \| & \shortparallel & & \\ \| & \underset{\sim}{B_3} < & B_2 & \\ \| & & \shortparallel & \\ C_2 < & & \underset{\sim}{C_3} < & C_1 \end{array}$$

$B_3<A_3$は確実だが，B_3とC_3，A_3とC_3の大小関係は不定なので，確実にはいえない。

No.16　正答　4

条件ア，イ，ウより，ＡＢＣＤの順位は，

①　Ａ○ＢＤ○Ｃ

②　ＡＤＢＣ

の2つの場合がある。

①のとき，Ｅ，Ｆの順位は，2位と5位

②のとき，Ｅ，Ｆの順位は，

○○ＡＤＢＣで，1位と2位

○ＡＤＢＣ○で，1位と6位

ＡＤＢＣ○○で，5位と6位

No.17　正答　4

条件イとカより，

1　2　3　4　5　6　7
○　○　○　Ⓕ　○　○　○
　　　　　　└→G

これに

ア．Ｂ○○○Ｃ

ウ，エ．Ｂ＜ＡＤ

オ．Ｃ＜Ｅ

を組合せていく。5～7にはＢかＣのうち1人とＧが入るので，Ａ，Ｄは1～3に入る。エよりＢ＝1。

1	2	3	4	5	6	7
Ｂ	Ａ	Ｄ	Ｆ	Ｃ	○	○

最後にオより，Ｅは6か7どちらでも可。

1	2	3	4	5	6	7
Ｂ	Ａ	Ｄ	Ｆ	Ｃ	Ｅ	Ｇ

ＡとＤ，ＥとＧは入れ替え可。

No.18　正答　1

左側を当番の早い者として，条件を次のように表す。

アより，

Ａ○○Ｅ　…①

ウ・エ・イより，

Ｆ○Ｂ○○Ｃ○○Ｇ　…②

1週間（7日）が周期なので，Ｆの7日後はＦ，Ｇの7日前はＧである。②にＦ，Ｇを入れると，

FGB○○C○FG　…②′
この繰り返し
となる。②′ に①を組み入れる方法は，次図のようにBの次にAを入れるしかない。
FGBA○CEFG
残ったDが○に入り，ここが土曜日なので，各人の当番の曜日は次のとおりとなる。

火	水	木	金	土	日	月
F	G	B	A	D	C	E

よって，確実にいえるのは「Aは金曜日に当番をする。」である。

No.19　正答　5

いま，5人の年齢は1歳ずつ等間隔に並んでいるので，条件アは，「Aの順位は，C，Dの順位のちょうど真ん中」であることを意味し，よって，

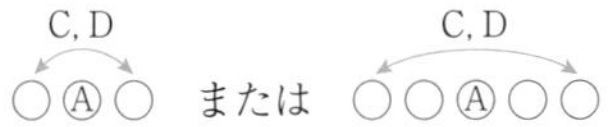

となる。
イ，ウより，○＜B＜C
これらの組合せ方は次の4通りがある。

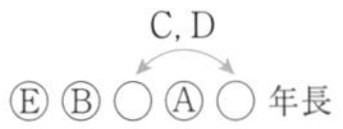

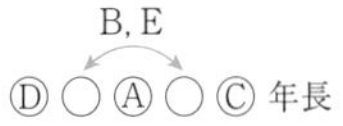

No.20　正答　2

条件ア，イ，オより，

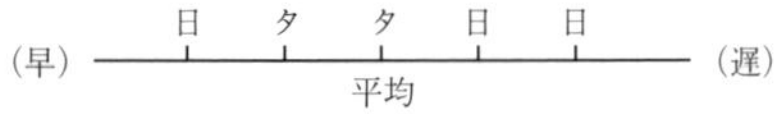

さらにウ，エより，

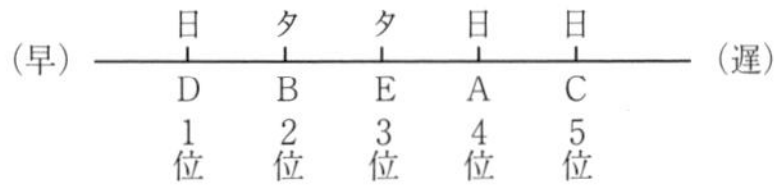

No.21　正答　4

条件アより，$\frac{C+D}{2}=E$
すなわち「EはCとDの平均(＝真ん中)」
…①

ア，ウより，$\frac{A+B}{2}=E$
すなわち「EはAとBの平均(＝真ん中)」
…②

イ，エより，
E＜D＜B…(早＜遅とする)…③
③より，

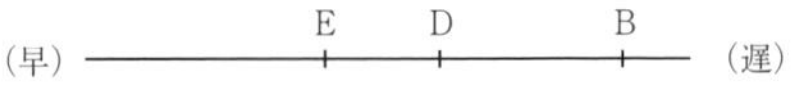

③に①②を書き加えると，

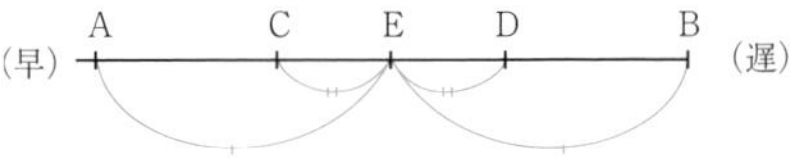

四番目にゴールしたのはD。

No.22　正答　2

1位	2位	3位	4位	5位	6位
○	○	○	○	○	○

という順位枠を設定して考える。まず条件アとイより，

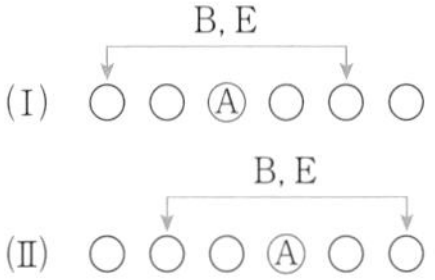

の2つのケースが考えられる。次にウより，BはCおよびDより遅いので3位以下となることから，
(Ⅰ)　Ⓔ ○ Ⓐ ○ Ⓑ ○
(Ⅱ)　○ Ⓔ ○ Ⓐ ○ Ⓑ
となるが，このうち(Ⅰ)は残りの条件を満足させることができない。一方(Ⅱ)は，

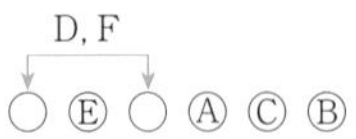

として条件を満たすことができる。

No.23　正答　4

前＜後　と表す。条件より，
黒＜赤　…①
白・トラック　…②
バス＜乗用車　…③
①，②，③より，
白・トラック・○または○・白・トラック

②より，トラックは白ではないので黒か赤。

ｉ）トラックが黒のとき

バス・トラック・乗用車
（白）　（黒）　（赤）

ⅱ）トラックが赤のとき

バス・乗用車・トラック
（黒）　（白）　（赤）

No.24 正答 4

1コースを(1)と表す（他も同様）。条件アより，1位と5位は(2)と(4)のいずれか。

イ・エより，　　　　アより，

○　○　B　　　　A
(5)　(1)　　　　　(3)

これらを組合せると次のようになる。

1位	2位	3位	4位	5位
○	A	○	○	B
(2)か(4)	(3)	(5)	(1)	(4)か(2)

最後にウを考えると，Dは(5)ではなく，1位ではないので4位。よって，1位は(1)の隣の(2)だったことがわかる。C・Eは不定。

1位	2位	3位	4位	5位
○	A	○	D	B
(2)	(3)	(5)	(1)	(4)

No.25 正答 3

Aの50mターン前の順位は，4人とすれ違っているのだから5位ということである。その後，50mターン以後2人を抜いているのだから，Aの順位は3位になる。

No.26 正答 2

アより，初めaの前には少なくとも2人おり，aは3位か4位。

イより，初めbの前にも後ろにも少なくとも1人おり，bは2位か3位。かつ，bは初めとゴールで順位は変わっていない。

ウより，初めcの後ろには少なくとも2人おり，cは1位か2位。

ｉ）初めa＝3のとき

b＝2，c＝1しかないのでd＝4

	1	2	3	4
初め	c	b	a	d
ゴール	○	○	○	○

bは順位が変わらないので，ゴールで2位。aはb，cを抜いたことになるのでゴールで1位。cはa，bに抜かれたのでゴールで3位。残るdは4位。

	1	2	3	4
初め	c	b	a	d
ゴール	a	b	c	d

ⅱ）初めa＝4のとき

ｉ）と同様に順次考えていくと，

	1	2	3	4
初め	d	c	b	a
ゴール	d	a	b	c

ｉ），ⅱ）より，ゴールでの順位としてあり得るのは，{A・B・C・D / D・A・B・C}

〈注意〉

「aは2人抜いた」という条件では抜かれた人数についての条件がないので「aは順位が2つ上がった」とは確実にはいえないことに注意すること（本問では結果はそうなっているが）。

No.27 正答 1

Bは誰も追い越すことはなく，3台に追い越されたので，1位→4位。

Dは1台追い越し，1台に追い越されたので順位は変わらず，2位→2位。

	1	2	3	4	5
チェックポイント	B	D	C	E	A
ゴール	○	D	○	B	○

Cはどの車も（特にBを）追い越していないので，ゴールではBより下位となり，よって5位。

Eは2台追い越したがそれはCとBになり，3位。残るAは1位となる。

	1	2	3	4	5
チェックポイント	B	D	C	E	A
ゴール	A	D	E	B	C

No.28 正答 5

問題文中の発言者を上からア，イ，ウとする。

まず，C，Dを抜けるのはC，Dより後ろにいるAのみなのでウはA。順位は2位。

イはBかDで，順位は1つ上がる。もしもイがDなら，ゴールでD＝2位となり，A＝

2位に反す。よってイはBで，ゴールで1位。

アはCかDで，順位は1つ下がる。もしもアがCなら，ゴールでC＝2位となり，A＝2位に反す。よってアはDで，ゴールで4位。最後にCは3位。

	1	2	3	4
スタート	C	B	D	A
ゴール	B	A	C	D

No.29 正答 2

各人の発言よりAの1回目のカードの数字は4か5。

ⅰ）Aの1回目が4のとき

	1	2	3	4	5
1回目	C	D	E	A	B
2回目	A	C	D	E	B

Dの条件に反す。

ⅱ）Aの1回目が5のとき

	1	2	3	4	5
1回目	B	C	D	E	A
2回目	B	A	C	D	E

すべての条件を満たす。

No.30 正答 3

1人に抜かれると順位は1つ下がり，1人を抜くと順位は1つ上がる。Eは最初，5位だったので誰にも抜かれる可能性はなく，2人を抜いたので順位は2つ上がり，ゴールで3位。B，C，Dについては「○人抜いた」とのみ発言している者は抜かれている可能性を，「○人に抜かれた」と発言している者は抜いている可能性を考える。

	1	2	3	4	5
最初	A	B	C	D	E
ゴール	○	○	E	○	○

D　　C　　B

Bは3人すなわちC，D，Eに抜かれたが，Aを抜いている可能性もあるので4位か5位。

Dは3人すなわちA，B，Cを抜いている。Eが3位なので，Eに抜かれた可能性はなくなり，1位が確定する。

Cは1人に抜かれているが，Dの1位およびEの3位が確定したことより，CはDのみに抜かれ，Eには抜かれていないことがわかり，Cは2位。

Aの発言がないのでAとBの順位については確定しない。

	1	2	3	4	5
最初	A	B	C	D	E
ゴール	D	C	E	B	A

（入れ替え可）

第2章 対応関係

No.31 正答 5

次表で整理する。住んだことのない県には×，住んだことのある県には○を入れる（初めは出身地・現住所を問わない）。

4人とも2つの県に住んだことがあり，出身地も現住所もすべて異なるので，縦・横2つずつ○が入る。ア・イより，

	宮	広	長	千	
A	×	○	○	×	2
B	○	×	○	×	2
C			×	○	2
D			×	○	2
	2	2	2	2	

エより，DはAの出身地に住んでいるので，それは長野県でないから，広島県となり，縦横2つずつ○なので，Cのもう一方の○は宮崎県となる（ここまで次表）。

	宮	広	長	千	
A	×	○	○	×	2
B	○	×	○	×	2
C	○	×	×	○	2
D	×	○	×	○	2
	2	2	2	2	

現住所を◎とする。ウより，Cの現住所は千葉県，Dの現住所は広島県。よってAの現住所が長野県，Bの現住所が宮崎県となり，次表のようになる。

	宮	広	長	千
A	×	○	◎	×
B	◎	×	○	×
C	○	×	×	◎
D	×	◎	×	○

◎が現住所
○が出身地

以上より，確実にいえるのは「Dの現住所は広島県である。」である。

No.32 正答 4

同時に出席しているものは同一人物でないことから，次の対応表ができる。

	弁護士	教師	牧師	記者
梶田	×	○	×	×
高田	○	×	×	×
本田	×	×	×	○
木田	×	×	○	×

ここから，高田＝弁護士であることがわかる。したがって梶田＝教師，本田＝記者，木田＝牧師と，順次確定していく。

つまり，次のような出席状況だったことになる。

第一回　梶田，木田，高田
第二回　梶田，　　　高田，本田
第三回　梶田，木田，高田
第四回　梶田，木田，　　　本田

No.33 正答 5

題意より次のような対応表ができる。

	ク	ジ	ロ	デ
A	×			×
B		×		×
C		×	×	
D	×		×	

Aがジャズとして進めていくと(I)のようになり，Aがロックとして進めていくと(II)のようになる。

(I)

	ク	ジ	ロ	デ
A	×	○	×	×
B	×	×	○	×
C	○	×	×	×
D	×	×	×	○

(II)

	ク	ジ	ロ	デ
A	×	×	○	×
B	○	×	×	×
C	×	×	×	○
D	×	○	×	×

No.34 正答 5

話せる言語に○を入れる。条件ア～カより，次表となる。

共通なし（B・D）

	日	英	フラ	スペ	
A		×			1
B		○			2
C		○			3
D		×			
	3	2	2	1	8

縦と横の○の数は同じなので，Dの話せる言語は，

$8-(1+2+3)=2$

2か国語である。

条件オより，BとDには共通の言語はなく，2人とも2か国語ずつ話せるので，

B　○　○　×　×　→　2
D　×　×　○　○　→　2

日本語・英語・フランス語・スペイン語いずれについても，BかDの一方のみが必ず話せる。

これと，縦の○の数より，
日本語はAとCに○，スペイン語はAとCに×が入る。Aは○1つなので，フランス語は×。Cは○3つなので，フランス語は○。

共通なし（B・D）

	日	英	フラ	スペ	
A	○	×	×	×	1
B		○			2
C	○	○	○	×	3
D		×			2
	3	2	2	1	8

条件カより，BとCの共通言語は英語だけなので，Bの日本語とフランス語が×で，スペイン語が○。よって，Dは日本語とフランス語が○となる。

共通なし（B・D）

	日	英	フラ	スペ	
A	○	×	×	×	1
B	×	○	×	○	2
C	○	○	○	×	3
D	○	×	○	×	2
	3	2	2	1	8

以上より，確実にいえるのは「Dはフランス語を話せる。」である。

No.35　正答　1

次表で整理する。同じチームを同じ形にしておく。1日目にAチームと対戦したチームは3日目にBチームと対戦するので，これを○とすると，○はCかDである。

1	2	3
A ○	A	A
B		B ○

（簡略化のため「チーム」を省略する。）

AとBはどこかで対戦しなければならず，1日目，3日目でないので，2日目となる。よって，2日目のもう1試合はC—D戦である（ここまで次表）。

1	2	3
A ○	A B	A
B	C D	B ○

するとイの「2日目にCと対戦したチーム」がDだとわかり，これが1日目にBと対戦するので，1日目にB—D戦がある。よって○はCである。3日目のもう一試合はA—D戦である。

1	2	3
A Ⓒ	A B	A D
B D	C D	B Ⓒ

以上より，正しくいえるのは「Aチームは3日目にDチームと対戦した。」である。

No.36　正答　5

条件を上からア～カとし，次表で整理する。同じ人が入るところに同じマークをする。

条件イ・ウ・カより，

Q校

		1回目	2回目	
	A	⬭	□	
P校	B			G×
	C		⬭	H×
	D	□		

Bの1回目の相手を△，Cの1回目の相手を▽とする。

条件アより，1回目と2回目の相手はすべて異なるので，

Bの2回目の相手は△でなく，▽。

よって，Dの2回目の相手が△となる。

Q校

		1回目	2回目	
	A	⬭	□	
P校	B	△	▽	G×
	C	▽	⬭	H×
	D	□	△	

また，条件エ，オを上表に合わせて書くと，

	1回目	2回目
エ	E	H
オ	F	G

となる。

▽はGでもHでもないので，EかFである。もしEなら，エより⬭がHとなり，CがHと対戦しなかった（条件カ）に反する。

Q校

		1回目	2回目	
	A	⬭	□	
P校	B	△	▽	G×
	C	▽E	⬭H	H×
	D	□	△	

よって，▽はEでもなく，Fである。

これと条件オより，⬭がGとなる。

Q校

P校		1回目	2回目	
	A	⬭G	□	
	B	△	▽F	G×
	C	▽F	⬭G	H×
	D	□	△	

さらに，条件エが入るのはDしかなく，□がE，△がHとなる。

	1回目	2回目	
A	⬭G	□E	
B	△H	▽F	G×
C	▽F	⬭G	H×
D	□E	△H	

以上より，確実にいえるのは「Eの1回目の相手はDだった。」である。

No.37　正答　4

条件より確実に入るものを入れてみる。入れる場合の注意としては，月曜1限と金曜5限の斜めの線と水曜の縦の線から，水曜の3限に理科が入り，続いて火曜2限＝数，木曜4限＝英と決まる。すると水曜の時間割も決まる。この方法で，どうしても確定できないのが図の空白部分である。4以外はすでにわかっている。

	月	火	水	木	金
1	社	理	国	数	英
2		数	英		
3	英		理		数
4			数	英	
5	数	英	社	理	国

No.38　正答　4

条件ア～オから解くカギを見つけていく（以下，年齢の大小を＜，＞，＝で示す）。まずウとオから作家と岩田が同年齢で，佐藤と山田は作家と同年齢でないのだから，裏返せば岩田は作家ではない。佐藤と山田も作家ではない，ということから作家は残った富田に確定する。

さらに，ここで「富田（作家）＝岩田」であることもおさえておく。またア，イより「？（学者）＞富田（作家）＝岩田（？）＞？（銀行員）」であることがわかる。ここで，イ，エより，山田が学者，佐藤が銀行員，続いて岩田が残った医者であることがわかる。

No.39　正答　3

A，B，Cは自分の部屋を含め，それぞれ2部屋開けることができる。条件イ，ウより次の表ができる。

	松	竹	梅
A	○	×	○
B	×	○	○
C	○	○	×

条件アより，Aの部屋が梅であることがわかり，したがってBの部屋は竹，残る松はCの部屋であることがわかる。

No.40　正答　4

A～Eの発言より，次のような対応表ができる。

	絵	写	旅	テ	
A	○	×	○	×	2
B	×	○	○	×	2
C	×	×	○	○	2
D	○	○	×	×	2
E	×	○	×	○	2
	2	3	3	2	10

同じ趣味なし（C・D）

この表から正しくいえるのは，「Dは写真が好き」である。

No.41　正答　3

条件より，次の対応表ができる。

	犬	猫	小鳥	金魚	計
A	○		×		2
B	×		○		2
C		○			2
D		×			2
E					2
計	3	3			10

共通なし（A・B，C・D）

AとB共通なしで2人合わせて○が4つと

いうことから，犬・猫・小鳥・金魚のいずれもAかBどちらか1人だけが必ず○になる。CとDについても同様。これより，3つの○が入る犬と猫はEが○。

2種類とも同じという人はいないので，AとEを比べてAの猫は×，CとEを比べてCの犬は×。

同様にして，AとB共通なし，CとD共通なし，2種類とも同じという人はいない。横は○2つの条件で順次○，×を入れていくと次の通りとなる。

	犬	猫	小鳥	金魚	計
A	○	×	×	○	2
B	×	○	○	×	2
C	×	○	×	○	2
D	○	×	○	×	2
E	○	○	×	×	2
計	3	3	2	2	10

共通なし

No.42 正答 4

各人の出勤する日に○，休む日に×を入れる。条件イ・ウ・エより，次の対応表ができる。

	月	火	水	木	金	土	計
A	○		○	○			4
B					○	○	4
C			○				4
計	2	2	2	2	2	2	12

まず，水曜日に休むのはBだとわかる。条件アより，連続して休まないので，Bは火・木には出勤する。よって，Bは月曜日に休む。

	月	火	水	木	金	土	計
A	○		○	○			4
B	×	○	×	○	○	○	4
C			○				4
計	2	2	2	2	2	2	12

以下同様に，×の隣には○，縦には○2つと×1つ，横には○4つと×2つになるように入れていくと，次の通りとなる。

	月	火	水	木	金	土	計
A	○	×	○	○	×	○	4
B	×	○	×	○	○	○	4
C	○	○	○	×	○	×	4
計	2	2	2	2	2	2	12

No.43 正答 2

条件より，次の対応表ができる。

	月	火	水	木	金	土	
朝						e	a・e
昼				b			b・
夕			d				d・

各時間帯には2種類を各々3日ずつ飲むが，朝にはaとeを，昼にはbとfを，夕にはdとcを飲んだことがわかる。

条件ウより，aは1日おきに飲むので，月・水・金にはaを火・木・土にはeを飲む。

bとcが異なる曜日なので，bとdが同じ曜日，fとcが同じ曜日となる。条件カより，月・水が全く同じであることも考えると，次の通りとなる。

	月	火	水	木	金	土	
朝	a	e	a	e	a	e	a・e
昼	b	f	b	b	f	f	b・f
夕	d	c	d	d	c	c	d・c

No.44 正答 4

	1	2	3	4	5	6	正解数
A	○	×	○	×	○	×	4
B	×	×	×	○	×	○	3
C	○	○	×	×	○	○	5

A～C3人の正解数を合わせると，

$$4+3+5=12 \quad \cdots\cdots①$$

である。A～C3人の解答状況を見ると，1～6問のいずれについてもそれぞれ，「2人同じ解答で，1人だけ異なる解答」となっている。これより，2人同じ解答の方がすべて正解だとすると，正解数の合計は，

$$2\times 6=12 \quad \cdots\cdots②$$

となり，①と②が一致する。

もし，いずれか1問でも1人が答えた方が正解であるなら，②が11以下となるので，①と一致しない。よって，1～6問いずれも2人同じ解答をした方が正解であることが確定する。正解は次表のようになり，これより，Dは4点となる。

	1	2	3	4	5	6	得点
正解	○	×	×	×	○	○	
D	○	×	×	○√	×√	○	4

（√の入った所が誤答。それ以外が正答。）

No.45　正答　5

条件アより，A，C，Eは2回同じで1回は異なる手を出していることがわかる。

	1	2	3	
A				パー・グー
B				3回とも同
C		パ		パー・(　)
D				3回とも異
E				パー・チョキ
	1人勝 A	1人勝	2人勝	

条件イより，1回目にAがパーを出すと，他の4人はグーを出すことになり，Eは条件に反する。よって1回目はAがグーで，他の4人がチョキ。

Cは2回目のみパーで，2種類しか出さないので，Cの3回目はチョキ。Bは1～3回ともチョキ。

2回目はBがチョキでCがパーなので，1人勝ったのはBとなり，他の4人はパー。

Dは3回とも異なる手を出したので3回目はグー。3回目はBとCがチョキ，Dがグーなので，「2人勝った」ことからパーを出した人はなく，Aはグー，Eはチョキを出した。

	1	2	3	
A	グ	パ	グ	パー・グー
B	チ	チ	チ	3回とも同
C	チ	パ	チ	パー・チョキ
D	チ	パ	グ	3回とも異
E	チ	パ	チ	パー・チョキ
	1人勝 A	1人勝 B	2人勝 A・D	

No.46　正答　1

対応するものどうしを実線――で，対応しないものを点線------で結ぶことにする。条件より，次の図がかける。

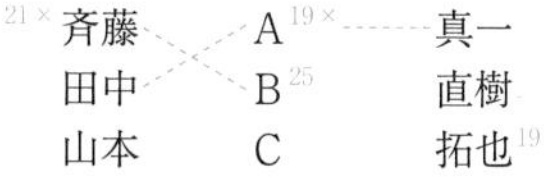

Aは19歳ではないので21歳。よって斉藤ではないので山本で，真一でも拓也でもないので直樹となる。残るCが19歳となり，拓也。後は順次------以外の残ったものと対応させていくと次のようになる。

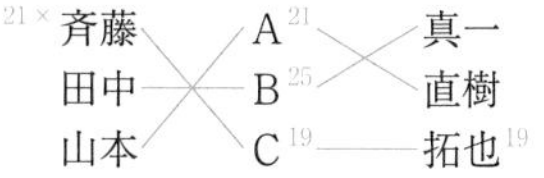

以上より，

A……山本直樹，21歳

B……田中真一，25歳

C……斉藤拓也，19歳

〈別解〉　対応表を書くことによって解くと次のようになる。

○×不一致　　○×一致

	斉	田	山	真	直	拓	25	21	19
A		×		×					×
B	×						○		
C									

↓

○×　　　　　　　　　　　　○×
不一致　　　　　　　　　　　一致

	斉	田	山	真	直	拓	25	21	19
A	×	×	○	×	○	×	×	○	×
B	×	○	×	○	×	×	○	×	×
C	○	×	×	×	×	○	×	×	○

No.47　正答　3

ア〜エ，カ，キより，

	マロン	チーズ	いちご	チョコ	紅茶	コーヒー	ジュース
A		×	×		×	○	×
B	×		×				
C		×		×			
D	×			×			
	1	1	1	1	1	2	1

「オ．チョコの人は紅茶」なので，コーヒーに○のAはチョコでなく，

Aはマロンに○

A〜D4人のケーキはそれぞれ異なるので，

Cはいちごに○

Dはチーズに○

Bはチョコに○

よって，オより，

Bは紅茶に○

となる。（ここまで次表）

同

	マロン	チーズ	いちご	チョコ	紅茶	コーヒー	ジュース
A	○	×	×	×	×	○	×
B	×	×	×	○	○	×	×
C	×	×	○	×	×		
D	×	○	×	×	×		
	1	1	1	1	1	2	1

「ク．いちごの人はジュースでない」より，いちごケーキのCはジュースでなくコーヒー，残ったDがジュースとなる。

	マロン	チーズ	いちご	チョコ	紅茶	コーヒー	ジュース
A	○	×	×	×	×	○	×
B	×	×	×	○	○	×	×
C	×	×	○	×	×	○	×
D	×	○	×	×	×	×	○
	1	1	1	1	1	2	1

以上より，確実にいえるのは「Cはコーヒーを注文した。」である。

No.48　正答　4

年下＜年上

で表すものとする。

条件ア，エより，

A　＜　看　＜　B　………………①

(西)　(南)

条件イ・オ・ウより，

(北)　＜　C　＜　警　＜　消　……②

(東)

全部で4人なので，②は左から21〜24歳と確定する。

21	22	23	24
	C		
		警	消
(北)		(東)	

これに①を入れると，Aは21歳，看護師は22歳のC，Bは24歳の消防士となり，残ったDが警察官，Aは教師となる。

21	22	23	24
A	C	D	B
教	看	警	消
(北)	(西)	(東)	(南)

以上より，確実にいえるのは「Dは23歳である。」である。

No.49 正答 3

条件より，次の対応表ができる。

○×が一致

	O	P	Q	R	K	L	M	N
A					×			
B				×	×			
C		○			×		×	
D								

↓

○×が一致

	O	P	Q	R	K	L	M	N
A	×	×	×	○	×	○	×	×
B	×	×	○	×	×	×	○	×
C	×	○	×	×	×	×	×	○
D	○	×	×	×	○	×	×	×

No.50 正答 1

条件より，次の対応表ができる。

	科目 (色)	科目 (色)
A	音 (　)	(赤)
B	英 (　)	(青)
C	(黒)	(緑)

理と数は同じ人に入るが，これはCしかない。どちらに入ってもよいので，確定しない。

社は(赤)でないので，(青)。残る国が(赤)。国と(白)は異なる人なので，(白)は英。残る(黄)が音となる。

	科目 (色)	科目 (色)
A	音 (黄)	国 (赤)
B	英 (白)	社 (青)
C	理 (黒)	数 (緑)

理と数は入れ替え可。

No.51 正答 2

対応関係の中に順序関係が入ってくるときは，順序関係を軸に整理する。条件より，次の図がかける。

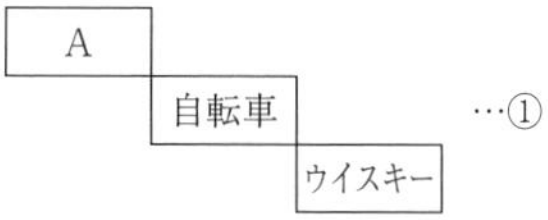

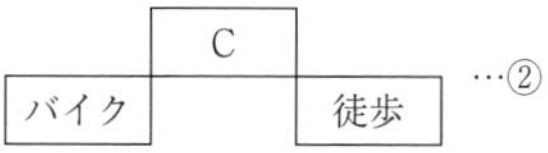

①②を組合せるには次のようにするしかない。

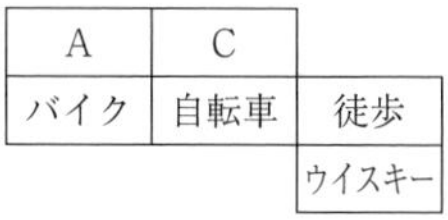

これに「Dの次の次の者がワイン」を組合せ，残ったものを入れると，次表が得られる。

D	A	C	B
乗用車	バイク	自転車	徒歩
		ワイン	ウイスキー

日本酒とビールはDかAいずれか確定しない。

No.52 正答 2

円卓に等間隔に座り，すぐ左隣の人に自分のもらった缶をあげたので，次の図で整理する。条件アより，

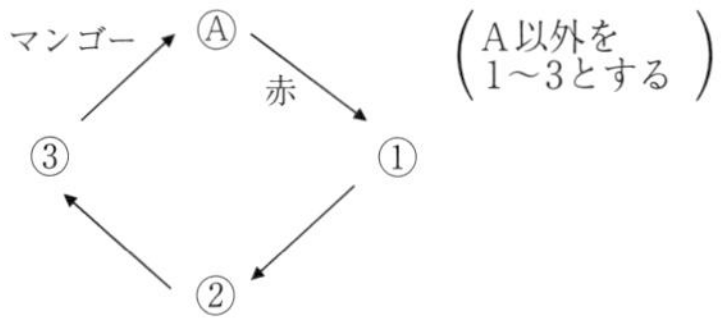

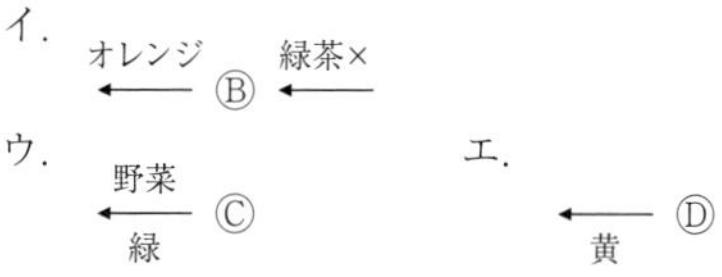

③に入るのは，B，Cでないので，Dである。①，②にBとCが入るので①──→②，②──→③のいずれかにオレンジと野菜が入る。よって，Ⓐ──→①が緑茶となる。Bは緑茶をもらわないので①がCである。オレンジの缶は青となる。

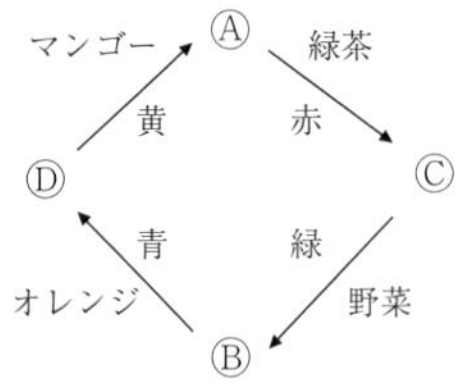

以上より，確実にいえるのは「Bが飲んだのは緑の缶の野菜ジュースである。」である。

No.53　正答　1

対応するものどうしを実線――で，対応しないものを点線……で結ぶことにする。条件より，次の図がかける。

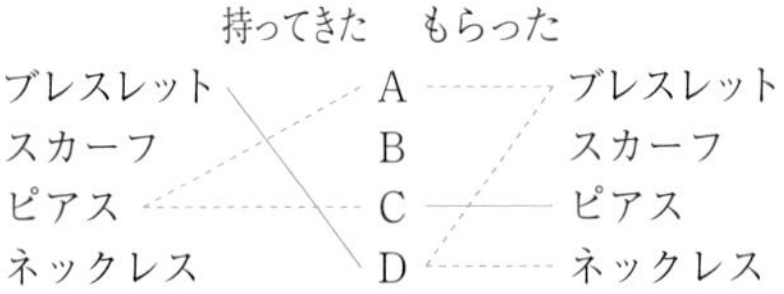

Dはブレスレットを持ってきたので，これをもらわない。Cはピアスをもらったので，これを持ってきていない。

ピアスを持ってきたのはA・C・DではないのでB。

ブレスレットをもらったのはA・C・DではないのでB。

Dがもらったのは，ブレスレット・ピアス・ネックレスではないのでスカーフ。よって残ったAのもらったものはネックレス。

Aはネックレスを持ってきていないので，スカーフを持ってきた。

Cが持ってきたのは残ったネックレス。

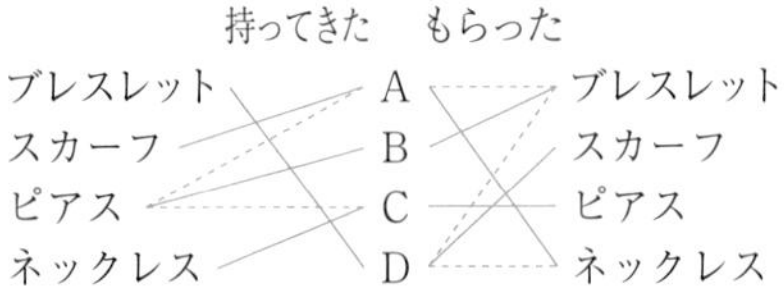

〈別解〉　対応表を書いて解くと次のようになる。

	もらった				持ってきた			
	ブ	ス	ピ	ネ	ブ	ス	ピ	ネ
A	×	×	×	○	×	○	×	×
B	○	×	×	×	×	×	○	×
C	×	×	○	×	×	×	×	○
D	×	○	×	×	○	×	×	×

No.54　正答　4

まず男女の組に分ける。男子はC，E，F，女子はA，B，Dである。背の高さが同じ者に同じマークをつけると図のようになる。条件アより，同じ背の高さのペアはないので，DとFはペアを組んでいるのが確実である。

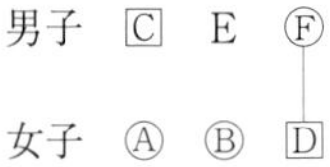

No.55　正答　1

メガネ，ひげの有無がわかりやすいよう次のように表をかきかえる。

		メガネ 有	メガネ 無
ひげ	有	C・F	D
ひげ	無	A	B・E

メガネをかけているのは3人なので，条件イより学生グループにも社会人グループにも，メガネをかけている者もかけていない者もいる。　…①

同様にウより，学生グループにも社会人グループにも，ひげのある者もない者もいる。　…②

アより，

(B・E・○)

となるが，このグループが①②の条件を満たすためには，○には(メガネ有・ひげ有)のCかFが入らねばならないが，どちらでも可。

以上より，グループ分けは，

(B・E・C)と(A・D・F)

または，

(B・E・F)と(A・D・C)

となる。

No.56 正答 1

D・Gが男子，AとCは男・女1人ずつ，BとFも男女1人ずつという条件より，残ったEとHは女子である。これより，Aが男子，Cが女子とわかる。

ペアを組まない相手に×を入れると，

		女子			
		E	H	C	
男子	D	×	×		
	G	×	×		
	A	×			

D・GはCともう1人の女子とペアを組むことになり，2人ともBとは組まないことから，もう1人の女子はF。Bは男子となる。

		女子			
		E	H	C	F
男子	D	×	×		
	G	×	×		
	A	×	○	×	×
	B	○	×	×	×

D・GがC・Fどちらとペアを組むかは確定しない。

No.57 正答 5

X校の学生に○，Y校の学生に□をつける。

A・B・C・D　　　…X＞Y　…①
　B　　D・E・F…X＜Y　…②
A・B　　D　　F…X＝Y　…③

①の中にX校が3人以上，②の中にY校が3人以上いることから，E・FがY校で，BとDのうちどちらか1人がY校で，もう1人はX校となるが確定しない。A・CはともにX校。

このとき，条件③も満たされる。

Ⓐ・B・Ⓒ・D　　　○＞□
　B　　D・[E]・[F]　○＜□
Ⓐ・B　　D　　[F]　○＝□
　↖　↗
□と○いずれか

No.58 正答 3

ウより，

町が同じなら学年は異なる。

学年が同じなら町は異なる。

全体として，町については東町，西町，南町の個別条件がないので，6人を2人ずつに分ければよい。学年についても同様である。

エより，　学年 (A・D)

町 (A・) (D・)

これにオを加えると，

学年 (A・D) (B・) (F・)

町 (A・) (D・) (B・F)

さらに，カ「EとAが異なる町」より，

EはDと同じ町になり，

残ったCがAと同じ町となる。

学年 (A・D) (B・) (F・)

町 (A・C) (D・E) (B・F)

（CとEの学年についてはB，Fどちらに入るか不定である。）

以上より，確実にいえるのは「CとEは異なる学年である。」である。

No.59 正答 1

夫の年齢の合計　　30×5
妻の年齢の合計　　26×5

5夫婦の年齢の和の合計 (30＋26)×5＝56×5

すなわち，5夫婦の年齢の和は，小さい方から順に，

54，55，56，57，58

となる。B，Cの妻の年齢は，

Bの妻……54－29＝25

Cの妻……58－30＝28

あとは，残った年齢で一対一対応になるように結ぶ。

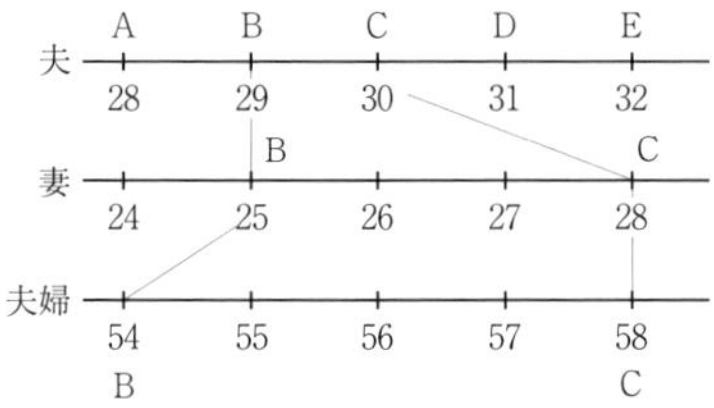

妻の残りは，24，26，27で，夫婦の残りは55，56，57なので，Eの妻は夫婦の年齢の和の条件から24歳しかあり得ない。32＋24＝56

$$\begin{pmatrix}\text{A夫妻は}\quad 28+27=55\\ \text{D夫妻は}\quad 31+26=57\end{pmatrix}$$

No.60　正答　1

男を□，女を○とし，ア～カの関係を図示する。

ア・イ

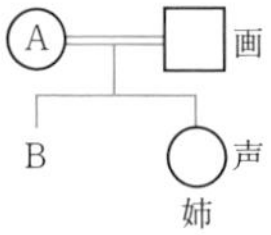

ウ

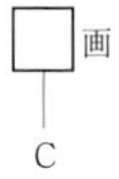

エ

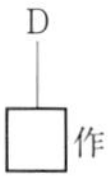

オ

カ

Aの職業を考える。Aは女性なので，画家・作家・落語家でなく，またアより声優でもないので，

Aは陶芸家であり，よってオより，
Eが Aの父となる。

ア・イとオより，

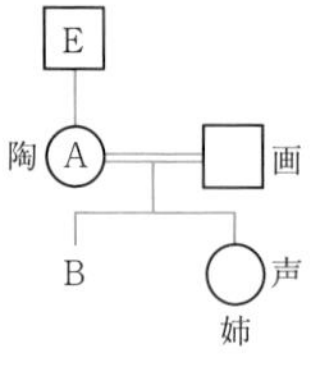

A～Eは3世代の家族で，Dには息子がおり孫の世代でないので，Dが画家，Cが声優，Bが作家となる。これより，落語家はEである。

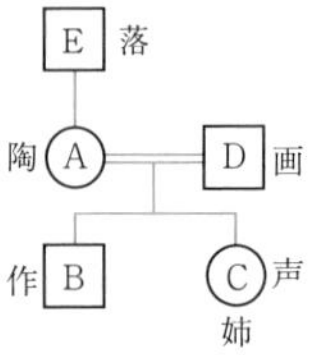

以上より，確実にいえるのは「Aは落語家の娘である。」である。

No.61　正答　3

家系図は次のようになる。

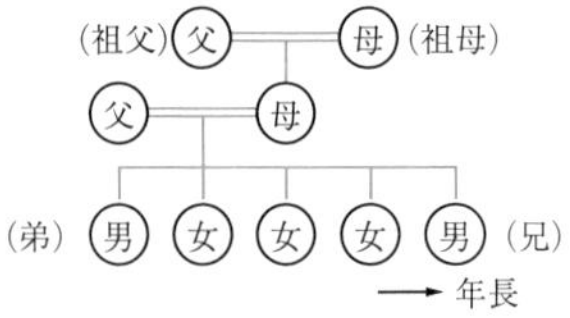

第 3 章　集　合

No.62　正答　5

英語に合格した者をa人，数学に合格した者をb人，両方に合格した者をx人とする。

$$\begin{cases}\dfrac{3}{10}a=x & \therefore\ a=\dfrac{10}{3}x\quad\cdots① \\ \dfrac{6}{10}b=x & \therefore\ b=\dfrac{5}{3}x\quad\cdots② \\ 520=a+b-x+40\quad\cdots③ \end{cases}$$

①，②を③に代入して，

$$520=\frac{10}{3}x+\frac{5}{3}x-x+40\quad\therefore\ x=120$$

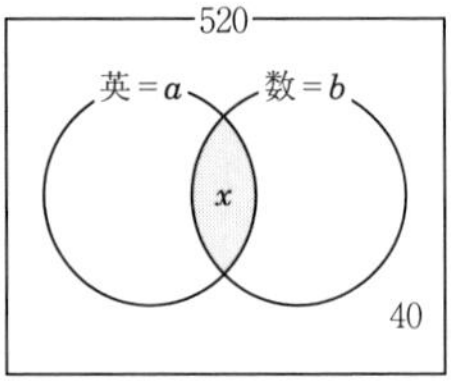

No.63　正答　2

「少なくとも」であるから，ネックレスも指輪もしていない女性は考えない。ネックレスをしている女性をa人，指輪をしている

女性をb人，ネックレスも指輪もしている女性をx人とする。

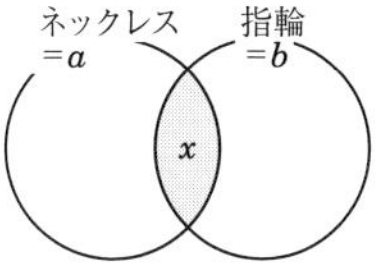

$$\begin{cases} \dfrac{3}{5}a = x & \therefore \quad a = \dfrac{5}{3}x \quad \cdots① \\ \dfrac{2}{3}b = x & \therefore \quad b = \dfrac{3}{2}x \quad \cdots② \end{cases}$$

a，bはともに自然数だから，①，②よりxは3と2の公倍数でなければならない。ゆえにxの最小数は6。$x=6$のとき，①より$a=10$，②より$b=9$。

$\therefore \quad 10+9-6=13$

したがって女性は少なくとも13人いるとわかる。

No.64　正答　4

組合せは，英・仏，仏・独，独・英の3通り，仏語の話せる者が15人で，英・仏の話せる者が7人だから，仏・独の話せる者は，

$15-7=8$(人)

No.65　正答　3

3問ともできた人数をx人とすると，

$50=(27+17+18)-(12+9+8)+x+9$

$\therefore \quad x=8$(人)

No.66　正答　2

3集合の公式を使う。一般に次式が成り立つ。

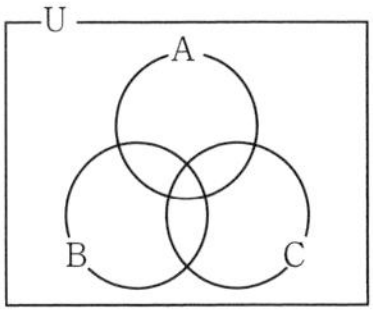

〈公式〉

$n(A \cup B \cup C) = n(A) + n(B) + n(C)$
$\quad - \{n(A \cap B) + n(B \cap C) + n(C \cap A)\}$
$\quad + n(A \cap B \cap C)$

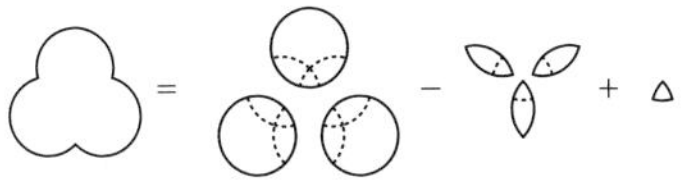

本問で，訪れた客の集合をU，洋服を買った者の集合をA，靴を買った者の集合をB，バッグを買った者の集合をCとすると，条件より，

$n(U)=200$
$n(A)=134$
$n(B)=93$
$n(C)=57$
$n(A \cap B)=61$
$n(B \cap C)=31$
$n(C \cap A)=34$
$n(A \cap B \cap C)=n(\overline{A \cup B \cup C})=x$

となる。

前述の公式にあてはめて，

$200-x=(134+93+57)$
$\qquad -(61+31+34)+x$

これを解いて，

$2x=200-284+126$
$2x=42$
$x=21$(人)

No.67　正答　4

求める値をx%とすると，

$$\begin{cases} 100=(20+16+14) \\ \quad -(a+2+b+2+c+2)+2+x \quad \cdots① \\ 22=(20-a-c-2)+(16-a-b-2) \\ \quad +(14-b-c-2) \quad \cdots② \end{cases}$$

①より，$100=46-(a+b+c)+x$

$\therefore \quad x=54+(a+b+c) \quad \cdots①'$

②より，$22=44-2(a+b+c)$

$\therefore \quad a+b+c=11 \quad \cdots②'$

②′を①′に代入して，

$x=54+11=65$(%)

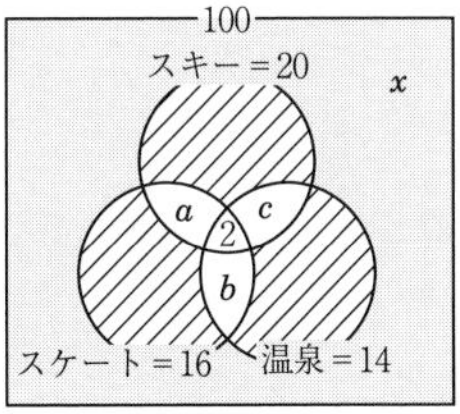

斜線部合計　22

〈別解〉　求める値をx％とすると，

$$\begin{cases} 20 = a + c + d + 2 & \cdots ① \\ 16 = a + b + e + 2 & \cdots ② \\ 14 = b + c + f + 2 & \cdots ③ \\ 22 = d + e + f & \cdots ④ \\ 100 = a + b + c + d + e + f + 2 + x & \cdots ⑤ \end{cases}$$

①＋②＋③＋④

$72 = 2(a + b + c + d + e + f) + 6$

$\therefore \quad a + b + c + d + e + f = 33 \quad \cdots ⑥$

⑥を⑤に代入して，

$100 = 33 + 2 + x$

$\therefore \quad x = 65$（％）

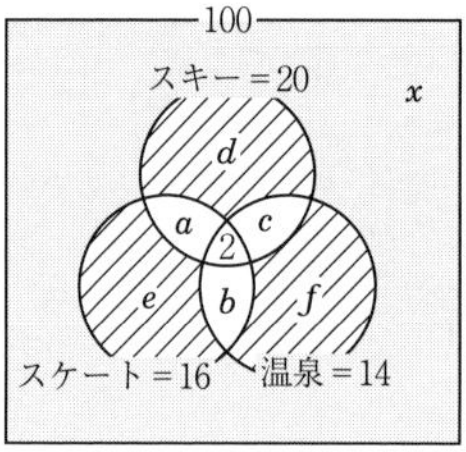

No.68　正答　1

各科目の平均点以上の者の集合を次のように図示する。

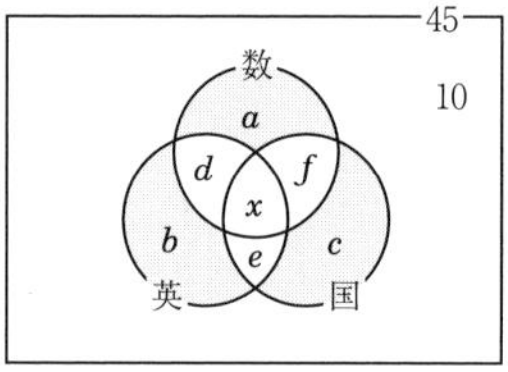

条件より，

$$\begin{cases} d + x = 15 & \cdots ① \\ e + x = 17 & \cdots ② \\ f + x = 13 & \cdots ③ \\ d + e + f = 18 & \cdots ④ \end{cases}$$

求めるのは「1科目のみ平均点以上」なので，$a + b + c$である。よって，①～④からxを求める。

①＋②＋③－④より，

$3x = 27 \qquad \therefore \quad x = 9$

$a + b + c = 45 - (10 + x + d + e + f)$

$= 45 - (10 + 9 + 18)$

$= 8$（人）

No.69　正答　2

最初の条件より次のようなベン図がかける。

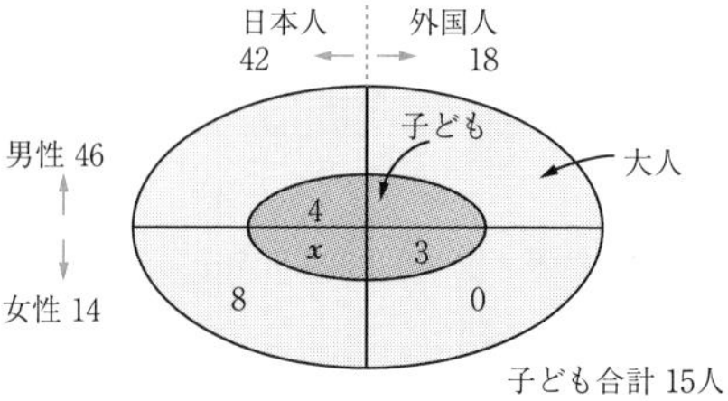

$x = 14 - (0 + 3 + 8) = 3$

計算によって次々と空いている所をうめていくと次のようになる。

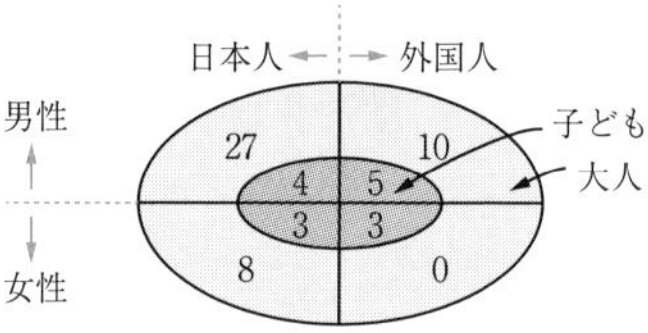

No.70　正答　2

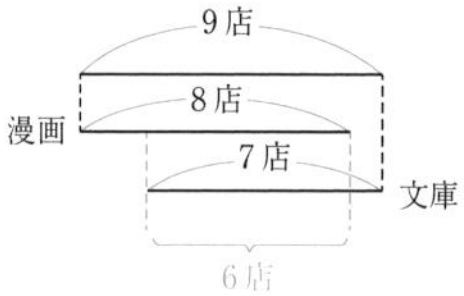

漫画，文庫本のコーナーがある書店は少なくとも6店ある。

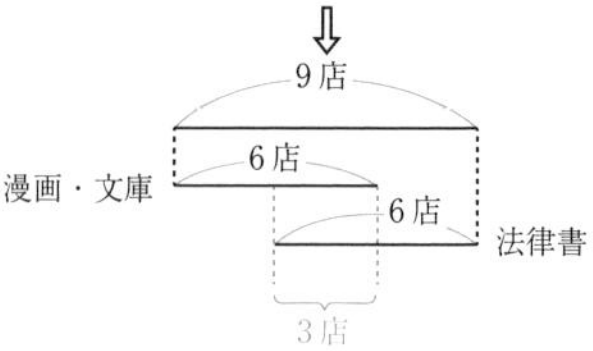

漫画，文庫本，法律書のコーナーがある書店は少なくとも3店ある。

No.71　正答　2

まず，両方とも持っている者が最も多くなるのは，パソコンを持っている205人がすべて携帯電話を持っている場合だから，$M = 205$である。

一方，携帯電話を持っている255人とパソコンを持っている205人を単純に足すと460人になるが，3年生は全部で300人しかいないので，「携帯電話を持っている人」の集合と「パソコンを持っている人」の集合の両方に属する人が少なくとも（460－300＝）160人存在することになる。ゆえにm＝160である。

よって，

$$
\begin{aligned}
M-m &= 205-160 \\
&= 45
\end{aligned}
$$

〈別解〉

線分図を用いて考える。

携帯電話とパソコンの両方を持っている者の最大値は次図の斜線部分で205人。

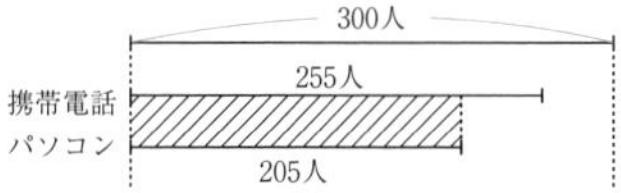

次に，両方持っている者の最小値は，次図の斜線部分で160人。

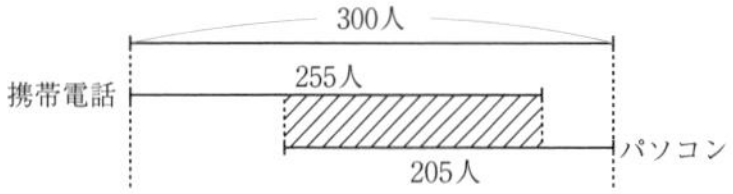

よって，

$$
\begin{aligned}
M-m &= 205-160 \\
&= 45
\end{aligned}
$$

No.72　正答　2

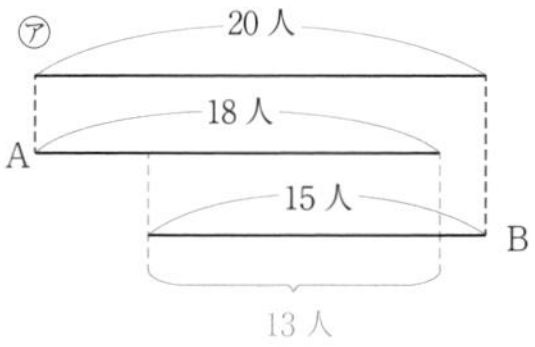

A，Bともに売った人は少なくとも13人いる。

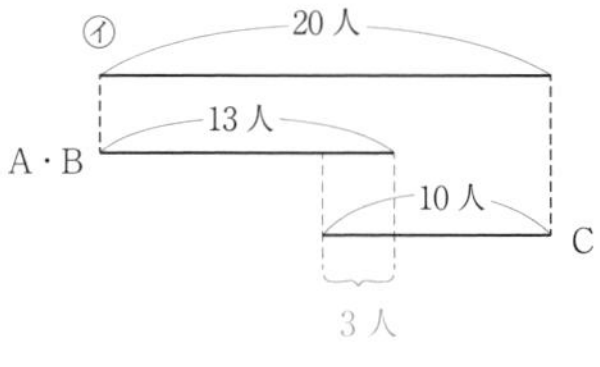

A，B，Cともに売った人は少なくとも3人いる。

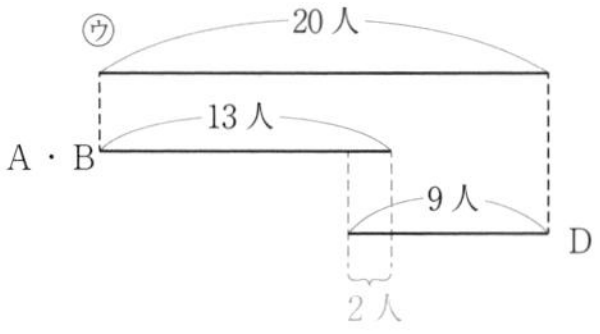

A，B，Dともに売った人は少なくとも2人いる。

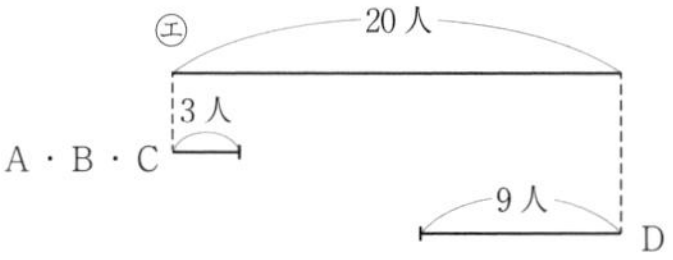

A，B，C，Dともに売った人は少なくとも何人いるとはいえない（0人の場合もある）。

1は明らかに誤り。㋐より**3**は誤り。㋑より**2**は正しい。㋒より**5**は誤り。㋓より**4**は誤り。

No.73　正答　4

1　右手だけを挙げている者が最も少ないのは，両手を挙げている人が最も多いときで，次図のような場合で，5人である。

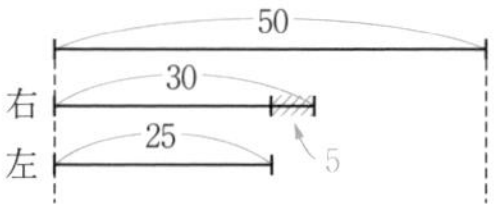

2　左手だけを挙げている者が最も多いのは，両手を挙げている人が最も少ないときで，次図のような場合で，20人である。

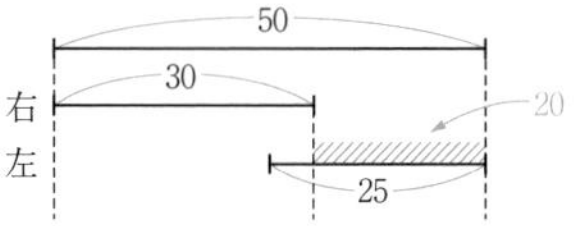

3　両手を挙げている者が最も多いのは選択肢1と同じ場合で，25人である。

4　手を挙げていない者が5人のときは次図の場合で，両手を挙げている者は10人である。

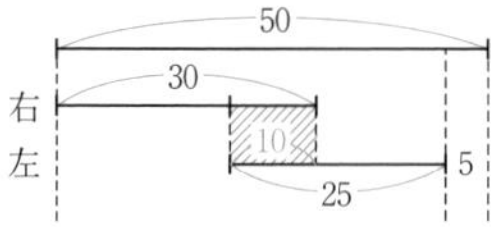

5　右手だけを挙げている者が22人のときは次図の場合で，手を挙げていない者は3人である。

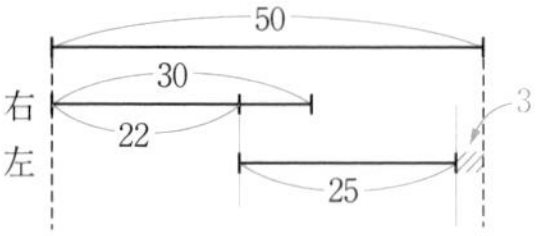

No.74　正答　5

条件を図示すると次のようになる。

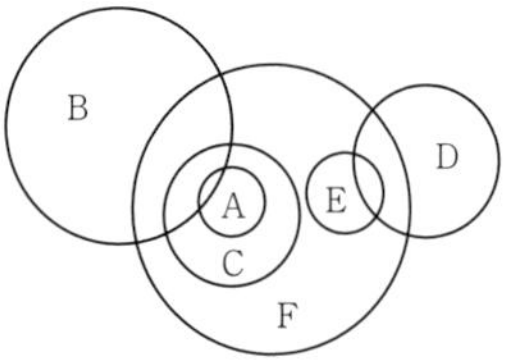

これより，1～4はあり得るが確実ではない。5は確実にいえる。

No.75　正答　3

ア，イ　左図であり得ることがわかり，右図で確実でないことがわかる。

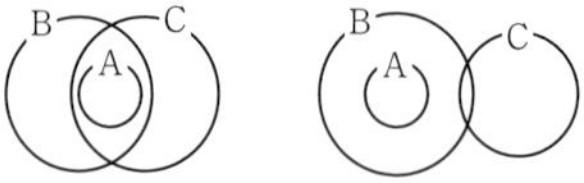

ウ　これもあり得るが，確実ではない。

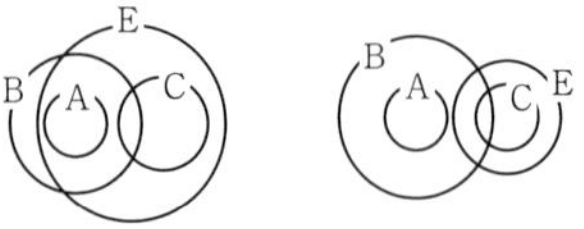

エ　他の図をかいてみても必ずBの一部はDである。ゆえに確実にいえる。

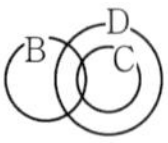

など

オ　これも確実にいえる。

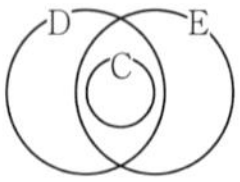

など

第4章　論　理

No.76　正答　2

条件を図示すると次のようになる。

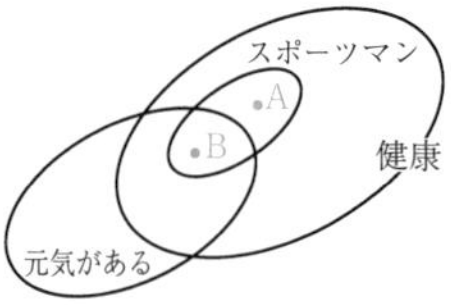

1,3,5　Aの場合があるので確実にはいえない。

4　Bの場合があるので確実にはいえない。

2　Aの場合で，健康であることにかわりはなく確実にいえる。

No.77　正答　4

野球が得意な人の集合を次のように図示する（他も同様）。

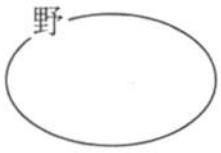

アより，

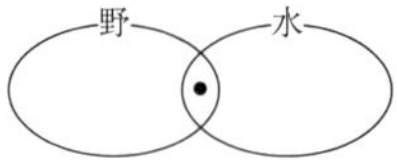

（ｉ）

イ・ウより，

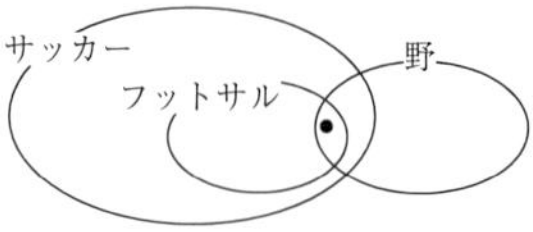

（ii）

（ｉ）（ii）の•が同一人物とは限らないので，合わせると次図となる。

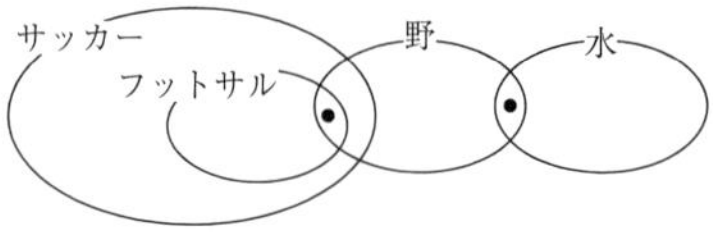

（iii）

1　(ⅲ)図のように，サッカーと水泳に共通部分がないこともあり得るので，確実にはいえない。
2　(ⅲ)図のように，水泳とフットサルに共通部分がないこともあり得るので，確実にはいえない。
3　(ⅲ)図のように，水泳だけ得意な人もあり得るので，確実にはいえない。
4　野球・フットサル・サッカーの3つとも得意な人は必ずいる((ⅱ)の•)ので，確実にいえる。これが正答である。
5　(ⅲ)図のように，サッカーだけ得意な人もあり得るので，確実にはいえない。

No.78　正答　3

Aの出勤する日を次のように図示する(他も同様)。

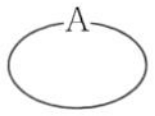

ア

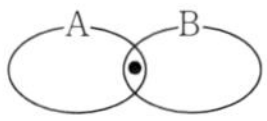

イ

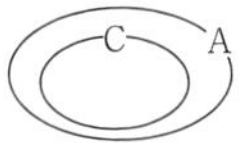

ウ

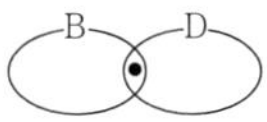

エ

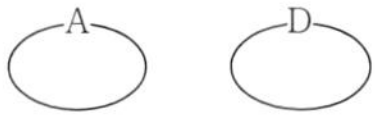

(AとDは共通部分なし。)

ア～エを合わせると次図となる。

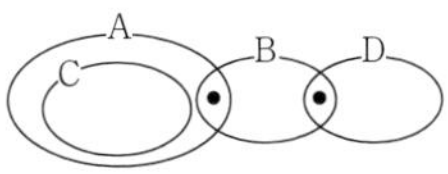

1　Aだけ出勤の日もあり得る。
2　BとCは共通部分をもつこともあり得る。

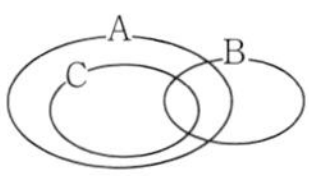

3　AとDが共通部分を持たず(エ)，CはAの中に入っているので(イ)，CとDが共通部分をもつことはあり得ない。すなわち，CとDが出勤する日はあり得ない。これが正答である。
4　Bだけ出勤の日もあり得る。
5　Dだけ出勤の日もあり得る。

No.79　正答　4

各季節が好きな者の集合を図示すると次のようになる。

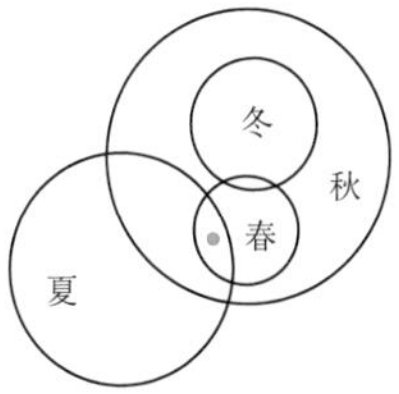

全員いずれかは好きなので，「夏または秋が好き」という前図の全体からはずれてしまう者はいない。よって，「夏も秋も好きでない者」はいない。2と3は確実にいえる。1，5はあり得る。

No.80　正答　1

ア・イより，

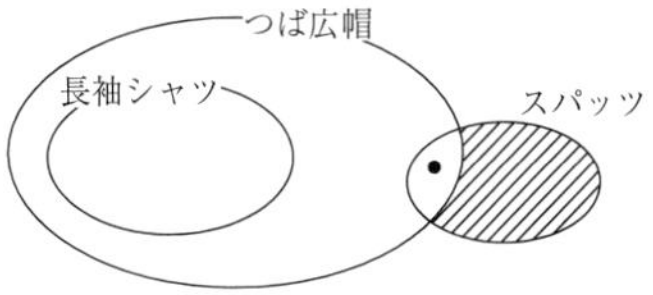

ウより，この図の外側(つば広帽もかぶらず，スパッツもはいていない)には人はいない。
1　上図において「つばの広い帽子をかぶっていない人」は斜線部の人で，必ずスパッツをはいている。よって，確実にいえる。これが正答である。
2　長袖シャツでない人でも，スパッツをはいている人も，はいていない人もあり得るので，確実にはいえない。
3　スパッツをはいていない人の中にも長袖シャツを着ている人も着ていない人もいるので確実にはいえない。
4　長袖シャツを着ていない人の中にもつばの広い帽子をかぶっている人もいるので，確実にはいえない。

5　長袖シャツを着ていた人の中にもスパッツをはいていることも次図のようにあり得るので，確実にはいえない。

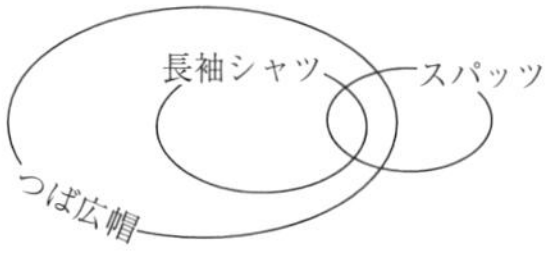

No.81　正答　4

選択肢ごとに見ていく。

1　善人→早死　…①
　モーツァルト→早死　…②
①，②からは何も結論できない。

2　動物の子ども→かわいい　…①
　人間の子ども→かわいい　…②
①，②からは何も結論できない。

3　インフレ→物価高　…①
　物価高→生活苦　　…②
①，②から，「インフレ→生活苦」と結論できる。これは，「インフレになると生活が苦しくなる」ということであって，題意とは異なる。

4　読書→心のゆとり　　　…①
　心のゆとり→人生の幸福　…②
①，②から「読書→人生の幸福」と結論できる。

5　コーヒー→眠れない
　逆は必ずしもいえない。

No.82　正答　5

「理科好き」を「理」と表すことにすると，条件ア～エは次のようになる。

ア．理→数…①　対偶　$\overline{\text{数}}$→$\overline{\text{理}}$…①′
イ．英→$\overline{\text{数}}$…②　対偶　数→$\overline{\text{英}}$…②′
ウ．社→$\overline{\text{理}}$…③　対偶　理→$\overline{\text{社}}$…③′
エ．国→$\overline{\text{数}}$…④　対偶　数→$\overline{\text{国}}$…④′
①と④′より，理→$\overline{\text{国}}$

No.83　正答　4

スポーツ→健康という結論が導かれるには次の2つの仮定が必要である。

スポーツ→（　　　）…①
（または①の対偶$\overline{\text{（　　　）}}$→$\overline{\text{スポーツ}}$…①′）
（　　　）→健康…②
（または②の対偶　$\overline{\text{健康}}$→$\overline{\text{（　　　）}}$…②′）

4は②と①′の形になっている。

No.84　正答　1

条件ア～カは次のようになる。

ア．快→海
イ．晴→山∩湖
ウ．曇→映∪デ
エ．湖→ボ
オ．デ→服
カ．映→恋

これらを図式化すると，以下の3つにまとめられる。

①　快→海
②　晴→山∩湖
　　　　　　└→ボ
③　曇→映∪デ
　　　　↓　↓
　　　　恋　服

これより，確実にいえるのは，②の「晴→湖→ボ」から得られる1の「晴→ボ」のみである。4の「曇→服」，2の「曇→服∩恋」については，可能性はあるが確実ではない。3の「$\overline{\text{快}}$→$\overline{\text{海}}$」は，アの命題の裏だからやはり確実ではない。5の「雨→$\overline{\text{海∪山∪湖∪映∪デ}}$」については，可能性はあるが確実ではない。

No.85　正答　5

条件ア～ウをわかりやすく表すと，

ア．スキーに行った者は海外旅行に行かなかった。
イ．スケートに行った者はスキーに行った。
ウ．スキーに行かなかった者は温泉に行かなかった。

ア～ウを矢印を用いて記号化し，それぞれ対偶をとると，

ア．スキー　→$\overline{\text{海外}}$　対偶　海外　→$\overline{\text{スキー}}$
イ．スケート→スキー　対偶　$\overline{\text{スキー}}$→$\overline{\text{スケート}}$
ウ．$\overline{\text{スキー}}$　→$\overline{\text{温泉}}$　対偶　温泉　→スキー

これらのいくつかで三段論法が成り立つものを選べばよい。

海外→$\overline{\text{スキー}}$→$\overline{\text{スケート}}$

が成り立ち，「海外旅行に行った者はスケートに行かなかった」は確実にいえる。

〈別解〉　前述のア～ウをベン図で表すと，次のようになる。

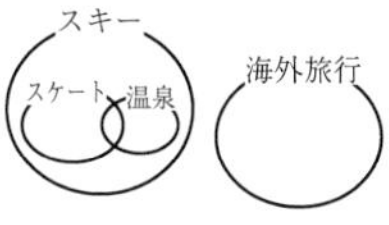

海外旅行はスケート，温泉とは共通部分をもたない。

No.86　正答　5

Aが出勤することをA，出勤しないことを$\overline{A}$で表す（他も同様）。条件より，

B → A　…①

A∪C→D　…②

$\overline{E}$ → $\overline{C}$（対偶　C→E）　…③

Bが出勤しているとき①よりAも出勤しているので「1人だけ出勤」という条件に反する。よってBは確実に休んでいる。

Aが出勤しているとき②よりDも出勤しているので「1人だけ出勤」という条件に反する。よってAは確実に休んでいる。同様に②より，Cも確実に休んでいる（Cが休みであることは③の対偶からもわかる）。

D，Eについては，以上のように「確実に休み」といえる条件はないので，それぞれ1人だけ出勤している可能性はある。

〈別解〉　前述の①〜③をベン図で表すと，次のようになる。

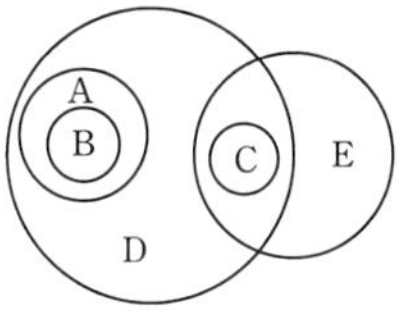

D，Eは「1人だけ出勤」の可能性があるが，A・B・Cについてはない。

No.87　正答　5

条件を図示すると次のようになる。

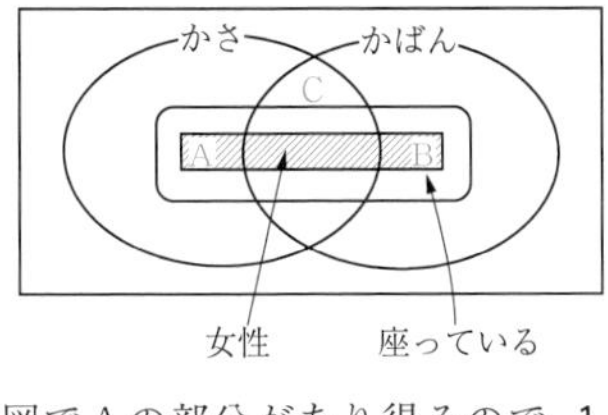

前図でAの部分があり得るので，1，3は確実にはいえない。

また，Bの部分があり得るので，2は確実にはいえない。

Cの部分があり得るので，4は確実にはいえない。

5の「かばんとかさの両方を持って立っている人」はCの部分にあたり，これはすべて男性である。よって，5は確実にいえる。

〈別解〉　条件イの対偶をとると，

$\overline{\text{座っている}}$→$\overline{\text{女性}}$

すなわち，

立っている→男性

となり，かさやかばんを持っている，いないにかかわらず，立っている人はすべて男性である。よって，5は確実にいえる。

No.88　正答　2

アより，

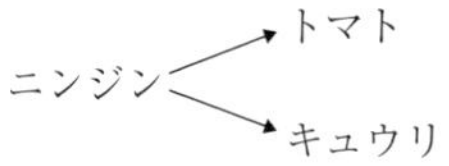

（ｉ）

イより，

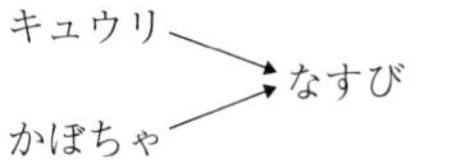

（ii）

ウより，

$\overline{\text{ピーマン}}$→$\overline{\text{なすび}}$

この対偶をとると，

なすび→ピーマン　（iii）

（ｉ）〜（iii）をつなぐと，

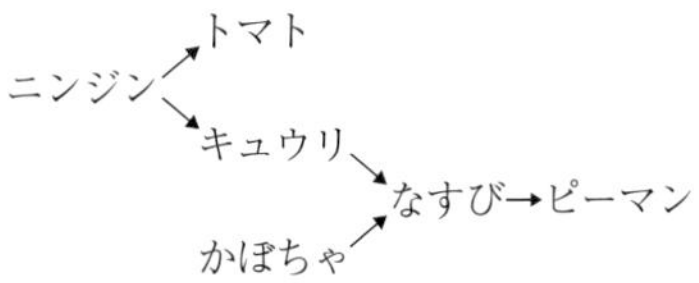

となる。

これより，

ニンジン→キュウリ→なすび→ピーマン

と三段論法が成り立ち，

ニンジン→ピーマン

が成り立つ。よって，その対偶

$\overline{\text{ピーマン}}$→$\overline{\text{ニンジン}}$

が成り立ち，

「ピーマンが好きでない子はニンジンも好きでない」と確実にいえる。2が正答である。

No.89 正答 5

Aに登ったことのある者をAと表す（他も同様）。条件より，

A→D ……①
$\overline{\text{C}}$→$\overline{\text{D}}$（対偶D→C） …②
$\overline{\text{E}}$→A …③
$\overline{\text{B}}$→D …④

③，①と②の対偶より，

$\overline{\text{E}}$→A→D→C　∴　$\overline{\text{E}}$→C

すなわち，Eに登ったことのない者はCに登ったことがある。この対偶は，

$\overline{\text{C}}$→E

Cに登ったことのない者はEに登ったことがある。

いずれにしろ，全員CかEのいずれかに登ったことがあることになる。

〈参考〉　同様のことが，次の2つについても確実にいえる。

③より，$\overline{\text{E}}$→A（対偶　$\overline{\text{A}}$→E）なので，「全員A山かE山のいずれかには登ったことがある。」

④より，$\overline{\text{B}}$→D（対偶　$\overline{\text{D}}$→B）なので，「全員B山かD山のいずれかには登ったことがある。」

No.90 正答 2

A氏→独身∩サラリーマン∩スポーツ ……①
花→サラリーマン …②
読書∩$\overline{\text{音楽}}$→$\overline{\text{独身}}$∪$\overline{\text{スポーツ}}$…③

③の対偶

$\overline{\overline{\text{独身}}\cup\overline{\text{スポーツ}}}$→$\overline{\text{読書}\cap\overline{\text{音楽}}}$…③′

③′ にド・モルガンの法則を用いると，

独身∩スポーツ→$\overline{\text{読書}}$∪音楽…③″

また一般的に$p\cap q\Rightarrow p$…④がいえる。
①，④，③″より，

A氏→独身∩サラリーマン∩スポーツ→独身∩スポーツ→$\overline{\text{読書}}$∪音楽

No.91 正答 1

仕事→誠実…①

①の対偶

$\overline{\text{誠実}}$→$\overline{\text{仕事}}$…①′
集中力→努力家∩仕事…②

②の対偶

$\overline{\text{努力家}\cap\text{仕事}}$→$\overline{\text{集中力}}$…②′

②′ にド・モルガンの法則を用いると，

$\overline{\text{努力家}}$∪$\overline{\text{仕事}}$→$\overline{\text{集中力}}$…②″

また一般的に$p\Rightarrow p\cup q$…③がいえる。
①′，③，②″より，

$\overline{\text{誠実}}$→$\overline{\text{仕事}}$→$\overline{\text{努力家}}$∪$\overline{\text{仕事}}$→$\overline{\text{集中力}}$

No.92 正答 4

1　リンゴ→赤∪黄…①
①の対偶
$\overline{\text{赤}}$∩$\overline{\text{黄}}$→$\overline{\text{リンゴ}}$…①′
果物→$\overline{\text{赤}}$…②
「$\overline{\text{赤}}$→$\overline{\text{赤}}$∩$\overline{\text{黄}}$」はいえないので，「果物→$\overline{\text{リンゴ}}$」は導き出せない。

2　$\overline{\text{勉強}}$∪$\overline{\text{遊ぶ}}$→$\overline{\text{学生}}$…①
①の対偶
学生→勉強∩遊ぶ…①′
彼→勉強…②
「彼→学生」は導き出せない。

3　$\overline{\text{勉強}}$→$\overline{\text{数学}}$∪$\overline{\text{英語}}$…①
成績→数学…②
②の対偶
$\overline{\text{数学}}$→$\overline{\text{成績}}$…②
「$\overline{\text{数学}}$∪$\overline{\text{英語}}$→$\overline{\text{数学}}$」はいえないので，「$\overline{\text{勉強}}$→$\overline{\text{成績}}$」は導き出せない。

4　足が速い→野球∩サッカー…①
①の対偶
$\overline{\text{野球}}$∪$\overline{\text{サッカー}}$→$\overline{\text{足が速い}}$…①′
$\overline{\text{腕力}}$→$\overline{\text{野球}}$…②
「$\overline{\text{野球}}$→$\overline{\text{野球}}$∪$\overline{\text{サッカー}}$」がいえるので，②，①′より「$\overline{\text{腕力}}$→$\overline{\text{足が速い}}$」がいえる。

5　のど痛∩寒気→風邪…①
①の対偶
$\overline{\text{風邪}}$→$\overline{\text{のど痛}}$∪$\overline{\text{寒気}}$…①′
スポーツ→$\overline{\text{風邪}}$…②
「$\overline{\text{のど痛}}$∪$\overline{\text{寒気}}$→$\overline{\text{のど痛}}$」はいえないので，「スポーツ→$\overline{\text{のど痛}}$」は導き出せない。

第5章 位置関係

No.93 正答 3

条件アより，Aは5人のちょうど真ん中におり，向きは不明。ウより，Cは一番端。

○　○　Ⓐ　○　$\overleftarrow{\text{Ⓒ}}$

これにエとイを加えると，

北（南）　Ⓔ　$\overrightarrow{\text{Ⓓ}}$　Ⓐ　$\overleftarrow{\text{Ⓑ}}$　$\overleftarrow{\text{Ⓒ}}$　南（北）

AとEの向きは不定。南北の条件もないので入れ替え可。

確実にいえるのは，B，Cが同じ向きで，Dがこれと反対の向きであること。

No.94　正答　4

条件ア，ウより，AとCはどちらも西を向いており，隣合っている。

イより，

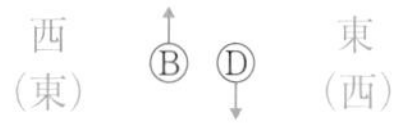

これらの組合せ方は，AとBが隣合わないことを考慮すると次の3通りある。

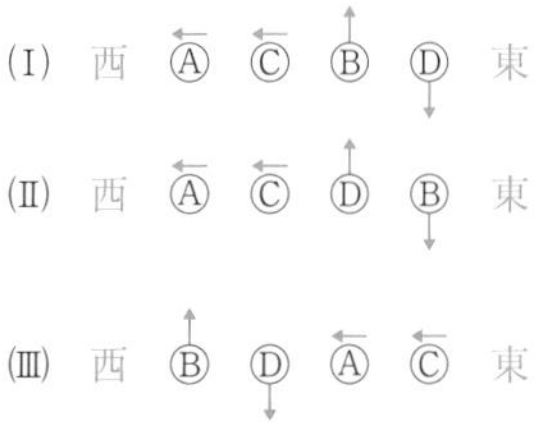

選択肢をチェックする。

1　(Ⅲ)の場合が該当する。
2　(Ⅰ)の場合が該当する。
3　(Ⅱ)の場合が該当する。
4　(Ⅲ)でDが右に90°向くとBの右横顔を見ることになり，Aとは向かい合わない。(Ⅰ)，(Ⅱ)ではAとDは隣合っていないので不可。よって，あり得ない。
5　(Ⅱ)の場合が該当する。

No.95　正答　5

A～Gの発言を図示すると次のようになる。なお列は上から見た形で，矢印は向きを表す。

発言からはBとDの向きは判断できない。したがって1，3は誤り，2，4は正しいかどうかわからず，5のみ確実に正しい。

No.96　正答　3

男を○，女を△とする。「左右」に関する条件がないので，上下，左右の入れ替え可。

Ⓒ（△）とⒺ（△）は向かい合っているが，これが②と⑤(中央の席）に入れば隣合うⒶ Ⓑ（△）が入らないので不適。

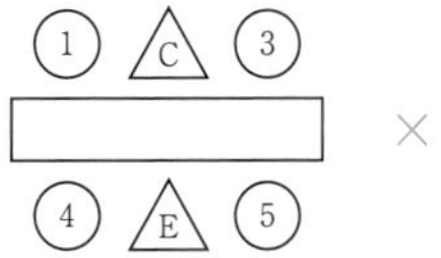

よって，Ⓒ（△）とⒺ（△）は端で，他の条件と連動していないのでCとEの入れ替えも可。

女性は並んで座らないのでⒶが真ん中。最後にⒹが端なので，次図のようになる。

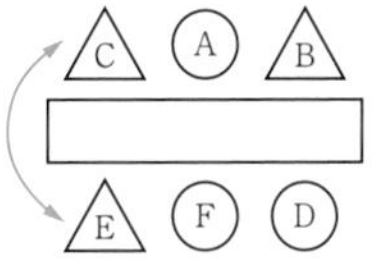

No.97　正答　4

アよりA，Bの位置を次のように決め，残りを①～④とする。

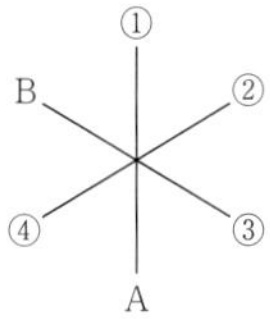

イより，(C，F)＝(①，④)，(④，③)，(③，①)のいずれかである。よって，②にはDかEが座る。

これとウより，DかEのもう一方が④に座ることはなく，①か③となり，DとEは隣り合う。

ｉ）D，Eが①，②のとき

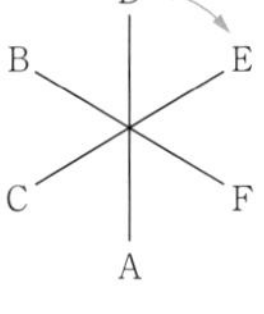

（DとEは入れ替え可）

これより，1，2，3はあり得る。

ⅱ）D，Eが②，③のとき

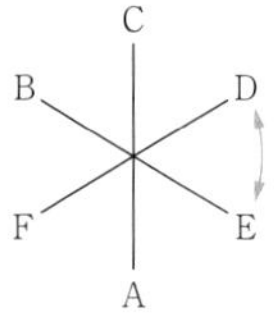

（DとEは入れ替え可）

これより，5もあり得る。

よって，いずれの場合もあり得ないのは4である。

No.98 正答 5

ア，オより，

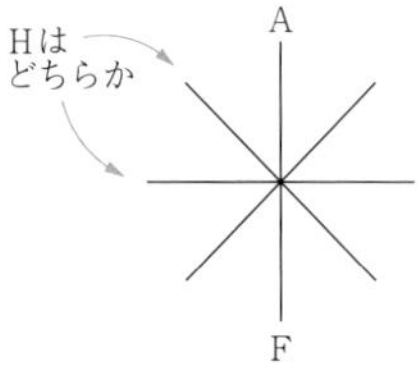

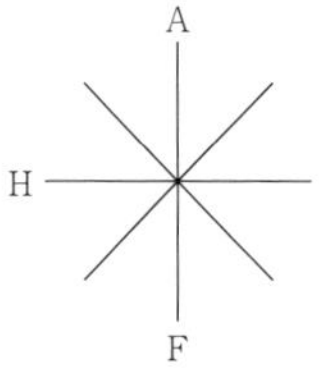

左図のとき，イ「Bの1人おいた左隣にH」に反する。よって，HはAの右隣となる。

残った席を図のように①～④とする。

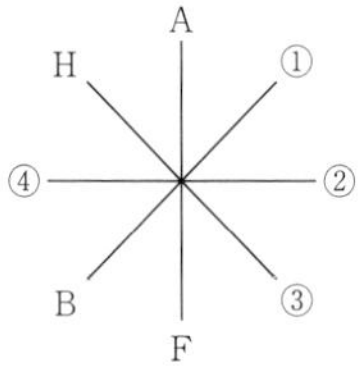

ここでウより，CとDは②と④で向かい合う。

ⅰ）Cが④，Dが②のとき

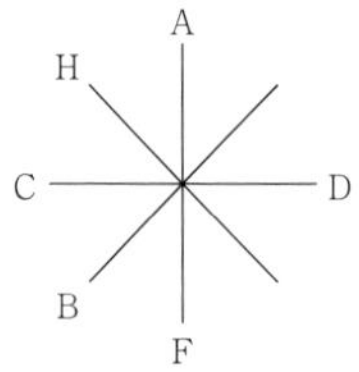

EとGがDの隣になってしまい，エに反する。

ⅱ）Cが②，Dが④のとき

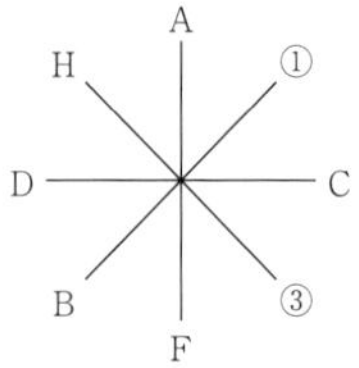

エよりEが③，Gが①となり，次図のようになる。

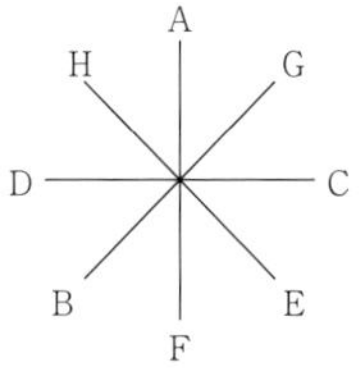

No.99 正答 5

各夫婦において，夫を大文字で，夫人を小文字でそれぞれ表記する。

まず，条件アとイから次の図を得る。

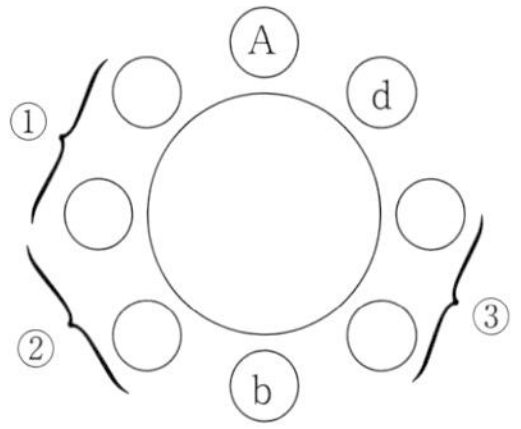

次に，条件ウによるとaの右隣りはBなので，これら2人は前の図の①，②，③のいずれかに入ることになるが，いま夫婦同士が隣り合ってはいけないので①，②は不適（①だとAとaが，②だとBとbが隣り合ってしまう）。よって，aとBは③に入ることになり次の図を得る。

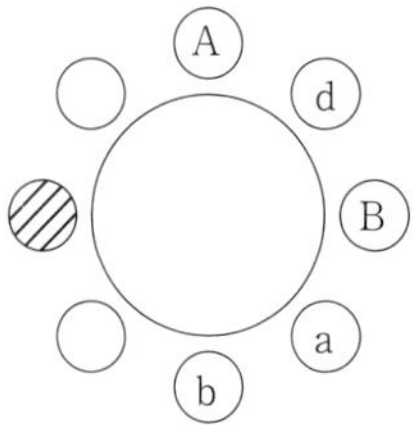

次に残るのはC，c，Dだが，前の図の斜線部がDでないとすると，Cとcが隣り合ってしまうので条件に反する。よって，斜線部はDである（そしてこのとき，Cとcの位置は決定できない）。以上により，確実にいえるのは5のみである。

No.100 正答 5

二郎と六郎が端にいる場合と，中央にいる場合に分ける。

ｉ）端にいる場合

このように並ぶことはできない。なぜなら，四郎がどこに座っても，三郎と五郎が同時に着席できないからである。

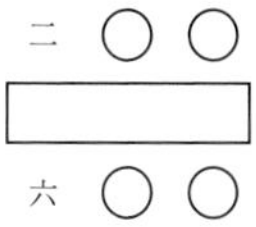

たとえば，

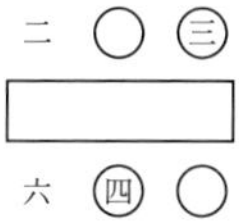

の場合，五郎が座れない。

ⅱ）中央にいる場合

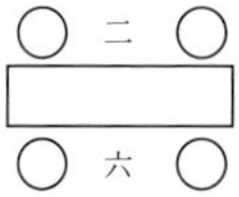

このとき

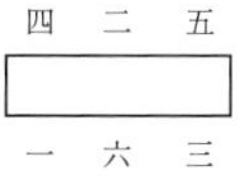

と着席することになる。上下左右裏返してもよいが，どちらにしても五郎の正面は三郎ということがわかる。

No.101 正答 3

まずDの発言よりDは1番南，Eは1番北の列であること，Bの発言よりB，Cは間に1軒おいているが中央の列であること，また，そのこととAの発言よりAは1番北の列にいることがわかる。またA，C，Dは一直線上にあり，Dの1軒おいた北がEであるからこの3軒が南北に並ぶことはない。以上のことから考えられるのは次の2通りである。

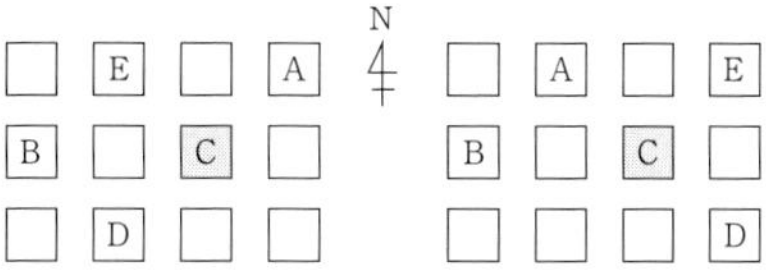

したがって，確実にいえるのは3のみである。

No.102 正答 2

条件イ，ウより，次の4通りが考えられる。

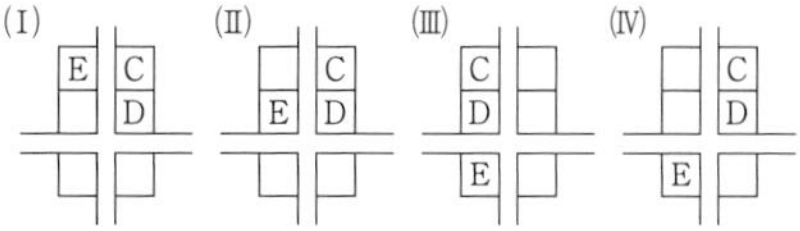

さらにアより，

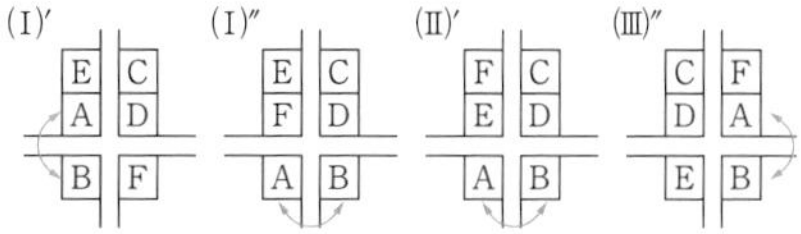

よって，2のときのみ，次のようにA～Fの位置が確定する。

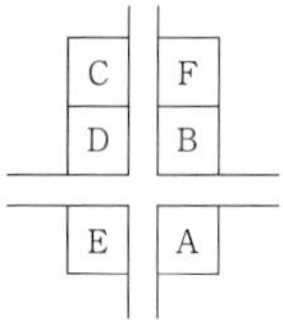

No.103 正答 4

条件を部分的な図で表し，それらを組合せていく。

ア 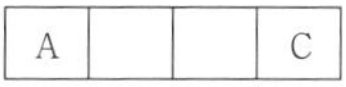 …①

イ，エ，ウ 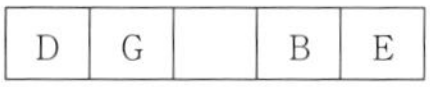 …②

オ 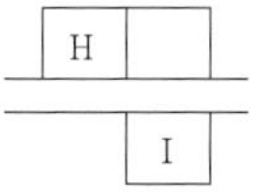

（それぞれ左右・上下入れ替え可）

②が道路の上側で，①はその向かいになる。次のｉ），ⅱ）の場合がある（どちらもAとCは入れ替え可）。

ｉ）

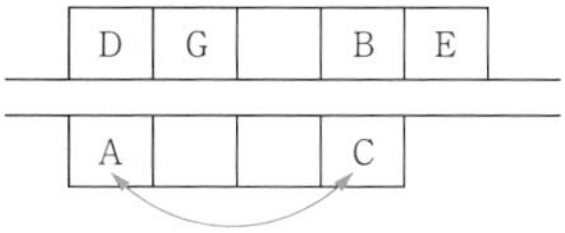

ii）

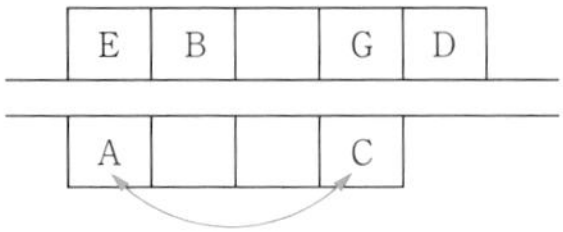

これに，オを満たすようにHとＩを入れ，残った家にFを入れると次のようになる（いずれも，AとC，HとＩはそれぞれ入れ替え可）。

i）

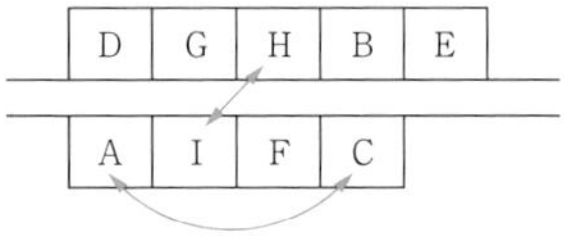

ii）

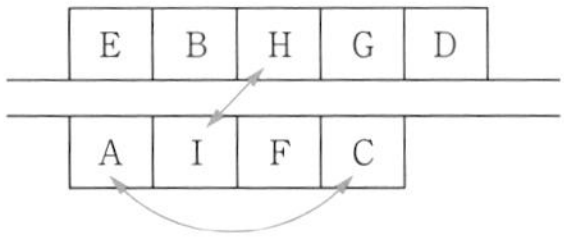

i）より，1，3，5はあり得る。ii）より，2もあり得る。

よって，いずれの場合もあり得ないのは4である。

No.104　正答　5

居住人員を丸囲み数字で表す。

まず条件アより，7 = 1 + 2 + 4 = 3 + 4から次の2つの場合が考えられる。

（Ⅰ）

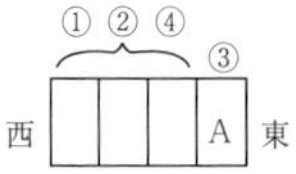

（Ⅱ）

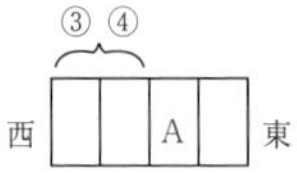

次に，条件イを考え合わせると，（Ⅰ）（Ⅱ）ともC家は西の端にならざるを得ない。よって，次のようになる。

（Ⅰ）

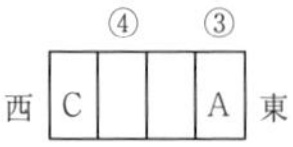

（Ⅱ）

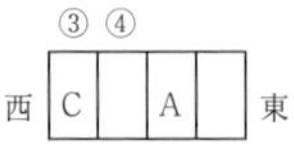

すると，これらのうち条件ウを満たすようにB家を決定できるのは（Ⅱ）の方だけで，最終的に次のようになる。

（Ⅰ）

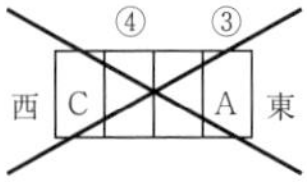

（Ⅱ）

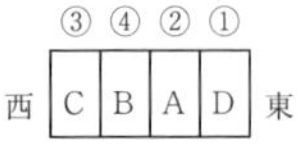

No.105　正答　5

コーヒーを○，紅茶を△，ジュースを□と表す。

オより，

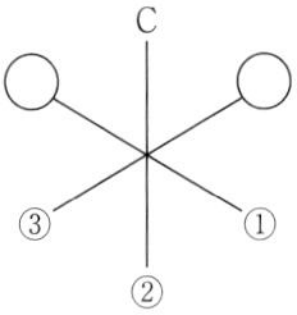

このとき，Cと同じものを飲んでいる者が①か③なら，アより，残った2人が同じものを飲み，隣合うのでイに反する。よって，Cと同じものを飲んでいる者は②であり，①と③が同じものを飲んでいる。次のｉ），ii）の場合があり得る。

i）

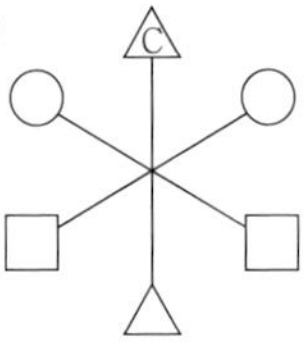

ii）

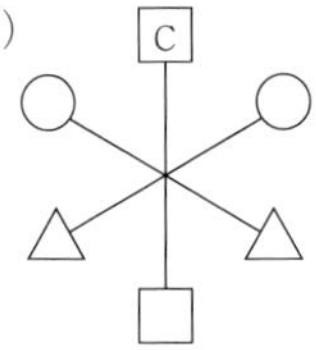

エ「Bの両隣は同じもの」より，BはCの向かいとなる。また，ウより「Aの向かいがジュース」だが，ii）ではAが座れず，不適。ｉ）に確定する。

i）

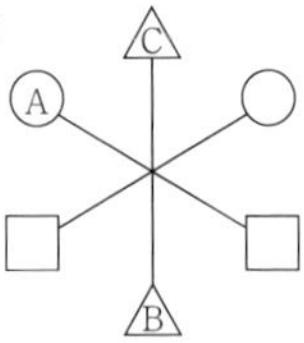

ii）

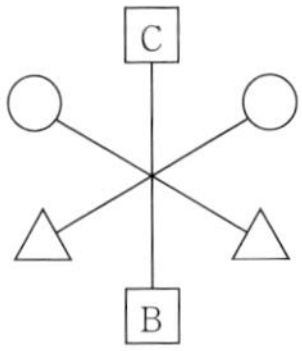

（Aが座れず不適）

全体として左右の条件がないので，AがCの右隣の場合だけを考える（図の裏返し可）。

さらに，カより，「DとEは同じもの」で，この2人がジュースとなるが，それ以外の条件がないのでDとEの席は入れ替え可。

残った席がFとなる。

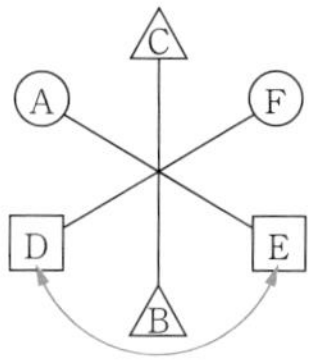

○コーヒー
△紅茶
□ジュース
DとEは入れ替え可

(図の裏返し可)

No.106　正答　1

条件ア，ウよりCの向かいはA，BではないのでD。これとオより，Dが木下(女性)である。

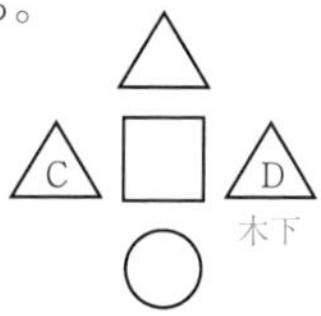

(○は男
△は女)

残りにAとBが入るが，Bの右隣が田中なので，Bは○に入ることができない。よって，○にはAが入り，その向かいがBになる。Aの向かいが山田より，これがBとなり，次図のようになる。

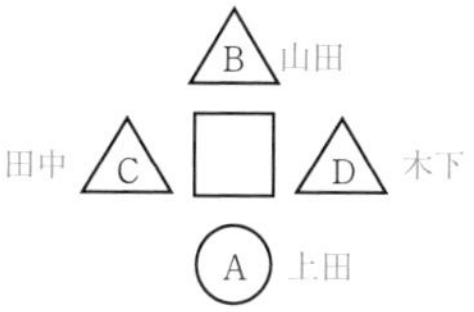

No.107　正答　5

ア～オを図示すると次図となる。

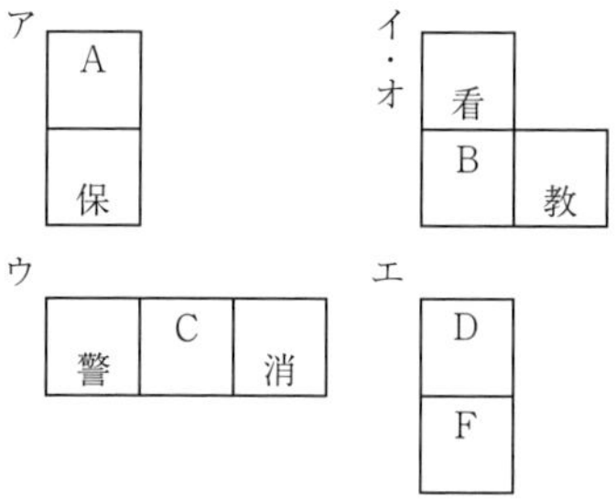

これより，
　2階には　A，D，看護師
　1階には　保育士，B，教師，F
がいるので，

ウの警察官・消防官は1階に入ることはできず，ウは2階である。警察官・消防官のいずれかにAとDが入る。Cはイの看護師となり，Fはオの教師となる。消防官と警察官は入れ替え可である。

残ったEは保育士となり，Bは栄養士となる。

A 警	C 看	D 消
E 保	B 栄	F 教

(警察官と消防官は入れ替え可)

確実にいえるのは「Eは保育士である。」である。

No.108　正答　2

一番低いAは前列の左端，一番高いHは後列の右端であることは確定している。また，Fより高くHより低いGは，前列の右端しかない。

A	B		G
		F	H

次にCについてはBの右横と，Aの後ろの2通りがある。

i）CがBの右横の場合

A	B	C	G
		F	H

D　E

このときDとEの座り方は1通りしかない。

ii）CがAの後ろの場合

EかD

A	B		G
C		F	H

DかE

このときDとEはどちらに座ってもよいので2通り。

i），ii）より，全員の座り方は3通りある。

No.109　正答　3

条件を整理し，図示する。

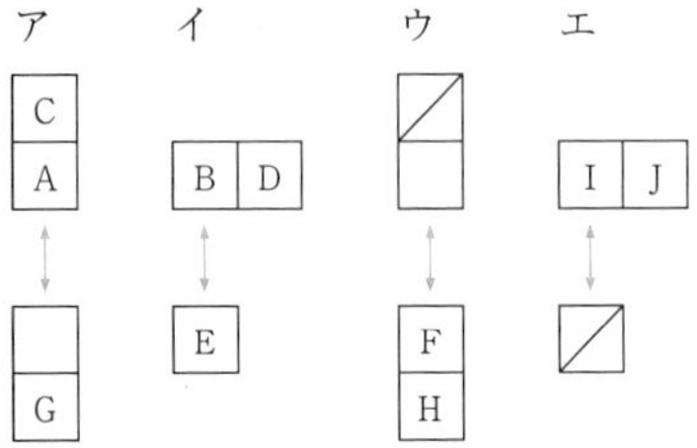

まず，オより，IとJはAと同じ棟。IとJが隣合うためにはCとAは端。「左右」に関する条件がないので，左右入れ替え可。後は順次ウ，エ，イの条件を入れていけばよい。

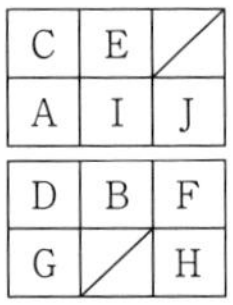

No.110　正答　3

条件ア～エを図示する。

アとウより，　　イとエより，

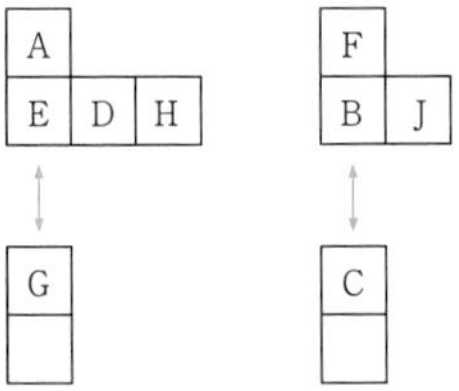

まず，ア・ウを入れるとF，B，JがAと別の棟であることがわかる。オより，IはF，B，Jと同じ棟。

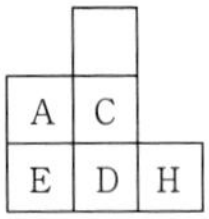

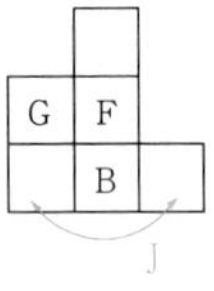

←Iは残った部屋の1つに入る。

これより，空室は各棟1つずつで，Gの部屋の棟の空室は1階か3階か確定しないが，Aの部屋の棟の空室は3階でCの部屋の上であることは確定する。

No.111　正答　3

条件ウより，Cが1階，Bが2階。4つの部屋の位置関係は回転しても同じなので，CとBはどこに入れてもよい。アより，2階にAとGを入れ，イより，1階にF，D，Eを入れると次の図の通りとなる。

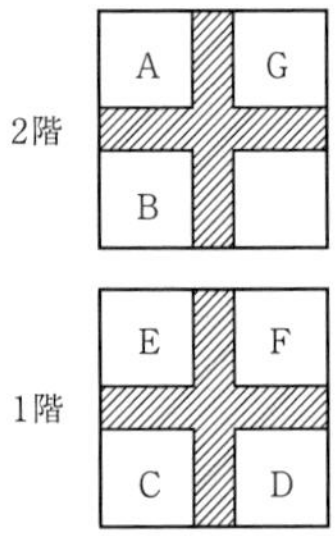

No.112　正答　2

Bが西から，Dが北から入ったので，A，Cの一方が東から，他方が南から入った。

i）Aが東から，Cが南から入ったとき

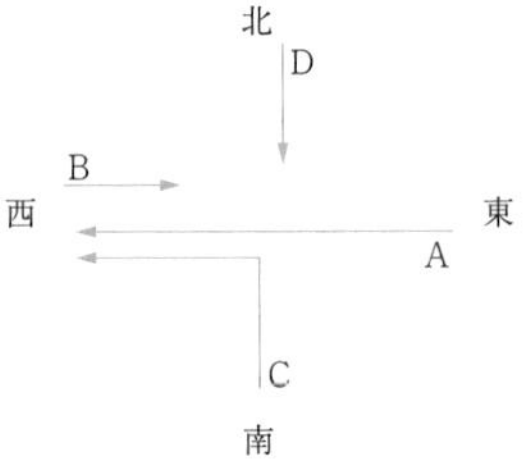

Aが直進，Cが左折をするので，A，Cとも西に出ることになり，不適。

ii）Aが南から，Cが東から入ったとき

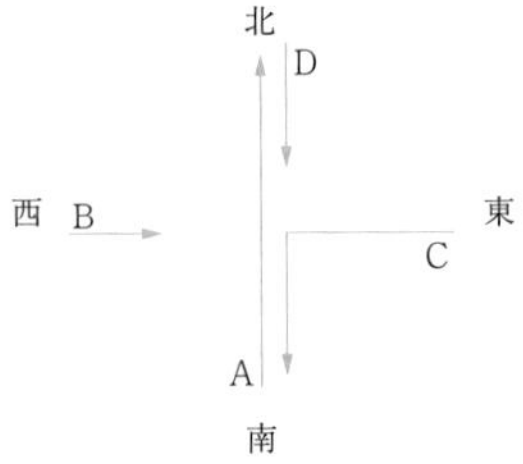

Uターンできないので，Bは東に出るしかなく，Dは西に出る。

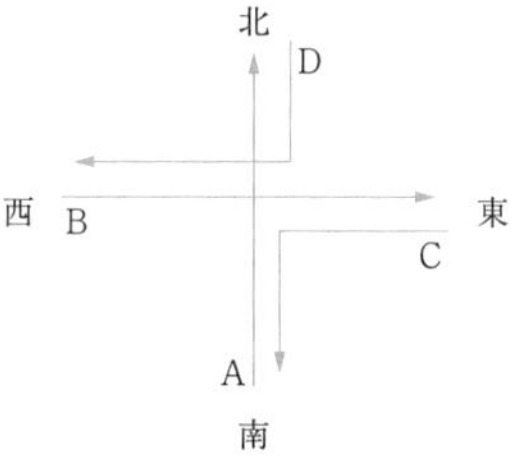

No.113 正答 3

条件イとアより，

・Bより南に「黄屋根」が，さらに南にAがある

・Bより東に「青屋根」がある

ことになり，前者よりBは①または④，後者よりBは①に確定する。さらに，「青屋根」は③または④になるが，条件エより，③が「青屋根」であることがわかる。

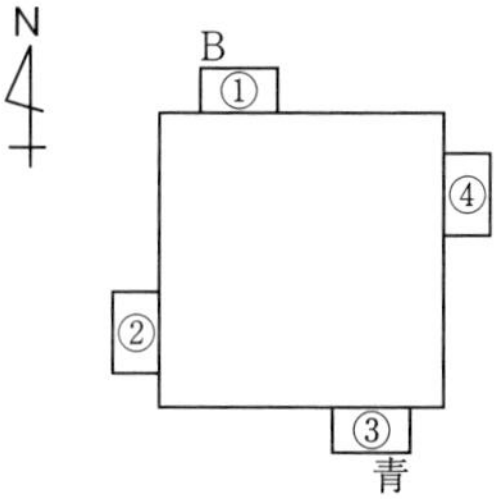

そこで条件ウを考えると，「赤屋根」がCより南にあることから，Cが④，「赤屋根」が②に決まり，さらに「赤屋根」より東にあるDは③に決まる。

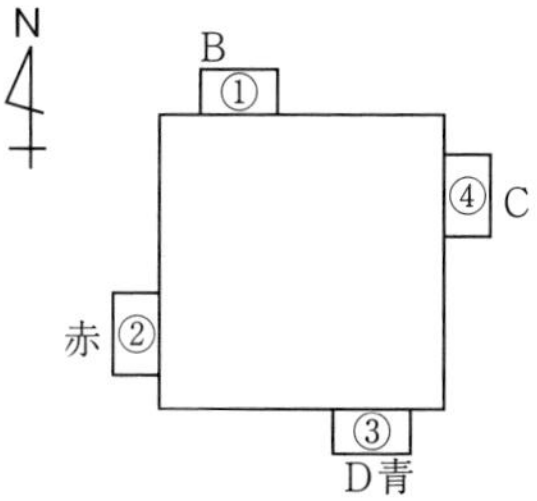

よって，Aは②になり，再びイより「黄屋根」は④に，そして残る「白屋根」は①となる。

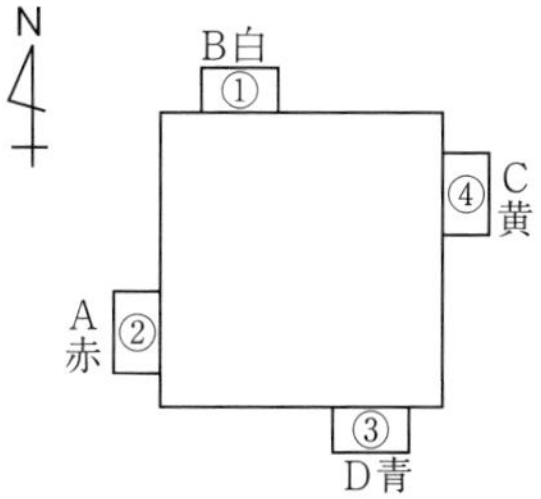

No.114 正答 2

道を逆にたどる。図示すると次のようになる。

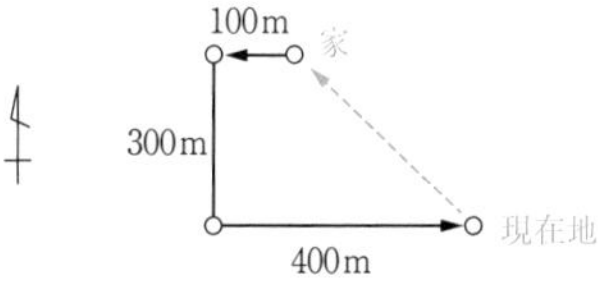

したがって，現在地から家を見れば北西の方角となることがわかる。

No.115 正答 2

歩いた道すじを図示すると次のようになる。

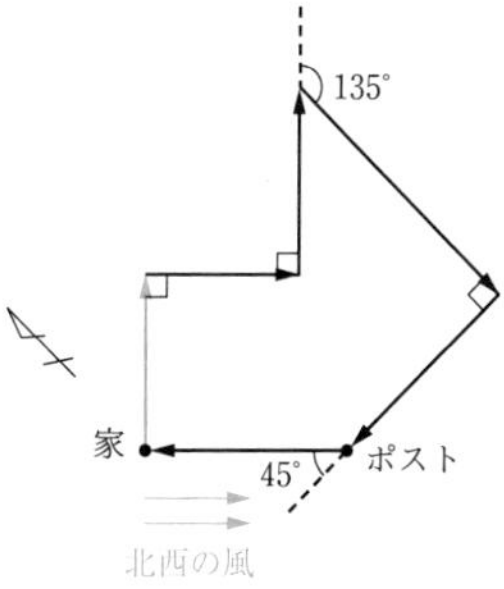

北西の風に向かって歩いて家に帰ったのだから，最初に歩き出した方向は北東である。

No.116　正答　4

図示すると次のようになる。

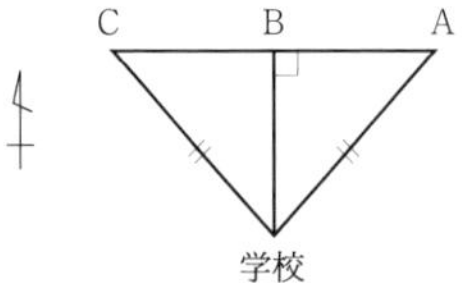

したがって，Bの家は学校の真北にある。

No.117　正答　5

ア～オの位置関係をア，イ，エ，ウ，オの順で表すと図のようになる。ただし，距離については条件がないので1～4は，確実にはいえない。

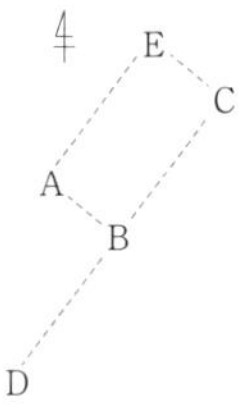

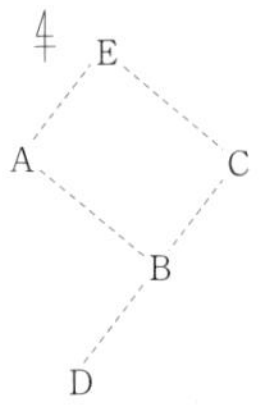

No.118　正答　3

図示すると次のようになる（学校＝Gとする）。

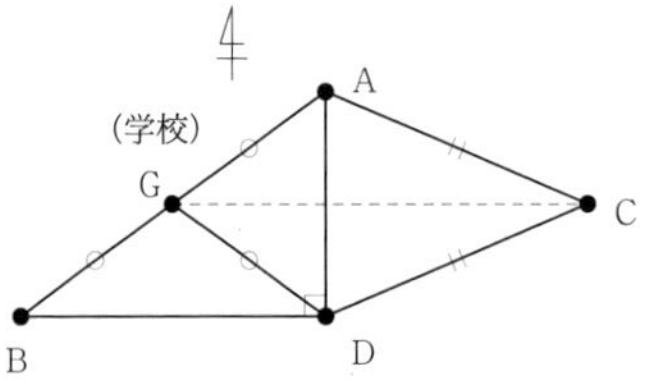

AG＝BG＝DG，またAC＝DCであるから，ADとGCは直交することがわかる。ADは題意より南北に走っているので，GCは東西に走っていることがわかる。

No.119　正答　1

条件ア～ウより，B，E，Dはこの順に北から南へ一直線上にあり，エより，BE：ED＝2：1である。

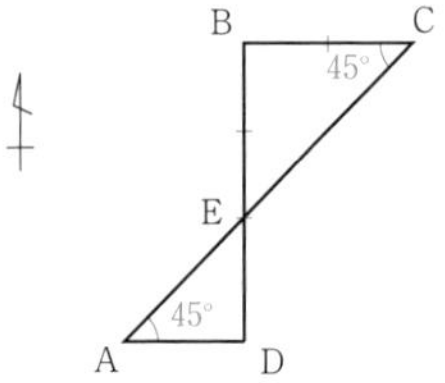

△ADE，△CBEはともに直角二等辺三角形で，DA＝DE，BE＝BCとなる。AD＝1とする。

1　正しい。△ADE∽△CBEで，相似比1：2より，AE：CE＝1：2。
　　∴　AE：AC＝1：3

2　誤り。△CBEは直角二等辺三角形より，
　　BC＝BE

3　誤り。CD＝$\sqrt{2^2+3^2}=\sqrt{13}$，CB＝2
　　CDはCBの2倍ではない。

4　誤り。△ADEは直角二等辺三角形より，
　　DA＝DE

5　誤り。1と同様に，EC：EA＝2：1。

No.120　正答　4

条件アより，Aを中心とするある円周上にC，D，Eがある。

イより，Cを中心とするある円周上にA，B，D，Eがある。

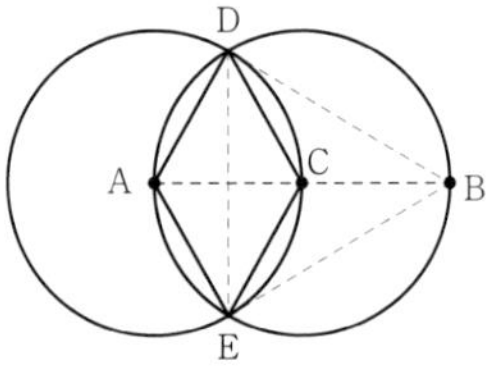

これより，2つの円の半径は等しく，その2つの交点がDとEとなる。

最後にウより，Bは線分DEの垂直二等分線上でかつ円C上にあり，Aとは異なる点なので前図のようになる。

この図において，△ADC，△ACEは正三角形なので，△BDEは正三角形となり，

　DB＝DE

が成り立つ。

第6章 試合

No.121 正答 4

チーム数をnとすると（$n \geqq 2$），

$$\frac{n(n-1)}{2} = 9(n-1)$$

$$n(n-1) = 18(n-1)$$

$$n(n-1) - 18(n-1) = 0$$

$$(n-1)(n-18) = 0$$

$n = 1$または18

$n \geqq 2$より，$n = 18$（校）

No.122 正答 4

$2^5 = 32$チームであれば，どのチームも公平になるようにトーナメントを組むことができる（その場合，どのチームも5連勝すれば優勝できる）。

$40 - 32 = 8$

8チーム多いので，第2回戦を32チーム（16試合）に絞り込むために，第1回戦は8試合行わなければならない。

よって第1回戦をするチームは，

$2 \times 8 = 16$（チーム）

である。これより，第1回戦が不戦勝のチームは，

$40 - 16 = 24$（チーム）

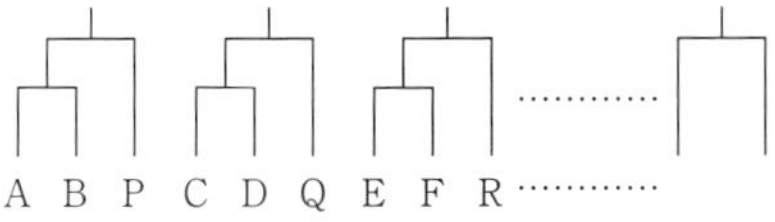

A，B，C，D……が第1回戦をする（6連勝すると優勝できる）チーム，

P，Q，R……が第1回戦不戦勝（5連勝すると優勝できる）のチーム。

No.123 正答 4

ウとエから，DはEに勝ち，その後Bに敗れた。さらに，アからBはその後Aに敗れた。よって，D－E戦が1回戦，B－D戦が2回戦，A－B戦が3回戦（決勝戦）である。

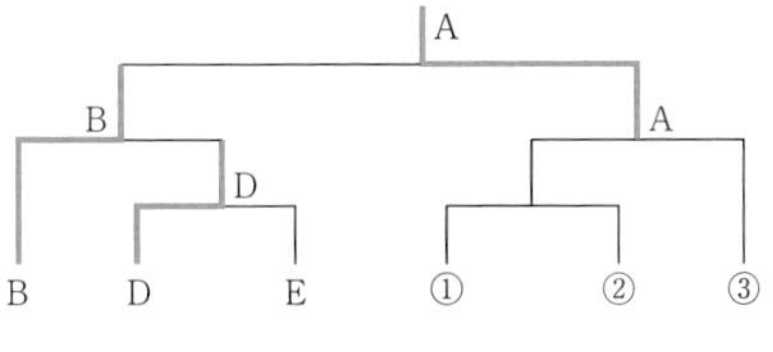

ここで，イよりC－F戦を考えると，

C－Fが①，②　　Aが③

となる。

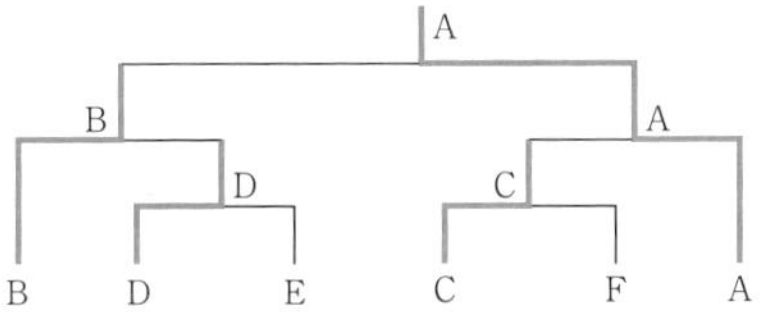

1試合した者……E，Fの2人

2試合した者……A，B，C，Dの4人

No.124 正答 3

山中は梅田に勝ち，武藤は山中に勝ったのであるから，武藤はA－B戦かD－E戦には入らないことがわかる。条件通りとなるのは次の2つの場合が考えられる。

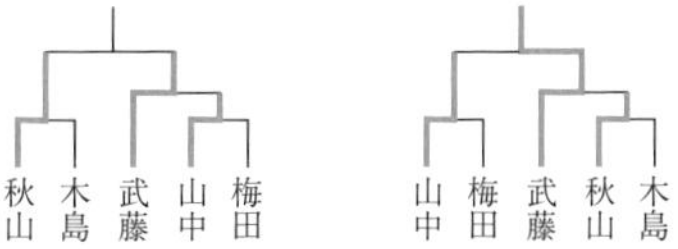

（A，BとD，Eの位置は確定していない）

このことから確実にいえるのは，「武藤はCを引いた。」である。

No.125 正答 5

条件ア，イより，AはB，G，Hに勝っているので優勝した。BはDに勝っているのでA－B戦は第2回戦または第3回戦（決勝戦）。

ⅰ）A－B戦が第2回戦のとき

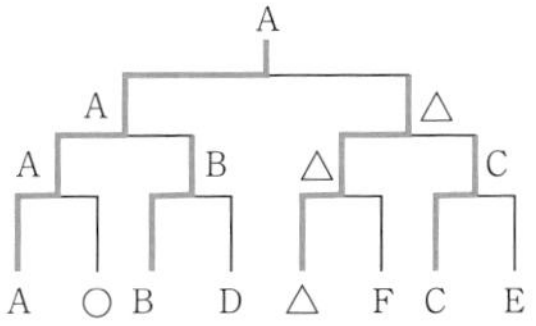

○，△がGとH（G，Hは同じ条件なので入れ替え可）。

このとき，条件ウのC－E戦が入るのは第1回戦しかない。残った所がF。

ⅱ）A－B戦が第3回戦（決勝戦）のとき

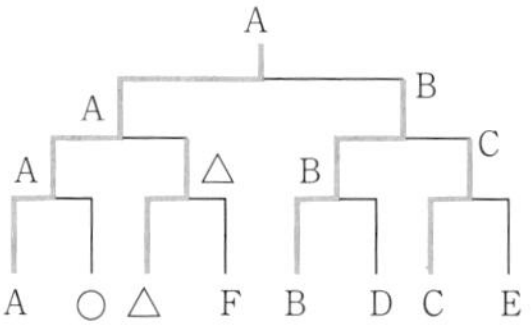

ⅰ）同様，○，△にGとH（入れ替え可）が入り，前図のようになる。

ⅰ），ⅱ）より，確実にいえるのは「C－E戦は第1回戦だった」である。

No.126　正答　5

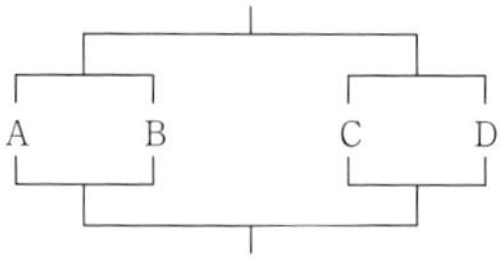

これだけなら，A～Dとも各人2試合である。

条件より，AはB，C，Dと対戦し，CはD，B，Aと対戦しているので，追加の試合はA－C戦だった。前図の4試合で同率となるのは1勝1敗の2人で，A，Cはともに1勝1敗。AはDに勝ったので，Bには負けている。CはBに敗れたのでDには勝っている。

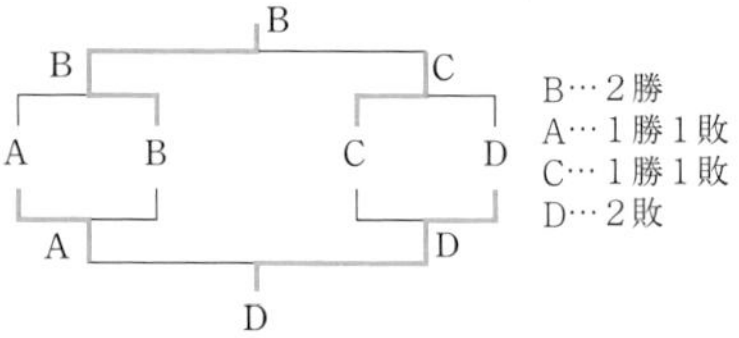

追加試合では，AはCに敗れたので，結局4人の順位は，

1位	2位	3位	4位
B	C	A	D

No.127　正答　3

AとBが同率で上位グループ，CとDが同率で下位グループであること，CがAに勝っている（したがって，少なくともAは1敗，Cは1勝している）ことから，上位グループは2勝1敗，下位グループは1勝2敗であることがわかる。

これより，勝敗表は次表のようになりCがDに敗れたことになる。

	A	B	C	D	勝敗
A		○	×	○	2勝1敗
B	×		○	○	2勝1敗
C	○	×		×	1勝2敗
D	×	×	○		1勝2敗

No.128　正答　3

1位は4勝0敗，2位は3勝1敗，3位は2勝2敗，4位は1勝3敗，5位は0勝4敗となる。C，D，Eには負けがあり，Aは2位より，残るBが4勝0敗の1位とわかる。また，Aの1敗の相手がBであることもわかる。Aは他の人には全試合勝ったので，Cにも勝っている。最終的には次表のようになる。

	A	B	C	D	E
A		×	○	○	○
B	○		○	○	○
C	×	×		○	×
D	×	×	×		×
E	×	×	○	○	

No.129　正答　2

「最終戦績がすべて異なり，引き分けがない」という条件では5チームの成績は1位～5位まで決定する。かつ，どのチームも，個別の対戦においては次表のように，自分より上位のチームに負け，自分より下位のチームに勝つ。

	①	②	③	④	⑤	勝	負
①		○	○	○	○	4	0
②	×		○	○	○	3	1
③	×	×		○	○	2	2
④	×	×	×		○	1	3
⑤	×	×	×	×		0	4
						10	10

（①は1位のチーム，他も同様。）

本問では条件アより，Aは2位。イより，BはCより上位。ウより，DはEより上位。

1位　　　　B　　D
2位…A　　∧　　∧
3位　　　　C　　E
4位
5位

これより1位は無敗であるBかD。B，C，D，Eの4人の順位は何通りもあるが，CやEは1位になることはなく，3位以下。よって，A－C戦およびA－E戦では，AはC，Eに勝つ（Aは1位のBかDに対して1敗するのみで3位以下の者には必ず勝つ）。

No.130　正答　3

	A	B	C	D	E	F
A		○	○	○	○	○
B	×		○	○	○	○
C	×	×		○	○	○
D	×	×	×			
E	×	×	×			
F	×	×	×			

この表までは確定である。D－E戦，D－F戦は引き分けか，Dの勝ちである。確実にいえるのは「EはFに勝った。」である。

No.131　正答　4

$$勝率=\frac{勝ち数}{勝ち数+負け数}$$

であり，1チーム4試合，引き分けは全部で2試合であることから勝率としてあり得る数値は，

$$1>\frac{3}{4}>\frac{2}{3}>\frac{1}{2}=\frac{2}{4}>\frac{1}{3}>\frac{1}{4}>0$$

である。イ，ウ，エより，次表のようになる。

	A	B	C	D	E	勝	敗	分	勝率
A		×							
B	○								
C				×		2	2	0	$\frac{1}{2}$
D			○						
E									

アより，Aは最も勝率がいいが，Bに対して1敗しており，また，3位のCが2勝2敗すなわち勝率が$\frac{1}{2}$であることから，

Aの勝率は$\frac{3}{4}$（すなわち3勝1敗）

Bの勝率は$\frac{2}{3}$（すなわち2勝1敗1分）

よって，AはC，D，Eに勝ち，CはB，Eに勝った（ここまで次表）。

	A	B	C	D	E	勝	敗	分	勝率
A		×	○	○	○	3	1	0	$\frac{3}{4}$
B	○		×			2	1	1	$\frac{2}{3}$
C	×	○		×	○	2	2	0	$\frac{1}{2}$
D	×		○						
E	×		×						

全部で10試合あり，うち引き分けが2試合なので5チームの戦績の合計は8勝8敗4分となる。

A～Cの戦績の合計は7勝4敗1分なので，D，Eの戦績の合計は1勝4敗3分となる。この1勝はすでにDについている。よって，DとEの対戦は引き分け（どちらも勝てない）。さらに，もしDがBと引き分けたとすると，Dの戦績が1勝1敗2分で，勝率$\frac{1}{2}$となるので不適（Cと同率になるから）。よって，DはBに負けている。以上より，次表を得る。

	A	B	C	D	E	勝	敗	分	勝率
A		×	○	○	○	3	1	0	$\frac{3}{4}$
B	○		×	○	△	2	1	1	$\frac{2}{3}$
C	×	○		×	○	2	2	0	$\frac{1}{2}$
D	×	×	○		△	1	2	1	$\frac{1}{3}$
E	×	△	×	△		0	2	2	0

No.132　正答　1

1試合毎に

勝敗がつくとき　勝者に2点・敗者に0点 ｝計2点

引き分けのとき　各人　1点・各人　1点 ｝計2点

で，いずれにしろ，計2点の得点となる。

全試合数は，

$${}_5C_2 = \frac{5 \times 4}{2} = 10 \quad (\text{試合})$$

で，5人の得点の総和は，

$$2 \times 10 = 20 \quad (\text{点})$$

であり，A～D4人の得点の合計は，アより，

$$4 + 1 + 3 + 5 = 13 \quad (\text{点})$$

なので，Eの得点は7点である。

Eの「勝ち点7」の内訳は「3勝0敗1分」である。一方，Dの「勝ち点5」の内訳は「2勝1敗1分」である（イよりDはCに敗れているので，「1勝0敗3分」はあり得ない）。

Eは無敗で，DはCにのみ敗れているので，DとEの対戦はどちらも負けることがない。つまりDとEの対戦は引き分けだったことがわかる。これより次表が得られる。

＼	A	B	C	D	E	
A	＼			×	×	(4)
B		＼		×	×	(1)
C			＼	○	×	(3)
D	○	○	×	＼	△	(5) 2勝1敗1分
E	○	○	○	△	＼	(7) 3勝0敗1分

この結果，Aの「勝ち点4」は「2勝2敗」であったこともわかる。さらに各得点より，次表が得られる。

＼	A	B	C	D	E	
A	＼	○	○	×	×	(4) 2勝2敗0分
B	×	＼	△	×	×	(1)
C	×	△	＼	○	×	(3)
D	○	○	×	＼	△	(5) 2勝1敗1分
E	○	○	○	△	＼	(7) 3勝0敗1分

第7章 証　言

No.133　正答　4

i）Aが正直者のとき

	D	E	F	
A	○	×	×	A－D
B	×	×	○	B－F
C	×	○	×	C－E

ii）Dが正直者のとき

	D	E	F	
A	×	○	×	A－E
B	×	×	○	B－F
C	○	×	×	C－D

iii）Bが正直者のとき

	D	E	F	
A	×			矛盾
B		○		
C	×			

したがって，確実にいえるのはB－Fである。

No.134　正答　2

A，Bの発言は矛盾しているので，どちらかが嘘をついている。ということは，C，D，Eは本当のことを言っている。C，D，Eの発言からA，H，D，Gは同じチーム，B，C，E，Fも同じチーム。Bの発言ではBとEは別のチームということになる。したがってBが嘘をついている。

No.135　正答　5

Aの発言より，AとBは反対の立場
Bの発言より，BとCは反対の立場
Cの発言より，CとDは反対の立場

（A・C）　（B・D）

これより，Dの発言「AとBは2人とも本当のことを言っている」は，あり得ず，Dは嘘つきであることがわかる。よってDが属する右側の2人が嘘つきである。

No.136　正答　1

Aの発言の前半または後半が本当であると仮定し，どの人の発言も「半分本当，半分嘘」であることに注意すると，各発言の真偽が次のように順次決まっていく。

ⅰ）Aの発言の前半が本当のとき

A「〇Aが1位〇　~~Eが4位~~」
C「~~Cが3位~~　〇Aが1位〇」
D「〇Dが5位〇　~~Aが2位~~」
E「〇Eが3位〇　~~Dが1位~~」
B「~~Bが5位~~　〇Cが2位〇」

残った4位がBとなり，5人の順位は次のようになる（よって，**3**，**4**は不適）。

1位	2位	3位	4位	5位
A	C	E	B	D

ⅱ）Aの発言の後半が本当のとき

A「~~Aが1位~~　〇Eが4位〇」
E「~~Eが3位~~　〇Dが1位〇」
D「~~Dが5位~~　〇Aが2位〇」
C「〇Cが3位〇　~~Aが1位~~」
B「〇Bが5位〇　~~Cが2位~~」

このとき，5人の順位は次のようになる（よって，**2**，**5**も不適）。

1位	2位	3位	4位	5位
D	A	C	E	B

No.137 正答　5

ⅰ）Cの証言の前半が正しいとき
後半も正しいことになってしまい題意に反する。

ⅱ）Cの証言の後半が正しいとき
前半は嘘なので，$C \neq 18$，$C < A$となる。ゆえに，$C = 19$，$A = 20$となり$B = 18$となる。このとき，Aの証言の前半が正しく後半が嘘となり，Bの証言の前半が嘘で後半が正しくなるので，題意に反しない。

No.138 正答　1

太郎と次郎の予想を比べてみると，

	1位	2位	3位	4位	5位	
（太）	A	C	B	E	D	…3つ〇
（次）	E	B	C	D	A	…2つ〇

と，1～5位まで，それぞれ異なる予想をしている。太郎の予想は3人について当たり，次郎の予想は2人について当たっているので，太郎と次郎を合わせると，5人についての予想が当たっていたことになる。言いかえれば，1～5位いずれにおいても太郎か次郎の予想どちらかが必ず当たっていたとわかる。

ⅰ）1位がAのとき

	1位	2位	3位	4位	5位
（太）	Ⓐ	C	B	Ⓔ	Ⓓ
（次）	E	Ⓑ	Ⓒ	D	A

太郎の予想の3つが〇，次郎の予想の2つが〇となり，条件に適する。これより，

1位	2位	3位	4位	5位
A	B	C	E	D

ⅱ）1位がEのとき

	1位	2位	3位	4位	5位
（太）	A	C	B	E	D
（次）	Ⓔ	B	C	Ⓓ	Ⓐ

太郎の予想の3つがはずれるので条件に反する。

ⅰ），ⅱ）より，A～Eの順位は，

1位	2位	3位	4位	5位
A	B	C	E	D

No.139 正答　5

Aの証言とDの証言は矛盾しているので，いずれか一方の証言は本当でもう一方の証言は嘘である。また，BとCについては，Bの証言が本当であればCの証言は嘘となり，Bの証言が嘘であればCの証言は本当となる。

以上のことより，本当のことを言っている2人とは，AとDのうちの1人と，BとCのうちの1人である。

したがって，嘘をついている4人とは，AとDのうちの1人と，BとCのうちの1人と，EおよびFである。EとFがともに嘘をついていることから，犯人はCではないのでFとなる。

〈別解〉　割った犯人を仮定し，そのときのA～Fの発言が本当ならば〇，嘘ならば×とし，証言表を作ると次表のようになる。

割った人＼発言者	A	B	C	D	E	F	本当
B	×	×	〇	〇	×	〇	3人
C	×	×	〇	〇	〇	×	3人
D	〇	×	〇	×	×	〇	3人
E	×	×	〇	〇	×	〇	3人
F	×	×	〇	〇	×	×	2人

「本当のことを言ったのは2人」という条件に適するのはFが割ったときのみなので，割ったのはFである。

No.140　正答　3

Aが食べた場合，Bが食べた場合，……を順に仮定し，そのときA～Eの発言が本当であれば○，嘘であれば×を入れる。

発言者

食べた人を仮定	A	B	C	D	E	嘘
A	×	○	○	×	○	2人
B	○	×	○	○	×	2人
C	×	○	×	×	○	3人
D	×	○	○	×	○	2人
E	×	×	×	○	×	4人

嘘をついたのが3人という条件に合っているのは，食べたのがCのときである。

No.141　正答　1

まずDは嘘つきである（長男は嘘つきなのだから，「私は長男です」と言うことはあり得ない）。つまり，Dは嘘つきでかつ長男ではないので，よってDは三男になる。

一方，AとBの発言は互いに相反するので，どちらか一方が嘘つきである。すると，残るCは嘘つきでないことが確定するので，Cの発言によりBは四男，そしてもう一方のAが嘘つき（つまり長男）に確定する。（そして，残ったCは次男となる。）

No.142　正答　2

A　「Aが2位，Cが1位」
B　「Bが1位，Aが3位」
C　「Cが1位，Bが2位」
D　「Dが3位，Bが4位」

Bについて1位，2位，4位の3種類の発言（発言者B，C，D）があるので，このうち少なくとも2つは嘘である。これより，「2つとも本当」の2人のうちの1人がAであることがわかる。

よって，Aは2位，Cが1位。あとはこれにしたがって順次，本当か嘘か確実なところを○，×していけばよい。

A　「Aが2位，Cが1位」
B　「Bが1位，Aが3位」
C　「Cが1位，Bが2位」
D　「Dが3位，Bが4位」

すなわち

1位	2位	3位	4位
C	A	D	B

となる。

No.143　正答　3

5人の発言を正しいとすると，

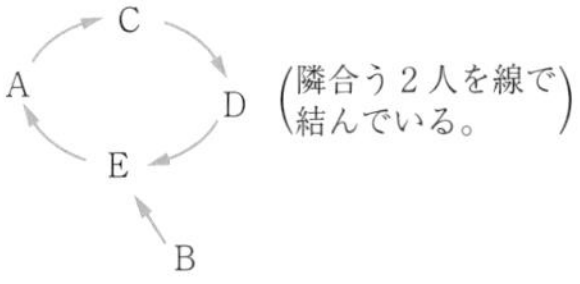

となり，Eの隣にA，B，Dの3人が座っていることになり矛盾。5人が円状になるにはDかEいずれか1人が嘘をついていることがわかる。

これより，AとCの発言は本当なので，Cの隣にはAとDが座っていることが確実にいえる。

実際の座り方は次の2通りが考えられる。

i）Dの発言が嘘のとき

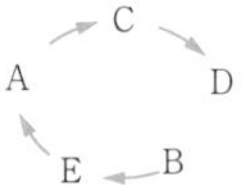

ii）Eの発言が嘘のとき

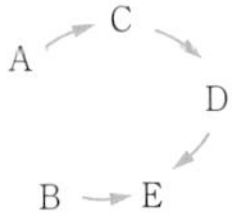

第8章　暗　号

No.144　正答　5

	0	1	2	3	4	5	…
1	ア	カ	サ	タ	ナ	ハ	…
2	イ						
3	ウ						
4	エ						
5	オ						

上の規則に従って「イタリア」を読むと，「02318201」。

No.145　正答　5

中の数字はアルファベットの順，囲っている記号は母音を示している。つまり，

○＝a，◎＝i，▽＝u，△＝e，□＝o

以上からBを解読すると，

「Ho，u，Ke，n，Se，i，Do」

となる。

No.146　正答　2

文字数を考えると，

Bb　F′h　Dh　Gi　Cd

カ　ブ　ト　ム　シ

と対応しているので，五十音表にこれら5文字を割り振ってみる。なお，濁音は′で表されていると予想できる。

ワ	ラ	ヤ	マ	ハ	ナ	タ	サ	カ	ア	
								Bb		a
							Cd			i
			Gi	Fh						u
										e
						Dh				o

すると，子音（アカサタナ……）は大文字で，

ワ　ラ　ヤ　マ　ハ　ナ　タ　サ　カ　ア
J　I　H　G　F　E　D　C　B　A

と表されていると予想できる。

母音（a i u e o）については，小文字で表されていると思われるが，同じ母音でも文字が異なっている。

フ　ム
Fh　Gi

そこで，「カ」がBb，「シ」がCdであることから「サ」がCcではないかと予想すると，各行は次のように母音を表す小文字が子音を表す大文字と同じ文字から始まっていたことがわかる。

ワ	ラ	ヤ	マ	ハ	ナ	タ	サ	カ	ア	
Jj	Ii	Hh	Gg	Ff	Ee	Dd	Cc	Bb	Aa	a
			⋮	⋮		⋮	Cd	Bc	Ab	i
			Gi	Fh		⋮	Ce	Bd	Ac	u
						⋮	Cf	Be	Ad	e
						Dh	Cg	Bf	Ae	o

これより，

ク　ワ　ガ　タ　ム　シ
Bd　Jj　B′b　Dd　Gi　Cd

となる。

No.147　正答　2

まず，日曜日，月曜日が6文字で表されていることから，かなでもローマ字でもなく，英語への変換を考えてみる。

日曜日→SUNDAY→HFMWZB

月曜日→MONDAY→NLMWZB

1つのアルファベットが別のアルファベットに変換されている。AがZに，YがBに変換されているので，逆向きになっているのではないかと予想する。

（原文）ABCDEFGHIJKLMNOPQRS
↓　↓　↓↓↓　↓
（暗号）ZYXWVUTSRQPONMLKJIH
（原文）TUVWXYZ
↓　↓
（暗号）GFEDCBA

と予想が当たっていたことがわかる。

これより，土曜日を表すと，

（原文）　SATURDAY
（暗号）　HZGFIWZB

No.148　正答　1

暗号の場合，まず「かな」「ローマ字」「英語」のどれであるかを判断する。

3月が10個の数字

4月が10個の数字

なので，

さんがつ　　SANGATSU

しがつ　　SHIGATSU

「かな」「ローマ字」なら「がつ」に当たる所が同じなので，どちらも当てはまらない。英語に変換してみると，

3月→MARCH

4月→APRIL

どちらも5文字となり，数字2つが1つのアルファベットを表すと予想する。ところが，

3月→08　03　18　01　13
　　M　A　R　C　H
4月→12　09　18　16　01
　　A　P　R　I　L

Rが18なのは一致しているが，Aが03，12と異なる数字になり，一致していないので，01がAになるようにアルファベットの並び順を逆にしてみると，

3月→08　03　18　01　13
　　H　C　R　A　M
4月→12　09　18　16　01
　　L　I　R　P　A

と規則性が一致する。

アルファベットA，B，Cに順に01，02，03，…を振り，並び順を逆にした暗号であることがわかる。

A　B　C　…　H　I　…　L　M　…　P
01　02　03　…　08　09　…　12　13　…　16
…　R　S　T　U　…
…　18　19　20　21　…

8月を英語にすると，
AUGUST
前後逆にすると，
TSUGUA
T　S　U　G　U　A
20　19　21　07　21　01
よって「201921072101」となる。

No.149　正答　4

春，夏がそれぞれ4文字，家が2文字で表されているのでローマ字に直す。

春→HARU→32・11・25・55
夏→NATU→34・11・45・55
家→IE→31・13

1つのアルファベットが数字2つで表されているので，5行5列のマトリックスに例文の文字を入れてみる。

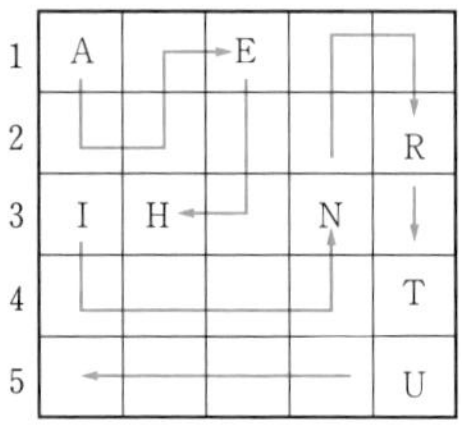

するとA・B・C……が前図のような流れになっていることがわかる。

これにより，残りの文字を入れると，次の表のようになる。

	1	2	3	4	5
1	A	D	E	P	Q
2	B	C	F	O	R
3	I	H	G	N	S
4	J	K	L	M	T
5	Y	X	W	V	U

これより，休み→YASUMI→51・11・35・55・44・31

No.150　正答　1

□と▨の2種類のみで表されているので「2進法ではないか」と予想をたてる。

家が2文字，花が4文字で表されているのでローマ字に変換し，A・B・C……を1・2・3……と数字に変換すると，

家→IE，花→HANA
　A→アルファベットの1番目
　E→アルファベットの5番目

A→$1_{(10)}$→$00001_{(2)}$
　□□□□▨

E→$5_{(10)}$→$00101_{(2)}$
　□□▨□▨

と例文どおりとなっている（I，H，Nも同様）。

よって，原文をローマ字にし，このアルファベットを数字に直してさらに2進法にし，0を□，1を▨と表した暗号である。

これで暗号を解読すると，

▨□▨□▨→$10101_{(2)}$→$21_{(10)}$→U
▨□□▨▨→$10011_{(2)}$→$19_{(10)}$→S
□▨□□▨→例文どおり――――→I

うし（牛）は，ホ乳類である。

（10進法⇄2進法の変換については，数的推理P.137～138を参照のこと。）

No.151　正答　3

「山」が4文字，「海」が3文字で表されているので，「ローマ字ではないか？」と予想する。

山→(△△○, □□○, ○○○, □□○)
　　Y　　A　　M　　A
海→(△○□, ○○○, ○□□)
　　U　　M　　I

Aが同じ, Mが同じなので予想どおりである。

○, △, □の3つの記号で表されているので「3進法ではないか」と予想する。

A　B　C …… I …… M …… Y
1　2　3 …… 9 …… 13 …… 25

A→$1_{(10)}$ →$001_{(3)}$→□□○
Y→$25_{(10)}$→$221_{(3)}$→△△○

(3) 25
3) 8 …1
2 …2)

より, 上のようにアルファベットをA・B・C…の順に1・2・3…とし, それを3進法に変換し, 0, 1, 2の数字を□, ○, △に変えたとわかる。

0　1　2
↓　↓　↓
□　○　△

「池」は「IKE」で

I→　例文どおり →○□□
K→$11_{(10)}$ →$102_{(3)}$ →○□△
E→$5_{(10)}$ →$012_{(3)}$ →□○△

3) 11
3) 3 …2
1 …0

$11_{(10)} = 102_{(3)}$

3) 5
1 …2

$5_{(10)} = 012_{(3)}$

「池」は(○□□, ○□△, □○△)となる。

第9章 数量

No.152 正答 2

貸借表にする。条件より,

貸した人

借りた人	A	B	C	計
A				6
B	d		a	b
C	d	a		b
計	4	$c+2$	c	16

借りた冊数の合計より,

$6+2b=16$　　∴　$b=5$

貸した冊数の合計より,

$4+(c+2)+c=16$　　∴　$c=5$

条件イ, ウより, BがAに借りている冊数とCがAに借りている冊数は等しくなる。これを前表のようにdとおくと,

$2d=4$　より　$d=2$

あとは縦, 横の数より表は次のようになる。

貸した人

借りた人	A	B	C	計
A		4	2	6
B	2		3	5
C	2	3		5
計	4	7	5	16

No.153 正答 5

最後の結果で, 4人とも3個ずつ持っており異なる内訳であることから,

○○○　○○●　○●●　●●●

のような結果であり, 白6個, 黒6個であることがわかる。はじめの分け方は, 次の2通りが考えられる。

	A	B	C	D
i)	○○●	○○●	○●●	○●●
ii)	○●●	○●●	○○●	○○●

それぞれの場合で, 題意のような結果になる交換のしかたを考える。

i) の場合

	A	B	C	D
1回目	○○●	○○○	●●●	○●●
2回目	○○●	○○○	○●●	●●●

または,

	A	B	C	D
1回目	○○●	○●●	○○●	○●●
2回目	○○●	○●●	○○○	●●●

ii) の場合

i) の白黒が入れ替わった場合の2通りがある。

No.154 正答 1

同じ2人の間でのやりとりがないので，やりとりは次図のように循環形となる。

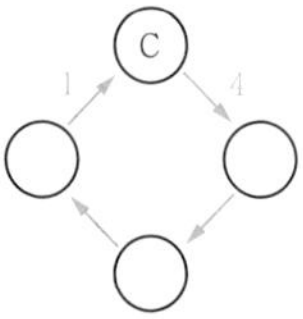

Cは3個減ったので1個もらって4個あげた（前図）。

Cから4個もらった人の，あげる個数は2個か3個だが1個増えた人はいないので，2個。Aのもらった個数は4個ではないので，これはAでなくD。あとはA，Bの増減の個数より次の通りとなる。

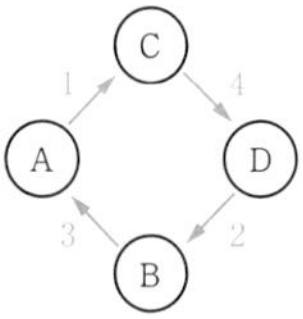

No.155 正答 3

腕時計と壁時計が指している時刻の差は，出勤前と帰宅後で違っているので，どちらか（または両方）の時計は狂っている。しかし，狂っている（だんだん進んだり遅れたりする）としても，それぞれの時計は一定のペースで時を刻むはずである。

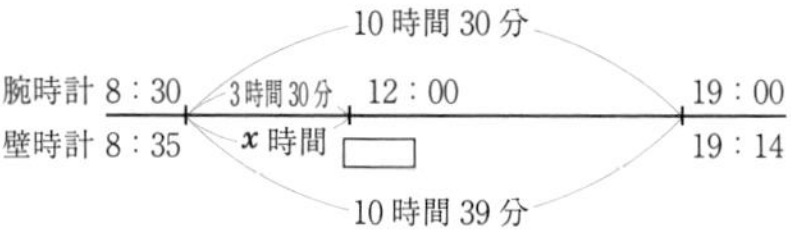

$$3時間30分 : 10時間30分 = x時間 : 10時間39分$$

$\therefore\quad x = 3時間33分$

したがって，求める時刻（図中の□）は，

8時35分＋3時間33分＝12時8分

No.156 正答 4

条件を表で整理する。

	思った時刻	本人の時計	正しい時刻	実際の時計のずれ
A	8:29	8:24	8:26	2分遅
B	8:33	8:29	8:26～8:30	3分進～1分遅

これより，正しくいえるのは「Aの時計はBの時計より遅れていた」である。

No.157 正答 5

条件ア，ウより，3人の到着は，C・A・Bの順。よってエより，Cは1:50に到着。ウより，Aは1:55に到着。Bは1:55～2:00の間に到着。

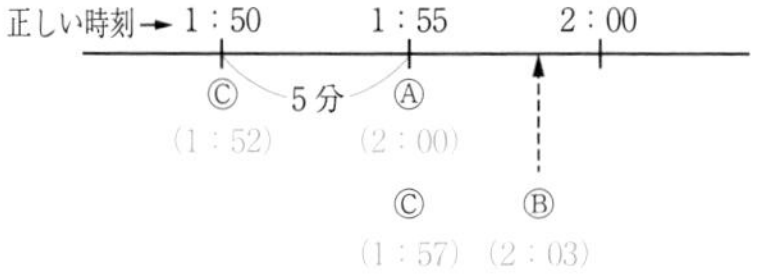

これより，

Aの時計……5分進み

Bの時計……3分～8分進み

Cの時計……2分進み

〈別解〉 表で整理する。

	Aの時計	Bの時計	Cの時計	正しい時刻
Aの到着	2:00		1:57	1:55
Bの到着		2:03		1:55～2:00
Cの到着			1:52	1:50

No.158 正答 3

駅の時計は2分遅れていたので，Aが到着した正しい時刻は9時54分。その4分後にBが到着したので，このとき正しい時刻は9時58分。Cが到着したのはAの時計で10時2分，すなわちAの到着7分後なので，正しい時刻は10時1分。それぞれのそのときの時計の表示時刻は（　）の通り。○が到着した人を表す。

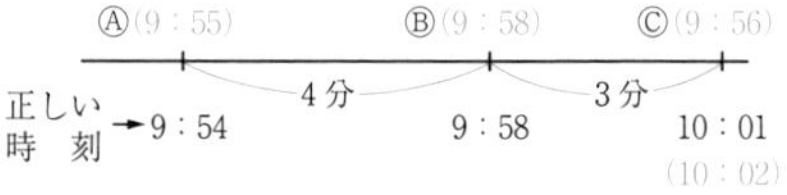

これより，各人の時計は正しい時刻に対し，

Aの時計……1分進んでいる。
Bの時計……ずれていない。
Cの時計……5分遅れている。

〈別解〉　表で整理する。

	Aの時計	Bの時計	Cの時計	駅の時計	正しい時刻
Aの到着	9:55	9:54	9:49	9:52	9:54
Bの到着	9:59	9:58	9:53	9:56	9:58
Cの到着	10:02	10:01	9:56	9:59	10:01

No.159　正答　4

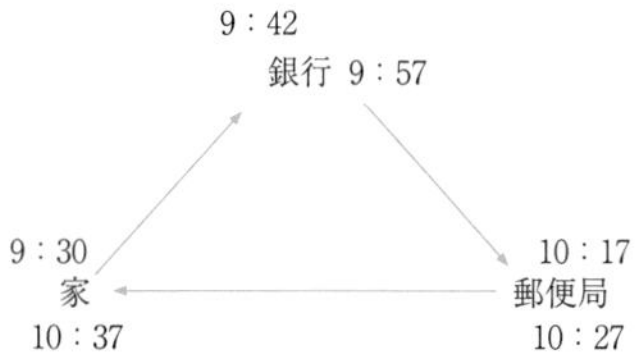

銀行に15分，郵便局に10分いたので，歩いていた時間の合計は，

(10時37分 − 9時30分)
　　　　− (15分 + 10分) = 42分

それぞれの間を行くのにかかる時間は等しいので，

42 ÷ 3 = 14(分)

ｉ) 家の時計を基準にすると，銀行に着いたのは，

9時30分 + 14分 = 9時44分

これより，銀行の時計は家の時計より2分遅れている。

ⅱ) 銀行の時計を基準にすると，郵便局に着いたのは，

9時57分 + 14分 = 10時11分

これより，郵便局の時計は銀行の時計より6分進んでいる。

ｉ)，ⅱ) より，郵便局の時計は家の時計より，6 − 2 = 4(分)進んでいる。

No.160　正答　3

A～C3人のカードに書かれた数字の合計をそれぞれa～cとする。条件イ・ウより，

$b = 3a + 2$

$c = 2a + 3$

残った1枚のカードの数字をxとすると9枚全部の合計より，

$a + (3a + 2) + (2a + 3) + x$

$= 1 + 2 + \cdots\cdots + 9$

$6a + x + 5 = \dfrac{(1 + 9) \times 9}{2}$

$6a + x + 5 = 45$

$6a + x = 40$　……①

今，カードの数字は，

1，2，3，4，5，6，7，8，9

のいずれかなので，

3枚の合計の最小値は，

1 + 2 + 3 = 6

である。

$a = 6$のとき，①より，

$6 \times 6 + x = 40$

$x = 4$

となり，条件を満たす。

$a \geqq 7$のとき①を満たすxは存在しない。

よって，残った1枚に書かれた数字は「4」である。

ちなみに，このとき，3人のカードは，

A　$a = 6$　　(1 + 2 + 3)
B　$b = 3 \times 6 + 2 = 20$
　　(5 + 6 + 9)(5 + 7 + 8)
C　$c = 2 \times 6 + 3 = 15$
　　(7 + 8)　(6 + 9)

となる。

No.161　正答　5

A，B，Cのカードの数の合計をそれぞれa, b, cとする。ウより，

$a = 2b$　…①

$c = a + 1 = 2b + 1$　…②

残った1枚のカードの数字をxとすると，

$a + b + c + x = 1 + 2 + \cdots\cdots + 9 + 10$

①，②を代入すると，

$2b + b + (2b + 1) + x = \dfrac{(1 + 10) \times 10}{2}$

$5b + x + 1 = 55$

$5b + x = 54$

$1 \leqq x \leqq 10$で，x，bは整数なので，この式を満たすxは，

$x = 4$　または　9

しかない。

$$\left(\begin{array}{l} \because\ x = 54 - 5b \\ \quad\ \ = 5(10 - b) + 4 \\ x\text{は}(5\text{の倍数} + 4) \end{array}\right)$$

i）$x=4$のとき

$$5b+4=54$$
$$b=10$$

ところがイより，Bの3枚はすべて奇数なので，和が偶数になることはなく，不適。

ii）$x=9$のとき

$$5b+9=54$$
$$b=9$$

Bの3枚はすべて奇数であり，かつ，その和が9より，Bに配られた3枚は(1，3，5)である。

アよりAの3枚はすべて偶数で，その和は①より18である。

よって，Aの3枚は(2，6，10)または(4，6，8)である。

$x=9$なので，9とA，Bに配られた6枚を除いた3枚がCに配られた。

A(2，6，10)		A(4，6，8)
B(1，3，5)	または	B(1，3，5)
C(4，7，8)		C(2，7，10)

No.162 正答 5

Bの黒をa個，Bの赤をb個，Bの黄をc個，Cの白をd個，Cの赤をe個，Cの青をf個とすると，題意より，次の図のようになる。

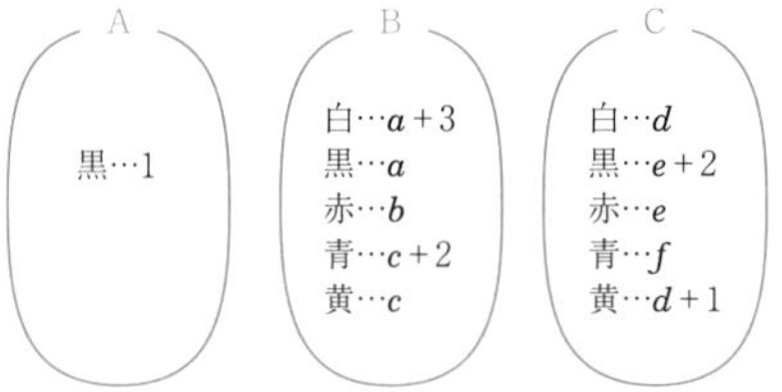

a～fは1以上の整数なので，仮にすべて1であるとすると，玉の総数は，

$$1+(1+3)+1+1+(1+2)+1$$
$$+1+(1+2)+1+1+(1+1)$$
$$=19(\text{個})$$

となる。実際は20個なので，あと1個増やせばよいだけである。ところが，a，c，d，eは1増やすと，他の色も連動して1増えることになる。

よって，$b=2$，または，$f=2$だけがあり得，a，c，d，eは確実に1である。ゆえに，確実にいえるのは，白5個，黒5個，黄3個であり，赤と青については，赤3個で青4個の場合と，赤2個で青5個の場合があり得る。

No.163 正答 3

1回の2人の得点の合計は，

ア　勝敗がついたとき

勝者　+3点
敗者　−1点　｝計　+2点

イ　あいこのとき

A　+1点
B　+1点　｝計　+2点

と，いずれの場合も+2点である。よって，10回ジャンケンをすると，A，B2人の得点の合計は，

$$(+2)\times 10=+20〔\text{点}〕$$

となる。10回の勝負終了後，Aが−4点だったので，Bの得点をbとすると，

$$(-4)+b=+20$$
$$b=+24〔\text{点}〕$$

〈別解〉

10回のうち，Aの勝ち数をx回，負け数をy回とすると，あいこは$(10-x-y)$回となる。Aの総得点が−4であることから，

$$(+3)x+(-1)y+(+1)(10-x-y)=-4$$

$$\therefore\quad 2x-2y+14=0$$
$$\therefore\quad y-x=7\quad \cdots①$$

一方，このときBの負け数はx回，勝ち数はy回，あいこが$(10-x-y)$回なので，Bの得点は，

$$(-1)x+(+3)y+(+1)(10-x-y)$$
$$=2y-2x+10$$
$$=2(y-x)+10$$
$$=2\times 7+10\quad(\because\ ①より)$$
$$=24〔\text{点}〕$$

No.164 正答 5

各A～Eへの流出・流入がそれぞれ等しいことから，まず，

D→A　40（30+10）
B→E　20（15+5）

がわかる。次に，

B→C　10（30−20）
C→D　35（40−5）

がわかる。

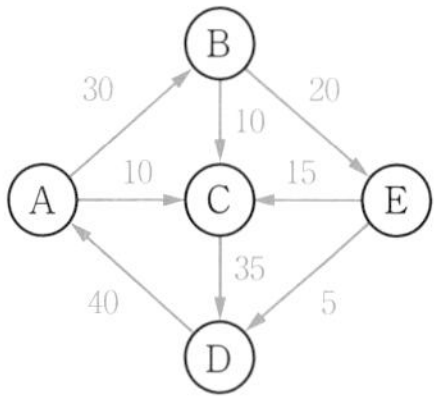

No.165　正答　2

次郎の1勝はパーを出したときのものである（グー…グ，チョキ…チ，パー…パとする）。図示すれば，

太郎　グ グ グ グ グ グ ○ ○ ○ ○
次郎　○ ○ ○ ○ ○ パ パ パ パ パ

したがって出した組合せは，

太郎　グ グ グ グ グ グ パ チ チ チ
次郎　グ グ チ チ チ パ パ パ パ パ

となって，□で囲んだ所が太郎の勝ちであり，6勝したことがわかる。

No.166　正答　5

りんご・みかん・かきがそれぞれ8個ずつあり，4人が同数ずつ取るので，1人の取った個数は，

$(8\times3)\div4=6$(個)

である。条件エより，どのマスもすべて1以上である。

	りんご	みかん	かき	計
A	Max	Min	Min	6
B				6
C		x	Max	6
D		x		6
計	8	8	8	24

条件アより，Aはみかんも，かきも他の3人より少ないが，もしこれを2個とすると，他の3人は1人3個以上となるため，4人の合計は，

$2+3\times3=11$

となり，8を超えてしまい，不適。

よって，

Aのみかん，かきはそれぞれ1個

であり，これより，

Aのりんごは4個

である。

	りんご	みかん	かき	計
A	4	1	1	6
B				6
C				6
D				6
計	8	8	8	

さらに，条件イより，Cの取ったかきの個数は他の3人より多いが，これを4個とすると，BとDのかきの合計が，

$8-(1+4)=3$(個)

となり，BかDのどちらかが1個となり，条件アの，Aのかきが最小であることに反する。

よって，

Cのかきは3個，B・Dのかきはそれぞれ2個

である。

	りんご	みかん	かき	計
A	4	1	1	6
B			2	6
C			3	6
D			2	6
計	8	8	8	

さらに条件ウより，DとCのみかんの個数が同じだが，条件アより，これは2個以上で，もし3個だとすると，Bのみかんが，

$8-(1+3\times2)=1$(個)

となり，Aと同じになるので不適。よって，

CとDのみかんはそれぞれ2個
Bのみかんが3個

となる。

1人6個であることから，りんごの個数も決まり，次表となる。

	りんご	みかん	かき	計
A	4	1	1	6
B	1	3	2	6
C	1	2	3	6
D	2	2	2	6
計	8	8	8	

よって，正しくいえるのは「Dはりんごを2個取った。」である。

No.167　正答　2

「金」「銀」「プラチナ」のかわりに3種類の記号○，△，×を用いて表す。1回目は，ま

ず4個取れば最悪の場合でも確実に1組できて半端が2個残る。

1回目　○・○・△・×

1組　半端

次回からは2個取る毎に4個となり，やはり確実に1組できて半端が2個残る。すなわち，2回目からは，2個取る毎に確実に1組はできる。

2回目以降　(△・×)＋(○・△)

前回の半端

↓

△・△　×・○

1組　半端

よって10組作るには，1回目は4個，2回目以降は2個ずつ取ればよいので，全部で

$4+2\times9=22$(個)

取ればよい。

No.168　正答　3

はじめに1本買って飲むと空きびんが1本生じる。次に2本買って飲むと空きびんが2本生じるので，はじめの空きびんと合わせて新しいコーラが1本もらえ，それを飲むとまた空きびんが1本生じる。これのくり返しである。つまり，はじめに空きびんを1本つくっておけば，あとは，2本買うごとに新しいコーラが1本もらえ，結局3本飲めて，また空きびんが1本生じるのである。要するに，はじめに空きびんが1本あれば，あとは2本買うごとに3本飲めるのである。

すると，100本飲むためには，はじめに1本買って飲んで空きびんを1本つくったら，あと99本飲むためには，66本買えばよいことになる（2本買うごとに3本飲めるのだから）。結局，はじめの1本と合わせて，67本買えば，100本飲めるのである。

No.169　正答　4

作業順を矢印で表し，それぞれにかかる日数を書くと次のようになる。

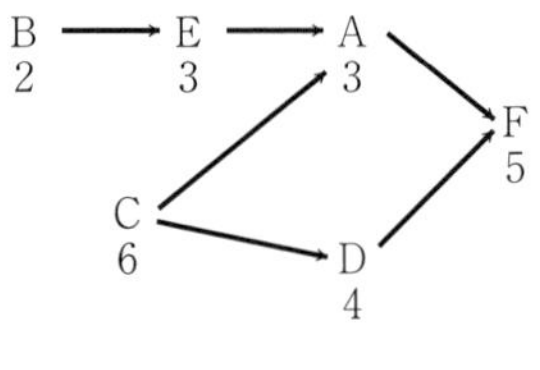

BとEを終えるのに5日かかり，Cを終えるのに6日かかるので，Aは7日目からしか始められない。よって，Aを終えるまでの最短日数は，

$6+3=9$(日)　…(ア)

である。

Dを始めるのはCが終わってからなので，Dを終えるまでの最短日数は，

$6+4=10$(日)　…(イ)

である。

FはAとDが終わってからしか始められないので，(ア)と(イ)のうち長い方，すなわちDが終わるのを待つしかなく，11日目からしか始められない。

よって，Fが終わるまでの最短日数は，

$10+5=15$(日)

である。

すなわち，A～Fの6つの作業を完了するのに必要な最短日数は次図のようになり，15日である。

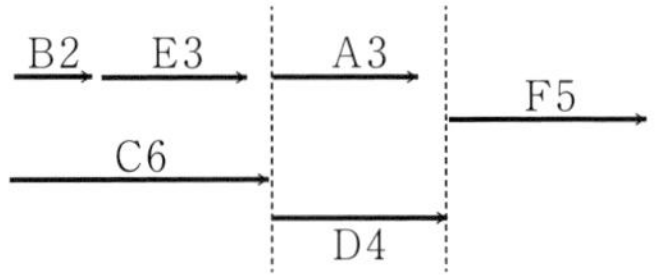

（AはCが終わるまで開始できず，FはDが終わるまで開始できない。）

No.170　正答　3

4つのおもりの重さを，$a<b<c<d$ とする。

2つずつのおもりの重さの和の大小を調べると，

$$a+b<a+c<\begin{matrix}a+d\\b+c\end{matrix}<b+d<c+d$$

$(a+d)$ と $(b+c)$ の大小は不明だが，

最小は　$a+b$

2番目に小さいのは　$a+c$

最大は　$c+d$

2番目に小さいのは　$b+d$

だとわかる。よって，

$a+b=26$　…①

$a+c=31$　…②

$b+d=42$　…③

$c+d=47$　…④

である。

②－①より，

$c - b = 31 - 26$

$c - b = 5$　（奇数）　…⑤

となる。

和と差の偶奇は一致する（すなわち，差が奇数なら和も奇数）。…※

したがって，

$b + c$ は奇数である。

最初の説明通り，$b + c$ は35か38で，奇数であることから，

$b + c = 35$　…⑥

となる。

⑤＋⑥より，

$$\begin{array}{rr} & c - b = 5 \\ +) & b + c = 35 \\ \hline & 2c = 40 \\ & c = 20 \end{array}$$
…⑦

となる。⑦を⑥に代入して，

$$\begin{aligned} b &= 35 - c \\ &= 35 - 20 \\ &= 15 \end{aligned}$$

⑦を②に代入して，

$$\begin{aligned} a &= 31 - c \\ &= 31 - 20 \\ &= 11 \end{aligned}$$

⑦を④に代入して，

$$\begin{aligned} d &= 47 - c \\ &= 47 - 20 \\ &= 27 \end{aligned}$$

となる。

$a < b < c < d$

11　15　20　27

以上より，正しくいえるのは「2番目に重いおもりは20gである。」である。

〈補足〉

※について，

$x + y =$ 偶数　⟺　$x - y =$ 偶数

$x + y =$ 奇数　⟺　$x - y =$ 奇数

第10章　日暦算

No.171　正答　4

12月24日は9月1日の，

$30 + 31 + 30 + 23 = 114$（日後）

となる。

$114 \div 7 = 16$ 余り2

よって，12月24日の曜日が，9月1日の曜日の2日後の曜日になっている組合せを選べばよい。

9/1　　12/24

（木）→（土）

No.172　正答　2

ある年が平年のとき，4月1日は1月1日の，

$31 + 28 + 31 = 90$（日後）

となる。

$90 \div 7 = 12$ 余り6

より，1月1日が水曜日なら4月1日は火曜日になる。よって，「ある年」はうるう年である。

よって，次の年の1月1日は2日先へずれて金曜日となる（本文参照）。

次の年は平年なので3月1日は1月1日の

$31 + 28 = 59$（日後）

$59 \div 7 = 8$ 余り3

金曜日から3日先へずれて，月曜日となる。

No.173　正答　5

A君が誕生したのは，

$1992 - 10 = 1982$（年）

1982年1月15日～1992年1月15日の間に「2月29日」は，1984年，1988年の2回ある。

（1992年2月29日は範囲外であることに注意。）

よって，1992年1月15日の曜日は，1982年1月15日の曜日から，

$10 + 2 = 12$

日分先へずれることになる。7日ずれるともとの曜日になるので，

$12 \div 7 = 1$ 余り5

5日先へずれて水曜日になればよいので，1982年1月15日は水曜日から5日前にずれて金曜日となる。

1982．1．15（金）┐ 5日先へずれて

1992．1．15（水）←┘ 水曜日

No.174　正答　4

まず次のことを確認してこう。

> ①7の倍数日後は同じ曜日
> ②その間に2月29日がなければ，1年後の同じ日は365日後なので，曜日は1日先にずれる。
>
> 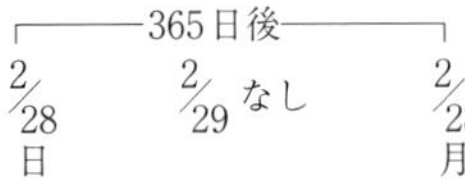
>
>
> （$\because 365 \div 7 = 52 \cdots 1$）
>
> ③「うるう年」となるのは西暦年号で4の倍数の年。ただし，例外があり，100の倍数でありかつ400の倍数でない年（例えば2100年など）は平年となる。

本問に示された2012年～2044年の間には例外となる年は含まれていないので（問題文にあるとおり），選択肢はすべて4の倍数となっており，いずれもうるう年である。

上の②より，2月29日を除外して考えると1年毎に曜日は1日ずつ先にずれていくので，4年で4日ずれる。4年に1回2月29日があるので，結局さらに1日ずれて，ある年の2月29日の4年後の2月29日は曜日が5日ずれることになる。

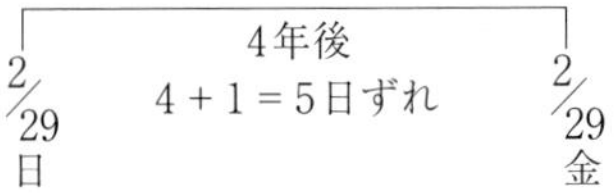

同じ曜日になるためには①より，ずれが7の倍数でなければならない。

2012年
↓　16年 = 4年 × 4 → 5日 × 4 = 20日
2028年
　　4年で5日ずれるので

2028年は20日のずれとなり，7の倍数でないので同じ曜日にはならない。

あとは4年ずつ離れているので5日ずつ足していけばよい。

2012年からの曜日のずれ

2028年	20日
2032年	25日
2036年	30日
2040年	35日←7の倍数
2044年	40日

以上より，2012年2月29日と同じ曜日になるのは，2040年2月29日である。

No.175　正答　2

10日，A（木），C（火），B（15日）とすると，AC間は両端を入れて6日，10日から15日は両端を入れて6日間。6日間の中に6日間入れることはできない。

No.176　正答　2

曜日の計算の基本となるのは，

「7の倍数日後は同じ曜日」

である。

問題文の最初の「ある月」をn月とする。

「ほぼ一ヶ月後」で同じ曜日なのは，日数で言うと「28日後」か「35日後」になることに注意しよう。

n月の最終水曜日が25日で，そのほぼ一ヶ月後である（$n+1$）月の最終水曜日が29日であることから，後者は前者の35日後である。そして$35 = 6 + 29$により，n月は「大の月（31日まである月）」であることがわかる。

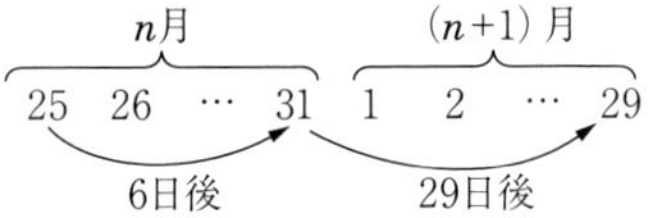

次に，（$n+1$）月の最終水曜日が29日で，そのほぼ一ヶ月後である（$n+2$）月の最終水曜日が28日であるが，後者が前者の35日後になることはありえない［（$n+1$）月が大の月であったとしても$2 + 28 = 30$日後にしかならないので］。よって後者は前者の28日後である。そしてこのとき，（$n+1$）月は29日で終わることになるので，つまり（$n+1$）月は「うるう年の2月」であったことがわかる（よってn月は「1月」）。

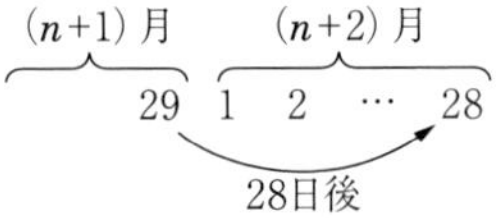

求めるのは，この年の12月の水曜日だが，1年近くあとなので，翌年の1月25日の曜日から逆算する方が早い。

来年の1月25日は，今年がうるう年なので，

$$366 \div 7 = 52 \cdots 2$$

より，2日ずれて，金曜日。

12月は31日までなので，

$31 \div 7 = 4 \cdots 3$

今年の12月25日は金曜日より3日戻って，火曜日。よって，今年最後の水曜日，すなわち12月のこのサークルの例会の日は，

12月26日(水)

である。

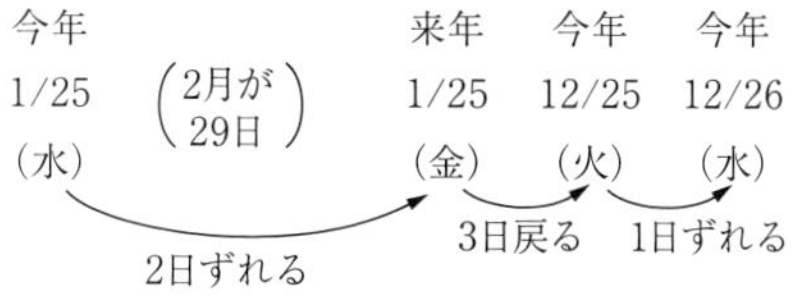

〈補足〉

上では，「n月→$(n+1)$月」と「$(n+1)$月→$(n+2)$月」の日数をともに考えたが，結局は「$(n+1)$月→$(n+2)$月」の日数(これが「28日後」であること)だけわかれば十分(それで$(n+1)$月がうるう年の2月であることはわかる)である。

No.177 正答　5

平年なら，$365 \div 7 = 52$余り1より，53回ある曜日は1種類だけとなる。よって条件アより，Aの生まれた年は，うるう年で，1月1日が月曜日，1月2日が火曜日となる。

4人なので，うるう年生まれは1人であることから，Bは平年生まれ。よって，Bの生まれた年の1月1日は，3月1日(火)の$28 + 31$日前$= 59$日前$= 8$週間と3日前なので土曜日になる。

Cの生まれた年の次の年の1月1日は木曜日なので，Cの生まれた年の1月1日は水曜日である(Cは平年生まれ)。

4人の生まれた年は連続しているので，本文で述べたことから，

	長男	次男	三男	四男
	B	○	A	C
1月1日の曜日	土	日	月	水
その年	平年	平年	うるう年	平年

残ったDが年長より2番目(次男)で，Dの生まれた年の1月1日は日曜日である。

第11章　手　順

No.178 正答　5

提灯をもとの岸に戻すのを女性が1人でやればよい。

男性1人が渡るのに，

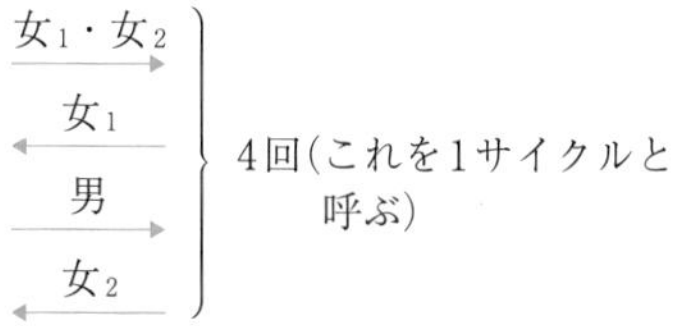

男性が2人なので，これを2サイクル繰り返せばよい。2サイクル後，すなわち8回目，男性2人は渡り終わっており，女性2人はもとに戻っている。最後に女性2人が渡るのに1回。

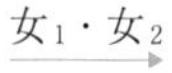

以上より，

- つり橋を渡る回数は，$4 \times 2 + 1 = 9$(回)
- 女性1人が渡る回数は，$2 \times 2 + 1 = 5$(回)
- 男性1人が渡る回数は，1回のみ
- つり橋を渡るのべ人数は1サイクルでのべ5人なので，$5 \times 2 + 2 = 12$(人)

No.179 正答　2

n枚のときの回数をa_n回とする。1枚増えて$(n+1)$枚になったとき，

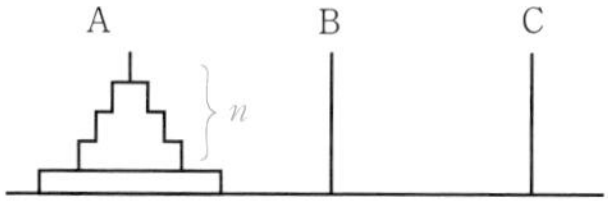

上のn枚をBへ移すのに　…a_n回

一番下の円盤をCへ移すのに　…1回

Bのn枚をCへ移すのに　…a_n回

なので，

$a_{n+1} = a_n + 1 + a_n = 2a_n + 1$　…①

一枚のときは1回なので，$a_1 = 1$

①より，

$a_2 = 2a_1 + 1 = 3$

$a_3 = 2a_2 + 1 = 7$

$a_4 = 2a_3 + 1 = 15$

〈参考〉　一般に，$\boldsymbol{a_n = 2^n - 1}$である。

No.180 正答 4

1回に取れる数は1～4個のいずれかなので，Bが1回で何個取ったかに関わらず，次の1回でAが取って，Bの取った碁石と合わせて確実に減らせる数は5個である。

B A
1 + 4
2 + 3
3 + 2
4 + 1
} = 5

Aは最後に1個残して碁石を取ることができれば勝てるので，24個を5個ずつ減らして0にできればよく，

24 ÷ 5 = 4 余り4

なので，Aは最初に4個取っておけば必勝となる。

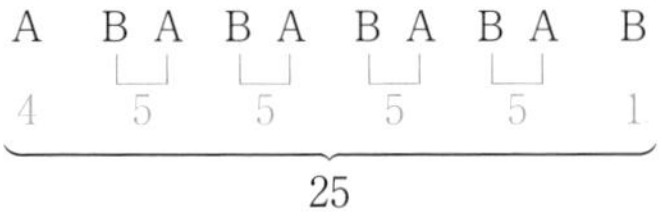

No.181 正答 4

1人の取れる枚数が1～6枚のいずれかなので，BはAの取った枚数と自分が取る枚数を合わせていつも7になるように取ればよい。

A B
1 + 6
2 + 5
3 + 4
4 + 3
5 + 2
6 + 1
} = 7(一定)

取るカードがなくなったら負けなので，最後の1枚をBが取れるときがBの必勝のときである。

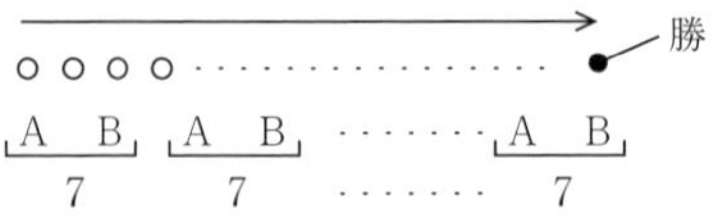

最後に7枚残せば，上と同じルールで，Bは必ず最後の1枚を取ることができ，次にAが取るカードがないので，Bの必勝となる。

よって，全体の枚数が7の倍数のときであればよい。肢のうちでは，56枚のときである。

No.182 正答 2

最初につくったカードの山において，上から1～52の番号をつける。

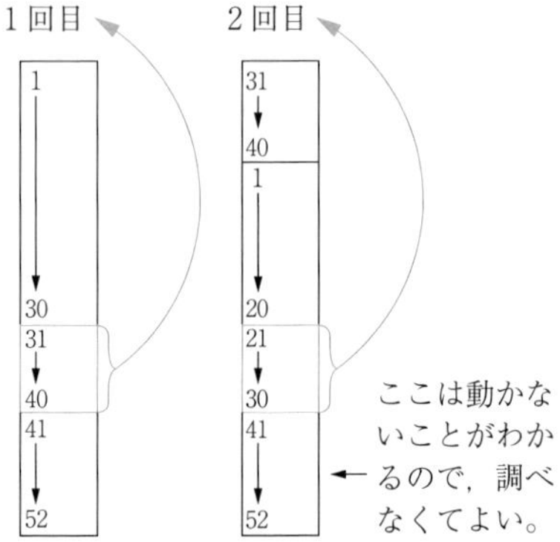

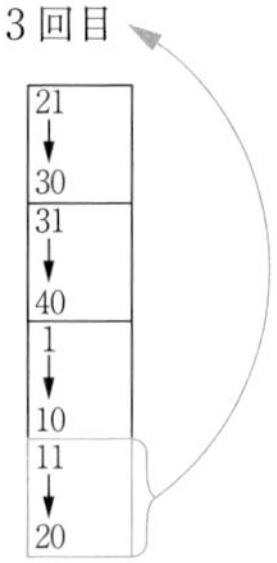

よって3回の操作終了後，一番上にくるのは初め上から「11番目」にあったカードである。

よって，求めるカードはハートのJ(ジャック)である。

No.183 正答 2

パターン39の参考にある通り，

$3^2 < 17 < 3^3$

なので，3回ある。

No.184 正答 2

6袋をA，B，C，D，E，Fとし，3組に分ける。重さが等しいと確認できたものは分銅のかわりとして使う。

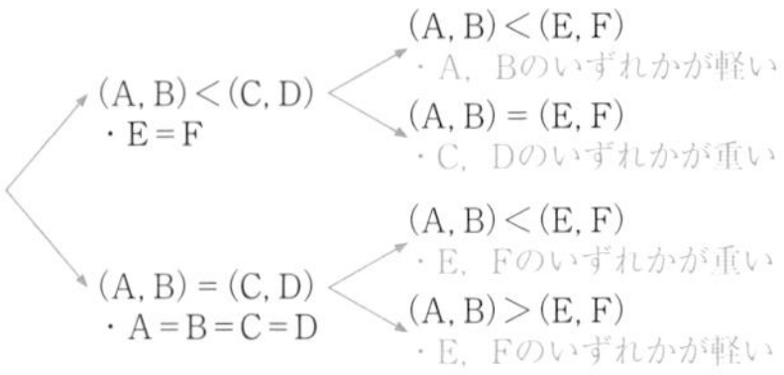

あと1回天びんを使えば，重さがちがう1袋を見つけ出すことができる。

いずれの場合も3回使えばよい。

No.185　正答　2

5枚をA，B，C，D，Eとする。

(A)<(B) → (C)<(D) ……………… 軽いのはAとC
(A)<(B) → (C)=(D) ……………… 軽いのはAとE
(A)=(B) → (A)<(C) ……………… 軽いのはAとB
(A)=(B) → (A)>(C) →(D)<(E)… 軽いのはCとD
(A)=(B) → (A)=(C) ……………… 軽いのはDとE

よって，3回天びんを使えばよい。

No.186　正答　5

体重の重い者が勝ち進むトーナメントを考える。一番重い者が確定するには，トーナメントの試合数が，6－1＝5(回)でよい。二番目に重い者は，A(一番重い者とする)と比べて軽いとされたB，C，D～Fの一番重い者の三者のうちにいるので，この三者の中で一番重い者を選び出すには，3－1＝2(回)すればよい。したがって，

$5+2=7$ (回)

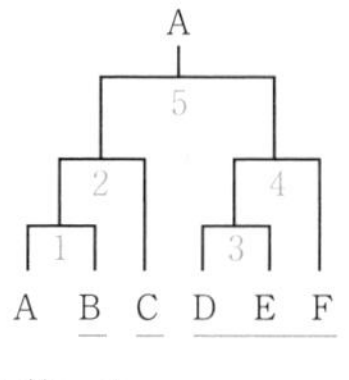

No.187　正答　3

全部10gだとすると合計の重さは，

$10\times(1+2+3+4+5)=150$ (g)

であるはずだが，実際には156gだったので，

$156-150=6$ (g)

多い。

12gの玉は1個につき，10gに比べると2g重いので，12gの玉が，

$6\div 2=3$ (個)

あったことになる。

3個取り出した袋はCである。よって，12gの玉が入っていたのはCの袋である。

〈別解〉　A～Eの袋から計15個の玉を取り出した。そのうち12gのものをx個とすると，10gのものは$(15-x)$個となる。

$12\times x+10\times(15-x)=156$

$x=3$ (個)

3個取り出した袋はC。

No.188　正答　2

ア．A＋B＝E＋F
イ．A＋B＜D＋E
ウ．A＋C＝D＋F

アより，ⅰ)偽コインが左右に1枚ずつ，または，ⅱ)左右すべて本物が考えられる。

次にイより，A，Bの中に偽コインがあることがわかるので，ⅱ)ではなくⅰ)である。

つまり，AとBのうち1枚が偽コインで，イより，DとEは本物，またアより，Fが偽コイン，Cは本物であることがわかる。

最後にウより，右にF(偽コイン)がのっており，これとつり合っているので，Aが偽コインであることがわかる。偽コインはAとF。

No.189　正答　2

本物を○，偽物を△とする。

まず，つり合うのは「すべて本物」か「左右に1つずつ偽物」のいずれかである。

イがすべて本物のとき，

Ⓐ＋Ⓒ＝Ⓑ＋Ⓕ

のせなかったDとEが偽物となるが，

アでⒶ＋△D＝△E＋Ⓕ

となり，つり合ってしまう。よって，イでは左右に1つずつ偽物があったことがわかる。これより，イにのせなかったDとEは本物である。

イ　A＋C＝B＋F
　　○と△　○と△
　　∴Ⓓ，Ⓔ

するとアより，

ア．A＋Ⓓ＜Ⓔ＋F

となるので，A＜Fとなり，偽物はAかFのどちらか一方である。

ⅰ)Aが偽物のとき(Fは本物)

イ　△A＋Ⓒ＝△B＋Ⓕ

Bが偽物となり，偽物は本物より軽い(∵A＜Fより)。

ⅱ)Fが偽物のとき(Aは本物)

イ　Ⓐ＋△C＝Ⓑ＋△F

Cが偽物となり，偽物は本物より重い

（∵Ａ＜Ｆより）。

よって，まとめると，

ⅰ）ＡとＢが偽物で本物より軽く，CDEFは本物。

ⅱ）ＣとＦが偽物で本物より重く，ABDEは本物。

のいずれかである。ⅰ）かⅱ）どちらかに決まればよい。

1　ＡとＢを量ると，

ⅰ）のとき，ＡとＢが偽物なのでつり合う。

ⅱ）のとき，ＡとＢが本物なのでつり合う。

同じ結果になるので，偽物は確定しない。

2　ＣとＤを量ると，

ⅰ）のとき，ＣとＤは本物なのでつり合う。

ⅱ）のとき，Ｃは偽物，Ｄは本物なのでつり合わない（Ｃが重いので下がる）。

ⅰ）ⅱ）の結果が異なるので，偽物は確定する。

3　ＤとＥを量ると，

ＤとＥは本物なので，ⅰ）ⅱ）ともつり合う。偽物は確定しない。

4　ＣとＦを量ると，

ⅰ）のとき，ＣとＦは本物なのでつり合う。

ⅱ）のとき，ＣとＦは偽物なのでつり合う。

偽物は確定しない。

5　ＢとＦを量ると，

ⅰ）のとき，Ｂが偽物で軽く，Ｆが本物で重い。

ⅱ）のとき，Ｂが本物で軽く，Ｆが偽物で重い。

同じ結果になるので，偽物は確定しない。

No.190　正答　2

もし，ＢとＣが白であったとすると，白いゼッケンは2枚しかないので，Ａは自分が赤だということに気づくはずである。しかし，Ａが「わからない。」と答えているので，ＢとＣの2人のうち少なくとも1人は赤だということになる。

Ｂは前述のことを考えた上でなお「わからない。」と答えたのである。ＢにはＣのゼッケンの色が見えているので，もし，Ｃが白ならば，ＢとＣのうち少なくとも1人は赤であることから，Ｂは自分が赤だということに気づくはずである。ところが，Ｂは「わからない。」と答えたのであるから，Ｃは白ではなく赤だということになる。

Ｃは前述のすべてのことを考察した結果，「自分は赤だ。」と答えることができる。

No.191　正答　3

もし，ＡとＢが互いにカードを見せ合った結果，2人とも白であったとしたら，白いカードは2枚しかないので，この2人は他の3人のカードが赤だということに気づくはずである。しかし，2人とも「わからない。」と答えたことから考えて，ＡとＢの2人のうち少なくとも1人は赤だということになる。

ＣとＤの2人は，前述のことを考えた上で「Ｅのカードの色がわかった。」と答えているのだが，これはどういうことか。

もし，ＣとＤの2人とも白であったとしたら，前述と同様の理由で，2人は「全員のカードの色がわかった。」と答えるはずであるが，そうではなかったことより，違うということがわかる。

また，もし，ＣとＤの2人のうち1人が赤で1人が白であったとしたら，この2人にはＥのカードの色を断定することはできないはずである。なぜなら，ＡとＢのうち少なくとも1人は赤だということまでは，ＣとＤにはわかっているが，ＡとＢの2人とも赤であるか1人だけが赤であるかは判断できないからである。ＡとＢの2人とも赤であればＥは白となり，ＡとＢのうち1人だけが赤であればＥは赤となるので，Ｅのカードの色を断定することはできないのである。

もし，ＣとＤの2人とも赤であったとしたら，この場合は，ＡとＢのうちの1人だけが赤であることが，ＣとＤにはわかるので，その結果，白いカードを持っている2人とは，ＡとＢのうちの片方とＥであるということが，ＣとＤにはわかるのである。したがって，ＣとＤは「Ｅのカードの色がわかった。」と答えることになる。

さらに，これを聞いてＡとＢは前述すべてのことを考え，また互いのカードの色を知っているので，その結果，「全員のカードの色がわかった。」と答えることになる。

No.192　正答　5

Ｂ，Ｃがともにマロンケーキのときのみ，

Aは自分がチーズケーキだとわかる。Aは「わからない。」と言っているので，B，Cのうち少なくとも一方はチーズケーキである。

次に，このAの発言を聞いた上でBはCの皿の中を見ても自分のがわからないので，Cはチーズケーキである。（もしも，Cがマロンケーキであれば，Aの発言より「B，Cのうち少なくとも1つはチーズケーキ」なので，Bは自分がチーズケーキとわかる。）BはDのも見ているが，これがチーズケーキでもマロンケーキでも，Bは「自分のがわからない。」と言うので，Dのケーキについては不確定である。

No.193　正答　2

Eが「わかる。」と言えるのはA～Dの4人のゼッケン以外の2枚が同じ色のときである。「わからない。」と言っているので，残り2枚は異なる色だったといえる。

よって，色の組合せは次図のいずれかである。

A～D	赤・赤・青・黄	赤・赤・青・青	赤・赤・赤・青
Eと残り1枚	赤・青	赤・黄	青・黄

つまり，

A～Dは，少なくとも赤2枚，青1枚　…①

だったことがわかる。

その上で，Dが自分の色が「わからない。」と言っているので，

A～Cは，赤2枚，青1枚　…②

だったことがわかる。

Cは①，②がわかったので，

ア．A・Bが赤・赤なら，Cは青
イ．A・Bが赤・青なら，Cは赤 ｝…③

ということがわかるが，ここでア・イのどちらであるかは，Cしかわからない。

その上で，Bが自分の色が「わからない。」と言っているので，

Aは赤　…④

である。

（もしAが青なら，Bは②がわかっているので，自分が赤とわかる。）

以上から，確実にいえるのは，「Aのゼッケンは赤」である。

第12章　道　順

No.194　正答　4

増えるのは，A→R→Bの行き方である。図より96通り。

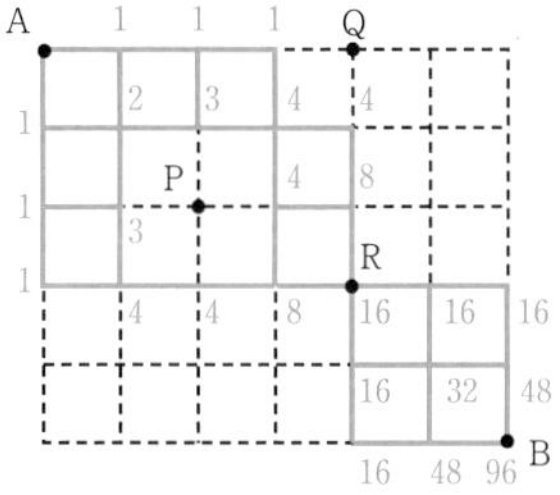

No.195　正答　3

AからBへ行くには，右へ3回，下へ2回，前へ1回進めばよい。これは，右，右，右，下，下，前を並べる場合の数なので，

$\frac{6!}{3!2!1!}=60$（通り）

No.196　正答　3

交差点に数をかき入れていく。図より13通り。

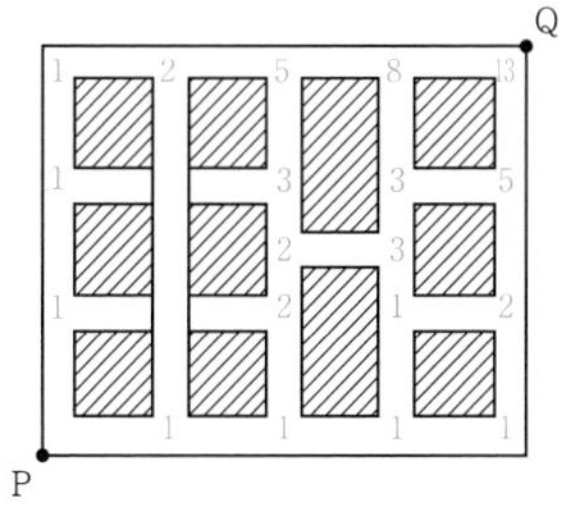

No.197 正答 2

図のようなジャングルジムを考える。

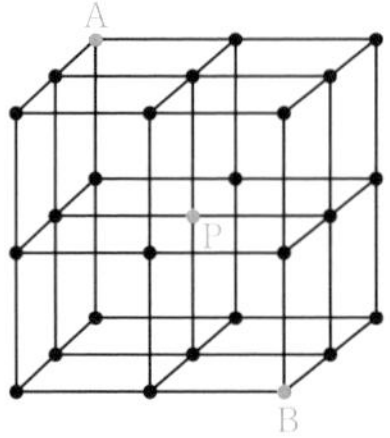

・A→Bの行き方 $\frac{6!}{2!2!2!}=90$(通り)

・A→P→Bの行き方

A→Pの行き方は $\frac{3!}{1!1!1!}=6$(通り)で，同様にP→Bの行き方も6通りだから，

$6\times6=36$(通り)

したがって，Pを通らない行き方は，

$90-36=54$(通り)

〈別解〉 図のように数字をかき込んでいく。

左，上，後ろからくる数字をたしていく。

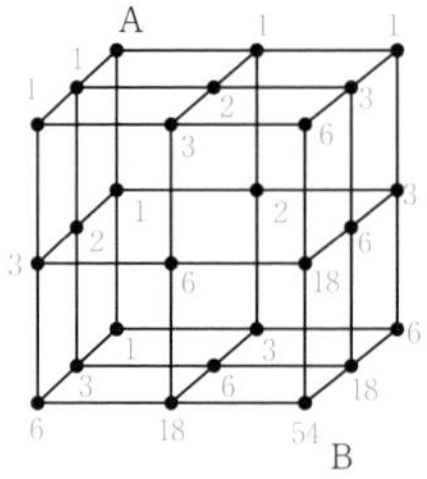

No.198 正答 4

次の図のように各線に名前をつける。

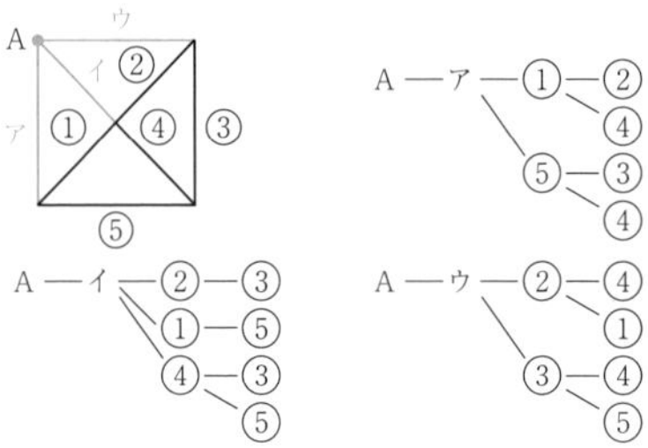

No.199 正答 3

横の道に着眼する。

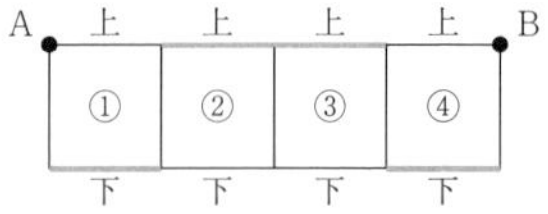

AからBへ行くとき，①～④いずれのブロックも，上か下のどちらか一方を必ず1回だけ通り，しかも

①→②→③→④

と移動するしかない。

例えば前図のように横の道を

①→②→③→④

下　上　上　下

と行くとすれば，縦の道は自動的に決まり，次のような道順となる。

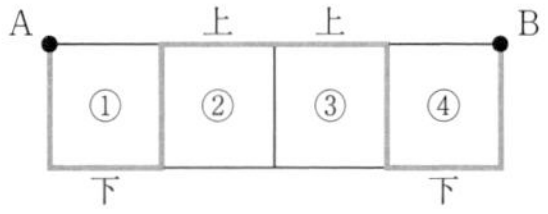

ということは，①～④の各ブロックの横の道を上，下どちらを行くか決めれば，道順は1通りに決まる。

①	②	③	④
上，下	上，下	上，下	上，下
2通り	2通り	2通り	2通り

それぞれ独立して2通り選ぶことができるので道順は全部で，

$2\times2\times2\times2=16$ (通り)

ある。

No.200 正答 2

〈解1〉

Aからまっすぐ行く交差点にすべて「1」を書き，進む方向は右と上と右上のみなので，左からと下から，斜めの道があればそれを順次足していく。

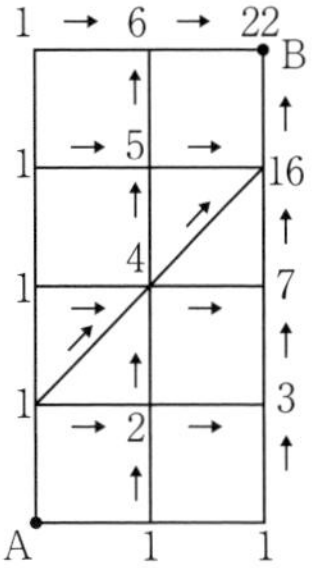

AからBへは22通りある。

上の方法が早いが，思いつかなければ次のように考えてもよい。

〈解2〉

斜めの道をAに近い方からア・イとする。

i ）　ア・イを通らないとき

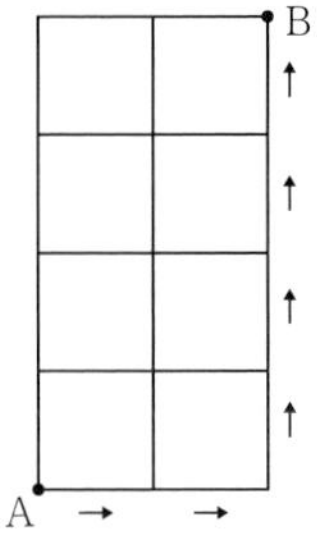

道順の数

＝

縦４本，横２本の矢印の並べ方の数

道順の基本計算通り，

$${}_6C_2 = \frac{6 \cdot 5}{2 \cdot 1} = 15(\text{通り})$$

ii ）　アだけを通るとき

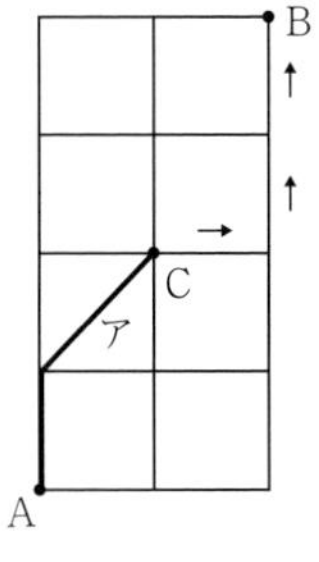

A→ア→C→B

$1 \times {}_3C_1 = 1 \times 3$

$= 3(\text{通り})$

（Aからアを通ってCまでは1通り。CからBは3通り。）

iii）　イだけを通るとき

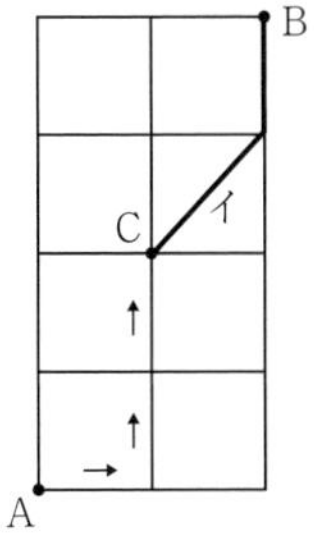

同様に，

A→C→イ→B

${}_3C_1 \times 1 = 3 \times 1$

$= 3(\text{通り})$

iv）　ア・イとも通るとき

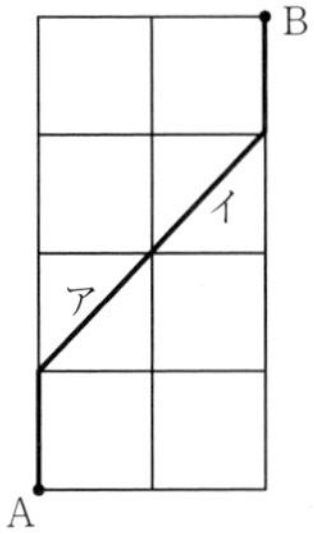

1通り

i ）～iv）より，

$15 + 3 + 3 + 1 = 22(\text{通り})$

第 3 編　空間把握

第1章　平面図形

①　等積図

◆等積図では，マス目の数を利用し，面積の等しいもの（異なるもの）を見つける。欠けている部分を他の部分と合わせて完全なマス目にする場合や，いくつかのマス目を斜めに切断している場合は，まとめて何個と読み取るなどして，特に複雑な計算は必要ない。三角形や円の公式を使って面積を計算したり，相似形を利用したりする場合もある。

パターン1

左図の 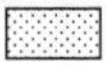 部分と同じ面積をもつのはどれか。

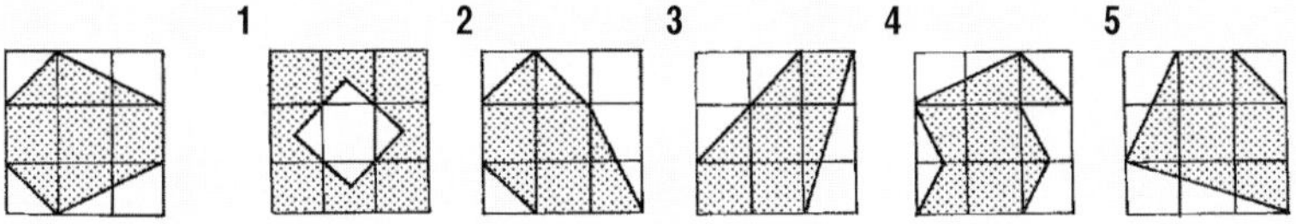

解法　左図は，右に示した図のように2ヵ所を移して，白い部分は3マス。

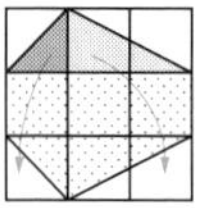

1　中央に1マス，その上下左右に4分の1マスが4つあるから計2マス。

2　図のように2ヵ所を移して，計3.5マス。

3　1ヵ所を移して，右側に3マスの半分あるから計3.5マス。

4　1ヵ所を移して上側に3マスの半分あるから計3.5マス。

5　1ヵ所を移して，右上に1マスの半分，下側に3マスの半分あるから計3マス。

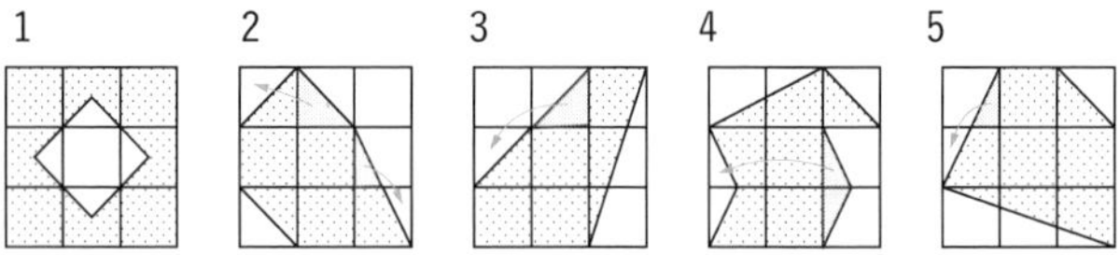

正答　5

〈別解〉　白い部分の面積を計算する。

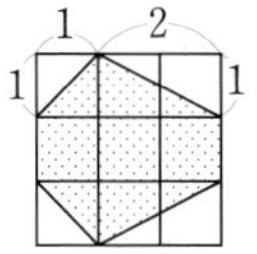

$$2\left(\frac{1\times1}{2}+\frac{1\times2}{2}\right)=3$$

1

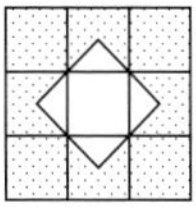

$$2$$

2

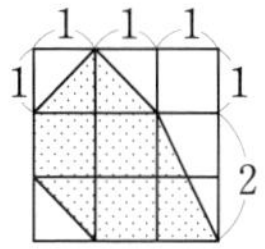

$$\frac{1\times1}{2}\times3+1+\frac{1\times2}{2}=3.5$$

3

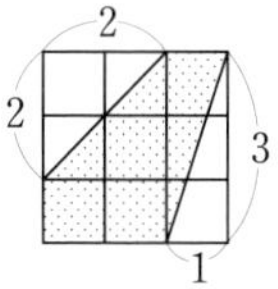

$$\frac{2\times2}{2}+\frac{1\times3}{2}=3.5$$

4

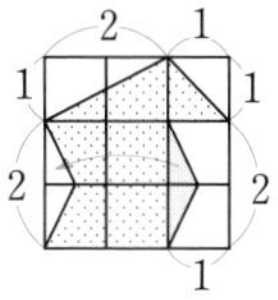

$$\frac{1\times2}{2}+\frac{1\times1}{2}+1\times2=3.5$$

5

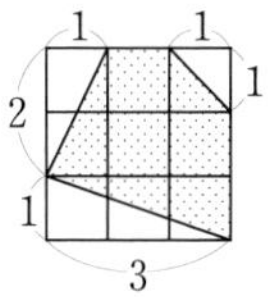

$$\frac{1\times2}{2}+\frac{1\times1}{2}+\frac{1\times3}{2}=3$$

練習問題

（472ページより解答・解説）

No.1 ★ 次の図形のうち  部分が等積でないのはどれか。

1

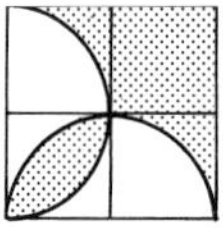

2

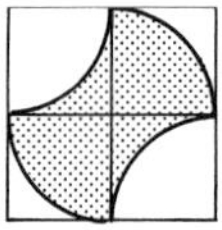

3

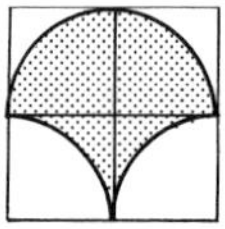

4

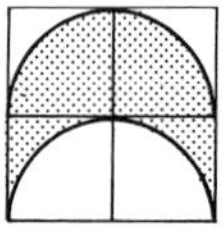

5

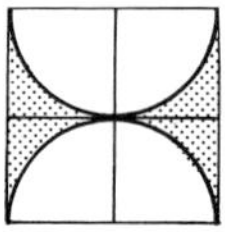

No.2 ★★ 斜線部の面積が次図と等しいのはどれか。ただし，正方形の大きさはすべて等しいものとする。また，**1**の内部の四角形は正方形，**2**は正六角形，**4**，**5**の三角形は正三角形である。

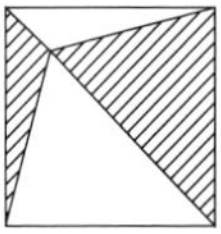

1

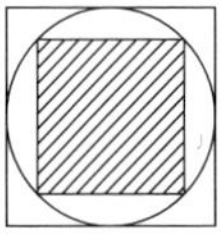

2

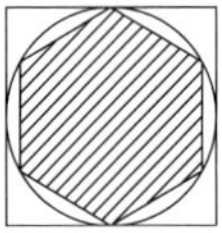

3

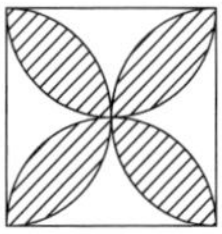

4

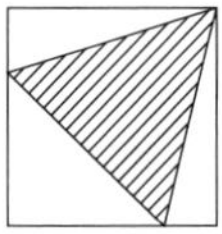

5

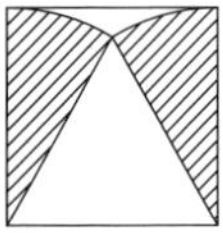

No.3 ★★ 次図において，点D，E，FがそれぞれAF，BD，CEの中点であるとき，△DEFの面積は△ABCの面積の何倍になるか。

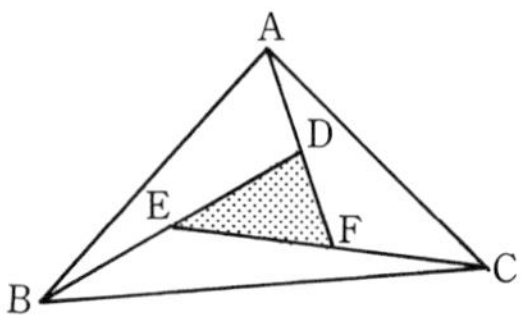

1 $\frac{1}{4}$　　**2** $\frac{1}{5}$　　**3** $\frac{1}{7}$　　**4** $\frac{1}{9}$　　**5** $\frac{1}{11}$

② ジグソーパズル

◆ジグソーパズルは，切断されたパーツの1つ1つの特徴から，そのつながり具合をつきとめ，図形全体を完成させる問題である。切断された各パーツの形や模様などで，特徴あるものに着目し，そこから図形を完成させる。頂点の角度や長さの等しい辺などに注目する。

パターン2

図のように正方形を4つの部分に切り，裏返さずに並べかえてできる図形として，正しいのはどれか。ただし，イウ＝エオ＝オカ＝カキとする。

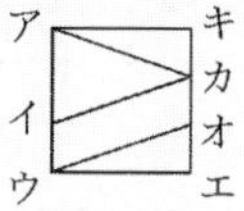

1
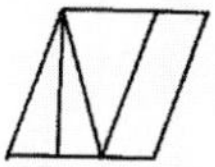

2
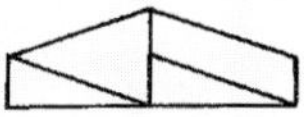

3
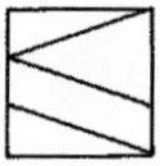

4
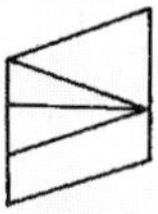

5
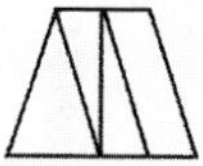

解法　切り取られる4つの図形のうち平行四辺形イウオカに注目する。この平行四辺形は，180°回転させても左に倒れている。裏返さない限り，右には倒れない。このことから，選択肢のうち1，2，3は不適。

次に，2つの直角三角形の並び方を見ると，三角形アカキを移動して，辺アキを△ウエオの辺ウエにつなげ，180°回転させると，4の形が得られる。5は，2つの直角三角形のうち，左側は△ウオエにあたるが，右側は△アカキを裏返さなければ得られない（ちなみに，二等辺三角形カアイは，回転しても裏返しても図形に変化はない）。

正答　4

練習問題

（473ページより解答・解説）

No.4★　次の正方形Aから$\boldsymbol{a}$を切り取りBのようにした。さらに，Bを3つの図形に区分けし，3等分したとき，分割後の各切片の組合せとして正しいのはどれか。なお，正方形には図のように，V字型の直線が引かれている。

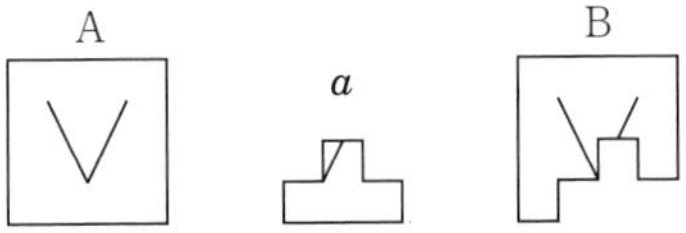

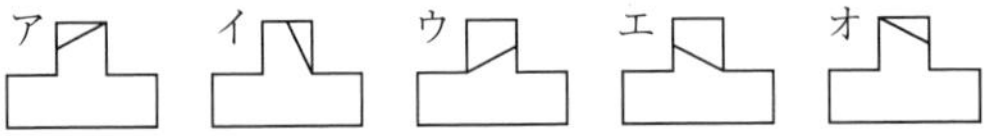

1　ア・イ・ウ
2　ア・イ・エ
3　ア・エ・オ
4　イ・ウ・オ
5　ウ・エ・オ

No.5★　図の  部分と下の5つの図形から4つを選んで，正三角形PQRを完成させる場合，不要な図形はどれか。ただし，いずれも裏返さず，重ねないものとする。

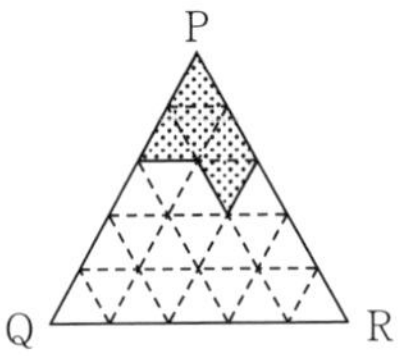

No.6 次のア～ウのうちそれぞれ何枚かを用いて，一辺4cmの正方形をつくりたい。使用するアとイの枚数の組合せとして**あり得ない**のはどれか。ただし，紙片は裏返して使用してもよく，また，使用しない紙片があってもよいものとする。

	ア	イ
1	2枚	3枚
2	3枚	4枚
3	4枚	5枚
4	5枚	3枚
5	7枚	1枚

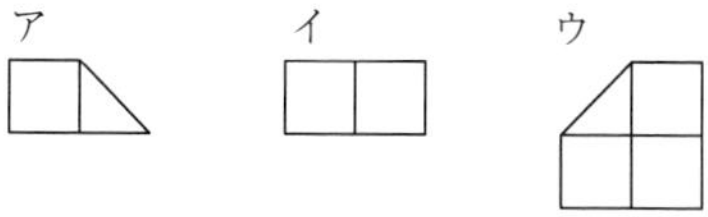

（方眼の一片はいずれも1cm）

No.7 図のように線が描かれた透明なアクリル板A，Bがある。これらを，どちらも裏返さずに回転して重ねるとき，できる模様として**あり得ない**のはどれか。

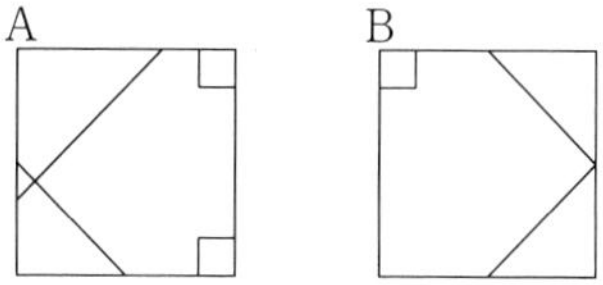

1

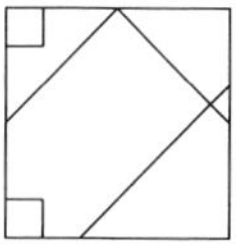

2

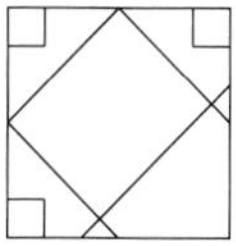

3

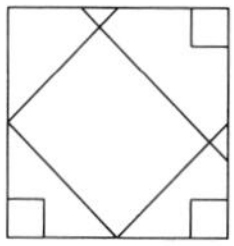

4

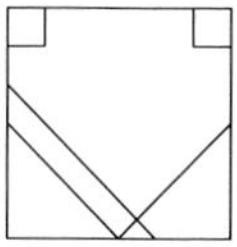

5

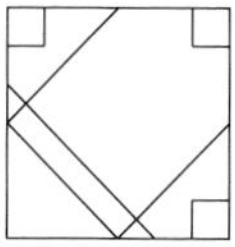

★
No.8 同じ大きさの正三角形のタイル4枚を組み合わせてできる図形は，次の3通りである。

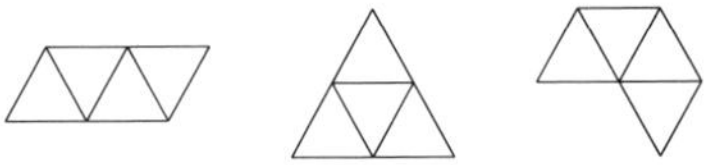

では，同じ大きさの正三角形のタイル5枚を組み合わせてできる図形は，何通りあるか。ただし，回転したり，裏返したりして同じ形になるものは1通りとする。

1　4通り
2　5通り
3　6通り
4　7通り
5　8通り

★
No.9 次の1～5のうちの4枚を，重ねずにすきまなく並べて図のような正方形をつくりたい。不要なのはどれか。ただし，紙片は裏返しても回転してもよい。

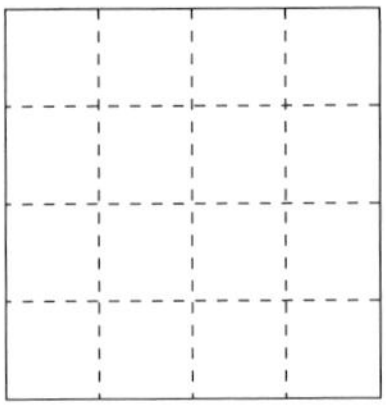

1

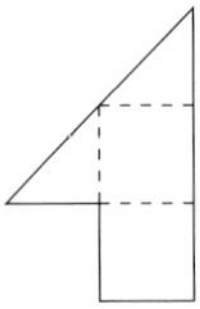

2

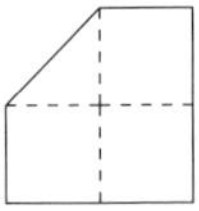

3

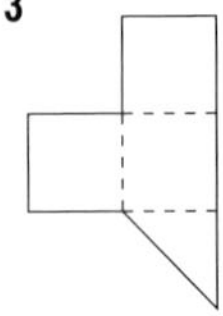

4

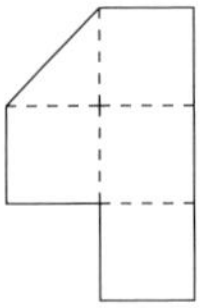

5

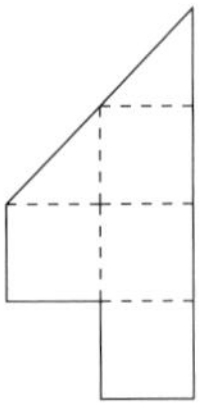

★★
No.10 一辺1cmの正方形を組み合わせた紙片ア～カがそれぞれ1枚ずつある。これらを用いて，縦5cm，横4cmの長方形をつくりたい。不要な図形はどれか。ただし，紙片は裏返して使用してもよいものとする。

1 イ
2 ウ
3 エ
4 オ
5 カ

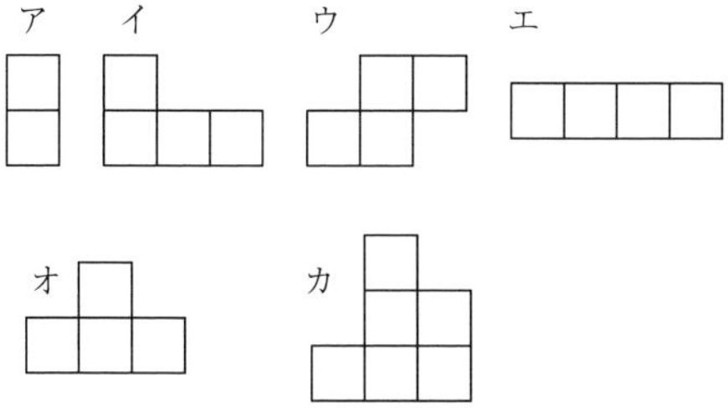

★★
No.11 図Ⅰおよび図Ⅱのア～ウのように，一部が黒く塗られた透明なアクリル板がある。図Ⅱのア～ウのうち，図Ⅰのアクリル板と重ねたときに黒マスが全部で7個になるものをすべて挙げているのはどれか。ただし，重ねるときは，回転してもよいが裏返してはいけないものとする。

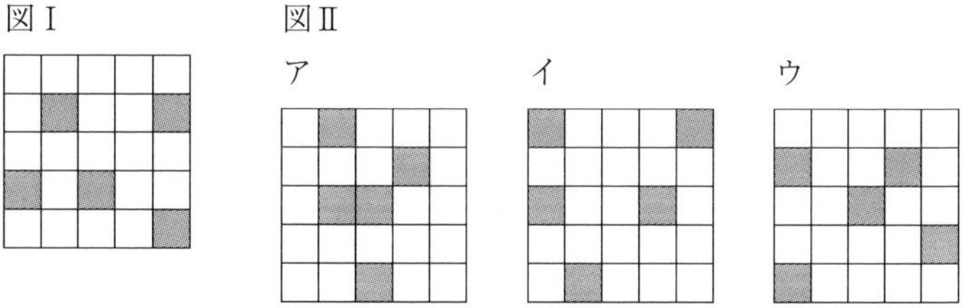

1 ア　**2** ア・イ　**3** ア・ウ　**4** イ　**5** イ・ウ

★
No.12 図は一部に縞模様の入ったガラス板である。ア～エのうち2枚を重ねて図Ⅰのように見える組合せはどれか。ただし，ガラス板は回転しても裏返してもよいものとする。

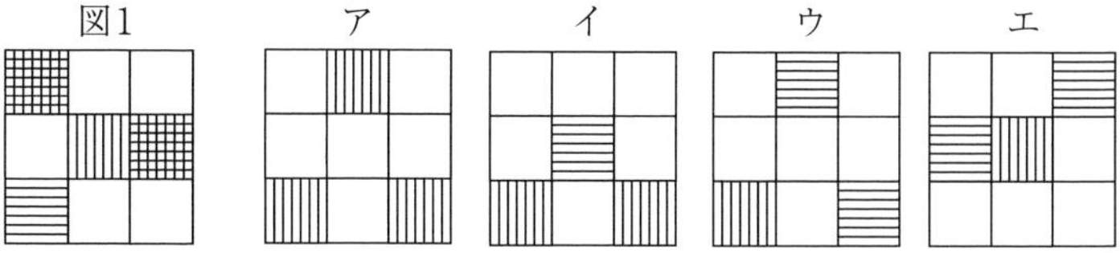

1 アとイ　**2** アとウ　**3** アとエ
4 イとウ　**5** ウとエ

★★
No.13 下図のア～サの紙片を，右の図の枠線に沿って敷き詰めて，太線が全体として1本の閉じた環になるようにしたい。aのところに敷く可能性のある紙片のみをすべて挙げているのはどれか。

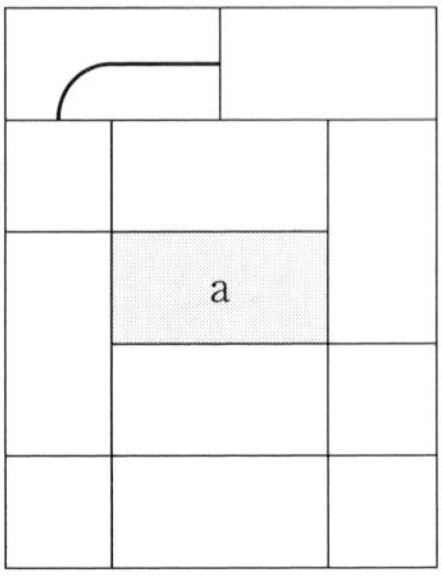

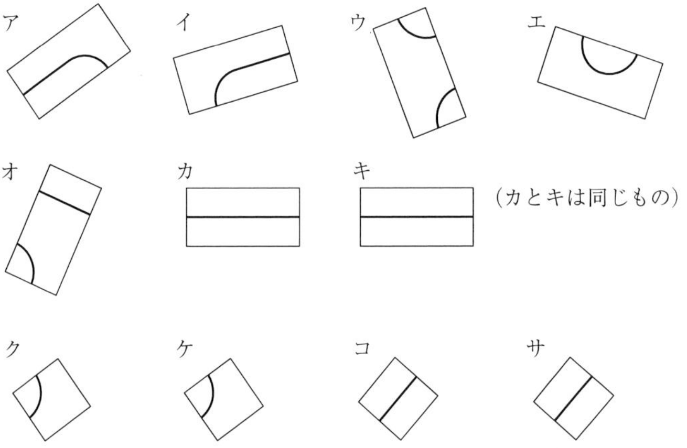

1　イ，エ　**2**　イ，カ　**3**　エ
4　エ，オ　**5**　オ

③ 隠し絵

◆隠し絵では，1つの図の中に，図形や模様などが大小いくつあるかを漏れなく数えることが中心課題である。基本的には重なったものも数えていく。

チェック

① もっとも小さいもの（大きいもの）から種類に分けて数える。一定の方向に従って数える。
② 逆向きなど向きの違うものの数え落としに注意する。
③ 正多角形などは図形の対称性を利用して，数えあげを簡略化する。

パターン3

図Ⅰにおいて図中の○を含む正方形は全部で4つであるが，図Ⅱにおいて○を1つだけ含む正方形は全部でいくつあるか。

1 15個
2 16個
3 17個
4 18個
5 19個

図Ⅰ

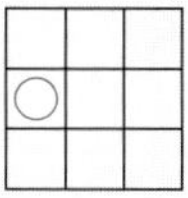

図Ⅱ

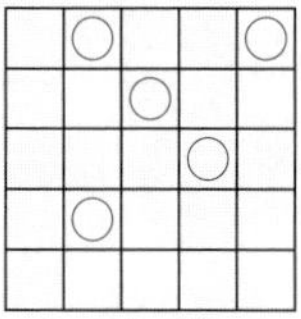

解法 ○を1つだけ含む正方形は，次の3通りが考えられる。

図Ⅱの○印に①～⑤の番号をつけて，1つずつ数えていく。

i ii iii

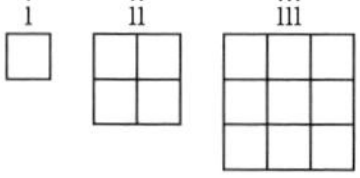

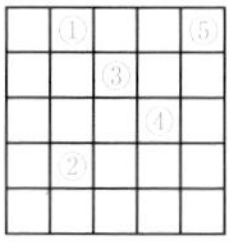

① i ＝1，ii ＝1 ……………………2
② i ＝1，ii ＝4，iii＝1 ………6
③ i ＝1，ii ＝2 ……………………3
④ i ＝1，ii ＝3，iii＝1 ………5
⑤ i ＝1，ii ＝1 ……………………2

よって，2＋6＋3＋5＋2＝18(個)

正答 4

練習問題

（475ページより解答・解説）

★
No.14　正八角形ABCDEFGHにおいて，3つの頂点を結んでできる二等辺三角形は全部でいくつあるか。ただし，正八角形と辺を共有してはならないものとする。

1　15個
2　16個
3　17個
4　18個
5　19個

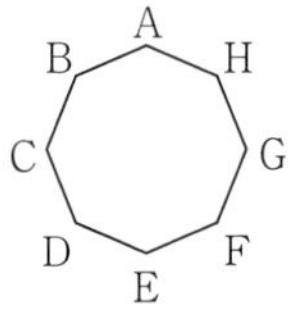

★★
No.15　正五角形にすべての対角線を引いたとき，その図の中に三角形は全部でいくつできるか。

1　20個
2　25個
3　30個
4　35個
5　40個

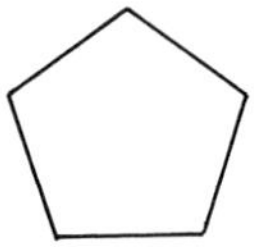

★★
No.16　図のように点が縦横5個ずつ上下，左右同じ間隔で並んでいる。この点を頂点として線で結ぶとき，全部で何種類の正方形ができるか。

1　4種類
2　6種類
3　8種類
4　10種類
5　12種類

★★
No.17 図のように一辺が4の正方形を一辺が1の正方形で区切り，さらに2本の対角線で区切ったとき，直角二等辺三角形は全部でいくつできるか。

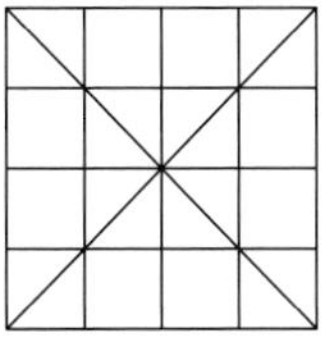

1　36個
2　40個
3　44個
4　48個
5　52個

★★
No.18 次の図の中に正方形はいくつあるか。

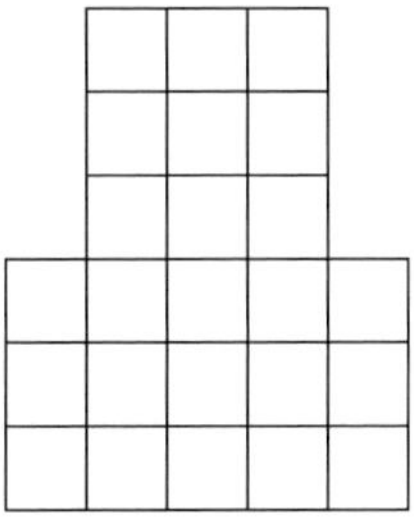

1　40個
2　42個
3　44個
4　46個
5　48個

第 2 章　折り紙

① 折り紙

◆折り紙では，さまざまな形のものを折ってできる図形や，折ってできた図形の一部を切り落とし，再び広げたときにどんな模様になっているかを考える。

チェック

① 必ず線対称になるように復元する。

② 問題の図形に逆の順で直接記入する。

パターン4

正方形の紙を図のように折っていき，最後に1つ穴をあけた。これを広げたときの穴の位置として正しいのはどれか。

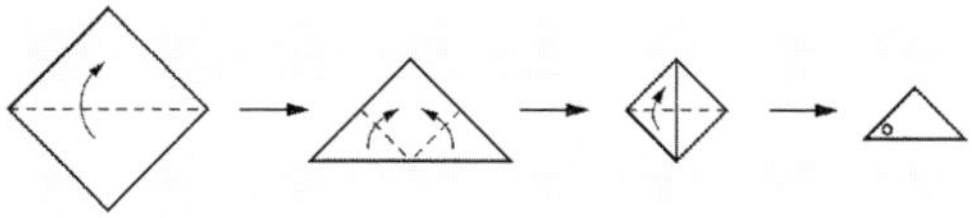

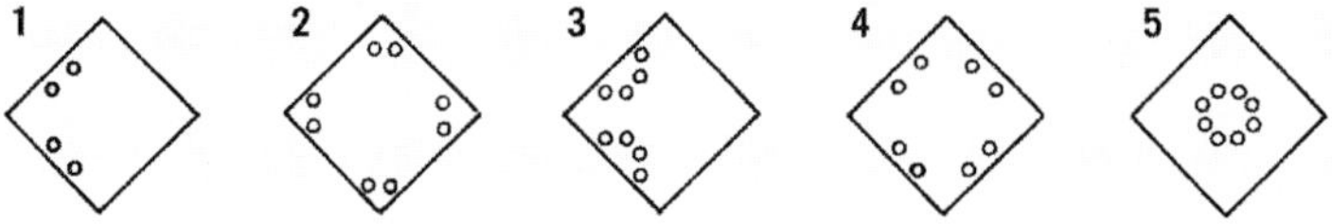

解法　折り目に線対称になるよう，穴をかき入れて広げていく。

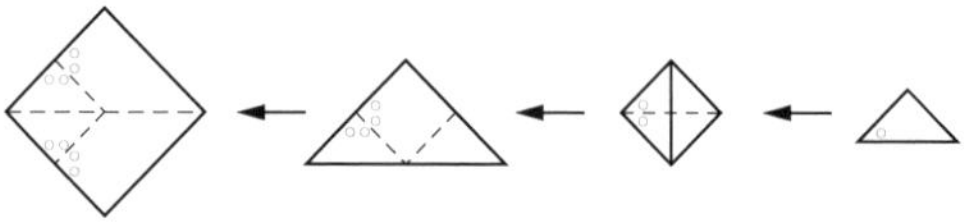

正答　3

練習問題

（476ページより解答・解説）

No.19 ★ 正方形の紙を図のように折っていき，最後に斜線部を切り落とした。これを広げたとき，切り落とされた三角形は全部でいくつあるか。

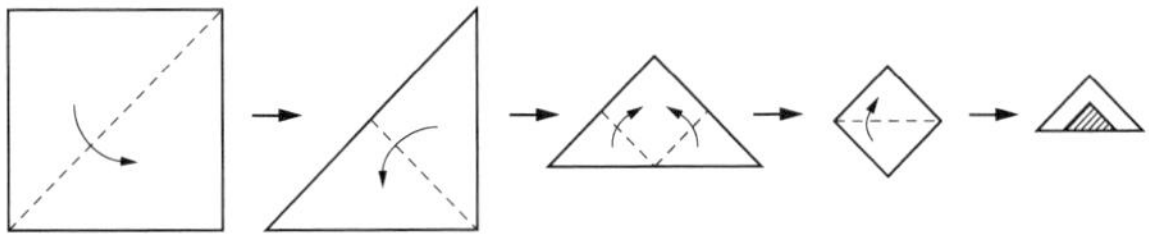

1 2個
2 4個
3 6個
4 8個
5 10個

No.20 ★ 円形の紙を四等分になるように折り，図の斜線部を切り落とした。これを広げたときにできる図形はどれか。

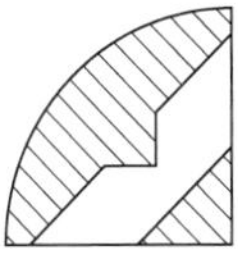

1

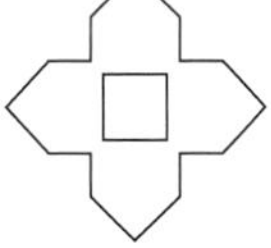

2

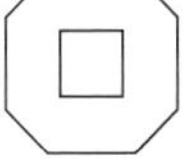

3

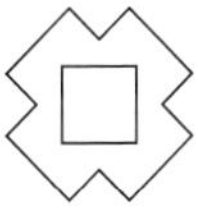

4

5

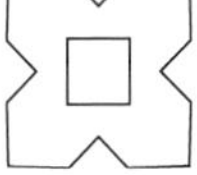

★No.21 正方形の折り紙を図のように折り畳み，最後に太線に沿ってハサミを入れ切断する。これらをすべて広げると折り紙は何枚の紙片に分割されているか。

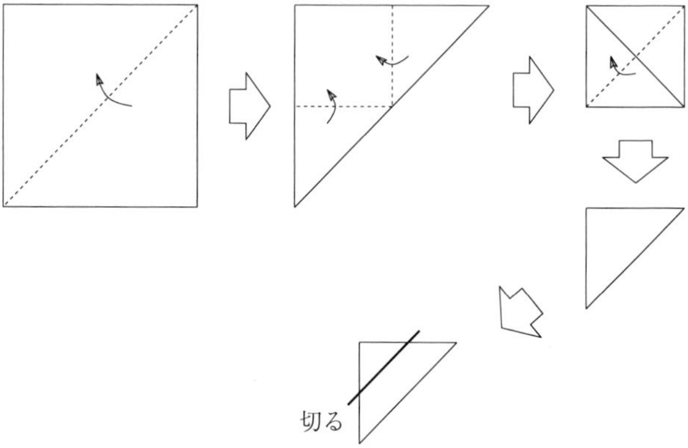

1 4枚
2 6枚
3 8枚
4 9枚
5 12枚

★No.22 正方形の折り紙を図のように折り畳み，最後に黒い部分を切り落とした。これを広げたときにできる図形として最も妥当なのはどれか。

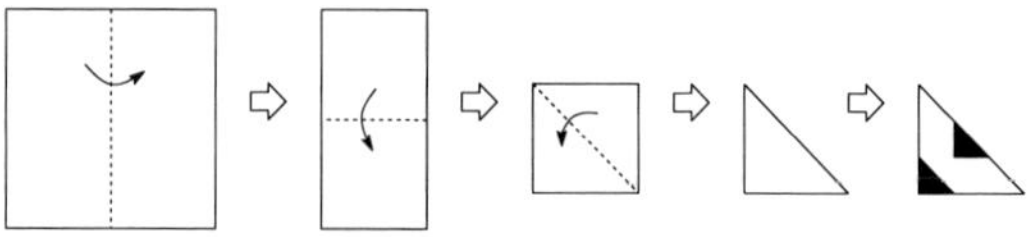

1
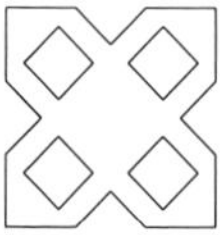

2
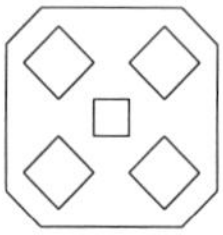

3
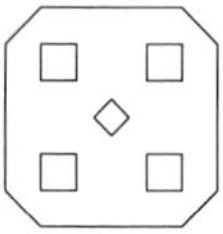

4
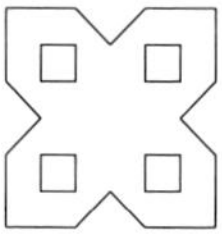

5
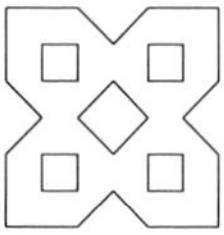

★★
No.23 正方形の紙を何回か折り畳んだ後に一部を切り取り，それを広げたときに図のようにしたい。その折り方，切り取り方として妥当なのはどれか。

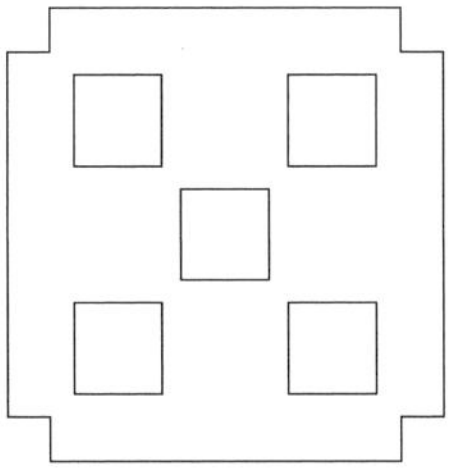

1 紙を四角になるように，縦2回，横2回折り畳み，右図の黒い部分を切り取る。

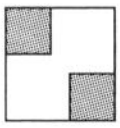

2 紙を四角になるように，縦2回，横2回折り畳み，右図の黒い部分を切り取る。

3 紙を三角になるように，4回折り畳み，右図の黒い部分を切り取る。

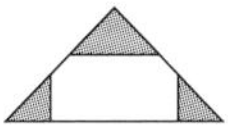

4 紙を三角になるように，4回折り畳み，右図の黒い部分を切り取る。

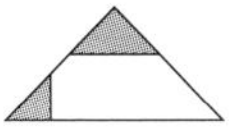

5 紙を三角になるように，4回折り畳み，右図の黒い部分を切り取る。

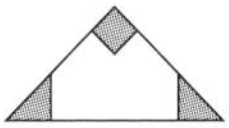

★★
No.24 透明なセロハンに図のような文字「R」が書かれている。これを網目部の三角形の位置を固定したまま，①→②→……→⑦の順に三角形を次々と折り畳んでいくと，最後はどのように見えるか。

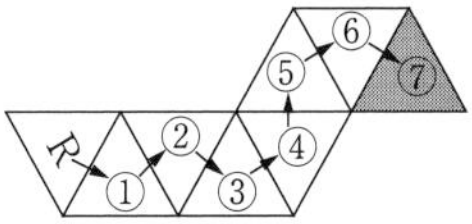

1

2

3

4

5

★★
No.25 透明なセロハンでできた次のような図形がある。右下のマス目(正方形ABCD)を固定し，左上(矢印のところ)から破線に沿ってマス目を折り畳んでいく。すべてのマス目が正方形ABCDの上に折り畳まれたときの様子として最も妥当なのはどれか。

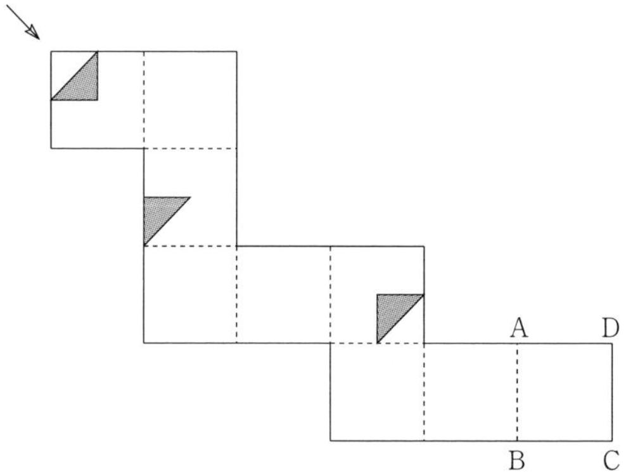

1

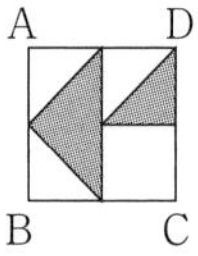

2

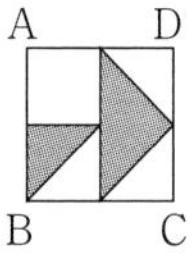

3

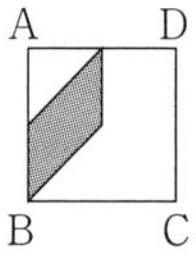

4

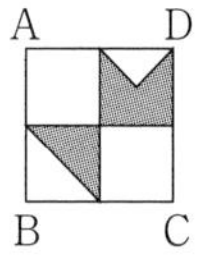

5

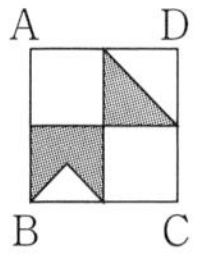

★★
No.26 正方形の折り紙を3回折り畳んで図Ⅰのような図形を作った。これを開くと図Ⅱの破線のように折り目がついていた。ア，イ，ウの折り目を，1回目→2回目→3回目の順に並べたものとして最も妥当なのはどれか。

1 ア→イ→ウ
2 イ→ア→ウ
3 イ→ウ→ア
4 ウ→ア→イ
5 ウ→イ→ア

図Ⅰ

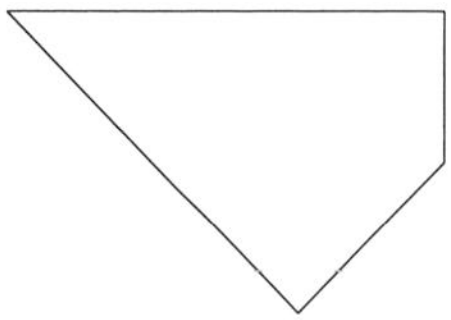

図Ⅱ

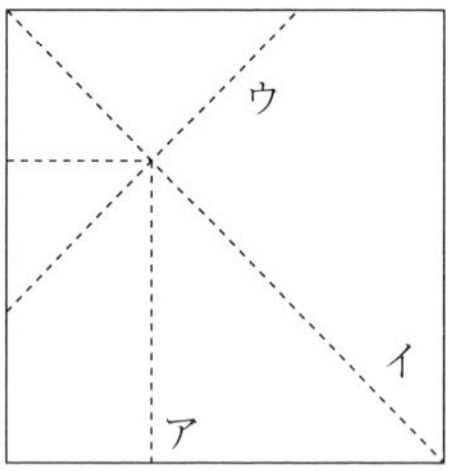

★★★
No.27 図のように，正方形の折り紙を折り2か所を切って，網がけ部だけを残す。これを広げたときにできる図形として最も妥当なのはどれか。ただし，印をつけた2つの角は等しいとする。

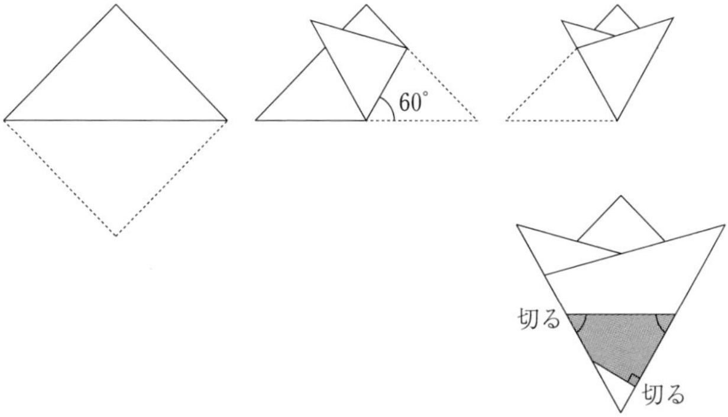

1

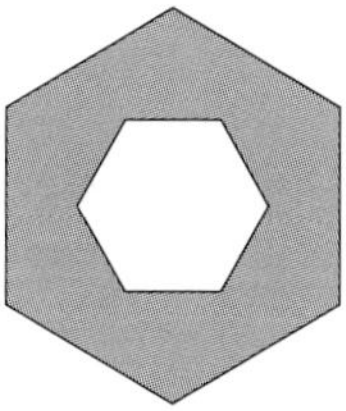

2

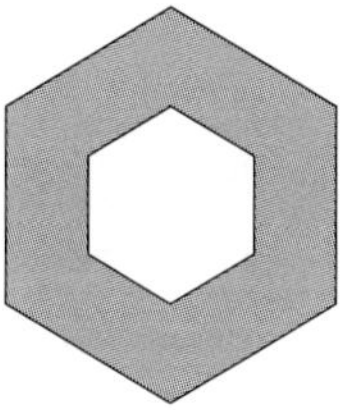

3

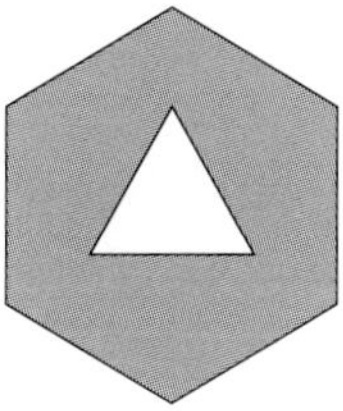

4

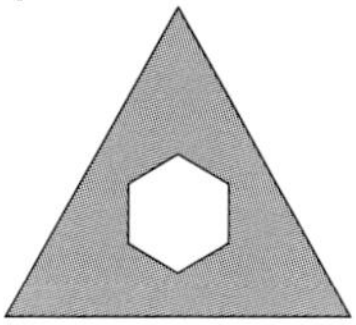

5

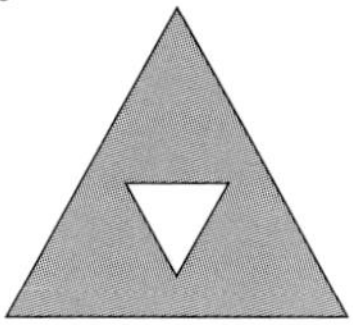

第3章　軌　跡

① 多角形の軌跡

●平行移動

図形上の点の描く軌跡は，移動の方向に平行な線分になる。

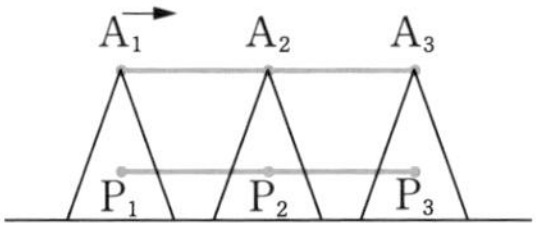

●回転移動

図形上の点の描く軌跡は，同心円あるいはその一部になる。

チェック

次の三要素を押さえること。

① 回転の中心

② 回転の半径

③ 回転の中心角

長方形

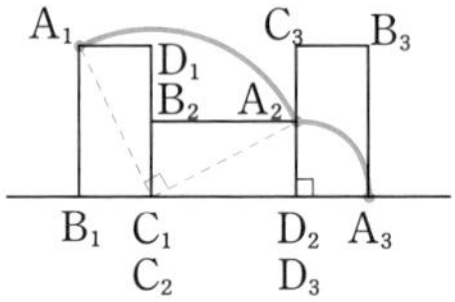

正方形

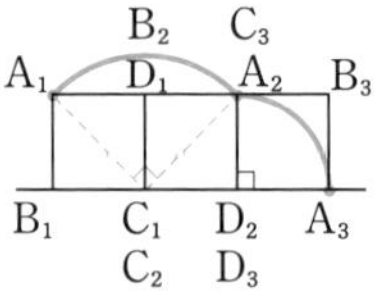

正三角形

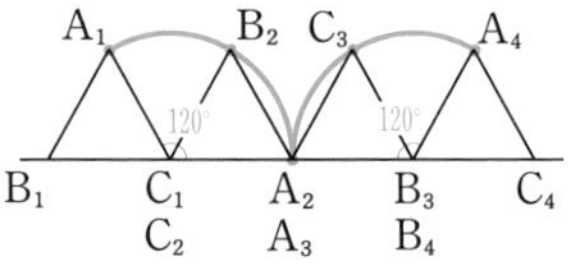

パターン5

図の正三角形を経路に沿って滑ることなく転がしたとき，正三角形上の点Pの軌跡として正しいのはどれか。ただし，経路上の点はすべて正三角形の一辺の長さの間隔でつけられている。

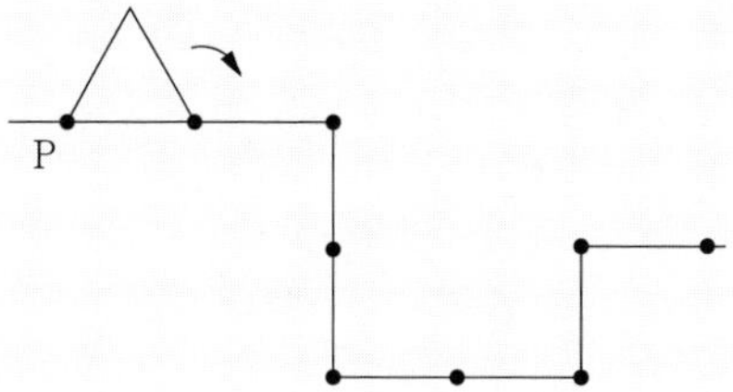

1

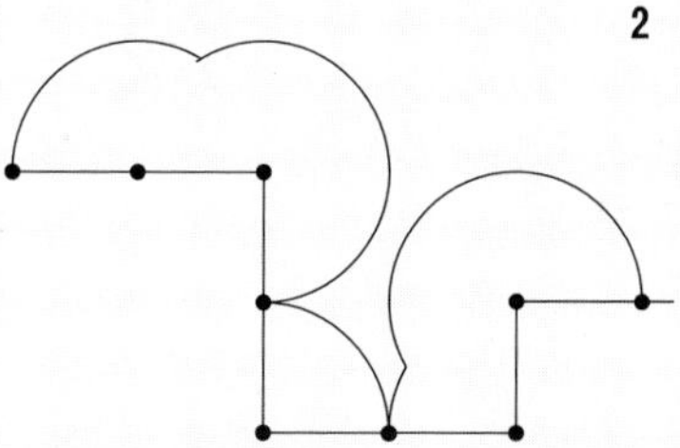

2

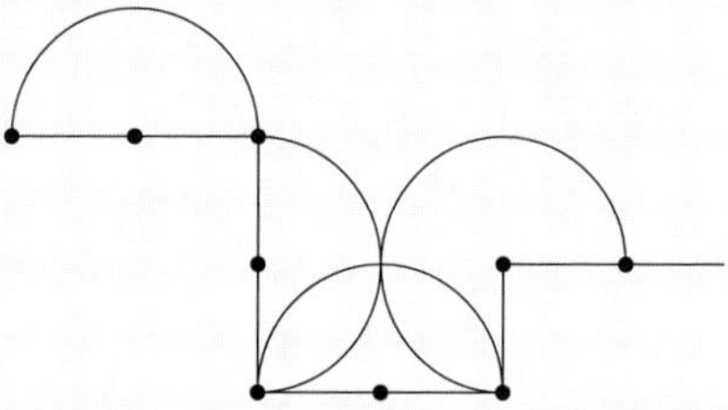

3

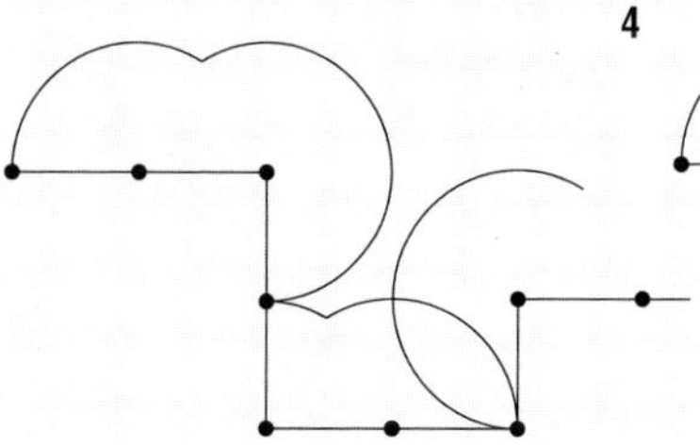

4

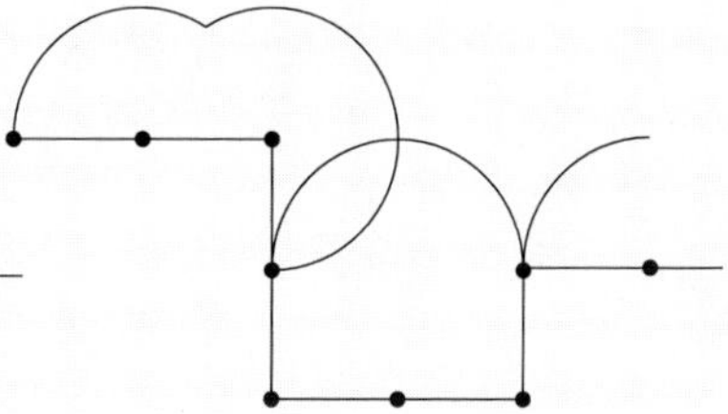

5

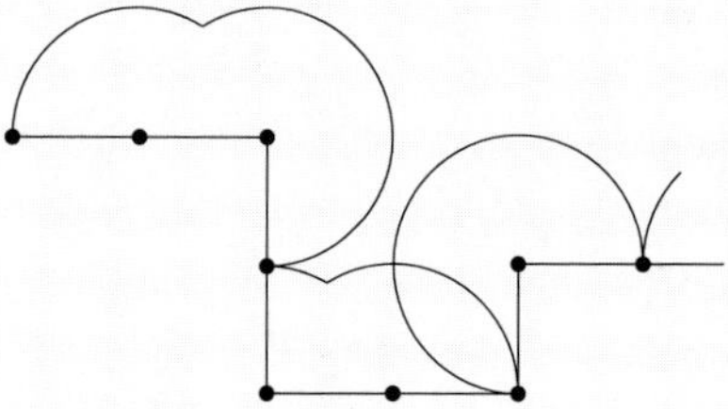

解法　正三角形の頂点は経路上の黒点に順に接していく。次図のように正三角形の頂点に1～3の番号をつけると，これらの頂点は図のように経路上に接していく。

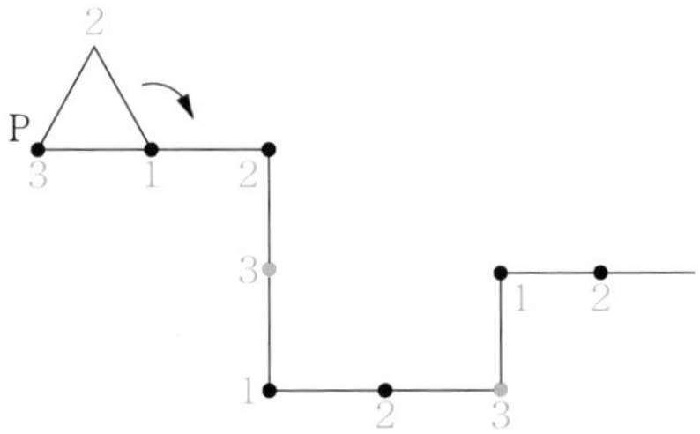

点Pは番号3の頂点なので，その軌跡は前図の●だけを通過する。よって，**1**，**2**，**4**，**5**はいずれも不適で，消去法により**3**が残る。

なお，回転の様子を追跡して軌跡を作図すると次のようになる。

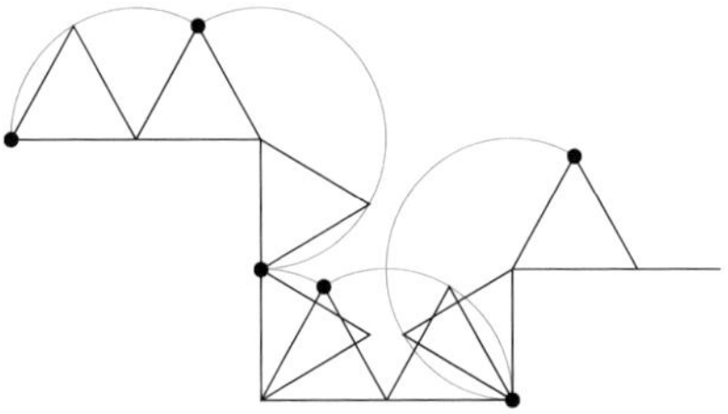

正答　3

練 習 問 題

（480ページより解答・解説）

★★
No.28 図のように正三角形が正方形の内側を滑ることなく転がるとき，正三角形の頂点Aが描く軌跡はどれか。ただし，正三角形の一辺の長さは正方形の一辺の$\frac{1}{2}$である。

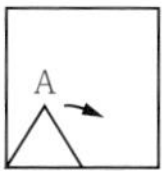

1

2

3

4

5

★★
No.29 図のように正方形を直線に沿って滑ることなく転がしたとき，辺ABの通過した部分を示しているのはどれか。

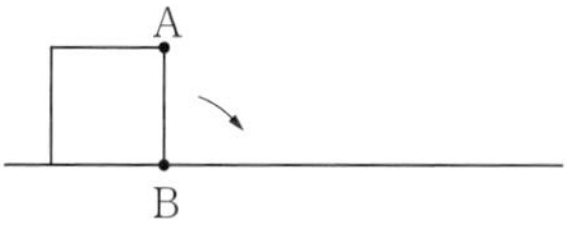

1

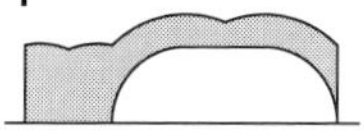

2

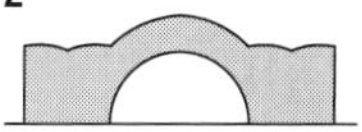

3

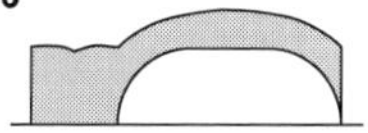

4

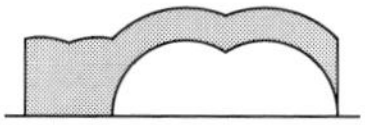

5

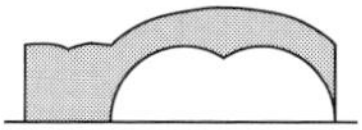

★★
No.30 図は正方形が直線上を滑ることなく一回転したときの，正方形の周上または内部にある点の描く軌跡である。この点の位置として正しいのはどれか。

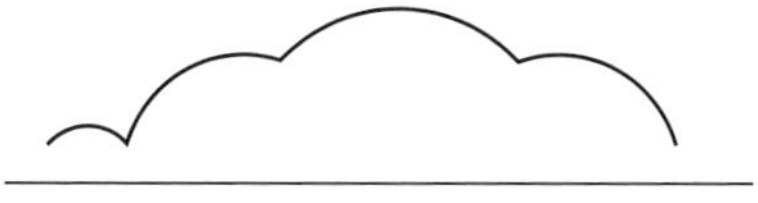

1

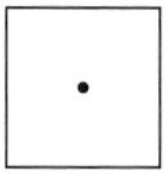

2

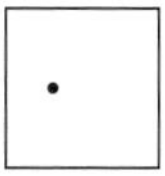

3

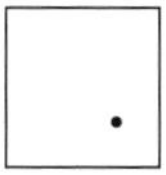

4

5

★★
No.31　一辺の長さが$2a$の正方形の周囲を一辺の長さがaの正方形が，図の状態から滑ることなく転がるとき，一周して元の位置に戻るまでの頂点Pが描く軌跡の長さはいくらか。

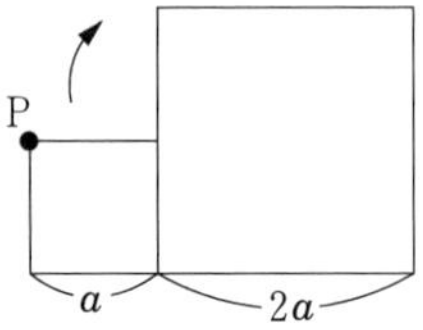

1　$(1+\sqrt{2})\pi a$
2　$2(1+\sqrt{2})\pi a$
3　$(2+\sqrt{2})\pi a$
4　$(3+2\sqrt{2})\pi a$
5　$(4+\sqrt{2})\pi a$

★★
No.32　図の正三角形の一辺の長さは正方形の一辺の長さの3倍である。正方形が正三角形の周上を図の位置から時計回りに滑ることなく転がるとき，正方形のある一点の軌跡の一部が図のようになった。この点の位置として正しいのはどれか。

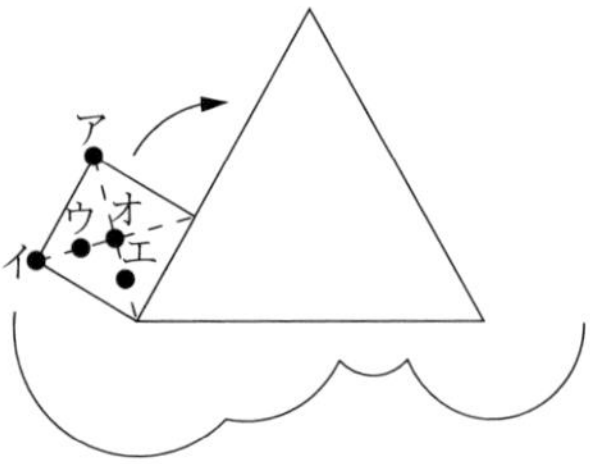

1　ア
2　イ
3　ウ
4　エ
5　オ

② 円の軌跡

●円の中心の軌跡

① 直線上では平行な線となる。

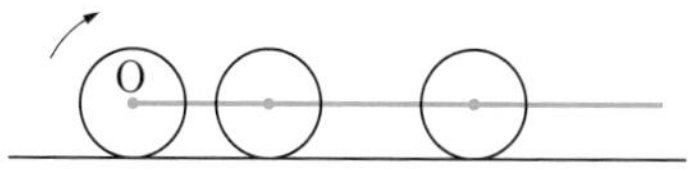

② **180°** より大きい角では一部が円弧になる。

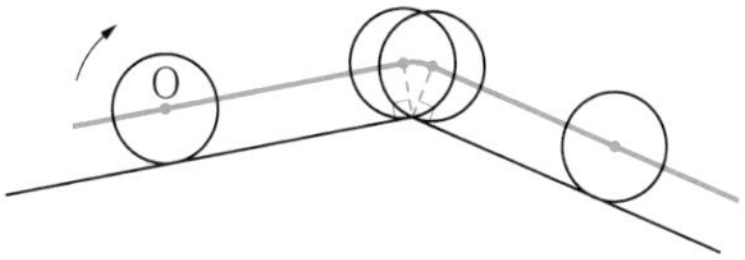

③ **180°** より小さい角では折れ線になる。

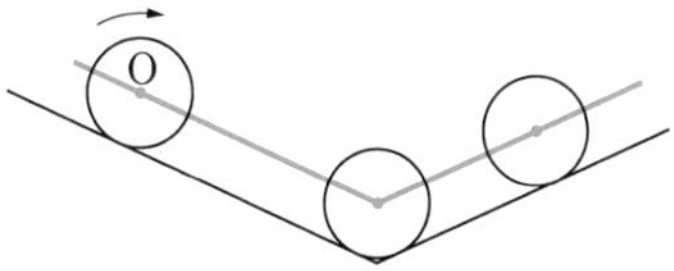

●円周上の点の軌跡

① 直線上を動くとき

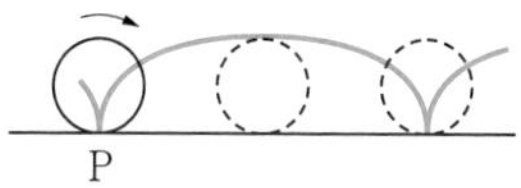

② 円の内側を動くとき

i）小：大＝1：2

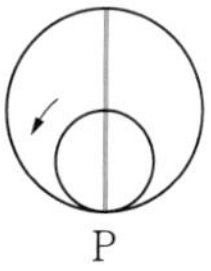

ii）小：大＝1：3

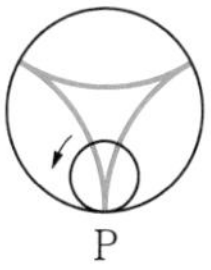

iii）小：大＝1：4

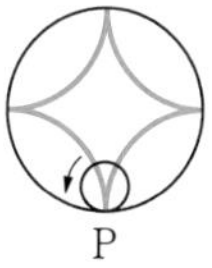

③ 円の外側を動くとき

i）小：大＝1：1

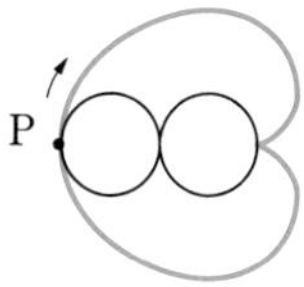

ii）小：大＝1：2

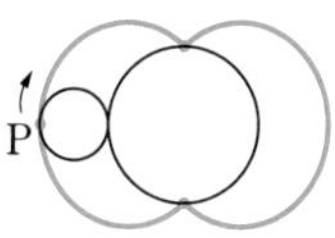

iii）小：大＝1：3

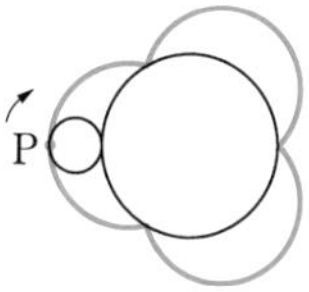

パターン6

図のように半径rの円O_2が半径$2r$の円O_1の内側を滑ることなく矢印の方向に回転するとき，円O_2が1回転する間にその円周上の点Pが描く軌跡はどれか。

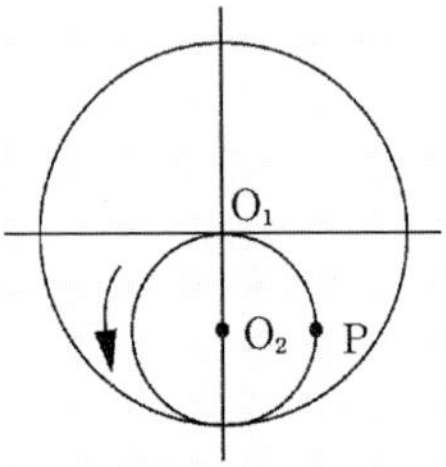

1

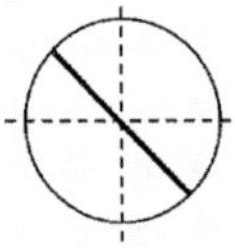

2

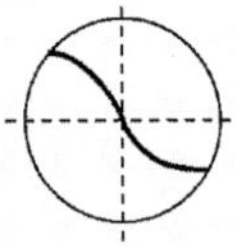

3

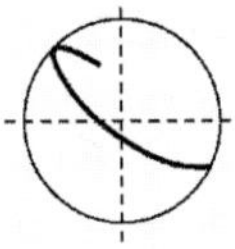

4

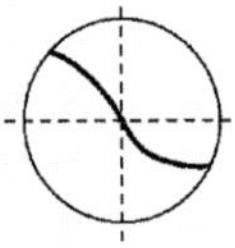

5

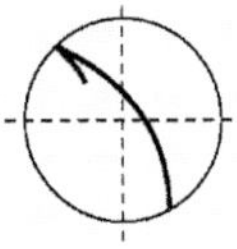

解法　半径2の円周の内側に沿って半径1の円が回転するとき，半径1の円周上の点Pの軌跡は，半径2の円の直径となる。

正答　1

練 習 問 題

(480ページより解答・解説)

No.33★ 図のようにA－B上に半径rの円がある。この円がA－B上に沿って滑ることなく回転するとき，中心Oが描く軌跡はどれか。

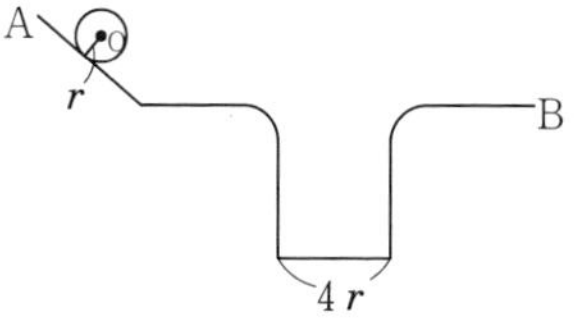

1

2

3

4

5

No.34★ 図のように大，小2つの円があり，小さい円が大きい円の内側を滑ることなく一周するとき，小さい円の円周上の点Pが描く軌跡はどれか。ただし，大円と小円の直径の比は3：1とする。

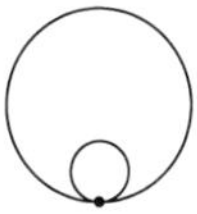

1

2

3

4

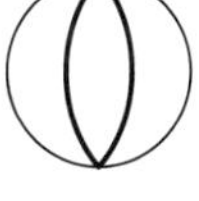

5

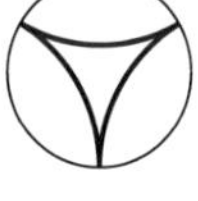

No.35 ★ 図は半円と直角二等辺三角形を組み合わせたもので，点Pは半円の中心である。これが直線l上を滑ることなく転がるとき，点Pの軌跡はどれか。

1
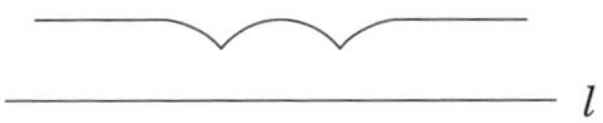

2
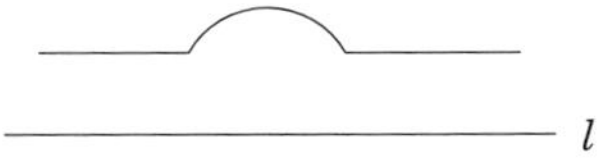

3
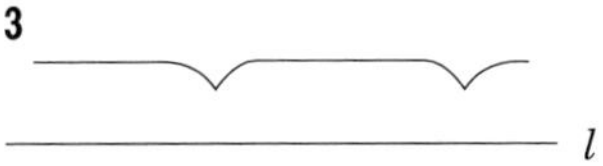

4
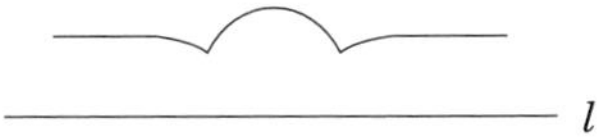

5
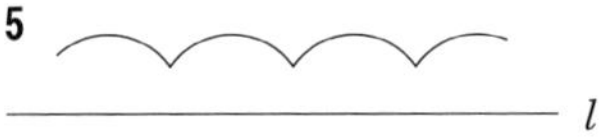

No.36 ★★ 図のように半径rの半円が半径$2r$の円に内接している。この半円が円の内側を滑ることなく矢印の方向に回転するとき，半円上の点Pが円の右側の円周に達するまでの間に描く軌跡はどれか。

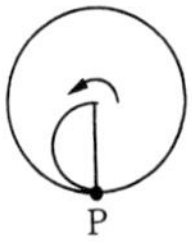

1

2

3

4

5

③ 軌跡の応用

◆軌跡の問題は，多角形や円の軌跡のほか，いろいろな形式のものが応用として出題される。問題を解く考え方は基本的には同じで，いくつかの点を作図により求めることである。

パターン7

図のように直交するX，Y両軸上を線分ABが，その両端を各々接して移動したとき，線分上の定点Pが描く軌跡はどれか。ただし，PはA，Bの中点ではなく，Aに近い側にある。

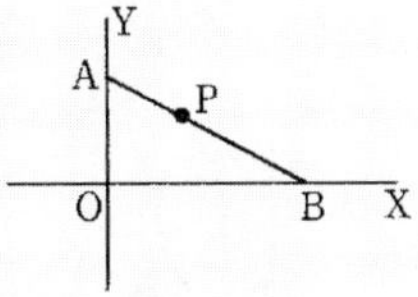

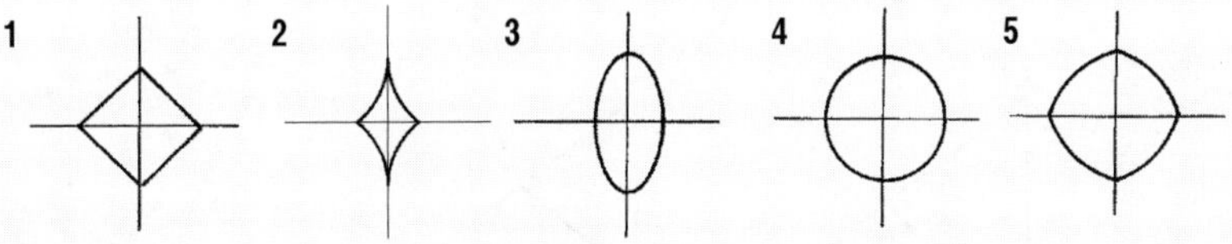

解法　座標軸で区切られた第Ｉ象限に線分ABがあるが，同じ第Ｉ象限内でほかに2〜3点移動した点を取り，さらにX軸上とY軸上に来た場合を考えれば，楕円になる。

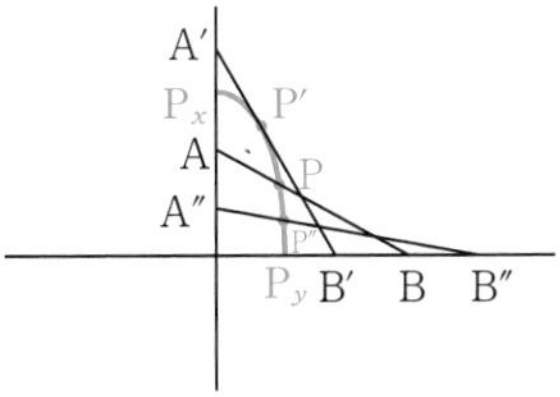

さらに，楕円が縦長になるのは，点Pが線分ABのAに近い方にあるからで，Bに近い方にあれば横長になり，点Pが線分ABの中点ならば円になることも覚えておきたい。

正答　3

練習問題

（481ページより解答・解説）

No.37 ★ 図の直角三角形ABCにおいて，点Pが辺BC上をBからCまで動く。直線APにBから下ろした垂線の足をHとするとき，Hが描く軌跡はどれか。

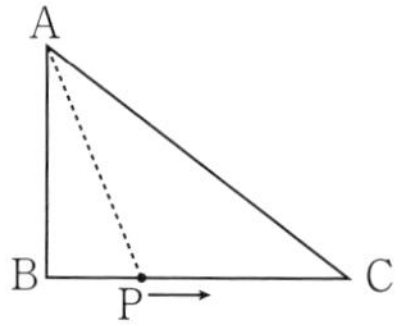

1

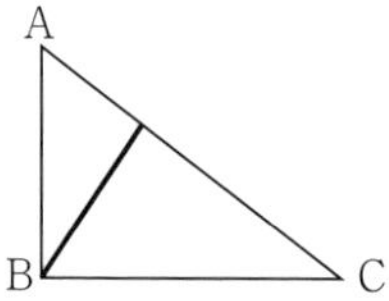

2

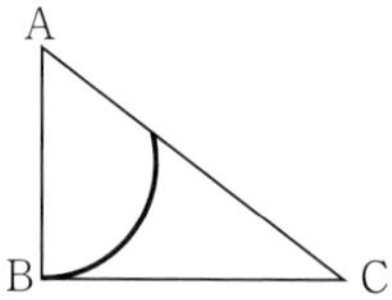

3

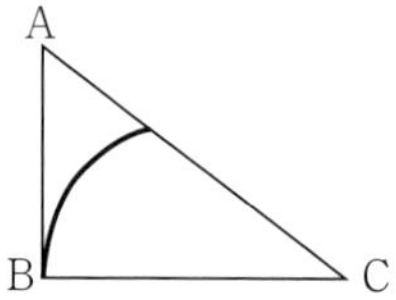

4

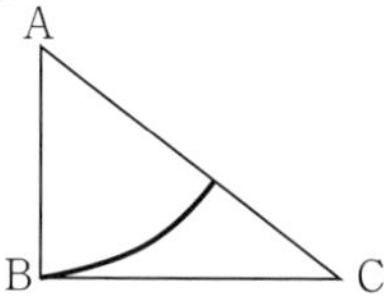

5

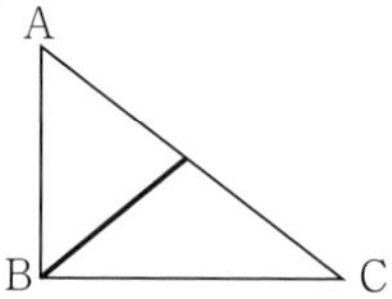

No.38 ★ 一辺の長さが$a$cmの正五角形ABCDEがある。この正五角形の周りに糸が巻きつけられていて，一方の端Pは頂点Aにある。この糸の端Pを持って，糸がたるまないように張ったままほどいていくとき，Pが辺BCの延長上にくるまでに，糸が通過した部分（図の斜線部）の面積はいくらか。ただし，糸の太さや伸縮は考えないものとする。

1 $\frac{6}{5}\pi a^2$cm^2

2 $\frac{8}{5}\pi a^2$cm^2

3 $\frac{12}{5}\pi a^2$cm^2

4 $\frac{13}{5}\pi a^2$cm^2

5 $\frac{14}{5}\pi a^2$cm^2

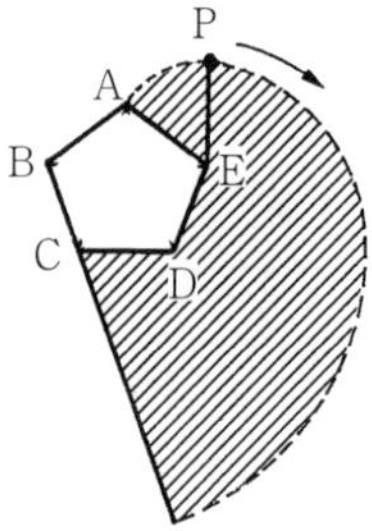

No.39★ BC＝2ABを満たす図のような長方形の周囲を，2つの動点P，Qが頂点Aから同時に出発し，同じ速さで点Pは時計回りに，点Qは反時計回りに1周するとき，線分PQの中点Mの軌跡はどれか。ただし，PとQが一致するときはP＝Q＝Mとする。

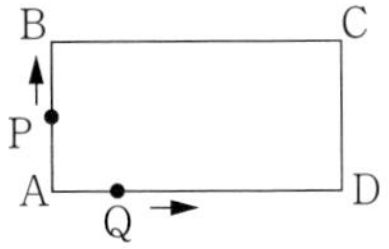

1
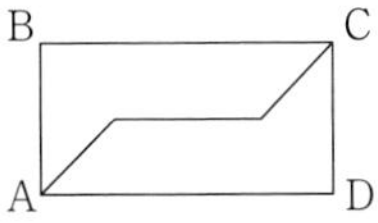

2
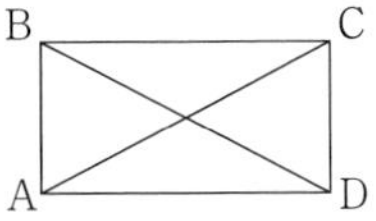

3
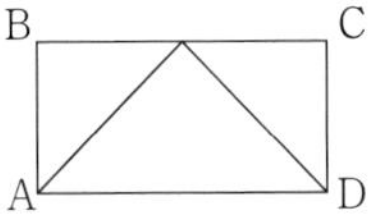

4
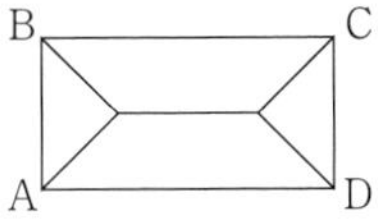

5
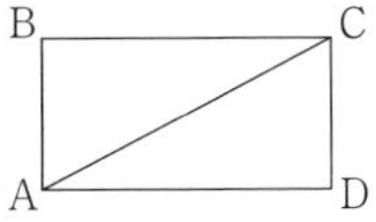

第 4 章　立体構成

1　正多面体

●正多面体は5種類

正四面体

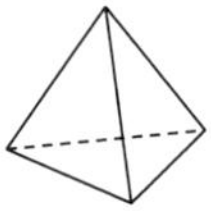

正六面体（立方体）

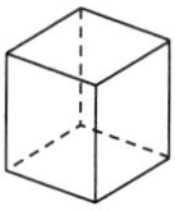

正八面体

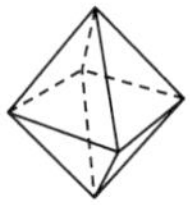

正十二面体

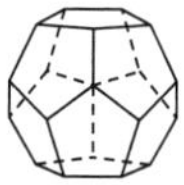

正二十面体

	面の形	面の数	頂点の数	辺の数
正四面体	正三角形	4	4	6
正六面体	正方形	6	8	12
正八面体	正三角形	8	6	12
正十二面体	正五角形	12	20	30
正二十面体	正三角形	20	12	30

パターン8

正八面体の各面の重心を頂点とする立体はどんな立体か。

1　正四面体
2　正六面体
3　正八面体
4　正十二面体
5　正二十面体

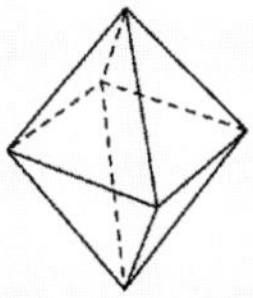

解法

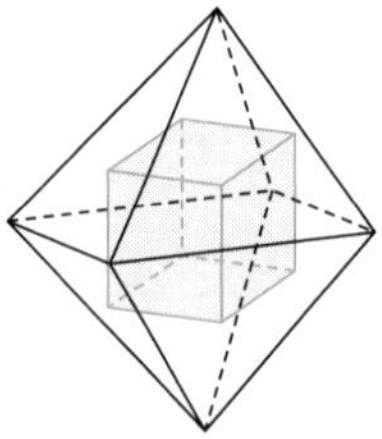

正八面体の面の数8と等しい頂点をもつ正六面体（立方体）ができる。

正答　2

練習問題

（482ページより解答・解説）

No.40★ 正六面体の各面の重心を頂点とする立体はどんな立体か。

1 正四面体
2 正六面体
3 正八面体
4 正十二面体
5 正二十面体

No.41★ 正四面体の3つの辺の中点を通る平面で，各頂点を含む立体をすべて切り落としたときにできる立体の面の数と辺の数の組合せとして正しいのはどれか。

	面の数	辺の数
1	4	6
2	6	12
3	8	12
4	8	18
5	12	18

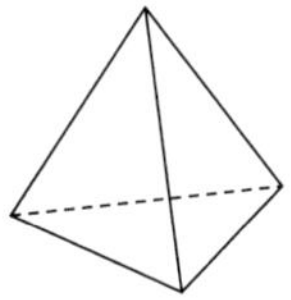

No.42★ 正二十面体の各辺の中点を通る平面で，各頂点を含む立体をすべて切り落とすと，正三角形と正五角形の面を組合せた立体ができる。正三角形の数と正五角形の数の組合せとして正しいのはどれか。

	正三角形	正五角形
1	10	10
2	12	10
3	12	12
4	20	12
5	20	20

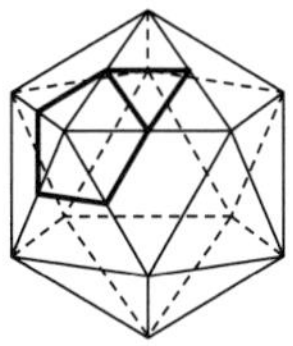

★
No.43　立方体のすべての頂点を，その頂点に集まる辺の中点を通る平面で切り落として図のような立体を作る。この立体に辺は何本あるか。

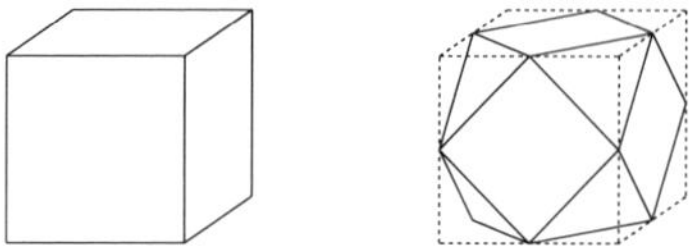

1　18本
2　21本
3　24本
4　27本
5　30本

★★
No.44　正八面体の1つの頂点には4本の辺が集まる。図のように，それぞれの辺の3等分点を通る平面で切断し，頂点を含む四角すいを切り落とす。同様にして他のすべての頂点も切り落としてできる立体は，面の数が（　　　）で，頂点の数は（　　　）である。2つの空欄に入る数値の和はいくらか。

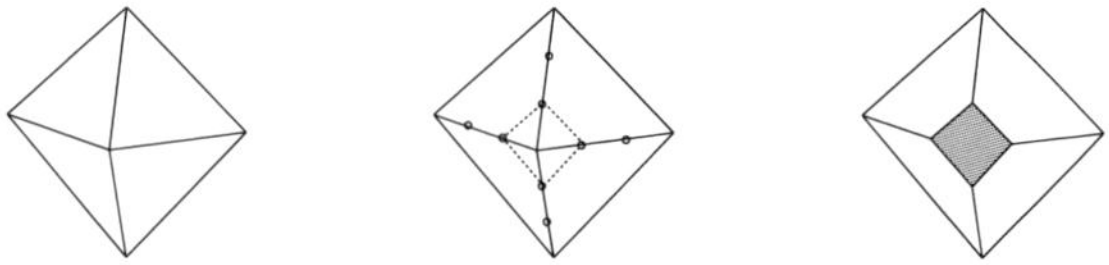

1　32
2　34
3　36
4　38
5　40

② その他の立体構成

◆立体構成では，1段ごとに分割して調べていく問題が多い。**立体を平面化する**ことが重要となってくる。

パターン9

表面を黒く塗った立方体の木片がある。これを分割して64個の同じ大きさの立方体を切り取るとする。これらの小立方体のうち，2面が黒い小立方体と，黒い面のない小立方体の数の和はいくつになるか。

1　32個
2　34個
3　36個
4　38個
5　40個

解法　次図の斜線部で示した小立方体が，2面が黒くなるものである。

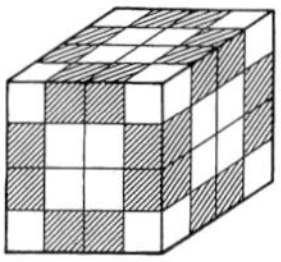

上の段から1段ずつ調べていく。

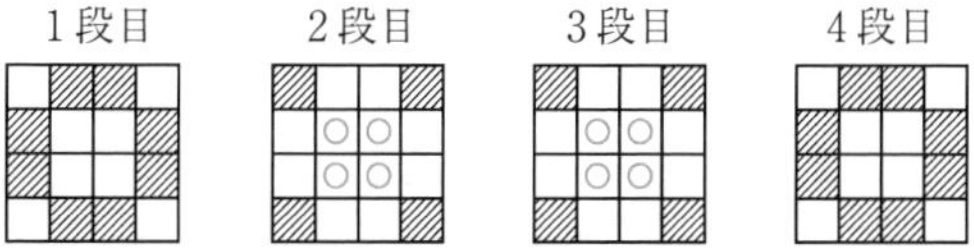

2面が黒いもの…8 + 4 + 4 + 8 = 24(個)

黒い面のないもの…4 + 4 = 8(個)

よって，24 + 8 = 32(個)

正答　1

練習問題

（483ページより解答・解説）

No.45★　一辺の長さが1cmの立方体を図のように積み上げて，表面全体に色を塗り，その後，これらをバラバラにくずした。このとき，3つの面に色が塗ってある立方体は全部で何個あるか。

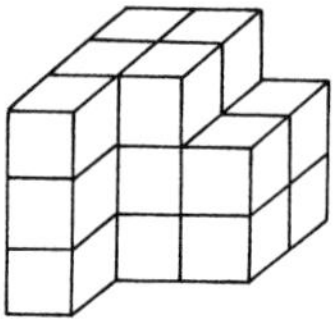

1　7個
2　8個
3　9個
4　10個
5　11個

No.46★　図は，同じ大きさの立方体を縦，横，高さいずれも3個ずつ積み上げたものである。●印の位置から，印のある面に対して垂直な方向に奥まで穴をあけたとき，穴のあいた立方体は全部でいくつできるか。

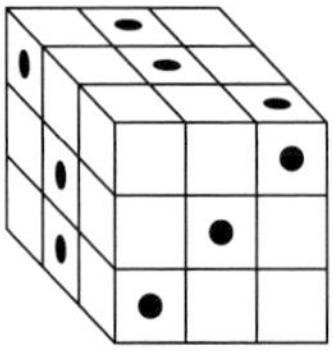

1　16個
2　17個
3　18個
4　19個
5　20個

No.47★　一辺の長さが1cmの立方体36個を積み上げ，図のような立体をつくった。この立体の表面積はいくらか。

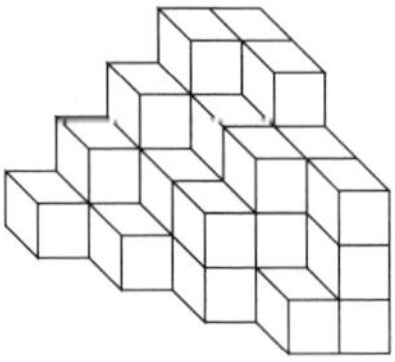

1　$82cm^2$
2　$84cm^2$
3　$86cm^2$
4　$88cm^2$
5　$90cm^2$

No.48★　一辺の長さが1cmの立方体を17個積み重ねて図のような立体を作った。この立体の表面積はいくらか。

1　62cm^2
2　64cm^2
3　66cm^2
4　68cm^2
5　70cm^2

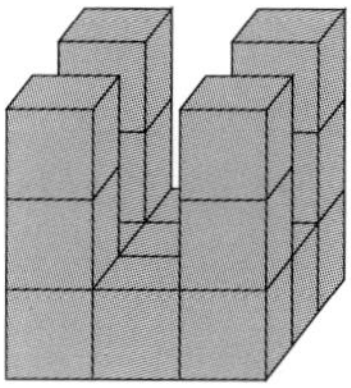

No.49★　次の立体はいずれも同じ大きさの6個の小立方体を組み合わせて作ったものである。これらのうち，他の立体と**異なる**のはどれか。

1

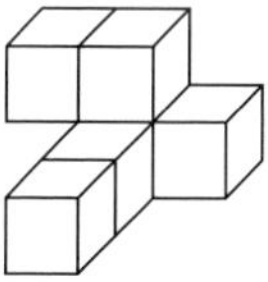

2

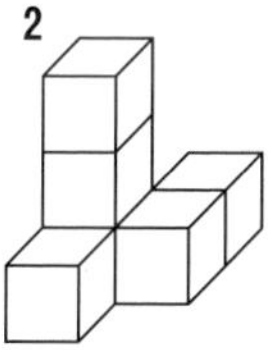

3

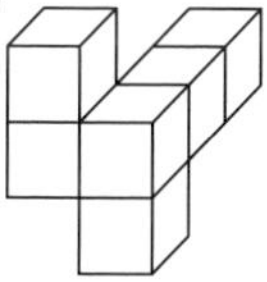

4

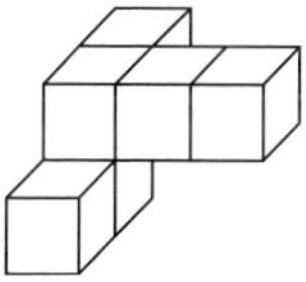

5

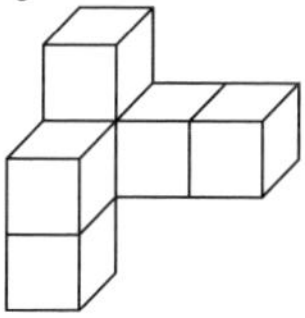

No.50 ★ 次の立体は，一辺の長さが1の小立方体を組み合わせてつくったものである。この立体と組み合わせると，一辺が3の立方体ができるのはどれか。

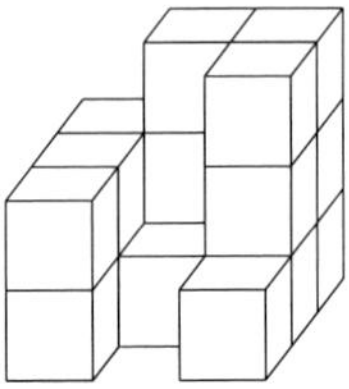

1

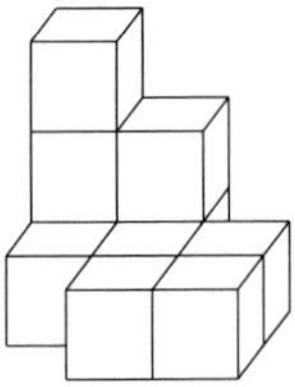

2

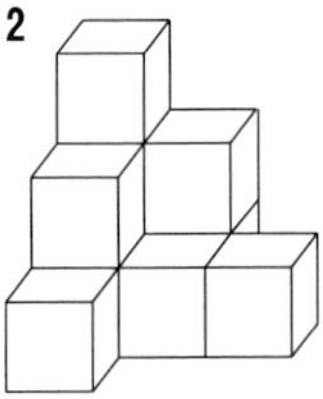

3

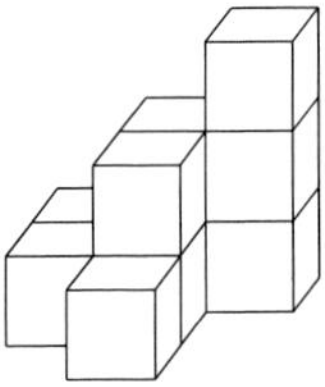

4

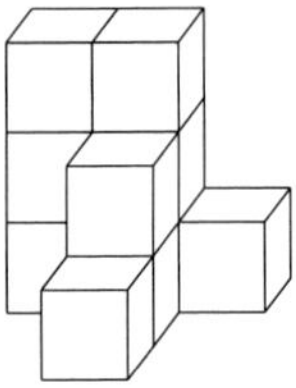

5

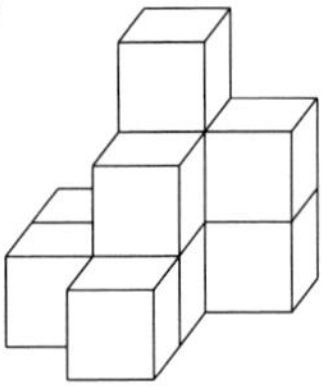

★★
No.51　Aのブロック1個といくつかのBのブロックをすきまなく積み上げて図のような立方体をつくった。これを矢印の方向から見た図として正しいのはどれか。ただし，上面は黒く塗られていてブロックの並び方はわからない。

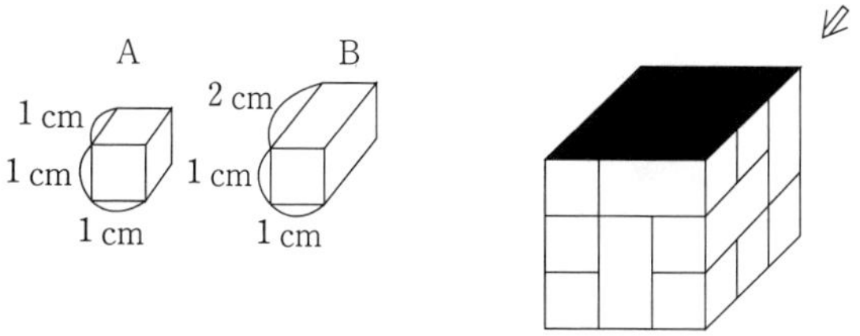

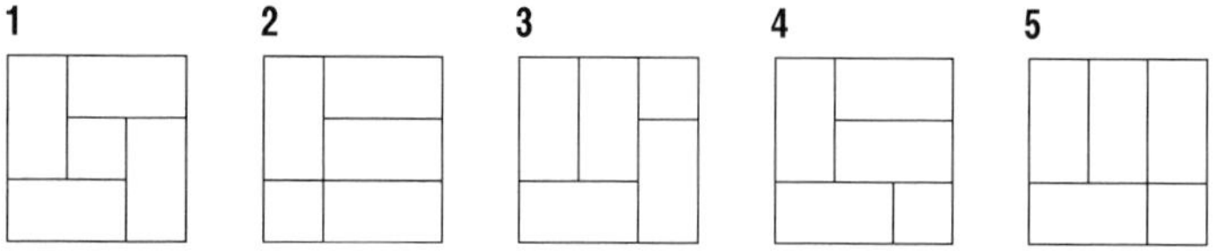

★★★
No.52　図Ⅰのようなブロックをすき間なく組み立てて，図Ⅱのような立方体をつくった。このとき，Aの方向から見た図として正しいのはどれか。

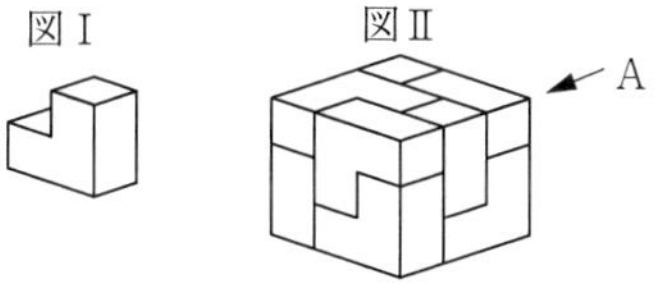

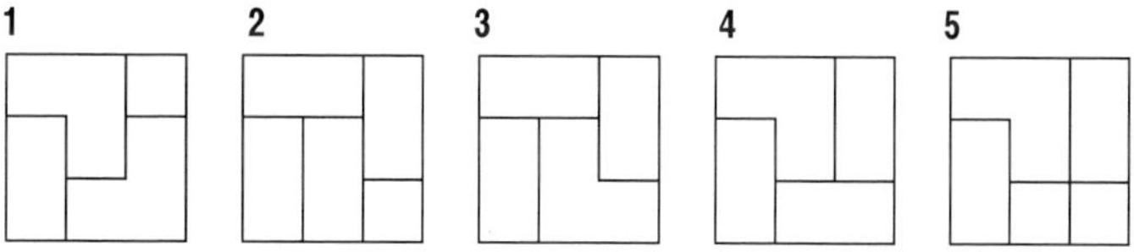

第 5 章　展開図

①　正多面体の展開図

正四面体

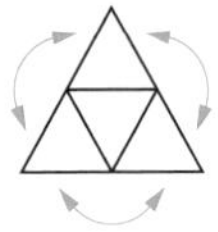

正六面体（立方体）

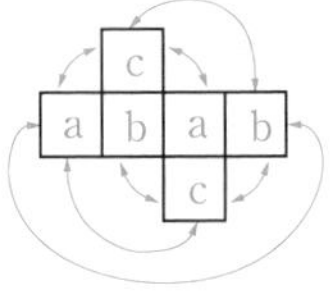

正八面体

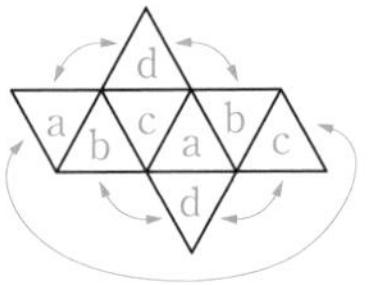

正十二面体

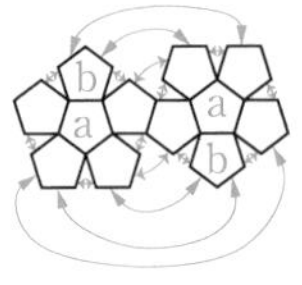

正二十面体

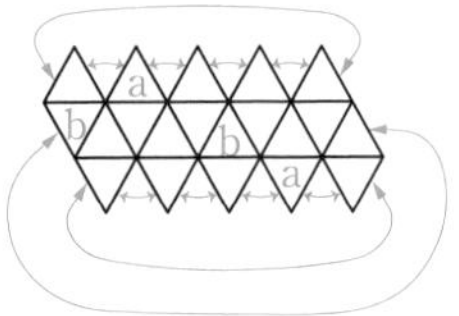

※組み立てたとき，矢印で結んだ辺どうしが重なる。また，平行となる面どうしは同じ記号（a，b，c）が入れてある。

パターン10

図のように色をつけた立方体の展開図を組み立てて立体としたとき，その見取図として正しいのはどれか。

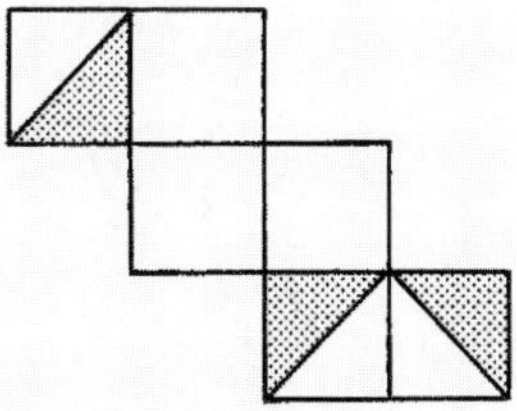

1

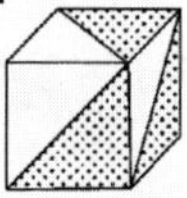

2

3

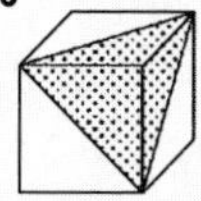

4

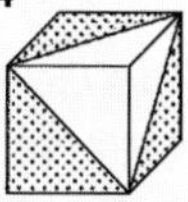

5

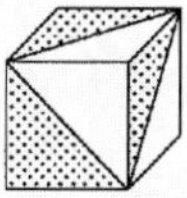

解法

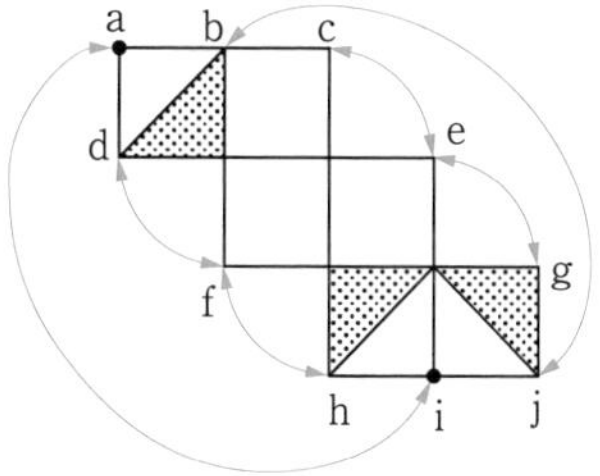

どのように重なるかを頂点に注目すると，図の矢印どうしの頂点が重なる。aとiが重なり，ここの模様の向きから4とわかる。

正答　4

練習問題

（486ページより解答・解説）

No.53★ 図のような正四面体の展開図を組み立てて立体をつくったとき，その見取図としてあり得るのはどれか。

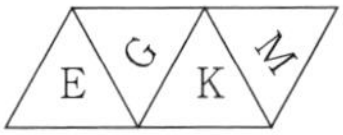

1

2

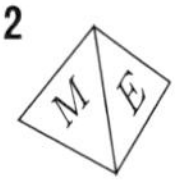

3

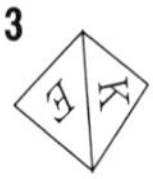

4

5

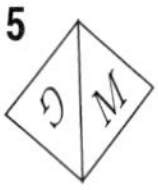

No.54★ 次のア～オの展開図のうち，破線で折って立方体を組み立てることができないものをすべて挙げているのはどれか。

ア

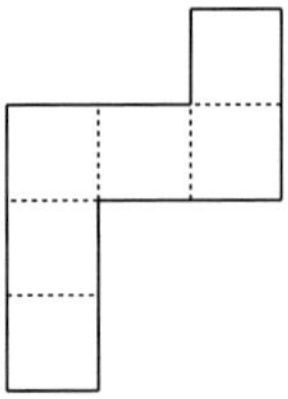

イ

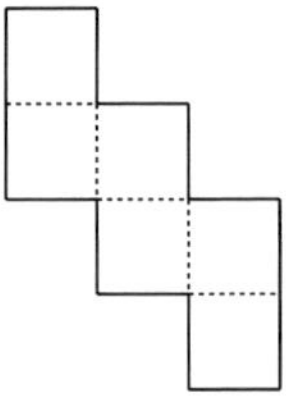

ウ

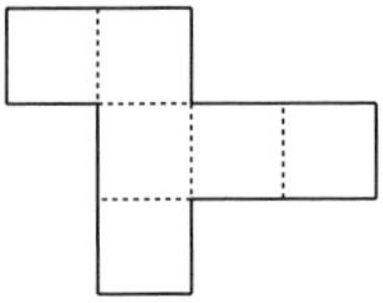

エ

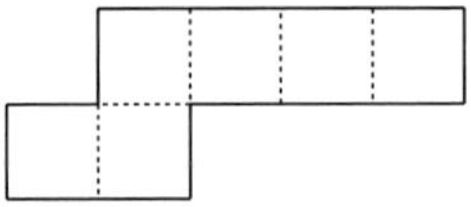

オ

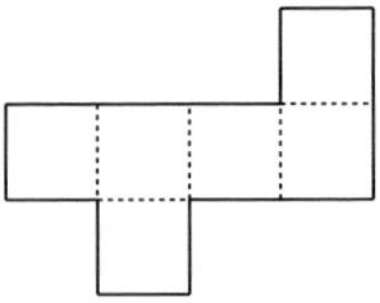

1　ア，ウ
2　ア，エ
3　イ，エ
4　イ，オ
5　ウ，オ

No.55★ 図Ⅰの展開図を組み立てた同じサイコロ4個を図Ⅱのように並べた。斜線で示した5面に書かれた数をすべて足すといくらか。

図Ⅰ

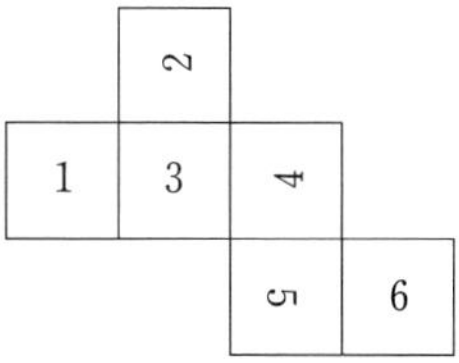

図Ⅱ

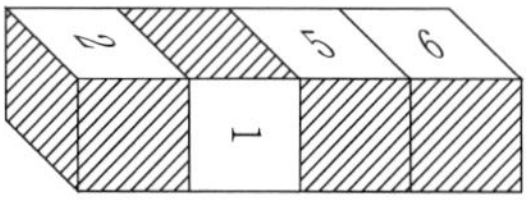

1 18　**2** 19　**3** 20　**4** 21　**5** 22

No.56★ 各面に図のような線の入った立方体の展開図を組み立てて立体としたとき，その見取図として正しいのはどれか。

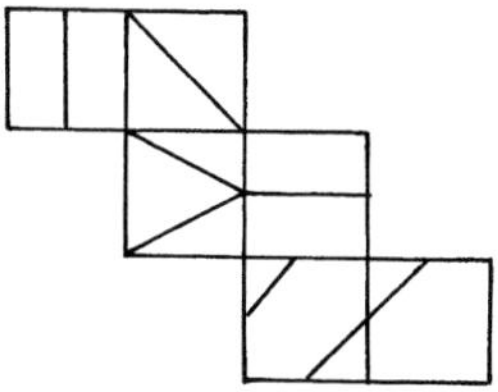

1

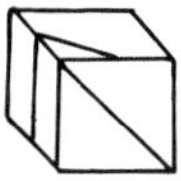

2

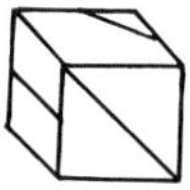

3

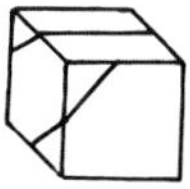

4

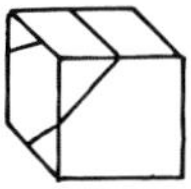

5

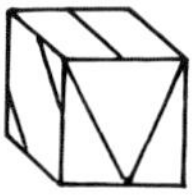

★★
No.57 立方体の6つの面に，デジタル数字の 2，5，6，9 のいずれかを記入したサイコロがある。このサイコロをテーブルABCD上に置いたところ，テーブルの縁ABの方向から見ると図Ⅰ，CDの方向から見ると図Ⅱのように見えた。このサイコロの展開図を図Ⅲのようにかくとき，①，②に当てはまる数字と向きの組合せとして正しいのはどれか。

図Ⅰ　図Ⅱ　図Ⅲ

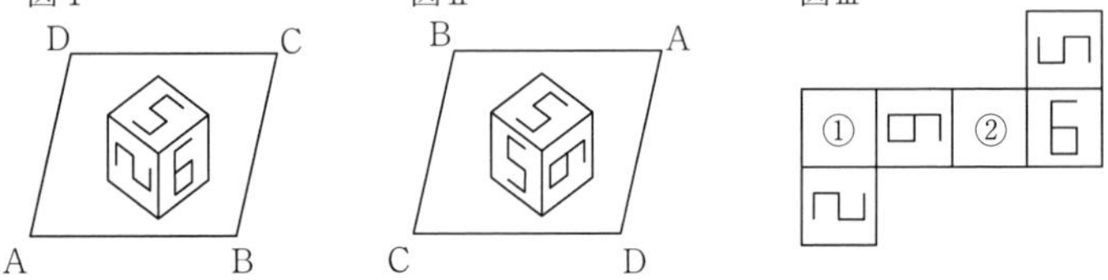

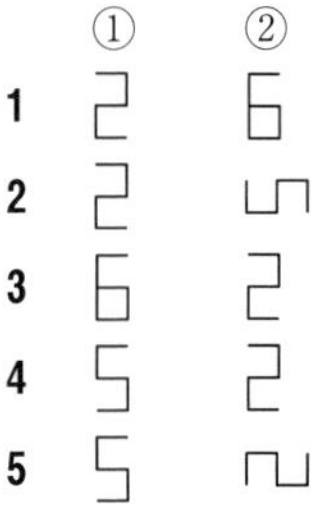

★★
No.58 各面に図のような矢印の入った立方体の展開図を組み立てて立体としたとき，**あり得ない**のはどれか。

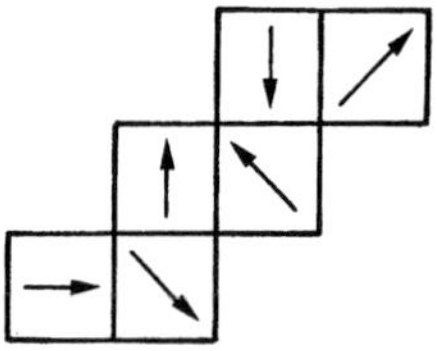

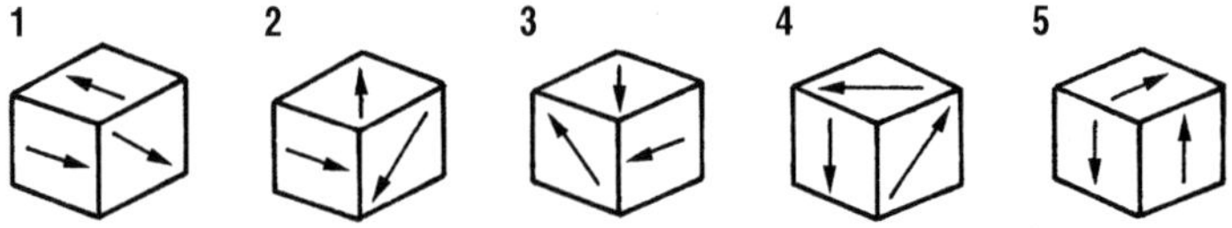

No.59 ★ 図のような各面に1～8の数字がかかれた展開図がある。これを組み立ててつくった正八面体の，平行に向かい合う2面の数字の和としてあり得ないのはどれか。

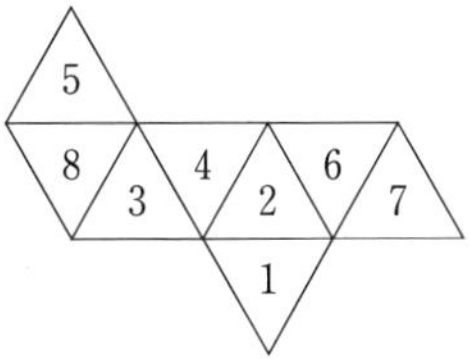

1 6
2 8
3 9
4 10
5 11

No.60 ★★ 図Ⅰのような正八面体の展開図としてあり得るのはどれか。

図Ⅰ

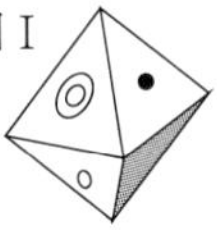

1

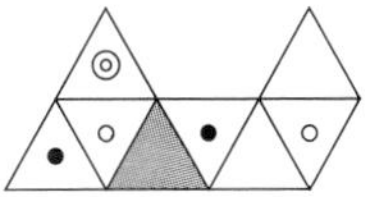

2

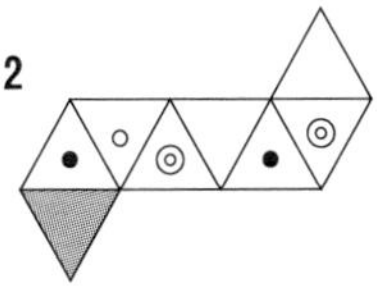

3

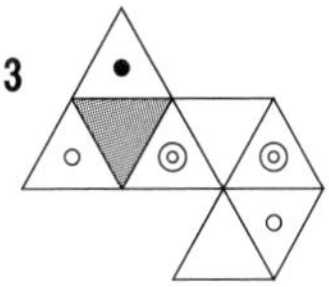

4

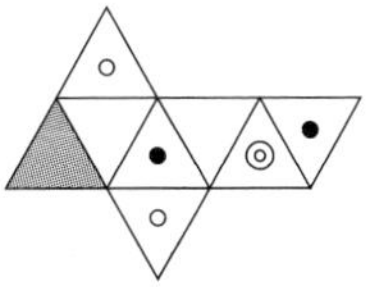

5

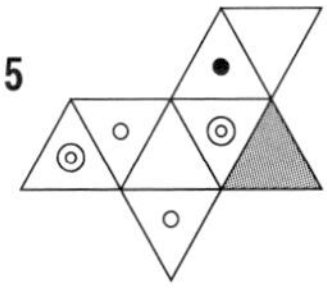

No.61 ★ 図のような立体の展開図を組み立てて立体としたとき，面Kと平行になる面はどれか。

1 C
2 D
3 E
4 H
5 I

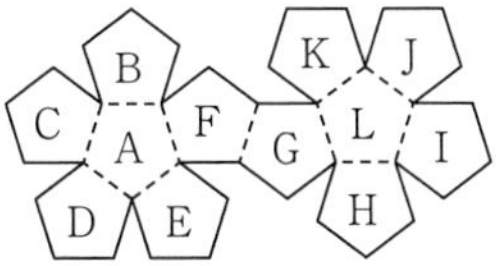

★★★
No.62 下の図は，正二十面体の展開図である。この展開図で，辺xと重なるのはア～オのうちどれか。

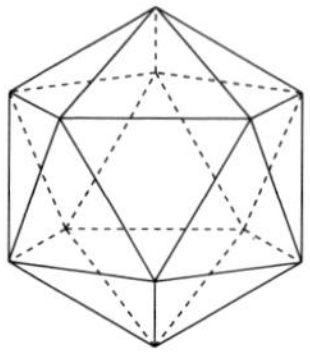

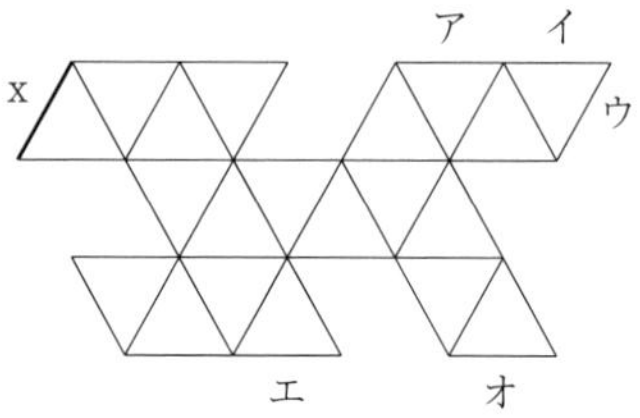

1 ア

2 イ

3 ウ

4 エ

5 オ

② サイコロ

●五面図の利用

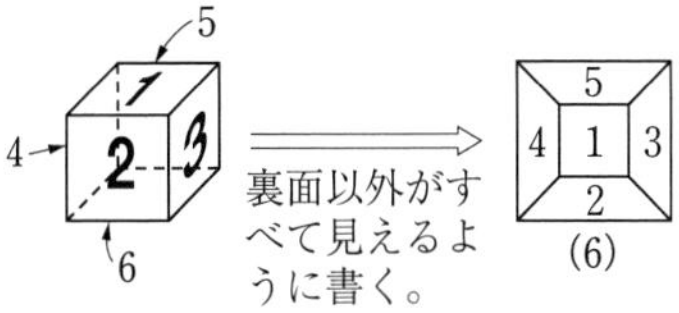

パターン11

相対する面の数の和が7であるサイコロがある。このサイコロを図のように3面が見えるようにしていろいろ回転させたとき，見える面の目の数の和としてあり得るものだけを挙げているのはどれか。

1　7，8，10

2　8，9，12

3　9，11，13

4　10，12，14

5　11，13，15

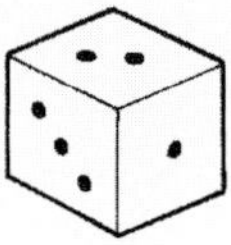

解法

(上からの五面図)

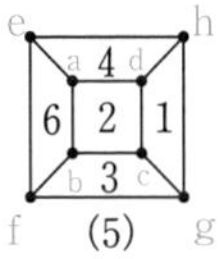

$a = 2 + 4 + 6 = 12$

$b = 2 + 3 + 6 = 11$

$c = 2 + 3 + 1 = 6$

$d = 2 + 1 + 4 = 7$

(下からの五面図)

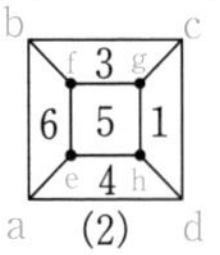

$e = 6 + 4 + 5 = 15$

$f = 6 + 3 + 5 = 14$

$g = 3 + 1 + 5 = 9$

$h = 1 + 4 + 5 = 10$

正答　4

練習問題

（489ページより解答・解説）

No.63 ★ 図Ⅰはサイコロの展開図である。図Ⅱの空白の正方形に目を書き込み，図Ⅰと同じサイコロができるようにしたい。アとイの正方形に書き込む目の組合せとして妥当なのはどれか。

図Ⅰ

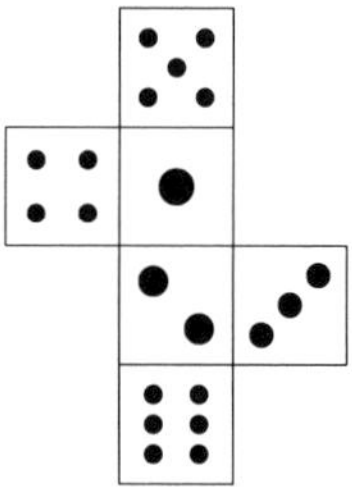

図Ⅱ

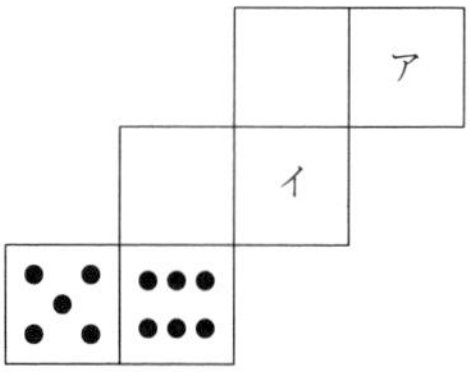

ア　イ

1 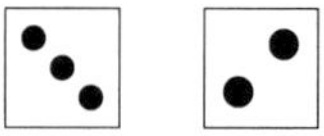

2 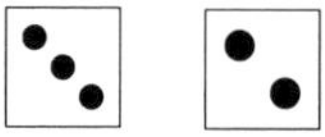

3 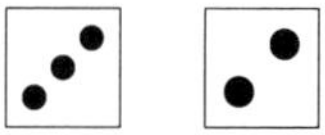

4 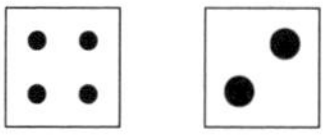

5 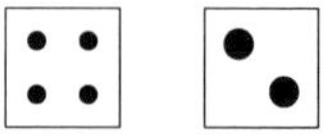

★ *No.64* 図Ⅰの展開図を組み立てて，相対する面の数の和が7であるサイコロを作る。これを図Ⅱ及び図Ⅲのように置くとき，aとbの位置にくる数字の和はいくらか。ただし，書かれた数字の向きは問わないものとする。

図Ⅰ

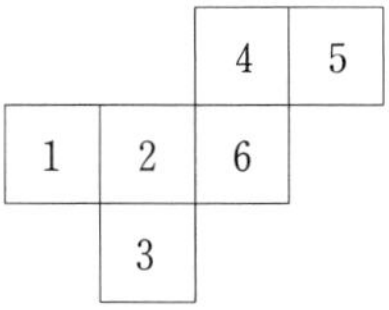

図Ⅱ

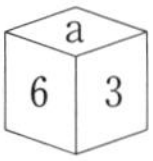

図Ⅲ

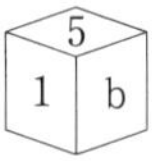

1 5
2 6
3 7
4 8
5 9

★★ *No.65* 相対する面の数の和が7にならない同じ5個のサイコロが図のように並んでいる。接し合う4つの面の目の数の和はいくらか。

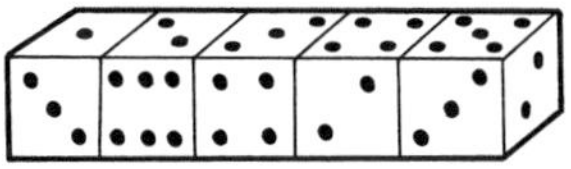

1 23
2 24
3 25
4 26
5 27

★★ *No.66* 相対する面の数の和が7である同じ4個のサイコロを，同じ目の面どうしが接するように図のように積み上げた。Aの面とBの面の数の和はいくらか。

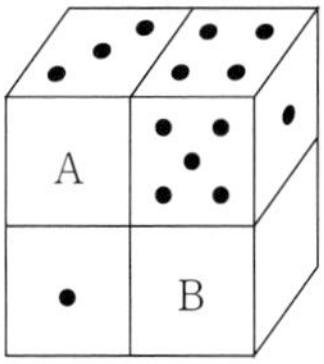

1 6
2 7
3 8
4 9
5 10

③ その他の展開図

パターン12

図のように，立方体の一つの頂点を切り落とした立体に，白い矢印と黒い矢印がつけてある。この立体の展開図として正しいのはどれか。

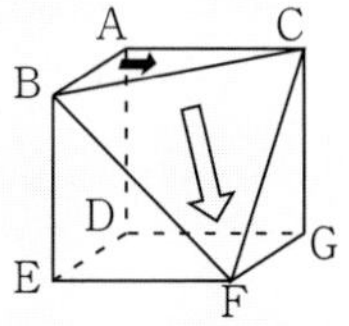

1

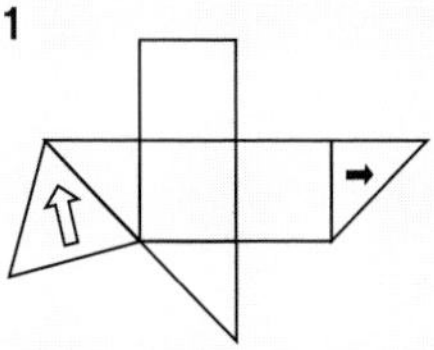

2

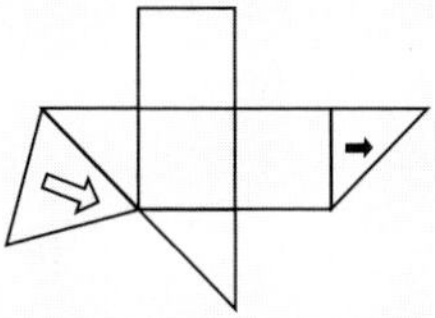

3

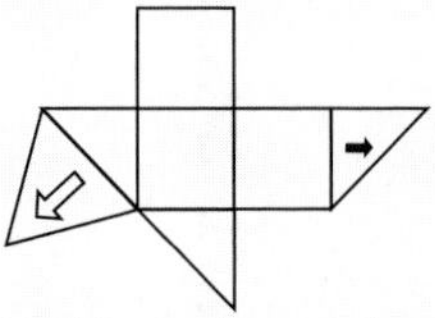

4

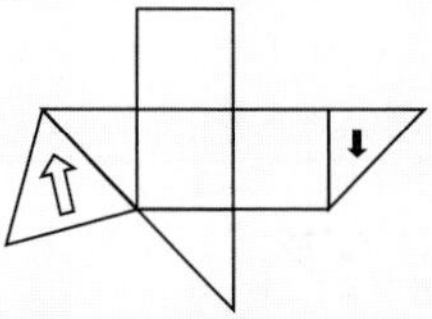

5

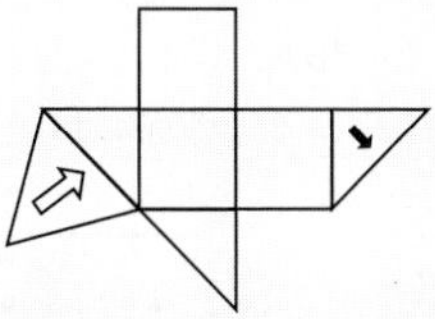

解法　まず，図Ⅰのように，見取図の中の頂点の記号(A, B, …G)を展開図に対応するように書き入れる。あとは，それぞれの矢印が，どの辺からどの辺へ，あるいはどの辺からどの頂点へ向いているかを判断すればよい。黒い矢印は，辺ABから辺ACに平行に辺BCに向いており，白い矢印は辺BCから頂点Fへ向いている。よって図Ⅱのようになる。

図Ⅰ

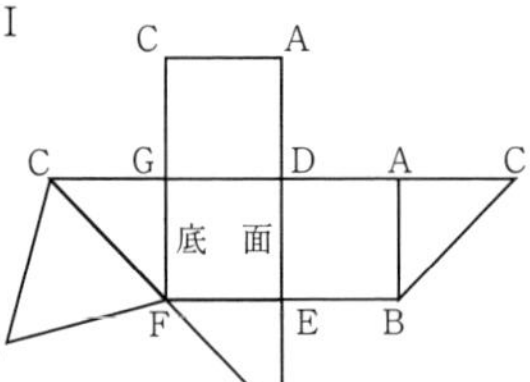

図Ⅱ

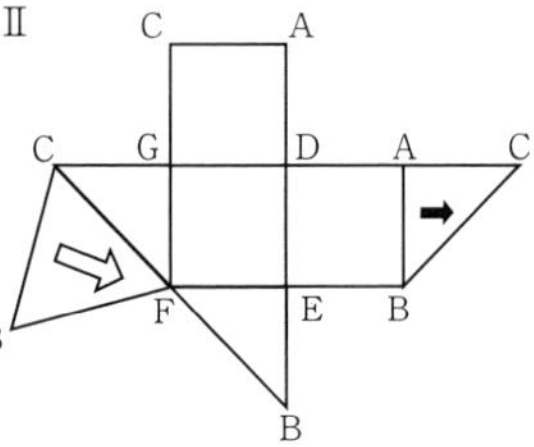

正答　2

練習問題

（490ページより解答・解説）

No.67 ★ 一辺の長さが12cmの正方形ABCDがある。AB, ADのそれぞれの中点E, Fを通る線分（点線）で折って，三角すいをつくった。この三角すいの体積はいくらか。

1 72cm^3
2 144cm^3
3 $72\sqrt{2}\text{cm}^3$
4 $72\sqrt{3}\text{cm}^3$
5 216cm^3

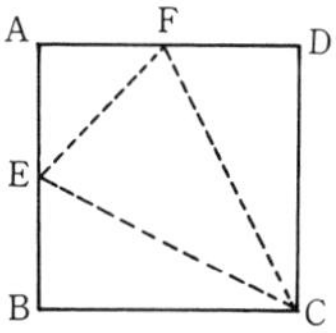

No.68 ★ 右図のような立体の展開図として正しいのはどれか。

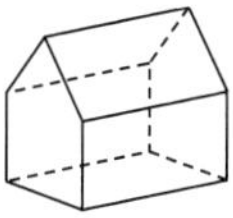

1

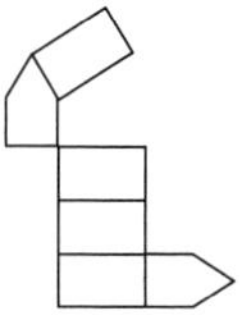

2

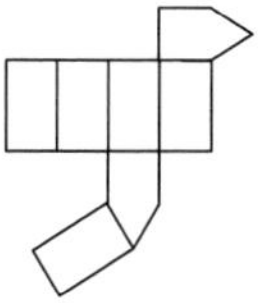

3

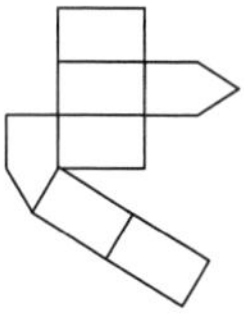

4

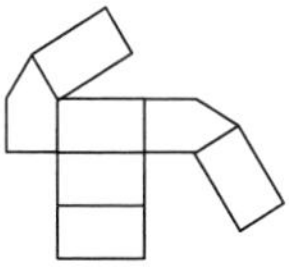

5

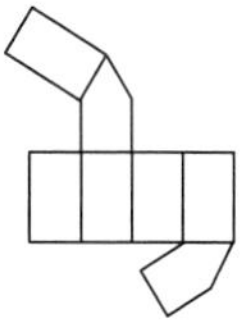

No.69 ★ 次のうち，正四角すいの展開図として**正しくない**のはどれか。

1

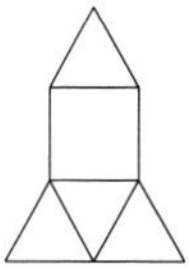

2

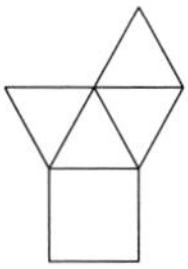

3

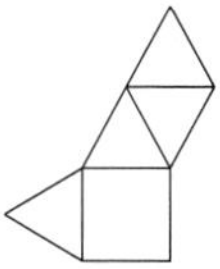

4

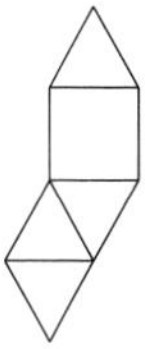

5

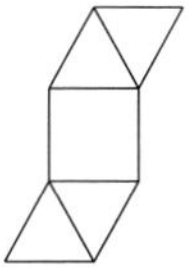

No.70 同じ大きさの5個の立方体を接着して図Ⅰのような立体をつくった。図Ⅱはこの立体の展開図である。図Ⅱのア～オの面のうち，組み立てたとき斜線部の面と平行になるのはどれか。

図Ⅰ

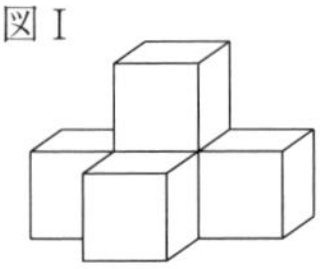

図Ⅱ

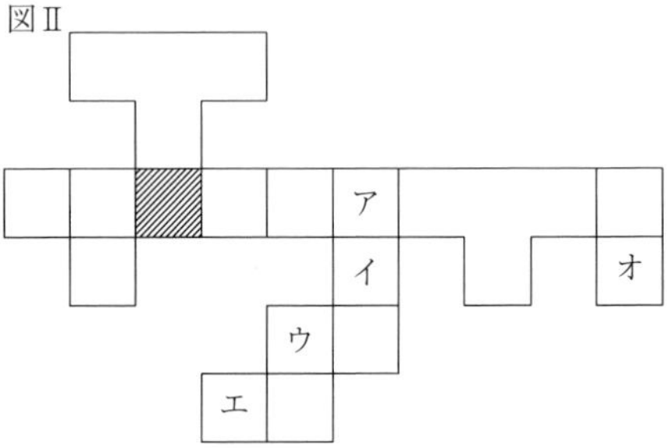

1 ア
2 イ
3 ウ
4 エ
5 オ

第 *6* 章　投　影

①　投影図

◆投影図とは立体を平面に投影したもので，正面図(立面図)，平面図，側面図の3種類がある。

① 正面図…図形を正面から見た投影図

② 平面図…図形を上から見た投影図

③ 側面図…図形を側面から見た投影図

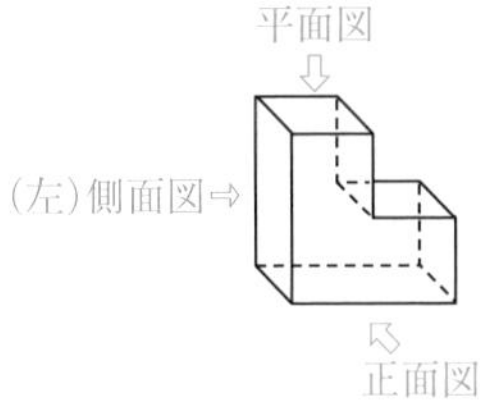

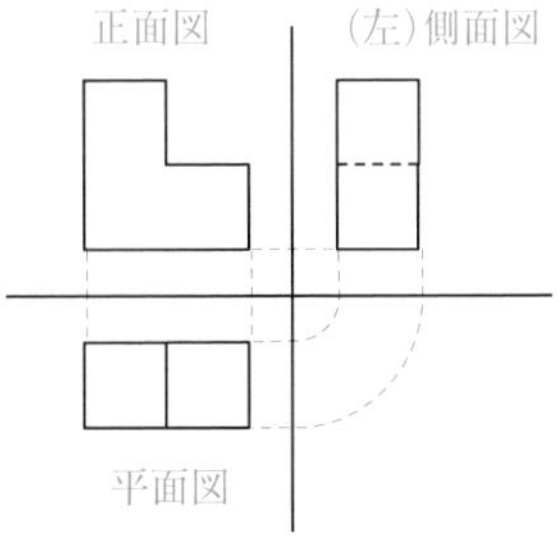

※投影図では，実際に見えている線は実線でかき，見えていなくても存在している線は破線でかく。

パターン13

A，Bの投影図で示されるそれぞれの立体の名称の組合せとして正しいのはどれか。

	A	B
1	三角すい	四角柱
2	三角すい	三角柱
3	四角すい	四角すい
4	四角すい	四角柱
5	四角すい	三角柱

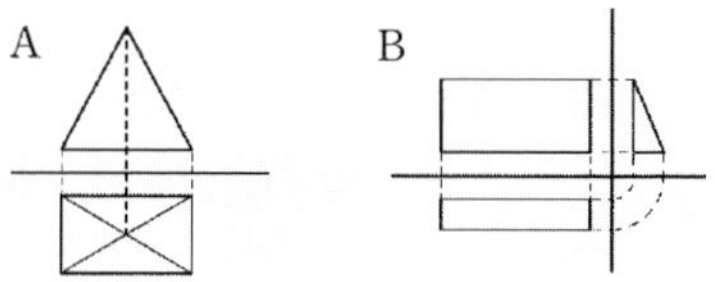

解法

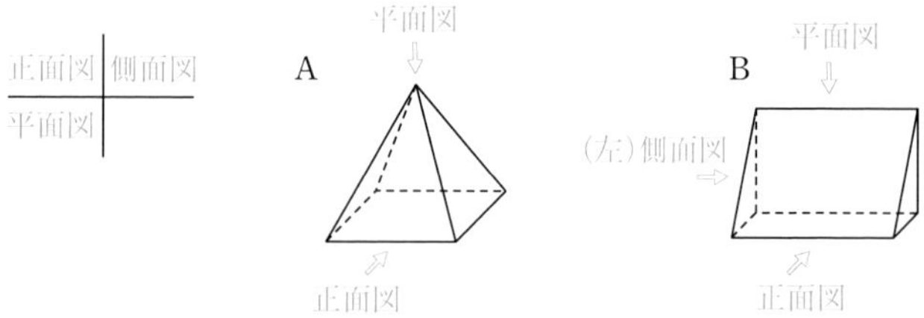

よって，Aは四角すい，Bは三角柱になる。

正答　5

練習問題

（492ページより解答・解説）

★★
No.71 図はある立体の投影図である。この立体の見取図としてあり得るのはどれか。ただし，**1**～**5**の底面は動かさないものとする。

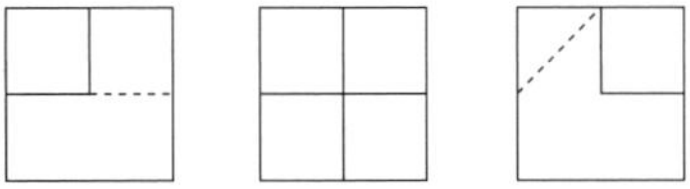

正面図　平面図　右側面図

1

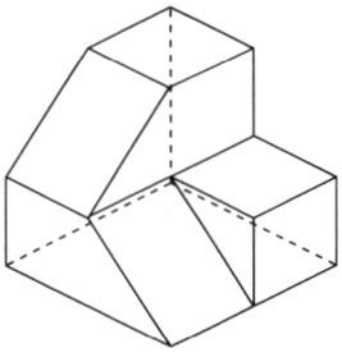

2

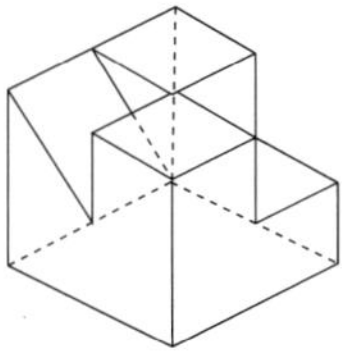

3

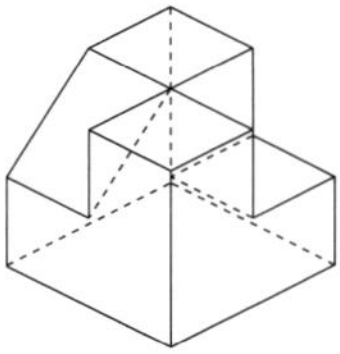

4

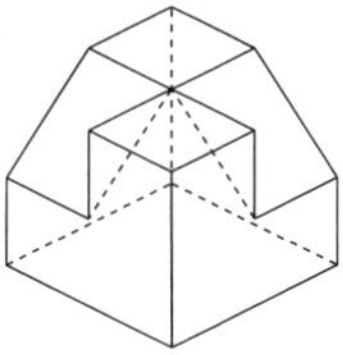

5

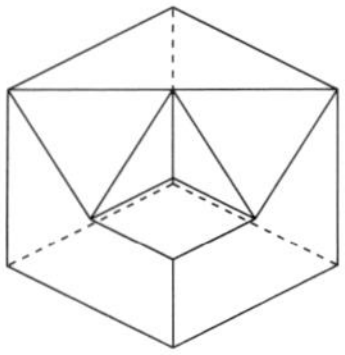

★★
No.72 正面図と平面図が次図のような立体がある。この立体の左側面図としてあり得るのはどれか。

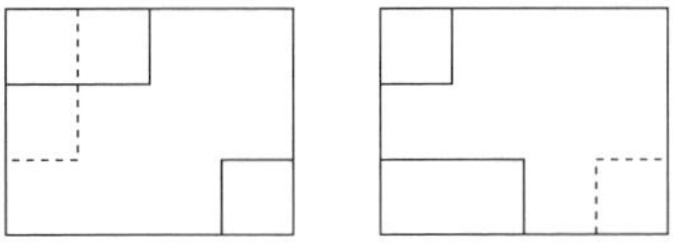

正面図　平面図

1

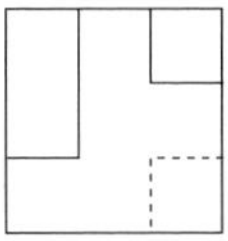

2

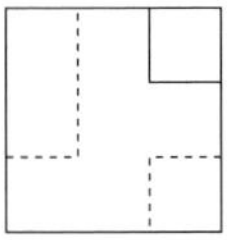

3

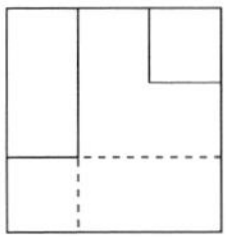

4

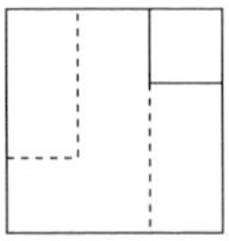

5

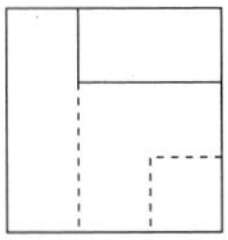

★★
No.73　立方体から図のような立体を取り除いたときにできる立体の平面図（矢印方向）として正しいのはどれか。

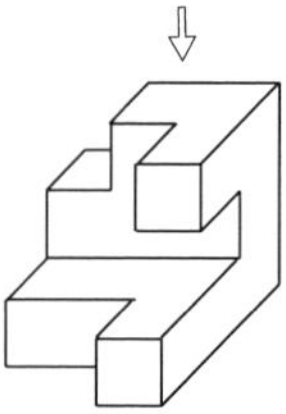

1

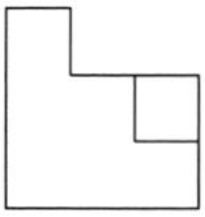

2

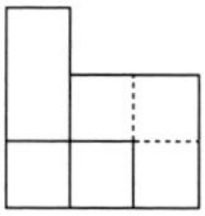

3

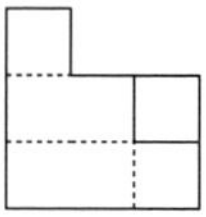

4

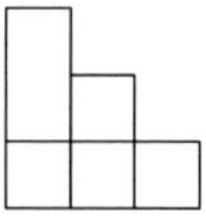

5

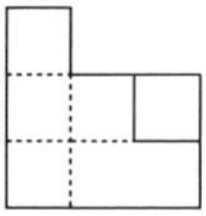

★★
No.74　図はある立体の投影図である。この立体が凸多面体であるとき，それは何面体か。

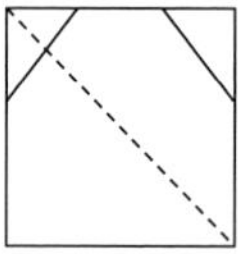

正面図

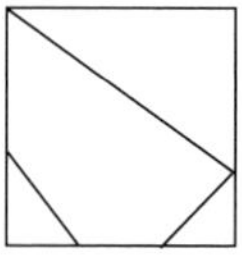

平面図

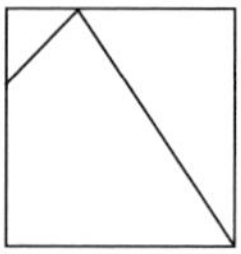

側面図

1　八面体　　**2**　九面体　　**3**　十面体
4　十一面体　　**5**　十二面体

★★
No.75　図は2本の線分の正面図と平面図である。この左側面図としてあり得るのはどれか。

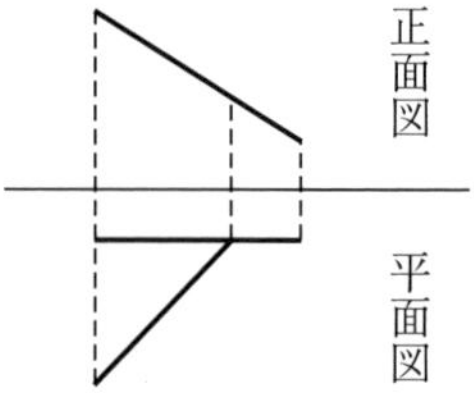

1

2

3

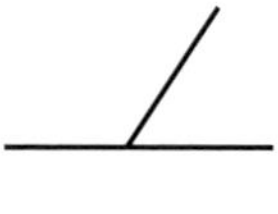

4

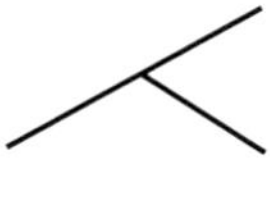

5

② 陰影

◆陰影では，影や輪郭からブロックの個数を考えたり，影のつき方を調べたりする。平面図に高さを書き入れたり，断面を考えたりして，問題を「平面化」するとやりやすい。

パターン14

図は一辺の長さが1cmの立方体をいくつか積み上げてつくった立体を正面および側面から見たものである。用いられている立方体の数として考えられる最大個数と最小個数との差はいくらか。

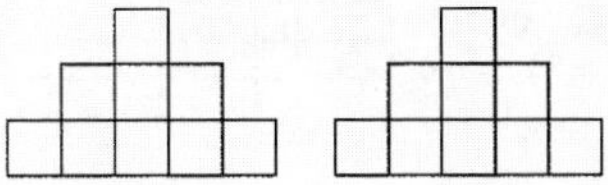

正面　　　側面

1　22個
2　23個
3　24個
4　25個
5　26個

解法　投影図の性質を考えて平面図をかくと，右図のようになる。ただし，数字は積んだ立方体の個数である。すなわち，最大の場合は，縦5列，横5列のピラミッド型に積み上げた場合で，最小の場合は，数に丸をつけた斜め1列の場合である。丸のついていない数の和がその差となる。

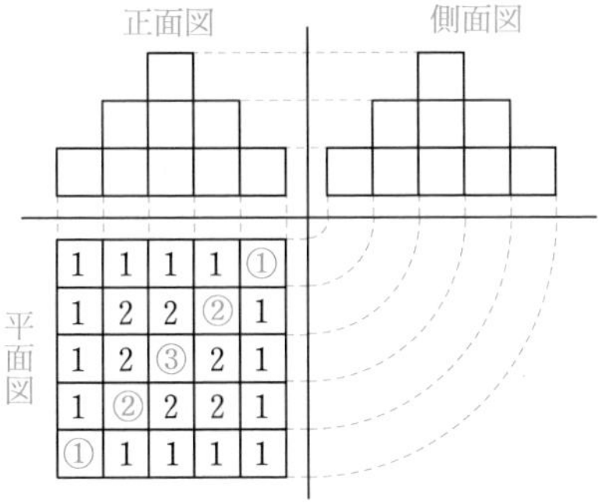

正答　5

練習問題

（493ページより解答・解説）

★
No.76 白と黒の円盤を重ねたところを真上から見ると，図Ⅰのように見え，側面の矢印⇒の方向から見ると，図Ⅱ，図Ⅲを得た。一番下の円盤はすべて白であるとすると，使用されたすべての円盤の数としてあり得るのはどれか。

図Ⅰ　　図Ⅱ　　図Ⅲ

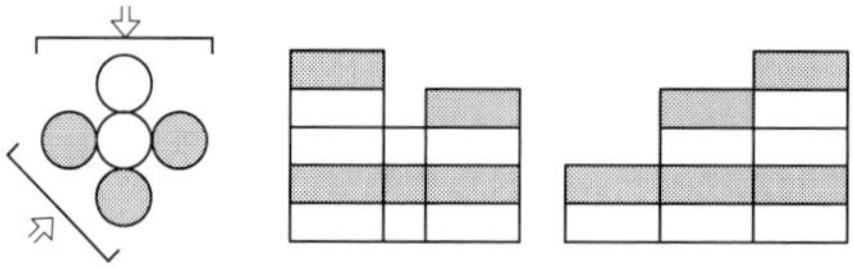

1　12個　　**2**　13個　　**3**　17個　　**4**　21個　　**5**　23個

★★
No.77 図は一辺の長さが1である立方体をいくつか積み上げてつくった立体を正面および右側面から見たものである。用いられている立方体の数として考えられる最大個数と最小個数の組合せとして正しいのはどれか。

	最大	最小
1	28個	10個
2	30個	10個
3	30個	11個
4	33個	11個
5	33個	12個

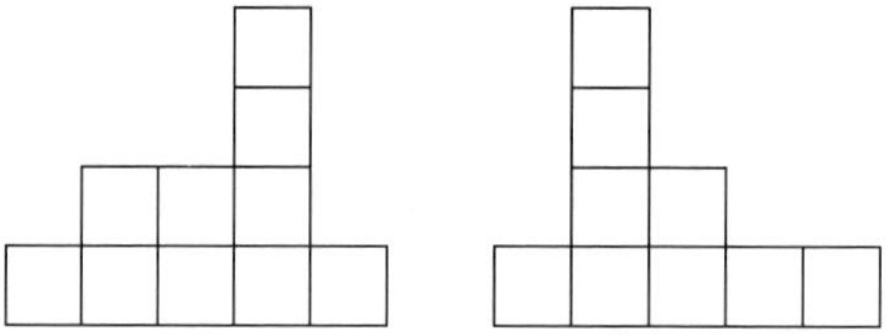

正面図　　右側面図

★
No.78 車道より20cm高くなっている歩道があり，車道上の点Aの真上3.2mの高さに点光源がある。点Bに身長170cmの人が立ったとき，歩道上にできる影の長さ（段差の部分の長さは含めない）はいくらか。

1　80cm
2　100cm
3　120cm
4　130cm
5　150cm

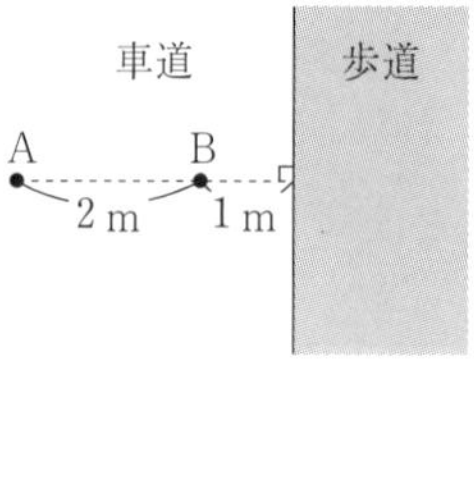

★★
No.79 一辺の長さが1cmの立方体2個を図のように置き，床から高さ3cmの点Aから光を当てるとき，床面にできる影の面積はいくらか。

1 2.0cm^2
2 2.25cm^2
3 2.5cm^2
4 3.0cm^2
5 4.0cm^2

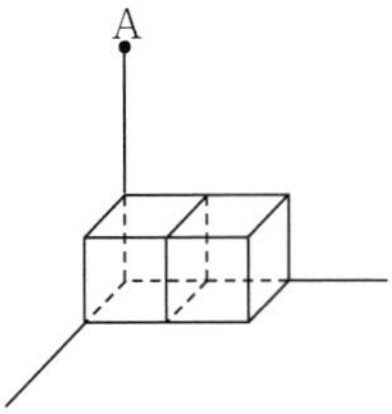

★★
No.80 図のように机の上にあるボールの中心の真上に，机から高さ40cmのところから点光源を当てた。机にできたボールの影の面積が900π cm^{2}のとき，ボールの半径は何cmか。ただし，円周率はπとし，できた影の面積はボールと接しているところも含むものとする。

1 10cm
2 12.5cm
3 15cm
4 17.5cm
5 20cm

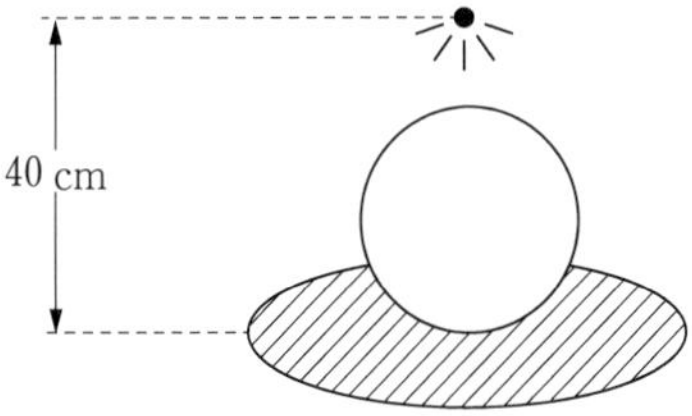

第7章 切 断

1 切断

●立方体の切断

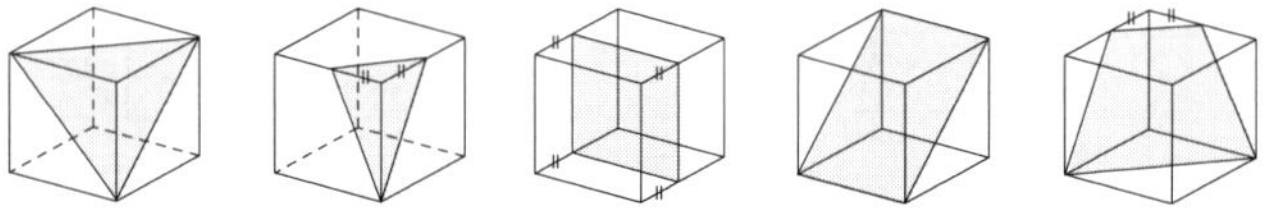

正三角形　二等辺三角形　正方形　長方形　台形

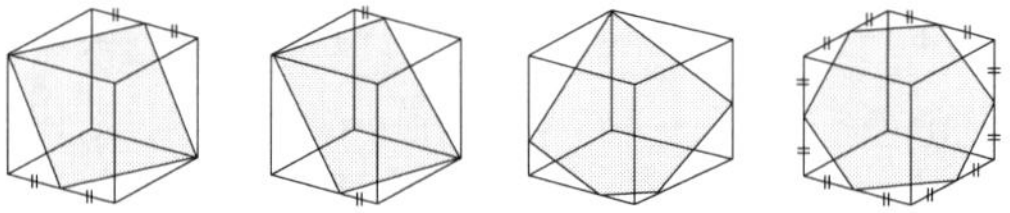

ひし形　平行四辺形　五角形　正六角形

※直角三角形，正五角形，七角形以上の多角形はできない。

●円柱・円すいの切断

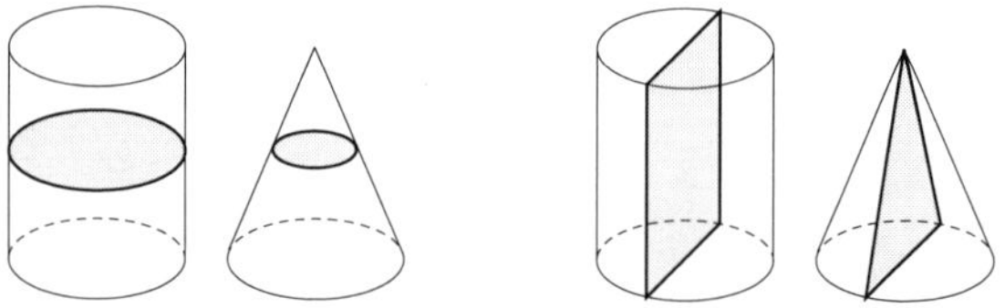

円
（回転軸に対して垂直な平面で切断）

長方形　二等辺三角形
（回転軸を含む平面で切断）

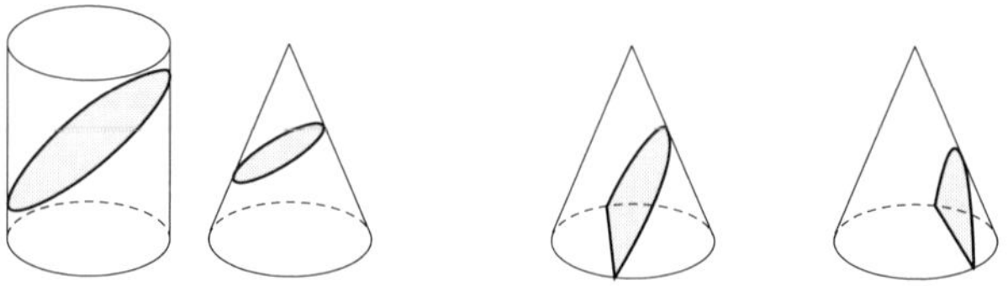

だ円
（回転軸に対して斜めに切断）

放物線
（母線に平行に切断）

双曲線

パターン15

図のような立方体ABCD－EFGHを次の(Ⅰ), (Ⅱ)の２通りの方法で切断するとき，その切り口の形の組合せとして正しいのはどれか。ただし，図形の名称はいずれも一般のものをいう。例えば，平行四辺形であれば，その特殊な場合（長方形やひし形）は除く。

(Ⅰ)3点A，H，Fを通る平面で切る。

(Ⅱ)4点A，F，G，Dを通る平面で切る。

	(Ⅰ)	(Ⅱ)
1	正三角形	平行四辺形
2	二等辺三角形	ひし形
3	正三角形	長方形
4	ひし形	平行四辺形
5	二等辺三角形	長方形

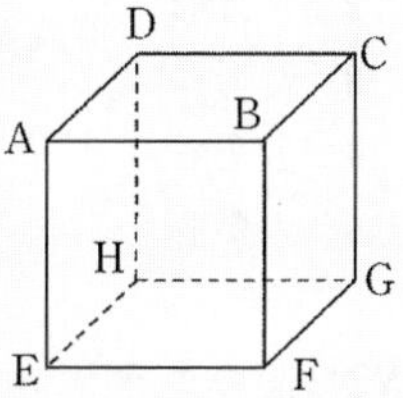

解法

(Ⅰ)

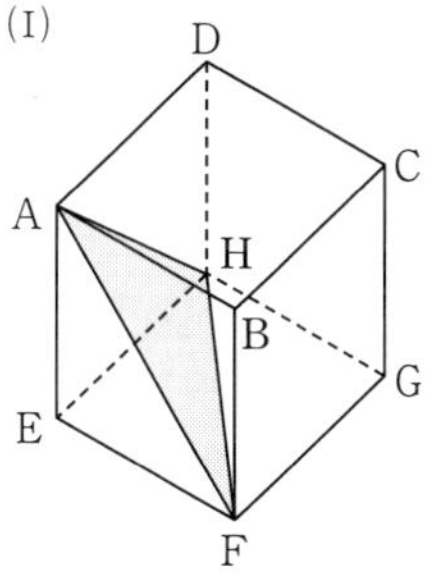

AF, HF, AHとも各面（正方形）の対角線なので，AF ＝ HF ＝ AH

よって，正三角形。

(Ⅱ)

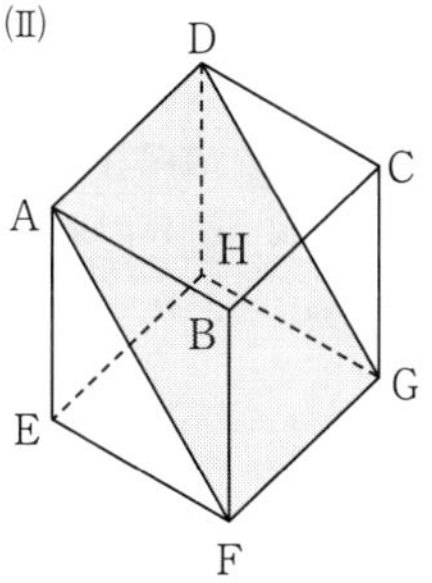

AD∥FG, AF∥DG,

AD = FG, AF = DG

∠A = ∠F = ∠G = ∠D = 90°

よって，長方形。

正答　3

練習問題

（495ページより解答・解説）

No.81 ★ 図は正四角すいの展開図である。この展開図を組み立てて立体をつくり，点Pを通る平面で切断するとき，切り口の形として**あり得ない**のはどれか。

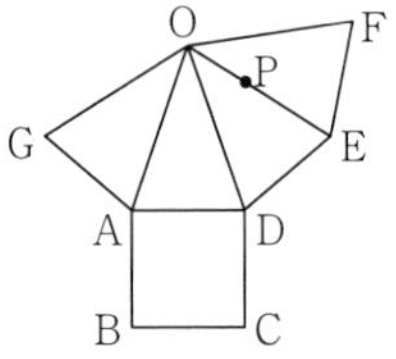

1 二等辺三角形
2 正方形
3 台形
4 五角形
5 六角形

No.82 ★ 図のような，中心軸に沿って穴が開けられた円柱がある。穴は上面から底面まで貫通しており，また円柱と穴の中心軸は一致している。この円柱を平面で切断したとき，切り口の形としてあり得るのはどれか。

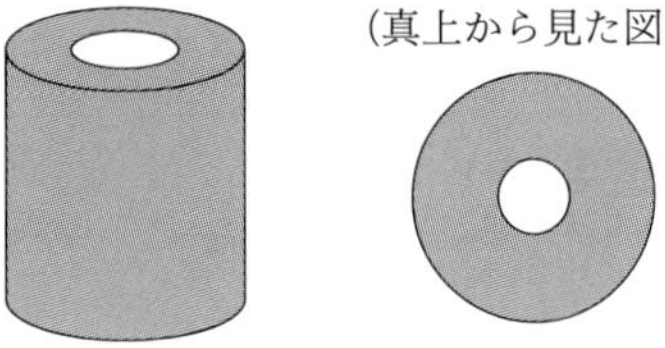
（真上から見た図）

1

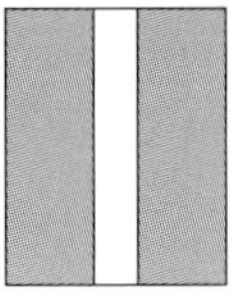

2

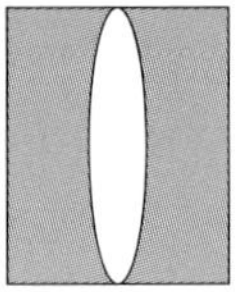

3

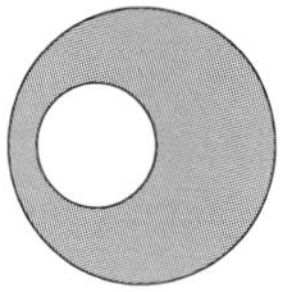

4

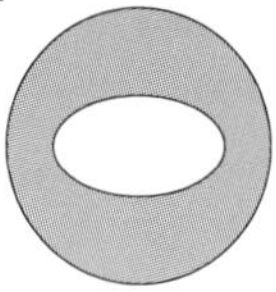

5

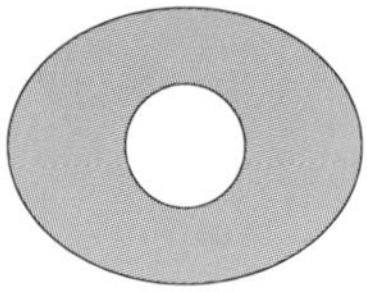

No.83★ 正八面体を平面で切断するときの断面としてあり得るもののみの組合せとして，正しいのはどれか。

ア　正三角形

イ　正方形

ウ　正六角形

エ　正八角形

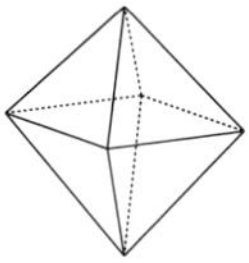

1　ア，イ

2　ア，ウ

3　ア，エ

4　イ，ウ

5　イ，エ

No.84★ 次図は正四面体で，3点A，B，Cは各辺の中点である。この立体を3点A，B，Cを通る平面で切断したときの切断線が展開図上に正しく示しているのはどれか。

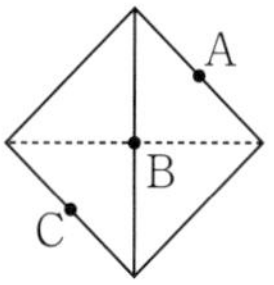

1

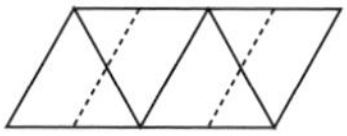

2

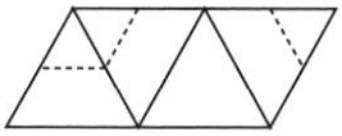

3

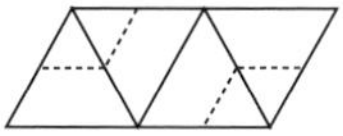

4

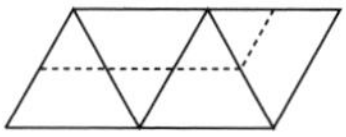

5

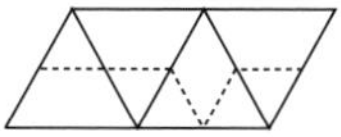

No.85★ 図のような半球がある。これを図の3点A，B，Cを通る平面で切断するとき，断面の形として最も妥当なのはどれか。

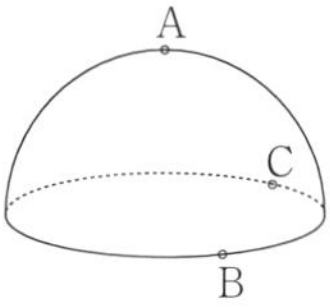

1

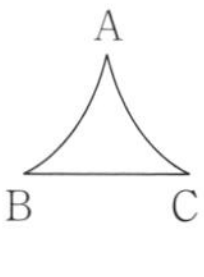

2

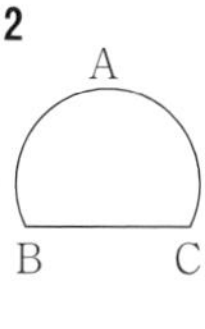

3

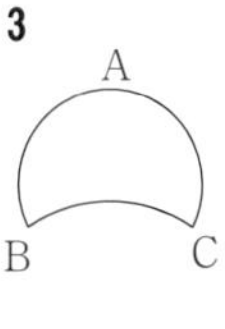

4

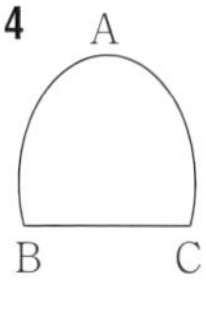

5

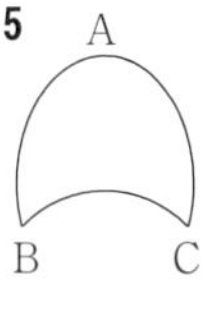

No.86★ 同じ大きさの3個の立方体を接合して図のような立体を作った。これを平面で切断したときの切り口として**あり得ない**のはどれか。

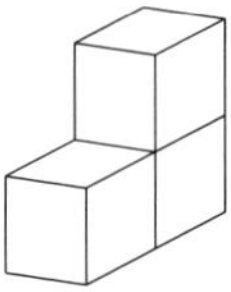

1

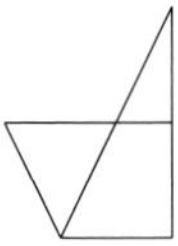

2

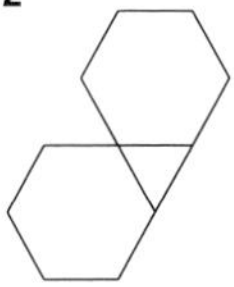

3

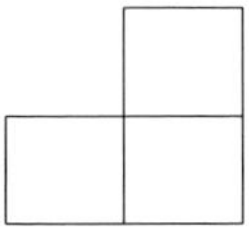

4

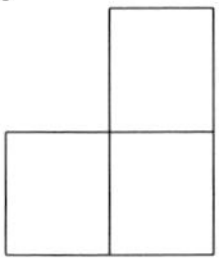

5

No.87★★ 図のような円筒状の空洞がある立方体を，点A，Cおよび一辺の中点Bを通る平面で切断した。その切断面に対し垂直な方向から見たときの図としてあり得るのはどれか。

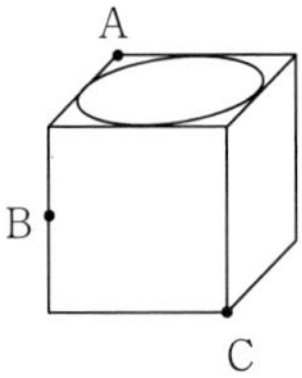

1

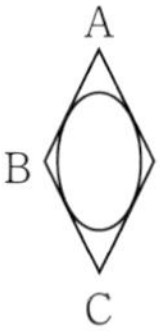

2

3

4

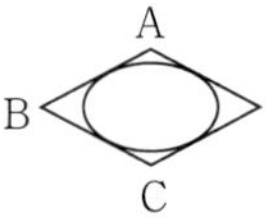

5

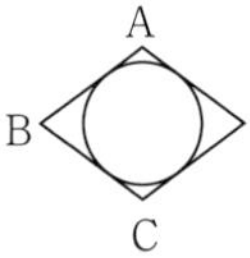

No.88★★ 図の立体を点A，B，Cを通る平面で切断したとき，その切り口にできる図形の辺の数は全部で何本か。

1 4本
2 5本
3 6本
4 7本
5 8本

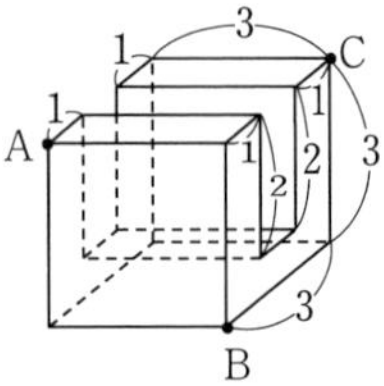

No.89★★ 同じ大きさの立方体4個を貼り合わせてつくった図のような立体がある。これを3点A，B，Cを含む平面で切断したとき，切り口の形として正しいのはどれか。

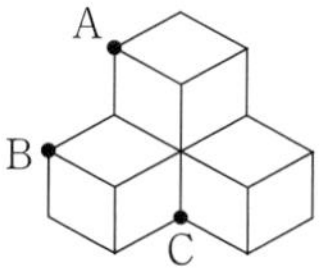

1
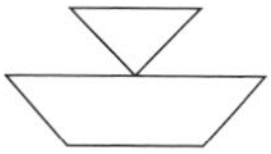
2
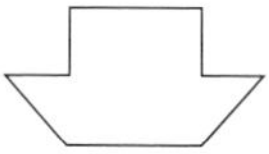
3
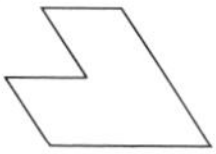
4
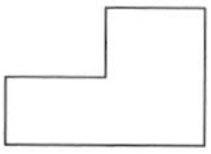
5
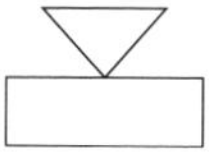

No.90★★ 一辺の長さがaの立方体を3点P，Q，Rを含む平面で切断したとき，切断面の面積はいくらか。ただし，3点P，Q，Rはそれぞれの辺の中点である。

1 $3\sqrt{3}a^2$

2 $\frac{3\sqrt{3}}{2}a^2$

3 $\sqrt{3}a^2$

4 $\frac{3\sqrt{3}}{4}a^2$

5 $\frac{3\sqrt{3}}{5}a^2$

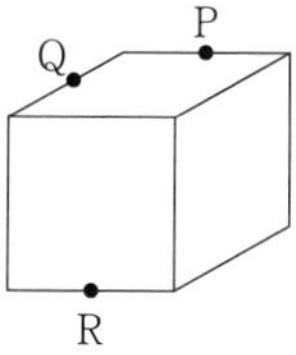

No.91★★ 同じ大きさの小立方体27個を図のように積み重ね，平面AFCで切断した。このとき，切断されてない完全な形をした小立方体の個数はいくつか。

1 16個

2 18個

3 21個

4 23個

5 24個

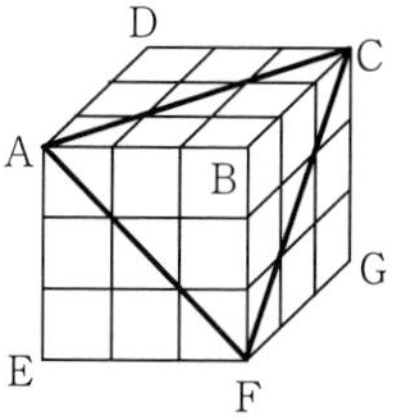

第 8 章　回転体・移動

1　回転体

◆ある図形を1本の直線を軸として回転させてできる立体を回転体という。

円柱　　　　　円すい

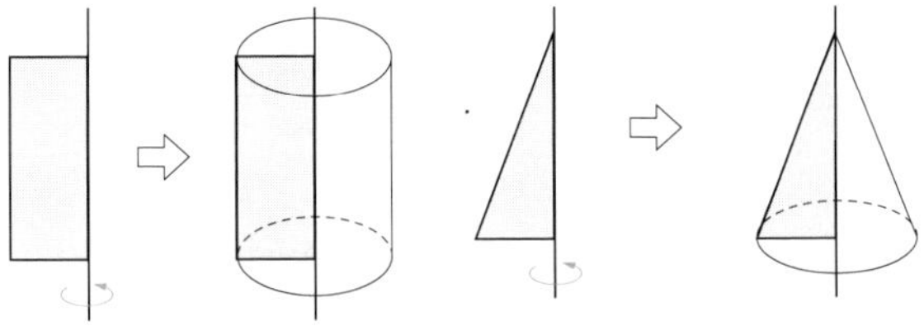

（長方形）　　　（直角三角形）

球

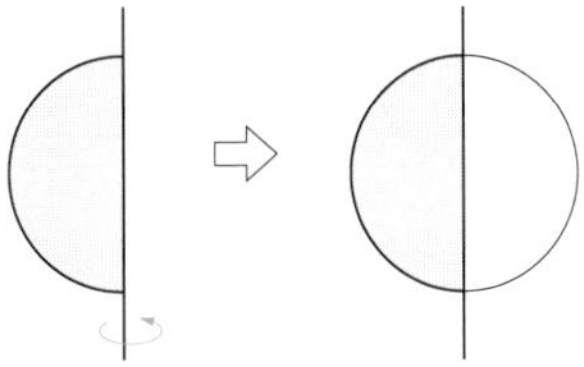

（半円）

P
回転軸を含む平面で切断すると，もとの平面図形がわかりやすい。また，断面は必ず軸に対して線対称になる。

パターン16

次の図形を，軸ABのまわりに回転させてできる回転体を考える。この回転体を，軸ABを含む面で切ったときの断面の形として正しいのはどれか。

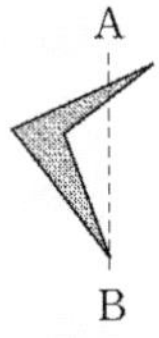

1
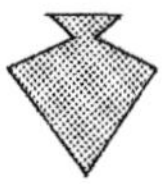

2
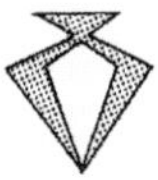

3
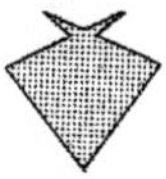

4

5

解法　できた回転体を軸ABを含む平面で切断すると，もとの図形とそれを軸ABに関して線対称に移動したものとを合わせた形になる。

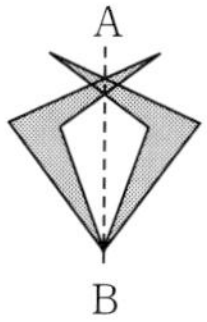

2は上の部分が，5は下の先端部分が誤り。

正答　4

練習問題

（498ページより解答・解説）

No.92 ★ 図形上の任意の2点を通る直線を軸として回転させたとき，図のような立体が得られる図形はどれか。

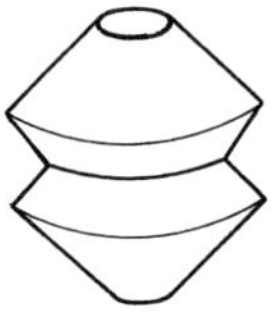

1

2

3
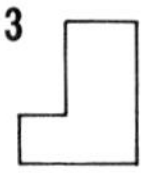

4

5

No.93 ★ 直角二等辺三角形を，同じ面上にある直線を軸にして360°回転させるとさまざまな立体を作ることができる。その立体を真横（回転軸に対して垂直な方向）から見た図として**あり得ない**のはどれか。ただし，内部は不明であり，空洞部分もある。

1
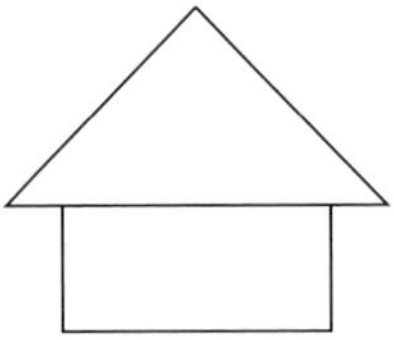

2
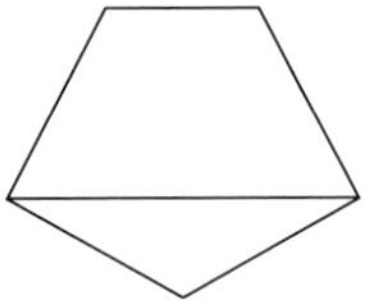

3
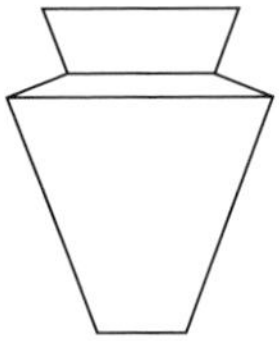

4
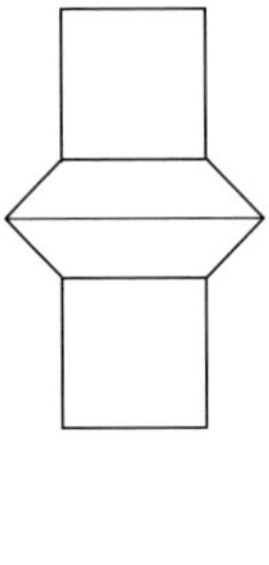

5
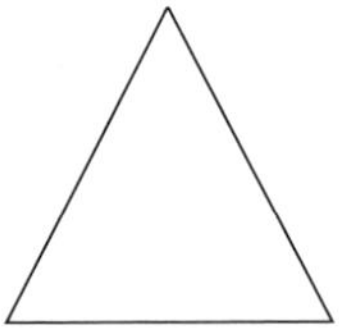

No.94 ★★ 原点Oを中心にxy平面上の線分ABを一回転したとき，線分ABの通過する領域の面積はいくらか。

1　16π
2　18π
3　19π
4　20π
5　21π

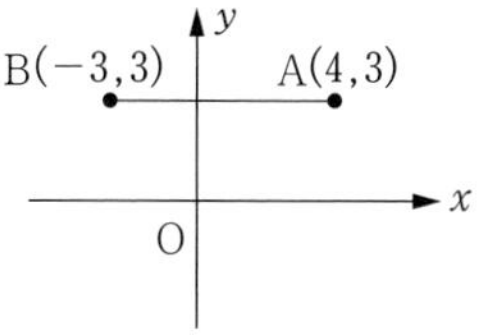

No.95 ★★ 右図のような各辺の長さがそれぞれ3，4，5である直角三角形がある。これをy軸を中心に1回転させ，さらにx軸を中心に1回転させたときにできる立体はどれか。

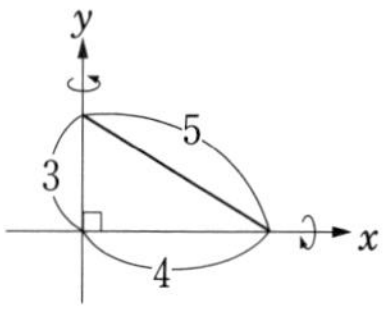

1
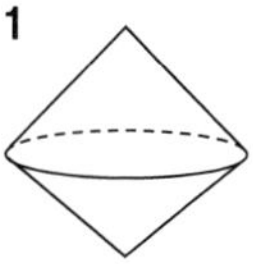

2
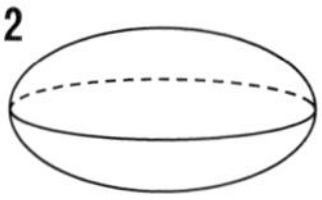

3

4
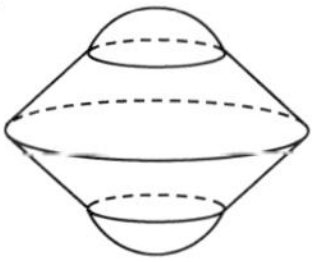

5
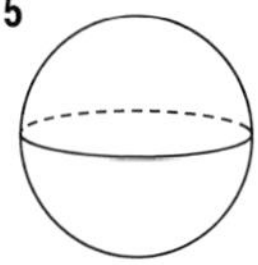

② 回転と移動

◆円が円の外側，内側を転がるときの回転数は次のように求められる。円O_1とO_2の半径の比が$r_1 : r_2 = 1 : n$のとき，

①O_1がO_2の外側を1周する間に$(n + 1)$回転する。

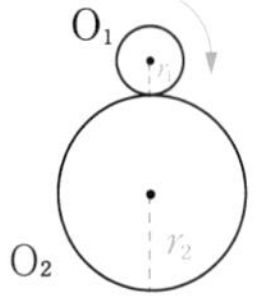

②O_1がO_2の内側を1周する間に$(n - 1)$回転する。

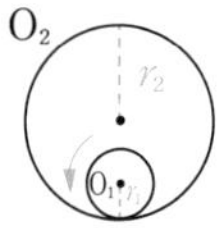

パターン17

半径rの円Pが図の経路に沿って滑ることなく回転しながら一周する。図の経路の内側と外側での円Pの回転数の組合せとして正しいのはどれか。ただし，経路の円弧の部分は左右とも半円である。

	内側	外側
1	6回転	6回転
2	5回転	6回転
3	5回転	7回転
4	7回転	7回転
5	7回転	9回転

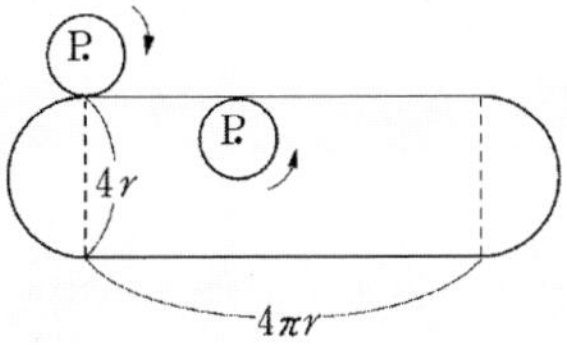

解法　図の経路は，半径$2r$の円の円周と$8\pi r$の直線からできている。

内側　$2r \div r - 1 = 1$(回転)　$8\pi r \div 2\pi r = 4$(回転)

よって，$1 + 4 = 5$(回転)

外側　$2r \div r + 1 = 3$(回転)　$8\pi r \div 2\pi r = 4$(回転)

よって，$3 + 4 = 7$(回転)

正答　3

練習問題

（499ページより解答・解説）

★★
No.96 図のように，矢印のついた半径aの円板を，半径$2a$の円の外側を滑ることなく，時計回りに点Pから点Aまで回転させた。点Aにきたときの矢印の向きとして正しいのはどれか。

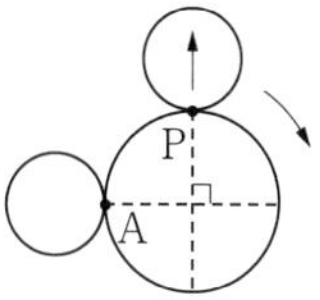

1

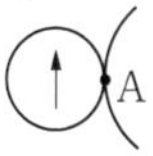

2

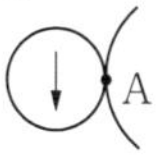

3

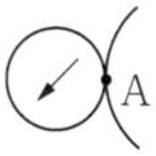

4

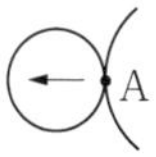

5

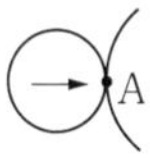

★
No.97 相対する面の数の和が7であるサイコロが図のように置いてある。いま，このサイコロを図の位置からAの方向へ2回，Cの方向へ3回，Bの方向へ4回，Dの方向へ5回，滑ることなく回転させたとき，最後に上面に現れる数はいくつか。

1　1
2　2
3　3
4　4
5　5

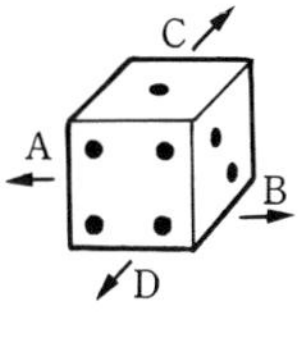

No.98 ★★ 相対する面に同じ色が塗られた図Ⅰのような立方体と，この立方体の1つの面と同じサイズの正方形9マスに区切られた図Ⅱのようなボードがある。図ⅡのA，BそれぞれのSTARTに，上面が赤，正面が黄になるように図Ⅰの立方体を置き，それぞれの経路に従ってGOALまで転がした。このとき，A，BそれぞれのGOALにおける，上面に現れた色の組合せとして正しいのはどれか。

	A	B
1	赤	赤
2	赤	黄
3	黄	青
4	青	赤
5	青	黄

図Ⅰ

図Ⅱ

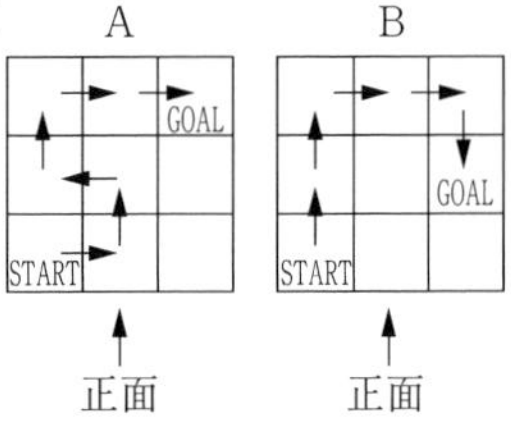

No.99 ★★ 透明なアクリル板でできた正六角形があり，図Ⅰのように白丸(○)と黒丸(●)が描かれている。この板を，時計回りに60°回転することを「操作A」，上下軸に関して裏返すことを「操作B」とする（図Ⅱ）。例えば，図Ⅰの状態から操作A→操作B→操作Aをこの順に行うと，模様の配置は図Ⅲのように推移する。

図Ⅰ

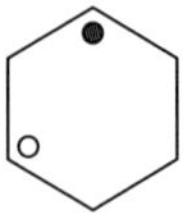

図Ⅱ

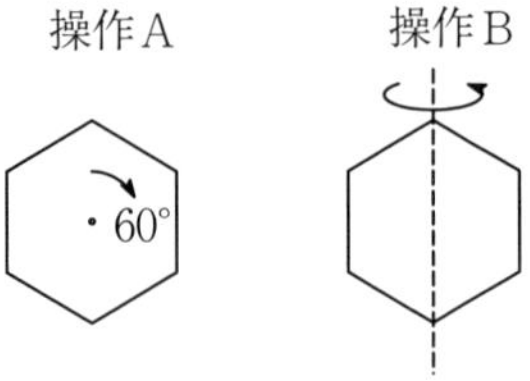

図Ⅲ

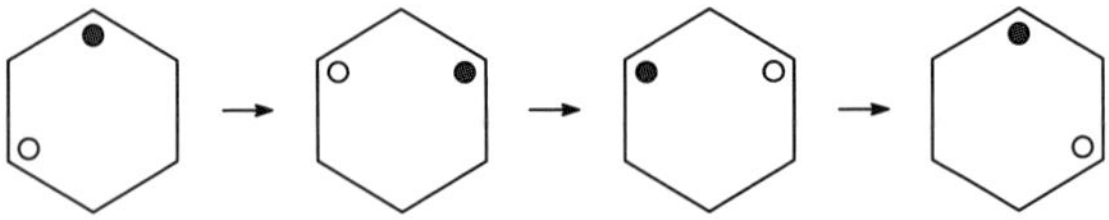

図Ⅰの状態から，操作Aまたは操作Bを合計で4回行うとき，図Ⅳのア～ウのうち，実現できる配置をすべて挙げているのはどれか。

1 ア
2 イ
3 ア，イ
4 ア，ウ
5 イ，ウ

図Ⅳ

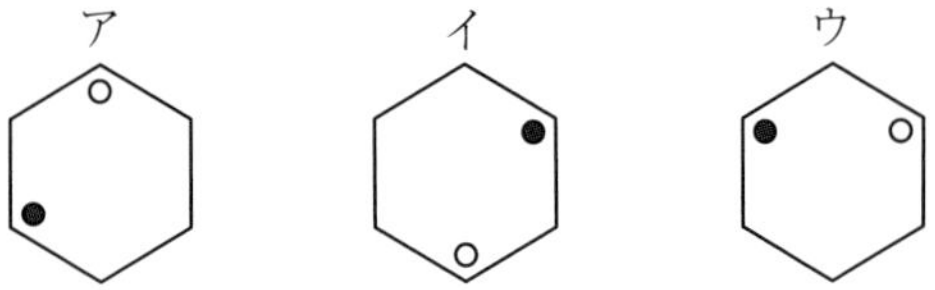

No.100 ★　図Iのような模様の描かれた，一辺の長さが10cmの正方形がある。この正方形を縦40cm×横50cmの長方形の周上に，図IIのように置いて，正方形が長方形の周上を右回りに滑らないように回転していく。長方形の上辺と右辺を通過して図IIの斜線部の位置に達したときの正方形の様子として妥当なのはどれか。

図I

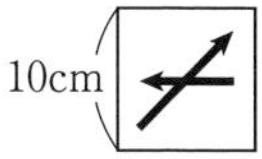

図II

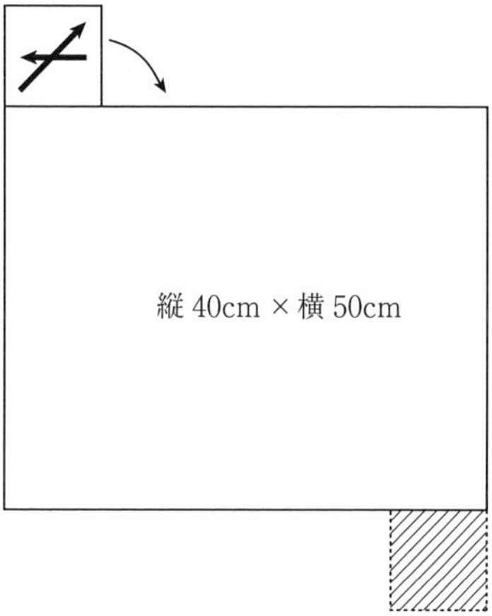

1

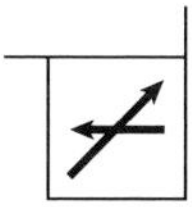

2

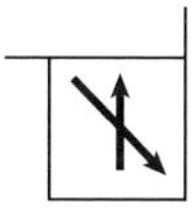

3

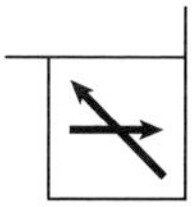

4

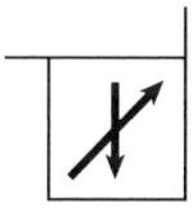

5

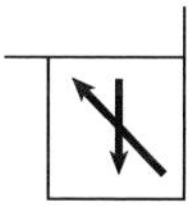

No.101 ★★　図のようなコップを水平な机上で転がしたとき，一周して元の位置に戻るまでにコップは何回転するか。

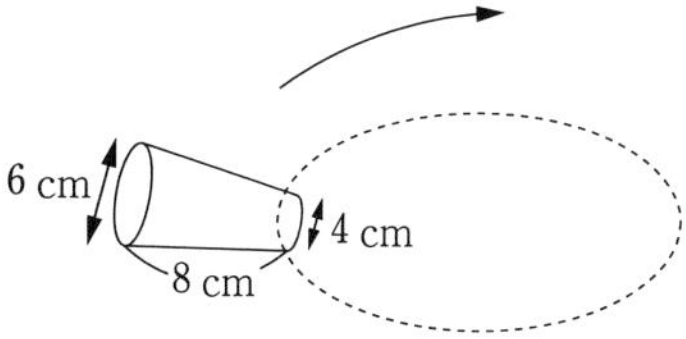

1　8回転
2　9回転
3　10回転
4　11回転
5　12回転

第9章 経 路

1 最短経路

◆最短経路では文字通り，一番短い長さについて考えることが課題となる。平面上では2点間の距離は直線のときが一番短いということを念頭におく。

チェック

直線で結ぶ→三平方の定理の活用
立体の場合は，
展開する→直線で結ぶ→三平方の定理の活用

●三平方の定理

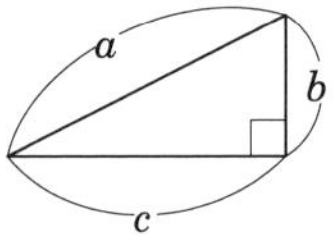

$a^2 = b^2 + c^2$

パターン18

図のようなAB＝BC＝4cm，BF＝5cmの直方体ABCD－EFGHがある。点Aから，DH上の点I，CG上の点Jを通って点Fまでいくときの最短経路の長さはいくらか。

1 12cm
2 13cm
3 14cm
4 15cm
5 16cm

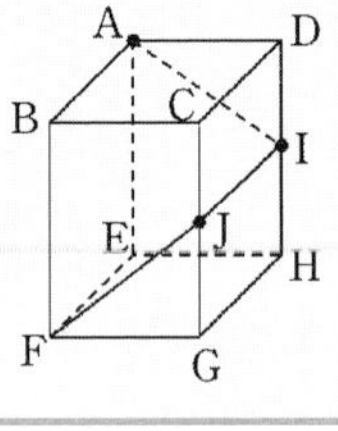

解法 まず展開する。このときにかくのは必要な部分だけでよい。

三平方の定理$AF^2 = AB^2 + BF^2$より，

$AF = \sqrt{12^2 + 5^2}$

$= 13(cm)$

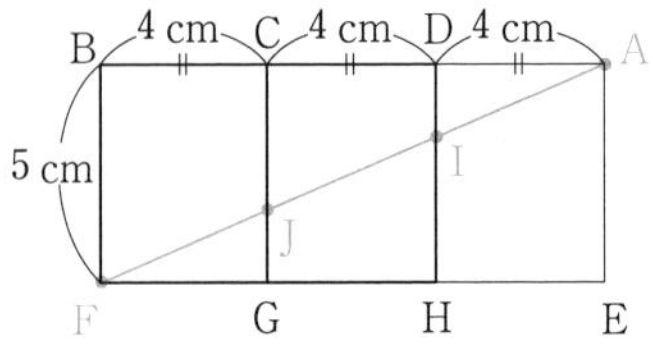

正答 2

練習問題

（501ページより解答・解説）

No.102★ xy平面上の点Pからx軸上のいずれかの点を通って点Qに至るときの最短経路の長さはいくらか。

1 $\sqrt{37}$
2 $2\sqrt{10}$
3 $3\sqrt{3}+2$
4 $2\sqrt{3}+3$
5 $3\sqrt{5}$

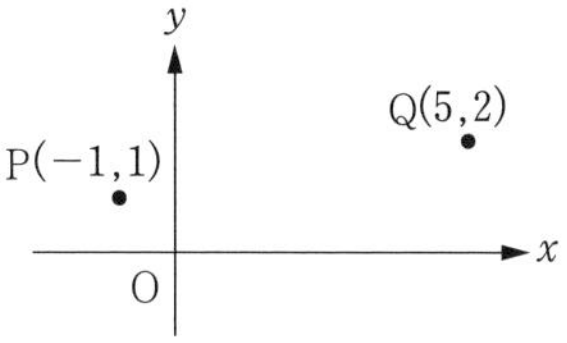

No.103★ 図のような底面の半径が1.5cm，高さが3πcmの円柱がある。上の底面の周上の点Pから，図のように側面に沿って糸を巻いたところ，$\frac{4}{3}$周したところで下の底面の周上の点Qに到達した。このとき，糸は最低何cm必要か。

1 5πcm
2 6πcm
3 7πcm
4 8πcm
5 9πcm

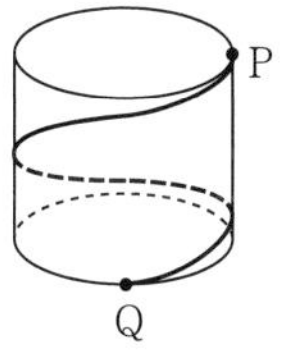

No.104★ 下図は底面が正方形で側面はすべて合同な二等辺三角形の四角すいであり，PA＝PB＝PC＝PD＝10cm，∠APB＝∠BPC＝∠CPD＝∠DPA＝30°である。

下図のように辺PAの中点Mから側面を通って点Dにいくまでの最短経路の長さはいくらか。

1 $4\sqrt{3}$cm
2 $5\sqrt{3}$cm
3 $4\sqrt{5}$cm
4 $5\sqrt{5}$cm
5 10cm

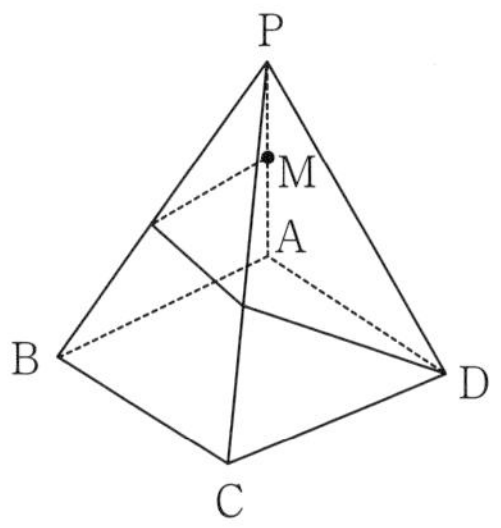

★★
No.105 図のようなAC = 5cm, CD = 3cm, CE = 6cmの直方体がある。辺および面上を通って点Aから点Bまでいくときの最短経路の長さはいくらか。

1 約10.0cm
2 約10.5cm
3 約11.0cm
4 約11.5cm
5 約12.0cm

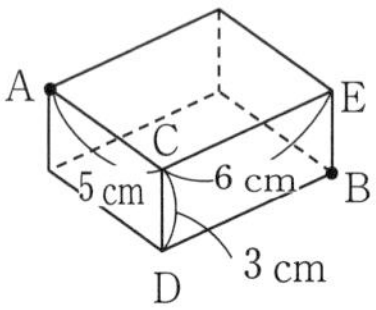

★★
No.106 図のような底面の半径が1cm, 母線の長さが6cmの円すいがある。底面の円周上の点Bから側面に沿って進み，母線AB上の中点Pまでいくときの最短経路の長さはいくらか。

1 約4cm
2 約5cm
3 約6cm
4 約7cm
5 約8cm

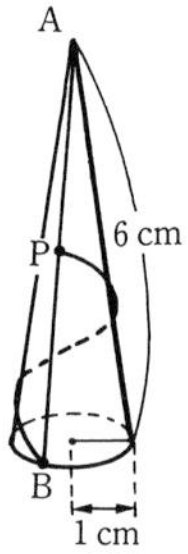

② 一筆書き

●偶点と奇点

線が偶数本集まる点を偶点，線が奇数本集まる点を奇点という。

●一筆書きができる条件

チェック

① 奇点が0個(すべて偶点)……どこを始点としてもよい。

② 奇点が2個，他は偶点……2つの奇点が始点と終点になる。

図Ⅰ

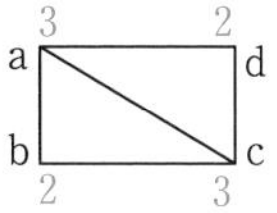

a，c が奇点，b，d が偶点なので，一筆書きができる。

図Ⅱ

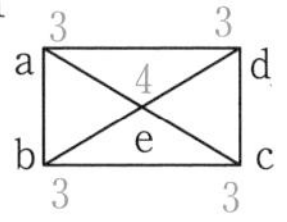

a，b，c，d が奇点，e が偶点なので，一筆書きができない。

パターン19

次の図が一筆書きできるためには，どこを始点とすればよいか。

1 A
2 BでもEでもよい
3 F
4 CでもDでもよい
5 どこからでもよい

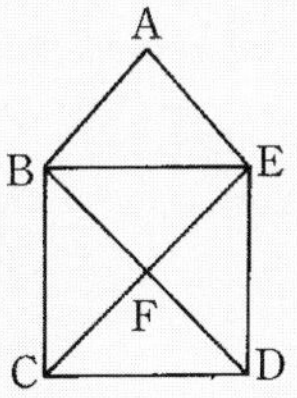

解法 A(2)，B(4)，E(4)，F(4)は偶点，C(3)，D(3)が奇点なので一筆書きはでき，CまたはDが始点となる。

正答 4

練 習 問 題

（502ページより解答・解説）

★
No.107 次の図形のうち，一筆書きができないのはどれか。

1

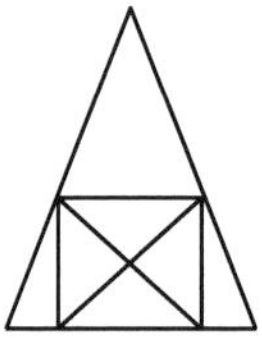

2

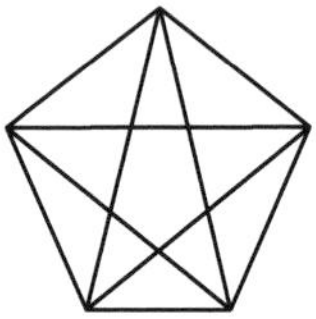

3

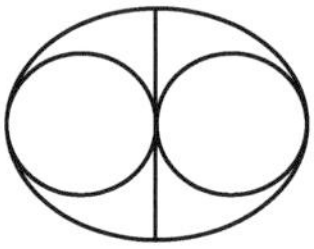

4

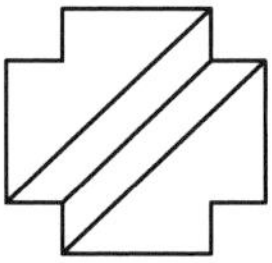

5

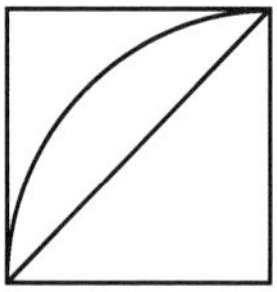

★
No.108 点と線のつながりが次図と同じものはどれか。

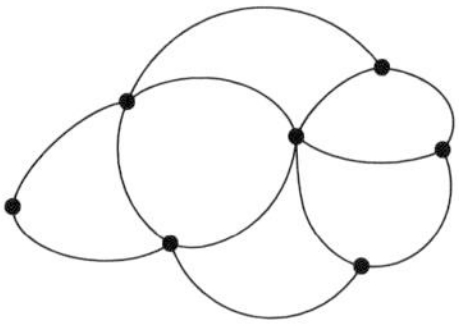

1

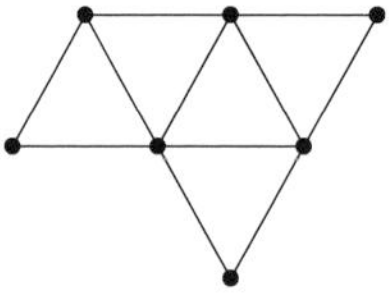

2

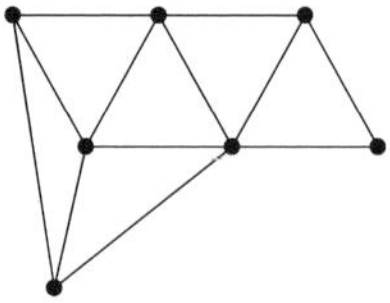

3

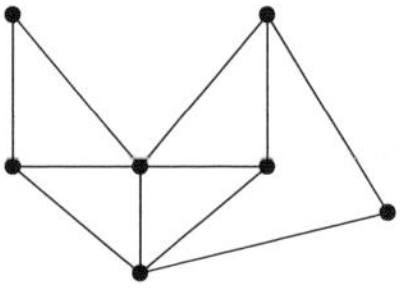

4

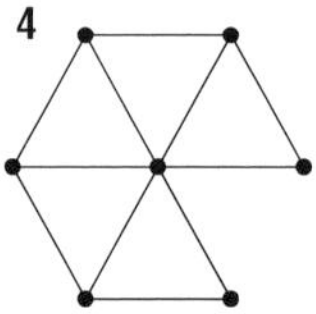

5

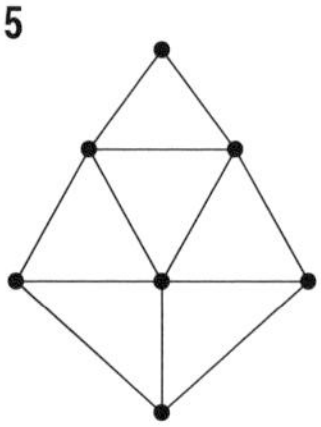

★★
No.109 虫ピンがさしてあるパネル上で，1本の輪ゴムを二重になる線分ができないように張りめぐらせてできる図形はどれか。

1

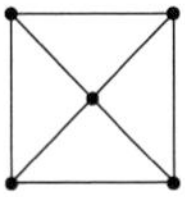

2

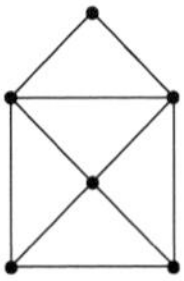

3

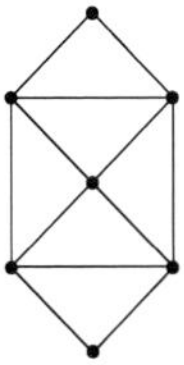

4

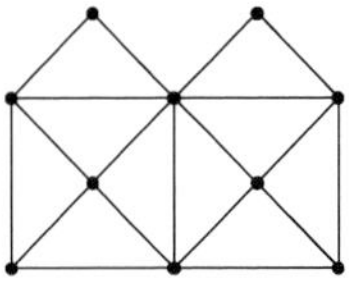

5

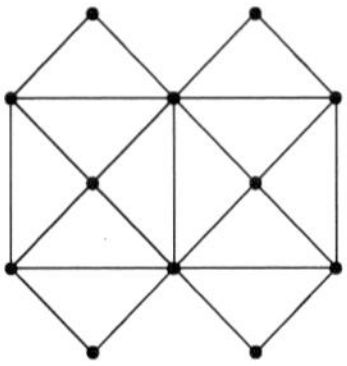

★★★
No.110 図のような碁盤の目状の街路がある。交差点から次の交差点までを1本の辺とすると，この街路には38本の辺がある。Aから出て，すべての辺を1回以上通り再びAに戻ってくるには，少なくとものべ何本の辺を通らなければならないか。ただし，交差点でなくても，例えば，図のアイ，アウなどもそれぞれ1本と数える。

1 41本
2 42本
3 43本
4 44本
5 45本

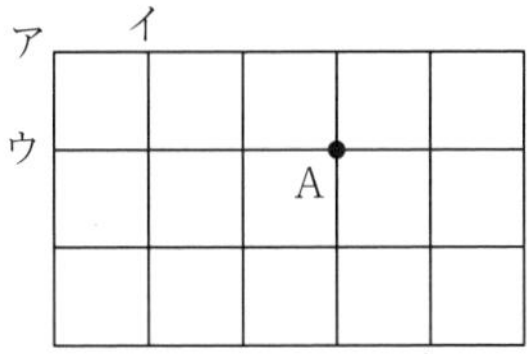

解 答 と 解 説

空 間 把 握

第 *1* 章　平面図形

No.1　正答　5

1～4は，次図のように移動させると，それぞれ2マス分になっていることがわかる。

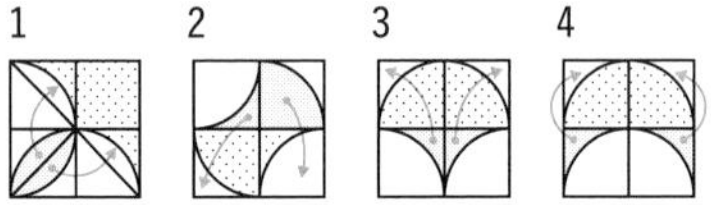

5は，一辺が2の正方形から半径1の円を取った残りであるから，$4-\pi$で半分にはならない。

No.2　正答　1

もとの図の斜線部は，次のように長方形に区切ると正方形全体の$\dfrac{1}{2}$であることがわかる。

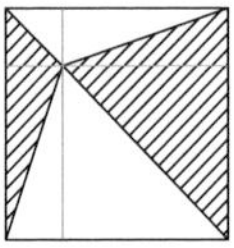

1　内部の正方形だけを円に接したまま45°回転すると次図のようになり，斜線部が正方形全体の$\dfrac{1}{2}$となっていることがわかる。よって，もとの図と等積である。

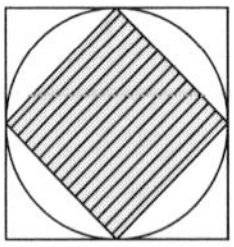

2　斜線部（正六角形）は1と同じ円に内接しており，一般に一つの円に内接する正n角形は，nの値が大きいほど面積も大きいので，2の斜線部の面積は1より大きい。

3　斜線部は，次図の斜線部の4倍である。

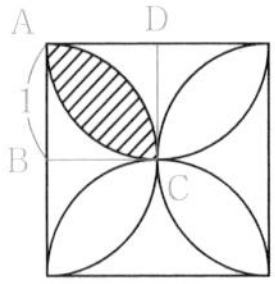

図のようにAB＝1とおくと，この図の斜線部の面積は，

扇形BAC＋扇形DAC－正方形ABCD

$$=\frac{\pi\cdot 1^2}{4}+\frac{\pi\cdot 1^2}{4}-1^2$$

$$=\frac{\pi}{2}-1$$

なので，これを4倍して，

$$2\pi-4\fallingdotseq 6.28-4=2.28$$

一方，正方形全体の面積は$2^2=4$だから，全体の$\dfrac{1}{2}$より大きい。

4　次図のように区切ると，上下とも斜線部はそれぞれの長方形の$\dfrac{1}{2}$より小さいので，全体の$\dfrac{1}{2}$より小さい。

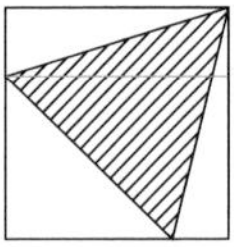

5　次図の黒い部分があるので全体の$\dfrac{1}{2}$より大きい。

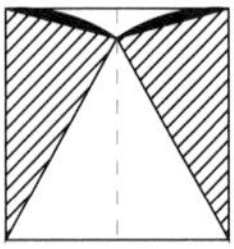

No.3　正答　3

次図のように補助線を引くと，△ABCは7つの三角形から成り立っていることがわかる。また，隣合った三角形を順に見ていくと，これらの7つの三角形の面積は全て同じである。したがって，△DEFは，全体の7分の1であることがわかる。

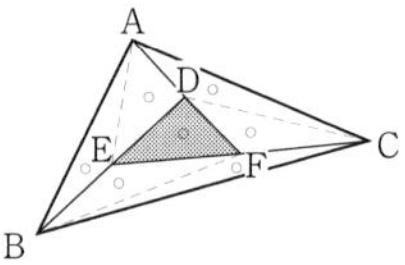

No.4 正答 2

Bをaにより3つに区分けできればよい。実際に図にかき込んでみると，①はイ，②はア，③はエに該当することがわかる。

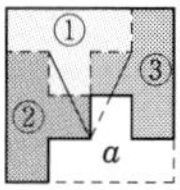

No.5 正答 1

面積でチェックする。

1〜5の合計は，

$7+5+4+6+5=27$(個)

△PQRを完成させるにはあと20個必要なので，

$27-20=7$(個)より，

7個の1が不要である。実際に組み合わせると次図のようになる。

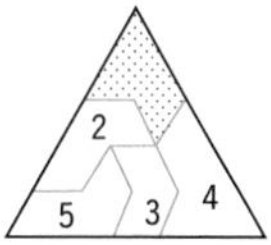

No.6 正答 4

面積でチェックする。全体は$4\times4=16$，アは1.5，イは2，ウは3.5。よって，残りの面積がウの整数倍となっていればよい。

	ア	イ	残(16−ア−イ)	
1	$1.5\times2=3$	$2\times3=6$	7	○
2	$1.5\times3=4.5$	$2\times4=8$	3.5	○
3	$1.5\times4=6$	$2\times5=10$	0	○
4	$1.5\times5=7.5$	$2\times3=6$	2.5	×
5	$1.5\times7=10.5$	$2\times1=2$	3.5	○

あり得ないのは，4である。

No.7 正答 2

2以外は次のように作ることができる。

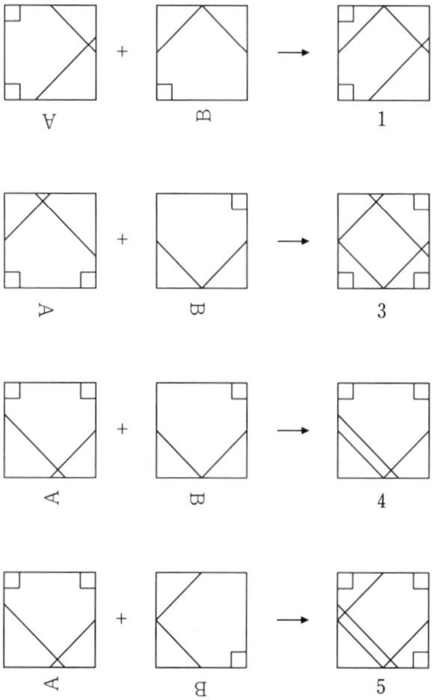

No.8 正答 1

問題文に与えられた3つの図について，もう1枚のタイルをつないだ図形を調べよう。

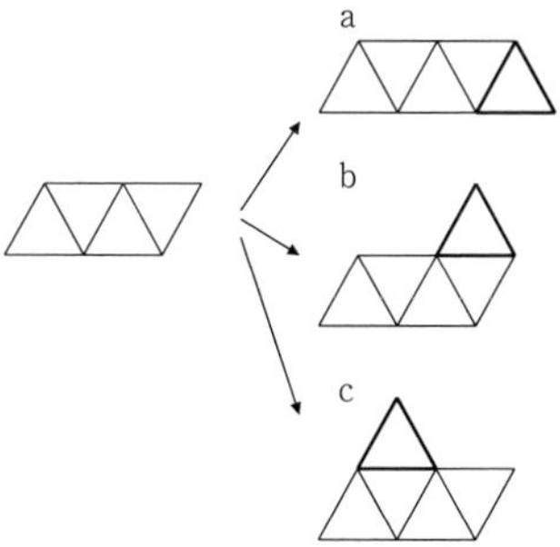

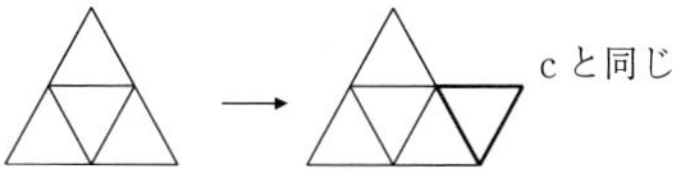

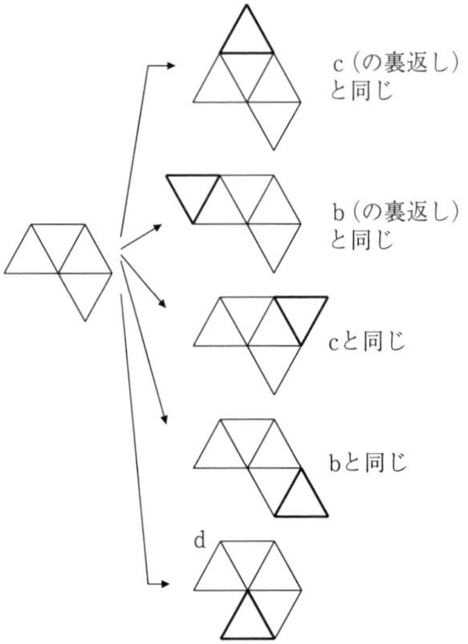

回転や裏返しにより同じになるものを除けば，a，b，c，dの**4通り**しかない。

No.9　正答　2

まず面積でチェックする。1～5の図形の面積の合計は（小正方形の面積を1とする），

$$3 + 3.5 + 3.5 + 4.5 + 5 = 19.5$$

つくりたい正方形の面積は，

$$4 \times 4 = 16$$

なので，多い分が不要となる。

$$19.5 - 16 = 3.5$$

よって，不要なのは2か3で，他の1，4，5は使うことがわかる。

必ず使う3枚のうち，一番面積が大きい5を入れ，順次はめこめるものを入れていくと，次図のようになる。

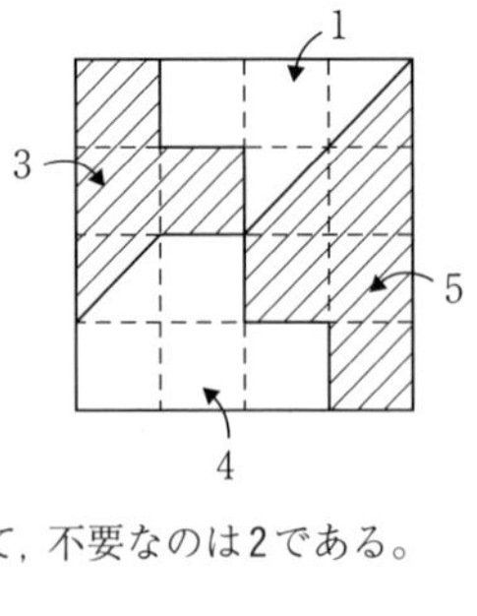

よって，不要なのは2である。

No.10　正答　4

まず面積でチェックすると，

総数（24）－必要数（20）＝4

なので，不要なのは$4cm^2$のイ・ウ・エ・オのいずれかである。

4cm×5cmの長方形を1cm方眼に区切り，隣合う方眼に○が入らないよう，交互に○を入れると，○の数は図のように10個となる。

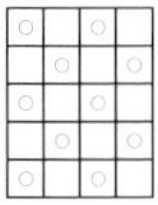

ア～カに同様に○を入れると，

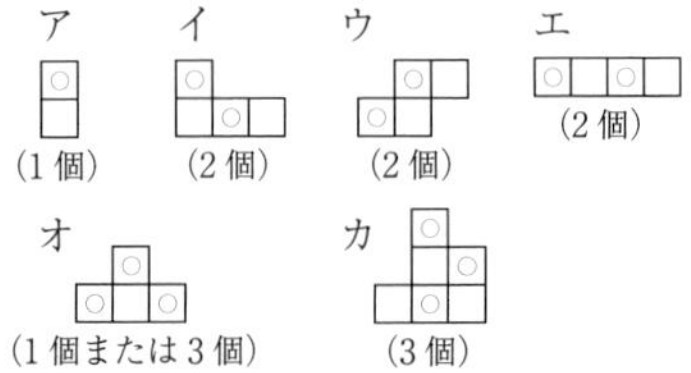

ア・カは必ず使い，○の数は4個となるので，○の総数を10個にするには，あとイ・ウ・エを使えばよい。不要なのはオ。

No.11　正答　1

図Ⅰ，ア，イ，ウのいずれも黒マスが5か所ある。2枚重ねたときに黒マスが7つみえるためには，3つの黒マスが重なればよい。

回転して重ねてもよいので，回転したときに同じ場所になる部分に同じアルファベットを入れると次のようになる。言い換えると，異なる記号のマス目は回転しても重ならない。

A	B	C	D	A
D	E	F	E	B
C	F	G	F	C
B	E	F	E	D
A	D	C	B	A

図Ⅰの黒マスは，

A，B，B，E，F　……①

である。

ア　黒マスは，

B，C，E，F，G

である。C，Gの黒マスは図Ⅰの黒マス

①と重なることはないので，B，E，Fの黒マスが図Ⅰの黒マスと重なるかどうかを調べればよい。

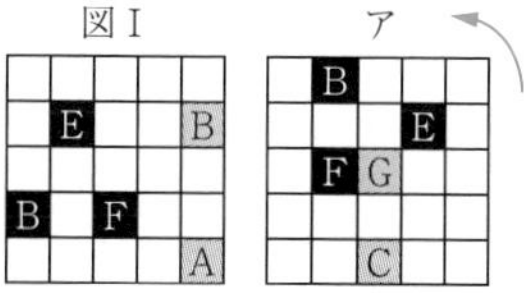

アを反時計まわりに90°回転して図Ⅰに重ねると3つの黒マスが重なる。よって，このとき黒マスは全部で7つになる。

イ　黒マスは，

A，A̸，C̸，D̸，F

である。図Ⅰの黒マス①と重なりうるマス目が2つ（A，F）しかないので不適。

ウ　黒マスは，

A，D̸，D̸，E，G̸

である。図Ⅰの黒マス①と重なりうるマス目が2つ（A，E）しかないので不適。

No.12　正答　5

9枚の小正方形のうち中央は裏返しても回転しても位置が変わらないので，まず中央の縞が1枚必要なことがわかり，イかエをどちらか1枚使う。よって，2は不適。

図Ⅰにおいて縦・横の縞が重なっている部分には2枚とも縞が入っている必要があるので，重ねる2枚の縞の入る場所は，

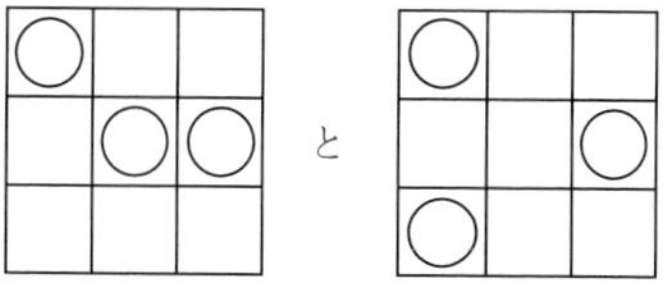

よって，イは不適。

以上より（アとエ）か（ウとエ）である。すなわち，エは必ず使う。エを裏返し，図Ⅰより取り除くと，

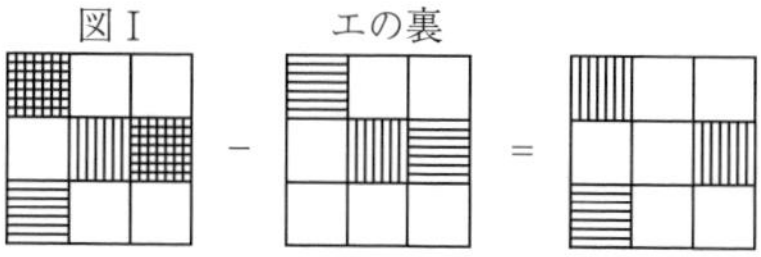

これより，ウの裏を使ったことがわかる。よって，重ねたのは，ウとエ。

No.13　正答　5

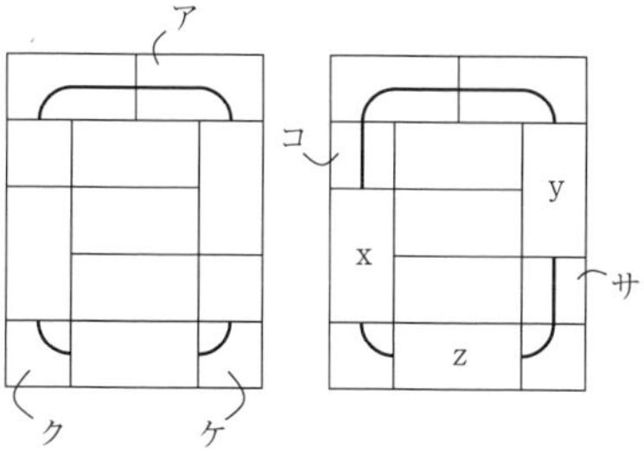

全体として切れ目のない環になるので，まず隅を考えて上左図のようになり，これで正方形マスはコとサしか残っていないので，上右図ができる。するとx，y，zに置けるのは順不同でウ，カ，キに限定される。

x＝ウの場合は下左図になり，y＝ウの場合は下右図になる。どちらもaの位置にはオが置かれる。

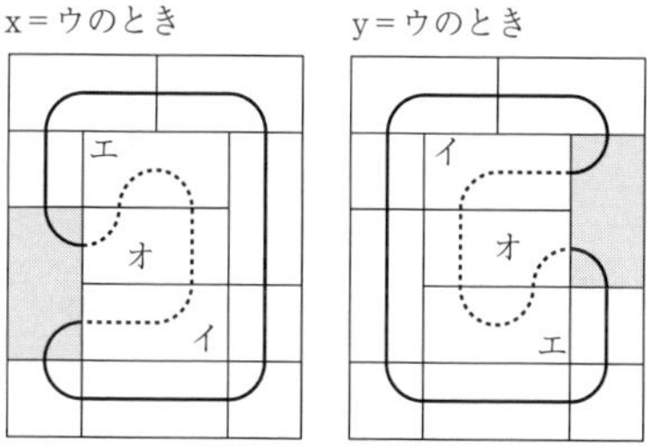

z＝ウの場合は次のようになるはずだが，該当する紙片がないので不適。

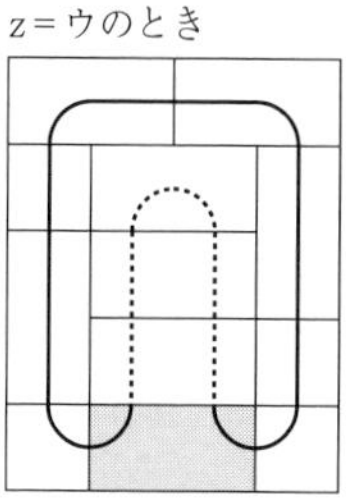

No.14　正答　2

正八角形と辺を共有できないことを考慮しながら，頂点を決めて数える。例えば，Aを頂点とすると，底辺は，CGを結んだ場合の△ACGと，DFを結んだ場合の△ADFの2つできる。この2つの三角形は，Aを頂点

とする場合以外には二等辺三角形にならないから，C，G，D，Fを頂点にした場合に重複して数えることはない。よって，各頂点で2個ずつ二等辺三角形ができるから，

$8 \times 2 = 16$(個)

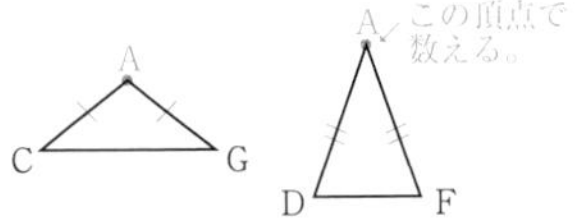

No.15 正答 4

次図のような三角形が考えられる。

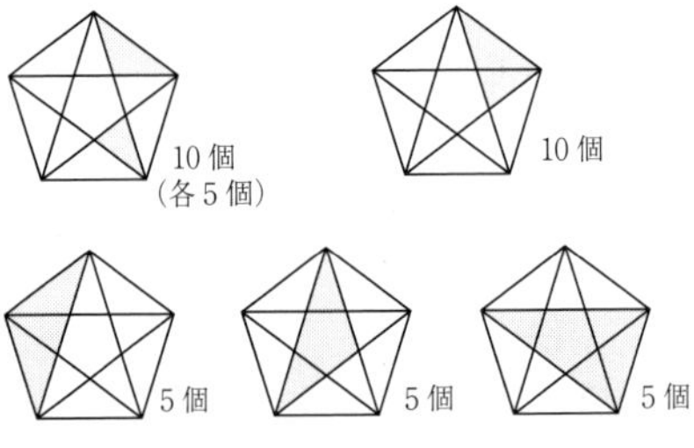

$10 + 10 + 5 + 5 + 5 = 35$(個)

No.16 正答 3

次のような正方形がかける。

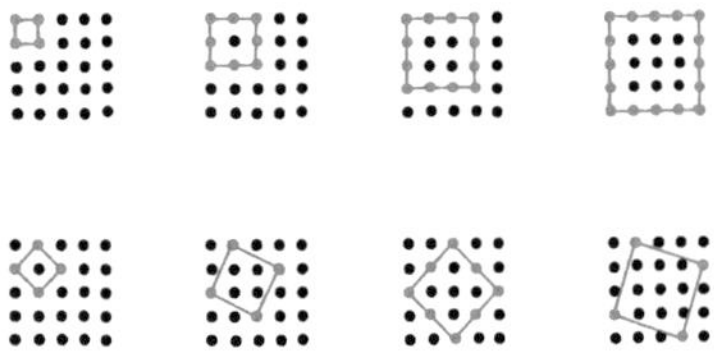

No.17 正答 4

次図のような直角二等辺三角形が考えられる。

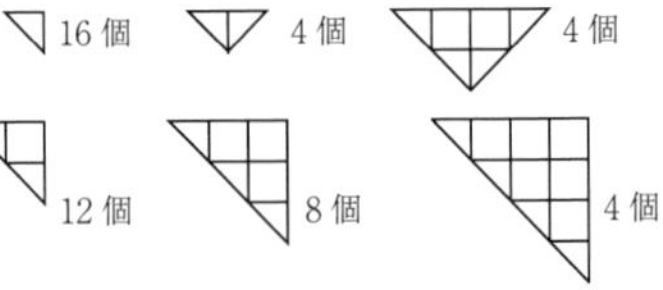

$16 + 4 + 4 + 12 + 8 + 4 = 48$(個)

No.18 正答 3

正方形のサイズ別にその個数を数えよう。

・1×1の正方形：これは単純にマス目を数えて24個ある。

・2×2の正方形：次図において，
①の線上に底辺を置くもの・②の線上に底辺を置くものがそれぞれ4個，
③の線上に底辺を置くもの・④の線上に底辺を置くもの・⑤の線上に底辺を置くものがそれぞれ2個
あるので，

$4 + 4 + 2 + 2 + 2 = 14$(個)

・3×3の正方形：次図において，
①の線上に底辺を置くものが3個，
②の線上に底辺を置くもの・③の線上に底辺を置くもの・④の線上に底辺を置くものがそれぞれ1個
あるので，

$3 + 1 + 1 + 1 = 6$(個)

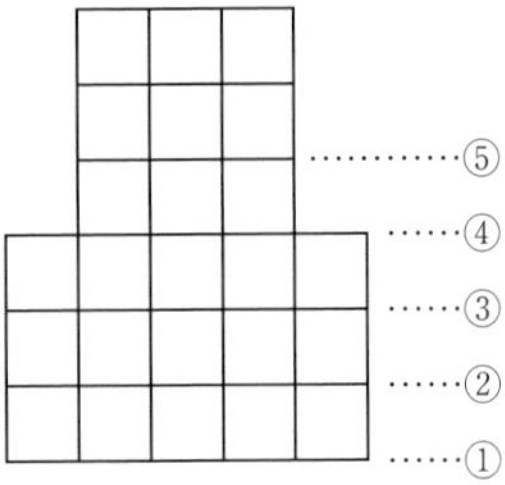

よって，求める個数は，

$24 + 14 + 6 = 44$(個)

第2章 折り紙

No.19 正答 4

折り目に線対称になるよう，切断部をかき入れて広げていく。

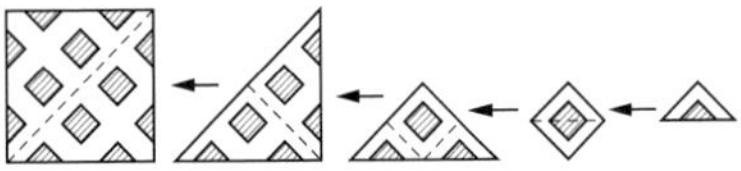

三角形のくぼみは8個。

No.20 正答　5

順次開いていくと，次図のようになる。

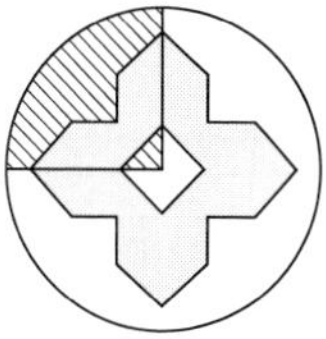

No.21 正答　2

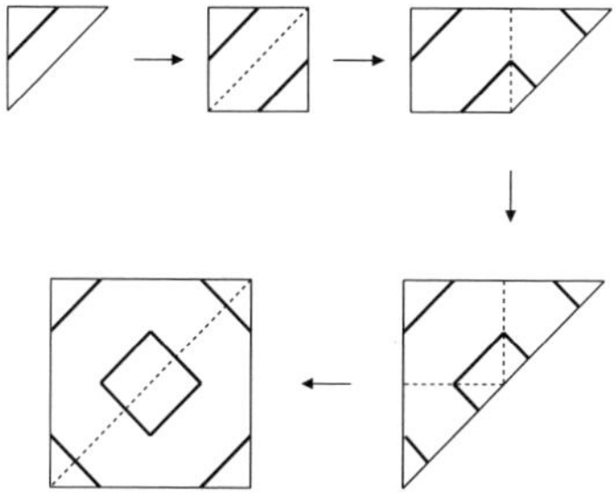

順次開いていくと上図のようになる。よって全部で6枚の紙片に分かれる。

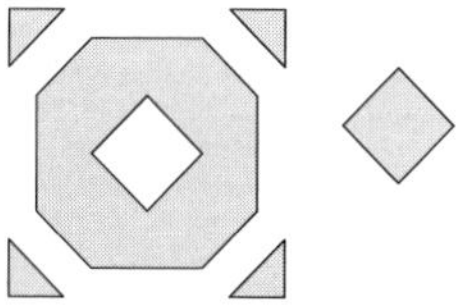

No.22 正答　4

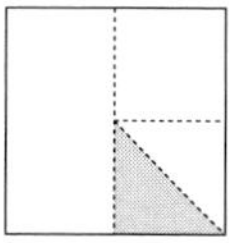

折り畳んだ折り紙は，上図の網目部である。

そこで，選択肢の図を重ね合わせると，網目部の切断の様子と一致するのは4である。

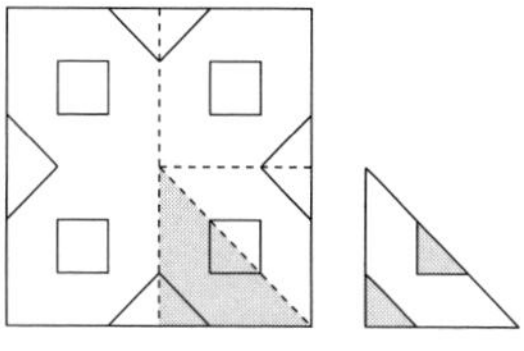

なお，順次開いていくと次のようになる。

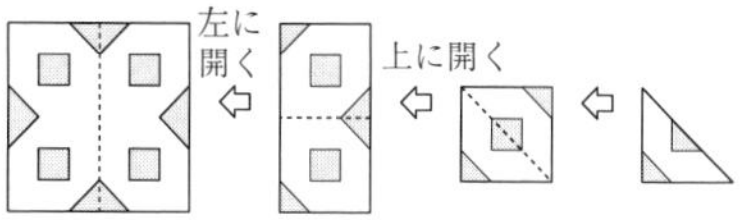

No.23 正答　4

1・2　紙を四角になるように縦2回，横2回折り畳むと次図のように16分割され，最初の正方形は16分割されたいずれかの区画に畳み込まれる。そしてこれを開くと，破線はすべて「対称線」(つまり，切り取りにより生じる模様は，これらの破線すべてについて対称）になる。ここでは例えば左上隅の模様aが対称線lについて線対称になっていない（bの位置にaと対称な模様がない）ことから，この折り方は不適であることがわかる。

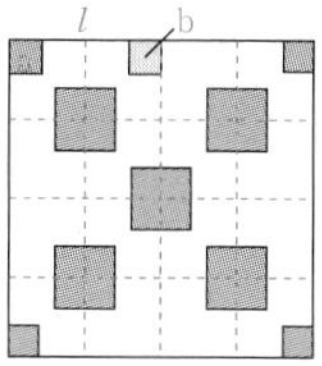

3～5　紙を三角になるように4回折り畳むと次図のように16分割され，最初の正方形は破線で16分割されたいずれかの区画に畳み込まれる。ここでは破線すべてについて線対称となっており，畳んだ最小部分はすべて4の形になっている。

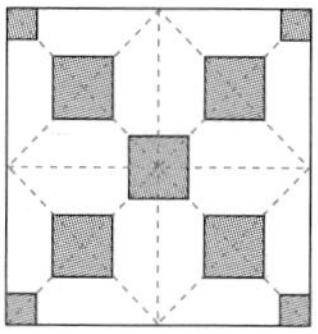

No.24 正答　2

1回折ると文字は裏になり，2回折ると文字は表になる，というように折る度に裏，表が交互になる。

1回折ると　2回折ると　…
R ——→ Я ——→ R ——→ …
(表)　(裏)　(表)　…

7回折ると文字は裏になる。これより，3，4は不適。

あとは折り畳む過程での「文字の上下」を追跡すればよい（矢印を代用し，矢先が文字Rの上を指すとする）。

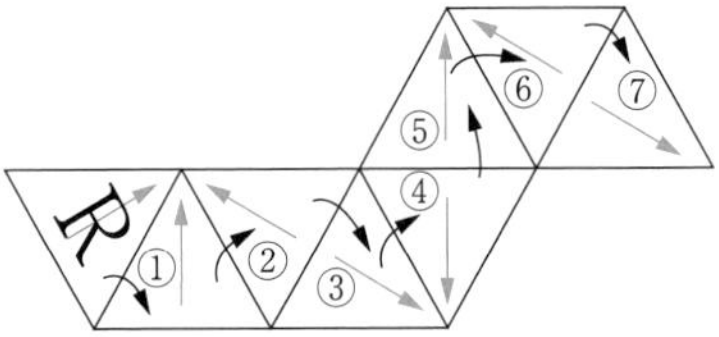

よって，正答は2である。

No.25　正答　2

横方向について折り畳むとき，

奇数回折る場合⇒模様が左右反転する
偶数回折る場合⇒模様は左右反転しない

ということに注目しよう。

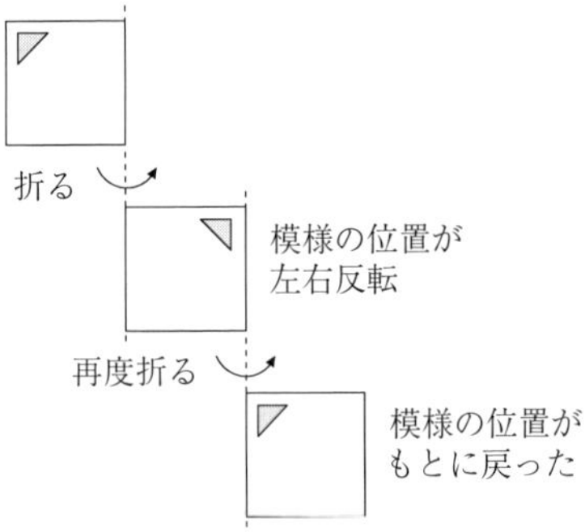

同様に，縦方向に折り畳むときは，

奇数回折る場合⇒模様が上下反転する
偶数回折る場合⇒模様は上下反転しない

となる。

次の図のア・イ・ウが，それぞれ正方形ABCDの上に重なるまでに，横方向及び縦方向に何回折り畳まれるかを調べると

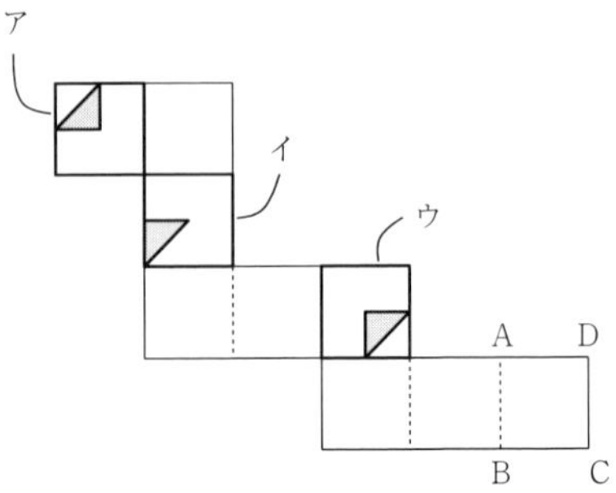

アは，{ 横方向5回（＝奇数）
　　　 縦方向3回（＝奇数）

なので，アがABCDに重なったときは左右も上下も反転している。

イは，{ 横方向4回（＝偶数）
　　　 縦方向2回（＝偶数）

なので，イがABCDに重なったときは左右も上下も反転していない。

ウは，{ 横方向2回（＝偶数）
　　　 縦方向1回（＝奇数）

なので，ウがABCDに重なったときは左右はそのままだが上下は反転している。

これらを重ね合わせると次のようになる。

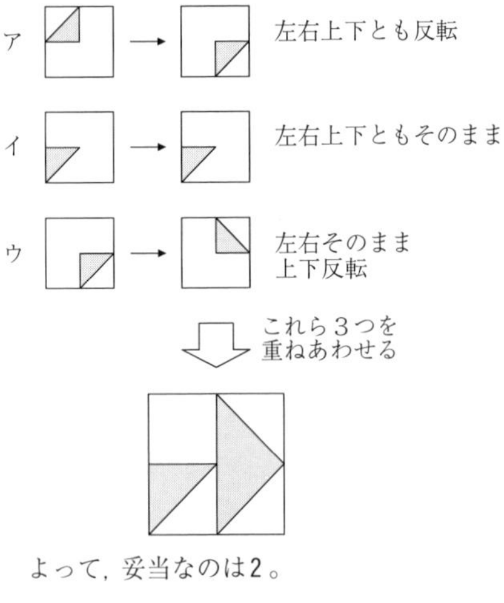

よって，妥当なのは2。

No.26　正答　4

一般に，

後からつけた折り目は，先についた折り目に関して対称になる

ということに注意。

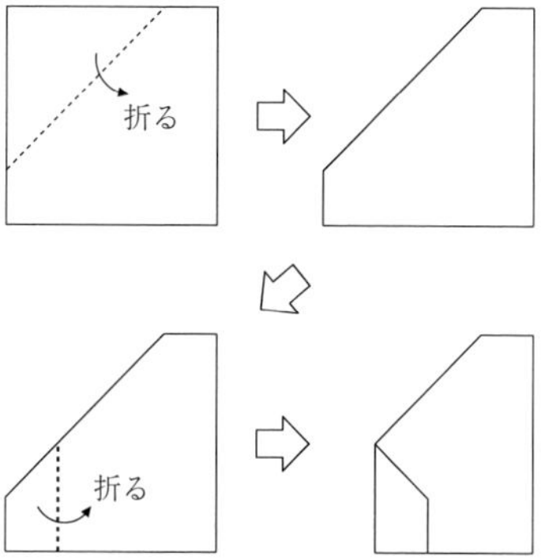

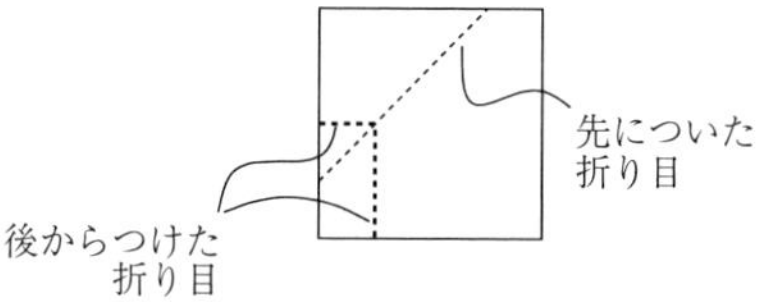

これより，本問では，まずアがウより後であることがわかる。

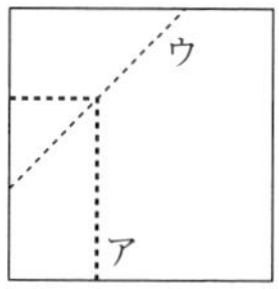

一方，イはアより後でなければならない。もしイがアより先だと，下図のようになる（イに関して対称な折り目になる）はずだから。

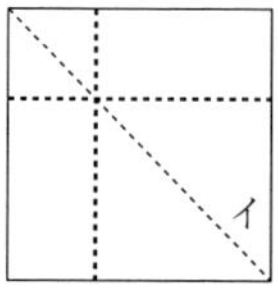

よって，順序は**ウ→ア→イ**である。

No.27 正答　3

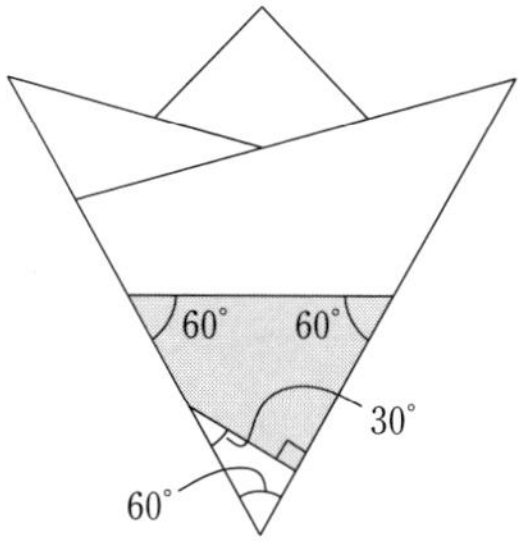

各部分の角度が上図のようになることを確認しよう。

折り紙を順次広げていくと次のようになる。中央部に正三角形の穴があり，輪郭は正六角形になる。

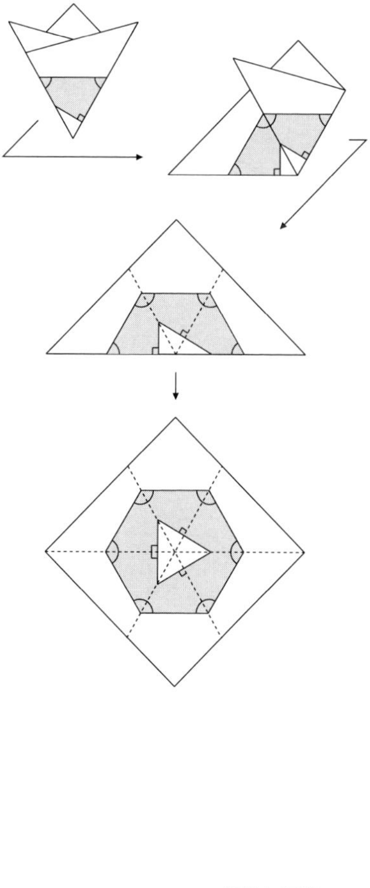

第3章 軌　跡

No.28　正答　2

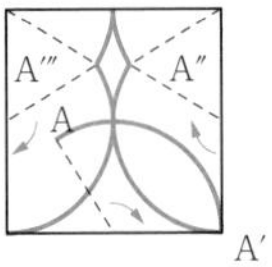

No.29　正答　1

点A, Bの軌跡をかき, 線分ABが動くことに注意する。

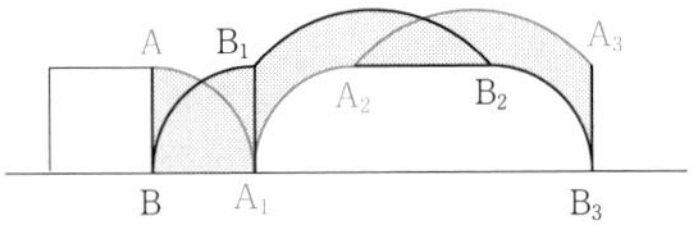

No.30　正答　3

直線上に点が接してないので4と5は不適。回転の半径を比較すると, 3種類の長さがあることから1と2も不適。

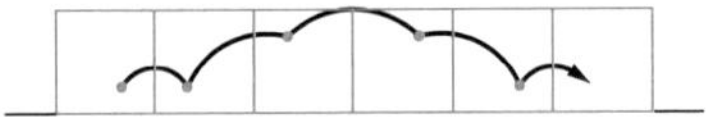

No.31　正答　2

点Pは次のような軌跡を描く。

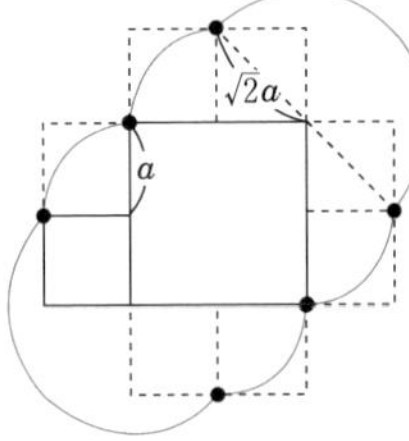

この軌跡は, 半径aの四分円が4つ, 半径$\sqrt{2}a$の半円が2つからなる。つまり, 半径aと$\sqrt{2}a$の円周の和に等しいので, 求める長さは,

$$2\pi a + 2\pi \cdot \sqrt{2}a$$
$$= 2(1+\sqrt{2})\pi a$$

No.32　正答　3

次図のように正方形の頂点に1，2，3，4と番号をつける。正方形が正三角形の周上を転がるとき, 回転の中心は順に1→2→3→4→1→2→3→4→……と移動していくので, 回転の中心の頂点番号を正三角形の周上に記していくと次図のようになる。下辺を転がるときの回転の中心は,

2→3→4→1

となる。

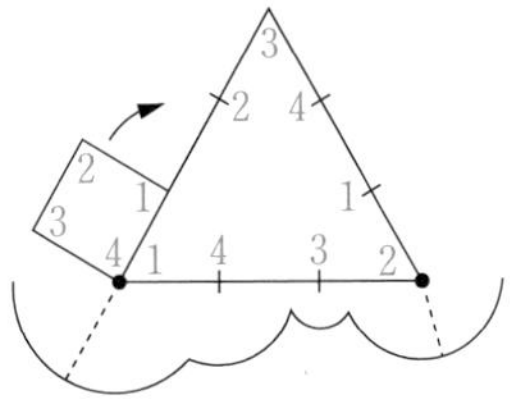

問題文の図で与えられた軌跡の回転半径に着目すると, 求める点は, 最も近い頂点が番号3で, 最も遠い頂点が番号1であり, 番号2と4の頂点からほぼ同じ距離にある点であるとわかる。さらに, 軌跡が正三角形に接していないことから正方形の頂点ではないので, 正答はウである。

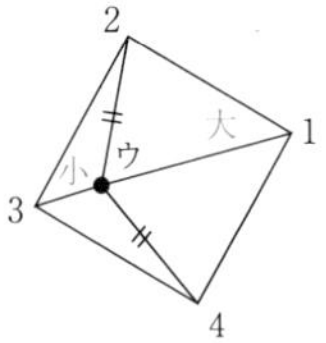

No.33　正答　5

各角に注意する。

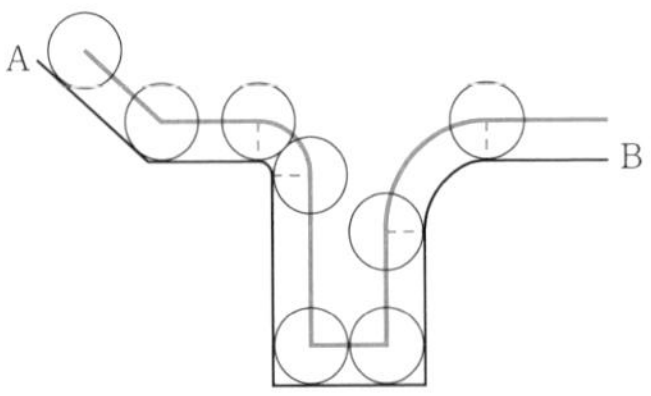

No.34　正答　5

P.415の「**円周上の点の軌跡②－ⅱ)**」の通り。

No.35　正答　1

半径rの円が直線上を回転するとき, 円の

中心は直線からの距離がrの平行な直線を描く。

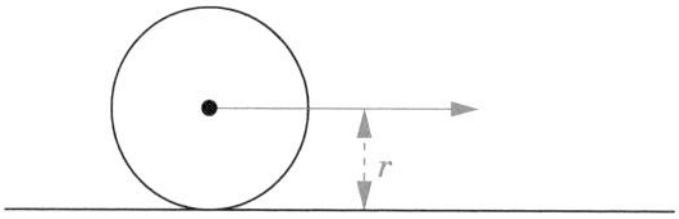

よって，半円であっても，円弧が直線と接している間は点Pの軌跡は直線lと平行な直線となる。

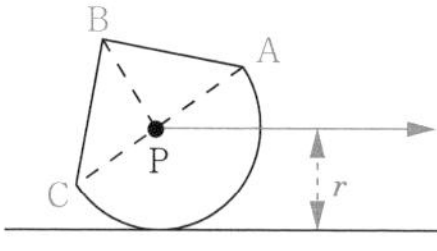

これより，
5は不適。

直角二等辺三角形の頂点を前図のようにA，B，Cとする。

円弧部分がl上を転がり終わると，頂点Aがl上にのり，点Pは頂点Aを中心に半径APの円を描く。

次に頂点Bがl上にのり，点Pは頂点Bを中心に半径BPの円を描く。

ここで，△ABCは直角二等辺三角形なので，

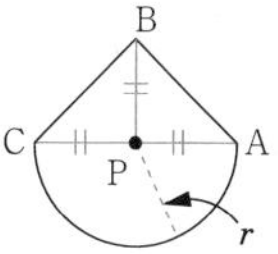

$$PA = PB = PC = r$$

となる。よって，A，B，Cを中心に回転するときの半径はすべてrに等しく，これは点Pが描く平行線の直線lからの距離であるので，この平行線より上側に円弧ができることはない。よって，2，4は不適。また，円弧はA，B，Cの3か所でできるので，3も不適である。消去法により1が残る。

実際に転がる様子は，次図のようになる。

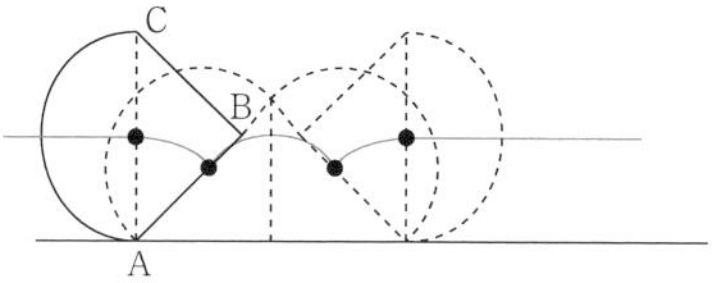

No.36　正答　5

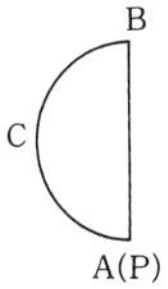

半円の両端をAB，弧をCとする。最初はCが大円に接していくから，A (P) は直線となる。……㋐(∠ROS = 90°)。次にBがSにきたとき，S (B) を回転の中心にして回るのでA (P) は円を描く。……㋑(∠TSO = 60°)。次にA (P) が回転の中心になるのでA (P) は動かず，Bが円を描いて中心まで動く。その次はCが大円に接していくのでA (P) は㋐と同じく直線になり，BはUまで動く（∠TOU = 90°)。最後はU (B) を中心にしてA (P) は回転する。……㋓(∠UOV = 60°)。

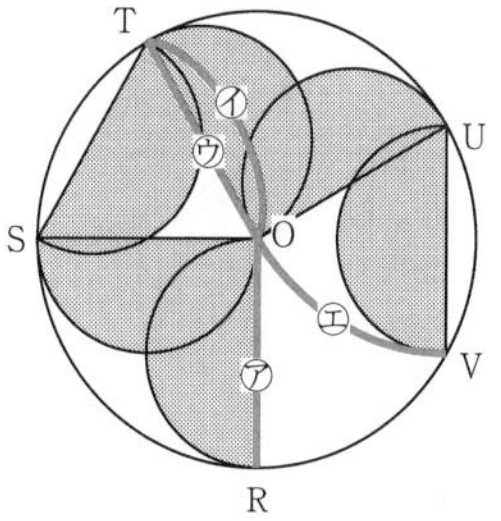

No.37　正答　2

図1

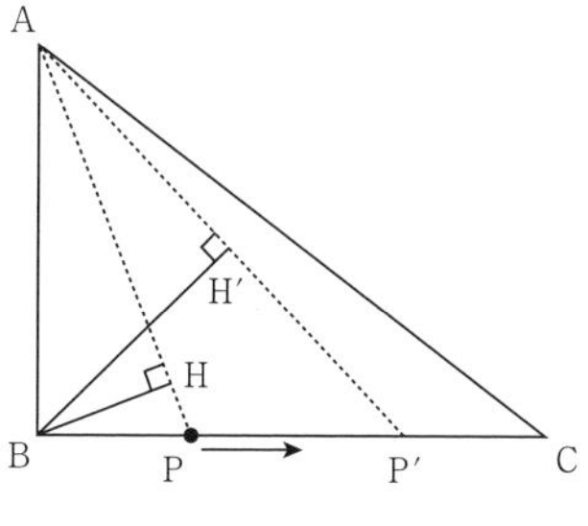

∠AHBは常に直角であり，ABは固定された線分であるから，点Hは常にABを直径とする円周上にあることがわかる（円周角の定理から)。

よって，点Hは次図のような軌跡を描くことになるので，正答は2である。

図2

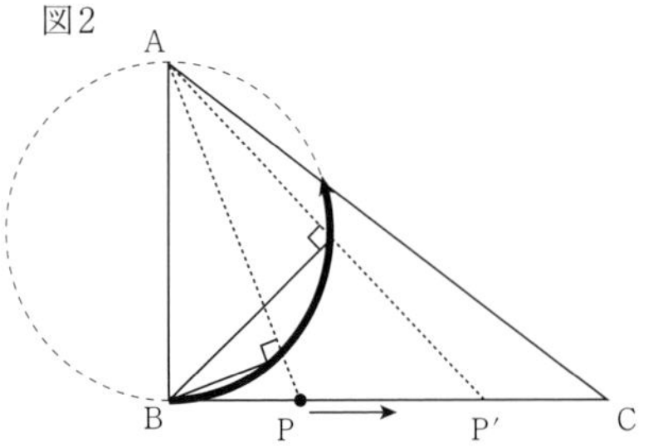

〈参考〉

求める軌跡は円弧になるが，これを厳密に確認できなくても，

・PがCに行き着いた場合を考えると，点Hは図3のH_{end}に行き着く（よって正答は**1**～**3**のいずれか）。
・さらに求める軌跡は図3の点Hを通るから，**1**と**3**は不適（軌跡は，BとH_{end}を結ぶ線分より下側にある）。

図3

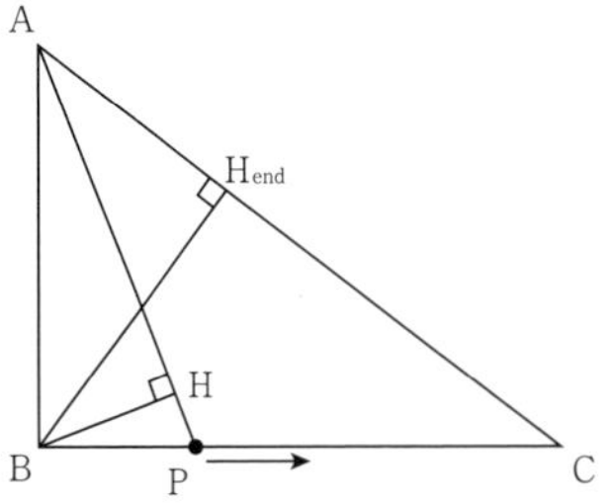

このように考えれば，**2**を正答として選ぶことは容易である。

No.38　正答　5

次図のように3つに分けて考える。その場合，各扇形の中心角は正五角形の外角であるから，360 ÷ 5 = 72° である。

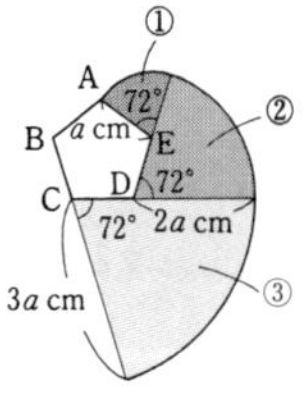

①　$a \times a \times \pi \times \dfrac{72}{360} = \dfrac{1}{5}\pi a^2$

②　$2a \times 2a \times \pi \times \dfrac{72}{360} = \dfrac{4}{5}\pi a^2$

③　$3a \times 3a \times \pi \times \dfrac{72}{360} = \dfrac{9}{5}\pi a^2$

よって，①＋②＋③＝$\dfrac{14}{5}\pi a^2(\text{cm}^2)$

No.39　正答　1

点P，Qは等速で進むのでABを進むのに1分かかるとして，1分後，2分後，……の点P，Qの位置を調べ，そのときの線分PQの中点M_1，M_2，……をとって，結んでいけばよい（一般に等速直線運動をする2点があるとき，その中点も等速直線運動をする）。

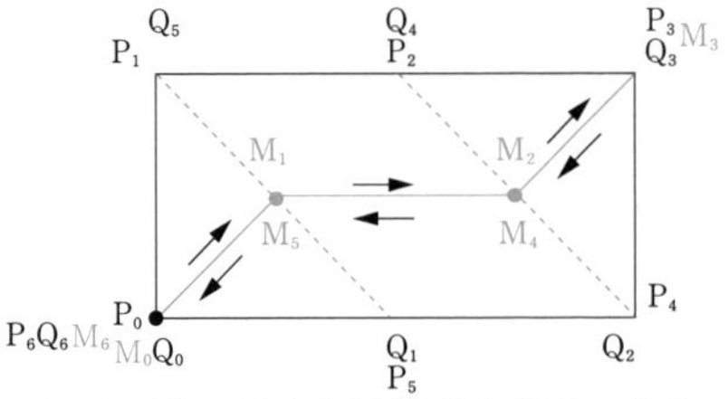

ここで点の添え字は時刻を表す。なお，M_0とM_6，M_1とM_5，M_2とM_4はそれぞれ一致している。

第4章　立体構成

No.40　正答　3

正六面体の面の数＝6が，新たにできる立体の頂点の数となる。

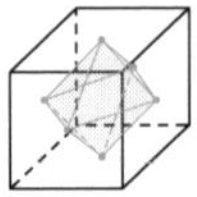

No.41　正答　3

4つの頂点をそれぞれ含む立体を切り落とすので面が4つ増える。よって，

4 + 4 = 8（面）

1回の切断で辺が3つできるので，

4 × 3 = 12（辺）

したがって，正八面体ができる。

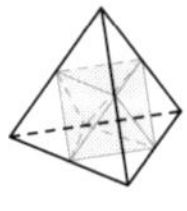

No.42　正答　4

正三角形は，もとの面（正三角形）の4分の1の面積で残ったものなので，正二十面体の面の数と等しい。よって，20個。

正五角形は，頂点を含む立体を切り落とすとできるので，正二十面体の頂点の数と等しい。よって，12個。

No.43　正答　3

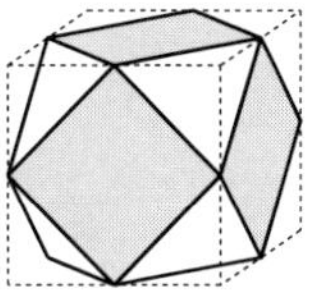

この立体の面は正方形と正三角形の2種類であり，また正方形の周りはすべて正三角形で，正三角形の周りはすべて正方形である（正方形どうし，及び正三角形どうしは辺を共有しない）。

よって，この立体の辺はすべて正方形の辺として重複なく現れる。正方形は6面あり，正方形1面に辺は4本あるので，全部で$4 \times 6 = 24$本の辺がある。

No.44　正答　4

すべての切断の後にできるのは，正方形と正六角形で囲まれた立体である。

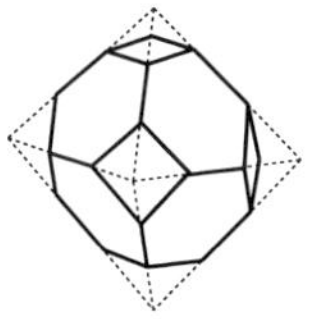

正方形の面は，切断面として現れる。元の正八面体には6個の頂点があったので，切断面である正方形も6面できる。また正六角形の面は，元の正八面体の面（正三角形）が頂点部を切り取られて残ったものなので，8面である。

よって，題意の立体の面は$6 + 8 = 14$面。

一方，切断後にできる立体の頂点は，すべて元の正八面体の辺の3等分点である。正八面体には辺が12本あり，1本の辺に3等分点は2個ある。

よって，題意の立体の頂点数は$12 \times 2 = 24$個。

以上により，空欄に入る2つの数値の和は$14 + 24 = 38$。

〈別解〉　頂点数は，「すべての頂点は，正方形の面の頂点として重複なく現れる。正方形は6面あり，正方形1面に頂点は4個あるので，$4 \times 6 = 24$個。」と考えるのもよい。

No.45　正答　3

上の段から1段ずつ調べていく。

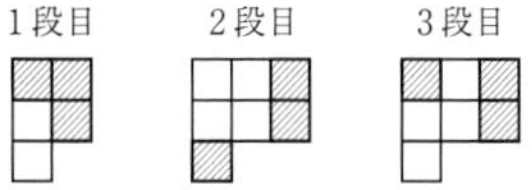

よって，$3 + 3 + 3 = 9$（個）

No.46　正答　4

上の段から1段ずつ調べていく。

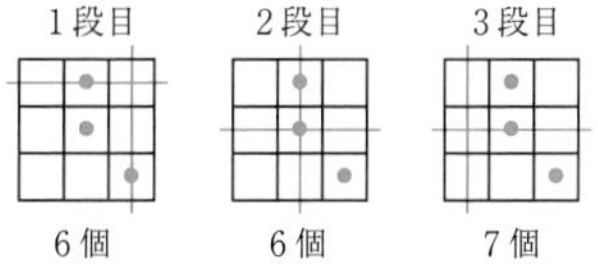

よって，$6 + 6 + 7 = 19$（個）

No.47　正答　2

立方体を積み上げた立体の表面を，次のように前後，左右，上下の各方向からみていく。

例えば前方からみた表面とは次図の網目部分である。なお，前↔後，左↔右，上↔下はそれぞれ同じ面積（裏返しになるだけ）なので，「前」「左」「上」からの3方向のみ考えればよい。

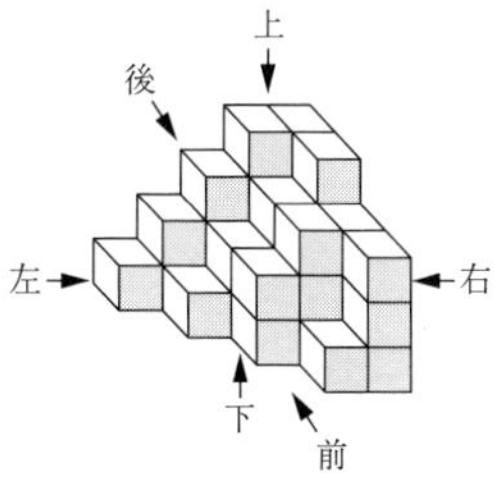

この立体を「前」からみると，次図のようにみえる。

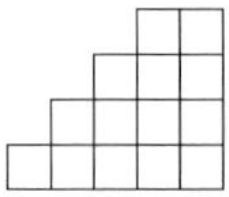

前

（これを裏返したものが
後ろからみた図になる）

同様に，左，上からみた図はそれぞれ

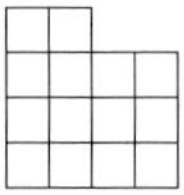

左（裏返したものが右）

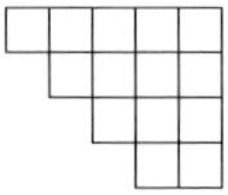

上（裏返したものが下）

となる。

いずれも$14cm^2$なので，全表面積は，

$14 \times 6 = 84(cm^2)$

No.48　正答　1

前問と同様に，上下及び前後・左右から見た図を考える。

上から見た図と下から見た図はともに（ア）で，前・後・左・右から見た図はいずれも（イ）である。よって，上下及び前後左右から見たときに見える面積は，

(ア)$\times 2 +$(イ)$\times 4 = 9 \cdot 2 + 7 \cdot 4 = 46(cm^2)$

（ア）

（イ）

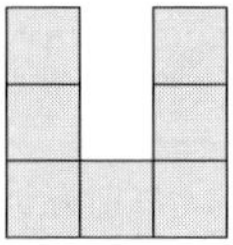

さらに，この立体の4本の“柱”をA, B, C, D（次の左図参照）とする。柱Aの手前側の2マスと右側の2マス（次の右図斜線部）は，前から見てもBに遮られて見えず，右から見てもDに遮られて見えない。しかしこれら4マスはあくまで立体の表面にあるので，表面積として別に計上しなくてはならない。

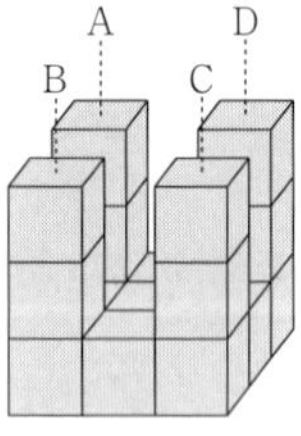

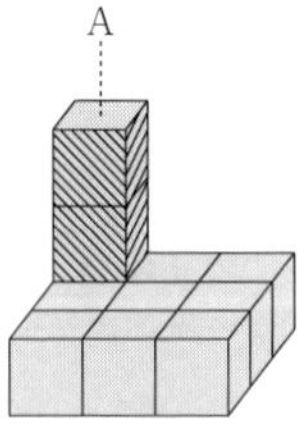

同様に，柱B, C, Dにも，別途計上すべき「表面」が4マスずつある。よって，これら別途計上の表面積は，

$4 \times 4 = 16(cm^2)$

以上より，求める表面積は$46 + 16 = 62(cm^2)$。

〈別解〉　17個の立方体がすべてバラバラなら，全表面積は$17 \times 6 = 102(cm^2)$。一方，2つの立方体を接合するごとに，2つの面が隠れる。

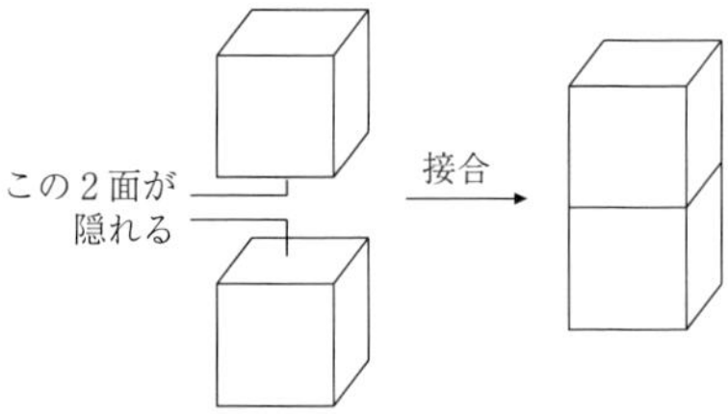

題意の立体では，立方体の接合箇所が20か所ある。

（3段目と2段目の接合箇所が4か所
2段目と1段目の接合箇所が4か所
1段目の9個の立方体の接合箇所が12か所）

よって求める表面積は，

$102 - 20 \times 2 = 62(cm^2)$

No.49　正答　4

3つの立方体が一直線につながった部分は1ヵ所しかないので，これを基準にするとわかりやすい。3の各部を次図のようにA～Fとすると，1・2・5は次に示すように同じ立体である。

3

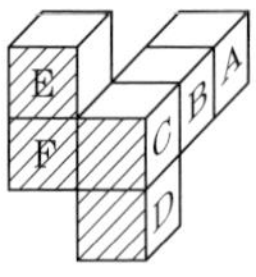

斜線部を底面にすると各部の高さは，

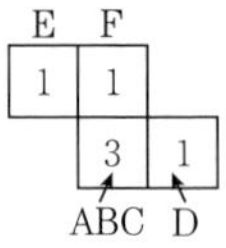

1

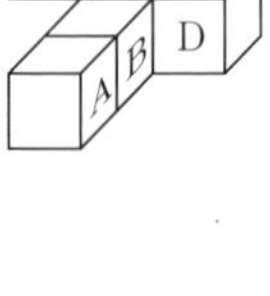

2

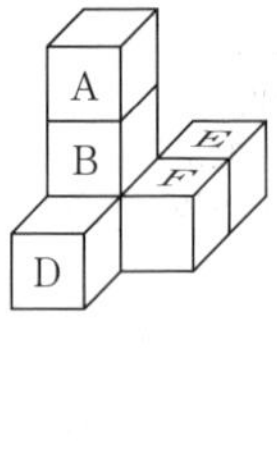

5

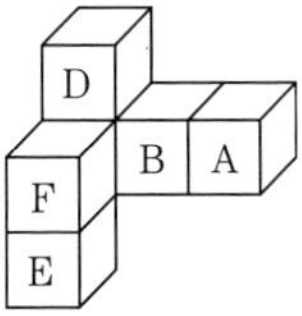

ところが，4は，ABCを基準とすると，DとEの位置が左右逆である。

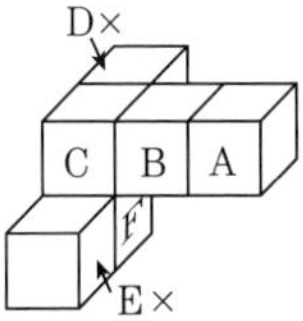

3と同様の面を下にすると，各部の高さは，

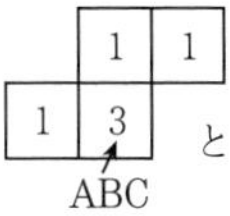

となる。

No.50 正答 3

図形の特徴的な部分に注目して，消去法で考えるのが実戦的だろう。

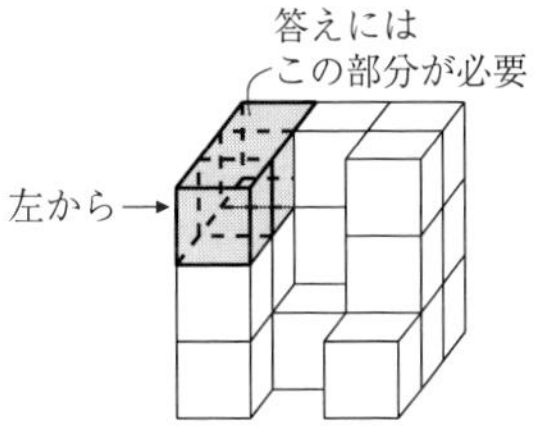

元の立体を左から見ることにより，答えの立体には「3つのブロックがつながった一本棒」が必要。それを持つのは3と4のみ。さらにもとの立体を右から（つまりさっきの反対側から)見ることにより，答えの立体には，さっきの「一本棒」の反対側に「2つのブロックがつながった部分」が必要。

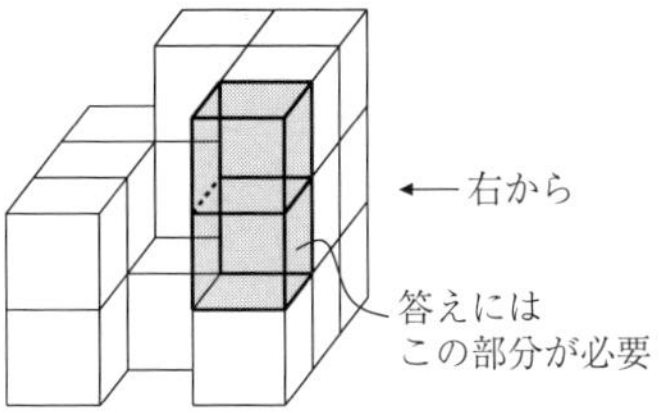

すると，該当する選択肢は3のみ。

3

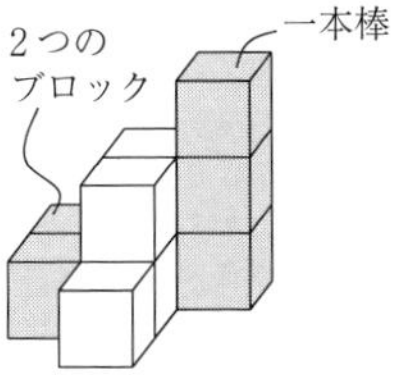

4

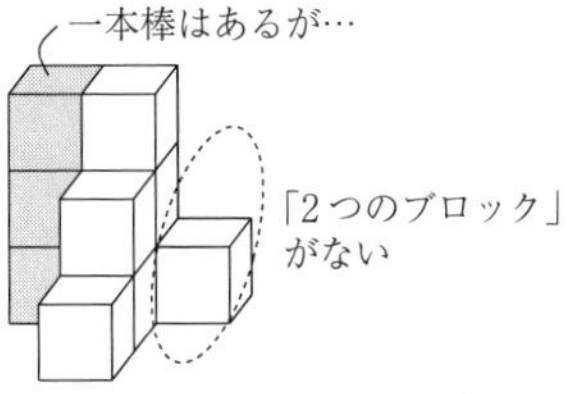

No.51 正答 1

正面右下隅にAのブロックがあるので，これ以外はすべてBのブロックである。このことから，上面のブロックの並び方を考えると次のようになる。

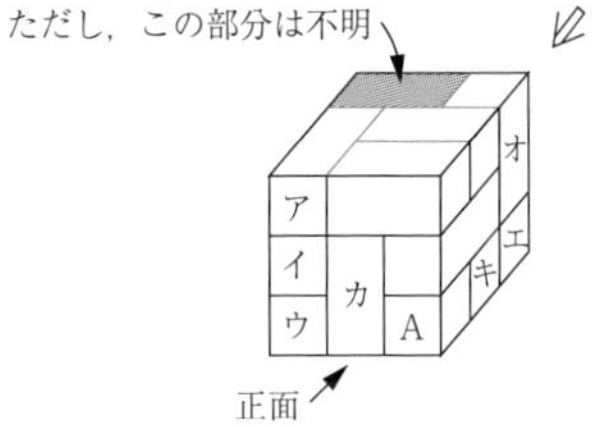

2　エのブロックはBなので，不適である。

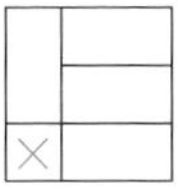

3　アのブロックがあるので，不適である。

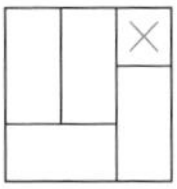

4·5　ウのブロックの奥には1cmしか残っていないので，不適である。

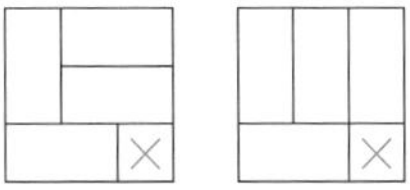

消去法により，正答は1である。

〈参考〉

上から1，2，3段目とスライスして，各段の様子を調べると次のようになり，このとき，裏から見ると1に見える。

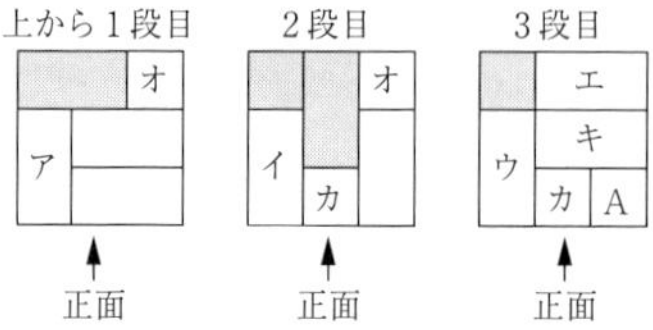

No.52　正答　4

Aと相対する方向から立体を見たときを考える。この向きで立体を縦に分割して，手前の列から調べていく。

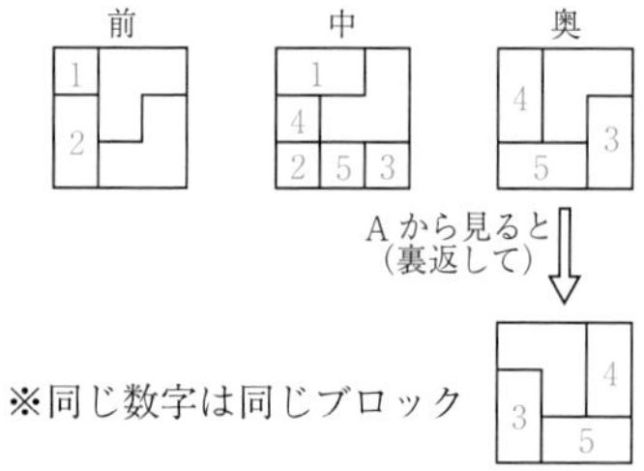

第5章　展開図

No.53　正答　4

与えられた展開図を組み立てて正四面体をつくると矢印で結んだ辺どうしが重なる。

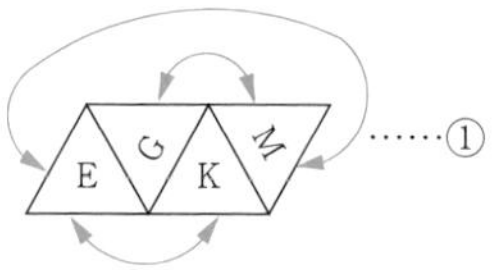

各面の文字を正置したときの下，左，右の辺を，次のように表す。

すると，①より

Eの左辺　と　Mの右辺

Eの下辺　と　Kの下辺

Gの右辺　と　Mの左辺

がそれぞれ接している。

1　Mの右辺にGが接しているので不適。

2　▽MとMの文字が上下逆になっているので不適。

3　Eの左辺とKの下辺が接しているので不適。

4　Eの左辺とMの右辺が接しており，適する。

5　Mの左辺とGの左辺が接しているので不適。

No.54　正答　2

立方体の展開図で，次図のA，B，Cのように連続する3つの面があるとき，AとCの面は平行に向かい合う。

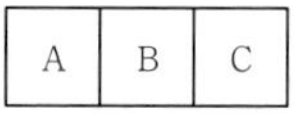

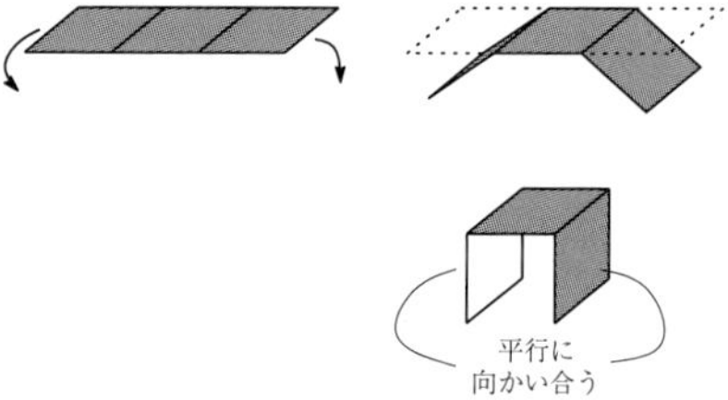

するとアでは，次図のDとEの両方が＊と平行に向かい合う面になるので不適(つまりDとEは同一面となり重なってしまう)。

ア

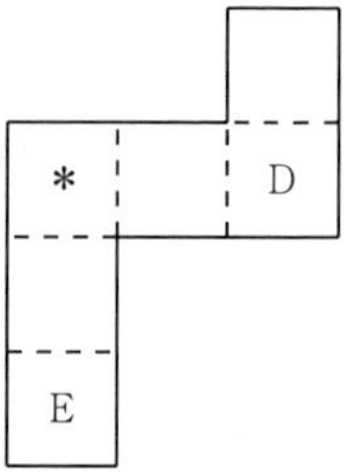

またエでは，次のように面Gを移動すれば，FとGの両方が＊と平行に向かい合う面になることが分かるのでやはり不適。

エ

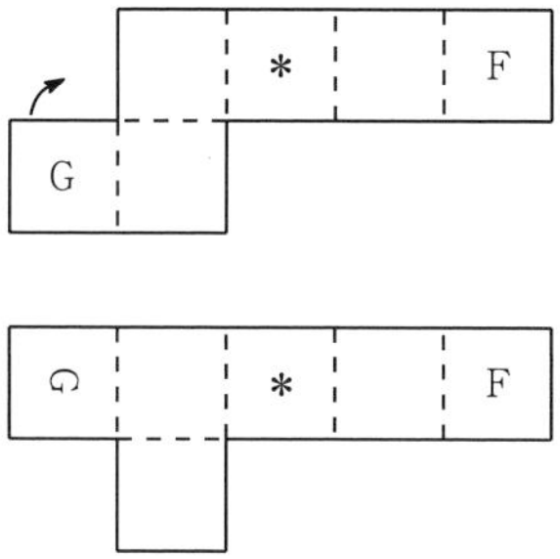

No.55　正答　3

図Ⅰを組み立ててサイコロをつくると次図の矢印で結んだ辺どうしが重なる。

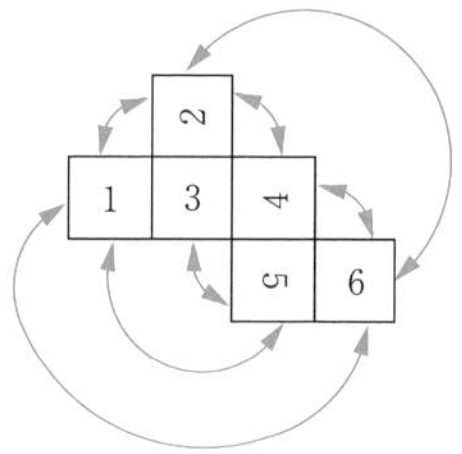

各面の数字を正置したときの上，下，左，右を次のように表す。

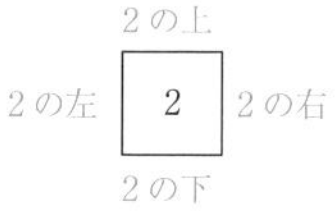

図Ⅱの不明な面を次のようにア～オとする。

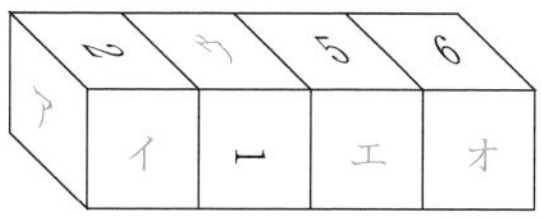

ア　「2」の下なので，「4」
イ　「2」の右なので，「6」
ウ　「1」の左なので，「6」
エ　「5」の下なので，「3」
オ　「6」の下なので，「1」

よって，ア～オに書かれた数の和は，

$4+6+6+3+1=20$

No.56　正答　4

それぞれ正面の図を正しいと仮定して，各頂点，辺の重なり方から考える。

1　Aが不適。
2　Bが不適。
3　Aが不適。
4　正しい。
5　Bが不適。

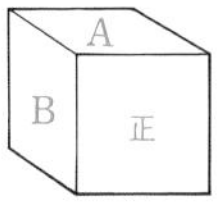

No.57　正答　5

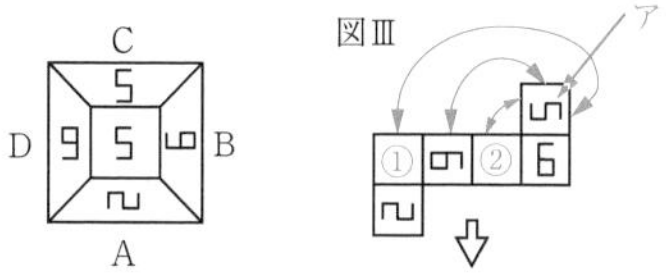

平行な面に入っている
6を主体にして当てはめる。
中央はアに相当する。

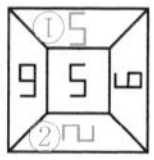

よって，① 5，② ⊓ となる。

No.58　正答　4

選択肢の図で見えている三面が，展開図の中で見やすい位置にくるように回転移動させる。

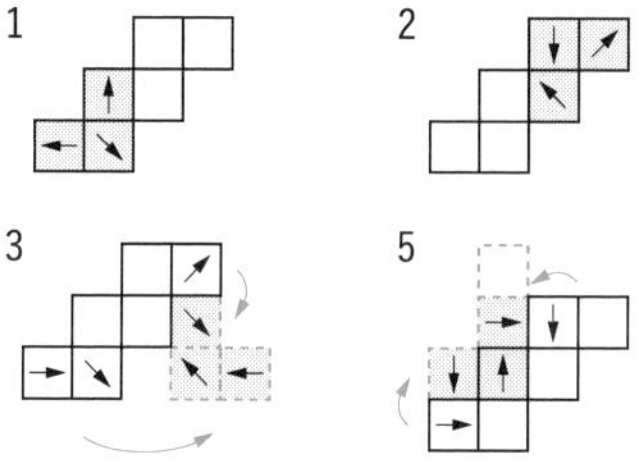

1と2は，そのままで設問の展開図になることがわかる。

3と5は，図のように回転移動させれば設問の展開図になることがわかる。

4は，どのように回転移動させても設問の展開図にはならない。

No.59　正答　2

正八面体の展開図では，次図のような位置関係にある2つの面が，組み立てたときに平行に向かい合う。

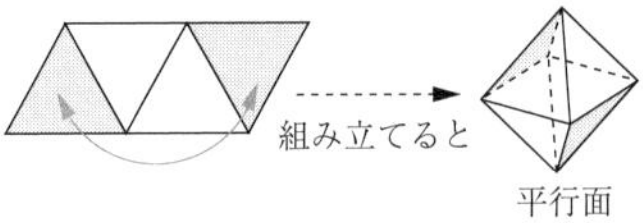

よって，次の図において同じマークの面どうしが平行になる。

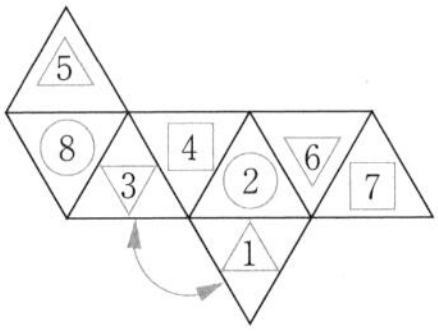

それぞれの和は次のようになる。
8と2→計10　　4と7→計11
3と6→計9　　5と1→計6
よって，あり得ないのは「8」。

No.60 正答　4

正八面体では1つの頂点に4面が集まるので，展開図の中に次図のような部分があるときは青線どうしが必ず重なる。

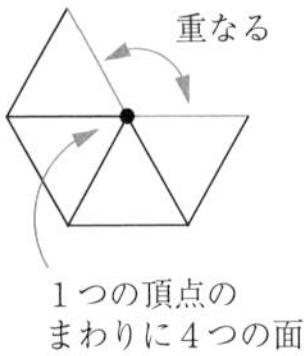

3は，1つの頂点に5面が集まっている部分があるので，正八面体に組み立てられない。

また，1は次図のアとイの面が重なるので不適。

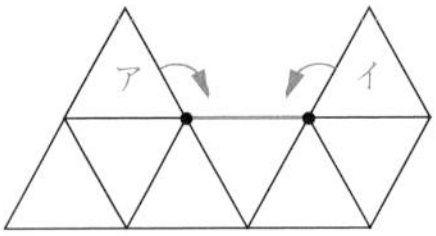

2，4，5はいずれも正八面体に組み立てることができるので，それぞれの模様の配置を調べる。

2

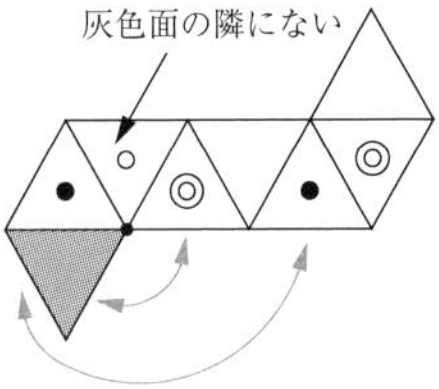

灰色面と○の面が1つずつしかないので，その位置関係をみると，この2面が隣どうしの位置にならないので，図Ⅰのようにはみえない。

4

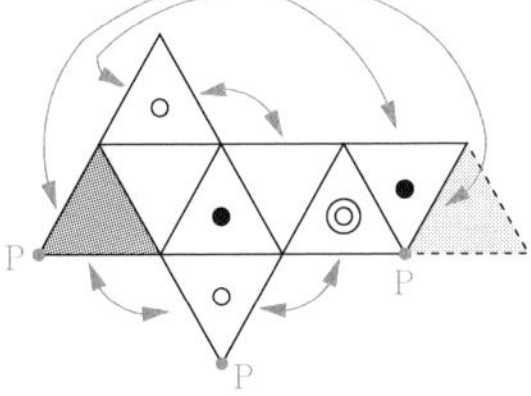

各辺は前図のように重なる。よって，右端の●の面の隣に灰色面が接することになり，前図の頂点Pに集まる4面をみると，図Ⅰのようにみえるので正答である。

5

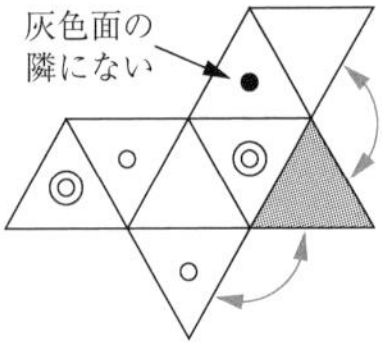

灰色面と●の面は隣どうしの位置にならないので，図Ⅰのようにはみえない。

No.61 正答　2

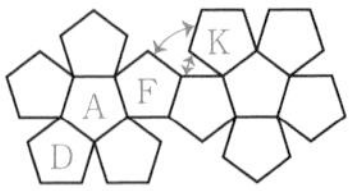

DAFKが一列に並ぶ（P.430参照）。

よって，Kと平行になる面はD。

No.62　正答　2

（図1）

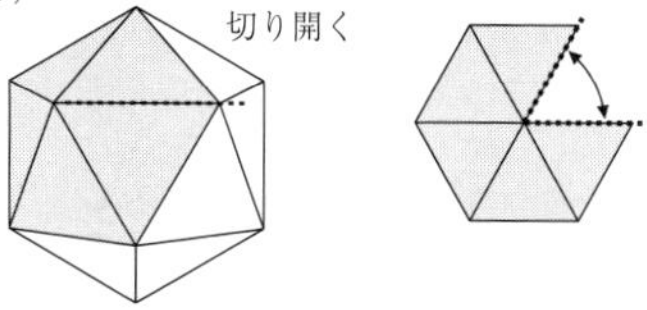

正二十面体の展開図において，上の図1の右側のような5面は，太線部が重なる。このことに注意して，問題の展開図で重なる辺を調べる。

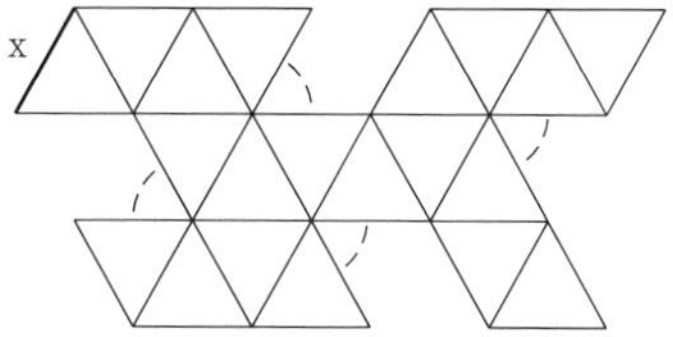

さらに，

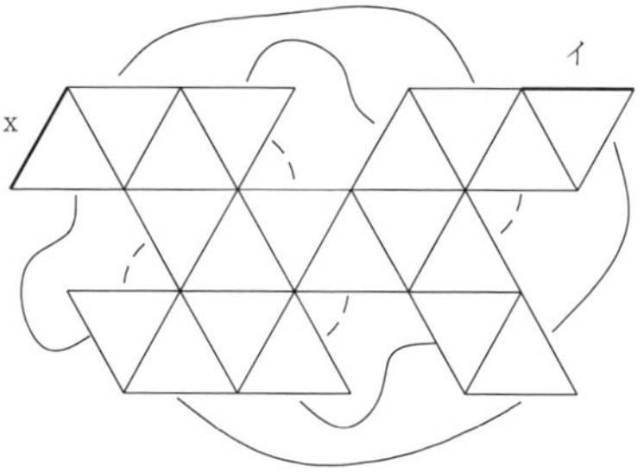

図より，xと重なるのは残ったイになる。

〈参考〉　正二十面体の対蹠点（タイセキテン）は，展開図で図2の右側のような4面の端点として現れる。

（図2）

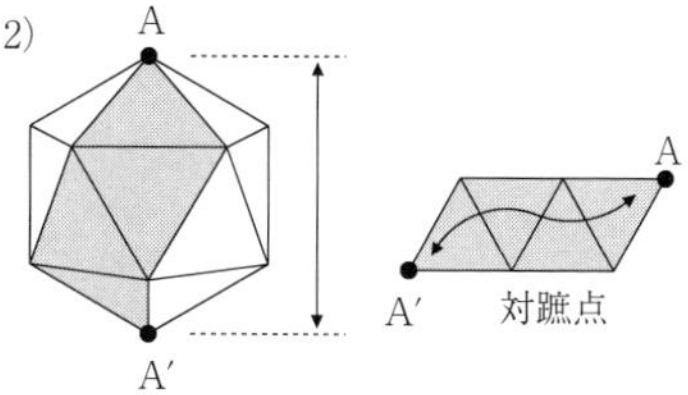

対蹠点の対蹠点は自分自身であることに注意して，本問の辺xの両端A，Bについて「その対蹠点の対蹠点」をみると次のようになる。

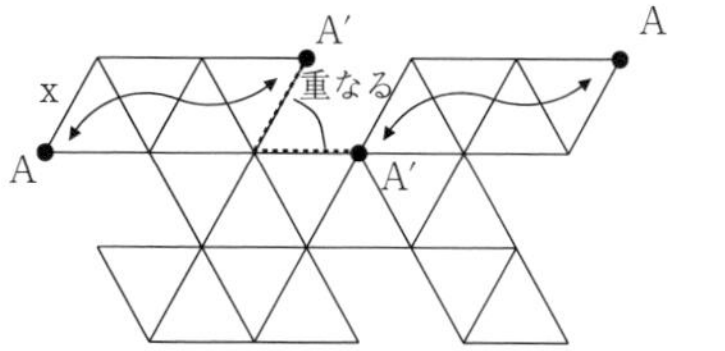

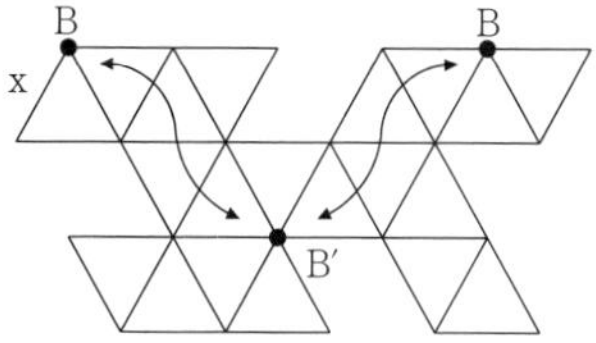

よって，辺イの両端が点A，Bになることがわかる。

No.63　正答　2

図Ⅱの展開図を次のように変形する。

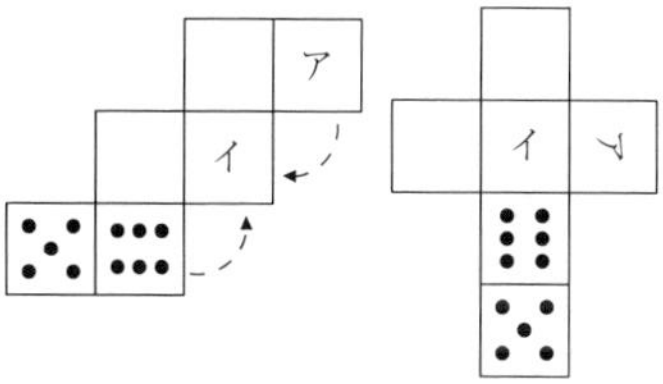

すると，アとイと「6の目」の面が元の図Ⅰの次の太枠部に対応する。

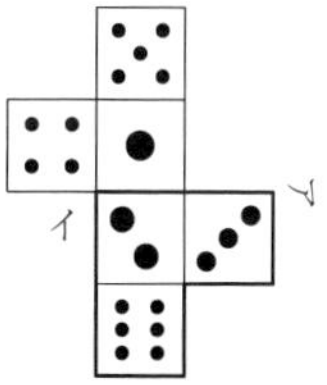

よってイ及びアの模様は次のようになる（アは向きに注意）。

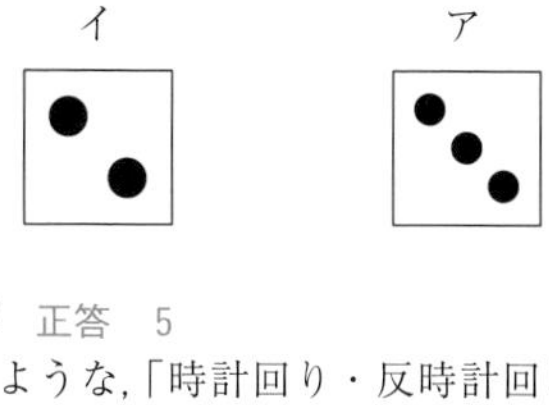

No.64　正答　5

次のような，「時計回り・反時計回り」に着目した解法を紹介しよう。

aについて。まずaは2か5である（4は3

の反対側，1は6の反対側にあるので）。展開図をみると，「2→6→3」が時計回りに並んでいるが，図Ⅱでは「a→6→3」は反時計回りである。よってaは2ではないので，**aは5に決まる。**

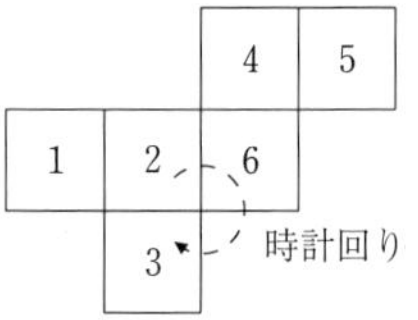

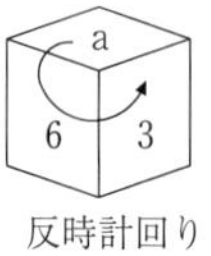

次にbについて。まずbは3か4である（6は1の反対側，2は5の反対側にあるので）。展開図から「1→3→2」が反時計回りなので，もしbが3だとすると「1→b→2」も反時計回りのはずだが，図Ⅲでは「1→b→5」が反時計回りである。よってbは3ではないので，**bは4に決まる。**

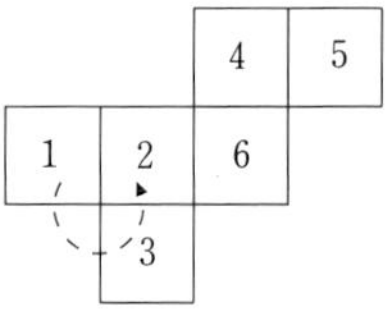

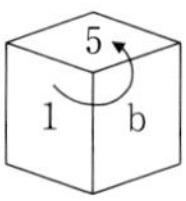

よってaとbの数字の和は5＋4＝**9**である。

No.65 正答 5

使われているサイコロは，次図のようになっている。

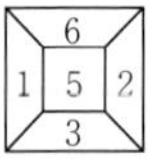

(4)

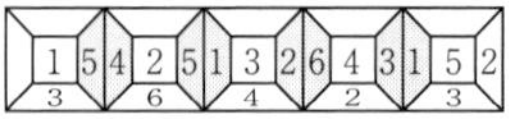

よって，5＋4＋5＋1＋2＋6＋3＋1＝27

No.66 正答 1

相対する面の数の和が7で，同じ目どうしが接するので，次図まではすぐにわかる。

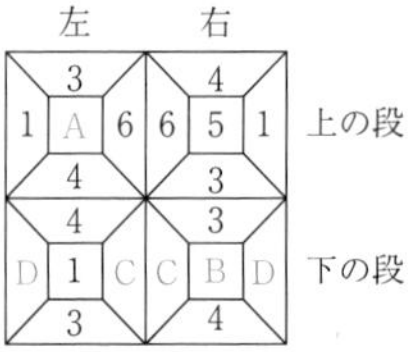

4つのサイコロは目の配置が同じなので，右上のサイコロを基準に「A」を考えると，

A＝5

である（左上のサイコロを180°回転すると右上と同じ）。

次に右上のサイコロを基準に左下のサイコロのC面を考えると，Cと相対する面Dが5だとわかるので，

C＝2

次に左上のサイコロを基準に右下のサイコロのB面を考えると，

B＝1

よって，

A＋B＝5＋1

＝6

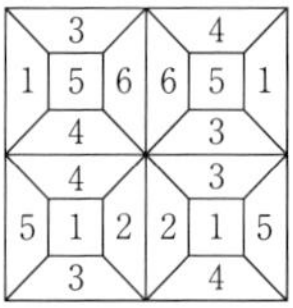

No.67 正答 1

図を組み立てると，△AEFを底面とする三角すいができる。

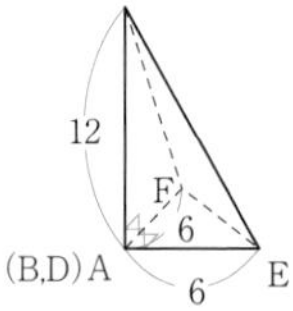

よって，求める体積は，

$$\left(6\times6\times\frac{1}{2}\right)\times12\times\frac{1}{3}=72(\mathrm{cm}^3)$$

No.68 正答 5

1

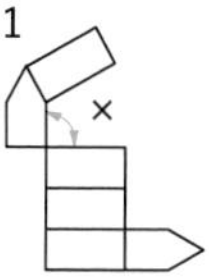

2

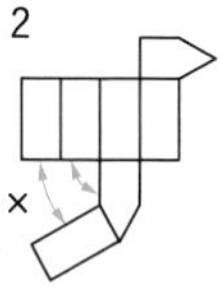

3

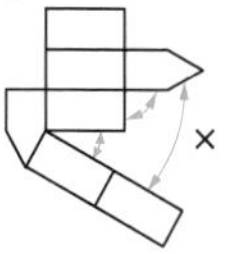

4

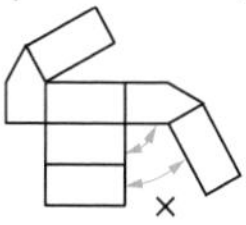

5

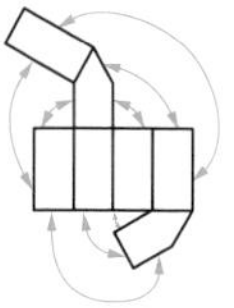

1～4はいずれも×部分の長さが違うので不適。

No.69 正答 4

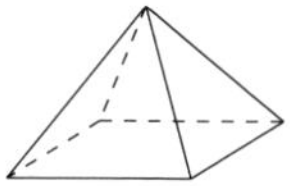

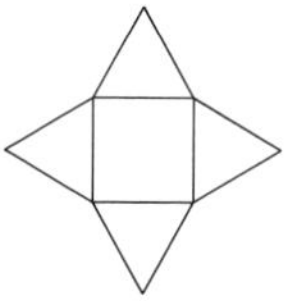

最もわかりやすい前図の展開図に変形できるかどうかを調べる。

重なる辺の対応をみると，4が正しくないことが分かる。

1

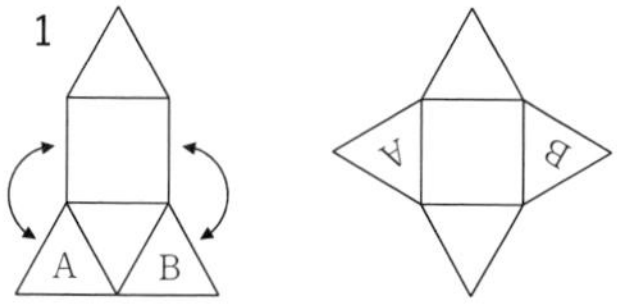

2

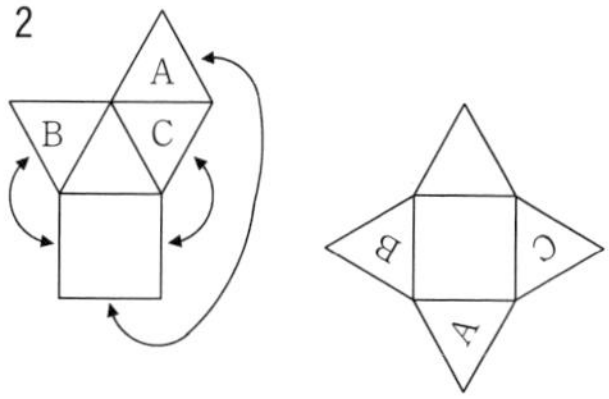

3

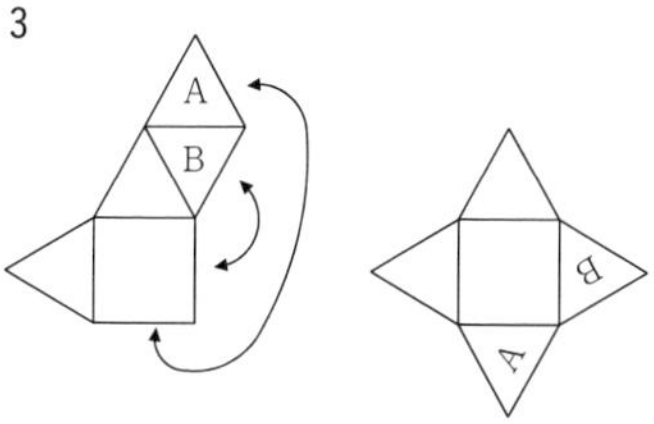

4

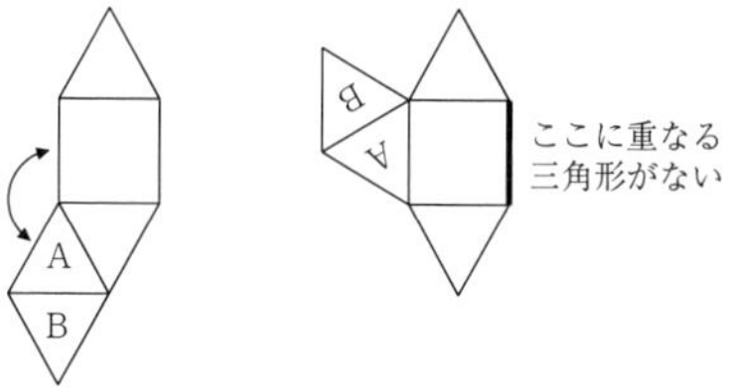

5

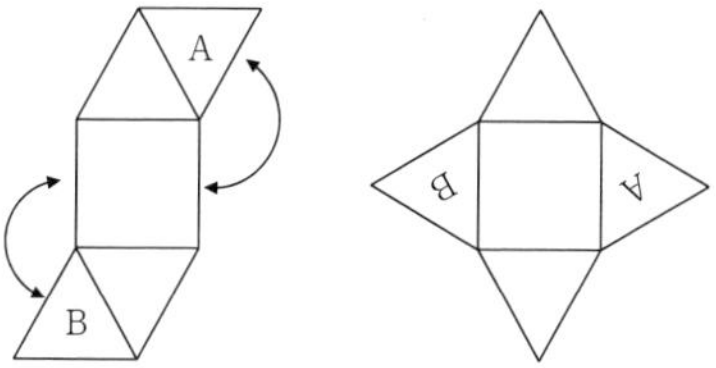

No.70 正答 3

斜線面とつながる「凸の字型」の面を背面とみる。まず斜線面からアまでの4面を貼り付けると次のようになる。

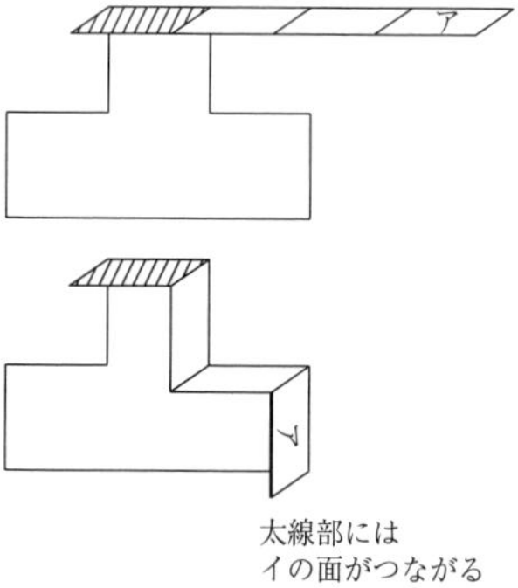

上図の太線部にはイの面がつながる。イとそれに続く面を貼り付けると次のようになる。

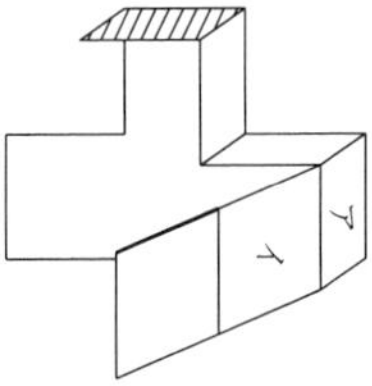

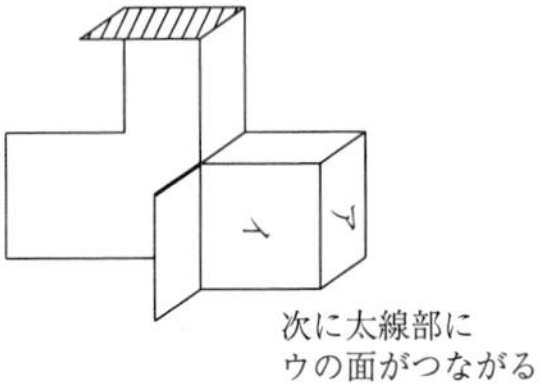

上図の太線部にはウの面がつながる。よってウが斜線面と平行になることがわかった。

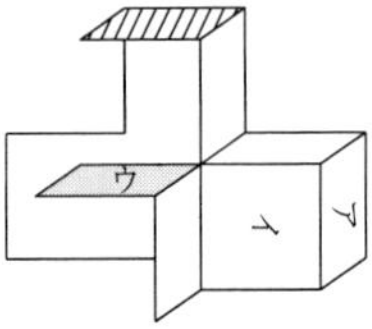

なお，他の面もすべて貼り付けると次のようになる。

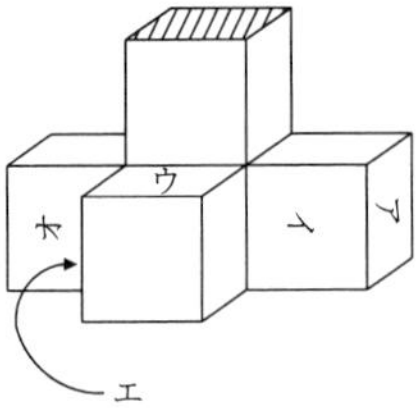

第 6 章　投　影

No.71　正答　3

平面図に正方形が4つみえなければならないので，5は不適である。5の平面図は，

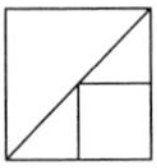

となる。

1はどこを正面にみても全体の輪郭が正方形にならず，不適である。正面図は，

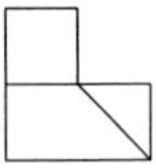
や
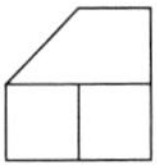

のようになる。

破線の斜線がある右側面図に注目すると，2の場合，破線の斜線があるのは，次のようになるので不適である。

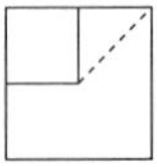

4はどこを正面にみても斜線が入り，不適である。正面図は，

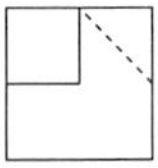
や
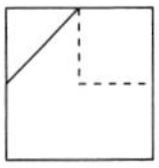

のようになる。

消去法により3が残る。3の左側を正面とみると，確かに正面図，平面図，右側面図が与えられた図になる。

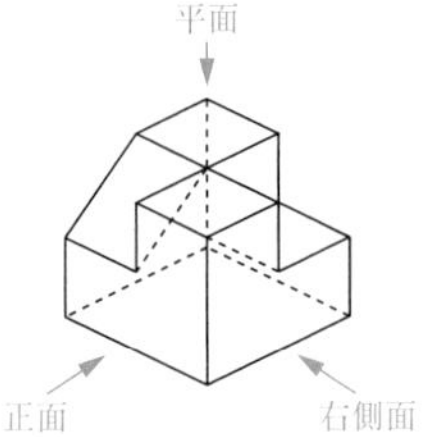

No.72　正答　1

正面図，平面図と選択肢の形から，題意の立体は3×3×4の直方体の一部が欠損したものと考えられる。そこで，どの部分が欠けているのか考えていく。

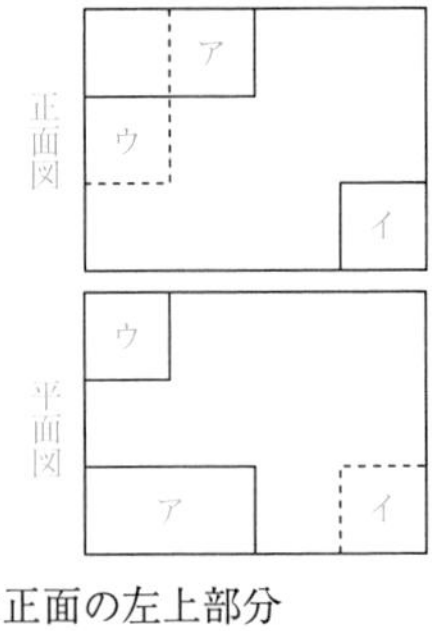

アは正面の左上部分
イは正面の右下部分
ウは左の上奥部分

が欠けているので，見取図は次のようになり1が正しい。

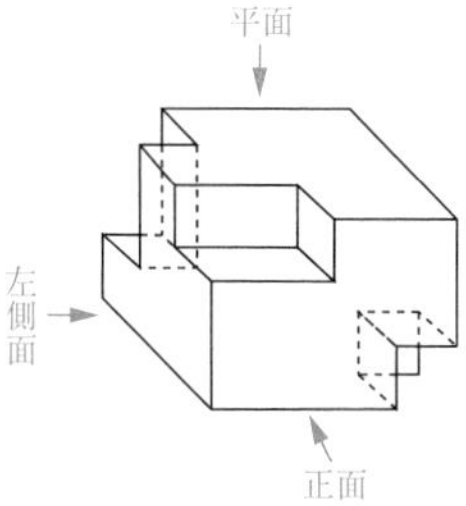

No.73　正答　3

残った立体を，矢印の方向から各段ごとに見ていく。

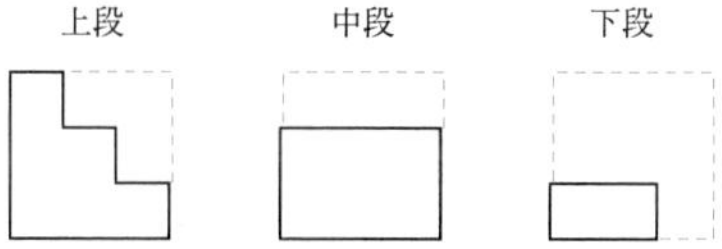

これを重ねると次図のようになる。

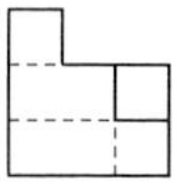

No.74　正答　2

次図のように3つの方向から投影図をもとに描いてみるとよい。ただし，裏側の斜めの線の一本には注意が必要。

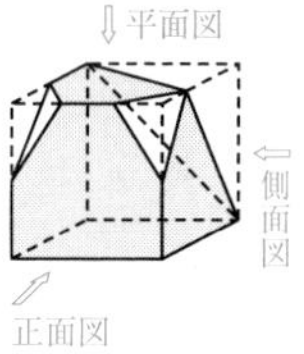

No.75　正答　1

点Pの正面図・平面図が図のように与えられているとき，その左側面図は次図のように作図する。

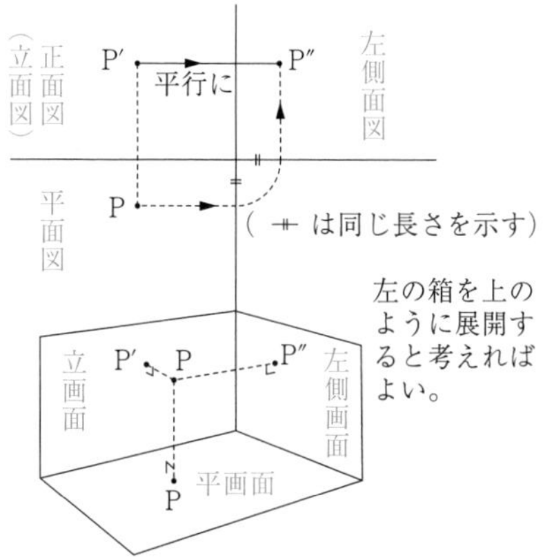

点Pからそれぞれの画面に垂直に下ろした点がそれぞれの像となる。

よって，本問の2本の線分を次のようにAB, CDとし，点A, B, C, Dの左側面図を上の方法で作図すると，線分AB, CDの左側面図は次のようになる。

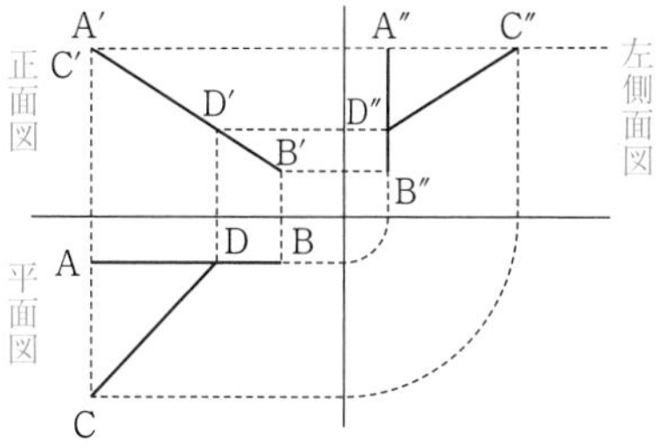

次のような，直方体が想定できる。

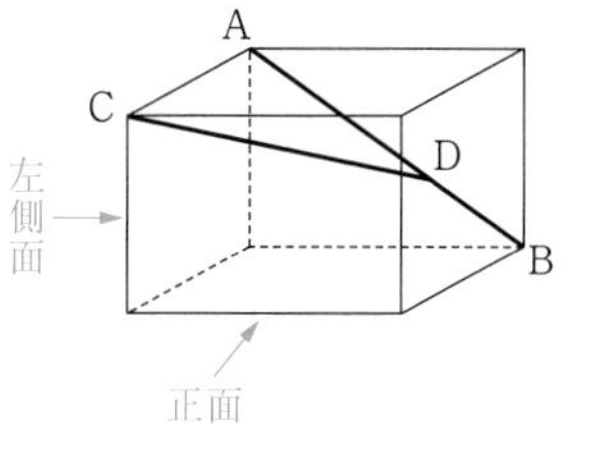

No.76　正答　3

次図のような方向から見たものが，図Ⅱ，図Ⅲである。㋐が1個ならば5＋4＋3＋2

＋1＝15個，㋐が3個ならば17個。この場合，選択肢にあるのは17個。

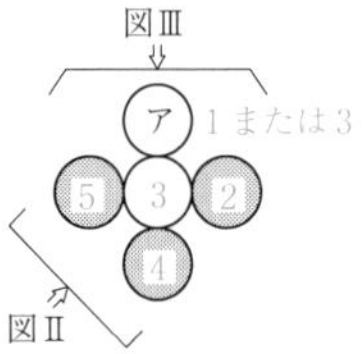

No.77 正答 4

平面図に高さを書き入れていく。

1	1	1	1	1
1	1	1	1	1
1	2	2	2	1
1	2	2	4	1
1	1	1	1	1

最大個数は33個。

1				
	1			
	2	2		
			4	
				1

最小個数は11個。
（これは一例である。）

No.78 正答 2

求める長さを$x$cmとし，イメージしやすいように見取図をかくと次図のようになる。

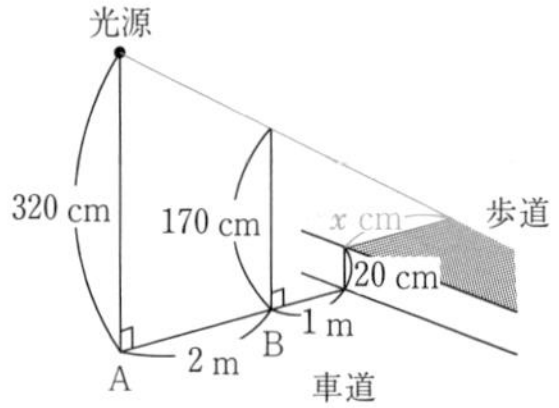

これを真横からみた図を考え，次のように各点に記号を付ける。

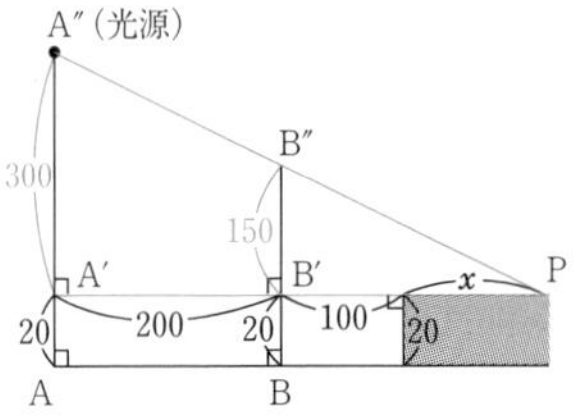

$\triangle PA'A'' \backsim \triangle PB'B''$より，

$PA' : PB' = A'A'' : B'B''$
$= 300 : 150$
$= 2 : 1$

$PA' = 300 + x$，$PB' = 100 + x$より，

$(300 + x) : (100 + x) = 2 : 1$
$2(100 + x) = 300 + x$
$x = 100$(cm)

No.79 正答 3

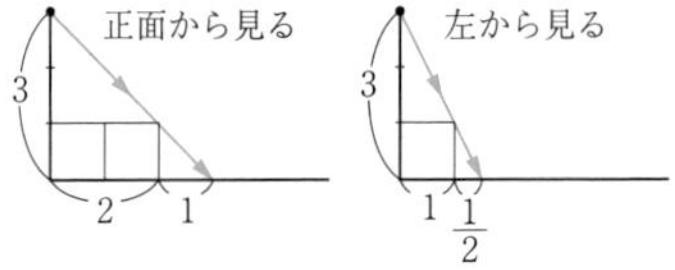

このことから，真上から見た図は次図のようになる。

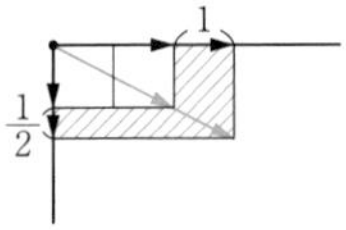

影の面積は，

$3 \times 1.5 - 2 \times 1 = 2.5(\mathrm{cm}^2)$

No.80 正答 3

問題の図を正面から見て次図のように表す。影の円の半径をrとすると，

$900\pi = \pi r^2$
$r = 30$(cm)

ボールの半径を$x$cmとして考える。

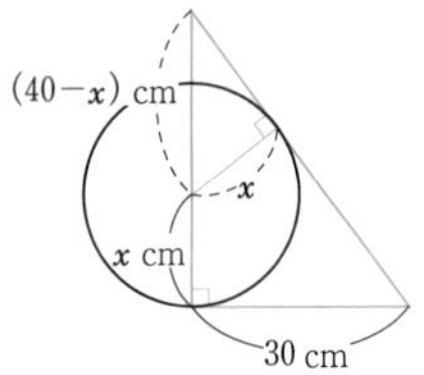

これより，次図のような相似な直角三角形が2つあることがわかる。

したがって，

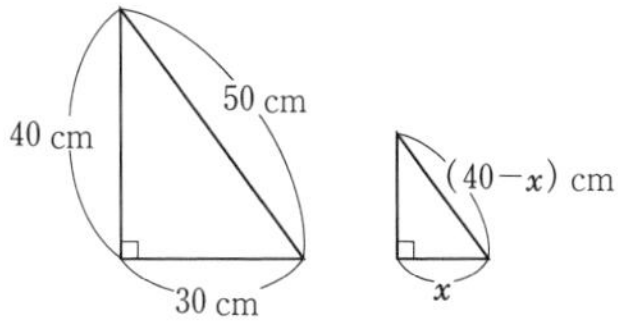

$$\frac{5}{3}=\frac{40-x}{x}\quad\therefore\quad x=15(\text{cm})$$

第7章 切 断

No.81 正答 5

点Pを通る平面の切り口であり得るのは次図の通りである。

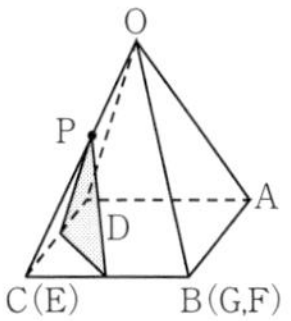

［二等辺三角形］

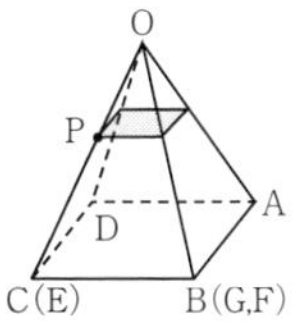

［正方形］

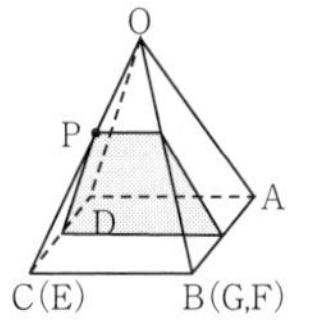

［台形］

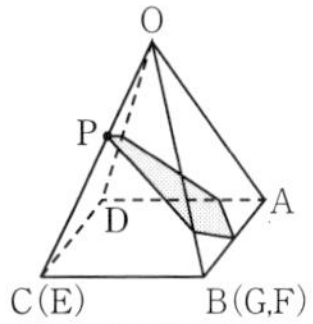

［五角形］

No.82 正答 1

平面による円柱の切断面は，

底面と平行に切ると，円

底面と垂直に切ると，長方形

それ以外では，だ円(またはだ円の一部)である。

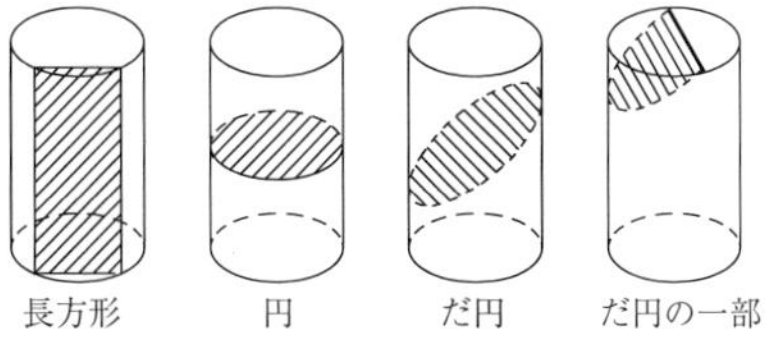

本問では，穴の部分にかかるように底面に垂直に切断すると，1の断面ができる。

2は，円柱の断面が長方形なら切り方は底面に垂直で，すると穴の部分の断面も長方形になるはずなので，あり得ない。

3はあり得ない。断面が円ということは切り方は底面に平行だが，いま円柱と穴は同軸なので，断面は次図のようになる。

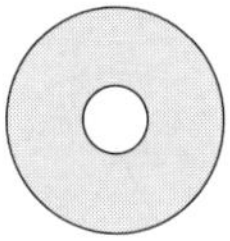

4と5もあり得ない。円柱でも穴の部分でも，断面が円になるのは切り方が底面に平行であるときだから円柱と穴の断面のうち，「一方が円でもう一方がだ円」となることはない。

No.83 正答 4

正八面体は2つの正四角すいを接合してできる。よってこの「接合箇所」やそれと平行な平面で切断すると断面は正方形になる。

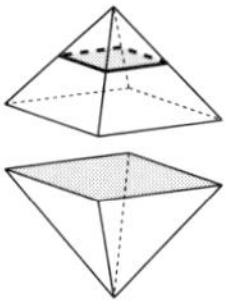

また，右のように辺の中点を通る平面で切断すると断面は正六角形になる。

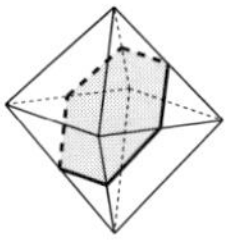

一方，正八面体を平面で切断するとき，断面が三角形になることはない(1つの頂点に4面が集まるので，最低でも4面は切られる)。また，断面が七角形以上になることもない。

No.84 正答 1

切断面は次図のように4面すべてを通り，切り口の形は正方形となる。

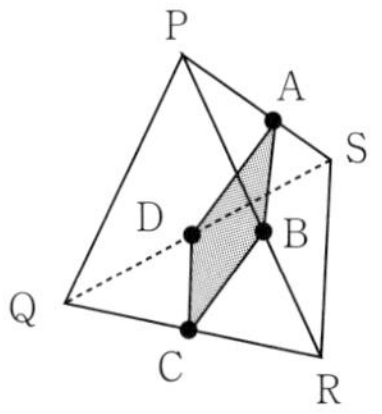

これを展開すると，

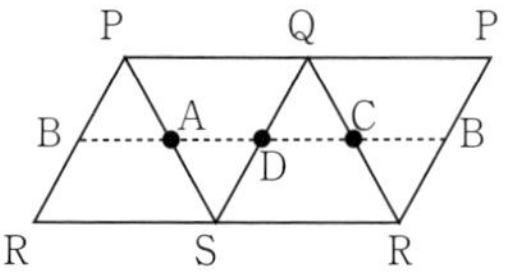

これと同じになるのは1である。

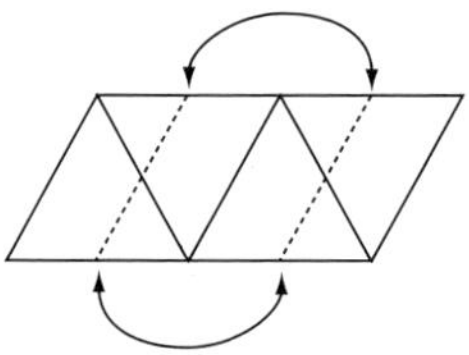

No.85 正答　2

一般に，

・球と平面の交線は，円
（決してだ円にはならない）
・平面と平面の交線は，直線

である。

半球でなく球ならば，断面は「A，B，Cを通る円」になる。一方，BとCは半球の“底面上”の点で，これと切断面の交線は直線（つまりそれは直線BC）になる。

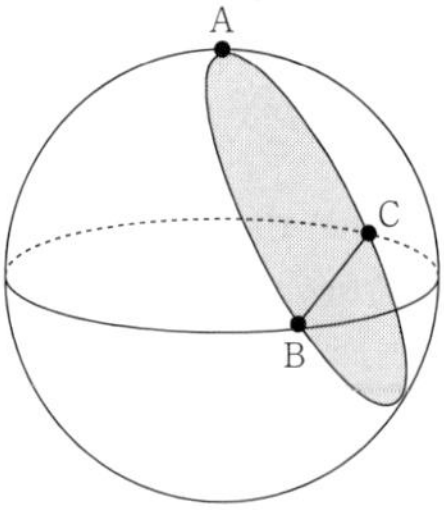

よって，求める断面は次のようになる。

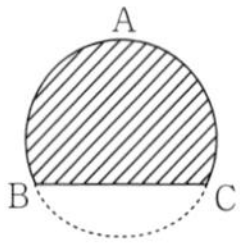

No.86 正答　1

平行な面を平面で切ると，切り口の線も平行になるということに着目すると，1はあり得ない。

本問の立体の表面は，「左右の面」「水平面」「前後の面」という3方向の平行面がある。

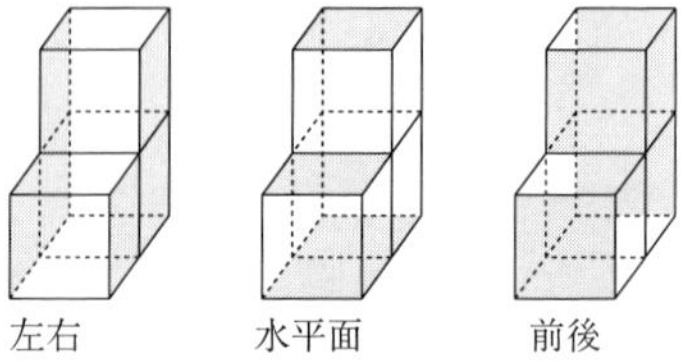

よって，この立体の切断面に生じる直線は，3方向しかないことになる。しかし，1には，互いに平行でない4方向の直線がある（次の図のａ～ｄ）。よって，1の切り口はあり得ない。

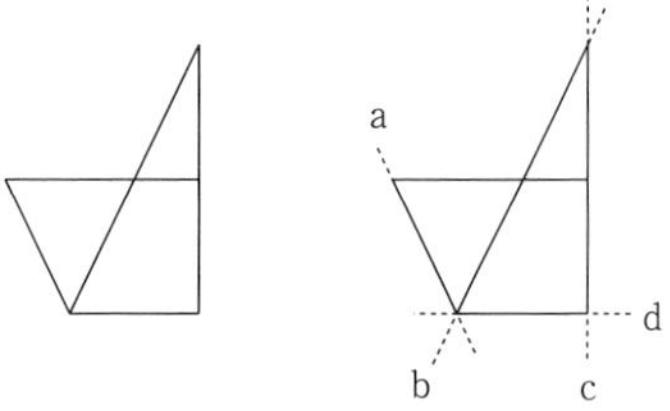

2～5は，次のように切るとあり得る。

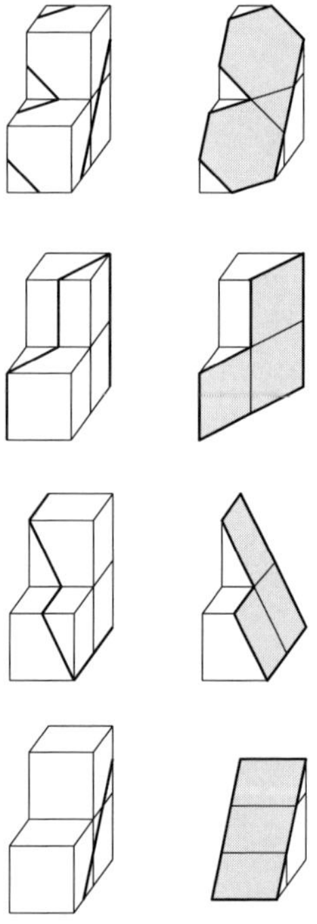

No.87 正答　1

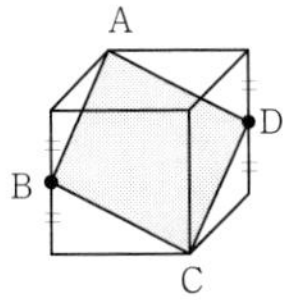

まず，立方体の切断を考えると，AC＞BDのひし形となる。

円柱を底面に対して斜めに切断するとだ円になる。また，そのだ円は辺に接している。したがって，切断面は次のようになる。

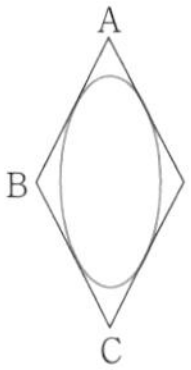

No.88 正答　4

切り口の様子は次のようになる。

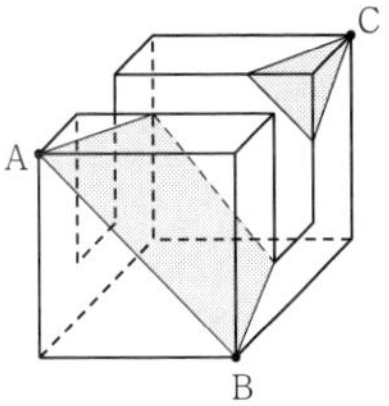

したがって，7本。

No.89 正答　3

平行な2面を1つの平面で切断すると，切り口の線は平行となる。

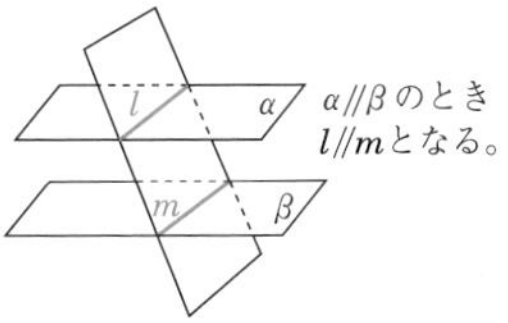

このことから切り口の形を作図する。

ACを含む平面で切断すると，断面は直線ACを含むので，まずA, Cを直線で結ぶ。すると切り口が次図辺DEの中点を通ることがわかり，これをPとする。次にこの直線ACとBを含む平面で切断するが，立方体の上面と底面，左右，前後の面はそれぞれ平行なのでBとPを結び，これと平行にCから直線をのばすと，辺FGの中点にあたる。これをQとする。BとQを結ぶと，四角形BPCQは，ひし形となる。

あとは同様にして，切り口をかいていくと次図の網目部分となる。

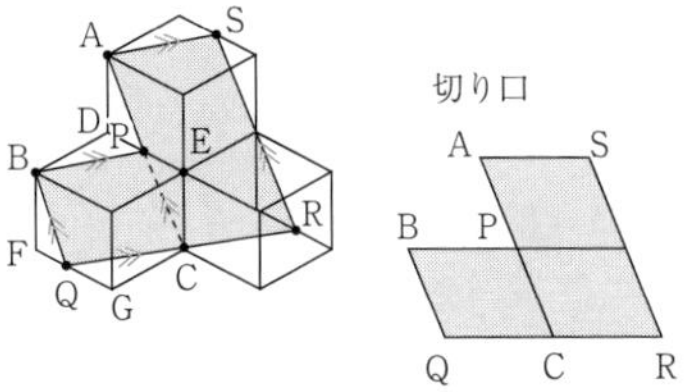

（AS∥BP∥QR，BQ∥AC∥SR）

No.90 正答　4

切り口は次図のような正六角形(S，T，Uも各辺の中点)となる。

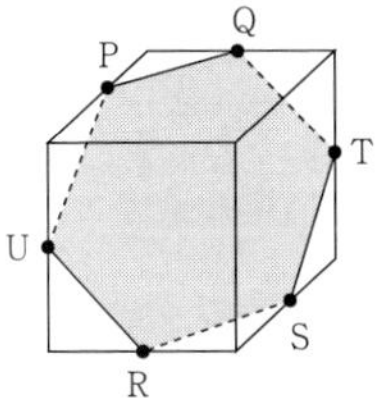

ここで，立方体の一辺の長さがaなので，正六角形の一辺(PQ)の長さは$\frac{\sqrt{2}}{2}a$である。

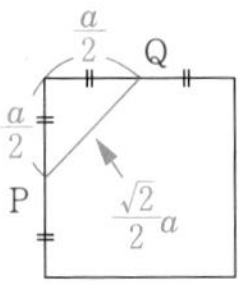

正六角形は次のように6つの正三角形に分けられる。

一辺が$\frac{\sqrt{2}}{2}a$の正三角形の面積は

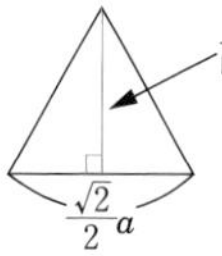

より，$\frac{1}{2}\times\frac{\sqrt{2}}{2}a\times\frac{\sqrt{2}\times\sqrt{3}}{4}a$

$$=\frac{\sqrt{3}}{2\times 4}a^2$$

となる。断面積はこれが6つなので，

$$\text{断面積}=6\times\frac{\sqrt{3}}{2\times 4}a^2$$
$$=\frac{3\sqrt{3}}{4}a^2$$

No.91　正答　2

上の段から1段ずつ調べていく。

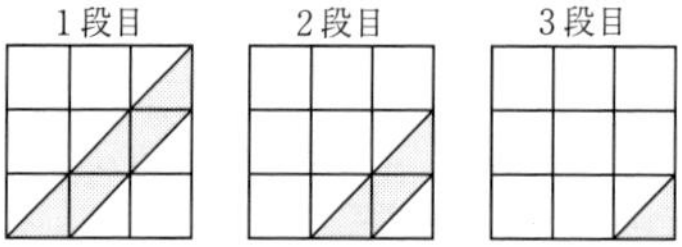

したがって，完全な形をした小立方体は，

$4+6+8=18$(個)

〈別解〉

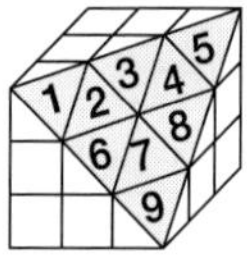

前図より9個切断されるから，

$27-9=18$(個)

第 8 章　回転体・移動

No.92　正答　2

断面図で直角部分が2ヵ所あること，および，上下が対称であることに注目して，2とわかる。

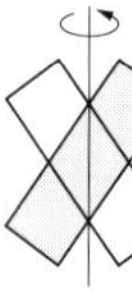

No.93　正答　1

立体の外形を，回転軸に関して左右対称にある2つの直角二等辺三角形でうめることができればよい。

2～5はそれぞれ，次のように2つの直角二等辺三角形で外形をうめることができる。

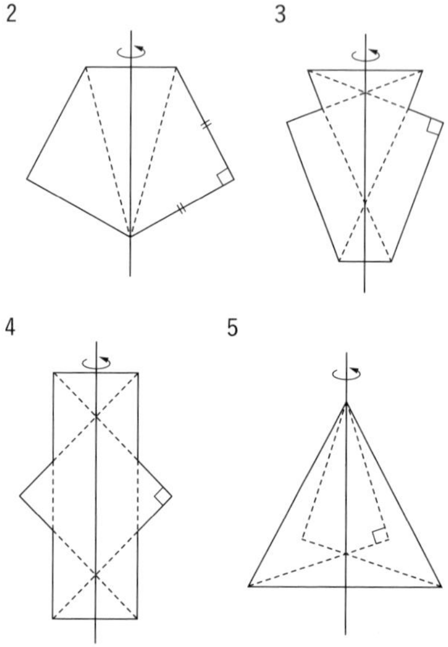

1の図形に同様の操作を行っても，下図の○部分を作ることはできない。

1

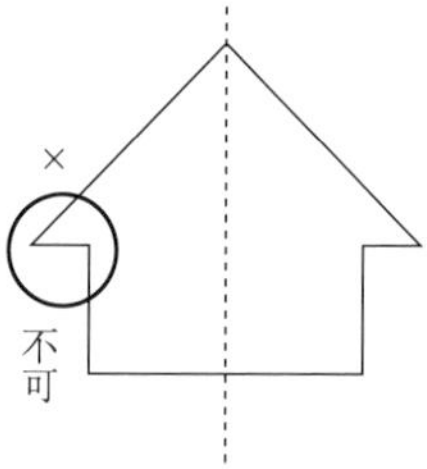

No.94　正答　1

Oを中心に線分ABを回転すると次図の網目部分を通過する。

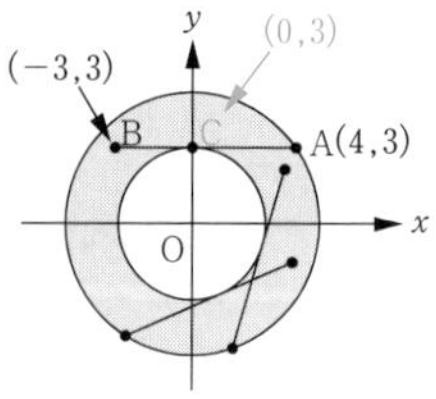

線分AB上のすべての点がOを中心とする円を描くので，線分AB上でOから最も遠い点Aが最も外側の円を描き，Oに最も近い点C(0，3)が最も内側の円を描く。

$$OA=\sqrt{4^2+3^2}=5$$

$$OC=3$$

より，線分ABの通過する領域の面積Sは，

$$S=OA^2\pi-OC^2\pi$$
$$=5^2\pi-3^2\pi$$
$$=16\pi$$

No.95 正答 5

y軸のまわりに1回転させると円すいになる。

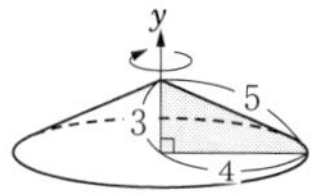

さらに，x軸のまわりに1回転させると次図のようになる。

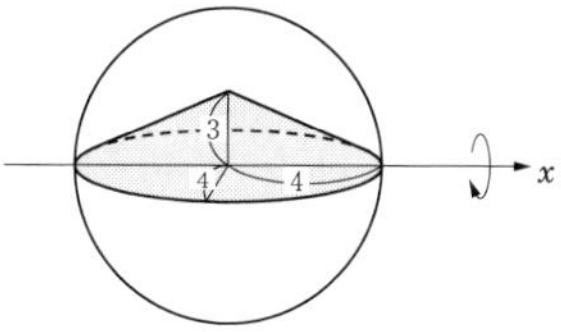

これは，半径4の円を回転させることと同じなので，半径4の球ができる。

No.96 正答 5

$a:2a=1:2$で，半径aの円板は外側を回転しているので，1周で$2+1=3$回転する。

PからAまででは$\frac{3}{4}$周しているので，

$$3\text{回転}\times\frac{3}{4}=\frac{9}{4}\text{回転}=2\frac{1}{4}\text{回転}$$

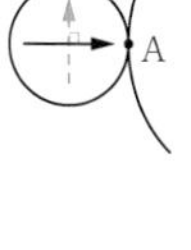

No.97 正答 1

回転の様子は次のようになる。

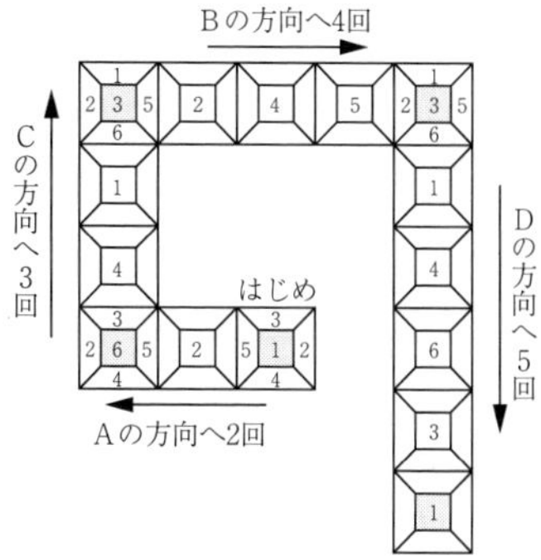

No.98 正答 5

立方体を転がすときの面の出方には，次の事実を押さえておくと便利である。

ア 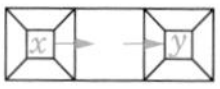 同じ方向に2回転がると，上面と底面は反転する。

イ 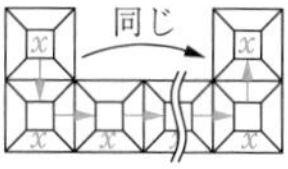 図のように転がると，上面は変わらない。

ウ 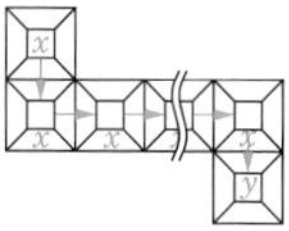 図のように転がると，上面と底面は反転する。

A　次図においてQのマス目の上面は青であり，Qのマス目からPのマス目への移動はウの転がり方なので，上面と底面が反転する。よって，Pのマス目の上面の色も青である。さらにPのマス目からGOALまでの移動はアの転がり方なので，上面と底面が反転する。よって，GOALのマス目の上面の色も青である。

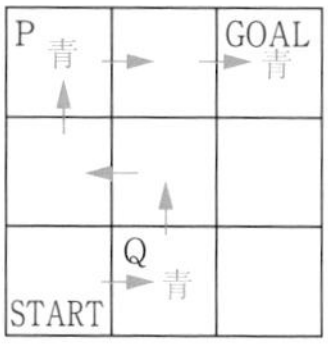

B　次図においてRのマス目の上面は黄で

あり，Rのマス目からGOALのマス目への移動はイの転がり方なので上面は変わらず，GOALのマス目の上面の色も黄である。

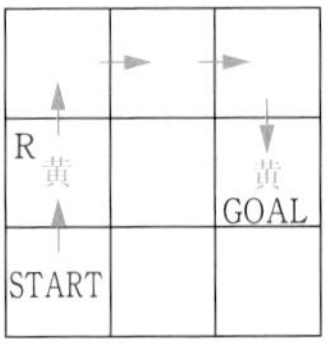

No.99 正答　5

問題文の図Ⅲの最後の状態で，さらに操作Aを行うとイの状態になる。図Ⅲで3回，さらに1回の操作を行ったので，合計4回である。よって，イは実現可能である。

図Ⅲの最後　　　　　　イ

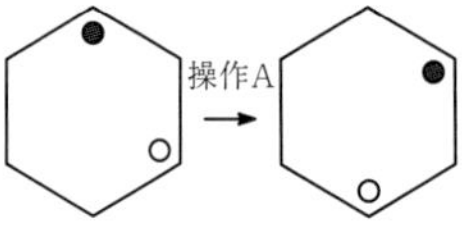

また，問題文の図Ⅲの，左から三番目の状態(＊)から，操作Bを2回続けて行うとウの状態になる。この場合も，図Ⅰの状態から(＊)までは操作2回，さらに2回の操作を行ったので，合計4回の操作を行ったことになる。よって，ウは実現可能である。

図Ⅲの，
左から三番目(＊)　　　　　　　　ウ

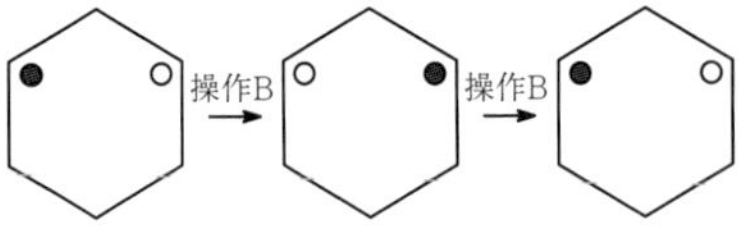

なお，アは実現不可能である。ここで黒丸だけに着目すると，図Ⅰの黒丸を4回の操作でアの黒丸の位置に移すには，

A→A→A→A
B→A→A→B

のいずれかの方法しかない。

図Ⅰ　　　　　　ア

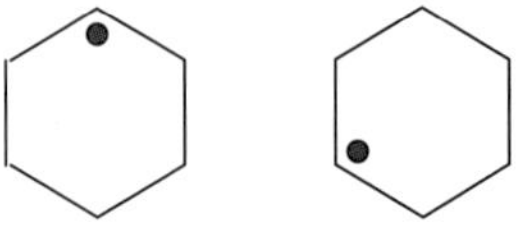

しかし，どちらの方法でも，白丸は次の位置に移る。

図Ⅰ

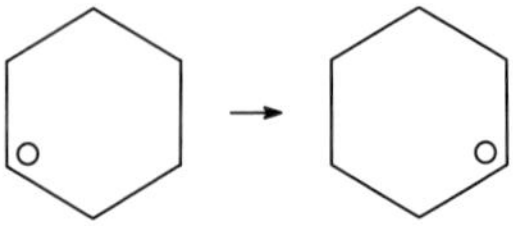

〈補足〉

図Ⅰの状態からイの配置にするには，解で示した方法のほか，

B→B→B→A

としてもよい。

また，図Ⅰの状態からウの配置にするには，解で示した方法のほか，

A→A→B→A

としてもよい。

No.100 正答　5

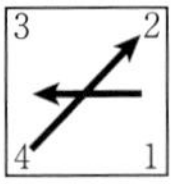

上図のように，正方形の頂点に1～4の番号を振る。そして，正方形が長方形の周上を回転する際，長方形の周に接地する頂点の番号を書き入れていくと，次のようになる。

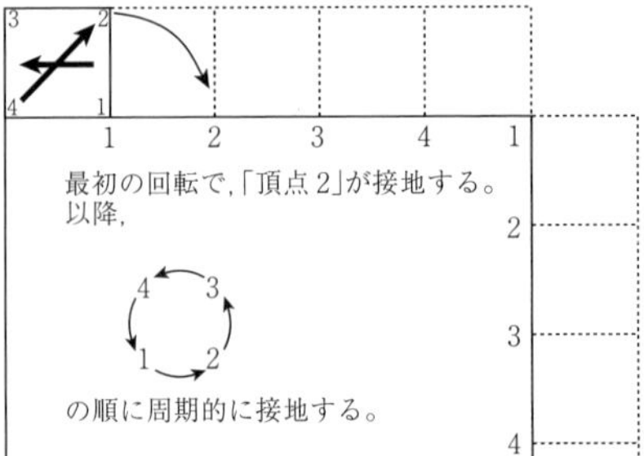

特に，長方形の下辺右隅の斜線部の位置に達したとき，正方形の模様は次のように

なる。よって，正答は5である。

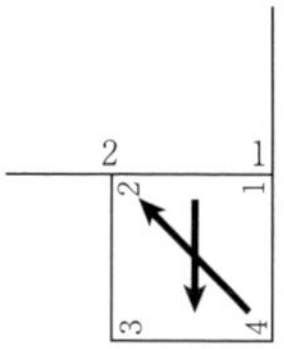

No.101　正答　1

上と下の口径の異なる円すい台は，母線の延長線の交点を中心に転がる。

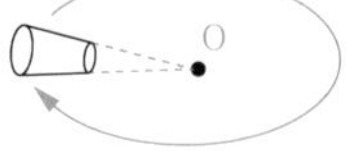

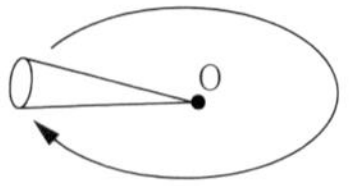

これを真横からみた図を考え，次のように各点に記号を付ける。

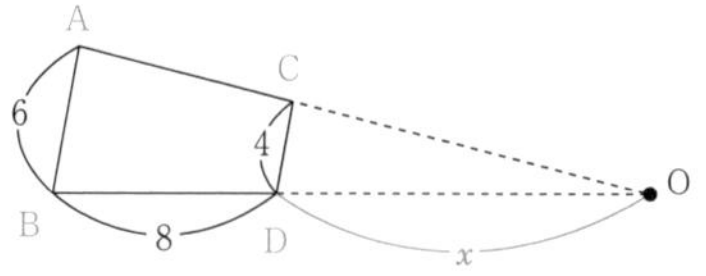

OD $= x$とする。

△OAB∽△OCDより，

$$\mathrm{OB} : \mathrm{OD} = \mathrm{AB} : \mathrm{CD}$$
$$(8 + x) : x = 6 : 4$$
$$6x = 4(8 + x)$$
$$2x = 32$$
$$x = 16$$

よって，

$$\mathrm{OB} = 8 + 16$$
$$= 24(\mathrm{cm})$$

コップの上の縁は直径6cmの円で，これが半径24cmの円周上を転がるので，一周して元の位置に戻るまでの回転数は，

$$\frac{24 \times 2\pi}{6\pi} = 8(\text{回転})$$

第*9*章　経　路

No.102　正答　5

x軸に関するPの対称点P′(−1，−1)をとる。直線P′Qとx軸との交点をRとする。

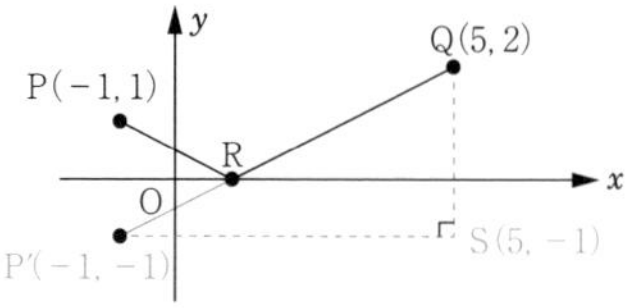

PR = P′Rなので，

$$\mathrm{PR} + \mathrm{RQ} = \mathrm{P'R} + \mathrm{RQ}$$
$$= \mathrm{P'Q}$$

P′Qが最短経路の長さとなる。前図の△P′QSに三平方の定理を当てはめると，

$$\mathrm{P'Q} = \sqrt{\{5 - (-1)\}^2 + \{2 - (-1)\}^2}$$
$$= \sqrt{6^2 + 3^2}$$
$$= 3\sqrt{5}$$

No.103　正答　1

側面の展開図をかくと，次図のようになる。

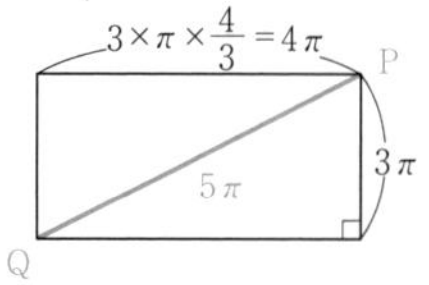

よって，求める長さは3：4：5の直角三角形の斜辺であることがわかる。

No.104　正答　4

立体の表面を通る最短経路の長さを求めるときは，展開図を描いて2点を直線で結ぶ。

側面の三角形は，

$$\angle \mathrm{APB} = \angle \mathrm{BPC} = \angle \mathrm{CPD} = 30^\circ$$

なので，次図のように側面のうち3面を展開すると，$\angle \mathrm{APD} = 30^\circ \times 3 = 90^\circ$となり，線分MDが最短経路となる。

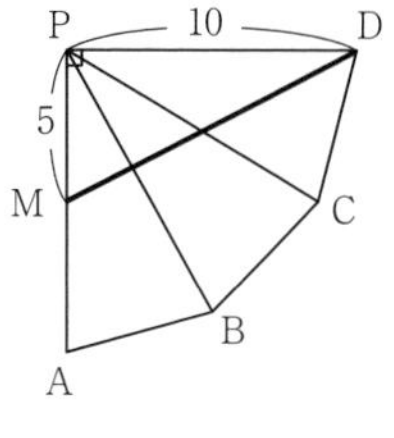

Mは辺PAの中点なので，

$$PM = \frac{1}{2}PA = 5$$

△PMDに三平方の定理を当てはめると，

$$MD = \sqrt{5^2 + 10^2} = \sqrt{125} = 5\sqrt{5}\text{(cm)}$$

No.105 正答 1

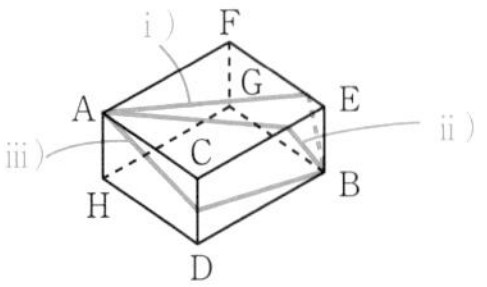

展開図をかいて考える。展開の方法はどの面を通るかによって次の3通りがある。

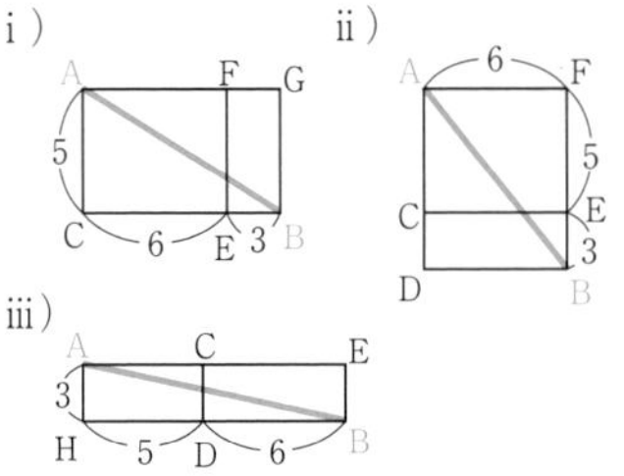

i）においてABの長さは，

$$\sqrt{5^2 + (6+3)^2} = \sqrt{106}$$

ii）においてABの長さは，

$$\sqrt{(5+3)^2 + 6^2} = \sqrt{100}$$

iii）においてABの長さは，

$$\sqrt{(6+5)^2 + 3^2} = \sqrt{130}$$

よって，ii）のときが最も短く，距離は$\sqrt{100} = 10$cmである。

No.106 正答 2

母線の長さが展開図の扇形の半径になる。

扇形の半径：底面の半径＝6：1

より，扇形の中心角は60°。求める長さは，次図の直角三角形AB′Pの辺B′Pなので，

$$3\sqrt{3} \fallingdotseq 3 \times 1.7 \fallingdotseq 5.1\text{(cm)}$$

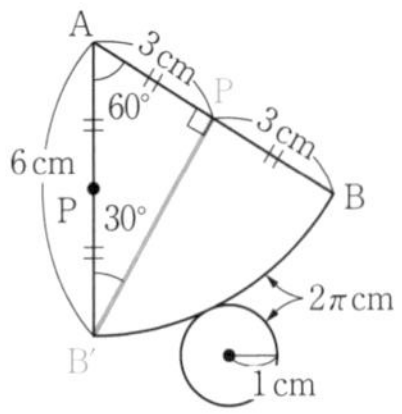

No.107 正答 4

1と3は奇点が2個，2と5は奇点が0個なので一筆書きができる。4は奇点が6個あり，一筆書きができない。

No.108 正答 5

各点に集まる辺の数を調べる。

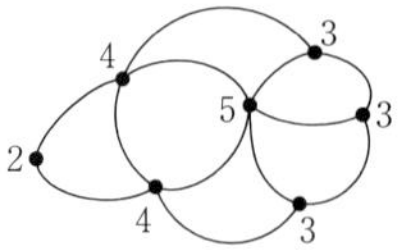

1

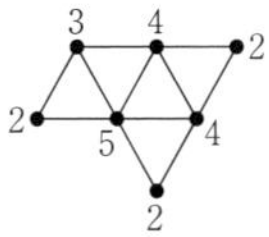

集まる辺の数が「3」の点が1つしかなく，不適。

2

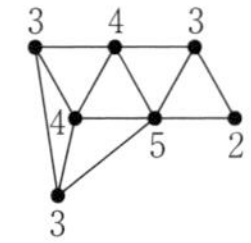

「2」の点の隣が「4」でなく，不適。

3

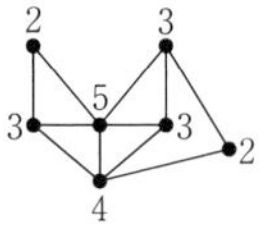

「4」の点が1つしかなく，不適。

4

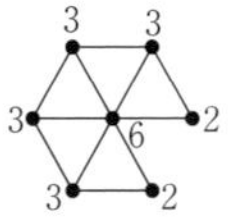

設問の図にはない「6」の点があり，不適。

5

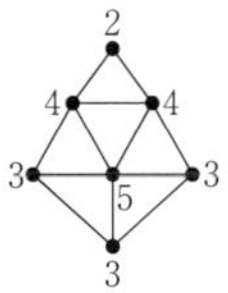

点と線のつながり方は設問の図と同じである。

No.109 正答 3

一本の輪ゴムを2重にならないように張りめぐらせるためには，一筆書きの始点と終点が一致しなければならない。よって，奇点が0個のものを選ぶ。

No.110 正答 4

Aから出発して，Aへ戻る一筆書きができるようにすればよい。いま，奇点が12個あるから，奇点が0個になるように，できる

だけ少ない本数を加える。

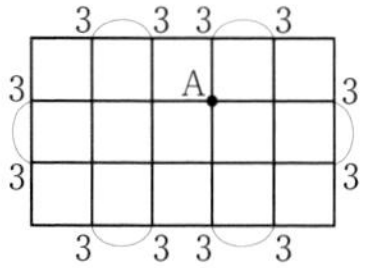

前図のように，奇点を線で結べば，すべて偶点になる。6本加えたから，

38 + 6 = 44(本)

第4編 資料解釈

第1章　数表で与えられた資料

① 数表

パターン1

表は，ある国の交通事故発生状況の推移を示したものである。この表からいえることとして正しいのはどれか。

年	交通事故件数(千件)	死者数(千人)	負傷者数(千人)
2013	643.1	11.23	790.3
2014	662.4	11.11	810.2
2015	695.3	11.45	844.0
2016	724.7	10.94	878.6
2017	729.5	10.65	881.7

1　交通事故件数・死者数・負傷者数いずれも年々増加している。

2　2014年～2017年のうち，負傷者数の対前年増加率が最小なのは2014年である。

3　2014年～2017年のうち，交通事故件数の対前年増加率が最大なのは2015年である。

4　2016年から2017年にかけて，交通事故1件当たりの負傷者数は増加した。

5　交通事故1件当たりの死者数は年々増加している。

解法　1　誤り。死者数は，2014年→2015年以外はすべて減少している。

2　誤り。2014年の対前年増加率は，

$$\frac{810.2}{790.3}-1 \fallingdotseq 0.025$$

2017年の対前年増加率は，

$$\frac{881.7}{878.6}-1 \fallingdotseq 0.004$$

より，こちらが最小である。

3　正しい。

4　誤り。2016年から2017年にかけての負傷者数の増加率が交通事故件数の増加率より小さい(このことは計算しなくてもわかるだろう。前者は $\frac{881.7-878.6}{878.6}=\frac{3.1}{878.6}$，後者は $\frac{729.5-724.7}{724.7}=\frac{4.8}{724.7}$ ）ことから，交通事故1件当たりの負傷者数は減少していることになる。

5　誤り。例えば，2013年→2014年についてみると，この間，交通事故件数は増えているのに死者数は減っていることから，明らかに減少していることがわかる。

正答　3

パターン2

表は，A～Dの各高校の生徒全員の身長と体重の記録を，全国平均と比較して，その分布を直交座標系に分類して構成したものである。なお，＋は全国平均を上回ることを示し，－は下回ることを示している。この表からいえることとして正しいのはどれか。

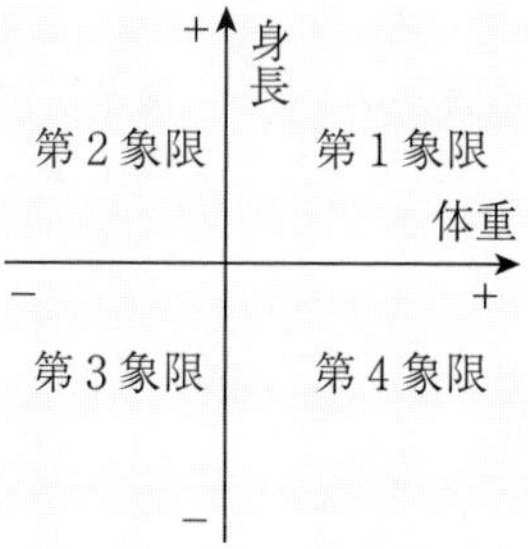

全国平均を0としたときの身長と体重の直交座標軸

高校名	人数	第1象限	第2象限	第3象限	第4象限
A	200人	32%	24%	28%	16%
B	500人	30%	19%	22%	29%
C	400人	25%	14%	41%	20%
D	800人	17%	31%	18%	34%

1　身長・体重とも全国平均を上回る生徒数が最も多いのはD校である。

2　身長・体重とも全国平均を下回る生徒数が最も少ないのはD校である。

3　身長では全国平均を上回るが，体重では全国平均を下回る生徒数が最も少ないのはC校である。

4　身長で全国平均を上回る生徒数が最も多いのはC校である。

5　体重で全国平均を上回る生徒数が最も多いのはD校である。

解法　各象限の人数を計算して表にすると次のようになる。

（単位：人）

高校名	合計	第1象限	第2象限	第3象限	第4象限
A	200	64	48	56	32
B	500	150	95	110	145
C	400	100	56	164	80
D	800	136	248	144	272

1　第1象限の人数をみればよいので，最も多いのはB校である。

2　第3象限の人数をみればよいので，最も少ないのはA校である。

3　第2象限の人数をみればよいので，最も少ないのはA校である。

4　第1象限と第2象限の人数の和をみればよいので，最も多いのはD校である。

5　正しい。第1象限と第4象限の人数の和をみればよいので，最も多いのはD校である。

正答　5

練習問題

（528ページより解答・解説）

★

No.1 表は，ある会社のA・B・Cの3工場における製品出荷額の合計を2010年を100とした指数で表し，また各年の工場ごとの出荷額の構成比を百分率で示したものである。この表からいえることとして正しいのはどれか。

年		2010年	2011年	2012年	2013年	2014年	2015年	2016年
出荷額合計		100	105	101	104	130	145	175
構成比(%)	A工場	19	22	25	22	24	20	23
	B工場	76	73	69	68	70	71	65
	C工場	5	5	6	10	6	9	12

1　A工場の出荷額は年々増加している。

2　B工場の出荷額が最も高かったのは2010年である。

3　C工場の最高の出荷額はA工場の最低の出荷額よりも少ない。

4　2016年の出荷額は，3工場とも前年より増加している。

5　2015年のC工場の出荷額は2010年のそれの3倍以上である。

★★

No.2 表は，財政投融資の原資額の推移を示したものである。この表からいえることとして正しいのはどれか。ただし，A～E年度はA年度から始まる連続した5年間を表している。

（単位：億円）

原　　資	A年度	B年度	C年度	D年度	E年度
合　計	352,050	378,139	495,274	480,862	554,291
産業投資特別会計	843	638	626	716	990
資金運用部資金	277,345	298,175	412,778	401,920	459,943
簡易保険資金	55,815	60,333	62,872	60,236	69,896
政府保証債・政府保証借入金	18,047	18,993	18,998	17,990	23,462

1　合計に占める産業投資特別会計の割合が最大なのはE年度である。

2　合計に占める資金運用部資金の割合はどの年度も80%を超えている。

3　合計に占める簡易保険資金の割合が最小なのはA年度である。

4　4つの原資のうち，A年度に対するE年度の増加率が最も高いのは資金運用部資金である。

5　4つの原資のうち，E年度の対前年度増加率が最も高いのは資金運用部資金である。

No.3 ★ 表は，A～Eの5カ国のある年の降水量等を示したものである。この表からいえることとして正しいのはどれか。

	年降水量 (mm/年)	降水総量 (億m^3/年)	人口1人当たり降水量 (m^3/年・人)
A国	801	71,235	29,485
B国	68	651	1,312
C国	1,620	7,285	13,985
D国	502	112,458	40,144
E国	803	1,999	3,275

1 A国の年降水量は5カ国平均より少ない。

2 A国の人口はB国の人口の6倍より多い。

3 降水量が多いのは雪の多い寒い国である。

4 人口が二番目に少ないのはC国である。

5 5カ国の降水総量の平均は40,000億m^3/年より多い。

No.4 ★★ 表は，ある国の1995～2016年における労働力，非労働力人口を示したものである。この表からいえることとして正しいのはどれか。ただし，失業率＝$\frac{完全失業者数}{労働力人口}\times 100$(%)とする。

労働力と非労働力人口(15歳以上人口　単位：万人)

	1995年	2005年	2010年	2015年	2016年	2016年うち男
労働力人口	5,153	5,650	5,963	6,383	6,505	3,854
就業者	5,094	5,536	5,807	6,249	6,369	3,776
完全失業者	59	114	156	134	136	78
非労働力人口	2,723	3,249	3,450	3,657	3,649	1,088
総計	7,876	8,899	9,413	10,040	10,154	4,942

1 2016年における失業率は約5%である。

2 失業率が最も高いのは表中2010年である。

3 1995年から2005年にかけて失業率は減少している。

4 表中，非労働力人口は増加し続けている。

5 2016年の，15歳以上人口に占める労働力人口の割合は男子より女子の方が高い。

No.5（★★） 表は，A～Eの5カ国の道路延長等を示したものである。A～Eの5カ国のうち，人口が2番目に多い国と自動車台数が2番目に多い国の組合せとして正しいのはどれか。

	道路延長（km）	人口1000人当たり道路延長（km）	自動車1台当たり道路延長（m）
A国	45,554	2.60	44
B国	244,164	1.35	81
C国	78,833	1.77	13
D国	156,084	8.94	48
E国	51,126	0.86	18

	人口が2番目に多い国	自動車台数が2番目に多い国
1	A国	B国
2	B国	C国
3	C国	A国
4	C国	D国
5	E国	D国

No.6（★★） 表は，A大学とB大学の受験者数・合格者数の推移を示したものである。この表からいえることとして正しいのはどれか。なお，合格率とは受験者数に対する合格者数の割合を意味する。

	A大学			B大学		
	全受験者	女子合格者	全合格者に占める女子合格者の割合	全受験者	女子合格者	全合格者に占める女子合格者の割合
2011年度	4,802人	65人	12.0%	12,743人	663人	33.8%
2012年度	4,591人	62人	12.2%	13,636人	668人	32.3%
2013年度	4,134人	78人	13.6%	11,370人	637人	35.3%
2014年度	3,780人	121人	17.8%	9,911人	746人	37.9%
2015年度	3,863人	151人	20.1%	9,320人	884人	37.6%

1　2011年度におけるB大学の合格者数はA大学のそれの10倍以上である。

2　A大学における合格率は減少し続けている。

3　B大学における合格率が最も高かったのは2014年度である。

4　B大学における女子の合格率が最も高かったのは2014年度である。

5　2015年度における合格率はA大学よりB大学の方が高い。

No.7 ★★ 表は，ある高校の3年生の生徒全員に対して行った進路志望調査の結果を示したものである。この表からいえることとして正しいのはどれか。

志　望　先	男　子	女　子	男女計
大学・短期大学	30%	50%	46%
専門学校・専修学校	45%	35%	37%
就　職	21%	11%	13%
そ　の　他	4%	4%	4%
志望調査計	100%	100%	100%

1　3年生の男子生徒数と女子生徒数の比は2:3である。

2　3年生の男子のうち「大学・短期大学」を志望する者の人数は，3年生の女子のうち「就職」を志望する者の人数より多い。

3　3年生の女子のうち「専門学校・専修学校」を志望する者の人数は，3年生の男子のうち「就職」を志望する者の人数の約1.7倍である。

4　3年生の男子生徒数と女子生徒数の比は1:5である。

5　3年生の女子のうち「その他」を志望する者の人数は，同志望の3年生男子の4倍である。

No.8 ★★ 表は，ある営業所の7～12月までの販売高とセールスマンの人数の増減を示したものである。販売高は7月の販売高を100とした指数で，セールスマン数はそれぞれ前月の人数に対する増加率を百分率で示している。空欄ア～ウにあてはまる月の組合せとして正しいのはどれか。

	販売高 (7月＝100)	セールスマン数 (前月比増加率，%)
7月	100	30
8月	110	25
9月	115	△20
10月	120	△10
11月	90	10
12月	95	0

(△はマイナスを表す)

○　7～12月のうち，セールスマン数が最も多いのは[ア]月である。

○　7～12月のうち，セールスマン1人当たりの販売高が最も多いのは[イ]月である。

○　7～12月のうち，セールスマン1人当たりの販売高が最も少ないのは[ウ]月である。

	ア	イ	ウ
1	7	9	8
2	7	10	11
3	8	9	11
4	8	10	8
5	8	10	11

★★★
No.9 表は，A～Fの6つの工作機械生産国について，2018年度の生産額と輸出額およびそれらの対前年度増加率を示したものである。この表からいえることとして正しいのはどれか。

	生産額（百万ドル）	対前年度増加率(%)	輸出額（百万ドル）	対前年度増加率(%)
A国	7,154	*−14.4*	3,644	*3.2*
B国	5,145	*−32.9*	3,329	*−28.9*
C国	3,275	*6.5*	1,010	*−16.8*
D国	2,366	*−23.5*	1,391	*−9.8*
E国	1,753	*4.0*	200	*1.5*
F国	1,354	*−21.0*	1,185	*−19.4*

1　2018年のA国とC国の生産額の差は，2017年のそれより大きくなった。

2　B国の生産額に対する輸出額の割合は，2017年より2018年の方が大きい。

3　2017年において，F国の輸出額はD国の輸出額より多い。

4　E国の生産額に対する輸出額の割合は，2017年より2018年の方が大きい。

5　2017年において，A国の生産額はF国の生産額の5倍以上である。

★★★
No.10 表は，2010年から2015年の5年間にかけての，ある国のA～Eの各都市圏間の人口移動数を示したものである。この表からいえることとして正しいのはどれか。

（単位：千人）

出発地＼到着地	A都市圏	B都市圏	C都市圏	D都市圏	E都市圏	その他の地域	総　数
A都市圏		80	6	9	3	120	218
B都市圏	48		96	186	62	904	1,296
C都市圏	4	129		65	12	192	402
D都市圏	9	297	75		44	411	836
E都市圏	3	110	20	53		202	388
その他の地域	234	1,639	303	568	261		
総　数	298	2,255	500	881	382		

1 A～Eの都市圏のうち，2010年から2015年にかけての人口増加数が最も大きいのはB都市圏であり，またこの間人口が減少したのはE都市圏のみである。

2 2010年から2015年の5年間にかけての，C都市圏への流入人口全体に占めるD都市圏からC都市圏への流入人口の割合は，C都市圏からの流出人口全体に占めるC都市圏からD都市圏への流出人口の割合より大きい。

3 2010年から2015年の5年間にかけての，A～Eの都市圏のうち2つの都市圏間相互の流出人口と流入人口の差を考えると，それが最も小さいのはA・C都市圏間である。

4 2010年から2015年にかけての人口移動をみると，他のどの都市圏からも流入超過になっているのはB都市圏のみであり，逆に他のどの都市圏に対しても流出超過になっているのはD都市圏のみである。

5 2010年から2015年にかけての，A～Eの都市圏のうち2つの都市圏間相互の流出人口と流入人口の比（大きい方を分子にとる）を考えると，それが最も大きいのはB・E都市圏間である。

第 2 章　グラフで与えられた資料

1　グラフ

パターン3

図は，ある年度の海外旅行者の男女別・年齢別割合を示したものである。この図からいえることとして正しいのはどれか。

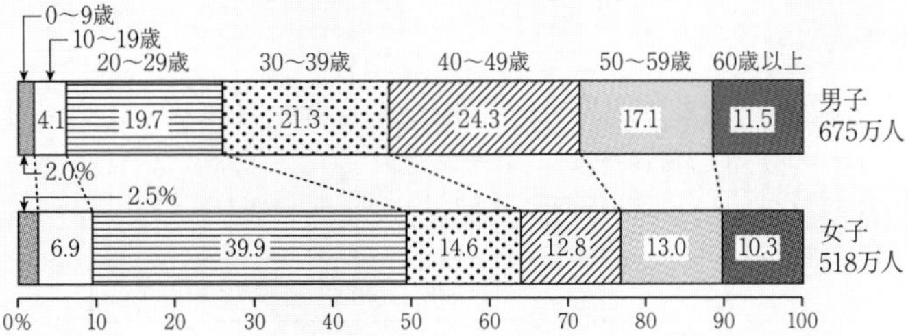

1　20〜 29歳では，女子の海外旅行者は男子のそれの2倍以上である。

2　30〜 39歳では，男子の海外旅行者は女子のそれの2倍以上である。

3　40〜 49歳では，男子の海外旅行者は女子のそれの2倍以上である。

4　0〜 49歳では，女子の海外旅行者は男子のそれより多い。

5　10〜 59歳の海外旅行者は1,000万人より少ない。

解法　1　誤り。20〜 29歳の海外旅行者は，

男子　$675 \times 0.197 \fallingdotseq 133$(万人)

女子　$518 \times 0.399 \fallingdotseq 207$(万人)

であり，女子は男子の2倍に満たない。

2　誤り。30〜 39歳の海外旅行者は，

男子　$675 \times 0.213 \fallingdotseq 144$(万人)

女子　$518 \times 0.146 \fallingdotseq 76$(万人)

であり，男子は女子の2倍に満たない。

3　正しい。40〜 49歳の海外旅行者は，

男子　$675 \times 0.243 \fallingdotseq 164$(万人)

女子　$518 \times 0.128 \fallingdotseq 66$(万人)

であり，確かに男子は女子の2倍以上である。

4　誤り。0〜 49歳の海外旅行者は，

男子　675×(1−0.171−0.115)≒482(万人)

女子　518×(1−0.130−0.103)≒397(万人)

であり，男子の方が多い。

5　誤り。10～59歳の海外旅行者は，

男子　675×(1−0.020−0.115)≒584(万人)

女子　518×(1−0.025−0.103)≒452(万人)

となり，合わせて

584＋452＝1036(万人)

となる。

正答　3

パターン4

図は，あるショッピングセンター内の2つの売場A，Bにおける2017年4月～2018年3月の売上高の推移を，A，Bそれぞれ2016年4月の売上高を100とした指数で示したものである。この図から確実にいえるのはどれか。

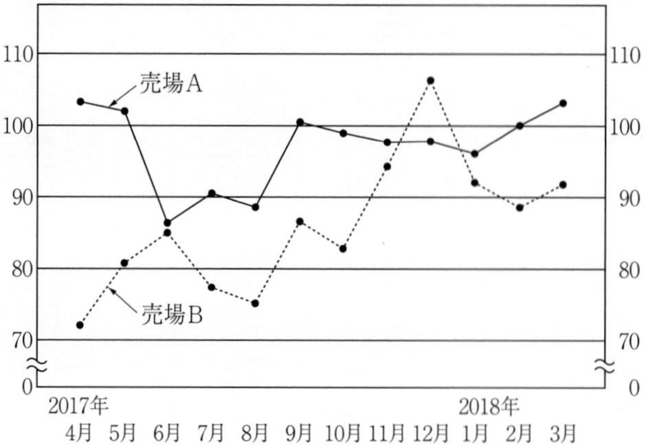

1　2017年12月を除くと，売場Aの売上高は常に売場Bを上回る。

2　売場A，Bの売上高の差が最も大きいのは2017年4月，最も小さいのは2017年6月である。

3　売場Bでは，2017年11月，12月と続けて前月より売上が伸びており，とくに前月比伸び率を比べると2017年12月の方が大きい。

4　2017年5月～2018年3月の間，同じ月にA，B両売場ともに売上が前月を下回った月が4回ある。

5　2017年9月は，売場A，Bともに前月より売上が伸びているが，前月比伸び率を比べると売場Bの方が大きい。

解法　与えられたデータにおいて，売場Aの売上高指数と売場Bの売上高指数では，その“基準(100)”が違っている（前者は「2016年4月のAの売上高を100」，後者は「2016年4月のBの売上高を100」としている）ことに注意しよう。このことから，与えられた指数だけでは，両売場の売上高そのものを比較することは不可能である（要するに，この図からわかるのは両売場の売上高の経時変化率のみである）。ゆえに，選択肢1，2については判定不可能。そこで残る選択肢について考える。

3　誤り。「売上高の伸び率」＝「売上高の指数の伸び率」であることに注意する。ここで，グラフから2017年10月・11月・12月の指数を読み取って計算してもよいが，この場合10～11月と11～12月でグラフの傾きがほとんど同じであることから，10～11月の伸び率の方が大きいことは容易にわかる。

4　誤り。両売場ともに売上が前月を下回ったのは，2017年8月・10月，2018年1月の3回である。

5　正しい。選択肢3と同様に，2017年8～9月において，両売場のグラフの傾きがほとんど同じであることから，（グラフがより下にある）売場Bの方が伸び率が大きいことがわかる。

正答　5

練習問題

（532ページより解答・解説）

No.11★ 図は，A年とB年のある国の輸出額の内訳を示したものである。この図からいえることとして正しいのはどれか。

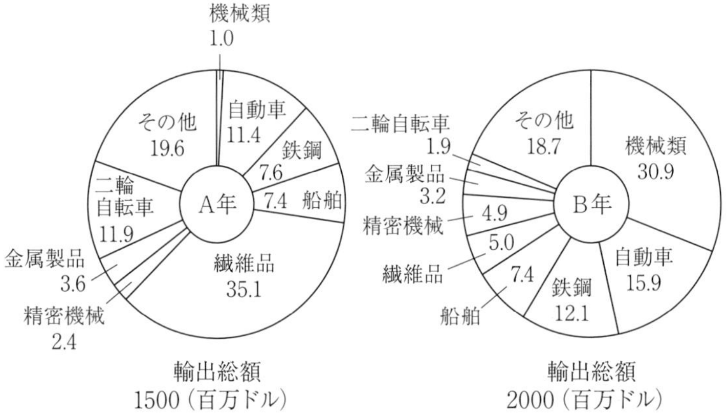

1　船舶の輸出額は，A年よりもB年の方が370万ドル多い。

2　金属製品の輸出額は，A年よりもB年の方が多い。

3　精密機械の輸出額は，B年はA年のほぼ2倍である。

4　B年の機械類の輸出額は，A年のそれの約30倍である。

5　A年に対するB年の減少率が最も大きいのは二輪自転車である。

No.12 ★ 図は，A～D 4カ国の工業生産高の推移を2006年を100とした指数で示したものである。この図から確実にいえるのはどれか。

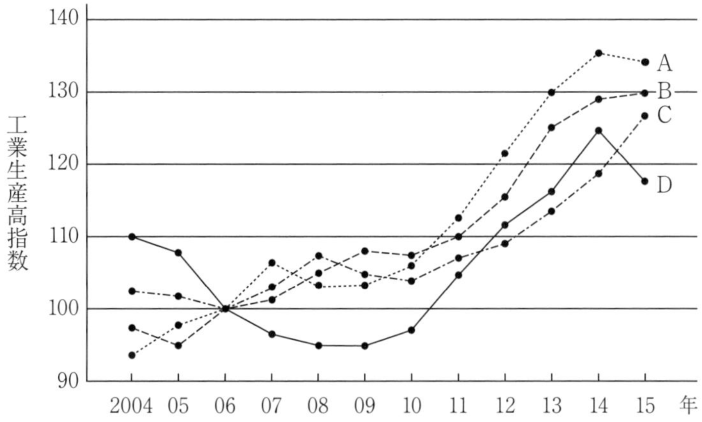

1　2011年以降，4カ国中，A国の生産高が常に最も多い。

2　2004年の生産高は4カ国中，D国が最大であったが，2015年はD国が最小である。

3　2014年の対前年増加率が最大である国はD国である。

4　2015年の4カ国の生産高の合計は2006年のそれの1.3倍より少ない。

5　2006年の4カ国の生産高の合計は2004年のそれより少ない。

★★
No.13 図は，A～Dの4県について，下水道普及率・道路舗装率・人口10万人当たり医師数の3項目に関して，各々の項目について最大の県のそれを100とした指数で示したものである。この図からいえることとして正しいのはどれか。

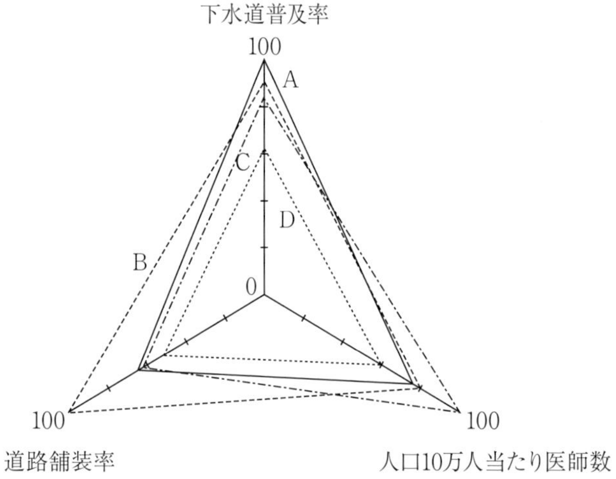

1 A・B・Cの3県では，いずれも下水道普及率が80%を超えている。

2 医師の数が一番多いのはC県であり，その数はD県のそれの1.5倍以上である。

3 A・C・Dの3県では，いずれも下水道普及率が道路舗装率より大きい。

4 B県の人口10万人当たり医師数は，D県のそれより約20人多い。

5 A県とC県は，道路舗装率がほぼ等しく，ともにB県のそれの7割に満たない。

★★
No.14　図は，日本のいくつかの地域の農畜産物の生産額について示したものである。この図からいえることとして，**正しくない**のはどれか。

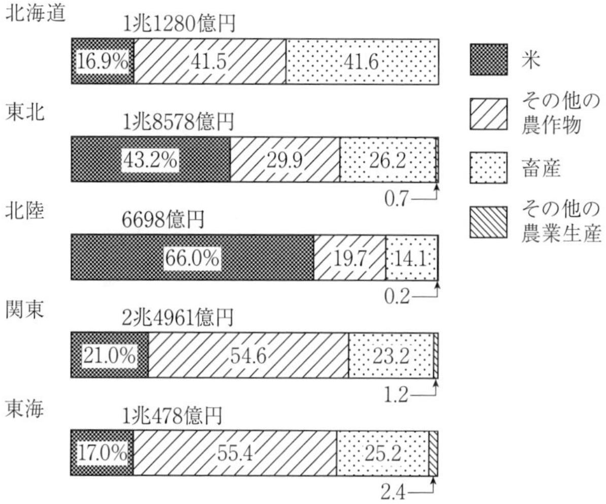

1　米の生産額が一番大きいのは関東ではない。

2　米の生産額は，北陸よりも関東の方が大きい。

3　北海道の畜産の生産額は，東海のそれの2倍以上である。

4　畜産の生産額が一番小さいのは北陸である。

5　その他の農作物の生産額は，東北と東海を合わせたものより関東の方が多い。

No.15★ 図は，ある会社における2011～2015年の売上高と，売上高に対する人件費の比率を示したものである。人件費が最も高かったのは何年か。

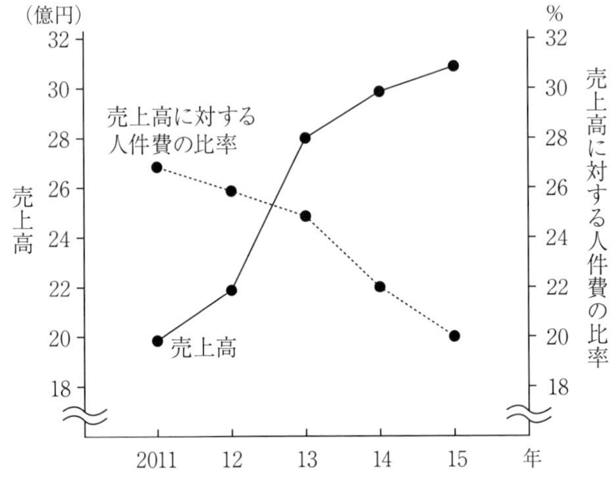

1　2011年
2　2012年
3　2013年
4　2014年
5　2015年

No.16★ 図は，A～J 10カ国の産業別就業人口比率を示したものである。この図からいえることとして正しいのはどれか。

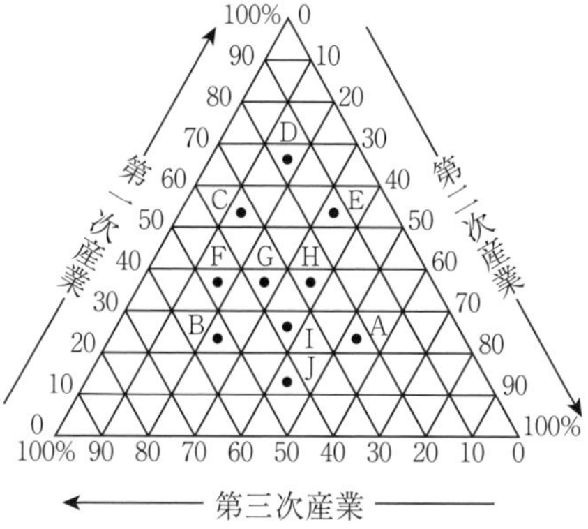

1 第一次産業就業者比率が50%以下の国は3カ国である。

2 第二次産業就業者比率が40%以上の国は1カ国である。

3 第三次産業就業者比率が30%以下の国は5カ国である。

4 A国における第一次産業就業者数と第三次産業就業者数は，ほぼ等しい。

5 B国の第三次産業就業者数とC国の第一次産業就業者数は，ほぼ等しい。

No.17★ 図は，A国の貿易額の推移を示したものである。このグラフからいえることとして正しいのはどれか。

A国の貿易額の推移

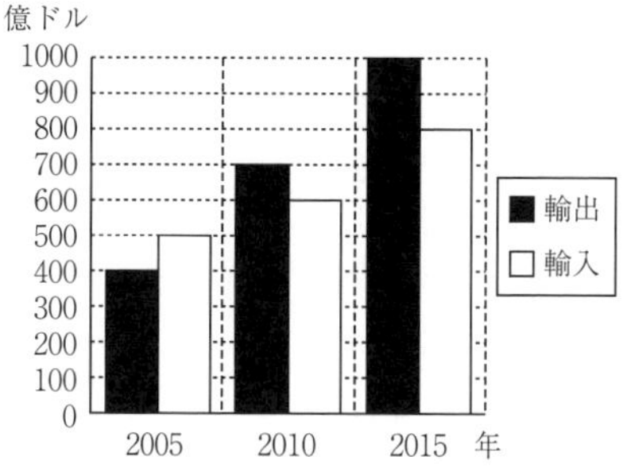

A国の貿易相手国別推移

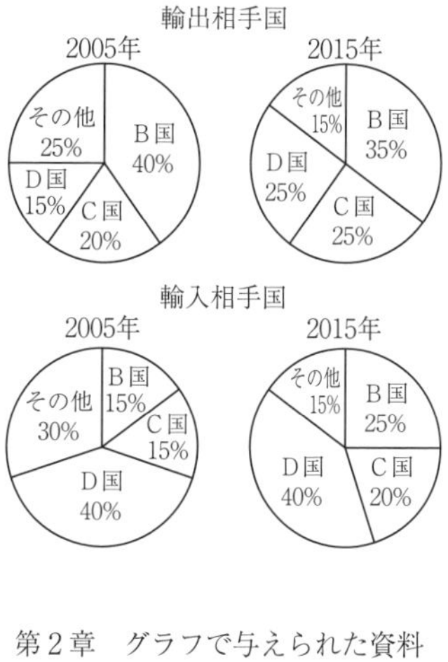

1　A国の輸出額の，2005年に対する2010年の増加率は，2010年に対する2015年の増加率と等しい。

2　2015年におけるA国からB国への輸出額は，2005年のそれの3倍以上である。

3　2015年におけるD国からA国への輸出額は，2005年のそれの1.6倍である。

4　2015年におけるA国からD国への輸出額は，D国からA国への輸出額より50億ドル少ない。

5　2005年におけるC国からA国への輸出額は，A国からC国への輸出額の$\frac{3}{4}$倍である。

No.18 ★★　図は，2016年度におけるA～Hの8カ国の火災発生状況を示したものである。この図からいえることとして正しいのはどれか。

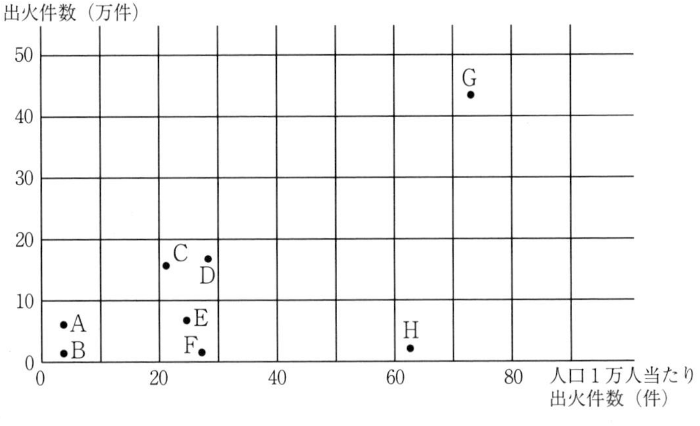

1　人口が一番少ない国はB国である。

2　G国の人口はD国の人口の約3倍である。

3　A国より人口の多い国は3カ国ある。

4　人口が一番多い国はG国である。

5　C国より人口の少ない国は6カ国ある。

★★
No.19 図は，ある7年間のAPEC主要国の北アメリカ向け輸出と東アジア向け輸出の割合変化を表したものである。この図からいえることとして正しいのはどれか。

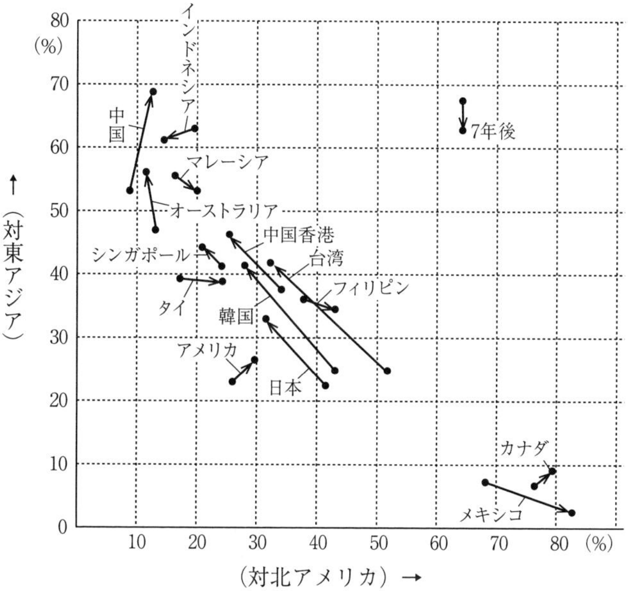

横軸：各国の輸出総額に占める北アメリカ向け輸出の割合
縦軸：各国の輸出総額に占める東アジア向け輸出の割合

1 アメリカは，対北アメリカ，対東アジアとも輸出割合を伸ばしているから，輸出総額を伸ばしているといえる。

2 対北アメリカ，対東アジアの両方の輸出割合を伸ばしたのは2カ国である。

3 日本と同じ傾向を示した国は，他に4カ国である。

4 対北アメリカへの輸出割合を伸ばした国は7カ国である。

5 対東アジアへの輸出割合を伸ばした国は8カ国である。

No.20 図は，ある製品の出荷量および在庫量を，四半期ごとに前年同期比増加率で示したものである（11－Ⅳとは2011年の第4四半期を，13－Ⅰとは2013年の第1四半期を示す）。この図からいえることとして正しいのはどれか。

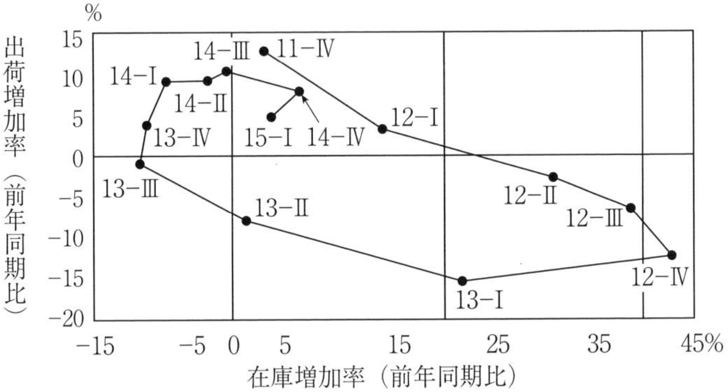

1 2012年第1四半期は2011年第4四半期に比べて，在庫は増加したが出荷は減少した。

2 2011年第4四半期～2015年第1四半期において，出荷が最も少なかったのは2013年第1四半期である。

3 2011年第4四半期～2015年第1四半期において，在庫が最も多かったのは2012年第4四半期である。

4 2013年第2四半期は2012年第2四半期に比べて，在庫も出荷も減少した。

5 2015年第1四半期は2014年第1四半期に比べて，在庫も出荷も増加した。

解答と解説

資料解釈

第1章 数表で与えられた資料

No.1 正答 4

2010年の出荷額合計を100とすると，年別各工場の出荷額は次式で得られる。

$$\text{各工場の出荷額} = \left(\text{その年の出荷額合計}\right) \times \frac{\text{構成比}}{100}$$

1

2012年		2013年
101×0.25		104×0.22
‖		‖
25.25	>	22.88

2013年は前年より減少している（なお，2014年から2015年にかけても減少している）。

2 構成比でみると2010年が最大だが，2016年の出荷額合計は2010年の1.75倍すなわち$\frac{7}{4}$倍なので，出荷額は2010年より2016年の方が多い。

2010年		2016年
100×0.76	<	175×0.65

$\frac{7}{4}$倍　　約$\frac{6}{7}$倍

$$\left(\because \quad \frac{7}{4} \times \frac{6}{7} > 1\right)$$

3

C工場の最高		A工場の最低
2016年		2010年
175×0.12		100×0.19
‖		‖
21	>	19

C工場の方が多い。

4 正しい。2015年から2016年にかけて出荷額合計が増加しているので，この間に構成比が増加しているA，C工場は出荷額も増加している。

B工場についてみると，

2015年		2016年
145×0.71		175×0.65
≒		≒
103	<	114

となり，B工場も増加している。

5

2010年	2015年
100×0.05	145×0.09

1.5倍より小　　2倍より小

よって，

$1.5 \times 2 = 3$倍より小

とみて，2015年の出荷額は2010年のそれの3倍よりは少ない。

No.2 正答 4

1 $\dfrac{\text{産業投資特別会計}}{\text{合計}}$を比較する。

A年度	E年度
$\dfrac{843}{352050}$	$\dfrac{990}{554291}$

である。これらを概算すると，$\frac{843}{352}$は明らかに2より大きく，$\frac{990}{554}$は明らかに2より小さい。

よって，E年度よりもA年度の方が大きい。

2 A年度における「割合」は，

$$\frac{277345}{352050}$$

であるが，概算で計算すると，

$$\frac{277}{352} = 0.78\cdots$$

となり，A年度は80％未満である。

3

A年度	D年度
$\dfrac{55815}{352050}$	$\dfrac{60236}{480862}$
≒	≒
$\dfrac{1}{7}$よりやや大	$\dfrac{1}{8}$

A年度よりD年度の方が小さい。

4 正しい。

上3桁で概算する。

「産業投資特別会計」はこの間に843→990と増加したので，増加率は，

$$\frac{990-843}{843} = \frac{147}{843}$$

「資金運用部資金」は277→460なので，

増加率は，

$$\frac{460-277}{277}=\frac{183}{277}$$

「簡易保険資金」は558→699なので，増加率は，

$$\frac{699-558}{558}=\frac{141}{558}$$

「政府保証債・政府保証借入金」は180→235なので，増加率は，

$$\frac{235-180}{180}=\frac{55}{180}$$

これらのうち，増加率が最大なのは資金運用部資金である$\left(\frac{183}{277}\fallingdotseq\frac{2}{3}\right.$で，これに対し他の値はいずれも$\frac{1}{2}$にすら届かない$\left.\right)$。

5　E年度の対前年度増加率なので，$\frac{\text{E年度}-\text{D年度}}{\text{D年度}}$を調べればよい。ここでも上3桁で概算する。

$$\begin{array}{ccc}\text{資金運用} & & \text{産業投資} \\ \frac{460-402}{402} & & \frac{990-716}{716} \\ \| & & \| \\ \frac{58}{402} & < & \frac{274}{716} \\ \left(\text{約}\frac{1}{7}\right) & & \left(\frac{1}{3}\text{強}\right)\end{array}$$

資金運用部資金より産業投資特別会計の方が増加率が高い。

No.3　正答　4

1　年降水量の5カ国平均は，(801＋68＋1620＋502＋803)÷5＝758.8。

2　(人口)＝(降水総量)÷(人口1人当たり降水量)より，A国は約24,160万人で，B国は約4,961万人となり，約5倍。

3　このようには断定できない。

4　正しい。前記の式を使ってC～E国を求めると，C国は約5,209万人，D国は約28,014万人，E国は約6,105万人となり，C国は二番目に少ないことがわかる。

5　降水総量の5カ国平均は，(71235＋651＋7285＋112458＋1999)÷5＝38725.6。

No.4　正答　2

1　2016年の労働人口は約6,500万で，この5％は，6500万×0.05＝325万となり，この年の完全失業者数136万をはるかに上回る。よって5％ではない。

2　正しい。$\frac{\text{完全失業者数}}{\text{労働力人口}}$は，完全失業者が多く労働力人口が少ない程高い。

$$\begin{array}{cc}\text{2005年} & \text{2010年}\end{array}$$

$$\frac{114}{5700}\times100\fallingdotseq2.0<\frac{156}{6000}\times100\fallingdotseq2.6$$

他は明らかにこれらより低い。よって，2010年が最も高い。

3　1995年　　　　　　2005年

$$\frac{60}{5200}\times100\fallingdotseq1.2<2.0(\text{2より})$$

失業率は増加している。

4　2015年から2016年にかけて減少している。

5　$\frac{\text{労働力人口}}{\text{15歳人口}}$は，

$$\begin{array}{cc}\text{男子} & \text{女子}\end{array}$$

$$\frac{3900}{4900}>\frac{6500-3900}{10200-4900}=\frac{2600}{5300}$$

男子の方が高い。

No.5　正答　5

$$\begin{cases}\dfrac{\text{道路延長(km)}}{\text{人口1,000人当たり道路延長(km)}}=\text{人口(千人)} \\ \dfrac{\text{道路延長(km)}}{\text{自動車1台当たり道路延長(m)}}=\text{自動車台数(千台)}\end{cases}$$

であり，これをA～E各国について計算すると次のようになる。

	人口 (千人)	自動車台数 (千台)
A国	17,521	1,035
B国	180,862	3,014
C国	44,538	6,064
D国	17,459	3,252
E国	59,449	2,840

よって，人口が2番目に多い国はE国，自動車台数が2番目に多い国はD国である。

No.6　正答　5

1　全合格者数は，

$$\text{全合格者数}\times\left(\begin{array}{c}\text{全合格者に占める}\\\text{女子合格者の割合}\end{array}\right)=\left(\begin{array}{c}\text{女子}\\\text{合格者数}\end{array}\right)$$

より，

$$\text{全合格者数}=\frac{\text{女子合格者数}}{\text{全合格者に占める女子合格者の割合}}$$

で得られる。

よって，

A大学

$$65\div\frac{12.0}{100}=65\times\frac{100}{12.0}\fallingdotseq 500\text{強}$$

B大学

$$663\div\frac{33.8}{100}=663\times\frac{100}{33.8}\fallingdotseq 2000\text{弱}$$

となり，4倍にすら届かない。

2　合格率を求める式は1の全合格者数を求める式より，

$$\text{合格率}=\frac{\text{全合格者数}}{\text{全受験者数}}$$

$$=\frac{\text{女子合格者数}}{\text{全受験者数}\times\left(\begin{array}{c}\text{全合格者に占める}\\\text{女子合格者の割合}\end{array}\right)}$$

となる。2011年度および2015年度のA大学の合格率は，

2011年度　→（2倍以上）→　2015年度

$$\frac{65}{4802\times 0.120}<\frac{151}{3863\times 0.201}$$

（分母：2倍未満）

であり，ざっとみても2015年度の方が高い。

3　2014年度　→（増大）→　2015年度

$$\frac{746}{9911\times 0.379}<\frac{884}{9320\times 0.376}$$

（減少）（ほぼ同じ）

2014年度より2015年度の方が高い。

4　女子の受験者数が不明なので，女子の合格率を調べることはできない。

5　正しい。2015年度における合格率は，

A大学　→（6倍弱）→　B大学

$$\frac{151}{3863\times 0.201}<\frac{884}{9320\times 0.376}$$

（2.5倍弱）（2倍弱）

分子がB大学はA大学の6倍よりやや小さく，分母は5倍より小さいので，A大学よりB大学の方が高い。

No.7　正答　5

まず注意すべきことは，表中の男子の「構成比」と女子の「構成比」を直接比較しても無意味だということである。各進路の志望者数を男女で比較するには，まず男子生徒数と女子生徒数の比をおさえることが必要である。

いま，男子生徒数をx（人），女子生徒数をy（人）とおく。すると，「大学・短期大学」の志望者の男女計は$0.46\times(x+y)$（人）で，これは男子の志望者$0.3x$（人）と女子の志望者$0.5y$（人）の合計だから，

$$0.46\times(x+y)=0.3x+0.5y$$

が成り立つ。これを整理して，

$$16x=4y\qquad\therefore\quad x:y=4:16=1:4$$

が得られる（よって，**1**と**4**は誤り）。

そこで，例えば$x=100$（人），$y=400$（人）として各志望者数を求めると次のようになる。

志　望　先	男子	女子
大学・短期大学	30人	200人
専門学校・専修学校	45人	140人
就　　職	21人	44人
そ　の　他	4人	16人

残りの選択肢を調べると，

2　明らかに誤り。

3　$\frac{140}{21}\fallingdotseq 6.7$倍である。

5　正しい。

No.8　正答　4

ア　7月のセールスマン数を100人とする。8～12月の対前月増加率より各月のセールスマン数を計算すると次のようになる。

7月……100人
8月……$100\times(1+0.25)=125$人
9月……$125\times(1-0.2)=100$人
10月……$100\times(1-0.1)=90$人
11月……$90\times(1+0.1)=99$人
12月……99人

よって，7～12月において，セールスマン数が最も多かったのは8月である。

イ・ウ　セールスマン1人当たりの販売高は，

$$\frac{\text{各月の販売高}}{\text{各月のセールスマン数}}$$

で得られるので，

7月	8月	9月	10月	11月	12月
$\frac{100}{100}$	$\frac{110}{125}$	$\frac{115}{100}$	$\frac{120}{90}$	$\frac{90}{99}$	$\frac{95}{99}$
‖	‖	‖	≒	≒	≒
1.00	0.88	1.15	1.33	0.91	0.96

となる。よって，最も多いのは10月，最も少ないのは8月である。

〈参考〉

説明上，セールスマン数をすべて計算したが，対前月増加率が9，10月に負となっており，その減少率より11月の増加率の方が小さいので，セールスマン数は8月が最も多いことがわかる。

また，セールスマン数が最も少ないのが10月で，そのとき販売高が最大なので，「1人当たりの販売高」が最も多いのは計算しなくても10月だとわかる。

No.9 正答 2

2018年度の生産額をI_{18}，対前年度増加率をr(%)，また2017年の生産額をI_{17}とおくと，

$$r = \frac{I_{18} - I_{17}}{I_{17}} \times 100$$
$$= \left(\frac{I_{18}}{I_{17}} - 1\right) \times 100$$

であるので，

$$I_{17} = \frac{I_{18}}{1 + \frac{r}{100}}$$

と表される（輸出額についても同様）。

1　表のデータから，生産額の推移が次図のようになることは容易にわかる。

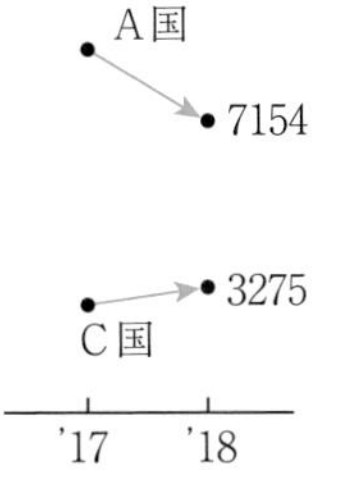

2　正しい。2018年において，輸出額の対前年増加率が生産額のそれを上回っていることからわかる（この考え方はぜひ身につけておこう）。

3　2017年のF国の輸出額は，

$$\frac{1185}{1 + (-0.194)} \fallingdotseq 1470(\text{百万ドル})$$

これに対し，同年D国の輸出額は，

$$\frac{1391}{1 + (-0.098)} \fallingdotseq 1542(\text{百万ドル})$$

である。

4　2で述べたことの逆で，輸出額の対前年増加率が生産額のそれを下回っていることからわかる。

5　2017年のA国の生産額は，

$$\frac{7154}{1 + (-0.144)} \fallingdotseq 8357(\text{百万ドル})$$

同年のF国の生産額は，

$$\frac{1354}{1 + (-0.210)} \fallingdotseq 1714(\text{百万ドル})$$

$$\frac{8357}{1714} = 4.8\cdots < 5$$

よって，5倍に満たない。

No.10 正答 5

1　この表からは，人口の増減はわからない。いわゆる「社会増減」はわかるが「自然増減（出生数と死亡数の差）」については一切不明である。

2　$\frac{(\text{DからCへの流入})}{(\text{Cへの流入全体})} = \frac{75}{500} = 15(\%)$

$\frac{(\text{CからDへの流出})}{(\text{Cからの流出全体})} = \frac{65}{402} \fallingdotseq 16.1(\%)$

となっている。

3　A・C間の流出入差は6－4＝2（千人）だが，これに対しA・D間やA・E間の流出入差は0である。

4　（DからEへの流出）＝44（千人）

（EからDへの流入）＝53（千人）

であるので，DはEから流入超過になっている。

5　正しい。B・E間では$\frac{110}{62} \fallingdotseq 1.77$となり最大。

第2章 グラフで与えられた資料

No.11 正答 2

1 船舶の輸出額は次のとおり。

A年 $1500\times\dfrac{7.4}{100}$(百万ドル)　B年 $2000\times\dfrac{7.4}{100}$(百万ドル)

この差を求めると,

$$2000\times\frac{7.4}{100}-1500\times\frac{7.4}{100}$$
$$=(2000-1500)\times\frac{7.4}{100}$$
$$=500\times\frac{7.4}{100}$$
$$=37(\text{百万ドル})$$

A年よりもB年の方が3,700万ドル多い。

2 正しい。金属製品の輸出額は次のとおり。

A年 $1500\times\dfrac{3.6}{100}$(百万ドル)　B年 $2000\times\dfrac{3.2}{100}$(百万ドル)

$\dfrac{4}{3}$倍　$\dfrac{3.2}{3.6}=\dfrac{8}{9}$倍

よって,$\dfrac{4}{3}\times\dfrac{8}{9}>1$より,A年よりB年の方が多い。

3 精密機械の輸出額は次のとおり。

A年 $1500\times\dfrac{2.4}{100}$(百万ドル)　B年 $2000\times\dfrac{4.9}{100}$(百万ドル)

$\dfrac{4}{3}$倍　約2倍

よって,約$\dfrac{4}{3}\times2$倍で,ほぼ2倍とはいえない。

4 機械類の輸出額は次のとおり。

A年 $1500\times\dfrac{1}{100}$(百万ドル)　B年 $2000\times\dfrac{30.9}{100}$(百万ドル)

$\dfrac{4}{3}$倍　約31倍

よって,約$\dfrac{4}{3}\times31$倍で約30倍とはいえない。

5 A年に対するB年の減少率が最大ということは,$\dfrac{\text{B年}}{\text{A年}}$が最小であればよいので,A年,B年の構成比の割合を調べればよい。

二輪自転車 $\dfrac{1.9}{11.9}\fallingdotseq\dfrac{1}{6}$ ＞ 繊維品 $\dfrac{5.0}{35.1}\fallingdotseq\dfrac{1}{7}$

よって,二輪自転車よりも繊維品の方が減少率は大きい。

実際の金額比$\dfrac{\text{B年}}{\text{A年}}$は,

二輪自転車 $\dfrac{2000\times0.019}{1500\times0.119}$　繊維品 $\dfrac{2000\times0.050}{1500\times0.351}$

同じ

［　　］が同じなので,構成比の割合だけでみればよい。

No.12 正答 3

与えられたグラフは2006年の各国の生産高を100とした指数で表したもので,生産高そのものを表しているのではないことに注意すること。つまり,異なる国の生産高の大小比較はできない。

1 前記のとおり,4カ国間で生産高の大小を調べることはできない。

2 1と同様。

3 正しい。

$$\frac{2014\text{年の生産高}-2013\text{年の生産高}}{2013\text{年の生産高}}\cdots(★)$$

を調べる。分母がD国より大きく,分子が小さいA,B国は明らかにD国より(★)が小さくなる。C国とD国を比べると,

C国 $\dfrac{118-114}{114}=\dfrac{4}{114}$ ＜ D国 $\dfrac{125-116}{116}=\dfrac{9}{116}$

2倍以上　ほぼ同じ

であり,D国が最大である。

4 最初の説明どおり,2006年の各国の生産高の実数は不明なので,2015年の指数を合計しても意味がない。具体的にいう

と，2006年のA～D国の生産高をそれぞれ$100a$，$100b$，$100c$，$100d$とおくと，4カ国の生産高の合計は，

2006年

$$100a+100b+100c+100d \quad \cdots ①$$

2015年

$$135a+130b+126c+118d \quad \cdots ②$$

となるが，a～dの関係が不明では「②が①の1.3倍より少ない」かどうかは判断できない。

5　4と同様，2004年の4カ国の生産高合計は，

$$94a+98b-102c+110d$$

となるが，これと①のどちらが多いかは判断できない（なお，もしも2004年の各国の指数がすべて100より大きければ正しくなる）。

No.13　正答　5

問題文にある「各々の項目について最大の県のそれを100とした指数」という部分に注意しよう。

1　この図から「下水道普及率が最大なのはA県で，B・C県の下水道普及率はA県のそれの80％を超えている」ことはわかるが，各県の下水道普及率そのものについてはわからない。

2　C・D県の人口に関するデータが与えられていないので，この図からはわからない。

3・4　1と同様の理由によって，この図からはわからない。

5　正しい。

No.14　正答　3

各地域の項目の生産額を表すと次のようになる（単位は億円）。

	米	その他の農作物	畜産	その他の農業生産
北海道	1906	4681	4692	0
東　北	8026	5555	4867	130
北　陸	4421	1320	944	13
関　東	5242	13629	5791	300
東　海	1781	5805	2640	251

1　一番大きいのは東北。

2　北陸4421＜関東5242

3　誤り。$4692 \div 2640 \fallingdotseq 1.8$（倍）

4　表より明らか。

5　東北＋東海＝$5555+5805=11360$
関東13629

No.15　正答　3

$$\left(\begin{array}{l}\text{売上高に対する}\\\text{人件費の比率}\end{array}\right)=\frac{\text{人件費}}{\text{売上高}}$$

なので，

$$\text{人件費}=\text{売上高}\times\left(\begin{array}{l}\text{売上高に対する}\\\text{人件費の比率}\end{array}\right)$$

で得られる。

これを計算すると，

2011年　$20\times0.27=5.4$

2012年　$22\times0.26=5.72$

2013年　$28\times0.25=7$

2014年　$30\times0.22=6.6$

2015年　$31\times0.20=6.2$

となり，人件費が最も高い年は2013年である。

No.16　正答　4

1　C・D・E以外の7カ国である。

2　A・Jの2カ国である。

3　A・D・E・Hの4カ国である。

4　正しい。同じ国であれば比較できる。どちらも人口の約23％で，人数はほぼ等しいといえる。

5　B国とC国の人口が不明なので，割合が同じであっても人数が同じとはいえない。

No.17　正答　3

1　A国の輸出額の増加率を比較する。

$$\frac{2010\text{年}-2005\text{年}}{2005\text{年}} \qquad \frac{2015\text{年}-2010\text{年}}{2010\text{年}}$$

$$\frac{700-400}{400} \qquad \frac{1000-700}{700}$$

$$\frac{3}{4} > \frac{3}{7}$$

（分子は同じ，分母は増加）

2005年に対する2010年の増加率の方が高い。

2　A国からB国への輸出額は，

2005年	2015年
400×0.4	1000×0.35
‖	‖
160	350

（160→350：3倍未満）

なので，3倍より少ない。

3　正しい。D国からA国への輸出額は，A国のD国からの輸入額とみればよい。

2005年	2015年
500×0.4	800×0.4

（$500 \to 800$：1.6倍，$0.4 \to 0.4$：同じ）

よって，1.6倍となる。

4　3同様に考える。

A国→D国への輸出額	D国→A国への輸出額（A国のD国からの輸入額）
1000×0.25	800×0.4
‖	‖
250	320

よって，$320 - 250 = 70$（億ドル）少ない。

5

A国→C国への輸出額	C国→A国への輸出額（A国のC国からの輸入額）
400×0.2	500×0.15

（$400 \to 500$：$\frac{5}{4}$倍，$0.2 \to 0.15$：$\frac{3}{4}$倍）

よって，$\frac{3}{4}$倍より多い。

No.18　正答　5

人口1万人当たり出火件数をx，出火件数（万件）をyとおく。

$$x = \frac{y}{(\text{人口})}\ (\text{件}/1\text{万人})$$

よって，

$$(\text{人口}) = \frac{y}{x}\ (\text{億人})$$

$\frac{y}{x}$は原点と点(x, y)を結ぶ直線の傾きを表すので，人口の大小を比較するには傾きの大小を比較すればよい。

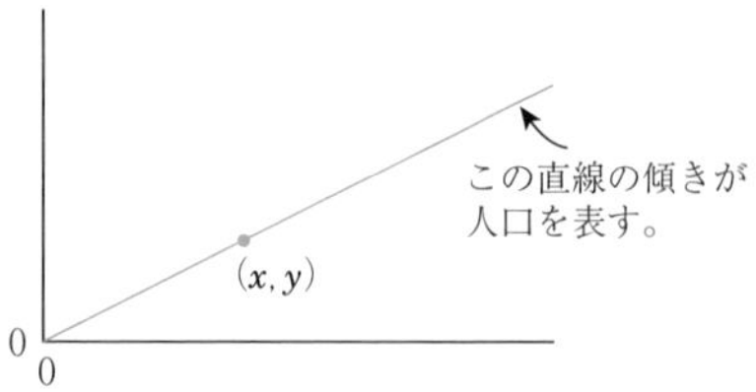

以上に注意して選択肢をみていくと，

1　E，F，H国の方が傾きが小さい（人口が少ない）。

2　実際，原点とD国とG国はほぼ同一直線上にあるので，両国の人口はほぼ等しいといえる。

3　A国は傾きが最大である（人口が最も多い）。

4　3で述べたようにA国が一番多い。

5　正しい。図の斜線部に含まれる国を数えると，B，D，E，F，G，Hの6カ国である。

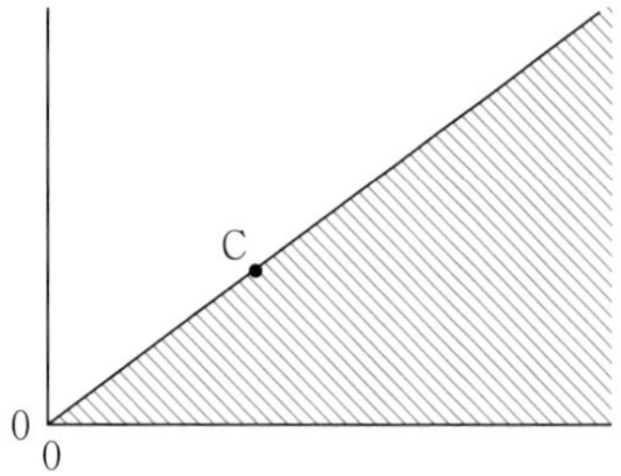

No.19　正答　4

1　輸出総額の伸びはわからない。

2　右上に伸びている国を数えると，中国，アメリカ，カナダの3カ国。

3　左上に伸びている国を数えると，韓国，中国香港，台湾，シンガポール，オーストラリアの5カ国。

4　正しい。右へ伸びている国を数えると，中国，マレーシア，タイ，アメリカ，フィリピン，カナダ，メキシコの7カ国。

5　上へ伸びている国を数えると，中国，オーストラリア，シンガポール，アメリカ，日本，韓国，香港，台湾，カナダの9カ国。

No.20 正答　5

1～3　与えられたグラフは，前年同期に対する増加率を表したもので，前期に対する増加率ではないことに注意すること。

例えば，2012年第1四半期は（在庫増加率，出荷増加率）=（＋15，＋5）となっているが，これは，2011年第1四半期と比較して，在庫は15%増え，出荷は5%増えた，ということを意味する。2011年第4四半期と比べているのではない。つまり，異なる四半期（例えば第1期と第4期）の比較はできない。

したがって1～3はいずれも判断できない。

4　2013年第2四半期は，出荷増加率が－8%，在庫増加率が＋2%であり，2012年第2四半期に比べ，出荷は減少したが在庫は増加している。

5　正しい。2015年第1四半期は，在庫・出荷増加率ともに正であり，2014年第1四半期に比べていずれも増加している。

オープンセサミシリーズ　国家公務員・地方初級
⑤一般知能

発　行　2023年12月1日　第1版第1刷

編　集　東京アカデミー
発行人　佐川　泰宏
発行所　株式会社ティーエーネットワーク
〒450-6306 名古屋市中村区名駅1-1-1
ＪＰタワー名古屋6F
電話：052-586-7805㈹
FAX：052-563-2109
発売元　東京アカデミー七賢出版株式会社
〒171-0021 東京都豊島区西池袋1-11-1
メトロポリタンプラザビル13F
電話：03-6852-0803
FAX：03-6852-0180

本書の著作権・編集権は東京アカデミーにあり，本書の全部または一部を無断で複写・複製・転載することを禁じます。
著作権上の諸問題については，著作・編集者である東京アカデミーが一切の権利を有し，責任を負います。
落丁本・乱丁本は，お取替え致します。

ISBN978-4-86455-655-2